# 管士光文存

第五卷 * 李白诗集新注

人民出版社

# 本卷说明

　　本卷收入《李白诗集新注》(上海三联书店,2014年出版),增加了两个附录,即"李白生平创作简表"和"李白诗作版本简目",需要说明的是:前者的确只是一个"简表",只能勾勒李白生平创作的粗线条;后者因为种种原因结束于1996年,之后的出版物均未收入,所以这个"简目"很不完全,这是应该特别说明的。

# 前　言

　　李白是中国文学史上最伟大的诗人之一,他的不朽诗作,千百年来在我国人民心灵间流传,成为中华古代文学宝库中一份十分珍贵的遗产。

　　李白(701—762),字太白,号青莲居士。其出生地尚无定论,主要有生于蜀和生于西域碎叶(在今中央亚细亚巴尔喀什湖之南)二说,目前较为流行的是后一说。家世不详,根据李白自言及有关材料看,李白祖先为凉武昭王之后,后其先世窜居西域,至李白之父时才"逃归于蜀",李白亦随家迁居蜀中绵州彰明(今四川江油市),其时李白才五岁。李白的青少年时代是在蜀中度过的,因而他常在诗中把蜀中称作故乡。

　　李白在人生道路上探索和进取了六十二年,他各个时期的生活内容,就是他诗文创作的素材,因此不难从李白的作品中看出他在不同时期的精神风貌和创作特色。大体说来,李白的生活和创作有以下五个阶段。

　　一、蜀中时期。李白的父亲真正名字不详,据今人研究他可能是个商人,这样的家庭条件为李白提供了很好的学习环境,李白自言"五岁诵六甲"、"十岁观百家,轩辕以来颇得闻矣",其父还"令诵《子虚赋》"。可见他发蒙读书颇早,因而十五岁时即能写诗作赋,故云:"十五观奇书,作赋凌相如。"其自负之情可见。在蜀中时期,李白曾隐居戴天山(即匡山)读书数年,时与道士交往,其《访戴天山道士不遇》诗就反映了他这方面的生活内容;同时,李白还与纵横家建立了密切的联系,据载,他曾从著有《长短经》的赵蕤求学,这形成了他"申管晏之谈,谋帝王之术"的政治主张和"以侠自任"的性格。二十岁左右,李白离开匡山,开始周游蜀中。游历成都,他写下《登锦城散花楼》;登览峨眉山,他写下《登峨眉山》。此期李白还有其它一些作品,如《白头吟》等,都在一定程度上反映了他这个时期的思想和生活。总之,蜀中时期的学习和游历,对形成李白豪放不羁的性格以及后来取得杰出的文学成就,奠定了坚实的基础。

1

二、第一次漫游时期。开元十三年(725)秋,李白"仗剑去国,辞亲远游",开始了第一次漫游时期的生活。李白出峡后游历了江陵、武昌、长沙、岳阳,然后又东游南京、扬州、绍兴等地,途中李白与各式各样的人物建立联系,以培养自己的社会声望,如在江陵会晤司马承祯,并写了《大鹏遇希有鸟赋》(后改名为《大鹏赋》),赋中以大鹏自比,以希有鸟比司马承祯,充满了豪迈之气。据载,这个时期,李白还有两件任侠行为颇引人注意:其一是丐贷营葬友人吴指南;其二是在扬州接济落魄公子,不到一年即"散金三十万"。李白在以后写的《赠襄阳少府皓》中,说自己这一时期"结发未识事,所交尽豪雄",其狂放不羁的性格和豪性侠气在此期表现得相当突出。

经过一段时间的周游,李白在二十七岁左右来到安陆,与故相许圉师孙女结婚,此后便以安陆为中心漫游各地。在安陆时期,李白的生活虽然比较悠闲,但他建功立业的愿望仍很强烈,在《代寿山答孟少府移文书》中,提出要"申管晏之谈,谋帝王之术,奋其智能,愿为辅弼,使寰区大定,海县清一"的政治理想,并开始向地方长官干谒;但却受到李长史、裴长史的轻蔑,遂"西入秦海,一观国风",于开元十八年(730)经南阳入长安,谋求出仕之机。李白初入长安,首先结识玄宗的女婿张垍,但张垍只把李白安排在终南山玉真公主别馆暂住,并未为他奔走。李白蛰居于此,穷愁潦倒,彷徨苦闷,心情极为压抑,其《玉真公主别馆苦雨赠卫尉张卿二首》,充分表现了他当时渴望遇合而不得的苦闷心情。其间,李白曾前往邠州(今陕西彬县)、坊州(今陕西黄陵)等地游历,希望能寻觅知己,但结果令他颇为失望。约在开元二十一年春,李白感到彻底绝望,遂离开长安,在游历梁园等地之后,回到安陆。不久,又出外漫游,因忧愁郁结于心,故生活颇为放纵,《襄阳歌》《江上吟》等诗很能表现他当时的精神状态。开元二十七年(739),李白移家东鲁,寓居兖州一带,后与孔巢父等隐于徂徕山,时号"竹溪六逸"。

三、供奉翰林时期。天宝元年(742),唐玄宗诏征李白入京。李白认为报国的机会终于来了,在告别家人时写下了《南陵别儿童入京》,诗的最后两句"仰天大笑出门去,我辈岂是蓬蒿人",形象地表现出李白豪放的性格和当时的喜悦与欢欣。李白此次入京,所受待遇的确"前无比俦",但玄宗只是想借其文才,写些颂扬"德政"和歌颂升平的诗歌而已,并不想委以重任,加之张垍等人从中破坏,李白除了写作像《清平乐》这样一些诗作外,根本没有机会去实现"尽节报明主"的愿望,反而不断受奸宦佞臣的谗毁,偌大的宫廷已无其容身之处。在这种情况下,李白请求还山,去过一种自由快意的生活。玄宗轻信谗言,借口李白"非廊庙器"而将其"赐金放还"。在供奉翰林的这段时期,李白亲眼目睹了唐王朝内部种种腐败现象,因而写出许多揭露与批判现实的优秀诗篇,诗人豪放不羁、嫉恶如仇的个性,得到更加鲜明的表现。

四、第二次漫游时期。李白离开长安后,在洛阳与唐代大诗人杜甫相遇,他们一见如故,情逾兄弟。在同游梁宋时,又与另一位诗人高适相遇。三位诗人饮酒论文,登高怀古,十分快意。第二年,李、杜再次相遇于兖州,在分别时,李白写下名篇《鲁郡东石门送杜二甫》。此一时期,李白以东鲁与梁园为中心,又游历了今山东、山西、河南、河北、湖南、湖北、江苏、浙江等许多地方。特别值得注意的是,天宝十一载(752)诗人有幽州之行,这使他对唐朝社会存在的危机有了更为深入真切的了解。在漫游的过程中,李白的认识日益深刻,创作才能得到进一步提高,从而写作了大量抨击黑暗现实、具有广泛社会意义的优秀作品。这一时期是李白创作精力最旺盛的阶段,艺术技巧也进入了炉火纯青的境界。

五、晚年的生活与创作。天宝十四载(755),安史之乱爆发。作为一个流浪诗人,李白"有策不敢犯龙鳞,窜身南国避胡尘"。他时刻关心着局势的发展,希望能为平定叛乱做出贡献,但却无处效力,故只好暂隐庐山屏风叠。此时两京失陷,玄宗奔蜀途中令永王李璘领四道节度使,镇江陵,经略南方军事。永王水军东下到达浔阳,征召李白入幕。李白因政治上一再受挫,开始曾有顾虑,但永王三次下书相邀,李白终以"誓欲清幽燕"为念,下庐山入了永王幕府。他在《永王东巡歌》《在水军宴赠幕府诸侍御》等诗里,殷切期望永王能完成平乱大任,并勉励同僚忠心报国;自己则以谢安自比,以鲁仲连自勉,忠君爱国之情,跃然纸上。但此时李亨已即位为肃宗,他令李璘速回蜀中,李璘不从,肃宗遂派兵前来讨伐。两军一交战,永王军队即成鸟兽散,李白也因"从璘"而被囚狱中,虽经宋若思等人营救,最终还是被判长流夜郎。经过十五个月的长途跋涉,李白才重获自由,其《早发白帝城》充分表现出诗人此时异常兴奋和喜悦的心情。李白遇赦后,经江陵至江夏,又前往岳阳。此时他仍希望朝廷能重用自己,但却一无所获,遂前往豫章(今江西南昌市)与宗氏夫人团聚。后又重游宣城等地,其报国热情并未消退,上元二年(761),李光弼领兵讨伐史朝义叛军,李白不顾衰老之躯,毅然请缨从军,"冀申一割之用",但因病中途折回。这年冬天,漂泊无依的李白来到当涂,投靠其族叔李阳冰。宝应元年(762)十一月,李白病逝于当涂,时年六十二岁。临终前,李白写下绝笔诗《临路歌》。

李白一生多次以大鹏自喻,《大鹏赋》表示要"一鸣惊人,一飞冲天";《上李邕》高唱"大鹏一日同飞起,扶摇直上九万里,假令风歇时下来,犹能簸却沧溟水",表现出虽有挫折,仍要进取的精神;《临路歌》仍以大鹏自比,抒发了壮志未酬的感慨:"大鹏飞兮振八裔,中天摧兮力不济。"这三篇作品写于不同的时期,将其结合起来,正好反映出李白这位一生积极进取的伟大诗人的真实形象。

李白的诗歌流传下来的有九百余首,这只是他全部创作的一部分,据李阳冰《草堂集序》说,李白死后不久,他的诗便"十丧其九",对后人来说,这无疑是一个无法弥补的巨大损失。就现存的李诗看来,其内容是十分丰富和深刻的,几乎触及了所有重大的政治问题和各种社会现象。

首先,李白的诗歌表现了盛唐蓬勃向上的时代风貌和整个社会由全盛转向衰落的深刻的内在矛盾。经过百余年的积累,盛唐时代出现了过去任何朝代都未曾有过的繁荣,整个社会充满了一种积极向上的精神,科举考试和从军边塞为知识分子走入仕途提供了很好的条件,因而一般读书人都有一种建功立业的热情。李白的诗中便典型地表现了这样一种时代精神,他高歌:"功名不早著,竹帛将何宣?"(《长歌行》)他自信:"天生我材必有用!"(《将进酒》)综观李白的一生,他总是认为自己的才能终有一天会有机会施展,遇到挫折,他会鼓励自己:"长风破浪会有时,直挂云帆济沧海!"(《行路难》)李白不仅总是以展翅九万里的大鹏自比,还经常以历史上建立奇功的英雄人物自喻,如管仲、鲁仲连、诸葛亮、谢安等,都是他敬仰和希望效仿的人物。正是因为具有这样一种积极进取的精神,李白的诗中才总是充满了豪迈的气概和感人的力量。但是,在表面的繁荣下,社会的腐败和阴暗也以出人意料的速度发展,种种社会矛盾不断激化,尤其是唐玄宗晚期不理朝政,纵容权贵,宠信宦官,造成了是非颠倒、善恶不分的现实,有才之士根本没有机会来施展自己的抱负。李白在其

4

诗歌里,对此作了无情的揭露和抨击:"骅骝拳踢不能食,蹇驴得志鸣春风。"(《答王十二寒夜独酌有怀》)"群沙秽明珠,众草凌孤芳。"(《古风·其三十七》)"梧桐巢燕雀,枳棘栖鸳鸯。"(《古风·其三十九》)"鸡聚族以争食,凤孤飞而无邻。蝘蜓嘲龙,鱼目混珍。嫫母衣锦,西施负薪。"(《鸣皋歌送岑征君》)……这是怎样的一个黑暗的时代呵!李白不仅特别强烈地抒发了自己怀才不遇的苦闷,更表达了对黑暗社会现实的绝望和痛恨,从而使其诗歌具有深刻的认识价值。

其次,李白诗歌中表现出强烈的对个性自由的追求和对权贵的蔑视。李白是一位个性鲜明、性格豪放的诗人,他希望建功立业,但又不为功名所局限:"功名富贵若长在,汉水亦应西北流!"(《江上吟》)"钟鼓馔玉不足贵,但愿长醉不用醒。"(《将进酒》)他需要有人赏识,但不能以降低人格为代价:"安能摧眉折腰事权贵,使我不得开心颜!"(《梦游天姥吟留别》)"黄金白璧买歌笑,一醉累月轻王侯。"(《忆旧游寄谯郡元参军》)李白作品的叛逆精神,还表现在歌颂游侠、嘲讽腐儒这一方面。李白追求自由、重视义气,这与"三杯吐然诺,五岳倒为轻"的游侠有相似之处。他鄙视那些只知读书而不识时务的儒生,并将他们与侠士对比而加以贬抑:"儒生不及游侠人,白首下帷复何益。"(《行行且游猎篇》)在李白看来,"白发死章句"、"问以经济策,茫如坠烟雾"的儒生,连"平生不读一字书"、"猛气英风振沙碛"的边城儿都不如。对旧有秩序的轻视,对社会现实的叛逆,在这些诗篇中得到了充分的表现。

第三,李白诗歌中表现出强烈的爱国主义思想。李白对国家的安危十分关心,他很赞赏自管仲以来众多的抵制外族入侵的人物和他们的事迹及主张,其《塞上曲》借古咏今,歌颂唐太宗抗击侵扰的显赫武功;《塞下曲》更赞扬了抵御入侵的正义战争。同时,他对给人民带来灾难的非正义战争总是持批判和揭露的态度,如《书怀赠南陵常赞府》《古风·其三十四》等都是如此。安史之乱,给唐朝社会带来巨大的破坏和灾难,在这种时候,李白对国家命运的担忧和对人民的同情,表现得更为强烈:"中夜四五叹,常为大国忧。""白骨成丘山,苍生竟何罪?"(《经乱离后天恩流夜郎忆旧游书怀赠江夏韦太守良宰》)他一再表示"誓欲清幽燕"、"志在清中原",要为平定叛乱作出一份贡献。由此看来,他参加永王幕府及以后力图参加李光弼的军队,都绝不是心血来潮时的行为,而是李白爱国主义思想的必然表现。

第四，李白诗歌中特别突出地表现了对祖国壮丽山河的热爱。李白曾自言"一生好入名山游"，伴着他的足迹，诗人留下了许多令人赞叹的山水名篇。无论是"咆哮万里"的黄河，还是"白浪如山"的长江；无论是"连峰去天不盈尺"的蜀道，还是"屏风九叠云锦张"的庐山；无论是"飞流直下三千尺"的瀑布，还是"影入平羌江水流"的峨眉山月，在李白笔下，都得到了形象生动的描绘。李白的人生观是积极的和乐观的，因此他往往用雄健粗放的线条和明朗的色彩来勾勒壮丽开阔的自然景色，从中亦表现出诗人宽阔的胸襟和乐观浪漫的情怀，如《望天门山》便是这样一首诗作。读这首诗，眼前似乎出现这样一幅图画：奇峻的天门山像是被神工鬼斧从中劈开，长江由上游奔腾而下，突遇奇峰，江水在此打一回旋又继续向东流去；两岸的群山，一片青绿，互相对峙，像是从地下猛然冒出来似的；一只帆船正从太阳升起的地方驶来……诗人把山与江交织起来描写，"山因江水的奔腾而奇峻，江因山峰的对峙而越发壮美"。李白的山水诗，很注意动态与静态的结合，他笔下很少有孤立地描写静态景物的作品，这是与他的性格和审美趣味密切相关的。当然，这并不是说李白没有那种表现大自然的明媚秀丽的诗篇，相反，他这一类诗篇并不少见，而且不乏佳作，只是这些作品不如那些色彩鲜明、动感强烈、充满豪情的山水名篇更能打动我们的心灵，往往被今天的读者所忽略。要全面欣赏李白的作品，这一类诗篇当然是不能不读的。

第五，在李白的诗歌里，还有一部分描写了下层人物，表现出李白对下层劳动人民的深厚感情，如有反映纤夫艰苦生活的《丁都护歌》，有描写农家淳朴感情和贫困生活的《宿五松山下荀媪家》，有描写冶炼工人劳动的《秋浦歌·其十四》等，这一类作品虽然数量不多，但它们所表达的思想和感情却弥足珍贵。另外，李白在其诗作中对妇女的不幸遭遇表示了深切的同情，《白头吟》写被遗弃女子的悲愤心情，《北风行》写北方妇女对出征战死的丈夫的怀念，《长干行》写思妇的刻骨相思之情……这些作品不仅表现出李白诗歌题材的多样性，更说明李白感情的真挚、淳厚美好以及其思想的进步性，是了解李白其人其诗的重要资料。

当然，我们说李白诗歌的主流是进步的，但却并不否认其中也有一些消极的、落后的内容。因为世路的艰难，李白总幻想有一个仙人世界供他自由来往,这一方面固然表现出他对现实的失望,同时也说明他有消极避世的倾向,表现在作品里,便出现了许多感叹人生如梦、追求及时行乐的诗篇。作为今天的读者,一方面我们应该充分理解李白在特定时代条件下产生的这些消极思想;同时应该站在今天的高度,对李白诗歌里落后和庸俗的内容,加以认真的分析和辨别。

李白诗歌不仅有进步和丰富的思想内容,而且有鲜明和突出的艺术特色,从而使他成为中外诗歌史上最杰出的诗人之一。

其一,李白的诗歌具有强烈的抒情性。李白具有充沛和不可羁勒的感情,无论写什么主题,他总能融注自己真实的感情,从而写出别人所不能模拟和替代的作品。李白不像杜甫、白居易那样长于细致的描写。他往往更擅长直接抒发自己的感情,使全诗有一种奔腾的气势,犹如山洪冲出山谷,一泻千里。如《答王十二寒夜独酌有怀》《行路难》《将进酒》等,都是这样的作品。因此,李白笔下的黄河、蜀道、北风、雨雪,都明显地染上了诗人浓重的感情色彩。读者正可以从"黄河之水天上来,奔流到海不复回""蜀道之难,难于上青天""燕山雪花大如席,片片吹落轩辕台"等诗句里,感受到诗人李白的性格与豪情。

其二,李白的诗歌善于塑造鲜明的形象,尤其善于塑造自我形象。如《江上吟》《襄阳歌》《月下独酌》等诗作,把诗人狂放不羁的形象和性格描写得淋漓尽致。其它一些不大为人注意的小诗,也突出表现了诗人的个性和生活态度,塑造了诗人的自我形象。如《友人会宿》,写诗人借"百壶饮"来"涤荡千古愁",突出地表现了诗人旷达的胸怀,使诗人傲岸性格和随意自适的形象跃然纸上。又如《自遣》,虽只有短短的四句,却描绘出诗人独酌凝神、落花满衣、醉后步月的形象,十分生动传神。李白的诗作中还描绘了各阶层正反人物形象。对反面人物,李白总是带着憎恶的感情,用锐利的笔触,勾勒出他们丑恶面目和污浊的灵魂;而对下层人物,尤其是没有独立地位的广大妇女,诗人总是用饱含着同情的笔触,描绘她们美丽的外表、高尚的品德,以及她们内心的痛苦和欢乐。李白还很注意细节的描写,从而使人物形象更为生动,更为典型,收到了很好的艺术效果。

其三,李白的诗歌具有自然、生动、个性鲜明的语言。李白诗的语言带有强烈的个人色彩,例如,蜀道之艰险,历代诗人感叹可谓多矣,但李白却这样来写蜀道之难:"蜀道之难,难于上青天!"又如他写黄河:"西岳峥

7

嵘何壮哉,黄河如丝天际来。黄河万里触山动,盘涡毂转秦地雷。"(《西岳云台歌送丹丘子》)写自己的豪情:"俱怀逸兴壮思飞,欲上青天览明月。"(《宣州谢脁楼饯别校书叔云》)这些诗句充分表现了李白的个性、李白的感情,翻开李白的诗集,这样个性鲜明的诗句几乎比比皆是。朴实自然、生动形象,是李白诗歌语言的另一特色。他的一些赠别、怀友之作,往往托物寄意,语言明白流畅、清新自然,似是脱口而出,却是诗人真挚感情的结晶,如《金乡送韦八之西京》《闻王昌龄左迁龙标遥有此寄》等,都是这样的名篇。

其四,李白诗歌具有奇特的想象与大胆的夸张。艺术是生活的反映,但是诗人在反映生活时,却往往要借助超现实的艺术手法,因为有时只有这样才能更真实地反映生活,而且能更准确地把握生活的本质。这是浪漫主义文学的基本原理。李白是运用超现实艺术手法的杰出代表。李白具有丰富的想象力,当他十分痛恨黑暗的现实社会、热烈追求理想境界时,往往虚构出仙境与幻境;当现实生活本身不足以表达他的一腔豪情与激愤时,他也常借助于想象与夸张。如要表现怀才不遇的愤慨,李白便说:"吟诗作赋北窗里,万言不值一杯水。世人闻此皆掉头,有如东风射马耳。"(《答王十二寒夜独酌有怀》)诗人用"不值一杯水"来形容万言诗章的价值;用"东风射马耳"来夸张人们的反应,生动形象地表现了诗人当时的愤慨和痛苦,收到了极好的效果。再如诗人描写自己的愁绪,便说:"白发三千丈,缘愁似个长。不知明镜里,何处得秋霜?"(《秋浦歌·其十五》)诗人把夸张的对象与具体的事物联系起来,借"三千丈"的白发来极写自己的愁绪,使无形的"愁"通过有形而夸张的"发",表现得更加夸张,更加鲜明,给读者以具体生动的感受。"君不见高堂明镜悲白发,朝如青丝暮成雪"(《将进酒》)也是用夸张的手法感叹光阴之速和人生易老。李白抒发自己的胸怀,也常常采用夸张的手法,从而突出自己无拘无束的风度和一腔豪情,如《襄阳歌》便是这样的作品。诗人往往将动人的想象与大胆的夸张结合在一起,使自己狂放不羁的形象更加鲜明,诗人的性格与精神也因此得到更真实的表现。李白成功运用想象与夸张的诗句极多,如写侠客的豪情,有"三杯吐然诺,五岳倒为轻";写望月时的奇想,有"持取月中桂,能为寒者薪";写醉酒后的狂态,有"划却君山好,平铺湘水流";写自己对京城的忆念,有"狂风吹我心,西挂咸阳树";写长江的风急浪高,有"一风三日吹倒山,白浪高于瓦官阁"……这些想象与夸张真可谓新、奇、怪、绝,但由于它们的基础是生活本身,所以虽常常出人意外,却毫不做作和牵强,反而十分自然和准确地表现了诗人的情感和愿望,从而形成了李白诗歌独具的艺术魅力。

在中国文学史上,李白及其作品对后代的影响十分深远,他的爱国主义思想和对人民疾苦深切的同情,他的对个人才能的高度自信和对社会阴暗面的抨击和揭露,他的蔑视权贵的豪迈气概和"不屈己,不干人"的傲岸性格,他的"发想超旷,落笔天纵"的浪漫主义精神和艺术特色,千百年来受到后人普遍的敬仰和赞赏。吴伟业在《与宋尚木论诗书》中说:"诗之尊李、杜……此犹山之有泰、华,水之有江、河,无不仰止而取益焉。"吴伟业的这一番话,是十分中肯的。

李白在其生前就产生了广泛的影响,故而李阳冰《草堂集序》说:"自三代以来,《风》《骚》之后,驰驱屈、宋,鞭挞扬、马,千载独步,唯公一人。故王公趋风,列岳结轨,群贤翕习,如鸟归凤。"由此可见李白在当时诗坛的地位。与李白同时的文人如杜甫、殷瑶、魏颢、贾至、任华等都给李白以极高的评价。中唐韩愈、孟郊努力向李白学习,创造出自己豪放的艺术风格;李贺更从李白的作品里吸取了丰富的营养,他的富于奇特幻想的诗篇,显然可以看出李白的影响,因而后人有"李贺诗,乃从太白乐府中来"(《岁寒堂诗话》)的评语。其他诗人,如唐代的李益、杜牧、顾况、张籍、王建等,或在古体,或在绝句,或在乐府,或在歌行,都显然受到李白诗风的熏陶。至唐以后则苏轼被评为"东坡似太白";陆游青年时即有"小李白"之称。其他如宋代的苏舜钦、欧阳修、辛弃疾,元代的吴莱、杨维桢,明代的宋濂、高启、杨慎,清代的黄景仁、龚自珍……这些诗人无不从李白诗篇中获取思想和艺术的营养,进而形成自己独特的风格。

总之,从后代许多诗人的作品里,我们或者可以感受到李白那种狂放不羁的性格和浪漫主义的气概;或者可以看到李白式的想象、夸张和那使人回肠荡气的旋律……若是中国文学史上没有李白这样一位伟大的诗人,那会使人感到多么遗憾!在民间,李白的影响也很广泛,他的名字几乎人人皆知,他的形象出现在小说、戏剧、电影等艺术形式之中,他那明白如话而又感情真挚的诗篇被人们广泛传诵着;李白的诗歌早就流传到国外,在日本、俄罗斯、英国、美国、加拿大等等不少国家,有许多专家在研究和介绍李白的诗作,他们的努力,使李白的不朽诗篇逐渐成为全人类共同的精神财富。

李白的诗文在他生时便很有影响,他曾自言:"剑非万人敌,文窃四海声。"任华有《杂言寄李白》,其中说:"见说往年在翰林,胸中矛戟何森森。新诗传在宫人口,佳句不离明主心。"魏颢也说,李白的《大鹏赋》"家藏一本"。李白晚年已感到自己政治上恐难建功立业,故愈来愈倾心于文学事业,其《古风·其一》(大雅久不作)便表示了他的愿望:"我志在删述,垂辉映千春。希圣如有立,绝笔于获麟。"因此,李白晚年至少三次将编集之事托付于至亲好友,可见他对自己诗文的重视。天宝十三载(754),李白与王屋山人魏万相遇于扬州,二人相携至金陵同游,分手时,李白尽出己之诗文,嘱托魏万整理编集,魏万(后改名颢)在《李翰林集序》里说:

> 颢平生自负,人或为狂。白相见泯合,有赠之作,谓余:"尔后必著大名于天下,无忘老夫与明月奴。"因尽出其文,命颢为集。

但不幸的是,第二年便发生了"安史之乱",李白所付诗文全部被魏万丢失。"经乱离,白章句荡尽"(魏颢《李翰林集序》),一直到上元末,魏万于绛偶得李白旧稿,一年以后,他便编成《李翰林集》共二卷,当时李白还在世,故魏《序》云:"白未绝笔,吾其再刊。"此本排列为:

> 首以赠颢作、颢酬白诗,不忘故人也。次以《大鹏赋》、古乐府诸篇,积薪而录,文有差互者,两举之。

乾元(758至760)间,李白流放夜郎遇赦归至江夏,遇到倩公,感到"神冥契合",因此,李白在《江夏送倩公归汉东序》里说:

> 仆平生述作,罄其草而授之。

但不知倩公是否将这些文稿编成集子。

宝应元年(762),李白将终,又将编集之事拜托族叔李阳冰,阳冰《草堂集序》云:

> 阳冰试弦歌于当涂,心非所好,公(指李白)遐不弃我,乘扁舟而相顾。临当挂冠,公又疾亟,草稿万卷,手集未修,枕上授简,俾予为序。

李阳冰编辑并为之作序的即是《草堂集》十卷,其中诗文并非全是李白手稿,《草堂序》云:

中原有事,公避地八年,当时著述,十丧其九,今所存者,皆得之他人焉。

《草堂集》编成后并未成为定本,故二十八年后(790),刘全白《翰林学士李君碣记》说:"文集亦无定卷,家家有之。"又过了二十七年(817),范传正"于人间得公遗篇逸句,吟咏在口"(《唐左拾遗翰林学士李公新墓碑并序》),然后编成文集二十卷,范《序》说:

> (李白)文集二十卷,或得之于时之文士,或得之于宗族,编辑断简,以行于代。

范本即是在阳冰本的基础上扩大而成的,虽收集仍不全面,但却是唐代最完备的一个本子。《旧唐书·李白传》:"有文集二十卷,行于时。"《新唐书·艺文志》:"李太白草堂集二十卷(李阳冰录)。"大约就是指范传正以李阳冰《草堂集》为底本增订的那个本子,但魏颢、李阳冰、范传正的三个本子皆不传。

如果说唐人由魏颢至范传正对李白诗文还只是一般的收集,那么到宋代,宋人对李白集的增订、分类和考次则是十分严谨的整理。

咸平元年(998),乐史以《草堂集》(十卷本)为底本,开始了第一次较大规模的增订,其《李翰林别集序》说:

> 李翰林歌诗,李阳冰纂为《草堂集》十卷,史又别收歌诗十卷,与《草堂集》互有得失,因校勘排为二十卷,号曰《李翰林集》。今于三馆中得李白赋、序、表、赞、书、颂等,亦排为十卷,号曰《李翰林别集》。

过了七十年,常山宋敏求在熙宁元年(1068)重新进行了编辑整理,其《李太白文集后序》说:

> 唐李阳冰序李白《草堂集》十卷云:当时著述,十丧其九。咸平中,乐史别得白歌诗十卷,合为《李翰林集》二十卷,凡七百七十六篇,史又纂杂著为别集十卷。治平元年,得王文献公溥家藏白诗集上、中二帙,凡广二百四篇,惜遗其下帙。熙宁元年,得唐魏万所纂白诗集二卷,凡广四十四篇。因衰《唐类诗》诸编,洎刻石所传、别集所载者,又得七十七篇,无虑千篇。沿旧目而厘正其汇次,使各相从。以别集附于后,凡赋、表、书、序、碑、颂、记、铭、赞、文六十五篇,合为

三十卷。同舍吕缙叔出《汉东紫阳先生碑》，而残缺间莫能辨，不复收云。

宋敏求的增订使乐史本更为丰富，故特别受到后人重视，但此本仍是一般的汇集，后来曾巩又前进一步，他就宋敏求这个三十卷本，于每类之中，考其先后而编年排次，其《李太白文集后序》说：

> 《李白集》三十卷，旧歌诗七百七十六篇，今千有一篇，杂著六十五篇，知制诰常山宋敏求字次道之所广也。次道既以类广白诗，自为序，而未考次其作之先后。余得其书，乃考其先后而次第之。

至此，李白文集大体成为定本，不仅收集诗文较丰富，且有编年考定，但其体例仍不十分恰当，故而胡震亨云："至其体例，先古风，次乐府，又仍次古风，尤所不解。"（《唐音癸签》卷三十二）宋元丰三年（1080）临川晏处善守苏州，以宋、曾所编《李白文集》付信安毛渐校正刊行，这便是《李白文集》的第一个刻本，此本第一卷为序、碑，下二十三卷为歌诗，最后六卷为杂著。以后据此翻刻者有蜀本。同时沿乐史本系统下来的有咸淳己巳（1269）本，题为《李翰林集》三十卷，这个本子伪作颇多，但也有一定的参考价值。

宋末李白诗文的集注本才出现，南宋杨齐贤（宋宁宗庆元五年进士），有集注《李白诗》二十五卷，元人萧士赟认为此本"博而不能约，至取唐广德以后事及宋儒记录诗词为祖，甚而并杜诗内伪作苏东坡笺事，已经益守郭知达删去者亦引用焉"（《补注李太白集序例》）。元世祖至元辛卯（1291），萧氏删补杨齐贤注本而成《分类补注李太白集》二十五卷，其《序例》说：

> 仆自弱冠知诵太白诗。时习举子业，虽好之未暇究也。厥后乃得专意于此，间趋庭以求闻所未闻，或从师以蕲解所未解。冥思遐想，章究其意之所寓；旁搜远引，句考其字之所原。若夫义之显者，概不赘演。或疑其赝作，则移置卷末，以俟巨眼者自择焉。此其例也。一日得巴陵李粹甫家藏左绵所刊舂陵杨君齐贤子见注本读之……因取其本类此者为之节文，择其善者存之。注未尽者，以予所知附于后，混为一注。全集有赋八篇，子见本无注，此则并注之，标其目曰《分类补注李太白集》。

萧氏于辨别李诗之真伪确实下了功夫,故时有发明,但其注很繁琐,至使胡震亨批评说:

> 萧之解李,亦无一字为本诗发明,却于诗外旁引传记,累牍不休,注白乐府引郑夹漈说尤谬。郑于乐府之不可考者,概分门类为遗声。李乐府从古题本辞本义妙用夺换而出,离合变化,显有源流,不溯之此为注,乃引郑勉强不通之说塞白耶!(《唐音癸签》卷三十二《录三》)

这个批评虽然过苛,但也说明了萧本的弱点。《四库全书总目提要》的评论比较适当:

> 注中多征引故实,兼及意义。卷帙浩博,不能无失⋯⋯然其大致详赡,足资检阅⋯⋯其于白集固不为无功焉。

萧氏本元代即有至大辛亥勤有堂刊本,明嘉靖癸卯(1543)吴会郭云鹏又有校刻本,但改动很大,已非杨、萧本本来的面目了。

明代对李白集的整理与校注又有发展,首先值得注意的是朱谏的《李诗选注》十二卷和《辩疑》二卷,合之即是一部李诗全集,其长短之处,《温州经籍志》卷二十六说得比较明白:

> 案荡南《李诗选注》,笺释文义,大抵以杨齐贤、萧士赟《分类补注》为蓝本,而删其词意浅俗,不类白作,及虽系白作,而出于不经意者。以其不全录原本,故名选注。其注征引故事,兼及意旨,详简得中,颇便省览。惟每篇必傅以六义,则未脱宋以来讲学家说诗窠白。其考释亦间有疏漏。⋯⋯然其纠正旧注者亦复不少⋯⋯固足与扬、萧注同行也。《辩疑》二卷,录《选注》所删诗二百十六篇,以为多他人作羼入李集。每篇皆略摘其疵累,以明其删削之旨⋯⋯其鉴别亦尚精审。⋯⋯然篇数既多,评议不必尽当,且好断某诗为李益作,某诗为李赤作,专辄之弊,亦不能免。

朱氏此本虽时有武断之处和其他失误,但材料丰富,条理清楚,有分段串讲,间有总评;其对李诗的辩疑,还是能启发后人的。朱谏之后,胡震亨驳正旧注,作《李诗通》二十一卷,詹锳先生在《李太白集版本叙录》自序中谈到胡氏本云:

其书首列朱茂时、朱大启并胡夏客题识。自卷一以下则为作者所改编的李白传、李白年谱及本诗。胡氏以宋敏求所收间杂伪作,曾巩所次体例亦多错综,乃重为编订。以乐府居前,余古律各以类从,为二十卷。其李赤《姑孰十咏》、李益《长干行》、顾况《去妇词》混入者,并改正。而伪作经前人甄辨者别为一卷附集后。

胡氏认为杨、萧之注繁琐,故《李诗通》大量删去旧注,常常在诗题下用短语说明题意,对旧注也有许多纠正,只是过分追求简洁,有些注解因过略而不能说清问题。明代还有林兆珂撰的《李诗钞述注》十六卷,十分简陋,错误甚多;又有刘世教刊行的《合刻李杜分体全集李诗四十二卷杜诗六十六卷》,此本删去了所有旧注,而以古近诸体分类,其间本着编年而定先后。还有杨慎题辞、张愈光选的《李诗选》,仅收诗一百六十余首。

清代王琦的《李太白全集》三十六卷,是历来李白诗文合注最完备的本子。此本一出,便特别受到研究者与爱好者的重视。《四库全书总目提要》说:

> 琦字琢崖,钱塘人。注李诗者,自杨齐贤、萧士赟后,明林兆珂有《李诗钞述注》十六卷,简陋殊甚。胡震亨驳正旧注,作《李诗通》二十一卷。琦以其尚多漏略,乃重为编次笺释,定为此本。其诗参合诸本,益以逸篇,厘为三十卷,以合曾巩序所言之数。别以序、志、碑、传、赠答、题咏、诗文、评语、年谱、外纪为附录六卷。而缪氏所谓《考异》一卷,散入文句之下,不另列焉。其注欲补三家(杨、萧、胡)之遗阙,故采摭颇富,不免微伤于芜杂,然捃拾残剩,时亦寸有所长。自宋以来,注杜者林立,而注李诗者寥寥仅二三本。录而存之,亦足以资考证。是固物少见珍之义也。

王本材料丰富,考证也力求准确,确有集大成之功绩,其对典故和地理方面的诠释考订提出了一些独到的见解,在版本校勘上也时有创新。当然也有不足之处,如"采摭颇富,不免微伤于芜杂";在笺释和人事考证上也屡有失误,加之王本删去了萧本诗题下原来宋本所注的李白游踪,也给研究者带来了麻烦。清代还有李调元、邓在珩合编的《李太白全集》十六卷,其内容基本上取自王琦注本而尽删其注,所附年谱亦是王琦所作,价值不高。清代还有康熙年间应泗源所编《李诗纬》,其书选了李白部分诗文加以评论,有些观点还能启发人。

今人对李白集的整理与研究自然较古人进步,除出现了十余种李白诗文选注本外,当代值得特别注意的是三部李白作品全集:一是瞿蜕园、朱金城先生的《李白集校注》;二是安旗先生主编的《李白全集编年注释》;三是詹锳先生主编的《李白全集校注汇释集评》。这三部李白作品全注本各有特色,亦各有不足,但在李白作品的整理和研究上都有重要贡献,均是当代李白作品研究的重要成果。

关于李白诗歌作品全集,还有一部书不能不提,那就是由陈贻焮先生任主编的《增订注释全唐诗》,其中李白的诗歌作品编为二十五卷,可视作是李白诗歌作品的全注本。这个注本是由我来完成的。为了符合《增订注释全唐诗》的体例,在李白作品注释中增删了不少内容,因此我一直有将其独自出版的想法,此次,终于有这样一个机会,实在是"天遂人愿",其乐何极!

这次独自成书,除作了文字方面的少量删改工作外,主要是对《增订注释全唐诗》全书采用"互见"方法省略的典故、人名及注文较长的词语等恢复注释文字。其中有些略嫌重复,但为了读者的便利,仍予保留。其他没有大的变化。有些体例上的问题需要特别加以说明:

一、因为是《增订注释全唐诗》中的一部分,"李白卷"也必须遵守全书统一的注释、校勘、逸诗的增补等原则,这次独自成书,仍然体现了这些原则,这些原则在《〈增订注释全唐诗〉编注说明》中有详细罗列,如:"注释难字、难词一般不列举书证。解诗一般不加串讲,也不罗列异说"、"习见的地名、官名,如长安、洛阳、宰相、县令之类,一律不加注。注释不很偏僻的地名、官名,一般不说明注释的依据;注释偏僻的地名、官名,则说明注释的依据,但一般不征引原文"、"注释诗中涉及的史实、典章制度等,大都说明史料来源,但一般不征引原文,只撮述其大意"、"诗中典故及脱意前人的语句,皆注明出处,并征引原文(一般只征引关键性的几句话,其余则撮述大意)"。

二、同样因为是《增订注释全唐诗》的一部分,"李白卷"在校勘方面亦遵循统一原则,主要是:"以上海古籍出版社影印扬州局本为底本",一般不取他本与底本作全面比勘,"但在注释过程中,如发现文义难通、疑有误字之处,亦参校他本有关文字,借以改正底本错误"、"本书不轻易改动底本文字。底本之注语、题解、作诗本事等,一般皆予保留。凡改动底本文字,皆作校记。校记一般只说校改的出处依据(据某本改),而不申述理由。明显的错字,径行改正,不复出校。校记和注释放在一起"。"底本随文注出的异文,一般仍予保留(如确系误字,或确无参考价值,则不保留),但不作小字夹注的形式,而移入注文中,并冠以'全诗校'三字,以同编注者的自校区别"。

三、清代编辑的《全唐诗》,收诗虽较全备,但也仍有不少漏收之作,限于条件,只能"利用部分已有的辑逸成果增补逸诗","根据他人辑逸成果录入者,除注明原出处并检核原书外,还注明采自某人某某辑逸成果,以示对他人劳动成果的尊重。逸诗缺题者,以该诗首句或以'阙题'为题。逸句即以'句'为题"。原有"补遗"之外的新补逸诗,直接将其编在全集之末,前面冠以"新补"二字。

总之,整理一部李白诗歌全集是一项很有意义的工作,难度也很大,我在《增订注释全唐诗》"李白卷"的基础上,又作了增删修订,特别是在李白生平、诗歌作年及一些疑难词语的注释上尽量把近些年来我有意收集和积累的内容作了整理补充,从而使这部《李白诗集新注》较之"李白卷"的注释水平有所提高,希望能得到读者的认可和指教。需要特别说明的是,我为《增订注释全唐诗》"李白卷"所撰的原稿经过陈铁民和彭庆生二位先生认真审改,质量有很大提高,为现在独自成书打下了很好的基础,在此再致谢意!当然,我还应该特别感谢冯其庸先生,感谢冯先生在百忙之中为本书题写了书名。丁凡、刘波两位先生认真审读了书稿,使书稿质量又有较大提高,于景祥先生安排印出少量征求意见本实为不易;我的同事李俊认真通读了这个"征求意见本",指出了书稿中仍然遗留的一些问题,对我帮助也很大。对这些朋友的帮助,我心中充满感激之情,在此一并表示谢意!


管士光
2010 年 10 月 20 日初稿于京东静思斋
2013 年 11 月 6 日改定于京东静思斋

# 目　录

5

8

14

## 卷十七

16

18

# 卷二十三

**卷二十三**

## 卷二十五　补遗

27

## 附　录

# 卷　一

## 古　风

### 其　一

大雅久不作[1]，吾衰竟谁陈[2]。王风委蔓草[3]，战国多荆榛[4]。龙虎相啖食[5]，兵戈逮狂秦[6]。正声何微茫[7]，哀怨起骚人[8]。扬马激颓波[9]，开流荡无垠。废兴虽万变，宪章亦已沦[10]。自从建安来[11]，绮丽不足珍。圣代复元古[12]，垂衣贵清真[13]。群才属休明[14]，乘运共跃鳞[15]。文质相炳焕[16]，众星罗秋旻[17]。我志在删述[18]，垂辉映千春。希圣如有立[19]，绝笔于获麟[20]。

〔1〕大雅：《诗经》由"风""雅""颂"三部分组成。"雅"又分"大雅""小雅"。大雅共三十一篇，多为西周时期的政治诗。作：兴起。

〔2〕吾衰：语本《论语·述而》："子曰：甚矣吾衰也。"陈：陈献。传说古时天子命令太师陈诗以观民风。事见《礼记·王制》。

〔3〕王风：《诗经》国风的一部分，是周朝东都洛邑（今河南洛阳市）一带的民歌。委：丢弃。"王风"和上句"大雅"，均借指《诗经》。

〔4〕荆榛：丛生的杂树。比喻荒芜。

〔5〕"龙虎"句：比喻战国七雄龙争虎斗，互相吞并。

〔6〕逮：及，到。

〔7〕正声：即正风，指雅正的诗篇。

〔8〕骚人：屈原的《离骚》是《楚辞》的代表，后因称屈原、宋玉等创作楚辞体作品的诗人为"骚人"。

〔9〕扬马：指汉代辞赋家扬雄与司马相如。

〔10〕宪章：指诗的法度。沦：沦丧。

〔11〕建安：东汉献帝的年号（196—219）。其时曹氏父子（曹操和曹丕、曹植）和"建安七子"等所作的诗，风格刚健质朴、内容充实，号称"建安体"。

〔12〕圣代：指唐朝。

〔13〕垂衣:言无为而治。《易·系辞下》:"黄帝、尧、舜,垂衣裳而天下治。"清真:纯真朴素。这里指政治清明,世风纯朴。

〔14〕属:适逢。休明:美好清明。这里用以赞美盛世。谢朓《始出尚书省》:"惟昔逢休明,十载朝云陛。"

〔15〕"乘运"句:意谓应运而起,其势如龙腾鱼跃。语本王珪《咏汉高祖》:"汉祖起丰沛,乘运以跃鳞。"

〔16〕文:文采。质:本质。文质指诗歌的形式和内容。

〔17〕秋旻(mín):秋日的天空

〔18〕删述:孔子曾将古时诗歌三千余篇,删为三百零五篇。事见《史记·孔子世家》。又《论语·述而》:"子曰:述而不作,信而好古。"删述泛指整理编订诗歌创作。

〔19〕希圣:效法圣人。圣指孔丘。夏侯湛《闵子骞赞》:"圣既拟天,贤亦希圣。"

〔20〕"绝笔"句:《春秋·哀公十四年》:"春,西狩获麟。"杜预注谓见西狩获麟,"伤周道之不兴,感嘉瑞之无应",遂停止修《春秋》,"绝笔于获麟之一句"。

# 其　二〔1〕

蟾蜍薄太清〔2〕,蚀此瑶台月〔3〕。圆光亏中天,金魄遂沦没〔4〕。蝃蛛入紫微〔5〕,大明夷朝晖〔6〕。浮云隔两曜〔7〕,万象昏阴霏。萧萧长门宫〔8〕,昔是今已非。桂蠹花不实〔9〕,天霜下严威〔10〕。沉叹终永夕〔11〕,感我涕沾衣。

〔1〕诗约作于天宝三载(744),时作者被赐金放还即将离京。

〔2〕蟾蜍:即癞蛤蟆。神话传说月中有蟾蜍,啮食月亮。薄·侵迫。太清:天空。

〔3〕"蚀此"句:指月蚀。瑶台,在昆仑山,神话中西王母居处。沈约《和王中书德充咏白云诗》:"蔽亏昆山树,含吐瑶台月。"

〔4〕金魄:谓满月之影,光明灿烂,如金子一般。

〔5〕蝃(dì)蛛:虹的别名。紫微:星座名,太一之精,天帝所居。古人以为"蝃蛛入紫微",即是淫邪之气侵入帝座。是国家将出现灾祸的预兆。

〔6〕"大明"句:指朝日无光。大明,太阳。夷,消灭。

〔7〕两曜:日、月。

〔8〕长门宫:汉武帝陈皇后失宠,退居长门宫,愁闷悲思。

〔9〕桂蠹:桂树上的一种寄生虫。花不实:指只开花不结子。此句语本《汉书·五行志》所载汉成帝时歌谣:"桂树华不实,黄雀巢其颠。"

〔10〕"天霜"句:意谓皇帝发怒,如天降秋霜。潘岳《西征赋》:"弛秋霜之严威。"

〔11〕永夕:长夜。

## 其　三

秦皇扫六合[1]，虎视何雄哉[2]！挥剑决浮云，诸侯尽西来[3]。明断自天启[4]，大略驾群才。收兵铸金人[5]，函谷正东开[6]。铭功会稽岭[7]，骋望琅邪台[8]。刑徒七十万，起土骊山隈[9]。尚采不死药，茫然使心哀[10]。连弩射海鱼，长鲸正崔嵬[11]。额鼻象五岳[12]，扬波喷云雷[13]"。鬐鬣蔽青天[14]，何由睹蓬莱[15]。徐市载秦女，楼船几时回？但见三泉下，金棺葬寒灰[16]。

〔1〕六合：天地四方，概指天下。贾谊《过秦论》："及至始皇……履至尊而制六合。"

〔2〕虎视：如虎之雄视，形容势力强盛。班固《西都赋》："秦以虎视。"

〔3〕"挥剑"二句：典出《庄子·说剑》："天子之剑……上决浮云，下绝地纪。此剑一用，匡诸侯，天下服矣。挥，原作"飞"。据宋蜀刻本《李太白文集》校改。决，断。诸侯尽西来，指六国之君皆为所虏，西入向秦称臣。

〔4〕明断：英明果断。天启：上天的启示。《左传·僖公二十三年》："天之所启，人弗及也。"

〔5〕兵：兵器。金人：指用金属铸成的人像。《史记·秦始皇本纪》载：秦始皇二十六年(前221)，"收天下兵，聚之咸阳，销以为钟鐻，金人十二，重各千石，置宫廷中。"

〔6〕函谷：即函谷关，故址在今河南灵宝市北。此关为秦与东方六国的交通要道。六国未灭时，秦以重兵防守，启闭甚严；六国灭后，天下统一，函谷关的门便向东打开了。

〔7〕铭功：刻石记述功绩。会(kuài)稽岭：即会稽山，在今浙江绍兴市东南。《史记·秦始皇本纪》载：秦始皇在公元前210年曾"上会稽，祭大禹，望于南海，而立石刻颂秦德"。

〔8〕骋望：纵目远望。琅邪台：以今山东胶南市琅邪山上。《史记·秦始皇本纪》载：秦始皇曾于公元前219年"南登琅邪"，"作琅邪台，立石刻，颂秦德，明得意"。

〔9〕"刑徒"二句：《史记·秦始皇本纪》载：始皇初即位，命七十余万人为之修陵墓。

〔10〕"尚采"二句：《史记·秦始皇本纪》载，传说海上有三仙山，始皇遂命徐市"发童男女数千人入海求仙人"。

〔11〕"连弩"二句:连弩是一种装有机栝,可以连续发射数箭的弓。《史记·秦始皇本纪》载:徐市等求神药数岁不得,花费巨万,就谎称海中有大鲛鱼拦道,致使无法靠近仙山。秦始皇于是亲自带连弩在之罘(即今山东烟台市之罘岛)射杀大鱼。崔嵬,形容高大的样子。

〔12〕五岳:即东岳泰山、西岳华山、南岳衡山、北岳恒山和中岳嵩山。

〔13〕这句是说鲸鱼扬起波浪,喷出水柱,其气如云,其声似雷。

〔14〕鬐鬣(qí liè):鱼脊和鱼颔上的羽状部分。

〔15〕蓬莱:海中三神山之一。

〔16〕"但见"二句:化用《史记·秦始皇本纪》"穿三泉下铜而致椁"语意。

# 其　四[1]

凤飞九千仞,五章备彩珍[2]。衔书且虚归[3],空入周与秦。横绝历四海[4],所居未得邻。吾营紫河车[5],千载落风尘[6]。药物秘海岳,采铅青溪滨[7]。时登大楼山[8],举手望仙真[9]。羽驾灭去影,飙车绝回轮[10]。尚恐丹液迟[11],志愿不及申。徒霜镜中发,羞彼鹤上人。桃李何处开,此花非我春。唯应清都境[12],长与韩众亲[13]。

〔1〕诗作于天宝十三载(754),时作者在秋浦。

〔2〕五章:五种彩色。

〔3〕衔书:《宋书·符瑞志》:"有凤凰衔书,游文王之都。书又曰:'殷帝无道,虐乱天下,皇命已移,不得复久,灵祇远离,百神吹去,五星聚房,昭理四海。'"

〔4〕横绝:《汉书·张良传》:"鸿鹄高飞,一举千里。羽翼以就,横绝四海。"

〔5〕紫河车:萧士赟注:"道家蓬莱修炼法,河车是水,朱雀是火。取水一斗锴中,以火炎之令沸,致圣石九两其中,初成姹女,次谓之玉液,后成紫色,谓之紫河车,白色曰白河车,青色曰青河车,赤色曰赤河车,亦曰黄芽。"

〔6〕落:脱离。

〔7〕青溪:即清溪,在今安徽池州城北。

〔8〕大楼山:在池州府城南六十里。

〔9〕手:全诗校:"一作首。"

〔10〕"羽驾"二句:杨齐贤注:"羽驾,言乘鸾驾鹤。飙车,言御风载云。"

〔11〕丹液:即还丹金液,道家认为服之可以白日升天。

〔12〕清都:天帝所居的宫阙,也指帝王所居之都城。

〔13〕韩众:仙人名。《楚辞·远游》:"见韩众而宿之兮,问天道之所在。"王逸注:

"韩众,仙人也。"《抱朴子·仙药》:"韩众服菖蒲十三年,身生毛,日视书万言,皆诵之,冬袒不寒。"

## 其 五

太白何苍苍[1],星辰上森列。去天三百里,邈尔与世绝[2]。中有绿发翁,披云卧松雪。不笑亦不语,冥栖在岩穴[3]。我来逢真人,长跪问宝诀[4]。粲然启玉齿[5],授以炼药说。铭骨传其语,竦身已电灭。仰望不可及,苍然五情热[6]。吾将营丹砂[7],永与世人别。

〔1〕太白:山名,在今陕西省西安市西南,为秦岭主峰。

〔2〕"去天"二句:《水经注·渭水》:"太白山,在武功县南,去长安二百里,不知其高几何。俗云:'武功太白,去天三百。'"邈,远貌。

〔3〕冥栖:隐居。

〔4〕"我来"二句:语本曹植《飞龙篇》:"我知真人,长跪问道。"真人,道家称"修真得道"或"成仙"的人。

〔5〕粲然:盛笑貌。启玉齿:全诗校:"一作忽自哂。"

〔6〕苍然:匆遽貌。五情:喜、怒、哀、乐、怨。

〔7〕营丹砂:指求仙访道。

## 其 六

代马不思越,越禽不恋燕[1]。情性有所习,土风固其然[2]。昔别雁门关[3],今戍龙庭前[4]。惊沙乱海日[5],飞雪迷胡天。虮虱生虎鹖[6],心魂逐旌旆[7]。苦战功不赏,忠诚难可宣。谁怜李飞将,白首没三边[8]。

〔1〕"代马"二句:用《古诗十九首》"胡马依北风,越鸟巢南枝"语意。代、燕,指北方。越,指南方。

〔2〕土风:乡土风俗。张协《杂诗》:"土风安所习,由来有故然。"固其然:全诗校:"一作其固然。"

〔3〕雁门关:关名,在今山西阳高县北。

〔4〕龙庭:匈奴祭天、大会诸部之地,又称龙城。

〔5〕海:瀚海,唐时为蒙古高原大沙漠以北及其以西今准噶尔盆地一带广大地区

的泛称。

〔6〕虎鹖:谓虎文衣与鹖冠。《后汉书·舆服志》:"武冠……加双鹖尾,竖左右,为鹖冠云……虎贲武骑皆鹖冠,虎文单衣。"

〔7〕旍:旗的通称。旄:旗的曲柄。

〔8〕李飞将:西汉名将李广。《史记·李将军列传》:"广结发与匈奴大小七十余战。"三边:幽、并、凉三州,此泛指北方边地。

# 其　七

五鹤西北来,飞飞凌太清[1]。仙人绿云上,自道安期名[2]。两两白玉童,双吹紫鸾笙[3]。去影忽不见,回风送天声[4]。我欲一问之[5],飘然若流星。愿餐金光草[6],寿与天齐倾[7]。

〔1〕凌:经历、飞过。太清:天庭。《楚辞·九叹·远游》:"譬若王侨之乘云兮,载赤霄而凌太清。"

〔2〕安期:安期生,仙人名。传说中的仙人,居东海仙山。事见《史记·封禅书》。

〔3〕紫鸾笙:仙人所吹之笙。

〔4〕回风:飘风,旋风。

〔5〕"我欲"句:全诗校:"一作举首远望之。"

〔6〕金光草:《佩文韵府·韵府拾遗》卷四九引《广异纪》:"谢元卿至东岳夫人所居,有异草,叶如芭蕉,花正黄色,光可以鉴,曰此金光草也,食之化形灵,元寿与天齐。"

〔7〕本诗全诗校:一作"客有鹤上仙,飞飞凌太清。扬言碧云里,自道安期名。两两白玉童,双吹紫鸾笙。飘然下倒影,倏忽无留形。遗我金光草,服之四体轻。将随赤松去,对博坐蓬瀛。"

# 其　八

咸阳二三月[1],宫柳黄金枝。绿帻谁家子,卖珠轻薄儿[2]。日暮醉酒归,白马骄且驰。意气人所仰,冶游方及时[3]。子云不晓事,晚献长杨辞[4]。赋达身已老,草玄鬓若丝[5]。投阁良可叹[6],但为此辈嗤[7]。

〔1〕咸阳:此指长安。

〔2〕"绿帻"二句:《汉书·东方朔传》载:董偃少时随母卖珠,出入武帝姑母馆陶

公主家,后为馆陶公主宠幸,出则执辔,入则侍内,号曰董君。武帝至馆陶公主家宴饮时,偃头裹绿帻(汉时贱服)拜见,受到封赏,后又得宠用。帻,包发头巾。

〔3〕冶游:指狎妓。

〔4〕"子云"二句:汉成帝幸长杨宫,令胡客大校猎,扬雄献《长杨赋》。

〔5〕草玄:《汉书·扬雄传》:"哀帝时,丁、傅、董贤用事,诸附离之者或起家至二千石。时雄方草《太玄》,有以自守,泊如也。"

〔6〕投阁:王莽篡汉,建立新朝,扬雄作《剧秦美新》歌颂王莽。他的学生刘棻犯罪,扬雄受株连。收捕时,扬雄正在天禄阁上校书,治狱者来,扬雄从阁上跳下,几乎死去。事见《汉书·扬雄传》。

〔7〕此辈:指董偃之辈。嗤:耻笑。

## 其　九

庄周梦胡蝶,胡蝶为庄周[1]。一体更变易,万事良悠悠。乃知蓬莱水,复作清浅流[2]。青门种瓜人,旧日东陵侯[3]。富贵故如此[4],营营何所求[5]?

〔1〕"庄周"二句:《庄子·齐物论》:"昔者庄周梦为胡蝶,栩栩然胡蝶也。自喻适志与! 不知周也。俄然觉,则蘧蘧然周也。不知周之梦为胡蝶与,胡蝶之梦为周与?"

〔2〕"乃知"二句:《神仙传》载,仙女麻姑说曾见东海三为桑田,前到蓬莱,又见海水浅于往日略半,将复为陆地。

〔3〕"青门"二句:汉长安城东,居南第一门,因门色青,故俗呼为"青城门"。(见《三辅芳图·都城十二门》)《史记·萧相国世家》载,秦东陵侯邵平,秦亡后为布衣,种瓜于长安青门外。

〔4〕故:全诗校:"一作固。"

〔5〕营营:奔走忙碌貌。

## 其　十

齐有倜傥生[1],鲁连特高妙[2]。明月出海底[3],一朝开光曜。却秦振英声,后世仰末照[4]。意轻千金赠,顾向平原笑[5]。吾亦澹荡人[6],拂衣可同调[7]。

〔1〕倜傥:潇洒超拔,不受拘束。

〔2〕鲁连:即鲁仲连。《史记·鲁仲连邹阳列传》载,战国时,鲁连助赵解邯郸之围,平原君赠以千金,笑而不受。

〔3〕明月:即夜光珠,产于海中。此处借喻鲁仲连之风采。

〔4〕却秦:使秦军后退。末照:余光。

〔5〕顾:回头。

〔6〕澹荡:恬淡自适。

〔7〕同调:志趣相同,谢灵运《七里濑》:"谁谓古今殊,异代可同调。"

## 其十一

黄河走东溟[1],白日落西海。逝川与流光[2],飘忽不相待。春容舍我去,秋发已衰改[3]。人生非寒松,年貌岂长在。吾当乘云螭,吸景驻光彩[4]。

〔1〕东溟:即东海。

〔2〕逝川:流水。流光:光阴。

〔3〕春容:青春年少的容颜。秋发:指衰年之头发。

〔4〕云螭:龙的别称。吸景:杨齐贤注:"吸日月之景以驻吾之颜。"景,光。此二句全诗校:"一作谁能学天飞,三秀与君采。"

## 其十二

松柏本孤直,难为桃李颜[1]。昭昭严子陵,垂钓沧波间。身将客星隐,心与浮云闲。长揖万乘君,还归富春山[2]。清风洒六合[3],邈然不可攀[4]。使我长叹息,冥栖岩石间[5]。

〔1〕桃李颜:指桃李妖艳的颜色。

〔2〕"昭昭"六句:《后汉书·逸民传》载,严光字子陵,会稽余姚人。曾与刘秀同学。刘秀即帝位,召至京城,拜谏议大夫,不受,归隐于富春江。昭昭,光明磊落貌。将,与。

〔3〕六合:指天地四方。

〔4〕邈然:高远貌。不可攀:不可企及。

〔5〕冥栖:即隐居。

## 其十三

君平既弃世,世亦弃君平<sup>[1]</sup>。观变穷太易<sup>[2]</sup>,探元化群生<sup>[3]</sup>。寂寞缀道论,空帘闭幽情。驺虞不虚来<sup>[4]</sup>,鸑鷟有时鸣<sup>[5]</sup>。安知天汉上<sup>[6]</sup>,白日悬高名?海客去已久<sup>[7]</sup>,谁人测沉冥<sup>[8]</sup>?

〔1〕"君平"二句:《文选》鲍照《咏史》:"君平独寂寞,身世两相弃。"李善注:"身弃世而不仕,世弃身而不任。"君平,严君子,名遵,西汉蜀郡(今成都市)人。卖卜于成都,日得百钱,足以自养,即闭肆下帘读《老子》。一生不为官,享年九十余。

〔2〕太易:《列子·天瑞》:"有太易,有太初,有太始,有太素。太易者,未见气也;太初者,气之始也;太始者,形之始也;太素者,质之始也。"

〔3〕探元:即探玄,探道。

〔4〕驺虞:传说中的瑞兽。《诗·召南·驺虞》"于嗟乎驺虞"注:"驺虞,义兽也,白虎黑文,不食生物,有至信之德则应之。"

〔5〕鸑鷟:《国语·周语》:"周之兴也,鸑鷟鸣于岐山。"韦昭注:"鸑鷟,凤凰之别名也。"

〔6〕天汉:天河,银河。

〔7〕"海客"句:张华《博物志》载,天河与海通,年年八月有浮槎来去。有人乘槎而去,至一处,有城郭宫室,遥望宫中多织妇,又见一丈夫牵牛饮于河边,乃问此是何处,牵牛者曰:"君还至蜀郡,访严君平则知之。"此人回到成都,问君平,答曰:"某年月日有客星犯牵牛宿。"

〔8〕沉冥:隐居不仕。

## 其十四

胡关饶风沙<sup>[1]</sup>,萧索竟终古<sup>[2]</sup>。木落秋草黄,登高望戎虏。荒城空大漠,边邑无遗堵<sup>[3]</sup>。白骨横千霜<sup>[4]</sup>,嵯峨蔽榛莽<sup>[5]</sup>。借问谁凌虐<sup>[6]</sup>,天骄毒威武<sup>[7]</sup>。赫怒我圣皇,劳师事鼙鼓<sup>[8]</sup>。阳和变杀气,发卒骚中土<sup>[9]</sup>。三十六万人,哀哀泪如雨。且悲就行役,安得营农圃<sup>[10]</sup>?不见征戍儿,岂知关山苦<sup>[11]</sup>?李牧今不在<sup>[12]</sup>,边人饲豺虎<sup>[13]</sup>。

〔1〕胡关:近边塞之关隘。饶:多。

〔2〕萧索:萧条凄凉。竟:尽。终古:自古以来。

〔3〕空:只。邑:小城。堵:墙壁。

〔4〕千霜:千载。

〔5〕嵯峨:高峻貌。榛莽:草木丛生。

〔6〕凌虐:欺凌暴虐。

〔7〕天骄:《汉书·匈奴传》:"胡者,天之骄子也。"毒:毒害。威武:指以武力相侵。

〔8〕赫怒:盛怒。圣皇:指玄宗。鼙鼓:古代军中用的小鼓。此指战争。

〔9〕阳和:春日和暖之气。杀气:秋日之阴气。发:征调。中土:中原。

〔10〕营农圃:从事农业生产。古称种五谷为农,种蔬菜为圃。

〔11〕全诗校:"一本以下有'争锋徒死节,秉钺皆庸竖。战士死蒿莱,将军获圭组'四句。"

〔12〕李牧:《史记·张释之冯唐列传》:"李牧为赵将,居边,军市之租,皆自用飨士,赏赐专于外,不从中扰也。"

〔13〕豺虎:喻残暴的敌人。

## 其十五〔1〕

燕昭延郭隗,遂筑黄金台。剧辛方赵至,邹衍复齐来〔2〕。奈何青云士〔3〕,弃我如尘埃。珠玉买歌笑,糟糠养贤才〔4〕。方知黄鹤举,千里独裴回〔5〕。

〔1〕诗约作于天宝三载(744),时作者即将离开长安。

〔2〕"燕昭"四句:战国时,燕昭王为求富国强兵,欲延天下贤士,先为郭隗修建宫室而师事之。又筑黄金台,置千金于台上,以招聘贤士。不久,乐毅从魏国、剧辛从赵国、邹衍从齐国奔赴燕国。事见《战国策·燕策》及《史记·燕召公世家》。

〔3〕青云士:指在高位之人。

〔4〕"珠玉"二句:刺统治者荒淫逸乐而鄙弃贤才。阮籍《咏怀》其三一:"战士食糟糠,贤者处蒿莱。"

〔5〕"方知"二句:喻贤才远走高飞,独自徘徊。裴回:徘徊。

## 其十六

宝剑双蛟龙〔1〕,雪花照芙蓉〔2〕。精光射天地,雷腾不可冲〔3〕。一去别金匣,飞沉失相从。风胡灭已久〔4〕,所以潜其锋〔5〕。吴水深万丈,楚山邈千重。雌雄终不隔,神物会当逢[6]。

〔1〕"宝剑"句:《晋书·张华传》载,雷焕在丰城县狱掘得宝剑两把,雄曰干将,雌曰莫邪,送干将与张华,留莫邪以自佩。张华被杀,失剑所在。雷焕卒后,其子持莫邪剑经延平津,剑忽跃入水中。使人没水取之,不得,但见双龙光彩照水,波浪惊沸。

〔2〕雪花、芙蓉:形容剑光之清澈。

〔3〕"精光"二句:《晋书·张华传》载,张华见"斗牛之间常有紫气",因与雷焕登楼仰观。雷焕说是"宝剑之精,上彻于天耳",并说宝剑当在豫章丰城。

〔4〕风胡:即风胡子,春秋楚国的一位善相剑者。楚王曾派他赴吴,见干将和欧冶子,使铸宝剑。见《越绝书·外传·记宝剑》。

〔5〕潜:藏。

〔6〕"雌雄"二句:《晋书·张华传》载,张华得雷焕赠剑后说:"详观剑文,乃干将也,莫邪何复不至? 虽然,天生神物,终当合耳。"当:全诗校:"一作相。"

## 其十七

金华牧羊儿,乃是紫烟客[1]。我愿从之游,未去发已白。不知繁华子,扰扰何所迫? 昆山采琼蕊[2],可以炼精魄[3]。

〔1〕"金华"二句:《神仙传》卷二载,黄初平在金华山牧羊,后得道成仙。其兄入山寻之,问初平:"羊何在?"答曰:"近在山东。"兄往视,唯见白石累累。初平叱曰:"羊起!"于是白石皆动,为羊数万。金华山,在今浙江金华市北。紫烟客,指仙人。

〔2〕琼蕊:琼华。《汉书·司马相如传》张揖注:"琼树生昆仑西流沙滨,大三百围,高万仞。华,蕊也,食之长生。"全诗校:"蕊,一作蕤。"

〔3〕精魄:魂魄。

## 其十八

天津三月时[1],千门桃与李。朝为断肠花[2],暮逐东流水。前水复后水,古今相续流。新人非旧人,年年桥上游。鸡鸣海色动[3],谒帝罗公侯[4]。月落西上阳[5],余辉半城楼。衣冠照云日,朝下散皇州[6]。鞍马如飞龙,黄金络马头。行人皆辟易[7],志气横嵩丘[8]。入门上高堂,列鼎错珍羞[9]。香风引赵舞[10],清管随齐讴[11]。七十紫鸳鸯,双双戏庭幽[12]。行乐争昼夜,自言度千秋。功成身不退,自古多愆尤〔13〕。黄犬空叹息〔14〕,绿珠成衅仇〔15〕。何如鸱夷子,散发棹扁舟〔16〕。

〔1〕天津:浮桥名,故址在今洛阳西南洛水上。

〔2〕断肠花:极言桃李烂漫,使人见之春心摇荡,不胜思恋。

〔3〕海色:晓色。

〔4〕谒:拜见。罗:排列。

〔5〕西上阳:宫名,在唐东都洛阳皇城西南隅。全诗校:"一作上阳西。"

〔6〕朝下:下朝。皇州:京都。

〔7〕辟易:因惊惧而退避。

〔8〕嵩丘:嵩山。

〔9〕列鼎:古代贵族列鼎而食。错:错杂。珍羞:名贵珍奇的食物。

〔10〕香风:脂粉香气随风散发。

〔11〕清管:清亮的管乐声。讴:歌。

〔12〕"七十"二句:《西京杂记》卷三:"茂陵富人袁广汉……于北邙山下筑园……养白鹦鹉、紫鸳鸯……奇兽怪禽,委积其间。"庭幽,幽静的庭院。

〔13〕愆尤:罪过,灾祸。

〔14〕"黄犬"句:用李斯事。《史记·李斯列传》载,李斯被囚,对其子说:"吾欲与汝复牵黄犬,俱出上蔡东门,逐狡兔,岂可得乎?"父子抱头痛哭,而夷三族。

〔15〕"绿珠"句:《晋书·石崇传》载,石崇宠妓绿珠,美而艳,善吹笛,工舞。后石崇被收捕,绿珠自投楼下而亡。

〔16〕"何如"二句:用范蠡事。《国语·越语下》载,范蠡佐越王勾践灭吴后,乃辞别越王,"乘轻舟以浮于五湖,莫知其所终极"。鸱夷子,即鸱夷子皮,范蠡的别号。扁舟,小船。棹,全诗校:"一作弄。"

## 其十九〔1〕

西岳莲花山〔2〕,迢迢见明星〔3〕。素手把芙蓉,虚步蹑太清〔4〕。霓裳曳广带〔5〕,飘拂升天行。邀我登云台,高揖卫叔卿〔6〕。恍恍与之去,驾鸿凌紫冥〔7〕。俯视洛阳川,茫茫走胡兵〔8〕。流血涂野草,豺狼尽冠缨〔9〕。

〔1〕诗作于至德元载(756),作者由梁宋奔之玉华山。

〔2〕岳:全诗校:"一作上。"莲花山:即莲花峰,为西岳华山的最高峰。

〔3〕迢迢:遥远貌。明星:神话中的华山仙女名。《太平广记》卷五九引《集仙

录》:"明星玉女者,居华山,服玉浆,白日升天。"

〔4〕素手:洁白的手。虚步:凌空而行。蹑:登。太清:高空。

〔5〕霓裳:虹霓做成的衣裳,仙人所服。曳(yè):拖。

〔6〕云台:华山东北部的高峰。卫叔卿:《神仙传》卷八载,卫叔卿,中山人,服云母石而成仙。汉武帝曾派人寻找他的踪迹,远远望见卫叔卿与数人博戏于华山绝岩下。

〔7〕恍恍:恍惚。紫冥:青紫色的天空。

〔8〕胡兵:指安禄山叛军。天宝十四载(755)十二月,安史叛军攻破洛阳。

〔9〕冠缨:官员的装束。

# 其二十

昔我游齐都[1],登华不注峰[2]。兹山何峻秀,绿翠如芙蓉。萧飒古仙人,了知是赤松[3]。借予一白鹿[4],自挟两青龙[5]。含笑凌倒景[6],欣然愿相从[7]。泣与亲友别,欲语再三咽。勖君青松心[8],努力保霜雪。世路多险艰,白日欺红颜。分手各千里,去去何时还[9]。在世复几时,倏如飘风度[10]。空闻《紫金经》[11],白首愁相误。抚己忽自笑,沉吟为谁故。名利徒煎熬,安得闲余步[12]。终留赤玉舄,东上蓬莱路。秦帝如我求,苍苍但烟雾[13]。

〔1〕齐都:《元和郡县图志·河南道·青州》:"临淄县,古营丘之地,吕望所封,齐之都也。"即今山东淄博市。

〔2〕华不注峰:王琦注引《山东通志》:"华不注山在济南府城东北十五里。"

〔3〕赤松:赤松子,古代仙人。

〔4〕白鹿:仙人的坐骑。

〔5〕青龙:仙人所乘。

〔6〕凌倒景:指升天。倒景,即倒影,道家指天上最高处。

〔7〕全诗校:"一本此十句作一首。"

〔8〕勖:勉励。

〔9〕全诗校:"一本此八句作一首。"

〔10〕飘风:旋风,暴风。

〔11〕《紫金经》:炼丹之书。

〔12〕闲余步:《文选》沈约《宿东园》:"聊可闲余步。"李善注:"《七启》:'从容闲

步。'"张铣注:"闲,缓也。"

〔13〕"终留"四句:用安期生典。《史记·封禅书》载,秦时琅邪人安期生,受学于河上丈人,卖药海边,时人皆呼千岁公。秦皇东游,与语三日夜,赐金帛数千万,皆置之而去,留下赤玉舄和书信曰"后十年求我蓬莱山下"。赤玉舄,一种复底而着木的鞋。莱:全诗校:"一作山。"诗末全诗校:"一本此十二句作一首。"

## 其二十一

郢客吟《白雪》,遗响飞青天。徒劳歌此曲,举世谁为传。试为《巴人》唱,和者乃数千[1]。吞声何足道[2],叹息空凄然。

〔1〕"郢客"六句:宋玉《对楚王问》:"客有歌于郢中者,其始曰《下里》《巴人》,国中属而和者数千人。……其为《阳春》《白雪》,国中属而和者不过数十人。……是其曲弥高,其和弥寡。"

〔2〕吞声:不敢出声。何足道:谓心中痛苦而不可言也。

## 其二十二[1]

秦水别陇首,幽咽多悲声[2]。胡马顾朔雪,蹀躞长嘶鸣[3]。感物动我心,缅然含归情[4]。昔视秋蛾飞,今见春蚕生[5]。袅袅桑柘叶,萋萋柳垂荣。急节谢流水[6],羁心摇悬旌[7]。挥涕且复去,恻怆何时平?

〔1〕诗约作于天宝三载(744),时作者即将离京。

〔2〕"秦水"二句:《太平御览》卷五六引《三秦记》:"陇西关,其阪九回,不知高几里,欲上者七日乃越。……上有清水四注,俗歌曰:'陇头流水,鸣声幽咽。遥望秦川,肝肠断绝。'去长安千里,望秦川如带。关中人上陇首,还望故乡,悲思而歌,则有绝死者。"陇首,即陇山,在今陕西陇县至甘肃平凉一带。

〔3〕"胡马"二句:《古诗十九首》其一:"胡马依北风,越鸟巢南枝。"朔雪,北方的雪。蹀躞,往来徘徊。

〔4〕缅然:遥远貌。《国语·楚语上》:"缅然引领南望。"

〔5〕"昔视"二句:杨齐贤注:"《毛诗》:'昔我往矣,杨柳依依。今我来思,雨雪霏霏。'曹子建诗:'昔我初迁,朱华未希。今我旋止,素雪云飞。'太白意亦同此。昔我在此见秋蛾之飞,今既改岁,春蚕生矣,桑叶如结,柳条争荣,犹未得归。"

〔6〕急节:《文选》曹植《与吴季重书》:"日不我与,曜灵急节。"吕延济注:"急节

14

谓迁移速也。"杨齐贤注:"谢,去也,谓时节之去如流水之急也。"

〔7〕"羁心"句:谓心神不定。《战国策·楚策一》:"心摇摇如悬旌,而无所终薄。"

# 其二十三

秋露白如玉,团团下庭绿[1]。我行忽见之,寒早悲岁促。人生鸟过目[2],胡乃自结束[3]?景公一何愚?牛山泪相续[4]。物苦不知足,得陇又望蜀[5]。人心若波澜,世路有屈曲。三万六千日,夜夜当秉烛[6]。

〔1〕团团:凝聚貌。江淹《刘文学桢感怀》:"团团霜露色。"庭绿:指庭中草木。

〔2〕"人生"句:语本张协《杂诗》:"人生瀛海内,忽如鸟过目。"

〔3〕结束:约束。《古诗十九首》:"荡涤放情志,何为自结束?"

〔4〕"景公"二句:《列子·力命》:"齐景公游于牛山,北临其国城而流涕曰:'美哉国乎!郁郁芊芊,若何滴滴去此国而死乎!使古无死者,寡人将去斯而之何?'艾孔、梁丘据皆从而泣……晏子独笑于旁,公雪泣而顾晏子曰:'寡人今日之游悲,孔与据皆从寡人而泣,子之独笑何也?'晏子对曰:'使贤者常守之,则太公、桓公将常守之矣。使勇者常守之,则庄公、灵公将常守之矣。数君者将守之,吾君方将襄笠而立乎畎亩之中,惟事之恤,何暇念死乎?则吾君又安得此位而立焉?以其迭处之,迭去之,至于君也,而独为之流涕,是不仁也。见不仁之君,见谄谀之臣,见此二者,臣之所为独窃笑也。'景公惭焉。"陆机《齐讴行》:"鄙哉牛山叹,未及至人情。"

〔5〕"物苦"二句:《后汉书·岑彭传》:"敕岑彭书曰:人苦不知足,既平陇,复望蜀。"

〔6〕"三万"句:指百年之寿。

〔7〕秉烛:《古诗十九首》:"昼短苦夜长,何不秉烛游?"

# 其二十四[1]

大车扬飞尘,亭午暗阡陌[2]。中贵多黄金,连云开甲宅[3]。路逢斗鸡者[4],冠盖何辉赫[5]!鼻息干虹蜺,行人皆怵惕[6]。世无洗耳翁,谁知尧与跖[7]?

〔1〕诗作于开元十八年(730),时李白初入长安。

〔2〕亭午:正午。阡陌:田间的路,南北称阡,东西称陌,此泛指长安城中的街道。

〔3〕中贵:宦官之通称。连云:形容建筑物极高,仿佛上接云霄。甲宅:头等住宅。

〔4〕斗鸡者:善于斗鸡的人。据陈鸿《东城老父传》载,长安宜阳里童子贾昌由于善养斗鸡,深得玄宗宠信,"金帛之赐,日至其家",时号"神鸡童"。

〔5〕冠盖:衣冠和车盖。辉赫:光彩照人。

〔6〕干:犯。怵惕:恐惧。

〔7〕洗耳翁:指尧时的隐士许由。《高士传》卷上:"尧又召许由为九州长,由不欲闻之,洗耳于颍水滨。"跖:传说中古代的大盗。《庄子·盗跖》说他"从卒九千人,横行天下,侵暴诸侯"。此处用尧与跖分别代表好人与坏人。

## 其二十五

世道日交丧[1],浇风散淳源[2]。不采芳桂枝,反栖恶木根。所以桃李树,吐花竟不言[3]。大运有兴没,群动争飞奔[4]。归来广成子,去入无穷门[5]。

〔1〕"世道"句:《庄子·缮性》:"世丧道矣,道丧世矣,世与道交相丧也。"

〔2〕浇风:风俗浇薄。淳源:淳朴之源。《庄子·缮性》:"浇淳散朴。"

〔3〕"所以"二句:《史记·李将军列传》记古谚曰:"桃李不言,下自成蹊。"

〔4〕大运:天运,国运。群动:各种动物。此指世人。争飞奔:争逐于名利之场。

〔5〕"归来"二句:《庄子·在宥》载:黄帝问道于广成子,广成子曰:"余将去女,入无穷之门,以游无极之野。吾与日月参光,吾与天地为常……人其尽死,而我独存乎!"广成子,古代仙人。

## 其二十六

碧荷生幽泉,朝日艳且鲜。秋花冒绿水[1],密叶罗青烟[2]。秀色空绝世[3],馨香竟谁传?坐看飞霜满,凋此红芳年。结根未得所,愿托华池边[4]。

〔1〕冒绿水:覆盖绿水。曹植《公宴诗》:"朱华冒绿水。"

〔2〕罗青烟:网罗住弥漫在水上的青色雾霭。

〔3〕空绝世:徒然超过世上的一切鲜花。

〔4〕结根:生根。华池:芳华之池。陆机《塘上行》:"江篱生幽渚,微芳不足宣。被蒙风云会,移居华池边。发藻玉台下,垂影沧浪泉。沾润既已握,结根奥且坚。"

## 其二十七

燕赵有秀色[1],绮楼青云端[2]。眉目艳皎月,一笑倾城欢[3]。常恐碧草晚,坐泣秋风寒。纤手怨玉琴[4],清晨起长叹。焉得偶君子[5],共乘双飞鸾。

〔1〕"燕赵"句:《古诗十九首》其十二:"燕赵多佳人,美者颜如玉。"
〔2〕绮楼:华美之楼,美人所居。
〔3〕"一笑"句:语本"一顾倾人城,再顾倾人国。"倾城,形容貌美绝伦。
〔4〕纤:细巧。
〔5〕偶:匹配。

## 其二十八

容颜若飞电,时景如飘风[1]。草绿霜已白,日西月复东。华鬓不耐秋[2],飒然成衰蓬。古来贤圣人,一一谁成功。君子变猿鹤,小人为沙虫[3]。不及广成子[4],乘云驾轻鸿。

〔1〕时景:时光。飘风:旋风。
〔2〕鬓:全诗校:"一作发。"
〔3〕"君子"二句:《艺文类聚》卷九〇引《抱朴子》:"周穆王南征,久而不归。君子为猿为鹤,小人为虫为沙。"
〔4〕广成子:古仙人名。

## 其二十九

三季分战国[1],七雄成乱麻[2]。《王风》何怨怒[3],世道终纷拏[4]。至人洞玄象[5],高举凌紫霞。仲尼欲浮海[6],吾祖之流沙[7]。圣贤共沦没,临岐胡咄嗟[8]。

〔1〕三季:夏、商、周三代之末。

〔2〕七雄:指战国时齐、楚、燕、赵、韩、魏、秦七国。

〔3〕王风:《诗经》有《王风》。朱熹《诗集传》:"(平王)徙居东都王城,于是周室遂卑,与诸侯无异,故其诗不为雅而为风。然其王号未替也,故不曰周,而曰王。"怨怒:言时值乱世,民作歌述其怨怒之心。

〔4〕纷拏:同"纷挐",混战貌。

〔5〕"至人"句:王琦注:"至人谓圣人,玄象谓天象。"《庄子》:"不离于真谓之至人。"《后汉纪》:"玄象错度,日月不明。"

〔6〕"仲尼"句:《论语·公冶长》:"子曰:道不行,乘桴浮于海。"桴,木筏。

〔7〕吾祖:指老子。老子姓李名耳,唐代帝王自认为老子之后,李白自谓与帝室同宗,故亦可谓之为吾祖。流沙:沙漠。传说老子出函谷关,西游流沙,莫知所终。

〔8〕咄嗟:慨叹,惊叹。


### 其三十

玄风变太古,道丧无时还[1]。扰扰季叶人[2],鸡鸣趋四关[3]。但识金马门[4],谁知蓬莱山[5]。白首死罗绮,笑歌无时闲。绿酒哂丹液,青娥凋素颜[6]。大儒挥金椎,琢之诗礼间[7]。苍苍三株树,冥目焉能攀[8]。

〔1〕"玄风"二句:与《古风》其二十五首二句"世道日交丧,浇风散淳源"意同。

〔2〕季叶:末世,全诗校:"一作市井。"

〔3〕四关:王琦注:"李善《文选注》:陆机《洛阳记》曰:洛阳有四关,东成皋,南伊阙,北孟津,西函谷。《史记索隐》:关中,咸阳也。东函谷,南崤、武,西散关,北萧关,在四关之中。"此借指京师之地。

〔4〕金马门:汉未央宫门名。武帝铸铜马立于门外,故名。

〔5〕蓬莱山:传说中东海三神山之一。谁:全诗校:"一作讵。"

〔6〕丹液:仙药。指求仙学道。青娥:指少女。以上二句全诗校:"一作娄娄千金骨,风尘凋素颜。"

〔7〕"大儒"二句:《庄子·外物》:"儒以诗礼发冢。大儒胪传曰:'东方作矣,事之若何?'小儒曰:'未解裙襦,口中有珠。'《诗》固有之曰:'青青之麦,生于陵陂。生不布施,死何含珠为?'接其鬓,压其颡,儒以金椎控其颐,徐别其颊,无伤口中珠。"大儒,此指欺世盗名之儒士。

18

〔8〕三株树:神话中木名。《山海经·海外南经》:"三株树在厌火北,生赤水上,其为树如柏,叶皆为珠。"冥目:谓目盲无见。

## 其三十一

郑客西入关,行行未能已。白马华山君,相逢平原里。璧遗镐池君,明年祖龙死[1]。秦人相谓曰,吾属可去矣[2]。一往桃花源,千春隔流水[3]。

〔1〕"郑客"六句:《搜神记》卷四:"秦始皇三十六年,使者郑容从关东来,将入函关,西至华阴,望见素车白马,从华山上下。疑其非人,道往止而待之。遂至,问郑容曰:'安之?'答曰:'之咸阳。'车上人曰:'吾华山使也,愿托一牍书致镐池君所,子之咸阳,道过镐池,见一大梓,有文石,取款梓,当有应者,即以书与之。'容如其言,以石款梓树,果有人来取书。明年,祖龙死。"祖龙,秦始皇之隐语。祖,始也。龙,人君之象。

〔2〕吾属:我辈。
〔3〕桃花源:晋陶渊明《桃花源记》所描绘的理想国。

## 其三十二

蓐收肃金气[1],西陆弦海月[2]。秋蝉号阶轩,感物忧不歇。良辰竟何许[3]。大运有沦忽[4]。天寒悲风生,夜久众星没。恻恻不忍言,哀歌逮明发[5]。

〔1〕蓐收:西方之神,司秋。《礼记·月令》:"孟秋之月……其亲少皞,其神蓐收。"金气:秋气。古代以阴阳五行解释季节演变,秋属金,故称秋气为金气。
〔2〕西陆:指秋天。《后汉书·律历志》:"日行西陆谓之秋。"弦海月:指海月成弦。
〔3〕何许:何处。谢朓《在郡卧病呈沈尚书》:"良辰竟何许?夙昔梦佳期。"
〔4〕大运:天运、国运。沦忽:没落。
〔5〕明发:黎明。《诗经·小雅·小宛》:"明发不寐,有怀二人。"

## 其三十三

北溟有巨鱼,身长数千里[1]。仰喷三山雪[2],横吞百川水。凭陵随海运〔3〕,燀赫因风起〔4〕。吾观摩天飞,九万方未已。

〔1〕"北溟"二句:《庄子·逍遥游》:"北溟有鱼,其名为鲲。鲲之大,不知其几千里也。化而为鸟,其名为鹏。"

〔2〕三山:海中三神山。雪:全诗校:"一作云。"

〔3〕凭陵:侵陵进逼。

〔4〕燀(chǎn)赫:声势盛大貌。《庄子·外物》:"惊扬而奋鬐,白波若山,海水震荡,声侔鬼神,燀赫千里。"

## 其三十四〔1〕

羽檄如流星〔2〕,虎符合专城〔3〕。喧呼救边急,群鸟皆夜鸣。白日曜紫微〔4〕,三公运权衡〔5〕。天地皆得一,澹然四海清〔6〕。借问此何为?答言楚征兵〔7〕。渡泸及五月〔8〕,将赴云南征〔9〕。怯卒非战士,炎方难远行〔10〕。长号别严亲〔11〕,日月惨光晶〔12〕。泣尽继以血,心摧两无声〔13〕。困兽当猛虎,穷鱼饵奔鲸〔14〕。千去不一回,投躯岂全生。如何舞干戚,一使有苗平〔15〕。

〔1〕诗作于天宝十载(751)。

〔2〕羽檄:《汉书·高祖纪》:"檄者,以木简为书,长尺二寸,用征召也。其有急事,则加以鸟羽插之,示速疾也。"如流星:形容迅捷。

〔3〕虎符:《汉书·文帝纪》:"二年九月,初与郡守为铜虎符、竹使符。"颜师古注:"与郡守为符者,谓各分其半,右留京师,左以与之。"专城:指州郡长官。

〔4〕白日:象征皇帝。紫微:星座名,太一之精,天帝所居,后借指皇宫。

〔5〕三公:指朝廷中地位最高的大臣。汉以丞相、大司马、御史大夫为三公。唐以为太尉、司徒、司空为三公。运权衡:指掌管国家大政。

〔6〕得一:比喻得道纯正。《老子》三十九:"天得一以清,地得一以宁,……侯王得一以为天下正。"澹然:安然。

〔7〕"借问"二句:沈德潜《唐诗别裁》注:"言天下清平,不应有用兵之事,故因问之。"楚征兵:指天宝年间为讨南诏而征兵事。据《资治通鉴》卷二一六载:天宝十载(751),鲜于仲通伐南诏失败后,杨国忠再度大肆征兵,遣御史分道捕人,连枷送诣军所。"于是行者愁怨,父母妻子送之,所在哭声振野。"

〔8〕泸:古水名,即今云南省金沙江。相传其地多瘴气,三四月最甚,人遇之易病亡。及:趁。

〔9〕征:全诗校:"一作行。"

〔10〕炎方:炎热的南方,此指云南。行:全诗校:"一作征。"

〔11〕长号:大声痛哭。严亲:指父母。

〔12〕"日月"句:日月为之感动,光彩暗淡。

〔13〕两无声:指士卒和家人泣不成声。

〔14〕困兽、穷鱼:喻出征的士卒。当:抵挡。饵:喂食。

〔15〕"如何"二句:《艺文类聚》卷一一一引《帝王世纪》:"有苗氏负固不服,禹请征之,舜曰:'我德不厚而行武,非道也。吾前教由未也。'乃修教三年,执干戚而舞之,有苗请服。"干戚,古兵器名。

## 其三十五

丑女来效颦,还家惊四邻[1]。寿陵失本步,笑杀邯郸人[2]。一曲斐然子,雕虫丧天真[3]。棘刺造沐猴,三年费精神。功成无所用,楚楚且华身[4]。《大雅》思文王,《颂》声久崩沦[5]。安得郢中质,一挥成斧斤[6]。

〔1〕"丑女"二句:《庄子·天运》载,西施病心而颦眉,其里之丑女见而美之,归亦捧心而颦眉,村里人皆避之。

〔2〕"寿陵"二句:《庄子·秋水》载,寿陵余子学步于邯郸,不成,又失其故步,乃匍匐而归。

〔3〕斐然:谓文采华丽。雕虫:扬雄《法言·吾子》:"或问:'吾子少而好赋?'曰:'然。'童子雕虫篆刻。俄而曰:'壮夫不为也。'"后因以"雕虫"指诗赋创作,多为自谦之语。

〔4〕"棘刺"四句:棘刺,酸枣树的刺。沐猴,猕猴。《韩非子·外储说》载:有个卫国人,欺骗燕王说,自己能在棘刺的尖端雕刻母猴。楚楚,鲜明貌。华身,指获得个人的荣耀。

〔5〕"《大雅》"二句:《大雅》与《颂》是《诗经》的两个组成部分。《文王》是《大雅》的首篇。崩沦,衰落。

〔6〕"安得"二句:《庄子·徐无鬼》:"郢人垩漫其鼻端,若蝇翼,使匠石斫之。匠石运斤成风,听而斫之,尽垩而鼻不伤,郢人立不失容。"郢中质,指郢人。斤,斧头。

## 其三十六

抱玉入楚国,见疑古所闻。良宝终见弃,徒劳三献君[1]。直木忌先伐[2],

芳兰哀自焚[3]。盈满天所损,沉冥道为群[4]。东海沉碧水[5],西关乘紫云[6]。鲁连及柱史[7],可以蹑清芬[8]。

〔1〕"抱玉"四句:用卞和事。《韩非子·和氏》载,春秋楚人卞和在荆山发现一块玉璞,先后献给楚厉王、武王,皆以为欺诈,被截去双脚。文王即位,卞和抱璞哭于荆山下。文王命玉工剖璞加工,果得宝玉,世称和氏璧。

〔2〕"直木"句:《庄子·山木》:"直木先伐,甘井先竭。"

〔3〕"芳兰"句:《汉书·龚胜传》载,龚胜死,有老父来吊,哭甚哀,既而曰:"嗟乎!薰以香自烧,膏以明自销。龚生竟夭天年,非吾徒也。"

〔4〕沉冥:泯然无迹貌。谓不仕。

〔5〕"东海"句:用鲁仲连事。《史记·鲁仲连邹阳列传》载鲁仲连云,若奉秦为帝,"则连有蹈东海而死耳,吾不忍为之民也"。

〔6〕"西关"句:用老子事。老子西游,关令尹喜登楼四望,见有紫气东来,知有异人过此。至期乃斋戒,果见老子乘青牛过关。见《艺文类聚》卷七八引《关令内传》。

〔7〕柱史:即柱下史,周秦官名,后世称侍御史。老子曾仕周,为柱下史,见《列仙传》卷上。

〔8〕全诗校:"此诗一作《感兴》云:揭来荆山客,谁为珉玉分。良宝绝见弃,虚持三献君。直木忌先伐,芬兰哀自焚。盈满天所损,沉冥道所群。东海有碧水,西山多白云。鲁连及夷齐,可以蹑清芬。"

## 其三十七[1]

燕臣昔恸哭,五月飞秋霜[2]。庶女号苍天,震风击齐堂[3]。精诚有所感,造化为悲伤。而我竟何辜,远身金殿傍[4]。浮云蔽紫闼,白日难回光[5]。群沙秽明珠,众草凌孤芳。古来共叹息,流泪空沾裳。

〔1〕诗作于天宝三载(744),时诗人被赐金放远离京不久。

〔2〕"燕臣"二句:邹衍在燕,无罪被囚,时当五月,仰天而叹,天为之陨霜。见《论衡·感虚》。

〔3〕"庶女"二句:《淮南子·览冥训》:"庶女叫天,雷电下击。景公台陨,支体伤折,海水大出。"高诱注:"庶贱之女,齐之寡妇,无子不嫁,事姑谨敬。姑无男有女,女利母财,令母嫁妇,妇益不肯。女杀母以诬寡妇,妇不能自明,冤结叫天,天为作雷电,下击景公之台陨坏也,毁景公之支体,海水为之大溢出也。"

〔4〕全诗校:"一本无此二句。"

22

## 其三十八

孤兰生幽园,众草共芜没。虽照阳春晖,复悲高秋月<sup>〔1〕</sup>。飞霜早淅沥,绿艳恐休歇。若无清风吹<sup>〔2〕</sup>,香气为谁发。

〔1〕高秋:九月。
〔2〕清风:喻知己。

## 其三十九

登高望四海,天地何漫漫<sup>〔1〕</sup>!霜被群物秋,风飘大荒寒<sup>〔2〕</sup>。荣华东流水,万事皆波澜<sup>〔3〕</sup>。白日掩徂辉,浮云无定端<sup>〔4〕</sup>。梧桐巢燕雀,枳棘栖鸳鸾<sup>〔5〕</sup>。且复归去来<sup>〔6〕</sup>,剑歌行路难<sup>〔7〕</sup>。

〔1〕漫漫:无边无际。
〔2〕被:覆盖。大荒:广野,荒原。
〔3〕波澜:喻起伏无常。
〔4〕徂辉:落日之光。无定端:没有一定方向。
〔5〕枳棘:落叶灌木或小乔木。
〔6〕归去来:《宋书·陶潜传》载,陶潜任彭泽令,在官八十余日,"郡遣督邮至,县吏白应束带见之,潜叹曰:'我不能为五斗米折腰向乡里小人。'即日解印绶去职。赋《归去来》。"
〔7〕剑歌:弹剑而歌。《战国策·齐策四》载,冯谖为孟尝君门客,不得志,乃弹剑而歌曰:"长铗归来乎,食无鱼。"孟尝君知之,曰:"食之。"后又弹铗而歌曰:"长铗归来乎,出无车。"孟尝君:"为之驾。"后又弹铗而歌曰:"长铗归来乎,无以为家。"孟尝君使人赡其母。后冯谖为孟尝君市义,并为之营就三窟。《行路难》:乐府旧题。全诗校:"一作:登高望四海,天地何漫漫。霜被群物秋,风飘大荒寒。杀气落乔木,浮云蔽层峦。孤凤鸣天倪,遗声何辛酸。游人悲旧国,抚心亦盘桓。倚剑歌所思,曲终涕泗澜。"

## 其四十<sup>〔1〕</sup>

凤饥不啄粟,所食唯琅玕<sup>〔2〕</sup>。焉能与群鸡,刺蹙争一餐<sup>〔3〕</sup>?朝鸣昆丘树,夕饮砥柱湍[4]，归飞海路远，独宿天霜寒。幸遇王子晋[5]，结交青云端。怀恩未得报，感别空长叹。

〔1〕诗作于天宝三载(744)春,时作者将离开京城。

〔2〕"凤饥"二句:传说凤凰食琼树之实,名曰琅玕。

〔3〕刺蹙:亦作"刺促",劳苦不安。

〔4〕"朝鸣"二句:《淮南子·览冥训》:"凤皇之翔……曾逝万仞之上,翱翔四海之外。过昆仑之疏圃,饮砥柱之湍濑。"昆丘,即昆仑山。砥柱,山名。

〔5〕王子晋:即王子乔,周灵王太子,好吹笙,作凤凰鸣,道士浮丘公接以上嵩山,三十余年后,对人说:"告我家,七月七日待我于缑氏山颠。"至时果乘白鹤驻山头,数日而去。后人立祠于缑氏山与嵩山。

## 其四十一

朝弄紫沂海[1]，夕披丹霞裳[2]。挥手折若木，拂此西日光[3]。云卧游八极[4]，玉颜已千霜。飘飘入无倪，稽首祈上皇[5]。呼我游太素[6]，玉杯赐琼浆。一餐历万岁，何用还故乡。永随长风去，天外恣飘扬[7]。

〔1〕"朝弄"句:全诗校:"一作朝驾碧鸾车。"又,沂,一本作"泥"。紫泥海:传说中的海,其水如泥,色紫,东方朔曾游之。见《洞冥记》卷一。

〔2〕丹霞裳:仙人所服。谢朓《七夕赋》:"压白玉而为饰,霏丹霞而为裳。"

〔3〕"若木"二句:《楚辞·离骚》:"折若木以拂日兮,聊逍遥以相羊。"王逸注:"若木在昆仑西极,其华照下地。拂,击也……折取若木,以拂击日,使之还去。"

〔4〕云卧:指乘云。卧,全诗校:"一作举。"

〔5〕上皇:《楚辞·九叹》:"信上皇而质正。"王逸注:"上皇,上帝也。"

〔6〕太素:天。此指天上宫阙。

〔7〕全诗校:"一本无此二句。"

## 其四十二

摇裔双白鸥[1]，鸣飞沧江流。宜与海人狎[2]，岂伊云鹤俦[3]。寄形宿沙月[4]，沿芳戏春洲。吾亦洗心者[5]，忘机从尔游[6]。

〔1〕摇裔:随意飘荡貌。

〔2〕"宜与"句:《世说新语·言语》"澄以石虎为海鸥鸟"注引《庄子》说:"海上之人好鸥者,每旦之海上,从鸥游,鸥之至者数百而不止。其父曰:'吾闻鸥鸟从汝游,取来玩之。'明日之海上,鸥舞而不下。"《列子·黄帝》亦有相近记载。

〔3〕"岂伊"句:萧士赟注:"鲍照诗曰:'宁作野中之双凫,不愿云间之别鹤。'诗意实祖乎此。云中之鹤乃供仙官控御者,以喻在位之人也;海上之鸥乃与野人狎玩者,以喻闲散之人也。"岂伊,岂是。

〔4〕形:全诗校:"一作影。"

〔5〕洗心:洗涤心胸。喻除去世俗的杂念。

〔6〕忘机:忘却世俗的纷争,自甘淡泊。

## 其四十三

周穆八荒意[1],汉皇万乘尊[2]。淫乐心不极,雄豪安足论。西海宴王母[3],北宫邀上元[4]。瑶水闻遗歌[5],玉杯竟空言[6]。灵迹成蔓草,徒悲千载魂。

〔1〕"周穆"句:周穆王曾西征犬戎,《穆天子传》演绎为穆王乘八骏西游见西王母之事。八荒意:巡行八荒(八方荒远之地)之心。

〔2〕汉皇:指汉武帝。

〔3〕"西海"句:用周穆王事。《穆天子传》载,周穆王西游,与西王母宴于瑶池之上。西王母为穆王歌曰:"白云在天,丘陵自出。道里悠远,山川间之。将子无死,尚能复来。"

〔4〕"北宫"句:用汉武帝事。《太平广记》卷五六引《汉武内传》:"上元夫人,道君弟子也。亦玄古以来得道,总统真籍,亚于龟台金母。……汉孝武皇帝好神仙之道,祷醮名山,以求灵应。元封元年辛未七月七日夜,二唱之后,西王母降于汉宫……命侍女郭密香邀上元同宴于汉宫。"

〔5〕瑶水:即瑶池。

〔6〕玉杯:《三辅黄图》卷三:"《庙记》曰:神明台,武帝造,祭仙人处。上有承露盘,有铜仙人舒掌捧铜盘玉杯,以承云表之露。以露和玉屑服之,以求仙道。"

## 其四十四

绿萝纷葳蕤[1],缭绕松柏枝。草木有所托,岁寒尚不移。奈何夭桃色[2],坐叹萚菲诗[3]。玉颜艳红彩[4]，云发非素丝。君子恩已毕，贱妾将何为[5]。

〔1〕绿萝：女萝。《诗经·小雅·頍弁》："茑与女萝，施于松上。"纷葳蕤：盛美貌。
〔2〕夭桃：《诗·周南·桃夭》："桃之夭夭，灼灼其华。之子于归，宜其室家。"
〔3〕萚菲诗：《诗·邶风·谷风》："采萚采菲，无以下体。德音莫违，及尔同死。"朱熹《诗集传》："妇人为夫所弃，故作此诗，以叙其悲怨之情。"
〔4〕红彩：指鲜花。江淹《杂体诗》："庭树发红彩。"
〔5〕"君子"二句：王琦注："江淹诗：'君子恩未毕。'古诗：'贱妾亦何为？'琦按，古称色衰爱弛，此诗则谓色未衰而爱已弛，有感而发，其寄讽之意深矣。"

## 其四十五

八荒驰惊飙[1]，万物尽凋落。浮云蔽颓阳[2]，洪波振大壑[3]。龙凤脱网罟[4]，飘飘将安托？去去乘白驹，空山咏场藿[5]。

〔1〕惊飙：狂风。
〔2〕颓阳：西落的太阳。
〔3〕大壑：《庄子·天地》："大壑之为物也，注焉而不满，酌焉而不竭。"陆德明《经典释文·庄子》："大壑，东海也。"
〔4〕网罟：罗网。
〔5〕"去去"二句：《诗经·小雅·白驹》："皎皎白驹，食我场苗。""皎皎白驹，食我场藿。"藿，即苗。毛传："宣王之末，不能用贤，贤者有乘白驹而去者。"

## 其四十六[1]

一百四十年[2]，国容何赫然[3]！隐隐五凤楼[4]，峨峨横三川[5]。王侯象星月，宾客如云烟[6]。斗鸡金宫里，蹴踘瑶台边[7]。举动摇白日，指挥回青天[8]。当涂何翕忽[9]，失路长弃捐[10]。独有扬执戟[11]，闭关草《太玄》[12]。

〔1〕诗约作于天宝三载（744），时作者在长安。
〔2〕"一百"句：唐自高祖开国至玄宗天宝初年，共一百二十余年。王琦注疑"四"字误。
〔3〕赫然：盛貌。

〔4〕隐隐:隐约不分明貌。五凤楼:犹凤楼。谓宫中楼阁。鲍照《代陈思王京洛篇》:"凤楼十二重。"

〔5〕峨峨:高大雄伟貌。三川:古称泾水、渭水、洛水为关中三川。

〔6〕全诗校:"以上六句一作:帝京信佳丽,国容何赫然。剑戟拥九关,歌钟沸三川。蓬莱象天构,珠翠夸云仙。"

〔7〕金宫:指皇宫。蹴鞠:亦曰打毬,即古踢球之戏。瑶台:传说中神仙居住的地方。此指华丽精巧的楼阁。

〔8〕"举动"二句:言斗鸡踢球之徒受到玄宗宠幸,举动指挥足以动主。

〔9〕当涂:当道,指掌握权柄的人。翕忽:迅速。

〔10〕失路:失势。弃捐:被弃置。

〔11〕扬执戟:指扬雄,曾为奉礼郎,与执戟郎相近。

〔12〕草《太玄》:《汉书·杨雄传》:"哀帝时,丁、傅、董贤用事……时雄方草《太玄》,有以自守,泊如也。"

## 其四十七

桃花开东园,含笑夸白日。偶蒙东风荣,生此艳阳质〔1〕。岂无佳人色,但恐花不实〔2〕。宛转龙火飞〔3〕,零落早相失〔4〕。讵知南山松,独立自萧飋〔5〕?

〔1〕生:全诗校:"一作矜。"艳阳质:似明媚春光一样的禀性。

〔2〕实:结果实。

〔3〕宛转:辗转。龙火:星名,即大火星,到秋天它便由南方移向西方。龙火飞指大火星位置转移,时至秋天。

〔4〕相失:指花瓣散落。

〔5〕萧飋:风吹松柏声。全诗校:"此诗一作《感兴》云:芙蓉娇绿波,桃李夸白日。偶蒙春风荣,生此艳阳质。岂无佳人色,但恐花不实。宛转龙火飞,零落互相失。讵知凌寒松,千载长守一。"

## 其四十八

秦皇按宝剑〔1〕,赫怒震威神〔2〕。逐日巡海右,驱石驾沧津〔3〕。征卒空九宇〔4〕,作桥伤万人。但求蓬岛药〔5〕,岂思农扈春〔6〕?力尽功不赡〔7〕,千载为悲辛。

〔1〕按宝剑:指秦始皇用武力统一中国。江淹《恨赋》:"秦帝按剑,诸侯西驰。削平天下,同文共规。"

〔2〕赫怒:盛怒。

〔3〕"逐日"二句:《艺文类聚》卷七九引《三齐略记》载,秦始皇造石桥,欲渡海看日出之处。时有神人,以鞭驱石下海。石行不速则鞭之,皆流血。驾,全诗校:"一作架。"沧津:海上桥梁。

〔4〕九宇:九州,即全国。

〔5〕蓬岛药:蓬莱仙岛的长生不老之药。《史记·秦始皇本纪》载,徐市言海中有蓬莱等三仙山,于是,始皇"遣徐市发童男女数千入海求仙人"。

〔6〕农扈:古代农官。

〔7〕赡:足,成。

## 其四十九〔1〕

美人出南国,灼灼芙蓉姿〔2〕。皓齿终不发〔3〕,芳心空自持〔4〕。由来紫宫女,共妒青蛾眉〔5〕。归去潇湘沚〔6〕,沉吟何足悲。

〔1〕诗作于天宝三载(744),作者欲离京之时。

〔2〕灼灼:鲜明貌。《诗·周南·桃夭》:"桃之夭夭,灼灼其华。"芙蓉:荷花。

〔3〕皓:洁白。不发:指不开口歌唱。

〔4〕芳心:对异性的爱慕之心。自持:自我克制。

〔5〕紫宫:《文选》左思《咏史八首》:"列宅紫宫里。"李周翰注:"紫宫,天子所居处。"青蛾眉:代指美人。

〔6〕潇湘:二水名,均在今湖南省。沚:水中小岛。

## 其五十

宋国梧台东,野人得燕石〔1〕。夸作天下珍,却哂赵王璧〔2〕。赵璧无缁磷〔3〕,燕石非贞真。流俗多错误,岂知玉与珉〔4〕?

〔1〕"宋国"二句:《艺文类聚》卷六引《阙子》载,宋之愚人得燕石于梧台之东,归

而藏之以为宝。周客见之，掩口而笑曰："此特燕石也，其与瓦甓不殊。"宋人大怒，藏之愈固。二句全诗校："一作宋人枉千金，去国买燕石。"

〔2〕赵王璧：即和氏璧。

〔3〕缁磷：指瑕疵。《论语·阳货》："不曰坚乎？磨而不磷。不曰白乎？涅而不缁。"缁，黑。磷，薄。

〔4〕珉：似玉之石。

## 其五十一

殷后乱天纪[1]，楚怀亦已昏[2]。夷羊满中野[3]，菉葹盈高门[4]。比干谏而死[5]，屈平窜湘源[6]。虎口何婉娈[7]，女嬃空婵媛[8]。彭咸久沦没[9]，此意与谁论？

〔1〕殷后：指殷王纣，殷代亡国之君。天纪：天之纲纪（法制）。

〔2〕楚怀：楚怀王，战国时楚国君主，他曾听信谗言，放逐屈原。

〔3〕夷羊：传说中的一种神兽。据《淮南子·本经训》高诱注，殷商将亡时，夷羊曾出现在殷都城郊牧野。这是亡国之兆。

〔4〕菉葹：两种恶草，比喻谗佞之臣。见《离骚》。

〔5〕比干：殷纣王的叔父。《史记·殷本纪》载，商纣王淫乱不止，比干强谏，"纣怒曰：'吾闻圣人心有七窍。'剖比干，观其心"。

〔6〕屈平：屈原，名平。窜：放逐。湘源：指湘江流域一带。

〔7〕虎口：喻暴君之门。婉娈：顾恋思慕貌。

〔8〕女嬃：相传为屈原的姐姐。婵媛：牵引不舍貌。《离骚》："女嬃之婵媛兮，申申其詈予。"

〔9〕彭咸：《离骚》："虽不周于今之人兮，愿依彭咸之遗则。"王逸注："彭咸，殷贤大夫也，谏其君不听，自投水而死。"沦没：沉没。

## 其五十二

青春流惊湍[1]，朱明骤回薄[2]。不忍看秋蓬，飘扬竟何托。光风灭兰蕙[3]，白露洒葵藿[4]。美人不我期，草木日零落[5]。

〔1〕青春：春天。惊湍：奔腾的急流。

〔2〕朱明:《尔雅·释天》:"夏为朱明。"郭璞注:"气赤而光明也。"明,全诗校:"一作火。"回薄:转迫。

〔3〕光风:《楚辞·招魂》:"光风转蕙,氾崇兰些。"王逸注:"言天雨霁日明,微风奋发,动摇草木,皆令有光,充实兰蕙,使之芬芳而益畅茂也。"此句反用其意。

〔4〕葵藿:野菜名。洒葵藿:全诗校:"一作委萧藿。"

〔5〕"美人"二句:《离骚》:"惟草木之零落兮,恐美人之迟暮。"美人,喻时君。

## 其五十三

战国何纷纷,兵戈乱浮云。赵倚两虎斗[1],晋为六卿分[2]。奸臣欲窃位,树党自相群。果然田成子,一旦杀齐君[3]。

〔1〕倚:依靠。两虎:指蔺相如与廉颇。《史记·廉颇蔺相如列传》载:蔺相如拜为上卿,廉颇不服,几次侮辱相如,相如均回避不与计较,有人为相如抱不平,相如说:"强秦所以不敢加兵于赵者,徒以吾两人在也。今两虎共斗,其势不俱生,吾所以为此者,先国家之急而后私仇也。"廉颇闻之,乃负荆请罪。

〔2〕六卿分:晋国有范、中行、智、赵、韩、魏六家大夫,世为晋卿,势力越来越大,晋公室逐渐衰微,最后晋国为韩、赵、魏三家所分。

〔3〕"果然"二句:田成子,即陈成子,春秋时齐国大臣,后杀死齐简公,独揽齐国大权,其子孙终于篡位为齐国君主。《庄子·胠箧》:"然而田成子一旦杀齐君而盗其国。"

## 其五十四

倚剑登高台[1],悠悠送春目[2]。苍榛蔽层丘,琼草隐深谷[3]。凤鸟鸣西海[4],欲集无珍木。鹙斯得所居[5],蒿下盈万族[6]。晋风日已颓,穷途方恸哭[7]。

〔1〕倚剑:佩剑。

〔2〕送春目:春日远眺。

〔3〕苍榛:青色的丛生杂树。琼草:珍贵的草。

〔4〕西海:指西方之海。

〔5〕鹙(yù)斯:一名鸦乌,雀类。

〔6〕蒿:草名。盈万族:极言其多。

〔7〕"晋风"二句:《世说新语·栖逸》注引《魏氏春秋》曰:"阮籍常率意独驾,不由径路,车迹所穷,辄恸哭而反。"全诗校:"以上六句一作:翩翩众鸟飞,翱翔在珍木。群花亦便娟,荣耀非一族。归来怆途穷,日暮还恸哭。"

## 其五十五

齐瑟弹东吟,秦弦弄西音[1]。慷慨动颜魄[2],使人成荒淫。彼美佞邪子,婉娈来相寻[3]。一笑双白璧,再歌千黄金[4]。珍色不贵道,讵惜飞光沉[5]。安识紫霞客[6],瑶台鸣素琴[7]。

〔1〕"齐瑟"二句:曹植《赠丁翼》:"秦筝发西气,齐瑟扬东讴。"曹丕《善哉行》:"齐倡发东舞,秦筝奏西音。"弹,全诗校:"一作挥。"

〔2〕魄:全诗校:"一作色。"

〔3〕"彼美"二句:阮籍《咏怀》:"婉娈佞邪子,随利来相欺。"婉娈,年少而美好貌。

〔4〕"一笑"二句:王琦注:"《古诗》:'一笑双白璧,再顾千黄金。'"

〔5〕飞光:《文选》沈约《宿东园》:"飞光忽我遒。"张铣注:"飞光,日月也。"

〔6〕紫霞客:谓仙人。

〔7〕瑶台:神话中西王母居处,在昆仑山。素:全诗校:"一作玉。"

## 其五十六

越客采明珠,提携出南隅[1]。清辉照海月,美价倾皇都[2]。献君君按剑[3],怀宝空长吁。鱼目复相哂[4],寸心增烦纡[5]。

〔1〕"越客"二句:合浦郡盛产明珠,合浦古为南越之地。

〔2〕皇都:京城。

〔3〕"献君"句:邹阳《狱中上梁王书》:"臣闻明月之珠,夜光之璧,以暗投人于道,众莫不按剑相眄者,何则? 无因而至前也。"

〔4〕"鱼目"句:张协《杂诗》:"鱼目笑明月。"

〔5〕烦纡:《文选》张衡《四愁诗》:"何为怀忧心烦纡。"李周翰注:"烦纡,思乱也。"

31

## 其五十七

羽族禀万化,小大各有依[1]。周周亦何辜,六翮掩不挥[2]。愿衔众禽翼,
一向黄河飞。飞者莫我顾,叹息将安归?

〔1〕羽族:鸟类。依:依托。
〔2〕"周周"二句:《文选》阮籍《咏怀诗》:"周周尚衔羽。"李善注:"《韩子》曰:鸟
有周周者,首重而屈尾,将欲饮于河,则必颠,乃衔羽而饮。今人之所有饮不足者,不
可以不索其羽矣。"周周,鸟名。六翮,翅膀。掩不挥,谓不能飞翔。

## 其五十八

我到巫山渚[1],寻古登阳台[2]。天空彩云灭,地远清风来。神女去已久,
襄王安在哉[3]?荒淫竟沦替[4],樵牧徒悲哀。

〔1〕到:全诗校:"一作行。"巫山:在重庆市巫山县东,北与大巴山相连,长江穿流
其间,形成巫峡。渚:江中小洲。
〔2〕阳台:宋玉《高唐赋》描写楚王梦与巫山神女欢会,神女去而辞曰:"妾在巫山
之阳,高丘之阻,旦为朝云,暮为行雨,朝朝暮暮,阳台之下。"
〔3〕襄王:指楚襄王。
〔4〕荒淫:阮籍《咏怀》:"三楚多秀士,朝云进荒淫。"沦替:哀败。替,全诗校:"一
作没。"

## 其五十九

恻恻泣路岐[1],哀哀悲素丝[2]。路岐有南北,素丝易变移。万事固如此,
人生无定期。田窦相倾夺,宾客互盈亏[3]。世途多翻覆[4],交道方崄
巇[5]。斗酒强然诺[6],寸心终自疑。张陈竟火灭[7],萧朱亦星离[8]。众
鸟集荣柯[9],穷鱼守枯池。嗟嗟失权客[10],勤问何所规[11]。

〔1〕泣路岐:《淮南子·说林训》载,战国时魏人杨朱见歧路而哭之,"为其可以
南,可以北"。岐,通歧。

〔2〕悲素丝:《淮南子·说林训》:"墨子见练丝而泣之,为其可以黄,可以黑。"练丝,即素丝。

〔3〕"田窦"二句:王琦注曰:"《史记》:魏其侯窦婴,喜宾客,诸游士宾客争归魏其侯。武安侯田蚡,新用事为相,卑下宾客,进名士家居者,欲以倾魏其诸将相。又《史记》:齐有孟尝君,赵有平原君,魏有信陵君,方争下士,招致宾客,以相倾夺,辅国持权。"

〔4〕"世途"句:全诗校:"一作谷风刺轻薄。"

〔5〕嵚崟:艰险崎岖貌。《文选》刘峻《广绝交论》:"世路嵚崟,一至于此。"

〔6〕然诺:许诺。

〔7〕"张陈"句:《后汉书·王丹传》:"张、陈凶其终"。李贤注:"张耳、陈馀初为刎颈交,后构隙。耳后为汉将兵,杀陈馀于泜水之上。"

〔8〕"萧朱"句:《后汉书·王丹传》:"萧、朱隙其末"。李贤注:"萧育字次君,朱博字子元,二人为友,著闻当代,后有隙不终,故时以交为难。"

〔9〕荣柯:茂树。

〔10〕权:全诗校:"一作欢。"

〔11〕规:全诗校:"一作悲。"

33

# 卷 二

## 远别离[1]

远别离,古有皇英之二女[2]。乃在洞庭之南,潇湘之浦[3]。海水直下万里深,谁人不言此离苦[4]?日惨惨兮云冥冥,猩猩啼烟兮鬼啸雨[5]。我纵言之将何补。皇穹窃恐不照余之忠诚,雷凭凭兮欲吼怒[6]。尧舜当之亦禅禹[7],君失臣兮龙为鱼,权归臣兮鼠变虎[8]。或言尧幽囚[9],舜野死[10]。九疑联绵皆相似[11],重瞳孤坟竟何是[12]。帝子泣兮绿云间[13],随风波兮去无还。恸哭兮远望,见苍梧之深山。苍梧山崩湘水绝,竹上之泪乃可灭[14]。

〔1〕远别离:乐府旧题,属《杂曲歌辞》。此诗见于殷璠《河岳英灵集》,当作于天宝十二年(753),时作者离开幽燕之地南归。

〔2〕皇英:即娥皇、女英,舜之二妃。舜南巡,死于苍梧,二妃追之不及,死于江湘之间,世称湘妃。见《列女传》卷一。

〔3〕浦:水滨。

〔4〕"海水"二句:王琦注:"二句是倒装句法,谓生死之别,永无见期,其苦如海水之深,无有底止也。"

〔5〕惨惨:无光貌。冥冥:晦暗貌。啼烟、啸雨:谓在烟雨中哀啼。

〔6〕皇穹:指天,亦喻皇帝。雷:原作"云",校云:"一作雷。"凭凭:盛满貌。此指雷声大而密。

〔7〕之:指下文"君失臣"、"权归臣"的情况。禅:让位。

〔8〕"君失臣"二句:《说苑·正谏》:"吴王欲从民饮酒,伍子胥谏曰:'不可。昔白龙下清泠之渊,化为鱼,渔者豫且射中其目。'"东方朔《答客难》:"用之则为虎,不用则为鼠。"二句语本于此。

〔9〕尧幽囚:《史记·五帝本纪》:"尧崩,三年之丧毕,舜让辟丹朱于南河之南。"张守节《正义》引《括地志》:"《竹书》云:昔尧德衰,为舜所囚也。……舜囚尧,复偃塞丹朱,使不与父相见也。"

〔10〕舜野死:《国语·鲁语》:"舜勤民事而野死。"韦昭注:"野死,谓征有苗,死于

苍梧之野。"

〔11〕九疑：山名，即苍梧山，在湖南宁远县南。其山九峰相似，故曰九疑。

〔12〕重瞳：指舜，传说舜眼中有两个瞳仁。何：全诗校："一作谁。"

〔13〕帝子：指娥皇、女英。语出《楚辞·九歌·湘夫人》："帝子降兮北渚。"绿云：状青竹之茂盛。

〔14〕"竹上"句：《述异记》载，舜死，娥皇、女英"相与恸哭，泪下沾竹，竹上文为之斑斑然"。

# 公无渡河<sup>〔1〕</sup>

黄河西来决昆仑<sup>〔2〕</sup>，咆哮万里触龙门<sup>〔3〕</sup>。波滔天，尧咨嗟<sup>〔4〕</sup>。大禹理百川，儿啼不窥家<sup>〔5〕</sup>。杀湍湮洪水，九州始蚕麻<sup>〔6〕</sup>。其害乃去，茫然风沙。被发之叟狂而痴，清晨临流欲奚为<sup>〔7〕</sup>。旁人不惜妻止之，公无渡河苦渡之。虎可搏，河难凭<sup>〔8〕</sup>，公果溺死流海湄<sup>〔9〕</sup>。有长鲸白齿若雪山，公乎公乎挂胃于其间<sup>〔10〕</sup>，箜篌所悲竟不还。

〔1〕公无渡河：乐府旧题，属《相和歌辞》。又名《箜篌引》。诗作于至德二载(757)作者长流夜郎与宗氏夫人分别之时。

〔2〕昆仑：山名。古代相传黄河发源于昆仑山。

〔3〕龙门：山名，在今山西河津县、陕西韩城县之间。

〔4〕"波滔天"二句：《书·尧典》："帝曰：咨！四岳。汤汤洪水方割，荡荡怀山襄陵，浩浩滔天。"

〔5〕"大禹"二句：《史记·夏本纪》载：大禹治水，"乃劳身焦思，居外十三年，过家门不敢入"。理，即治。

〔6〕杀：减少。湍：急流之水。湮：堵塞。九州：泛指中国。

〔7〕临流：指渡河。临，全诗校："一作径。"奚为：何为。

〔8〕"虎可搏"二句：《诗·小雅·小旻》："不敢暴虎，不敢冯河。"毛传："徒涉曰冯(píng)河。"凭、冯同。

〔9〕流海湄：漂流到海边。

〔10〕挂胃：缠挂。胃，全诗校："一作骨。"

35

# 蜀 道 难[1]

噫吁戏[2]！危乎高哉！蜀道之难，难于上青天。蚕丛及鱼凫[3]，开国何茫然！尔来四万八千岁，不与秦塞通人烟[4]。西当太白有鸟道，可以横绝峨眉巅[5]。地崩山摧壮士死[6]，然后天梯石栈相钩连[7]。上有六龙回日之高标[8]。下有冲波逆折之回川[9]。黄鹤之飞尚不得过，猿猱欲度愁攀援[10]。青泥何盘盘[11]！百步九折萦岩峦。扪参历井仰胁息，以手抚膺坐长叹[12]。问君西游何时还[13]，畏途巉岩不可攀[14]。但见悲鸟号古木[15]，雄飞雌从绕林间[16]。又闻子规啼夜月[17]，愁空山。蜀道之难难于上青天，使人听此凋朱颜[18]。连峰去天不盈尺[19]。枯松倒挂倚绝壁。飞湍瀑流争喧豗，砯崖转石万壑雷[20]。其险也如此[21]，嗟尔远道之人胡为乎来哉！剑阁峥嵘而崔嵬[22]，一夫当关，万夫莫开。所守或匪亲，化为狼与豺[23]。朝避猛虎，夕避长蛇。磨牙吮血，杀人如麻。锦城虽云乐[24]，不如早还家。蜀道之难，难于上青天，侧身西望长咨嗟[25]。

〔1〕此诗被收入唐殷璠《河岳英灵集》中，一般认为是天宝初年所作，时作者在长安。蜀道难：古乐府曲名，属《相和歌辞·瑟调曲》，多写蜀道之险。

〔2〕噫吁戏：惊叹的声音，蜀地方言。

〔3〕蚕丛、鱼凫：传说中古代蜀国的两个开国君主。《文选·蜀都赋》刘逵注："扬雄《蜀王本纪》曰：蜀王之先，名蚕丛、柏灌、鱼凫、蒲泽、开明……从开明上到蚕丛，积三万四千岁。"

〔4〕尔来：指开国以来。秦塞：秦地，指今陕西一带。通人烟：指互相交通。

〔5〕太白：山名，在今陕西眉县南。绝：度，越。峨眉：山名，在今四川峨眉山市西南。

〔6〕"地崩"句：《华阳国志·蜀志》载，古蜀国有五丁力士，能移山。秦惠王知蜀王好色，许嫁五女于蜀，蜀遣五丁迎之。还至梓潼，见一大蛇入穴，五丁大呼拽蛇，山崩，压杀五丁与五女，而山分为五岭。

〔7〕天梯：指崎岖狭窄的山路。石栈：在山岩上凿石架木修成的栈道。相：全诗校："一作方。"

〔8〕六龙：神话中为太阳驾车的六条龙。借指天子车驾。高标：蜀山之高峰而为一方之标志者。此句全诗校："一作横河断海之浮云。"

〔9〕冲波:奔腾的波涛。逆折:水流回旋。

〔10〕猱:猕猴。援:全诗校:"一作缘。"

〔11〕青泥:山岭名,在今甘肃徽县南甘、陕边界上。盘盘:道路曲折回旋貌。

〔12〕扪:摸。历:经过。参、井:均为星宿名。参为蜀之分野,井为秦之分野。胁息:敛气不敢呼吸。膺:胸。

〔13〕问君:全诗校:"一作征人。"

〔14〕巉岩:峻险的山岩。

〔15〕古:全诗校:"一作枯。"

〔16〕雌从:全诗校:"一作呼雌。一作从雌。"

〔17〕子规:鸟名,又称杜宇、杜鹃。

〔18〕凋:衰谢。朱颜:红润的脸色。

〔19〕去天不盈尺:全诗校:"一作人烟几千尺。"

〔20〕喧豗(huī):喧闹声。砯(pīng):水撞击岩石之声。万壑雷:形容声音宏大。

〔21〕如:全诗校:"一作若。"

〔22〕剑阁:即剑门关,故在今四川剑阁,大小剑山之间有栈道,名曰剑阁。峥嵘、崔嵬:皆山势高大雄峻貌。

〔23〕"一夫"四句:语本西晋张载《剑阁铭》:"一夫荷戟,万夫趑趄,形胜之地,非亲勿居。"当关,把守关口。匪亲,不是亲信。亲,全诗校:"一作人。"

〔24〕锦城:即锦官城,成都的别称。

〔25〕咨嗟:叹息。长咨:全诗校:"一作令人。"


# 梁甫吟〔1〕


长啸梁甫吟,何时见阳春〔2〕?君不见朝歌屠叟辞棘津,八十西来钓渭滨〔3〕!宁羞白发照清水〔4〕,逢时吐气思经纶〔5〕。广张三千六百钓,风期暗与文王亲〔6〕。大贤虎变愚不测〔7〕,当年颇似寻常人。君不见高阳酒徒起草中,长揖山东隆准公〔8〕!入门不拜骋雄辩,两女辍洗来趋风〔8〕。东下齐城七十二,指挥楚汉如旋蓬〔9〕。狂客落魄尚如此〔10〕,何况壮士当群雄!我欲攀龙见明主〔11〕,雷公砰訇震天鼓〔12〕,帝傍投壶多玉女〔13〕。三时大笑开电光,倏烁晦冥起风雨〔14〕。阊阖九门不可通,以额扣关阍者怒〔15〕。白日不照吾精诚〔16〕,杞国无事忧天倾〔17〕。猰貐磨牙竞人肉〔18〕,驺虞不折生草茎[19]。手接飞猱搏彫虎[20],侧足焦原未言苦[21]。智者可卷愚者豪[22],世人见我轻鸿毛。力排南山三壮士,齐相杀之费二桃[23]。吴楚弄兵无剧孟,亚夫咍尔为徒劳[24]。梁甫吟,梁甫吟,声正悲。张公两龙剑,神物合有时[25]。风云感会起屠钓,大人岷岉当安之[26]。

〔1〕梁甫吟:古乐府《相和歌辞·楚调曲》名。诸葛亮好为《梁甫吟》,见《三国志·蜀志》本传。诗约作于开元二十一年(733)前后,时作者初入长安,因一事无成,失意而归。

〔2〕长啸:引吭高歌之意。阳春:阳光明媚的春天。此喻政治上得志。

〔3〕朝歌:殷代京城,在今河南淇县。屠叟:指吕望。相传他五十岁在棘津(今河南延津县东北)做小贩,七十岁在朝歌屠牛,八十岁在渭滨钓鱼。九十岁时遇到周文王,受到重用。后辅助周武王灭纣,封于齐。

〔4〕清:全诗校:"一作渌。"

〔5〕吐:全诗校:"一作壮。"经纶:指筹划治国安邦大计。

〔6〕三千六百钓:指吕望八十钓于渭水之滨,至九十为天子师,凡垂钓十年,共三千六百日。风期:风云际会之期。期,全诗校:"一作雅。"

〔7〕大贤虎变:《周易·革卦》:"大人虎变。象曰:其文炳也。"后用虎毛更新喻杰出人物终有得志之日。愚:平庸之辈。

〔8〕"君不见"四句:《史记·郦生陆贾列传》:"郦生食其者,陈留高阳人也。好读书,家贫落魄。……沛公(刘邦)至高阳传舍,使人召郦生。郦生至,入谒,沛公方倨床使两女子洗足而见郦生。郦生入,则长揖不拜,曰:'足下欲助秦攻诸侯乎?且欲率诸侯破秦也?'沛公骂曰:'竖儒!夫天下同苦秦久矣,故诸侯相率而攻秦,何谓助秦攻诸侯乎?'郦生曰:'必聚徒合义兵诛无道秦,不宜倨见长者。'于是沛公辍洗,起摄衣,延郦生上坐。"高阳酒徒,郦食其曾自称"高阳酒徒"。山东,古代指函谷关以东的地区。刘邦是沛县丰邑人,故称。隆准,高鼻。《史记·高祖本纪》:"高祖为人,隆准而龙颜。"趋风,疾走如风,以示对对方的尊敬。入门不拜,全诗校:"一作入门开说。一作一开游说。"

〔9〕"东下"二句:《汉书·郦食其传》载,汉高祖时,郦食其曾说降齐王田横,"凭轼下齐七十余城"。挥,全诗校:"一作麾。"旋蓬:转蓬,蓬草随风飞转。

〔10〕狂客:郦食其落魄时,人称"狂生"。客,全诗校:"一作生。"魄,全诗校:"一作拓。"

〔11〕攀龙:比喻依附皇帝建立功业。

〔12〕雷公:传说中的司雷之神。砰訇:宏大的声响。天鼓:《史记·天官书》:"天鼓,有音如雷非雷。"后以天鼓指雷声。

〔13〕"帝傍"句:《神异经·东荒经》:"东王公恒与一玉女投壶,每投千二百矫……矫出而脱误不接者,天为之笑。"矫,投壶时箭从壶中跃出而手接之复投谓之矫。

〔14〕三时:指春、夏、秋三个季节。开电光:指闪电。古谓闪电为天笑。倏烁:电光闪烁貌。晦冥:昏暗。

〔15〕"阊阖"二句:屈原《离骚》:"吾令帝阍开关兮,倚阊阖而望予。"王逸注:"帝,谓天帝。阍,主门者也。阊阖,天门也。言己……将上诉天帝,使阍人开关,又倚天门望而距我,使我不得入也。"九门,九天之门。

〔16〕白日:喻皇帝。精诚:至诚。

〔17〕"杞国"句:《列子·天瑞》:"杞国有人忧天地崩坠,身无所寄,废寝食者。"

〔18〕猰貐(yà yǔ):传说中的兽名。

〔19〕驺虞:传说中的瑞兽。

〔20〕"手接"句:《尸子》:"中黄伯曰:余左执太行之犹(同猱),而右搏彫虎。"猱,猕猴。彫虎,毛色斑驳的虎。

〔21〕"侧足"句:《尸子》:"莒国有石焦原者,广长五十步,临百仞之溪,莒国莫敢近也。有以勇见莒子者,独却行剂踵焉,所以称于世。"此处用以表示自己具有足够的勇气。焦原,山名,在今山东省莒县南。

〔22〕卷:谓收藏其智。《论语·卫灵公》:"邦无道,则可卷而怀之。"

〔23〕"力排"二句:诸葛亮《梁甫吟》:"力能排南山,文能绝地纪。一朝被谗言,二桃杀三士。谁能为此谋? 相国齐晏子。"

〔24〕"吴楚"二句:《史记·游侠列传》载,吴楚反时,周亚夫得剧孟,谓"吴楚举大事而不求孟,吾知其无能为已矣"。吴楚弄兵,指西汉景帝三年(前154),分封在吴楚等国的宗室七王,起兵作乱。哈,嗤笑。

〔25〕"张公"二句:雷焕送一剑与张华,自佩一剑,张华说两剑乃"天生神物,终当合耳"。后华、焕卒后,两剑终合于延平津。

〔26〕风云感会:指君臣遇合。屠钓:吕望曾屠牛、钓鱼,故云。大人:指有大志的人。峞屼(niè wù):不安貌。沈德潜《唐诗别裁》:"言己安于困厄以俟时。"


# 乌夜啼[1]


黄云城边乌欲栖,归飞哑哑枝上啼。机中织锦秦川女[2],碧纱如烟隔窗语。停梭怅然忆远人[3],独宿孤房泪如雨[4]。

〔1〕乌夜啼:乐府旧题,属《清商曲·西曲歌》。诗约作于开元十八年(730)李白初入长安之时。

〔2〕织锦:《晋书·列女传》载,前秦苻坚时,秦州刺史窦滔被徙流沙,其妻苏若兰思之,"织锦为回文旋图诗以赠滔,宛转循环以读之,词甚凄婉,凡八百四十字"。机中织锦:全诗校:"一作闺中织妇。"

〔3〕远人:指在远地的丈夫。怅然忆远人:全诗校:"一作向人问故夫。"

〔4〕孤:全诗校:"一作空。"独宿孤房:全诗校:"一作欲说辽西。"

# 乌 栖 曲 〔1〕

姑苏台上乌栖时〔2〕,吴王宫里醉西施〔3〕。吴歌楚舞欢未毕,青山欲衔半边日〔4〕。银箭金壶漏水多〔5〕,起看秋月坠江波,东方渐高奈乐何〔6〕!

〔1〕乌栖曲:乐府《清商曲·西曲歌》名。诗约作于开元十四年(726),时作者在今苏州。

〔2〕姑苏台:位于姑苏山上,相传为吴王阖庐或夫差所筑,故址在今江苏吴县西南。乌栖时:日暮之时。

〔3〕吴王:指吴王夫差。西施:吴王夫差灭越,越王勾践欲复仇,乃献美女西施,夫差宠之,荒淫忘国,事见《吴越春秋·勾践阴谋外传》。

〔4〕"青山"句:状日落时景象。欲,全诗校:"一作犹。"

〔5〕银箭金壶:箭与壶是古滴水计时器的部件,均用金属制成。全诗校:"一作金壶丁丁。"漏水多:谓历时长。

〔6〕东方渐高:语本汉乐府《有所思》:"东方须臾高知之。"指太阳渐渐升起。乐:全诗校:"一作尔。"

# 战 城 南 〔1〕

去年战桑乾源〔2〕,今年战葱河道〔3〕。洗兵条支海上波〔4〕,放马天山雪中草〔5〕。万里长征战,三军尽衰老。匈奴以杀戮为耕作,古来唯见白骨黄沙田〔6〕。秦家筑城避胡处〔7〕,汉家还有烽火然〔8〕。烽火然不息,征战无已时〔9〕。野战格斗死,败马号鸣向天悲。乌鸢啄人肠,衔飞上挂枯树枝〔10〕。士卒涂草莽,将军空尔为〔11〕。乃知兵者是凶器,圣人不得已而用之〔12〕。

〔1〕战城南:乐府旧题,汉鼓吹铙歌十八曲之一。

〔2〕桑乾:河名,永定河上游,源出于山西省北部管涔山,经大同市东南流入河北省西北部。

〔3〕葱河:即葱岭河,有南北两河,南名叶尔羌河,北名喀什噶尔河,发源于帕米尔高原,为塔里木河支流之一。

〔4〕洗兵:洗涤兵器。条支:汉西域国名,在今伊拉克底格里斯河口,濒临波斯湾。此泛指遥远的西域。

〔5〕天山:即今新疆境内的天山。

〔6〕匈奴二句:王褒《四子讲德论》:"匈奴,百蛮之最强者也。……其耒耜则弓矢鞍马,播种则捍弦掌拊,收秋则奔狐驰兔,获刈则颠倒殪仆。"

〔7〕"秦家"句:《史记·蒙恬列传》:"秦已并天下,乃使蒙恬将三十万众北逐戎狄,收河南。筑长城,因地形,用制险塞,起临洮,至辽东,延袤万余里。"避:全诗校:"一作备。"指秦始皇修筑抵御匈奴之长城。

〔8〕然:同燃。

〔9〕征战:全诗校:"一作长征。"

〔10〕鸢:猛禽名,形似鹰,喜吃腐肉。上挂枯树枝:全诗校:"一作上枯枝。"

〔11〕涂草莽:指战死后血污草莽。尔:如此。

〔12〕"乃知"二句:《六韬·兵略》:"圣人号兵为凶器,不得已而用之。"兵,兵器。


# 将进酒〔1〕


君不见黄河之水天上来,奔流到海不复回!君不见高堂明镜悲白发,朝如青丝暮成雪〔2〕!人生得意须尽欢,莫使金樽空对月。天生我材必有用,千金散尽还复来。烹羊宰牛且为乐,会须一饮三百杯〔3〕。岑夫子〔4〕,丹丘生〔5〕,将进酒,君莫停〔6〕。与君歌一曲,请君为我侧耳听。钟鼓馔玉不足贵〔7〕,但愿长醉不愿醒〔8〕。古来圣贤皆寂寞,唯有饮者留其名。陈王昔时宴平乐,斗酒十千恣欢谑〔9〕。主人何为言少钱?径须沽取对君酌〔10〕。五花马[11],千金裘,呼儿将出换美酒[12],与尔同销万古愁。

〔1〕将进酒:汉鼓吹铙歌十八曲之一。开元二十二年(734)秋,李白应邀至嵩山元丹丘隐居之处,岑勋当时也在那里,三人置酒高会,席间李白写了此诗。

〔2〕青丝:形容黑发。

〔3〕"会须"句:《世说新语·文学》注引《郑玄别传》载:袁绍为郑玄饯行,三百余人向玄敬酒,"自旦及暮,度玄饮三百余杯,而温克之容,终日无怠。"会须,应该。

〔4〕岑夫子:岑勋,南阳人。

〔5〕丹丘生:即元丹丘。岑、元皆李白友人。

〔6〕君:全诗校:"一作杯。"

〔7〕钟鼓:指豪门贵戚之家的音乐。馔玉:食物精美如玉。此句全诗校:"一作钟鼎玉帛岂足贵。"

〔8〕不愿:全诗校:"一作不复。"

〔9〕"陈王"二句:《文选》曹植《名都篇》:"归来宴平乐,美酒斗十千。"李善注:"平乐,观名。"陈王,即曹植,曾受封为陈王。斗酒十千,言酒美价高。恣欢谑,尽情地娱乐欢饮。

〔10〕径须:只管。沽取:买取。

〔11〕五花马:谓马之毛色作五色花纹者。一说唐代开元、天宝年间,上层社会讲究马的装饰,常将马鬃剪成花瓣形,剪成五瓣的称五花马。见《图画见闻志》。

〔12〕"千金裘"二句:《西京杂记》载,司马相如初与卓文君还成都,家贫,曾用鹔鹴裘换酒。鹔鹴,水鸟名。又,《史记·孟尝君列传》:"此时孟尝君有一狐白裘,直(值)千金,天下无双。"将出,拿出。

# 行行游且猎篇[1]

边城儿,生年不读一字书,但将游猎夸轻趫[2]。胡马秋肥宜白草,骑来蹋影何矜骄[3]。金鞭拂雪挥鸣鞘[4],半酣呼鹰出远郊。弓弯满月不虚发[5],双鸧迸落连飞髇[6]。海边观者皆辟易,猛气英风振沙碛[7]。儒生不及游侠人[8],白首下帷复何益[9]!

〔1〕行行游且猎篇:乐府旧题,属杂曲歌辞。此诗作于天宝十一载(752),时作者

42

经邯郸、蓟门而至幽州。

〔2〕生年:犹生平。轻趫(qiáo):轻捷。

〔3〕白草:西域牧草名,干熟时色白。为牛马所喜食。蹑影:追赶日影,形容迅疾。矜骄:骄傲。

〔4〕鞘:马鞭的末梢。雪:全诗校:"一作云。"

〔5〕弓弯满月:弓弯得像满月一样圆。弓弯,全诗校:"一作弯弧。"

〔6〕鸧:鸧鸹,即白顶鹤。髇(xiāo):响箭。

〔7〕海:瀚海,大漠。辟易:吃惊倒退。《史记·项羽本纪》:"辟易数里。"沙碛(qì):戈壁沙漠。

〔8〕游侠人:指边城儿。

〔9〕下帷:放下帷幕。《汉书·董仲舒传》:"下帷讲诵,弟子传以久次相受业,或莫见其面。"

# 飞龙引二首〔1〕

黄帝铸鼎于荆山,炼丹砂。丹砂成黄金,骑龙飞上太清家〔2〕,云愁海思令人嗟〔3〕。宫中彩女颜如花,飘然挥手凌紫霞,从风纵体登鸾车〔4〕。登鸾车,侍轩辕〔5〕。邀游青天中,其乐不可言。

〔1〕飞龙引:乐府《琴曲歌辞》旧题名。

〔2〕"黄帝"四句:《史记·封禅书》说黄帝铸鼎于荆山下,有龙垂胡髯迎黄帝上天,因名其处为鼎湖。又,《史记·封禅书》:"李少君言上曰:祠灶则致物,致物而丹砂可化为黄金,黄金成以为饮食器则益寿,益寿而海中蓬莱仙者乃可见,见之以封禅则不死,黄帝是也。"太清,天庭。

〔3〕云愁海思:萧综《听钟鸣》:"云悲海思徒掩抑。"

〔4〕纵体:轻举貌。曹植《洛神赋》:"忽焉纵体,以遨以嬉。"鸾车:神仙所乘。

〔5〕轩辕:即黄帝。《史记·五帝本纪》:"黄帝者,少典之子,姓公孙,名曰轩辕。"

鼎湖流水清且闲〔1〕,轩辕去时有弓剑〔2〕,古人传道留其间。后宫婵娟多花颜,乘鸾飞烟亦不还,骑龙攀天造天关〔3〕。造天关,闻天语,长云河车载玉女〔4〕。载玉女,过紫皇〔5〕。紫皇乃赐白兔所捣之药方〔6〕,后天而老雕三光[7]。下视瑶池见王母[8]，蛾眉萧飒如秋霜。

〔1〕闲:舒缓。

〔2〕"轩辕"句:《水经注·河水》:"(黄)帝崩,惟弓剑存焉,故世称黄帝仙矣。"

〔3〕天关:天门。

〔4〕长云河车:仙人所乘。

〔5〕紫皇:道教所称天神。《太平御览》卷六五九:"《秘要经》曰:太清九宫皆有僚属,其最高者称太皇、紫皇、玉皇。"

〔6〕白兔所捣药方:乐府古辞《董逃行》:"教敕凡吏受言,采取神药若木端,白兔长跪捣药蝦蟆丸。奉上陛下一玉桦,服此药可得神仙。"

〔7〕后天而老:谓长生不老。《拾遗记》:"服之得道,后天而老。"雕:凋。三光:指日、月、星。此言三光有时凋落而其身长存。

〔8〕瑶池:古代神话中神仙居住之处,在昆仑山上。西王母曾于此宴请周穆王。

# 天马歌[1]

天马来出月支窟[2]，背为虎文龙翼骨[3]。嘶青云，振绿发[4]，兰筋权奇走灭没[5]。腾昆仑，历西极，四足无一蹶[6]。鸡鸣刷燕晡秣越[7]，神行电迈蹑慌惚。天马呼，飞龙趋[8]，目明长庚臆双凫[9]。尾如流星首渴乌[10]，口喷红光汗沟朱[11]。曾陪时龙蹑天衢，羁金络月照皇都[12]。逸气棱棱凌九区，白璧如山谁敢沽[13]？回头笑紫燕[14]，但觉尔辈愚。天马奔，恋君轩，驹跃惊矫浮云翻[15]。万里足踯躅，遥瞻阊阖门[16]。不逢寒风子，谁采逸景孙[17]？白云在青天[18]，丘陵远崔嵬[19]。盐车上峻坂[20]，倒行逆施畏日晚[21]。伯乐翦拂中道遗[22]，少尽其力老弃之。愿逢田子方[23]，恻然为我悲[24]。虽有玉山禾[25]，不能疗苦饥。严霜五月凋桂枝,伏枥衔冤摧两眉[26]。请君赎献穆天子，犹堪弄影舞瑶池[27]。

〔1〕天马歌:乐府《郊庙歌辞》旧题。《汉书·礼乐志》载《郊祀歌》十九章,其十曰《天马》。

〔2〕"天马"句:《史记·大宛列传》载,汉武帝得乌孙马,名曰天马。后又称大宛汗血马为天马。月支:即月氏(zhī),古部落名。秦汉之际,游牧于敦煌、祁连间,后为

匈奴所攻,分为大、小月氏。

〔3〕"背为"句:《汉书·礼乐志》载《天马歌》:"虎脊两,化若鬼。"颜师古注:"应劭曰:马毛色如虎脊(者)有两也。"

〔4〕发:马额上之毛。

〔5〕兰筋:《文选》陈琳《为曹洪与魏文帝书》:"整兰筋。"李善注:"《相马经》云:一筋从玄中出,谓之兰筋。玄中者,目上陷如井字。兰筋坚者千里。"权奇:出众,非凡。走灭没:指疾走如飞,若灭若没。

〔6〕西极:西方极远之地。《天马歌》:"天马徕,从西极。涉流沙,九夷服。"蹶:倒,颠仆。

〔7〕鸡鸣:清晨。晡:申时,即黄昏。刷燕、秣越:《文选》颜延年《赭白马赋》:"旦刷幽燕,昼秣荆越。"李善注:"《说文》曰:刷,刮也。……杜预曰:以粟饭马曰秣。"句谓天马行走极快。

〔8〕飞龙:喻骏马。马八尺以上称龙。

〔9〕长庚:即太白星。臆:胸。凫:谓胸两边肉如凫(野鸭)。《齐民要术》卷六:"马胸欲直而出,凫间欲开,望视之如双凫。"又云:"双凫欲大而上。"

〔10〕流星:即彗星。渴乌:古代吸水用的虹吸管。《后汉书·张让传》注:"渴乌,为曲筒,以气引水上也。"

〔11〕红光:《齐民要术》卷六:"相马……口中色欲得红白如火光为善材,多气,良且寿。"汗沟朱:谓汗血马。《汉书·西域传》载大宛汗血马,其马汗出如血。《赭白马赋》:"汗沟走血。"

〔12〕络月:指用圆月状饰物络马头。

〔13〕棱棱:威严貌。九区:九州。泛指全国。沽:买。

〔14〕紫燕:古代骏马名。

〔15〕㧐(sǒng):摇动马衔令马行走。

〔16〕阊阖:传说中的天门,后亦指皇宫之门。

〔17〕寒风子:古善相马者。《吕氏春秋·恃君览·观表》:"古之善相马者,寒风氏相口齿……皆天下之良工也。"逸景:良马名。

〔18〕全诗校:"一本无青字。"

〔19〕远崔嵬:全诗校:"一作崔嵬远。"

〔20〕"盐车"句:《战国策·楚策四》载,老骥驾盐车而上太行山,伯乐遇之,攀而哭之。"骥于是俯而喷,仰而鸣,声达于天,若出金石声者。何也?彼见伯乐之知己也。"

〔21〕倒行逆施:《史记·伍子胥列传》:"吾日暮途远,吾故倒行而逆施之。"《索隐》:"颠倒疾行,逆理施事。"

〔22〕伯乐:古之善相马者。剪拂:王琦注:"剪拂谓修剪其毛鬣,洗拭其尘垢。"

〔23〕田子方:《韩诗外传》卷八载,战国时,田子方出见老马于道,以问御者,答曰:"故公家畜也,罢(疲)而不为用,故出放也。"子方曰:"少尽其力,而老去其身,仁者不为也。"乃束帛以赎之,穷士闻之,皆归其门。

〔24〕悲:全诗校:"一作思。"

〔25〕玉山禾:即昆仑山之木禾,见《山海经·海内西经》。

〔26〕枥:马槽。

〔27〕穆天子:即周穆王。《列子·周穆王》载:穆王"肆意远游,命驾八骏之乘……遂宾于西王母,觞于瑶池之上。"


# 行路难三首[1]


金樽清酒斗十千,玉盘珍羞直万钱[2]。停杯投箸不能食[3],拔剑四顾心茫然。欲渡黄河冰塞川,将登太行雪满山[4]。闲来垂钓碧溪上[5],忽复乘舟梦日边[6]。行路难!行路难!多歧路[7],今安在?长风破浪会有时[8],直挂云帆济沧海[9]。

〔1〕行路难:古乐府《杂曲歌辞》旧题,内容多写世路之艰难与离别之悲伤。此诗作年有歧说,以往认为是天宝三载(744)被放之初,述怀之作,今人通过分析,大多赞同前二首为初入长安时作,时间约在开元十八九年之间。后一首作年莫考,因同题,姑附于此。

〔2〕斗十千:极言酒价之高,以见酒之名贵。曹植《名都篇》:"美酒斗十千。"羞:同馐,美味食品。

〔3〕箸:筷子。

〔4〕太行:山名,绵延于今之河南、河北、山西三省之间。满山:全诗校:"一作暗天。"

〔5〕垂钓碧溪:用吕尚事,《史记·齐太公世家》载,姜太公吕尚年老穷困,垂钓于渭水之滨。周文王出猎,遇之,与语,大悦,立为师。后佐武王兴周灭殷。碧,全诗校:"一作坐。"

〔6〕梦日边:传说伊尹在将受到成汤的征聘时,曾梦见乘船经过日月之旁。见《宋书·符瑞志上》。

〔7〕歧路:岔路。

〔8〕长风破浪:《宋书·宗悫传》载,悫年少时,叔问其志,悫曰:"愿乘长风,破万里浪。"

〔9〕直:就,当即。云帆:似白云般的船帆。济:渡。沧海:大海。

大道如青天,我独不得出。羞逐长安社中儿,赤鸡白狗赌梨栗〔1〕。弹剑作歌奏苦声〔2〕,曳裾王门不称情〔3〕。淮阴市井笑韩信〔4〕,汉朝公卿忌贾生〔5〕。君不见昔时燕家重郭隗〔6〕,拥篲折节无嫌猜〔7〕。剧辛乐毅感恩分,输肝剖胆效英才〔8〕。昭王白骨萦烂草,谁人更扫黄金台〔9〕?行路难,归去来!

〔1〕社:古代基层行政单位,二十五家为一社。此泛指里巷。赤鸡白狗:指斗鸡走狗之类赌博活动。

〔2〕弹剑作歌:《战国策·齐策四》载,冯谖为孟尝君食客,屡次为自己不如意的生活待遇而弹剑长歌,孟尝君总是满足他的要求,而冯谖为孟尝君出谋划策,建立奇功。

〔3〕曳裾王门:邹阳《谏吴王书》:"饰固陋之心,则何王之门不可以曳长裾乎?"曳裾,牵起外衣的前襟而疾行,表示谦卑的礼节。

〔4〕"淮阴"句:《史记·淮阴侯列传》:"淮阴侯韩信者,淮阴人也。……淮阴屠中少年有侮信者,曰:'若虽长大,好带刀剑,中情怯耳。'众辱之曰:'信能死,刺我;不能死,出我袴下。'于是信孰视之,俛出袴下,蒲伏,一市人皆笑信,以为怯。"淮阴,汉代县名,故城在今江苏省淮阴南。

〔5〕"汉朝"句:贾谊为汉文帝所重,准备任以公卿,一些重臣在皇帝面前进谗言,谊乃贬为长沙王太傅。

〔6〕燕家重郭隗:《战国策·燕策一》载,燕昭王招贤,郭隗说:"臣闻古之君人,有以千金求千里马者,三年不能得。涓人言于君曰:'请求之。'君遣之,三月得千里马,马已死,买其首五百金,反以报君。君大怒曰:'所求者生马,安事死马而捐五百金?'涓人对曰:'死马且买之五百金,况生马乎?天下必以王为能市马,马至今矣。'于是不能期年,千里之马至者三。今王诚欲致士,先从隗始,隗且见事,况贤于隗者乎?岂远千里哉?'"

〔7〕拥篲:拿着笤帚扫地退行,迎接贵宾,表示恭敬的礼节。

〔8〕剧辛:赵国人。乐毅:魏国人。他们到燕国后均受到重用。恩分(fèn):恩情。输肝剖胆:竭尽忠诚。效英才:以英才相报效。

〔9〕萦:缠绕。烂:全诗校:"一作蔓。"黄金台:故址在今河北易县东南。传说"燕昭王置千金于台上,以延天下之士"。

有耳莫洗颍川水[1]，有口莫食首阳蕨[2]。含光混世贵无名[3]，何用孤高比云月。吾观自古贤达人，功成不退皆殒身。子胥既弃吴江上[4]，屈原终投湘水滨[5]。陆机雄才岂自保，李斯税驾苦不早。华亭鹤唳讵可闻？上蔡苍鹰何足道[6]？君不见吴中张翰称达生，秋风忽忆江东行。且乐生前一杯酒，何须身后千载名[7]。

〔1〕"有耳"句：反用许由洗耳事，皇甫谧《高士传》卷上："尧又召许由为九州长，由不欲闻之，洗耳于颍水滨。"

〔2〕"有口"句：反用伯夷、叔齐事。蕨，即薇。

〔3〕含光混世：不露才能，混同世人。

〔4〕"子胥"句：《史记·伍子胥列传》载，子胥佐吴王夫差称霸，终因伯嚭进谗，被吴王逼迫伏剑自刎。

〔5〕屈原：战国时楚国大夫，被楚王放逐江南，曾长期流浪于湘水流域。后自沉汨罗江而死。

〔6〕"陆机"四句：分咏陆机、李斯事。《晋书·陆机传》载，陆机死时叹道："华亭鹤唳，岂可复闻乎！"华亭，地名，在今浙江嘉兴县。《史记·李斯列传》载，李斯死时亦对其子感叹道："吾欲与汝复牵黄犬俱出上蔡东门逐狡兔，岂可得乎！"上蔡，在今河南上蔡县西南。雄才：全诗校："一作才多。"

〔7〕"君不见"四句：用张翰事。《晋书·张翰传》载，张翰为吴郡吴县人，仕于京师洛阳，"因见秋风起，乃思吴中菰菜、莼羹、鲈鱼脍，曰：'人生贵得适志，何能羁宦数千里以要名爵乎！'遂命驾而归"。


# 长 相 思[1]


长相思，在长安。络纬秋啼金井阑[2]，微霜凄凄簟色寒[3]。孤灯不明思欲绝[4]，卷帷望月空长叹，美人如花隔云端[5]。上有青冥之长天，下有渌水之波澜[6]。天长路远魂飞苦，梦魂不到关山难。长相思，摧心肝。

〔1〕长相思：乐府旧题，属《杂曲歌辞》。此诗一般认为作于天宝三载（744）"赐金放还"之后。

〔2〕络纬：昆虫名，俗称纺织娘。金井阑：精美的井上栏杆。

〔3〕微:全诗校:"一作凝。"簟(diàn):竹席。

〔4〕明:全诗校:"一作寐。"

〔5〕美人如花:全诗校:"一作佳期迢迢。"

〔6〕青冥:青天。渌水:清澈的水。

# 上留田行〔1〕

行至上留田,孤坟何峥嵘〔2〕!积此万古恨,春草不复生。悲风四边来,肠断白杨声〔3〕。借问谁家地,埋没蒿里茔〔4〕?古老向余言,言是上留田,蓬科马鬣今已平〔5〕。昔之弟死兄不葬,他人于此举铭旌〔6〕。一鸟死,百鸟鸣。一兽走,百兽惊〔7〕。桓山之禽别离苦,欲去回翔不能征〔8〕。田氏仓卒骨肉分,青天白日摧紫荆〔9〕。交柯之木本同形,东枝憔悴西枝荣〔10〕。无心之物尚如此,参商胡乃寻天兵〔11〕?孤竹延陵,让国扬名〔12〕。高风缅邈〔13〕,颓波激清。尺布之谣,塞耳不能听〔14〕。

〔1〕上留田行:乐府旧题,属《相和歌辞·瑟调曲》。《古今注·音乐》:"上留田,地名也。其地人有父母死,兄不字其孤弟者,邻人为其弟作悲歌以讽其兄,故曰《上留田》。"

〔2〕峥嵘:高峻貌。

〔3〕"悲风"二句:《古诗十九首》其十四:"出郭门直视,但见丘与坟。……白杨多悲风,萧萧愁杀人。"

〔4〕蒿里:古指坟地,又为丧歌名。

〔5〕蓬科:即蓬颗,长着蓬草的土块。《汉书·贾山传》:"使其后世曾不得蓬颗蔽冢而托葬焉。"颜师古注:"颗谓土块。蓬颗,言块上生蓬者耳。"马鬣:坟上封土之形,状如马鬣。

〔6〕铭旌:即明旌,旧时竖在柩前以表识死者姓名的旗幡。

〔7〕"一鸟"四句:《礼记·三年问》:"今是大鸟兽,则失丧其群匹,越月逾时焉,则必反巡。过其故乡,翔回焉,鸣号焉,蹢躅焉,踟蹰焉,然后乃能去之。"李诗用其意。

〔8〕"桓山"二句:《孔子家语·颜回》:"回闻桓山之鸟生四子焉,羽翼既成,将分于四海,其母悲鸣而送之。"后用作兄弟分离的典故。

〔9〕"田氏"二句:《续齐谐记》载,田真兄弟三人共议分财,堂前有一紫荆树,拟破

为三片，其树即枯死。兄弟大惊，悲不自胜，不复分树，紫荆应声荣茂。兄弟相感，遂不分家，终为孝门。仓卒，通"仓猝"，急遽。

〔10〕"交柯"二句：《述异纪》卷上："黄金山有楠树，一年东边荣，西边枯，后年西边荣，东边枯，年年如此。张华云：交让树也。"

〔11〕参商：二星名，参西商东，此出彼没，永不相见。《左传·昭公元年》："子产曰：昔高辛氏有二子，伯曰阏伯，季曰实沉，居于旷林，不相能也。日寻干戈，以相征讨。后帝不臧，迁阏伯于商丘，主辰，商人是因，故辰为商星。迁实沉于大夏，主参，唐人是因，以服事夏、商。"杜预注："寻，用也。"胡乃：为何。

〔12〕孤竹：古国名。《史记·伯夷列传》："伯夷、叔齐，孤竹君之二子也。父欲立叔齐，及父卒，叔齐让伯夷。伯夷曰：'父命也。'遂逃去。叔齐亦不肯立而逃之。"延陵：指季札。春秋时吴国公子。吴王寿梦有四子，季札虽少，但因其贤，寿梦欲立之，季札让之，乃立长兄，长冗立，让位季札，季札弃其室而耕，后索性逃走，可见《史记·吴太伯世家》。

〔13〕高风：指伯夷、叔齐、季札让国的高尚品格。缅邈：遥远貌。

〔14〕"尺布"二句：《史记·淮南衡山列传》载，汉文帝异母弟淮南厉王刘长谋反，事觉，流放蜀郡，绝食而死。当时民歌曰："一尺布，尚可缝；一斗粟，尚可舂；兄弟二人，不能相容。"

# 春 日 行 〔1〕

深宫高楼入紫清，金作蛟龙盘绣楹〔2〕。佳人当窗弄白日，弦将手语弹鸣筝〔3〕。春风吹落君王耳，此曲乃是升天行〔4〕。因出天池泛蓬瀛〔5〕，楼船蹙沓波浪惊〔6〕。三千双蛾献歌笑，挝钟考鼓宫殿倾〔7〕，万姓聚舞歌太平。我无为，人自宁。三十六帝欲相迎〔8〕，仙人飘翩下云軿〔9〕。帝不去，留镐京〔10〕。安能为轩辕，独往入窅冥〔11〕？小臣拜献南山寿〔12〕，陛下万古垂鸿名〔13〕。

〔1〕春日行：《乐府诗集·杂曲歌辞》有鲍照《春日行》。
〔2〕紫清：天帝所居，即紫微清都之所。盘绣：全诗校："一作绣作。"
〔3〕弦将手语：指弹奏。
〔4〕升天行：乐府《杂曲歌》名，言游仙之事。

〔5〕天池:指宫中池沼。蓬瀛:指唐大明宫太液池中的蓬莱山。

〔6〕楼船:船上有楼的大船。麏沓:密集纷乱貌。

〔7〕挝、考:均为敲击之意。

〔8〕"三十"句:王琦注:"道书有三十六天上帝。"

〔9〕轩:古代贵族妇女所乘有帷幕的车,此指仙人所乘之车,因有彩云环绕,故曰云轩。

〔10〕镐京:西周国都,故址在今陕西西安市长安区,此借指唐都长安。

〔11〕为:如。轩辕:黄帝。窅冥:指天上。

〔12〕南山寿:《诗·小雅·天保》:"如南山之寿,不骞不崩。"

〔13〕鸿名:盛名。


# 前有一樽酒行二首[1]


春风东来忽相过,金樽渌酒生微波[2]。落花纷纷稍觉多,美人欲醉朱颜酡[3]。青轩桃李能几何,流光欺人忽蹉跎[4]。君起舞,日西夕。当年意气不肯平[5],白发如丝叹何益?

〔1〕前有一樽酒行:乐府《杂曲歌辞》旧题。全诗校:"一本无一字。"

〔2〕渌酒:即清酒。

〔3〕朱颜酡:《楚辞·招魂》:"美人既醉,朱颜酡些。"酡(tuó),饮酒后脸色发红。

〔4〕流光:谓日月之光。蹉跎:光阴虚度。

〔5〕意气:意态、气概。平:全诗校:"一作倾。"


琴奏龙门之绿桐[1],玉壶美酒清若空[2]。催弦拂柱与君饮,看朱成碧颜始红[3]。胡姬貌如花,当垆笑春风[4]。笑春风,舞罗衣,君今不醉将安归[5]?

〔1〕龙门桐:枚乘《七发》:"龙门之桐,高百尺而无枝。"

〔2〕清若空:清澈透明的美酒盛在饮器里,仿佛空无所有似的。

〔3〕看朱成碧:形容眼花,视觉模糊。

〔4〕"胡姬"二句:辛延年《羽林郎》:"胡姬年十五,春日独当垆。"当垆,即卖酒。

垆为酒店中放置酒瓮的土台子。

〔5〕将:全诗校:"一作欲。"


# 夜坐吟<sup>[1]</sup>


冬夜夜寒觉夜长,沉吟久坐坐北堂。冰合井泉月入闺<sup>[2]</sup>,金钉青凝照悲啼<sup>[3]</sup>。金钉灭,啼转多。掩妾泪,听君歌。歌有声,妾有情。情声合,两无违。一语不入意,从君万曲梁尘飞<sup>[4]</sup>。


〔1〕夜坐吟:乐府《杂曲歌辞》旧题。鲍照《代夜坐吟》云:"冬夜沉沉夜坐吟,含声未发已知心。霜入幕,风度林。朱灯灭,朱颜寻。体君歌,逐君音。不贵声,贵意深。"此篇拟之。

〔2〕冰合井泉:谓井水冻成冰。

〔3〕钉(gāng):灯盏,原作缸,误。青凝:青色的火焰似凝住一般。全诗校:"一作凝明。"

〔4〕从:任凭。梁尘飞:《艺文类聚》引《别录》载,汉代虞公善雅歌,其音清哀,声振梁尘。


# 野田黄雀行<sup>[1]</sup>


游莫逐炎洲翠<sup>[2]</sup>,栖莫近吴宫燕<sup>[3]</sup>。吴宫火起焚巢窠<sup>[4]</sup>,炎洲逐翠遭网罗。萧条两翅蓬蒿下,纵有鹰鹯奈若何<sup>[5]</sup>!


〔1〕野田黄雀行:乐府旧题,属《相和歌辞·瑟调曲》。

〔2〕炎洲翠:陈子昂《感遇》其二十三:"翡翠巢南海,雌雄珠树林。……杀身炎洲里,委羽玉堂阴。"炎洲谓海南之地,四时常热,故曰炎洲。

〔3〕吴宫燕:《太平御览》卷九二二引《吴地记》:"春申君都吴宫,加巧饰。春申君死,吏烧燕窟,失火遂焚。"鲍照《代空城雀》:"犹胜吴宫燕,无罪得焚案。"

〔4〕巢:全诗校:"一作尔。"

〔5〕鹰鹯:皆猛禽。


# 箜篌谣[1]


攀天莫登龙,走山莫骑虎。贵贱结交心不移,唯有严陵及光武[2]。周公称大圣,管蔡宁相容[3]!汉谣一斗粟,不与淮南舂[4]。兄弟尚路人,吾心安所从?他人方寸间[5],山海几千重。轻言托朋友,对面九疑峰[6]。开花必早落[7],桃李不如松。管鲍久已死,何人继其踪[8]!

〔1〕箜篌谣:乐府《杂歌谣辞》旧题。《乐府诗集》卷八七:"《箜篌谣》,不详所起,大略言结交当有终始,与《箜篌引》异。"

〔2〕严陵、光武:《后汉书·逸民传》载,严光曾与刘秀同学,刘秀即帝位,召至京城,拜谏议大夫,不受,归隐于富春江。

〔3〕"周公"二句:《史记·周本纪》:"周初定天下,周公恐诸侯畔周,公乃摄行政当国。管叔、蔡叔群弟疑周公,与武庚作乱,畔周。周公奉成王命,伐诛武庚、管叔,放蔡叔。"

〔4〕"汉谣"二句:《史记·淮南衡山列传》载民谣曰:"一尺布,尚可缝;一斗粟,尚可舂;兄弟二人,不能相容。"淮南,指淮南厉王,因谋反,绝食而死。

〔5〕方寸:指心。

〔6〕九疑峰:即苍梧山,在湖南宁远县南。其山九峰皆相似,故曰九疑。

〔7〕开:全诗校:"一作多。"

〔8〕管鲍:指管仲、鲍叔。管仲少时,常与鲍叔游,"鲍叔知其贤",后荐管仲为相,佐齐桓公称霸。管仲曰:"生我者父母,知我者鲍子也。"事见《史记·管晏列传》。


# 雉朝飞[1]


麦陇青青三月时,白雉朝飞挟两雌。锦衣绣翼何离褷[2],犊牧采薪感之悲[3]。春天和,白日暖,啄食饮泉勇气满,争雄斗死绣颈断[4]。雉子班奏急管弦,倾心酒美尽玉碗[5]。枯杨枯杨尔生稊[6],我独七十而孤栖。弹弦写恨意不尽[7],瞑目归黄泥。

〔1〕雉朝飞:乐府《琴曲歌辞》有《雉朝飞操》。
〔2〕离褷:《文选》木华《海赋》:"鸟雏离褷。"李善注:"离褷,羽毛始生貌。"
〔3〕"犊牧"句:崔豹《古今注》卷中:《雉朝飞》者,牧犊子所作也。齐处士,愍、宣时人,年五十无妻,出薪于野,见雉雄雌相随而飞,意动心悲,乃作《雉朝飞》之操,将以自伤焉。其声中绝。"牧,全诗校:"一作沐。"
〔4〕"争雄"句:语本鲍照《代雉朝飞》:"雉朝飞,振羽翼,专场挟雌恃强力。……刓绣颈,碎锦翼,绝命君前无怨色。"绣颈,颈毛如绣。
〔5〕雉子班:汉鼓吹铙歌十八曲之一。倾心酒美:全诗校:"一作心倾美酒。"
〔6〕生稊:《易·大过》:"枯杨生稊,老夫得其女妻,无不利。"王弼注:"稊者,杨之秀也。"杨叶未舒称稊。
〔7〕写:同"泻"。

# 上云乐[1]

金天之西[2],白日所没。康老胡雏,生彼月窟[3]。巉岩容仪,戌削风骨[4]。碧玉炅炅双目瞳,黄金拳拳两鬓红[5]。华盖垂下睫[6],嵩岳临上唇[7]。不睹诡谲貌,岂知造化神?大道是文康之严父[8],元气乃文康之老亲[9]。抚顶弄盘古[10],推车转天轮[11]。云见日月初生时,铸冶火精与水银[12]。阳乌未出谷[13],顾兔半藏身[14]。女娲戏黄土,团作愚下人[15]。散在六合间[16],濛濛若沙尘。生死了不尽,谁明此胡是仙真?西海栽若木[17],东溟植扶桑[18]。别来几多时,枝叶万里长。中国有七圣[19],半路颓洪荒[20]。陛下应运起,龙飞入咸阳[21]。赤眉立盆子[22],白水兴汉光[23]。叱咤四海动,洪涛为簸扬[24]。举足蹋紫微,天关自开张[25]。老胡感至德,东来进仙倡[26]。五色师子,九苞凤皇[27]。是老胡鸡犬,鸣舞飞帝乡。淋漓飒沓[28],进退成行。能胡歌,献汉酒。跪双膝,立两肘[29],散花指天举素手。拜龙颜,献圣寿。北斗戾,南山摧[30]。天子九九八十一万岁,长倾万岁杯[31]。

〔1〕上云乐:乐府《清商曲辞》旧题。周舍有《老胡文康辞》,此诗拟之,辞义多相出入。因周诗原文过长,故不录。

〔2〕金天:西方。

〔3〕康老:即周舍旧辞中之文康。月窟:指西方极远之地。

〔4〕戍削:言如刻画作之。

〔5〕炅炅:明亮貌。黄金拳拳:言其发色黄而稍卷。

〔6〕华盖:指眉毛。垂下睫:谓眉长而下覆于目。

〔7〕嵩岳:指鼻大。《云笈七签》卷十一:"外应中岳鼻齐位。"梁丘子注:"中岳者,鼻也。"

〔8〕大道:即老子所云作为万物之本源的道。严父:王琦注:"《道德指归论》:'道德为父,神明为母。'"

〔9〕元气:形成天地万物的原始物质。

〔10〕盘古:神话中的开天辟地者。

〔11〕天轮:指天地。《文选》木华《海赋》李善注:"《吕氏春秋》曰:'天地如车轮,终则复始。'"

〔12〕"云见"二句:《淮南子·天文训》:"天地之袭精为阴阳……积阳之热气生火,火气之精者为日;积阴之寒气为水,水气之精者为月。"

〔13〕阳乌:指太阳。谷:旸谷,传说为日出之处。

〔14〕顾兔:指月亮。《楚辞·天问》:"夜光何德,死则又育?厥利维何,而顾兔在腹?"

〔15〕"女娲"二句:《太平御览》卷七八引《风俗通》:"俗说天地初开辟,未有人民,女娲抟黄土作人,剧务力不暇供,乃引绳縆于泥中,举以为人。故富贵者,黄土人也;贫贱凡庸者,縆人也。"

〔16〕六合:天地四方。

〔17〕西海:指西方极远之地。若木:神话中木名,为日入之处。一说若木即扶桑。

〔18〕东溟:东海。扶桑:神话中木名,为日出之处。一说即若木。

〔19〕七圣:王琦注:"谓高祖、太宗、高宗、中宗、睿宗、玄宗六君,其一则武后也。"

〔20〕"半路"句:王琦注:"喻禄山倡乱,两京覆没,有似鸿荒之世也。"鸿荒,同洪荒,谓远古混沌初开之世。

〔21〕"陛下"二句:王琦注:"'陛下应运起',谓肃宗即位于灵武。'龙飞入咸阳',谓西京克复,大驾还都也。"龙飞,《易·乾》:"龙飞在天,利见大人。"喻登帝位。

〔22〕"赤眉"句:《后汉书·刘盆子传》载:东汉光武帝建武元年,赤眉军立高帝孙朱虚侯刘章之后刘盆子为天子。

〔23〕"白水"句:在今湖北枣阳。汉光武帝生于此。张衡《东京赋》有"龙飞白水"之句。

〔24〕"叱咤"二句:王琦注:"喻天下震动,寰宇洗清也。"

〔25〕紫微:星座名,太一之精,天帝所居,后借指皇宫。天关:犹天门。

〔26〕仙倡:《文选》张衡《西京赋》:"总会仙倡,戏豹舞罴。白虎鼓瑟,苍龙吹篪。"薛综注:"仙倡,伪作假形,谓如神也。罴豹熊虎,皆为假头也。"

〔27〕九苞凤凰:《初学记》引《论语摘衰圣》:"凤有六像、九苞……九苞者,一曰口包命,二曰心合度,三曰耳听达,四曰舌诎伸,五曰彩色光,六曰冠矩州,七曰距脱钩,八曰音激扬,九曰腹文户。"

〔28〕淋漓:众盛貌。飒沓:盘旋貌。

〔29〕立:全诗校:"一作并。"

〔30〕戾:曲。摧:倒。

〔31〕岁:全诗校:"一作年。一作寿。"


# 白鸠辞[1]


铿鸣钟,考朗鼓[2]。歌白鸠,引拂舞[3]。白鸠之白谁与邻?霜衣雪襟诚可珍,含哺七子能平均[4]。食不噎[5],性安驯。首农政,鸣阳春[6]。天子刻玉杖,镂形赐耆人[7]。白鹭之白非纯真[8],外洁其色心匪仁。阙五德[9],无司晨,胡为啄我葭下之紫鳞[10]?鹰鹯鵰鹗[11],贪而好杀,凤凰虽大圣,不愿以为臣。


〔1〕白鸠辞:《乐府诗集》以此篇入《舞曲歌辞》。诗题全诗校:"一作夷则格上白鸠拂舞辞。"

〔2〕铿:撞。考:击。朗:言发声响亮。

〔3〕引拂舞:王琦注:"乐人执拂而舞,以为容节也。"

〔4〕"含哺"句:《诗·曹风·鸤鸠》:"鸤鸠在桑,其子七兮。"毛传:"鸤鸠之养其子,朝从上下,暮从下上,平均如一。"

〔5〕噎:全诗校:"一作咽。"

〔6〕"首农政"二句:鸤鸠又名布谷,此鸟鸣时,耕事方作,农人以为候。见《尔雅

注》《禽经注》。

〔7〕"天子"二句:《后汉书·礼仪志》:"仲秋之月,县道皆案户比民,年始七十者,授之以玉杖……八十九十,礼有加,赐玉杖九长九尺,端以鸠鸟为饰。鸠鸟,不噎之鸟也,欲老人不噎。"耆人,老人。

〔8〕鹭:全诗校:"一作鹰。"之:全诗校:"一作亦。"

〔9〕五德:《韩诗外传》卷二:田饶谓哀公曰:"……君独不见夫鸡乎?首戴冠者文也,足搏距者武也,敌在前敢斗者勇也,得食相告仁也,守夜不失时信也。鸡有此五德。"

〔10〕紫鳞:指鱼。

〔11〕鹰鹯鵰鹗:王琦注:"四鸟皆禽中之鸷者,形状亦相似,曲喙,金睛,剑翮,利爪,盘旋空中,俟物而击之。"

# 日 出 行[1]

日出东方隈[2],似从地底来。历天又入海,六龙所舍安在哉[3]?其始与终古不息[4],人非元气安得与之久徘徊[5]?草不谢荣于春风,木不怨落于秋天[6]。谁挥鞭策驱四运[7],万物兴歇皆自然。羲和羲和[8],汝奚汩没于荒淫之波[9]?鲁阳何德?驻景挥戈[10]。逆道违天,矫诬实多[11]。吾将囊括大块,浩然与溟涬同科[12]。

〔1〕日出行:乐府《相和歌辞》旧题。全诗校:"一作日出入行。"

〔2〕隈(wēi):山水弯曲处地方。

〔3〕六龙:神话中为太阳驾车的六条龙。借指天子车驾。舍:止宿之地。

〔4〕"其始"句:全诗校:"一作其行终古不休息。"终古,久远。

〔5〕元气:形成天地万物的原始物质。

〔6〕"草不"二句:《庄子·大宗师》郭象注:"暖焉若阳春之自和,故蒙泽者不谢;凄乎若秋霜之自降,故凋落者不怨。"李诗本此。

〔7〕四运:指春、夏、秋、冬四季变化。

〔8〕羲和:为太阳驾车的神。

〔9〕奚:何。汩(gǔ)没:沉沦,沉没。荒淫:谓广阔浩瀚。

〔10〕"鲁阳"二句:《淮南子·览冥训》:"鲁阳公与韩构难,战酣日暮,援戈而挥之,日为之反三舍。"

〔11〕"逆道"二句:谓以前关于太阳的传说不合规律,违反自然,多为欺骗诬诈之论。矫诬:欺诈。

〔12〕囊括:包罗。大块:大地,大自然。溟涬:元气。同科:同类。

# 胡无人〔1〕

严风吹霜海草凋,筋干精坚胡马骄〔2〕。汉家战士三十万,将军兼领霍骠姚〔3〕。流星白羽腰间插〔4〕,剑花秋莲光出匣〔5〕。天兵照雪下玉关〔6〕,虏箭如沙射金甲〔7〕。云龙风虎尽交回〔8〕,太白入月敌可摧〔9〕。敌可摧,旄头灭〔10〕,履胡之肠涉胡血。悬胡青天上,埋胡紫塞傍〔11〕。胡无人,汉道昌〔12〕。

〔1〕胡无人:乐府旧题有《胡无人行》,属《相和歌辞·瑟调曲》。

〔2〕严风:冬风。筋干:代指弓。《周礼·考工记·弓人》:"凡为弓,冬析幹而春液角,夏治筋,科合三材。"骄:马壮貌。

〔3〕霍骠姚:即霍去病,汉武帝时名将,曾为骠姚校尉。兼领:全诗校:"一作谁者。"

〔4〕流星:古宝剑名。白羽:白色箭翎。亦指箭。

〔5〕秋莲:喻宝剑光彩照人。

〔6〕天兵:谓兵威之盛如天。玉关:玉门关,原在今甘肃敦煌市西北小方盘城,六朝时移至今安西县双塔堡附近。

〔7〕金甲:金属制的铠甲。

〔8〕云龙风虎:兵阵名,古人以天、地、风、云、龙、虎、鸟、蛇为八阵。

〔9〕太白:即金星,又名启明、长庚。古代迷信,以为太白星进入月亮,是大将被杀的征兆。

〔10〕旄头:星名,二十八宿之一。《史记·天官书》:"昴曰旄头,胡星也。"此星为胡人之象征。

〔11〕紫塞:泛言边塞。崔豹《古今注》卷上:"秦筑长城,土色皆紫,汉塞亦然,故

称紫塞焉。"

〔12〕全诗校："一本此下有'陛下之寿三千霜,但歌大风云飞扬,安得猛士兮守四方。胡无人,汉道昌'五句。"

# 北风行<sup>[1]</sup>

烛龙栖寒门,光曜犹旦开<sup>[2]</sup>。日月照之何不及此?唯有北风号怒天上来。燕山雪花大如席,片片吹落轩辕台<sup>[3]</sup>。幽州思妇十二月,停歌罢笑双蛾摧<sup>[4]</sup>。倚门望行人,念君长城苦寒良可哀。别时提剑救边去,遗此虎纹金鞞靫<sup>[5]</sup>。中有一双白羽箭,蜘蛛结网生尘埃。箭空在,人今战死不复回。不忍见此物,焚之已成灰。黄河捧土尚可塞,北风雨雪恨难裁<sup>[6]</sup>。

〔1〕北风行:乐府《杂曲歌辞》旧题。
〔2〕"烛龙"二句:北方之神,《山海经·大荒北经》云:"西北海之外,赤水之,有章尾山。有神,人面蛇身而赤……不食不寝不息,风雨是谒。是烛九阴,是谓烛龙。"
〔3〕燕山:在今天津市蓟县东南,绵延数百里,东抵海滨。轩辕台:故址在今河北省怀来县乔山上。
〔4〕幽州:辖今北京市及河北省北部一带地区。双蛾摧:双眉低垂。蛾,蛾眉,女子细长绢秀的眉毛。
〔5〕鞞靫:当作"鞲靫",箭袋。
〔6〕裁:止。

# 侠客行<sup>[1]</sup>

赵客缦胡缨<sup>[2]</sup>,吴钩霜雪明<sup>[3]</sup>。银鞍照白马,飒沓如流星<sup>[4]</sup>。十步杀一人,千里不留行<sup>[5]</sup>。事了拂衣去,深藏身与名。闲过信陵饮<sup>[6]</sup>,脱剑膝前横。将炙啖朱亥,持觞劝侯嬴。三杯吐然诺,五岳倒为轻。眼花耳热后,意气素霓生。救赵挥金槌,邯郸先震惊。千秋二壮士,烜赫大梁城<sup>[7]</sup>。纵死侠骨香<sup>[8]</sup>,不惭世上英。谁能书阁下,白首太玄经<sup>[9]</sup>?

〔1〕侠客行:乐府《杂曲歌辞》旧题。

〔2〕赵客:战国时燕赵一带多出侠士,后人因称侠客一类人物为燕赵之士。缦胡缨:一种没有文理的粗制帽带。《庄子·说剑》:"吾王所见剑士,皆蓬头、突鬓、垂冠、曼胡之缨。"

〔3〕吴钩:《吴越春秋·阖闾内传》载吴王阖闾命国中作金钩,有人贪王之重赏,杀其二子吴鸿、扈稽,以血衅金,遂成二钩,献于阖闾。后泛指利剑宝刀。钩,兵器,形似剑而刃弯。

〔4〕飒沓:群飞貌。此处形容马行迅疾。

〔5〕"十步"二句:《庄子·说剑》:"臣之剑十步一人,千里不留行。"司马彪注:"十步与一人相击,辄杀之,故千里不留于行也。"留,阻留。

〔6〕信陵:信陵君,战国四公子之一的魏公子无忌,"为人仁而下士""致食客三千人",事见《史记·魏公子列传》。

〔7〕"将炙"十句:用信陵君救赵事。据《史记·魏公子列传》载,赵都邯郸为秦所围,赵国多次向魏求救,魏王畏秦,不敢前往,信陵君欲救赵,门客侯生为之出谋划策,请魏王宠姬入王卧内,盗得兵符,又举荐屠者朱亥与公子同至魏军中,击杀按兵不动的将领晋鄙,率领魏军前去救赵。炙,用火烤的肉。啖,食。然诺,许诺。眼花耳热,形容酒酣时情状。素霓,即白虹。二壮士,指侯嬴与朱亥。烜赫,光彩照人貌。大梁,魏国都城,即今河南开封市。

〔8〕"纵死"句:语本张华《游侠曲》:"生从命子游,死闻侠骨香。"

〔9〕"谁能"二句:《汉书·扬雄传》:"哀帝时,丁、傅、董贤用事,诸附离之者,或起家至二千石。时雄方草《太玄》,有以自守,泊如也。"

# 卷 三

## 关山月[1]

明月出天山[2],苍茫云海间。长风几万里,吹度玉门关。汉下白登道[3],胡窥青海湾[4]。由来征战地[5],不见有人还。戍客望边色[6],思归多苦颜。高楼当此夜[7],叹息未应闲[8]。

〔1〕关山月:乐府旧题,属《横吹曲辞》。
〔2〕天山:即祁连山,在今甘肃、青海两省边界。匈奴人称天为祁连。
〔3〕下:指出兵。白登:山名,在今山西省大同市东北。匈奴尝围汉高祖于此。
〔4〕窥:窥伺。青海:湖名,在今青海省东北部。
〔5〕由来:从来。
〔6〕戍客:指戍边的士兵。色:全诗校:"一作邑。"
〔7〕高楼:指住在高楼里的士兵的妻室。
〔8〕闲:全诗校:"一作还。"

## 独漉篇[1]

独漉水中泥,水浊不见月。不见月尚可,水深行人没[2]。越鸟从南来,胡鹰亦北渡。我欲弯弓向天射,惜其中道失归路。落叶别树,飘零随风。客无所托,悲与此同。罗帏舒卷[3],似有人开。明月直入,无心可猜。雄剑挂壁,时时龙鸣[4]。不断犀象[5],绣涩苔生。国耻未雪[6],何由成名?神鹰梦泽,不顾鸥鸢。为君一击,鹏搏九天[7]。

〔1〕独漉篇:乐府《舞曲歌辞》旧题。独漉,一说为地名,在今河北省涿州;一说是罝麗(小网)的同音词。从诗意看,此诗大约作于作者晚年。
〔2〕"独漉"四句:《独漉篇》古辞:"独漉独漉,水深泥浊。泥浊尚可,水深杀我。"

李诗拟之。

〔3〕帏:帐子。舒卷:帐子飘动开合。

〔4〕"雄剑"二句:《拾遗记》卷一:"颛顼高阳氏……有曳影之剑,腾空而舒,若四方有兵,此剑则飞起指其方,则克伐;未用之时,常于匣里,如龙虎之吟。"

〔5〕断犀象:言剑锋利。曹植《七启》:"步光之剑,华藻繁缛……陆断犀象,未足称隽。"

〔6〕国耻:似指安禄山之乱。

〔7〕"神鹰"四句:《太平广记》卷四六〇引《幽明录》:"楚文王好猎,有人献一鹰,王见其殊常,故为猎于云梦。毛群羽族,争噬共搏,此鹰瞪目,远瞻云际。俄有一物,鲜白不辨其形,鹰便竦而升,矗若飞电,须臾羽堕如雪,血下如雨,有大鸟坠地,度其羽翅广数十里,时有博物君子曰:此大鹏雏也。"

# 登高丘而望远[1]

登高丘,望远海。六鳌骨已霜,三山流安在[2]?扶桑半摧折[3],白日沉光彩。银台金阙如梦中,秦皇汉武空相待[4]。精卫费木石[5],鼋鼍无所凭[6]。君不见骊山茂陵尽灰灭[7],牧羊之子来攀登[8]。盗贼劫宝玉,精灵竟何能[9]?穷兵黩武今如此,鼎湖飞龙安可乘[10]?

〔1〕登高丘而望远:乐府《相和歌辞》旧题。

〔2〕"六鳌"二句:《列子·汤问》载:大海中有五座仙山,常随波漂流。群仙患之,天帝乃命巨鳌举首载之,五山乃峙而不动。

〔3〕扶桑:神话中木名,太阳升起之处。

〔4〕银台金阙:传说渤海中有蓬莱、方丈、瀛洲三座神山,皆以黄金白银为宫阙,乃仙人所居。见《史记·封禅书》。如梦中:谓求仙之事虚无飘渺。秦皇汉武皆尝遣方士入海求三神山。

〔5〕精卫:炎帝少女名女娃,游于东海,溺而不返,遂化为鸟,名曰精卫,常衔西山之木石,以填东海。见《山海经·北山经》。

〔6〕"鼋鼍"句:周穆王伐越,"大起九师,东至于九江,驾鼋鼍以为梁"。见《竹书纪年》卷下。

〔7〕骊山:在今陕西西安市临潼区东南,秦始皇葬于此。茂陵:汉武帝陵名,在今陕西兴平市东北。

〔8〕"牧羊"句:《汉书·刘向传》载,项羽攻占咸阳后,曾发掘秦始皇陵墓。后来一牧童亡羊,羊入墓道,牧童持火寻羊,失火,烧其棺椁。

〔9〕精灵:指秦皇、汉武帝的神灵。

〔10〕鼎湖飞龙:《史记·封禅书》说黄帝铸鼎于荆山下,有龙垂胡髯迎黄帝上天,因名其处为鼎湖。


# 阳春歌[1]


长安白日照春空,绿杨结烟垂袅风[2]。披香殿前花始红[3],流芳发色绣户中[4]。绣户中,相经过。飞燕皇后轻身舞,紫宫夫人绝世歌[5]。圣君三万六千日,岁岁年年奈乐何。


〔1〕阳春歌:乐府《清商曲辞》旧题。

〔2〕袅风:微风,轻风。

〔3〕披香殿:汉长安宫殿名,在未央宫中。

〔4〕流芳:散发香气。发色:显露颜色。

〔5〕紫宫:王者之宫象紫微,因称紫宫。夫人:指汉武帝李夫人。世,全诗校:"一作代。"


# 杨叛儿[1]


君歌杨叛儿,妾劝新丰酒[2]。何许最关人[3]?乌啼白门柳[4]。乌啼隐杨花,君醉留妾家。博山炉中沉香火[5],双烟一气凌紫霞。


〔1〕杨叛儿:六朝乐府《西曲歌》曲名之一。诗作于开元十四年(726),时作者初游金陵(南京)。

〔2〕新丰:汉代县名,在今陕西临潼县东北。六朝以来以产美酒著名。

〔3〕何许:犹何处。最关人:最让人关心动情。

〔4〕白门:六朝时建康城(今南京)的西门。古时,五行西方属白,故又称白门。

《杨叛儿》古辞:"暂出白门前,杨柳可藏乌。欢作沉水香,侬作博山炉。"

〔5〕博山炉:香炉名。其表面雕有重叠山形的装饰。沉香:一种名贵的香木,置水则沉,又称沉水香,古作为熏香之用。

# 双燕离[1]

双燕复双燕,双飞令人羡。玉楼珠阁不独栖,金窗绣户长相见。柏梁失火去[2],因入吴王宫[3]。吴宫又焚荡,雏尽巢亦空。憔悴一身在,孀雌忆故雄。双飞难再得,伤我寸心中。

〔1〕双燕离:乐府《琴曲歌辞》旧题。
〔2〕柏梁失火:汉武帝元鼎二年建柏梁台,太初元年,遭灾而毁。见《汉书·武帝纪》。
〔3〕"因入"句:《太平御览》卷九二二引《吴地纪》:"春申君都吴宫,因加巧饰。春申死,吏照燕窟,失火遂焚。"

# 山人劝酒[1]

苍苍云松,落落绮皓[2]。春风尔来为阿谁[3]?蝴蝶忽然满芳草。秀眉霜雪颜桃花,骨青髓绿长美好[4]。称是秦时避世人,劝酒相欢不知老。各守麋鹿志,耻随龙虎争[5]。欻起佐太子,汉王乃复惊。顾谓戚夫人,彼翁羽翼成[6]。归来商山下[7],泛若云无情。举觞酹巢由,洗耳何独清[8]!浩歌望嵩岳,意气还相倾[9]。

〔1〕山人劝酒:乐府《琴曲歌辞》旧题。
〔2〕落落:豁达,开朗。绮皓:指商山四皓。《史记·留侯世家》载,秦末四位须发皆白的老人东园公、绮里季、夏黄公、角里先生,隐居于商山(今陕西商县东南),人称"商山四皓"。汉高祖素慕其贤名,征之不得。吕后用张良计,卑辞安车迎四人至,与太子同见汉高祖。太子地位由此得以巩固。

〔3〕阿谁:谁人。

〔4〕"秀眉"二句:全诗校:"一作秀眉雪霜桃花貌,青髓绿发长美好。"

〔5〕麋鹿志:指隐居山野的志向。龙虎争:指楚汉相争。

〔6〕"欻起"四句:吕后用张良计迎四皓入朝辅太子后,高祖谓戚夫人曰:"我欲易之,彼四人辅之,羽翼已成,难动矣。"戚夫人泣,上曰:"为我楚舞,吾为若楚歌!"歌数阕,戚夫人嘘唏流涕。事见《史记·留侯世家》。欻(xū),忽然。

〔7〕商:全诗校:"一作南。"

〔8〕酹(lèi):用酒洒地以祭。巢由:巢父、许由,相传均为尧时隐士。洗耳:皇甫谧《高士传》卷上:"尧又召为九州长,由不欲闻之,洗耳于颍水滨。"独:全诗校:"一作太。"

〔9〕嵩岳:即嵩山,其南有许由山,其北有许由洗耳之颍水。相倾:投合。

# 于阗采花〔1〕

于阗采花人,自言花相似。明妃一朝西入胡〔2〕,胡中美女多羞死。乃知汉地多名姝,胡中无花可方比。丹青能令丑者妍〔3〕,无盐翻在深宫里〔4〕。自古妒蛾眉,胡沙埋皓齿〔5〕。

〔1〕于阗采花:乐府《杂曲歌辞》旧题。于阗,古西域国名。在今新疆和田一带。

〔2〕明妃:即王昭君,晋人避司马昭讳,改称明君,又称明妃。

〔3〕"丹青"句:《西京杂记》载,汉元帝后宫甚多,乃命画工绘图,按图召幸。诸宫人皆赂画工,独王昭君不肯。画工丑其形,故不得召幸。匈奴入朝求美人,以昭君行。及去,召见,貌为后宫第一。元帝悔之,然恐失信于匈奴,故不复更人。乃穷案其事,画工毛延寿等皆弃市。

〔4〕无盐:战国时齐国一位相貌极丑的女子,宣王立之为后。见《新序》卷二。

〔5〕蛾眉、皓齿:美女之代称。

# 鞠歌行〔1〕

玉不自言如桃李〔2〕,鱼目笑之卞和耻〔3〕。楚国青蝇何太多〔4〕,连城白璧遭谗毁<sup>[5]</sup>。荆山长号泣血人<sup>[6]</sup>，忠臣死为刖足鬼。听曲知宁戚，夷吾因小妻<sup>[7]</sup>。秦穆五羊皮，买死百里奚<sup>[8]</sup>。洗拂青云上<sup>[9]</sup>，当时贱如泥。朝歌鼓刀叟，虎变磻溪中<sup>[10]</sup>。一举钓六合<sup>[11]</sup>，遂荒营丘东<sup>[12]</sup>。平生渭水曲，谁识此老翁<sup>[13]</sup>？奈何今之人，双目送飞鸿<sup>[14]</sup>！

〔1〕鞠歌行:乐府旧题,属《相和歌辞·平调曲》。

〔2〕桃李:古谚有"桃李不言,下自成蹊"之句。

〔3〕鱼目笑之:张协《杂诗十首》:"鱼目笑明月(珠名)。"卞和:春秋楚人。相传他在荆山发现一块玉璞,先后献给楚厉王、武王,皆以为欺诈,被截去双脚。文王即位,卞和抱璞哭于荆山下。文王命玉工剖璞加工,果得宝玉,世称和氏璧。事见《韩非子·和氏》。

〔4〕青蝇:《诗·小雅·青蝇》:"营营青蝇,止于樊。岂弟君子,无信谗言。"以苍蝇喻颠倒黑白的小人。

〔5〕连城白璧:指和氏璧,《史记·廉颇蔺相如列传》载,赵惠王得和氏璧,秦昭王愿以十五城易之。陈子昂《宴胡楚真禁所》:"青蝇一相点,白璧遂成冤。"李诗本此。

〔6〕荆山:卞和得玉璞之处。

〔7〕宁戚:春秋时齐人。夷吾:春秋时齐相管仲之名。小妻:妾。《列女传·辩通传》载:宁戚欲见桓公而无由,乃为人仆,将车宿齐东门之外。桓公因出,宁戚击牛角而商歌甚悲。桓公使管仲迎之,宁戚称曰:"浩浩乎白水。"管仲不知何意,面有忧色。其妾问其故,答曰:"昔日公使我迎宁戚,宁戚曰:'浩浩乎白水。'吾不知其所谓,是故忧之。"其妾笑曰:"人已语君矣,君不知识耶?古有《白水》之诗,诗不云乎:'浩浩白水,儵儵之鱼。君来召我,我将安居?国家未定,从我焉如?'此宁戚之欲得仕国家也。"管仲大悦,以报桓公,桓公乃以宁戚为佐,齐国以治。

〔8〕百里奚:春秋时秦国大夫。原为虞大夫,虞亡时被晋俘虏,作为陪嫁之臣送入秦国。后出走到楚,为楚人所执,又被秦穆公以五张牡黑羊皮赎回,用为大夫,称五羖大夫。

〔9〕洗拂:洗涤与拂拭尘垢。

〔10〕鼓刀,指为屠户。

〔11〕钓六合:意谓取得天下。

〔12〕"遂荒"句:《诗·鲁颂·閟宫》:"遂荒大东。"毛传:"荒,有也。"《史记·齐太公世家》:"于是武王已平商而王天下,封师尚父于齐营丘。"

〔13〕识:全诗校:"一作数。"

〔14〕"双目"句:《史记·孔子世家》:"卫灵公……与孔子语,见蜚雁,仰视之,色不在孔子,孔子遂行。"飞,全诗校:"一作征。"

# 幽涧泉[1]

拂彼白石,弹吾素琴,幽涧愀兮流泉深[2]。善手明徽[3],高张清心[4],寂
历似千古[5],松飕飗兮万寻[6]。中见愁猿吊影而危处兮,叫秋木而长吟。
客有哀时失职而听者[7],泪淋浪以沾襟[8]。乃缉商缀羽,潺湲成音[9]。
吾但写声发情于妙指[10],殊不知此曲之古今。幽涧泉,鸣深林。

〔1〕幽涧泉:《乐府诗集》收此诗入《琴曲歌辞》。

〔2〕愀:忧貌。

〔3〕善手:高手。明徽:王琦注:"《韵会》:《琴节》曰:徽,乐书作晖。……古徽十有三,
象十二月,其一象闰,用螺蚌为之,近代用金、玉、瑟瑟、水晶等宝,以示明莹。"此指佳琴。

〔4〕高张:《文选》颜延年《秋胡》诗:"高张生绝弦,声急由调起。"李善注:"《物理
论》曰:琴欲高张,瑟欲下声。"

〔5〕寂历:犹寂寞。

〔6〕飕飗:风声。寻:八尺为一寻。

〔7〕职:全诗校:"一作志。"

〔8〕淋浪:泪流不止貌。

〔9〕缉商缀羽:指奏乐。商、羽皆五音之一。潺湲:状水流声。此指乐声。

〔10〕写:泻。《诗·邶风·泉水》:"驾言出游,以写我忧。"郑笺:"我心写者,舒其
情意,无留恨也。"

# 王昭君二首[1]

汉家秦地月,流影照明妃[2]。一上玉关道[3],天涯去不归。汉月还从东海
出,明妃西嫁无来日。燕支长寒雪作花[4],蛾眉憔悴没胡沙。生乏黄金枉
图画[5],死留青冢使人嗟[6]。

〔1〕王昭君:乐府《相和歌辞》旧题。

〔2〕照:全诗校:"一作送。"

〔3〕玉关:玉门关。

〔4〕燕支:山名,即焉支山,在今甘肃省永昌县西、山丹县东南。

〔5〕枉图画:言画工丑化昭君事。

〔6〕青冢:即汉王昭君墓。在今内蒙呼和浩特市南二十里处。相传冢上草色常青,故名。

昭君拂玉鞍,上马啼红颊。今日汉宫人,明朝胡地妾。


# 中山孺子妾歌[1]


中山孺子妾,特以色见珍。虽然不如延年妹[2],亦是当时绝世人。桃李出深井,花艳惊上春[3]。一贵复一贱,关天岂由身? 芙蓉老秋霜,团扇羞网尘[4]。戚姬髡发入春市[5],万古共悲辛。

〔1〕中山孺子妾歌:乐府《杂歌谣辞》旧题。中山孺子妾:中山王妾之有品号者。参见《汉书·艺文志》及注。

〔2〕延年妹:《汉书·外戚传上》"延年侍上起舞,"歌曰:'北方有佳人,绝世而独立。一顾倾人城,再顾倾人国。宁不知倾城与倾国,佳人难再得。'"

〔3〕深井:庭中天井。上春:即孟春,春季的第一个月。

〔4〕"团扇"句:汉成帝时,班婕妤失宠,供养于长信宫,乃作《怨诗》曰:"新裂齐纨素,鲜洁如霜雪。裁为合欢扇,团团似明月。……常恐秋节至,凉风夺炎热。弃捐箧笥中,恩情中道绝。"见《玉台新咏》卷一。

〔5〕"戚姬"句:汉高祖时,戚夫人得宠,"高祖崩,惠帝立,吕后为皇太后,乃令永巷囚戚夫人,髡钳,衣赭衣,令春"。见《汉书·外戚传上》。春,春米,汉代惩治女犯人的一种刑罚。发,全诗校:"一作剪"。

# 荆 州 歌[1]


白帝城边足风波[2],瞿塘五月谁敢过[3]? 荆州麦熟茧成蛾,缫丝忆君头绪多<sup>[4]</sup>,拨谷飞鸣奈妾何<sup>[5]</sup>！

〔1〕荆州歌:乐府《杂曲歌辞》旧题。诗作于开元十三年(725),时作者初离蜀中
而到荆州。

〔2〕白帝城:故址在今四川奉节县白帝山上。

〔3〕瞿塘:瞿塘峡,长江三峡之一,在四川奉节县东。峡中水流险急,中多礁石,夏
历五月涨水时,行舟更加危险。

〔4〕荆州:治所在今湖北江陵。缲丝:抽茧出丝。君:夫君。六朝乐府民歌中常用
丝谐"思",故"头绪多"有双关之意。

〔5〕拨谷:即布谷鸟,五月飞鸣,鸣声似唤"行不得也哥哥"。


# 雉子斑<sup>[1]</sup>


辟邪伎作鼓吹惊<sup>[2]</sup>,雉子斑之奏曲成<sup>[3]</sup>,喔咿振迅欲飞鸣<sup>[4]</sup>。扇锦翼<sup>[5]</sup>,
雄风生。双雌同饮啄,趫悍谁能争<sup>[6]</sup>？乍向草中耿介死<sup>[7]</sup>,不求黄金笼下
生。天地至广大,何惜遂物情<sup>[8]</sup>？善卷让天子<sup>[9]</sup>,务光亦逃名<sup>[10]</sup>。所贵
旷士怀<sup>[11]</sup>,朗然合太清<sup>[12]</sup>。

〔1〕雉子斑:汉鼓吹铙歌十八曲之一。全诗校:"一作设辟邪伎鼓吹雉子斑曲
辞。"

〔2〕辟邪:兽名,形似鹿。辟邪伎:扮作辟邪兽之形而舞者。鼓吹:乐名,出自北方
民族,本军中乐,后殿庭、道途皆用之。

〔3〕斑:羽毛斑斓美丽。

〔4〕喔咿(yī):鸟鸣声。振迅:振翅飞翔。

〔5〕扇:摇动。

〔6〕趫悍:健捷强悍貌。

〔7〕乍:乍可,宁可。耿介:光明正直。相传雉鸟性耿介,为人所获,则自屈折其头
而死。

〔8〕遂物情:顺从物性。

〔9〕善卷:古之贤士。相传舜尝以天下让卷,不受,入深山,莫知所终。见《高士
传》。

69

〔10〕务光:夏末贤士。汤伐桀,克之,以天下让务光,不受,乃自沉于庐水。见《庄子·让王》。

〔11〕旷士:心胸旷达之士。

〔12〕朗然:明貌。太清:天空。


# 相逢行[1]


相逢红尘内,高揖黄金鞭。万户垂杨里,君家阿那边[2]?

〔1〕相逢行:乐府《相和歌辞》旧题。

〔2〕阿那:瞿蜕园、朱金城注:"阿那犹阿谁,即今口语之哪个。杜甫诗:'秋色凋春草,王孙若个边?'与此句语意正同。"


# 有所思[1]


我思仙人乃在碧海之东隅[2],海寒多天风,白波连山倒蓬壶[3]。长鲸喷涌不可涉,抚心茫茫泪如珠。西来青鸟东飞去[4],愿寄一书谢麻姑[5]。

〔1〕有所思:汉鼓吹铙歌十八曲之一。全诗校:"一作古有所思行。"

〔2〕碧海:《海内十洲记》:"扶桑在东海之东岸,岸直陆行登岸一万里,东复有碧海,广狭浩污与东海等。水既不咸苦,正作碧色,甘香味美。"

〔3〕蓬壶:即蓬莱。

〔4〕青鸟:神话中鸟名,西王母的使者。见《山海经·大荒西经》。

〔5〕麻姑:古代神话中的女仙。


# 久别离[1]


别来几春未还家,玉窗五见樱桃花。况有锦字书,开缄使人嗟[2]。至此肠断彼心绝,云鬟绿鬓罢梳结[3],愁如回飙乱白雪[4]。去年寄书报阳台[5],今年寄书重相催。东风兮东风,为我吹行云使西来。待来竟不来,落花寂寂委青苔[6]。

〔1〕久别离:乐府《别扭歌辞》旧题。

〔2〕缄(jiǎn):封。

〔3〕彼:指妻子。云鬟绿鬓:形容女子头发浓密如云,且有光泽。梳:全诗校:"一作揽。"

〔4〕回飙:旋风。

〔5〕阳台:宋玉《高唐赋》描写楚王梦与巫山神女欢会,神女去而辞曰:"妾在巫山之阳,高丘之阻,旦为朝云,暮为行雨。朝朝暮暮,阳台之下。"

〔6〕委:堆积。

# 白头吟[1]

锦水东北流[2],波荡双鸳鸯。雄巢汉宫树,雌弄秦草芳[3]。宁同万死碎绮翼[4],不忍云间两分张[5]。此时阿娇正娇妒,独坐长门愁日暮。但愿君恩顾妾深,岂惜黄金买词赋[6]?相如作赋得黄金,丈夫好新多异心。一朝将聘茂陵女,文君因赠白头吟[7]。东流不作西归水[8],落花辞条羞故林[9]。兔丝固无情[10],随风任倾倒。谁使女萝枝[11],而来强萦抱。两草犹一心,人心不如草。莫卷龙须席,从他生网丝[12]。且留琥珀枕[13],或有梦来时。覆水再收岂满杯?弃妾已去难重回。古来得意不相负,只今惟见青陵台[14]。

〔1〕白头吟:属乐府《楚调曲》。《西京杂记》卷三:"司马相如将聘茂陵人女为妾,卓文君作《白头吟》以自绝,相如乃止。"

〔2〕锦水:即锦江,俗名府河,在今四川省成都南。

〔3〕汉、秦:均指长安一带。

〔4〕绮翼:指鸳鸯美丽的翅膀。

〔5〕分张:分离。

〔6〕"此时"四句:《乐府古题要解》卷下载:汉武帝陈皇后失宠,退居长门宫,愁闷

悲思。以黄金百斤请司马相如作《长门赋》,帝见而伤之,复得亲幸。后人因其赋作《长门赋》。买词:全诗校:"一作将买。"

〔7〕"相如"四句:用司马相如和卓文君故事。赠,全诗校:"一作赋。"

〔8〕"东流"句:化用南朝《子夜歌》"不见东流水,何时复归西"语意。

〔9〕羞故林:羞于重返故林。

〔10〕兔丝:即菟丝,一种寄生植物,茎细如丝,常缠绕在其他植物上。固:全诗校:"一作本。"

〔11〕女萝:即松萝,一种寄生于树上的植物。由于兔丝蔓有时缠绕在女萝上,故古人常用兔丝、女萝喻指男女爱情。

〔12〕龙须席:龙须草编制成的席子。从他:任他。网丝:蛛网。

〔13〕琥珀枕:用琥珀装饰的精美枕头。

〔14〕青陵台:战国时宋康王所筑,故址在今河南商丘市。全诗校:一作"锦水东流碧,波荡双鸳鸯。雄巢汉宫树,雌弄秦草芳。相如去蜀谒武帝,赤车驷马生辉光。一朝再览大人作,万乘忽欲凌云翔。闻道阿娇失恩宠,千金买赋要君王。相如不忆贫贱日,位高金多聘私室。茂陵妹子皆见求,文君欢爱从此毕。泪如双泉水,行堕紫罗襟。五更鸡三唱,清晨白头吟。长吁不整绿云鬓,仰诉青天哀怨深。城崩杞梁妻,谁道土无心。东流不作西归水,落花辞枝羞故林。头上玉燕钗,是妾嫁时物。赠君表相思,罗袖幸时拂。莫卷龙须席,从他生网丝。且留琥珀枕,还有梦来时。鹔鹴裘在锦屏上,自君一挂无由披。妾有秦楼镜,照心胜照井。愿持照新人,双对可怜影。覆水却收不满杯,相如还谢文君回。古来得意不相负,只今惟有青陵台。"

# 采莲曲[1]

若耶溪旁采莲女[2],笑隔荷花共人语。日照新妆水底明,风飘香袂空中举[3]。岸上谁家游冶郎[4],三三五五映垂杨。紫骝嘶入落花去[5],见此踟蹰空断肠[6]。

〔1〕采莲曲:属乐府清商曲辞。起于梁武帝萧衍父子,后人多拟之。

〔2〕若耶溪:在今浙江绍兴市南。

〔3〕袂:衣袖。全诗校:"一作袖。"

〔4〕游冶郎:出游寻乐的青年男子。

〔5〕紫骝:毛色枣红的良马。

〔6〕踟蹰:徘徊。

# 临江王节士歌[1]

洞庭白波木叶稀[2],燕鸿始入吴云飞。吴云寒,燕鸿苦。风号沙宿潇湘浦,节士悲秋泪如雨[3]。白日当天心,照之可以事明主。壮士愤,雄风生。安得倚天剑[4],跨海斩长鲸?

〔1〕临江王节士歌:乐府《杂歌谣辞》旧题。《汉书·艺文志》有《临江王及愁思节士歌诗》,南朝宋陆阙作有《临江王节士歌》。诗约作于乾元二年(759),时作者在岳阳。

〔2〕"洞庭"句:语本《楚辞·九歌·湘夫人》:"袅袅兮秋风,洞庭波兮木叶下。"

〔3〕秋:全诗校:"一作感。"

〔4〕倚天剑:宋玉《大言赋》:"长剑耿耿倚天外。"

# 司马将军歌 以代陇上健儿陈安[1]

狂风吹古月,窃弄章华台[2]。北落明星动光彩[3],南征猛将如云雷[4]。手中电击倚天剑[5],直斩长鲸海水开[6]。我见楼船壮心目,颇似龙骧下三蜀[7]。扬兵习战张虎旗[8],江中白浪如银屋。身居玉帐临河魁[9],紫髯若戟冠崔嵬[10]。细柳开营揖天子,始知灞上为婴孩[11]。羌笛横吹阿𩩂回,向月楼中吹落梅[12]。将军自起舞长剑,壮士呼声动九垓[13]。功成献凯见明主[14],丹青画像麒麟台[15]。

〔1〕司马将军歌:属乐府《杂歌谣辞》。诗作于乾元二年(759)秋,时作者在巴陵。陈安:晋王司马保的故将,因反抗刘曜而战死,时人作《陇上歌》颂扬他,首句云"陇上壮士有陈安"。参见《晋书·刘曜载记》。

〔2〕古月:"胡"的稳语。窃弄:非法弄兵。章华台:台名,楚灵王所筑,旧址在今湖北监利县西北。

〔3〕北落:星名,位在北方,主候兵。古代迷信,认为如果它明亮而大,则军安。

〔4〕如云雷:形容军威之盛。

〔5〕倚天剑:长剑。

〔6〕长鲸:指叛军。据《通鉴》载,乾元二年,康楚元、张嘉延据襄州作乱,袭破荆州,故云"窃弄章华台"。

〔7〕龙骧:指晋益州刺史王濬。西晋初,吴有童谣曰:"阿童复阿童,衔刀浮渡江。不畏岸上兽,但畏水中龙。"王濬小字阿童,晋武帝遂拜为龙骧将军。见《晋书·羊祜传》。三蜀:古代以蜀郡、广汉、犍为为三蜀,此泛指蜀地。

〔8〕虎旗:绘有虎形的旗帜。

〔9〕玉帐:征战时主将所居的军帐。古兵家厌胜之法,谓主将于其方设置军帐,则坚不可犯,犹如玉帐。河魁:指戌之方位。《云谷杂记》:"戌为河魁,谓主将之账宜在戌也。"

〔10〕戟:古兵器名。此形容须髯坚硬。崔嵬:高貌。

〔11〕"细柳"二句:汉文帝时,将军周亚夫屯军细柳(今陕西咸阳市西南),以军纪严明著称,事见《史记·绛侯周勃世家》。

〔12〕阿鳢回:笛曲名。落梅:即《梅花落》,亦笛曲名。

〔13〕九垓:即九天之上。

〔14〕献凯:指军队得胜献功时演奏的乐曲。

〔15〕麒麟台:即麒麟阁,在汉未央宫中。汉宣帝甘露三年,画功臣霍光等十一人图像于阁上。见《汉书·苏武传》。


# 君道曲 梁之雅歌有五章,今作一章〔1〕


大君若天覆〔2〕,广运无不至〔3〕。轩后爪牙常先太山稽〔4〕,如心之使臂。小白鸿翼于夷吾〔5〕,刘葛鱼水本无二〔6〕。土扶可成墙〔7〕,积德为厚地〔8〕。

〔1〕君道曲:王琦注:"按《乐府诗集》:《古今乐录》曰:'梁有《雅歌》五曲……二曰《臣道曲》……'无《君道曲》……盖后人讹臣字为君字耳。"

〔2〕大君:天子。天覆:《汉书·匡衡传》:"陛下圣德天覆,子爱海内。"

〔3〕广运:《国语·越语》"广运百里"韦昭注:"言取境内近者百里之中耳。东西为广,南北为运。"

〔4〕轩后:黄帝。常先、太山稽:传说为黄帝之臣。

〔5〕小白:齐桓公名。夷吾:齐相管仲名。鸿翼:据《管子·霸行》载:齐桓公曾说自己有管仲为相,"犹飞鸿之有羽翼也"。

〔6〕刘:刘备。葛:诸葛亮。《三国志·蜀志·诸葛亮传》:"先主解之曰:'孤之有孔明,犹鱼之有水也。'"

〔7〕"土扶"句:《北齐书·尉景传》:"土相扶为墙,人相扶为王。"扶,原作"校",校云:"一作扶。"

〔8〕"积德"句:安旗等注:"德谓地德,以其能生万物也。句谓君之惠臣。"


# 结袜子<sup>〔1〕</sup>

燕南壮士吴门豪,筑中置铅鱼隐刀<sup>〔2〕</sup>。感君恩重许君命,太山一掷轻鸿毛<sup>〔3〕</sup>。

〔1〕结袜子:乐府曲名,属杂曲歌辞。

〔2〕燕南壮士:指高渐离,战国时燕人,擅长击筑。燕太子丹派荆轲谋刺秦王,至易水送行,高渐离击筑,荆轲和而歌。秦统一天下后,他变姓名,为人佣保。秦始皇闻其善击筑,令人熏瞎其目,使为己击筑。他在筑内暗藏铅块,扑击始皇,不中被杀。见《史记·刺客列传》。吴门豪:指专诸,春秋吴人。吴公子光(即阖闾)欲杀吴王僚自立,伍子胥把专诸推荐给光。吴王僚十二年(前515),光设宴请僚,专诸藏匕首于鱼腹中进献,因刺杀僚,自己也当场被杀。见《史记·刺客列传》。

〔3〕"太山"句:语本司马迁《报任少卿书》:"人固有一死,死有重于泰山,或轻于鸿毛,用之所趋异也。"


# 结客少年场行<sup>〔1〕</sup>

紫燕黄金瞳,啾啾摇绿鬓<sup>〔2〕</sup>。平明相驰逐,结客洛门东<sup>〔3〕</sup>。少年学剑术,凌轹白猿公<sup>〔4〕</sup>。珠袍曳锦带<sup>〔5〕</sup>,匕首插吴鸿<sup>〔6〕</sup>。由来万夫勇,挟此生雄风<sup>〔7〕</sup>。托交从剧孟<sup>〔8〕</sup>,买醉入新丰<sup>〔9〕</sup>。笑尽一杯酒,杀人都市中。羞道易水寒<sup>〔10〕</sup>,从令日贯虹<sup>〔11〕</sup>。燕丹事不立,虚没秦帝宫。舞阳死灰人,安可与成功[12]？

〔1〕结客少年场行：乐府《杂曲歌辞》旧题。

〔2〕紫燕：良马名。瞳：眸子。啾啾：马鸣声。全诗校："一作稜稜。"鬣：马颈上的长毛。

〔3〕洛门：即洛城门，汉代长安城门名。

〔4〕凌轹：欺蔑。白猿公：《吴越春秋·勾践阴谋外传》载，越处女善剑术，道逢一翁，自称袁公，与处女比剑，不胜，则飞上树，变为白猿。

〔5〕珠袍：缀珠之袍。

〔6〕吴鸿：吴钩的代称。《吴越春秋·阖闾内传》载，吴王阖闾命国中作金钩，有人贪王之重赏，杀其二子吴鸿、扈稽，以血衅金，遂成二钩，献于阖闾。后泛指利剑宝刀。

〔7〕此：指匕首，吴鸿。

〔8〕剧孟：汉洛阳人，以任侠显名诸侯。吴楚反时，周亚夫得剧孟，谓"吴楚举大事而不求孟，吾知其能为已矣"。事见《史记·游侠列传》。

〔9〕新丰：汉县名，故址在今陕西临潼县东北。

〔10〕易水寒：《战国策·燕策三》载，战国时，燕太子丹遣荆轲入秦谋刺秦王，众皆白衣冠以送之。至易水上，高渐离击筑，荆轲和而歌曰："风萧萧兮易水寒，壮士一去兮不复还！"复为慷慨羽声，"士皆瞋目，发尽上指冠"。

〔11〕日贯虹：《战国策·魏策四》："聂政之刺韩傀也，白虹贯日。"《史记·鲁仲连邹阳列传》："昔者荆轲慕燕丹之义，白虹贯日，太子畏之。"从：全诗校："一作徒。"

〔12〕"燕丹"四句：写燕丹、荆轲事。《史记·刺客列传》载，燕太子丹欲报秦王嬴政之仇，使刺客荆轲刺秦王。荆轲诈献樊於期首级和燕督亢地图，阴藏匕首于地图中，图穷而匕首现，轲持以刺秦王，不中，被杀身亡。舞阳，即秦舞阳，荆轲之副手，见秦王而"色变振恐"。

# 长干行二首[1] 其二一作张潮诗，一作李益诗

妾发初覆额，折花门前剧[2]。郎骑竹马来，绕床弄青梅[3]。同居长干里，两小无嫌猜。十四为君妇，羞颜未尝开[4]。低头向暗壁，千唤不一回。十五始展眉，愿同尘与灰[5]。常存抱柱信[6]，岂上望夫台[7]？十六君远行，瞿塘滟滪堆[8]。五月不可触[9]，猿声天上哀[10]。门前迟行迹[11]，一一生

绿苔[12]。苔深不能扫,落叶秋风早。八月胡蝶来[13],双飞西园草。感此伤妾心,坐愁红颜老[14]。早晚下三巴[15],预将书报家。相迎不道远,直至长风沙[16]。

〔1〕长干行:乐府《杂曲歌辞》有《长干曲》,原为长江下游一带民歌。长干,左思《吴都赋》刘渊林注:"江东谓山冈间为干。建业(今南京)之南有山,其间平地,吏民杂居,故号曰干。中有大长干、小长干。"诗约作于开元十四年(726),时作者初过金陵。

〔2〕剧:游戏。

〔3〕床:古代坐具。

〔4〕未尝:全诗校:"一作尚不。"

〔5〕尘与灰:喻感情深厚,和合不分。

〔6〕抱柱信:《庄子·盗跖》载:"尾生与女子期于梁下,女子不来,水至不去,抱梁柱而死。"

〔7〕岂:全诗校:"一作耻。"

〔8〕滟滪堆:在四川奉节县东五公里,为瞿塘峡口突起于江中的大礁石。

〔9〕"五月"句:谓五月江水暴涨,滟滪堆为水淹没,船只不易辨识,行船极易触礁。

〔10〕声:全诗校:"一作鸣。"

〔11〕迟:全诗校:"一作旧。"行迹:指对方留下的足迹。

〔12〕绿:全诗校:"一作苍。"

〔13〕来:全诗校:"一作黄。"

〔14〕坐:因。

〔15〕早晚:何时。三巴:指巴郡、巴东、巴西,均在今四川省东部。

〔16〕长风沙:又名长风峡,在今安徽省怀宁县东五十里长江边。陆游《入蜀记》说,从金陵(今南京)至长风沙有七百里路。

# 古朗月行[1]

小时不识月,呼作白玉盘。又疑瑶台镜,飞在白云端[2]。仙人垂两足,桂树作团团[3]。白兔捣药成,问言与谁餐[4]?蟾蜍蚀圆影[5],大明夜已残[6]。羿昔落九乌[7],天人清且安。阴精此沦惑[8],去去不足观。忧来其如何? 凄怆摧心肝[9]。

〔1〕古朗月行:乐府古题有《朗月行》,属《杂曲歌辞》。此诗约作于天宝十二载(753)前后。

〔2〕瑶台:神话中西王母居处,在昆仑山。见《太平御览》卷六七三引《登真隐诀》。白:全诗校:"一作青。"

〔3〕"仙人"二句:古代传说,月亮里有仙人和桂树,月初生时,先看见仙人两只脚,月亮渐渐升起,就看见仙人全形,然后看见桂树。见《太平御览》卷四引虞喜《安天论》。团团,簇聚貌。作,全诗校:"一作何。"

〔4〕"白兔"二句:乐府古辞《董逃行》:"教敕凡吏受言,采取神药若木端,白兔长跪捣药蝦蟆丸。奉上陛下一玉柈,服此药可得神仙。"

〔5〕"蟾蜍"句:《淮南子·说林训》:"月照天下,蚀于詹诸。"高诱注:"詹诸,月中虾蟆,食月。"

〔6〕大明:月亮。

〔7〕"羿昔"句:尧时十日并出,草木焦枯。尧命后羿射落九日,只留一日,民乃得安。见《淮南子·本经训》及《楚辞·天问》王逸注。乌,即三足乌,神话谓日中有三足乌,其羽赤色,代指太阳。

〔8〕阴精:月亮。张衡《灵宪》:"月者,阴精之宗。"沦惑:沉没,丧亡,指被蟾蜍吃掉。

〔9〕凄:全诗校:"一作恻。"


# 上之回[1]


三十六离宫[2],楼台与天通。阁道步行月[3],美人愁烟空。恩疏宠不及,桃李伤春风。淫乐意何极? 金舆向回中[4]。万乘出黄道[5],千旗扬彩虹。前军细柳北[6],后骑甘泉东[7]。岂问渭川老[8],宁邀襄野童[9]? 但慕瑶池宴[10],归来乐未穷。

〔1〕上之回:汉鼓吹铙歌十八曲之一。
〔2〕离宫:《后汉书·班固传》:"离宫别馆,三十六所。"李贤注:"《三辅黄图》曰:

上林有建章、承光等一十一宫,平乐、茧观等二十五,凡三十六所。"

〔3〕阁道:即复道,高楼之间架空的通道。

〔4〕金舆:天子车驾。回中:汉宫名,故址在今陕西陇县西北。

〔5〕黄道:《汉书·天文志》:"日有中道……中道者黄道,一曰光道。"是古人想象中太阳绕地的轨道。

〔6〕细柳:汉文帝时,将军周亚夫屯军细柳(今陕西咸阳市西南),以军纪严明著称。事见《史记·绛侯周勃世家》。

〔7〕甘泉:汉宫名,故址在今陕西淳化西北甘泉山。

〔8〕渭川老:指吕尚,姜太公吕尚年老穷困,垂钓于渭水之滨。周文王出猎,遇之,与语,大悦,立为师。后佐武王兴周灭殷。事见《史记·齐太公世家》。

〔9〕襄野童:《庄子·徐无鬼》载,黄帝出访至人,至襄城之野,迷路。乃向一牧马童子问路,又问治国之道,小童以"除害马"为喻作答,被黄帝称为"天师"。

〔10〕但慕:全诗校:"一作秋暮。"瑶池宴:瑶池是古代神话中神仙居住之地,传说西王母曾于此宴请远道而来的周穆王。事见《穆天子传》卷三。


# 独不见[1]


白马谁家子,黄龙边塞儿[2]。天山三丈雪,岂是远行时?春蕙忽秋草[3],莎鸡鸣西池[4]。风摧寒梭响,月入霜闺悲[5]。忆与君别年,种桃齐蛾眉。桃今百余尺,花落成枯枝。终然独不见,流泪空自知。


〔1〕独不见:乐府《杂曲歌辞》旧题。

〔2〕黄龙:古城名,又作龙城,在今辽宁省朝阳市一带。此处泛指边塞地区。

〔3〕蕙:蕙兰,兰的一种,春日开花。

〔4〕莎鸡:即络纬,俗称纺织娘。

〔5〕梭:原作"梭",校云:"一作梭。"霜闺:即秋闺。此指秋天深居闺中的女子。


# 白纻辞三首[1]


扬清歌[2],发皓齿,北方佳人东邻子[3]。且吟白纻停绿水[4],长袖拂面为君起。寒云夜卷霜海空,胡风吹天飘塞鸿。玉颜满堂乐未终,馆娃日落歌吹濛[5]。

〔1〕白纻辞:乐府《舞曲歌辞》旧题。诗作于初游江南的开元十四年(726)。

〔2〕歌:全诗校:"一作音。"

〔3〕北方佳人:《汉书·外戚传上》:"李延年侍上起舞,歌曰:'北方有佳人,绝世而独立。一顾倾人城,再顾倾人国。宁不知倾城与倾国,佳人难再得。'"东邻子:宋玉《登徒子好色赋》:"天下之佳人莫若楚国,楚国之丽者莫若臣里,臣里之美者莫若臣东家子。"后因以"东邻子"指美女。

〔4〕且:全诗校:"一作旦。"绿水:舞曲名。

〔5〕馆娃:宫名,春秋时吴王夫差为西施所造,故址在今苏州西南灵岩山上。濛:全诗校:"一作中。"别本或以此句作下一首之首句(末字"濛"作"深")。

月寒江清夜沉沉,美人一笑千黄金[1],垂罗舞縠扬哀音[2]。郢中白雪且莫吟[3],子夜吴歌动君心[4]。动君心,冀君赏。愿作天池双鸳鸯,一朝飞去青云上。

〔1〕一笑千金:汉崔骃《七依》:"回顾百万,一笑千金。"

〔2〕縠:轻纱。

〔3〕郢中白雪:宋玉《对楚王问》:"客有歌于郢中者,其始曰《下里》《巴人》,国中属而和者数千人。……其为《阳春》《白雪》,国中属而和者不过数十人。……是其曲弥高,其和弥寡。"

〔4〕子夜:晋曲名,相传是晋女子子夜所作。

吴刀剪彩缝舞衣[1],明妆丽服夺春晖。扬眉转袖若雪飞,倾城独立世所稀[2]。激楚结风醉忘归[3],高堂月落烛已微,玉钗挂缨君莫违[4]。

〔1〕吴刀:吴地出产的剪刀。彩:彩色丝织品。全诗校:"一作绮。"

〔2〕倾城独立:用李延年歌意。

〔3〕激楚、结风:均为歌曲名。

〔4〕玉钗挂缨:《古文苑·宋玉〈讽赋〉》载,宋玉出行,夜间投宿,主人之女殷勤留客,引入兰房,"以其翡翠之钗,挂臣冠缨"。后用作男女狎昵的典故。

# 鸣雁行[1]

胡雁鸣,辞燕山[2],昨发委羽朝度关[3]。——衔芦枝[4],南飞散落天地间,连行接翼往复还。客居烟波寄湘吴,凌霜触雪毛体枯,畏逢矰缴惊相呼[5]。闻弦虚坠良可吁[6],君更弹射何为乎?

〔1〕鸣雁行:乐府《杂曲歌辞》旧题。

〔2〕燕山:在今天津市蓟县东南,绵延数百里,东抵海滨。

〔3〕委羽:《淮南子·墬形训》高诱注:"委羽,山名也,在北极之阴,不见日也。"

〔4〕衔芦枝:古代有雁衔芦飞行以防矰弋的说法。

〔5〕矰缴:猎取飞鸟的射具。矰,一种拴着丝绳用以射鸟的短箭。缴,系在箭上的丝绳。

〔6〕闻弦虚坠:《战国策·齐策四》:"更羸与魏王处京台之下……有间,雁从东方来,更羸以虚发而下之。"原有雁受箭伤失群,听到弦声而惊坠。后用来比喻受挫折者心有余悸。

# 妾薄命[1]

汉帝[2]宠阿娇,贮之黄金屋。咳唾[3]落九天,随风生珠玉。宠极爱还歇,妒深情却疏。长门一步地,不肯暂回车[4]。雨落不上天,水覆难再收[5]。君情与妾意[6],各自东西流。昔日芙蓉花,今成断根草[7]。以色事他人,能得几时好?

〔1〕妾薄命:乐府《杂曲歌辞》旧题。

〔2〕"汉帝"二句:《太平御览》卷八八引《汉武故事》:"若得阿娇作妇,当作金屋贮之。"宠,全诗校:"一作重。"

〔3〕"咳唾"二句:《庄子·秋水》:"子不见夫唾者乎? 喷则大者如珠,小者如雾,杂而下者不可胜数也。"

〔4〕"宠极"四句:《乐府古题要解》卷下载:汉武帝陈皇后失宠,退居长门宫,愁闷

悲思。以黄金百斤请司马相如作《长门赋》,帝见而伤之,复得亲幸。

〔5〕"水覆"句:《野客丛书》卷二八载:传说姜太公妻马氏,不堪其贫而去。及太公既贵,妻求再合。太公取一盆水倾于地,令前妻收之,不得,太公乃语曰:"若言离更合,覆水定难收。"难再,全诗校:"一作重难。"

〔6〕君:指汉武帝。妾:指阿娇。

〔7〕芙蓉花:即荷花。断根草:喻指失宠。


# 幽州胡马客歌〔1〕


幽州胡马客,绿眼虎皮冠。笑拂两只箭,万人不可干。弯弓若转月,白雁落云端。双双掉鞭行〔2〕,游猎向楼兰〔3〕。出门不顾后,报国死何难?天骄五单于〔4〕,狼戾好凶残〔5〕。牛马散北海〔6〕,割鲜若虎餐〔7〕。虽居燕支山〔8〕,不道朔雪寒。妇女马上笑,颜如赪玉盘。翻飞射鸟兽,花月醉雕鞍。旄头四光芒〔9〕,争战若蜂攒〔10〕。白刃洒赤血,流沙为之丹。名将古谁是?疲兵良可叹。何时天狼灭〔11〕,父子得闲安?

〔1〕幽州胡马客歌:梁《鼓角横吹曲》旧题有《幽州马客吟》。幽州,辖地在今河北北部与北京市及辽宁西南一带。

〔2〕掉鞭:犹摇鞭。

〔3〕楼兰:汉西域国名,故地在今新疆若羌县一带。

〔4〕天骄:《汉书·匈奴传》:"胡者,天之骄子也。"五单于:《汉书·宣帝纪》:"(匈奴)诸王并自立,分为五单于,更相攻击。"

〔5〕狼戾:犹言贪戾。《汉书·严助传》:"今闽越王狼戾不仁。"师古注:"狼性贪戾,凡言狼戾者,谓贪而戾也。"戾,凶暴。

〔6〕北海:匈奴居地,即今贝加尔湖。

〔7〕鲜:新杀之禽畜。

〔8〕燕支山:在甘肃永昌县西、山丹县东南,绵延于祁连、龙首二山之间。

〔9〕旄头:星名,二十八宿之一。《史记·天官书》:"昴曰旄头,胡星也。"此星为胡人之象征。

〔10〕攒:聚集。

〔11〕天狼:星名。《晋书·天文志上》:"狼一星在井东南。狼为野将,主侵掠。"

# 卷　四

## 门有车马客行[1]

门有车马宾[2],金鞍曜朱轮[3]。谓从丹霄落[4],乃是故乡亲。呼儿扫中堂,坐客论悲辛。对酒两不饮,停觞泪盈巾。叹我万里游,飘飘三十春。空谈帝王略[5],紫绶不挂身[6]。雄剑藏玉匣[7],阴符生素尘[8]。廓落无所合[9],流离湘水滨。借问宗党间,多为泉下人。生苦百战役,死托万鬼邻。北风扬胡沙,埋翳周与秦[10]。大运且如此[11],苍穹宁匪仁?恻怆竟何道?存亡任大钧[12]。

〔1〕门有车马客行:乐府《相和歌辞·瑟调曲》旧题。

〔2〕宾:全诗校:"一作客。"

〔3〕朱轮:显贵所乘之车,以朱红漆轮。

〔4〕丹霄:指朝廷。丹,全诗校:"一作云。"

〔5〕帝王略:治国安邦之谋略。帝,全诗校:"一作霸。"

〔6〕紫绶:紫色印绶。汉代丞相、太尉、将军用紫绶。

〔7〕雄剑:春秋时干将造两剑,雄曰干将,雌曰莫邪。

〔8〕阴符:指兵书。《战国策·秦策》:"苏秦夜发书,陈箧数十,得太公《阴符》之谋。"

〔9〕廓落:空寂貌。

〔10〕埋翳:埋没。周与秦:指中原一带。王琦注:"此诗有'北风扬胡沙,埋翳周与秦'之句,当是天宝末年两京复陷之后所作。"

〔11〕大运:天运,命运。

〔12〕大钧:《文选》贾谊《鵩鸟赋》"大钧播物"李善注:"如淳曰:陶者作器于钧上,此以造化为大钧也。应劭曰:阴阳造化,如钧之造器也。"

## 君子有所思行[1]

紫阁连终南[2],青冥天倪色[3]。凭崖望咸阳,宫阙罗北极[4]。万井惊画

83

出〔5〕,九衢如弦直。渭水银河清〔6〕,横天流不息。朝野盛文物〔7〕,衣冠何翕赩〔8〕!厩马散连山,军容威绝域〔9〕。伊皋运元化,卫霍输筋力〔10〕。歌钟乐未休〔11〕,荣去老还逼。圆光过满缺,太阳移中昃〔12〕。不散东海金〔13〕,何争西飞匿〔14〕?无作牛山悲〔15〕,恻怆泪沾臆。

〔1〕君子有所思行:乐府《杂曲歌辞》旧题。

〔2〕紫阁:终南山峰名。王琦注:"《陕西志》:紫阁峰,在西安府鄠县东南三十里,旭日射之,烂然而紫,其形上耸若楼阁然。"

〔3〕天倪:天边、天际。

〔4〕北极:星名,喻指朝廷。《晋书·天文志》:"北极五星,钩陈六星,皆在紫微宫中。北极,北辰最尊者也。"

〔5〕万井:安旗等注:"唐长安城有东西大街十四条,南北大街十一条,纵横交错,将城市划为若干方整井字。诗言'万井',正写景也。"

〔6〕银河清:全诗校:"一作清银河。"

〔7〕文物:指礼乐典章制度。

〔8〕衣冠:官绅。翕赩:盛貌。

〔9〕"厩马"二句:《新唐书·兵志》:"天宝后,诸军战马动以万计……议者谓秦、汉以来,唐马最盛。……天子又锐志武事,遂弱西北蕃。"

〔10〕伊皋:指商汤宰相伊尹和舜时名臣皋陶。卫霍:指西汉名将卫青、霍去病。

〔11〕未休:全诗校:"一作休明。"

〔12〕圆光:圆月。昃:日西斜。

〔13〕东海金:用疏广事,《汉书·疏广传》载,汉宣帝时,太子太傅疏广告老还乡,宣帝赐黄金二十斤,太子赠金五十斤。广既归乡,天天大摆筵席,请族人故旧饮酒作乐,以尽余年。疏广乃东海兰陵人,故云"东海金"。

〔14〕飞:全诗校:"一作辉。"西辉,夕阳。

〔15〕牛山悲:用齐景公事。

# 东海有勇妇 代关中有贤女〔1〕

梁山感杞妻,恸哭为之倾〔2〕。金石忽暂开,都由激深情〔3〕。东海有勇妇,何惭苏子卿〔4〕?学剑越处子〔5〕,超然若流星〔6〕。捐躯报夫仇,万死不顾生。白刃耀素雪,苍天感精诚。十步两躩跃〔7〕,三呼一交兵〔8〕。斩首掉国门[9]，蹴踏五藏行[10]。豁此伉俪愤，粲然大义明[11]。北海李使君[12]，飞章奏天庭[13]。舍罪警风俗，流芳播沧瀛[14]。名在列女籍[15]，竹帛已光荣[16]。淳于免诏狱，汉主为缇萦[17]。津妾一棹歌，脱父于严刑[18]。十子若不肖，不如一女英。豫让斩空衣，有心竟无成[19]。要离杀庆忌，壮夫所素轻。妻子亦何辜，焚之买虚声[20]？岂如东海妇，事立独扬名！

〔1〕东海有勇妇：《乐府诗集》卷五三《舞曲歌辞·鞞舞歌》收此篇。《鞞舞歌》汉曲有五篇，一曰《关中有贤女》，其辞已亡。见《古今乐录》。

〔2〕"梁山"二句：刘向《列女传·贞顺》载，春秋齐大夫杞梁殖在齐袭莒时战死，其妻枕尸哭甚哀，过者莫不挥涕，十日而城为之崩。然曹植《精微篇》曰："杞妻哭死夫，梁山为之倾。"此乃用曹植诗意。

〔3〕"金石"二句：《新序·杂事四》："熊渠子见其诚心，而金石为之开，况人心乎！"此即用其意。

〔4〕苏子卿：汉苏武，字子卿。王琦注："苏子卿无报仇杀人事。以此相拟，殊非伦类。按曹植《精微篇》：'关东有贤女，自字苏来卿，壮年报父仇，身没垂功名。'是知'苏子卿'乃'苏来卿'之误也。"

〔5〕"学剑"句：相传越国南林有一处女，曾应越王之聘，传授剑术。见《吴越春秋·勾践阴谋外传》。

〔6〕然：全诗校："一作腾。"

〔7〕躩跃：跳跃。

〔8〕交兵：交战。

〔9〕掉：悬挂之意。

〔10〕蹴：踢。五藏：即五脏。

〔11〕豁：清雪。伉俪：夫妻。粲然：鲜明貌。

〔12〕"北海"句：李邕，曾为北海（治今山东益都县）太守，时称李北海。

〔13〕飞章：因紧急事务而迅速呈上皇帝的报告。天庭：指朝廷。

〔14〕沧瀛：沧海。此指东方滨海地区。

〔15〕名：全诗校："一作志。"列女籍：指专门记载女子优良品行的书籍。汉刘向曾作《列女传》。

〔16〕竹帛：指史册。

〔17〕"淳于"二句：《史记·扁鹊仓公列传》载：汉文帝四年，齐太仓令淳于意因罪系长安狱，他的小女儿缇萦上书，"愿入身为官婢，以赎父刑罪"，汉文帝悲怜其意，下诏废除肉刑。诏狱，奉诏令关押犯人的牢狱。

〔18〕"津妾"二句：津妾，名娟。赵简子南击楚，津吏醉，不能渡。简子怒，欲杀

之。娟慷慨陈词,愿代父死,简子遂释其父。见《列女传》。

〔19〕"豫让"二句:《战国策·赵策一》载:晋智伯为赵襄子所杀,其旧属豫让想为智伯报仇,刺杀赵襄子,但两次行刺均未成功,被赵襄子擒获。豫让自知成功无望,请得赵襄子之衣而击之,以示报仇之意,然后伏剑自刎而死。

〔20〕"要离"四句:春秋时,吴公子光既杀王僚自立,又忧虑僚子庆忌未除,逃亡在卫。要离自愿前去谋刺庆忌。行前,他自请诛其妻子,焚弃于市,以骗取庆忌的信任。要离至卫,请庆忌率兵回吴,船行至江心,要离将庆忌刺死。至江陵,要离认识到自己不仁不义,十分后悔,因自断手足,伏剑而死。见《吴越春秋·阖闾内传》。所素:全诗校:"一作素所。"

# 黄葛篇[1]

黄葛生洛溪[2],黄花自绵幂[3]。青烟蔓长条,缭绕几百尺。闺人费素手,采缉作絺绤[4]。缝为绝国衣[5],远寄日南客[6]。苍梧大火落[7],暑服莫轻掷。此物虽过时,是妾手中迹。

〔1〕黄葛:苎麻的别称,其茎皮纤维可制夏布。
〔2〕洛溪:古代水名。古乐府《前溪歌》:"黄葛结蒙笼,生在洛溪边。"
〔3〕绵幂:密集相互覆盖貌。
〔4〕采缉:采集纺织。絺绤:细的葛布叫絺,粗的葛布叫绤。
〔5〕绝国:指极远之地。
〔6〕日南:地名。汉武帝时置日南郡,唐时所谓日南郡即驩州,在今越南境内。
〔7〕苍梧:汉武帝时置苍梧郡,治所在广信(今广西梧州市)。又唐梧州,天宝时改为苍梧郡。大火:星名,夏历六月大火星位于南方,七月则下而转向西方。大火落,指时已入秋。

# 白马篇[1]

龙马花雪毛[2],金鞍五陵豪[3]。秋霜切玉剑[4],落日明珠袍[5]。斗鸡事万乘,轩盖一何高[6]！弓摧南山虎[7],手接太行猱。酒后竞风采,三杯弄宝刀。杀人如剪草,剧孟同游遨[8]。发愤去函谷[9],从军向临洮[10]。叱咤万战场[11],匈奴尽奔逃。归来使酒气,未肯拜萧曹[12]。羞入原宪室[13],荒径隐蓬蒿。

〔1〕白马篇:乐府《杂曲歌辞》旧题。

〔2〕龙马:《周礼·夏官·庾人》:"马八尺以上为龙。"

〔3〕五陵:汉高祖葬长陵,惠帝葬安陵,景帝葬阳陵,武帝葬茂陵,昭帝葬平陵,合称五陵,皆在长安周围。

〔4〕秋霜:形容剑的颜色。切玉:形容剑的锋利。《列子·汤问》载,西戎献昆吾之剑,"用之切玉如切泥焉"。

〔5〕明珠袍:镶珠的衣袍。

〔6〕万乘:指天子。古制,天子有兵车万乘。轩盖:车盖。

〔7〕"弓摧"句:用晋周处事。《晋书·周处传》载:南山白额猛虎为患,周处入山射杀之。

〔8〕剧孟:汉洛阳人,以任侠显名诸侯。吴楚反时,周亚夫得剧孟,谓"吴楚举大事而不求孟,吾知其无能为已矣"。事见《史记·游侠列传》。

〔9〕函谷:古关名,故址在今河南灵宝北。

〔10〕临洮:古县名,在今甘肃岷县一带。

〔11〕叱咤:怒斥声。万战场:全诗校:"一作经百战。"

〔12〕使酒气:因酒使气。萧曹:西汉名相萧何和曹参。拜:全诗校:"一作下。"

〔13〕原宪:字子思,孔子的弟子。《庄子·让王》载,原宪家贫,子贡往见之,曰:"嘻！先生何病?"原宪应之曰:"宪闻之:无财谓之贫,学而不能行谓之病,今宪,贫也,非病也。"


# 凤吹笙曲[1]


仙人十五爱吹笙,学得昆丘彩凤鸣[2]。始闻炼气餐金液[3],复道朝天赴玉京[4]。玉京迢迢几千里,凤笙去去无穷已[5]。欲叹离声发绛唇,更嗟别调流纤指。此时惜别讵堪闻? 此地相看未忍分。重吟真曲和清吹[6],却奏仙歌响绿云。绿云紫气向函关[7],访道应寻缑氏山[8]。莫学吹笙王子晋,一遇浮丘断不还。

〔1〕凤吹笙曲:乐府《清商曲辞》旧题。全诗校:"一作凤笙篇送别。"
〔2〕"仙人"二句:《列仙传》卷上载,周灵王太子晋好吹笙,作凤凰鸣,道士浮丘公接以上嵩山。三十余年后,对人说:"告我家,七月七日待我于缑氏山巅。"至时果乘白鹤驻山头,数日而去。昆丘,昆仑山。
〔3〕炼气餐金液:道家的一种修炼服食之法。
〔4〕玉京:道书言天上有白玉京,为天帝所居。
〔5〕穷:全诗校:"一作边。"
〔6〕清吹:清雅的管乐。
〔7〕紫气向函关:《艺文类聚》卷七八引《关令内传》载,老子西游,关令见有紫气东来,知有异人过此。至期乃斋戒,果见老子乘青牛过关。
〔8〕缑氏山:王子乔成仙之处,在今河南偃师市南。王琦注:"此诗是送一道流应诏入京之作。"

## 怨歌行 长安见内人出嫁,友人令余代为之〔1〕

十五入汉宫,花颜笑春红。君王选玉色,侍寝金屏中〔2〕。荐枕娇夕月〔3〕,卷衣恋春风〔4〕。宁知赵飞燕,夺宠恨无穷〔5〕。沉忧能伤人,绿鬓成霜蓬。一朝不得意,世事徒为空。鹔鹴换美酒〔6〕,舞衣罢雕龙〔7〕。寒苦不忍言,为君奏丝桐〔8〕。肠断弦亦绝,悲心夜忡忡〔9〕。

〔1〕怨歌行:乐府《相和歌辞》旧题。内人:宫女。
〔2〕玉色:美女。金屏:全诗校:"一作锦幨。"
〔3〕荐枕:侍寝。
〔4〕卷衣:亦侍寝之意。庾信《灯赋》:"卷衣秦后之床,送枕荆台之上。"春:全诗校:"一作香。"
〔5〕"宁知"二句:《汉书·外戚传》载,赵飞燕本为长安宫人,后为阳阿公主舞女。汉成帝见而幸之,召之入宫,为婕妤,终为皇后。
〔6〕"鹔鹴"句:《西京杂记》卷二载,司马相如初与卓文君还成都,家贫,曾用鹔鹴裘换酒喝。鹔鹴,水鸟名,似雁,长颈绿毛。

〔7〕龙:全诗校:"一作笼。"瞿蜕园、朱金城注:"疑龙当作拢,较合唐人习惯"。

〔8〕丝桐:指琴。丝为琴弦,桐为琴身。

〔9〕忡忡:忧盛貌。《诗·召南·草虫》:"未见君子,忧心忡忡。"

# 塞下曲六首[1]

## 其 一

五月天山雪[2],无花只有寒。笛中闻折柳[3],春色未曾看。晓战随金鼓[4],宵眠抱玉鞍[5]。愿将腰下剑,直为斩楼兰[6]。

〔1〕塞下曲:唐代的《塞上曲》《塞下曲》,出自汉乐府的《出塞曲》《入塞曲》。这组诗作年不详,从诗中所写朝廷出兵情况推测,疑为天宝二年(743)作者在长安时作。

〔2〕天山:在今新疆境内。

〔3〕折柳:即《折杨柳》曲,属乐府《横吹曲辞》。

〔4〕金鼓:以金为饰的战鼓。

〔5〕玉鞍:以玉为饰的马鞍。

〔6〕直:只。斩楼兰:《汉书·西域传上》载,汉昭帝时,楼兰王叛,屡遮杀汉使。元凤四年,大将军霍光遣傅介子刺杀其王。楼兰,汉西域国名,故地在今新疆若羌县一带。

## 其 二

天兵下北荒[1],胡马欲南饮[2]。横戈从百战,直为衔恩甚[3]。握雪海上餐,拂沙陇头寝[4]。何当破月氏[5],然后方高枕。

〔1〕天兵:指唐军。下北荒:向北方荒远之地进军。

〔2〕欲南饮:指胡人准备南侵。

〔3〕衔恩甚:受皇帝恩惠甚多。

〔4〕"握雪"二句:《后汉书·段颎传》载:段颎带兵同羌人打仗,"且斗且行,昼夜相攻,割肉、食雪四十余日,遂至河首积石山,出塞二千余里"。

〔5〕何当:何时。月氏(zhī):古部落名。

## 其 三

骏马似风飙<sup>[1]</sup>,鸣鞭出渭桥<sup>[2]</sup>。弯弓辞汉月<sup>[3]</sup>,插羽破天骄<sup>[4]</sup>。阵解星芒尽<sup>[5]</sup>,营空海雾消<sup>[6]</sup>。功成画麟阁<sup>[7]</sup>,独有霍嫖姚<sup>[8]</sup>。

〔1〕似:全诗校:"一作如。"飙:狂风。
〔2〕渭桥:即中渭桥,在唐长安西北渭水上。
〔3〕辞汉月:指离开京城。
〔4〕羽:指箭,箭杆上端有羽毛,叫箭翎,又叫箭羽。天骄:《汉书·匈奴传》:"胡者,天之骄子也。"
〔5〕阵解:解散阵列。星芒:指旄头星的光芒。旄头星为胡人之象征。星芒尽:指战争结束。杨素《出塞二首》其一:"兵寝星芒落,战解月轮空。"
〔6〕营空:指士兵离开边塞回到家乡。
〔7〕画麟阁:汉宣帝甘露三年,画功臣像于阁上。见《汉书·苏武传》。
〔8〕霍嫖姚:即霍去病,汉武帝时名将,曾作过嫖姚校尉。按:画像于麒麟阁者为霍光,非霍去病。

## 其 四<sup>[1]</sup>

白马黄金塞<sup>[1]</sup>,云砂绕梦思。那堪愁苦节<sup>[2]</sup>,远忆边城儿。萤飞秋窗满,月度霜闺迟<sup>[3]</sup>。摧残梧桐叶,萧飒沙棠枝<sup>[4]</sup>。无时独不见<sup>[5]</sup>,流泪空自知。

〔1〕黄金塞:似为边塞地名。
〔2〕愁苦节:指使人愁苦的秋天。
〔3〕霜闺:秋闺。
〔4〕萧飒:凋零衰落。沙棠:植物名,果实味似李子,木材可造船。
〔5〕无时:犹云时时。

## 其 五

塞虏乘秋下,天兵出汉家<sup>[1]</sup>。将军分虎竹<sup>[2]</sup>,战士卧龙沙<sup>[3]</sup>。边月随弓影,胡霜拂剑花。玉关殊未入[4],少妇莫长嗟。

〔1〕天兵:指唐军。

〔2〕虎竹:兵符。

〔3〕龙沙:即白龙堆,今名库姆塔格沙漠,在今新疆罗布泊与甘肃敦煌玉门关之间。

〔4〕"玉关"句:《史记·李将军列传》载,汉武帝太初元年,命贰师将军李广利攻大宛,失利。李上书请求罢兵,汉武帝大怒,"使使遮玉门,曰:'军有敢入,斩之。'"玉关,玉门关。殊,尚,还。此指战斗仍在进行。

## 其　六

烽火动沙漠,连照甘泉云[1]。汉皇按剑起,还召李将军[2]。兵气天上合,鼓声陇底闻[3]。横行负勇气,一战净妖氛[4]。

〔1〕甘泉:秦汉宫名,故址在今陕西淳化县西北甘泉山,离长安二百余里。

〔2〕李将军:指汉朝名将李广,

〔3〕兵气:指战争的气氛。陇底:山岗之下。

〔4〕横行:纵横驰骋。净妖氛:指消灭敌人,平定祸乱。

# 来日大难[1]

来日一身,携粮负薪。道长食尽[2],苦口焦唇。今日醉饱,乐过千春。仙人相存[3],诱我远学。海凌三山[4],陆憩五岳[5]。乘龙天飞,目瞻两角。授以仙药[6],金丹满握。蟪蛄蒙恩[7],深愧短促。思填东海,强衔一木[8]。道重天地,轩师广成[9]。蝉翼九五[10],以求长生。下士大笑[11],如苍蝇声。

〔1〕来日大难:王琦注:"《来日大难》,即古《善哉行》也,盖摘首句以命题耳。"《善哉行》,乐府《相和歌辞》旧题。来日,王琦注:"谓已来之日,犹往日也。"

〔2〕道长:全诗校:"一作长鸣。"

91

〔3〕存:恤问也。

〔4〕三山:指传说中的东海三神山蓬莱、方丈、瀛洲。

〔5〕五岳:指南岳衡山、东岳泰山、西岳华山、北岳恒山、中岳嵩山。

〔6〕仙:全诗校:"一作神。"

〔7〕蟪蛄:《庄子·逍遥游》:"蟪蛄不知春秋。"司马彪注:"蟪蛄,寒蝉也,一名蝭蟧,春生夏死,夏生秋死。"

〔8〕"思填"二句:用精卫填海典。《山海经·北山经》载,炎帝少女名女娃,游于东海,溺而不返,遂化为鸟,名曰精卫,常衔西山之木石,以填东海。

〔9〕"轩师"句:《庄子·在宥》载,黄帝立为天子十九年,闻广成子在崆峒之上,而往见之,问"至道之精",广成子不答。黄帝退,捐天下,筑特室,闲居三月,复往求长生之道,广成子曰:"必静必清,无劳汝形,无摇汝精,乃可以长生。"轩,黄帝名轩辕。

〔10〕九五:《易·乾》:"九五,飞龙在天,利见大人。"孔颖达疏:"言九五阳气盛至于天,故云飞龙在天。……犹若圣人有龙德,飞腾而居天位。"后因以"九五"指帝位。此言视帝位如蝉翼之轻。

〔11〕下士:指世俗之人。《老子》:"上士闻道勤而行之,中士闻道若存若亡,下士闻道而大笑之。"


# 塞上曲[1]


大汉无中策[2],匈奴犯渭桥[3]。五原秋草绿[4],胡马一何骄！命将征西极,横行阴山侧[5]。燕支落汉家,妇女无华色[6]。转战渡黄河,休兵乐事多。萧条清万里,瀚海寂无波[7]。

〔1〕塞上曲:汉乐府旧题。此诗疑为天宝二年(743)所作,时作者在长安。

〔2〕"大汉"句:《汉书·匈奴传下》载,王莽伐匈奴,严尤谏曰:匈奴自古为患,"周得中策,汉得下策,秦无策焉"。周宣王时,"其视戎狄之侵,譬犹蚊虻之螫,驱之而已,故天下称明,是为中策"。汉武帝大动干戈,兴兵伐远,"兵连祸结三十余年,中国罢耗,匈奴亦创艾,而天下称武,是为下策"。

〔3〕匈奴:此借指突厥。渭桥:指西渭桥,亦名便桥,在今陕西咸阳市西南渭水上。《新唐书·突厥传》载:武德九年(626)七月,突厥颉利可汗至渭水便桥北,太宗与其隔河而语,责以负约。颉利请和,引兵而退。

〔4〕五原:在今陕西定边县一带。

〔5〕阴山:今河套以北、大漠以南诸山的统称。

〔6〕"燕支"二句:《史记·匈奴列传》正义引《西河故事》云:"匈奴失祁连、焉支二山,乃歌曰:'亡我祁连山,使我六畜不蕃息;失我焉支山,使我妇女无颜色。'"燕支,山名,本匈奴地。

〔7〕瀚海:泛指西北大沙漠。

# 玉阶怨[1]

玉阶生白露[2],夜久侵罗袜。却下水晶帘,玲珑望秋月[3]。

〔1〕玉阶怨:乐府旧题,属《相和歌辞·楚调曲》。内容多写宫女怨情。

〔2〕玉阶:宫中的石阶。

〔3〕却:还。下:放下。水晶帘:用透明的珠子穿成的帘。玲珑:明亮貌。

# 襄阳曲四首[1]

襄阳行乐处,歌舞白铜鞮[2]。江城回渌水[3],花月使人迷。

〔1〕襄阳曲:即《襄阳乐》,乐府《清商曲辞》旧题。

〔2〕白铜鞮:南朝齐梁时歌谣,曾流行于襄阳一带。

〔3〕渌水:清澈的水。

山公醉酒时,酩酊高阳下。头上白接䍦,倒著还骑马[1]。

〔1〕"山公"四句:《世说新语·任诞》:"山季伦为荆州,时出酣畅,人为之歌曰:'山公时一醉,径造高阳池。日暮倒载归,酩酊无所知。复能乘骏马,倒着白接䍦。举手问葛强,何如并州儿?'"山公,山简。

岘山临汉江[1],水绿沙如雪[2]。上有堕泪碑[3],青苔久磨灭。

〔1〕岘山:又名岘首山,在今湖北襄阳市东南。

〔2〕"水绿"句:全诗校:"一作水色如霜雪。"

〔3〕堕泪碑:《晋书·羊祜传》载,晋羊祜镇守襄阳时,常登岘山,置酒赋诗。祜死后,他的部属在岘山建碑立庙,每年祭祀。见碑者皆流泪,杜预因此称此碑为"堕泪碑"。

且醉习家池<sup>[1]</sup>,莫看堕泪碑。山公欲上马,笑杀襄阳儿。

〔1〕习家池:《世说新语·任诞》注引《襄阳记》载,汉侍中习郁于岘山南作鱼池,成为襄阳游览胜地。晋征南将军山简镇守襄阳时,常在此醉饮。

# 大 堤 曲<sup>[1]</sup>

汉水临襄阳<sup>[2]</sup>,花开大堤暖。佳期大堤下<sup>[3]</sup>,泪向南云满<sup>[4]</sup>。春风无复情<sup>[5]</sup>,吹我梦魂散。不见眼中人,天长音信断。

〔1〕大堤曲:南朝乐府旧题,属《清商曲辞》。大堤:在襄阳城外,东临汉江,西自万山,经澶溪、土门、白龙池、东津渡,绕城北老龙堤,复至万山之麓,周围四十余里。诗作于开元二十二年(734),时作者在襄阳一带漫游。

〔2〕临:全诗校:"一作横。"

〔3〕佳期:指美好的春日。

〔4〕南云:陆机《思亲赋》:"指南云以寄款,望归风而效诚。"后以"南云"作为思乡和怀亲之词。

〔5〕无复:全诗校:"一作复无。"

# 宫中行乐词八首<sup>[1]</sup>

## 其 一

小小生金屋<sup>[2]</sup>,盈盈在紫微<sup>[3]</sup>。山花插宝髻,石竹绣罗衣<sup>[4]</sup>。每出深宫里[5],常随步辇归[6]。只愁歌舞散[7],化作彩云飞。

〔1〕诗作于天宝二年(743),时作者在长安供奉翰林。题下全诗注云:"奉诏作。明皇坐沉香亭,意有所感,欲得白为乐章。召入,而白已醉,左右以水颒面,稍解。援笔成文,宛丽精切。"

〔2〕小小:幼小时。金屋:《太平御览》引《汉武故事》:"若得阿娇为妇,当作金屋贮之。"

〔3〕盈盈:美丽端正貌。紫微:指天子之宫。

〔4〕石竹:叶似竹而稍窄,夏季开花。六朝隋唐时多用作衣饰图案。

〔5〕出:全诗校:"一作上。"

〔6〕步辇:皇帝在宫中乘坐的由人抬挽的车子。

〔7〕散:全诗校:"一作罢。"

## 其　二

柳色黄金嫩,梨花白雪香。玉楼巢翡翠[1],金殿锁鸳鸯[2]。选妓随雕辇[3],征歌出洞房[4]。宫中谁第一? 飞燕在昭阳[5]。

〔1〕玉楼:华美的楼阁。翡翠:鸟名。巢:全诗校:"一作关。"

〔2〕金:全诗校:"一作珠。"

〔3〕雕辇:有雕饰彩画之辇。

〔4〕洞房:深邃的内室。

〔5〕"飞燕"句:汉武帝时皇后赵飞燕居昭阳殿,贵倾后宫,后因以昭阳借指受宠后妃居住的宫殿。

## 其　三

卢橘为秦树[1],蒲萄出汉宫[2]。烟花宜落日,丝管醉春风。笛奏龙吟水[3],萧鸣凤下空[4]。君王多乐事,还与万方同[5]。

〔1〕卢橘:即金橘,芸香科常绿灌木或小乔木,花白色,果圆形金黄色,有香味。

〔2〕蒲萄:即葡萄,汉张骞通西域后始引入内地。

〔3〕"笛奏"句:马融《长笛赋》:"近世双笛从羌起,羌人伐竹未及已,龙鸣水中不

见已,截竹吹之声相似。"

〔4〕"箫鸣"句:春秋时萧史善吹箫,秦穆公女弄玉爱之,结为夫妻,每日教弄玉吹箫。数年后,声似凤鸣,有凤凰来止其屋,穆公为之作凤台,后夫妇皆成仙,随凤凰飞去。见《列仙传》卷上。

〔5〕万方:四方,天下。此句全诗校:"一作何必向回中。"

## 其 四

玉树春归日[1],金宫乐事多。后庭朝未入[2],轻辇夜相过。笑出花间语,娇来竹下歌[3]。莫教明月去,留著醉嫦娥[4]。

〔1〕树:全诗校:"一作殿。"
〔2〕后庭:妃嫔所居之处。
〔3〕竹:全诗校:"一作烛。"
〔4〕嫦娥:神话中的月中女神。相传为后羿之妻,羿求不死之药于西王母,嫦娥窃之以奔月。见《淮南子·览冥训》。

## 其 五

绣户香风暖,纱窗曙色新。宫花争笑日[1],池草暗生春。绿树闻歌鸟,青楼见舞人[2]。昭阳桃李月,罗绮自相亲[3]。

〔1〕争笑:指花盛开。刘昼《新论》:"春葩含日似笑,秋叶泫露如泣。"
〔2〕青楼:豪门显贵家的闺阁。曹植《美女篇》:"青楼临大路,高门结重关。"
〔3〕自:全诗校:"一作坐。"

## 其 六

今日明光里[1],还须结伴游。春风开紫殿[2],天乐下朱楼。艳舞全知巧,娇歌半欲羞。更怜花月夜,宫女笑藏钩[3]。

〔1〕明光:汉宫殿名。
〔2〕紫殿:亦宫殿名,汉武帝造。

96

〔3〕藏钩:古代的一种游戏。相传汉昭帝母钩弋夫人少时手拳,入宫,汉武帝展其手,得一钩,后人乃作藏钩之戏。

## 其　七

寒雪梅中尽,春风柳上归。宫莺娇欲醉,檐燕语还飞。迟日明歌席[1],新花艳舞衣。晚来移彩仗[2],行乐泥光辉[3]。

〔1〕迟日:《诗·豳风·七月》:"春日迟迟。"指春天昼长,日行迟缓。
〔2〕彩仗:指宫中仪仗。
〔3〕泥:滞留之意。全诗校:"一作好。"

## 其　八

水绿南薰殿[1],花红北阙楼[2]。莺歌闻太液,凤吹绕瀛洲[3]。素女鸣珠佩[4],天人弄彩球[5]。今朝风日好,宜人未央游[6]。

〔1〕南薰殿:在唐兴庆宫内。殿北有瀛洲门,殿南为龙池。
〔2〕北阙:皇宫北面的门楼,为大臣等候朝见的地方。
〔3〕太液:汉建章宫有太液池,池中起三山,象瀛洲、方丈、蓬莱三神山。又唐大明宫有太液池,池中有蓬莱山。凤吹:指笙箫等细乐。
〔4〕素女:神女名。《史记·封禅书》:"太帝使素女鼓五十弦瑟,悲,帝禁不止,故破其瑟为二十五弦。"此喻宫女。
〔5〕天人:指绝色女子。弄彩球:唐代宫中的一种游戏。球以质轻而坚韧之木制成,中空,因外有绘饰,故称彩球。弄球者分为两队,以角胜负。男子骑马打球,女子多骑驴或步打。见《文献通考》卷一四七。
〔6〕风日好:风和日丽。未央:西汉宫殿名,此借指唐宫殿。

# 清平调词三首[1]

云想衣裳花想容,春风拂槛露华浓[2]。若非群玉山头见[3],会向瑶台月下逢[4]。

〔1〕清平调:唐大曲名,《乐府诗集》编入近代曲辞,后用为词牌。此诗作于天宝二年(743)暮春李白供奉翰林时。题下全诗注:"天宝中,白供奉翰林。禁中初重木芍药,得四本,红、紫、浅红、通白者,移植于兴庆池东沉香亭。会花开,上乘照夜白,太真妃以步辇从。诏选梨园中弟子尤者,得乐一十六色。李龟年以歌擅一时,手捧檀板,押众乐前,欲歌之。上曰:'赏名花,对妃子,焉用旧乐词?'遂命龟年持金花笺,宣赐李白,立进《清平调》三章。白承诏,宿醒未解,因援笔赋之。龟年歌之,太真持颇梨七宝杯,酌西凉州蒲萄酒,笑领歌词,意甚厚。上因调玉笛以倚曲,每曲遍将换,则迟其声以媚之。太真饮罢,敛绣巾重拜。上自是顾李翰林尤异于他学士。"按:以上本事见唐韦叡《松窗录》。

〔2〕槛:栏杆。

〔3〕群玉:山名,神话传说中西王母居住的地方。因山中多玉石,故名。见《穆天子传》。

〔4〕会:应。瑶台:西王母所居宫殿。

一枝秾艳露凝香[1],云雨巫山枉断肠[2]。借问汉宫谁得似?可怜飞燕倚新妆[3]。

〔1〕一枝秾艳:指牡丹花(木芍药)而言。秾,全诗校:"一作红。"

〔2〕云雨巫山:宋玉《高唐赋》写楚王梦与巫山神女欢会,神女去而辞曰:"妾在巫山之阳,高丘之阻,旦为朝云,暮为行雨。朝朝暮暮,阳台之下。"

〔3〕可怜:可爱。飞燕:指赵飞燕。

名花倾国两相欢[1],长得君王带笑看。解释春风无限恨[2],沉香亭北倚阑干[3]。

〔1〕名花:指牡丹花。倾国:指杨贵妃。

〔2〕解释:消除。

〔3〕沉香亭:亭名,在唐兴庆宫龙池东。故址在今西安市兴庆公园内。阑干:即栏杆。

# 入朝曲[1]

金陵控海浦[2],渌水带吴京[3]。铙歌列骑吹[4],飒沓引公卿[5]。槌钟速严妆[6],伐鼓启重城[7]。天子凭玉几[8],剑履若云行[9]。日出照万户,簪裾烂明星[10]。朝罢沐浴闲,遨游阆风亭[11]。济济双阙下[12],欢娱乐恩荣。

〔1〕入朝曲:乐府《鼓吹曲辞》旧题。全诗校:"一作鼓吹入朝曲。"

〔2〕控海浦:指控制长江出海口。

〔3〕带:环绕。吴京:指金陵。三国吴都在金陵,故称。

〔4〕铙歌:《乐府诗集》卷一六:"汉有《朱鹭》等二十二曲,列于鼓吹,谓之铙歌。"骑吹:乐于马上奏之者。

〔5〕飒沓:众盛貌。

〔6〕槌:同捶,敲击。严妆:即严装,整齐装束。

〔7〕伐:击。启:开。

〔8〕几:全诗校:"一作案。"

〔9〕剑履:佩剑穿履上殿,是皇帝赐予大臣的特殊礼遇。

〔10〕簪裾:显贵达官的服饰。

〔11〕沐浴:休假。阆风亭:《太平御览》卷一九四引《郡国志》:"润州覆舟山有阆风亭。"润州治所在今江苏镇江市。

〔12〕济济:众多貌。双阙:宫门前两旁的望楼。此泛指宫殿。

## 秦女休行 魏协律都尉左延年所作,令拟之[1]

西门秦氏女,秀色如琼花[2]。手挥白杨刀[3],清昼杀仇家。罗袖洒赤血,英气凌紫霞[4]。直上西山去,关吏相邀遮[5]。婿为燕国王,身被诏狱加[6]。犯刑若履虎[7],不畏落爪牙。素颈未及断,摧眉伏泥沙。金鸡忽放赦[8],大辟得宽赊[9]。何惭聂政姊[10],万古共惊嗟。

99

〔1〕秦女休行：乐府《杂曲歌辞》旧题。《乐府解题》云："左延年辞，大略言女休为燕王妇，为宗报仇，杀人都市，虽被囚系，终以赦宥，得宽刑戮也。"

〔2〕"西门"二句：左延年《秦氏女休行》："步出上西门，遥望秦氏庐。秦氏有好女，自名为女休。"诗用其意。

〔3〕白杨刀：宝刀名。左延年诗云："左执白杨刃，右据鲁宛矛。"刀，全诗校："一作刃。"

〔4〕气：全诗校："一作声。"

〔5〕邀遮：拦截。

〔6〕诏狱：奉诏令拘禁罪犯的监狱。左延年诗："女休前置词，平生为燕王妇，于今为诏狱囚。"

〔7〕履虎：即踩在虎身上。喻处境危险。

〔8〕"金鸡"句：指大赦。《封氏闻见记》卷四："国有大赦，则命卫尉树金鸡于阙下。"

〔9〕大辟：死刑。宽赊：宽大赦免。

〔10〕聂政姊：《战国策·韩策二》载：聂政为人报仇，刺杀韩国宰相韩傀，然后毁容自杀。韩国以其尸暴于市，悬千金，购问其姓名。政姊闻之，诣韩国，哭曰："今死而无名……此为我故也！夫爱身不扬弟之名，吾不忍也！"乃抱尸而哭之曰："此吾弟轵深井里聂政也。"然后自杀于尸下。

# 秦女卷衣〔1〕

天子居未央，妾侍卷衣裳〔2〕。顾无紫宫宠〔3〕，敢拂黄金床？水至亦不去〔4〕，熊来尚可当〔5〕。微身奉日月〔6〕，飘若萤之光〔7〕。愿君采葑菲，无以下体妨〔8〕。

〔1〕秦女卷衣：乐府《杂曲歌辞》有《秦王卷衣》。《乐府古题要解》卷下曰："《秦王卷衣》，言咸阳春景及宫阙之美，秦王卷衣以赠所欢也。"李白此诗，辞旨与之迥异，不详所本。

〔2〕未央：汉宫殿名。侍：全诗校："一作来。"

〔3〕紫宫：谓天子居处。

〔4〕"水至"句：《列女传·贞顺传》："贞姜者，齐侯之女，楚昭王之夫人也。楚昭王出游，留夫人渐台之上而去。王闻江水大至，使使者迎夫人，忘持其符。使者至，请夫人出。夫人曰：'王与宫人约，令召宫人必以符。今使者不持符，妾不敢行。'于是使

返取符，则水大至。台崩，夫人流而死。"

〔5〕"熊来"句：汉元帝观斗兽，有熊逃出圈，攀槛欲上殿。左右皆惊走，唯冯婕妤上前，当熊而立，保护元帝。

〔6〕日月：喻指皇帝。奉：全诗校："一作捧。"

〔7〕之：全诗校："一作火。"

〔8〕"愿君"二句：《诗·邶风·谷风》："采葑采菲，无以下体。"毛传："葑，须也。菲，芴也。下体，根茎也。"郑笺："此二菜者，蔓菁与葍之类也，皆上下可食。然而其根有美时，有恶时，采之者不可以根恶时并弃其叶，喻夫妇以礼义合，颜色相亲，亦不可以颜色衰，弃其相与之礼。"

# 东武吟[1]

好古笑流俗，素闻贤达风[2]。方希佐明主，长揖辞成功。白日在高天，回光烛微躬[3]。恭承凤凰诏，欻起云萝中[4]。清切紫霄回[5]，优游丹禁通[6]。君王赐颜色，声价凌烟虹。乘舆拥翠盖[7]，扈从金城东[8]。宝马丽绝景[9]，锦衣入新丰[10]。依岩望松雪[11]，对酒鸣丝桐。因学扬子云，献赋甘泉宫[12]。天书美片善[13]，清芬播无穷[14]。归来入咸阳[15]，谈笑皆王公[16]。一朝去金马[17]，飘落成飞蓬。宾客日疏散[18]，玉樽亦已空[19]。才力犹可倚[20]，不惭世上雄。闲作东武吟，曲尽情未终。书此谢知己，吾寻黄绮翁[21]。

〔1〕东武吟：乐府《相和歌辞》旧题，全诗校："一作出东门后书怀留别翰林诸公，又作还山留别金门知己。"

〔2〕流俗：流行的习俗。贤达：指有才德、声望的人士。

〔3〕烛：照耀。微躬：自谦之称。

〔4〕欻（xū）：忽然。云萝中：犹草野间，指隐者居处。

〔5〕清切：指清贵而接近天子。紫霄：指帝王居处。霄，全诗校："一作垣。"

〔6〕丹禁：帝王宫禁。

〔7〕乘舆：皇帝的车驾。亦指皇帝。

〔8〕扈从：随从皇帝出行。金城：指长安。

〔9〕绝景：绝美之风景。

〔10〕新丰:古县名,故址在今陕西临潼东北新丰镇。唐温泉宫在此。

〔11〕依:全诗校:"一作倚。"

〔12〕"因学"二句:《汉书·扬雄传》载,汉成帝时,扬雄从上至此,还奏《甘泉赋》。甘泉宫,故址在今陕西淳化。

〔13〕天书:指诏书。片善:小善。

〔14〕清芬:喻好名声。

〔15〕咸阳:此借指长安。入:全诗校:"一作向。"

〔16〕全诗校:"一本无此二句。"

〔17〕金马:汉未央宫门名。汉代有以著名文士待诏金马门之制。此借指唐代翰林院。

〔18〕客:全诗校:"一作友。"

〔19〕亦已空:全诗校:"一作日成空。"

〔20〕倚:全诗校:"一作恃。"

〔21〕"吾寻"句:全诗校:"一作扁舟寻钓翁。"黄绮翁,指商山四皓。

# 邯郸才人嫁为厮养卒妇[1]

妾本丛台女[2],扬蛾入丹阙。自倚颜如花,宁知有凋歇?一辞玉阶下,去若朝云没[3]。每忆邯郸城,深宫梦秋月。君王不可见,惆怅至明发[4]。

〔1〕邯郸才人嫁为厮养卒妇:乐府《杂曲歌辞》名。胡震亨曰:"谢朓有此诗。薪仆曰厮,炊仆曰养。朓盖设言其事,寓臣妾沦掷之感。"

〔2〕丛台:台名。战国时筑,在赵都邯郸城内。见《汉书·邹阳传》。

〔3〕朝云:用巫山神女的典故。

〔4〕明发:黎明。

# 出自蓟北门行[1]

虏阵横北荒,胡星耀精芒[2]。羽书速惊电,烽火昼连光。虎竹救边急,戎车森已行。明主不安席,按剑心飞扬。推毂出猛将[3],连旗登战场。兵威冲绝幕[4]，杀气凌穹苍[5]。列卒赤山下[6]，开营紫塞傍[7]。孟冬风沙紧[8]，旌旗飒凋伤。画角悲海月[9]，征衣卷天霜。挥刃斩楼兰[10]，弯弓射贤王[11]。单于一平荡，种落自奔亡[12]。收功报天子，行歌归咸阳[13]。

〔1〕出自蓟北门行：乐府《杂曲歌辞》旧题。诗约作于天宝十一载(752)，时作者北游蓟门。

〔2〕胡星：《汉书·天文志》："昴曰旄头，胡星也。"

〔3〕推毂：《史记·张释之冯唐列传》："臣闻上古王者之遣将也，跪而推毂，曰：'阃以内者，寡人制之，阃以外者，将军制之。'"毂，车轮的中心部位，代指车。

〔4〕绝幕：绝漠。指极远的沙漠地带。

〔5〕穹苍：苍天。

〔6〕赤山：在辽东西北数千里。见《后汉书·乌桓传》。又，西域之火山(在今新疆)，唐人又谓之"赤山"。卒：全诗校："一作阵"。

〔7〕紫塞：泛言边塞。崔豹《古今注》卷上："秦筑长城，土色皆紫，汉塞亦然，故称紫塞焉。"

〔8〕冬：全诗校："一作秋。"

〔9〕画角：军中乐器，长五尺，形如竹筒，本细，末稍大，外有彩绘。

〔10〕楼兰：汉西域国名，故地在今新疆若羌县一带。汉昭帝时，楼兰反叛，屡遮杀汉使。元凤四年，霍光遣傅介子刺杀其王。事见《汉书·西域传上》。

〔11〕贤王：匈奴贵族封号，有左贤王、右贤王，位仅在单于之下。见《汉书·匈奴传》。

〔12〕种落：王琦注："种落谓其种类及部落也。"

〔13〕行歌：全诗校："一作歌舞。"

# 洛阳陌[1]

白玉谁家郎[2]，回车渡天津[3]。看花东陌上，惊动洛阳人。

〔1〕洛阳陌：《乐府诗集·横吹曲辞》有《洛阳陌》。

〔2〕白玉：形容貌美如玉。晋卫玠貌美，乘白羊车于洛阳市上，咸曰："谁家璧人？"见《世说新语·容止》注引《卫玠别传》。

〔3〕天津：桥名。在洛阳西南洛水上。

# 北上行<sup>[1]</sup>

北上何所苦？北上缘太行<sup>[2]</sup>。磴道盘且峻,巉岩凌穹苍<sup>[3]</sup>。马足蹶侧石<sup>[4]</sup>,车轮摧高冈<sup>[5]</sup>。沙尘接幽州,烽火连朔方<sup>[6]</sup>。杀气毒剑戟<sup>[7]</sup>,严风裂衣裳。奔鲸夹黄河<sup>[8]</sup>,凿齿屯洛阳<sup>[9]</sup>。前行无归日,返顾思旧乡。惨戚冰雪里,悲号绝中肠<sup>[10]</sup>。尺布不掩体,皮肤剧枯桑<sup>[11]</sup>。汲水涧谷阻,采薪陇坂长<sup>[12]</sup>。猛虎又掉尾,磨牙皓秋霜<sup>[13]</sup>。草木不可餐,饥饮零露浆<sup>[14]</sup>。叹此北上苦,停骖为之伤<sup>[15]</sup>。何日王道平<sup>[16]</sup>,开颜睹天光。

〔1〕北上行:即《苦寒行》,属《相和歌辞》。曹操《苦寒行》首句云"北上太行山",故其后或谓之《北上行》。诗作于至德元载(756)初,时作者在梁园。

〔2〕缘太行:谓循太行山而行。

〔3〕磴道:登山的石径。磴,石阶。盘:盘曲。巉岩:高峻的山岩。

〔4〕蹶:颠蹶。

〔5〕摧:摧折损坏。

〔6〕"沙尘"句:指安禄山反叛事。幽州,天宝时改为范阳郡,治所在今北京西南。天宝十四载,安禄山起兵范阳。朔方:指朔方节度,治灵州,在今宁夏灵武西南。安禄山尝遣其部将高秀岩寇振武军(属朔方节度),故曰"烽火连朔方"。

〔7〕毒:狠毒,凶残。

〔8〕鲸:喻指安禄山叛军。

〔9〕凿齿:古代传说中的恶兽,齿长三尺,其状如凿。此喻指安禄山叛军。屯:驻扎。

〔10〕惨戚:忧伤。绝:断绝。

〔11〕剧:更甚。

〔12〕陇坂:山的岗垅坡坂。

〔13〕掉尾:摆尾。皓:白。

〔14〕零露浆:露水。

〔15〕骖:古时用四马驾车,夹车辕的两马称服,两侧的马称为骖。此处泛指车马。

〔16〕王道平:指平定安禄山叛乱。

# 短歌行[1]

白日何短短,百年苦易满。苍穹浩茫茫,万劫太极长[2]。麻姑垂两鬓[3],
一半已成霜。天公见玉女,大笑亿千场[4]。吾欲揽六龙,回车挂扶桑[5]。
北斗酌美酒[6],劝龙各一觞。富贵非所愿,与人驻颜光[7]。

〔1〕短歌行:乐府《相和歌辞》旧题。
〔2〕劫:佛教名词,谓天地经历若干万年毁灭一次,再重新形成,自形成至毁灭谓
之一劫。
〔3〕麻姑:《神仙传》卷七载,仙女麻姑说曾见东海三为桑田,前到蓬莱,又见海水
浅于往日略半,将复为陆地。
〔4〕"天公"二句:《神异经·东荒经》:"东王公……恒与一玉女投壶,每投千二百
矫……矫出而脱误不接者,天为之笑。"
〔5〕"吾欲"二句:语本《楚辞·九叹·远游》:"维六龙于扶桑。"六龙,神话中为
太阳驾车的六条龙。扶桑:神话中木名,为日出之处。
〔6〕"北斗"句:《楚辞·九歌·东君》:"援北斗兮酌桂浆。"
〔7〕与:全诗校:"一作为。"驻颜光:留住时间,使人不衰老。颜,全诗校:"一作
颓。一作流。"

# 空城雀[1]

嗷嗷空城雀,身计何戚促!本与鷦鷯群[2],不随凤凰族。提携四黄口[3],
饮乳未尝足。食君糠粃余,尝恐乌鸢逐[4]。耻涉太行险,羞营覆车粟[5]。
天命有定端,守分绝所欲[6]。

〔1〕空城雀:乐府《杂曲歌辞》旧题。
〔2〕鷦鷯:鸟名,似黄雀而小。
〔3〕黄口:雏鸟。

105

〔4〕鸢:鹰类猛禽。逐:全诗校:"一作啄。"

〔5〕覆车粟:《太平御览》卷九二二引《益都耆旧传》曰:"杨宣为河内太守,行县,有群雀鸣桑树上,宣谓吏曰:'前有覆车粟,此雀相随,欲往食之。'行数里,果如其言。"

〔6〕分:名分,职分。

# 卷 五

## 发白马[1]

将军发白马,旌节度黄河。萧鼓聒川岳,沧溟涌涛波[2]。武安有振瓦[3],易水无寒歌[4]。铁骑若雪山,饮流涸滹沱[5]。扬兵猎月窟[6],转战略朝那[7]。倚剑登燕然[8],边烽列嵯峨。萧条万里外,耕作五原多[9]。一扫清大漠,包虎戢金戈[10]。

〔1〕发白马:乐府《杂曲歌辞》旧题。白马,白马津。《元和郡县图志》河南道滑州白马县(今河南滑县):"黎阳津,一名白马津,在县北三十里鹿鸣城之西南隅。"

〔2〕涛:全诗校:"一作洪。"

〔3〕"武安"句:《史记·廉颇蔺相如列传》载:秦伐韩,军于阏与,赵王令赵奢救之,"秦军军武安西,秦军鼓噪勒兵,武安屋瓦尽振"。武安,在今河北武安县。

〔4〕"易水"句:用荆轲事。《战国策·燕策三》载,战国时,燕太子丹遣荆轲入秦谋刺秦王,众皆白衣冠以送之。至易水上,高渐离击筑,荆轲和而歌曰:"风萧萧兮易水寒,壮士一去兮不复还!"复为慷慨羽声,"士皆瞋目,发尽上指冠"。

〔5〕滹沱:河名,在河北省西南部,为子牙河的北源。

〔6〕月窟:月生之处,谓极西之地。

〔7〕略:取。朝那:《史记·匈奴列传》张守节《正义》:"汉朝那故城在原州百泉县西七十里,属安定郡。"朝那故地在今宁夏固原市。

〔8〕燕然:山名,即今蒙古境内的杭爱山。《后汉书·和帝纪》载,永元元年,车骑将军窦宪"与北匈奴战于稽落山,大破之,追至私渠比鞮海。窦宪遂登燕然山,刻石勒功而还"。

〔9〕五原:郡名,即盐州,治所在今陕西定边县。

〔10〕"包虎"句:王琦注:"《礼记》:'武王克殷反商,倒载干戈,包之以虎皮。'郑玄注:'包干戈以虎皮,明能以武服兵也。'"戢,收藏兵器。

# 陌上桑〔1〕

美女渭桥东〔2〕,春还事蚕作。五马如飞龙〔3〕,青丝结金络。不知谁家子,调笑来相谑。妾本秦罗敷,玉颜艳名都。绿条映素手,采桑向城隅〔4〕。使君且不顾,况复论秋胡〔5〕。寒螀爱碧草〔6〕,鸣凤栖青梧。托心自有处,但怪傍人愚。徒令白日暮,高驾空踟蹰。

〔1〕陌上桑:乐府《相和歌辞》旧题。
〔2〕渭桥东:全诗校:"一作湘绮衣。"
〔3〕五马:汉代太守出行时乘坐五马之车,故以"五马"为太守的代称。汉乐府《陌上桑》有"使君从南来,五马立踟蹰"之句。龙:全诗校:"一作花。"
〔4〕"妾本"四句:汉乐府《陌上桑》:"秦氏有好女,自名为罗敷。罗敷善蚕桑,采桑城南隅。"
〔5〕秋胡:《列女传·节义》载,鲁秋胡成婚五日即赴陈为官,五年后归家,在路上见一采桑妇,秋胡戏之,许之以金,被严词拒绝。至家,始知采桑妇乃其妻。秋胡大惭,其妻愤而投河自杀。
〔6〕螀:蝉的一种。

# 枯鱼过河泣〔1〕

白龙改常服,偶被豫且制。谁使尔为鱼?徒劳诉天帝〔2〕。作书报鲸鲵,方恃风涛势。涛落归泥沙,翻遭蝼蚁噬〔3〕。万乘慎出入,柏人以为识〔4〕。

〔1〕枯鱼过河泣:乐府《杂曲歌辞》旧题。
〔2〕"白龙"四句:《说苑·正谏》:"吴王欲从民饮酒,伍子胥谏曰:'不可。昔白龙下清泠之渊,化为鱼,渔者豫且射中其目。'"
〔3〕"作书"四句:语本《韩诗外传》卷八:"夫吞舟之鱼,大矣,荡而失水,则为蝼蚁所制,失其辅也。"鲸鲵,大鱼。雄曰鲸,雌曰鲵。

〔4〕"柏人"句:《史记·张耳陈馀列传》载:高祖从平城过赵,赵王待以子婿礼,而高祖甚慢易之,赵相贯高怒。后高祖又过赵,贯高等于柏人县馆复壁中布下伏兵欲杀之。高祖欲宿,心动,问曰:"县名为何?"对曰:"柏人。"高祖曰:"柏人者,迫于人也。"遂不宿而去。识,全诗校:"一作诫。"


# 丁督护歌[1]


云阳上征去[2],两岸饶商贾[3]。吴牛喘月时[4],拖船一何苦!水浊不可饮,壶浆半成土。一唱督护歌[5],心摧泪如雨。万人凿盘石,无由达江浒[6]。君看石芒砀[7],掩泪悲千古。


〔1〕丁督护歌:乐府旧题,属《清商曲辞·吴声歌曲》。督,全诗校:"一作都。"诗作于开元、天宝之际,时作者正在吴地漫游。

〔2〕云阳:唐润州丹阳县,旧名云阳,在今江苏丹阳。运河流经该城。上征:逆水行舟而上。

〔3〕饶:多。

〔4〕吴牛喘月:《世说新语·言语》:满奋答晋武帝曰:"臣犹吴牛,见月而喘。"刘孝标注:"今之水牛,唯生江淮间,故谓之吴牛。南方多暑,而此牛畏热,见月疑是日,所以见月则喘。"此谓炎暑节令。

〔5〕督:全诗校:"一作都。"

〔6〕盘石:大石。江浒:长江边。

〔7〕芒砀:形容盘石又多又大。芒,多貌。砀,大貌。


# 相逢行[1]


朝骑五花马[2],谒帝出银台[3]。秀色谁家子,云车珠箔开[4]。金鞭遥指点,玉勒近迟回[5]。夹毂相借问[6],疑从天上来[7]。蹙入青绮门,当歌共衔杯[8]。衔杯映歌扇,似月云中见。相见不得亲[9],不如不相见。相见情已深[10],未语可知心。胡为守空闺,孤眠愁锦衾?锦衾与罗帏,缠绵会有时。春风正澹荡〔11〕,暮雨来何迟?愿因三青鸟〔12〕,更报长相思。光景不待人,须臾发成丝。当年失行乐〔13〕,老去徒伤悲。持此道密意,无令旷佳期〔14〕。

〔1〕相逢行:乐府《相和歌辞》旧题。诗约作于天宝二年(743),时李白在长安。
〔2〕五花马:五花谓马之毛色。
〔3〕银台:唐大明宫有左右银台门,翰林院在右银台门内。
〔4〕云车:绘有云纹之车。车,全诗校:"一作中。"珠箔:珠帘。
〔5〕勒:马络头。迟回:徘徊不前。
〔6〕夹毂:形容两车相靠甚近。毂,车轮中央穿轴之处。
〔7〕疑:全诗校:"一作知。"
〔8〕蹙:急迫。全诗校:"一作邀。"以上二句全诗校:"一作娇羞初解佩,语笑共衔杯。"
〔9〕得:全诗校:"一作相。"
〔10〕情已:全诗校:"一作已情。"
〔11〕澹荡:即荡漾。
〔12〕青鸟:神话中鸟名,西王母使者。
〔13〕当年:犹云少年或壮年。
〔14〕旷:荒废。全诗校:"一本'长相思'下无此六句。"

# 千 里 思〔1〕

李陵没胡沙〔2〕,苏武还汉家〔3〕。迢迢五原关〔4〕,朔雪乱边花〔5〕。一去隔绝国〔6〕,思归但长嗟。鸿雁向西北,因书报天涯〔7〕。

〔1〕千里思:乐府《杂曲歌辞》旧题。
〔2〕李陵:《汉书·李陵传》载,汉武帝命贰师将军李广利击匈奴,李陵自请率部到兰干山南,以分单于兵。陵至浚稽山,被匈奴大军围困,兵败而降。
〔3〕苏武:《汉书·苏武传》载,苏武出使匈奴,被扣留,不屈,徙至北海上牧羊。武"杖汉节牧羊,卧起操持,节旄尽落"。后归汉。
〔4〕五原关:在唐盐州五原县(今陕西定边)境。

〔5〕"朔雪"句:全诗校:"一作愁见雪如花。"

〔6〕绝国:绝远之国。

〔7〕因:全诗校:"一作飞。"王琦注:"按《文选》有李少卿(陵)《答苏武书》……武得归,为书与陵令陵归汉,陵作书答之。此诗末联正用其事。又按《文苑英华》载唐人省试诗题,有'李都尉(陵)重阳日得苏属国(武归汉后为典属国)书'。"


# 树 中 草〔1〕


鸟衔野田草,误入枯桑里。客土植危根〔2〕,逢春犹不死。草木虽无情,因依尚可生。如何同枝叶,各自有枯荣?


〔1〕树中草:乐府《杂曲歌辞》旧题。

〔2〕客土:异地的土壤。危根:入地不深容易拔起的根。潘岳《杨仲武诔》:"如彼危根,当此冲飙。"


# 君 马 黄〔1〕


君马黄,我马白。马色虽不同,人心本无隔。共作游冶盘〔2〕,双行洛阳陌。长剑既照曜,高冠何焜赫〔3〕。各有千金裘,俱为五侯客〔4〕。猛虎落陷阱,壮夫时屈厄。相知在急难〔5〕,独好亦何益〔6〕?


〔1〕君马黄:汉鼓吹铙歌十八曲之一。

〔2〕盘:游乐。

〔3〕焜赫:《文选》潘岳《射雉赋》:"摛朱冠之焜赫。"徐爰注:"焜赫,赤色貌。"

〔4〕五侯:《汉书·元后传》载,河平二年,汉成帝同日封其舅王谭、王商等五人为侯,世称五侯。

〔5〕急难:《诗·小雅·常棣》:"兄弟急难。"毛传:"言兄弟之相救于急难。"

〔6〕亦:全诗校:"一作知。"

# 拟　古

融融白玉辉,映我青蛾眉。宝镜似空水[1],落花如风吹。出门望帝子,荡漾不可期[2]。安得黄鹤羽,一报佳人知[3]?

〔1〕"宝镜"句:庾信《咏镜诗》:"光如一片水。"
〔2〕"出门"二句:《文选》江淹《王征君微养疾》:"北渚有帝子,荡漾不可期。"吕延济注:"帝子,娥皇、女英。荡漾,言随波上下,不可与之结期。"
〔3〕"安得"二句:江淹《去故乡赋》:"愿使黄鹤兮报佳人。"

# 折杨柳[1]

垂杨拂绿水,摇艳东风年[2]。花明玉关雪,叶暖金窗烟。美人结长想[3],对此心凄然[4]。攀条折春色,远寄龙庭前[5]。

〔1〕折杨柳:乐府《横吹曲辞》旧题。
〔2〕摇艳:全诗校:"一作艳裔。"年:时节。
〔3〕想:全诗校:"一作恨。"
〔4〕对此:全诗校:"一作相对。"
〔5〕龙庭:匈奴祭天、大会诸部之地。又称龙城。庭前:全诗校:"一作沙边。"

# 少年子[1]

青云年少子[2],挟弹章台左[3]。鞍马四边开,突如流星过。金丸落飞鸟[4],夜入琼楼卧。夷齐是何人?独守西山饿[5]。

〔1〕少年子:乐府《杂曲歌辞》旧题。

〔2〕青云:指显贵之家。年少:全诗校:"一作少年。"

〔3〕章台:宫名,战国时秦王所建,以宫内有章台得名。故址在陕西西安西南。

〔4〕金丸:《西京杂记》卷四:"韩嫣好弹,常以金为丸。"

〔5〕"夷齐"二句:《史记·伯夷列传》载,殷商灭后,伯夷、叔齐耻食周粟,隐居首阳山,采薇而食。

# 紫骝马<sup>〔1〕</sup>

紫骝行且嘶,双翻碧玉蹄<sup>〔2〕</sup>。临流不肯渡,似惜锦障泥<sup>〔3〕</sup>。白雪关山远<sup>〔4〕</sup>,黄云海戍迷<sup>〔5〕</sup>。挥鞭万里去,安得念春闺<sup>〔6〕</sup>?

〔1〕紫骝马:乐府《横吹曲辞》旧题。紫骝:暗红色的马。

〔2〕碧玉蹄:沈佺期《骢马》:"四蹄碧玉片,双眼黄金瞳。"

〔3〕障泥:披在鞍旁以挡溅起的尘泥的马具。《晋书·王济传》:"济善解马性,尝乘一马,著连乾障泥,前有水,终不肯渡。济云:'此必是惜障泥。'使人解去,便渡。"

〔4〕山:全诗校:"一作城。"

〔5〕戍:全诗校:"一作树。"

〔6〕念:全诗校:"一作恋。"

# 少年行二首<sup>〔1〕</sup>

击筑饮美酒,剑歌易水湄<sup>〔2〕</sup>。经过燕太子<sup>〔3〕</sup>,结托并州儿<sup>〔4〕</sup>。少年负壮气,奋烈自有时。因声鲁勾践<sup>〔5〕</sup>,争博勿相欺。

〔1〕少年行:乐府《杂曲歌辞》旧题。

〔2〕"击筑"二句:《战国策·燕策》载,荆轲入秦谋刺秦王,众人相送于易水之上,高渐离击筑,荆轲和而悲歌,众人十分激奋。湄,水边。

〔3〕燕太子:《史记·刺客列传》载,荆轲到燕国后,"日与狗屠及高渐离饮于燕

市,酒酣以往,高渐离击筑,荆轲和而歌于市中,相乐也,已而相泣,旁若无人"。

〔4〕并州:古地名,相当今山西北部和内蒙古、河北的一部。并州儿以善骑射著称。

〔5〕声:语;原作击,校云:"一作声。"鲁勾践:《史记·刺客列传》载:荆轲游于邯郸,鲁勾践与荆轲博,争道(在赌局上争赢路),鲁勾践怒而叱之,荆轲默而逃去。后鲁勾践闻荆轲刺秦王事,私曰:"嗟乎惜哉,其不讲于刺剑之术也!甚矣吾不知人也。曩者吾叱之,彼乃以我为非人也。"

五陵年少金市东[1],银鞍白马度春风。落花踏尽游何处?笑入胡姬酒肆中[2]。

〔1〕五陵:汉高祖葬长陵、惠帝葬安陵、景帝葬阳陵、武帝葬茂陵、昭帝葬平陵,合称五陵,均在长安附近。金市:古洛阳三市之一,在今河南洛阳旧城西。一说指长安西市。

〔2〕胡姬:少数民族少女。

# 白鼻䯄[1]

银鞍白鼻䯄,绿地障泥锦[2]。细雨春风花落时[3],挥鞭直就胡姬饮[4]。

〔1〕白鼻䯄(guā):乐府《横吹曲辞》旧题。䯄,黑嘴的黄马。
〔2〕《西京杂记》卷二载:汉武帝得贰师天马,以绿地五色锦为蔽泥(即障泥)。
〔3〕"细雨"句:全诗校:"一作春风细雨落花时。"
〔4〕直:全诗校:"一作且。"

# 豫章行[1]

胡风吹代马[2],北拥鲁阳关[3]。吴兵照海雪,西讨何时还?半渡上辽津[4],黄云惨无颜。老母与子别,呼天野草间。白马绕旌旗[5],悲鸣相追攀。白杨秋月苦,早落豫章山[6]。本为休明人[7],斩虏素不闲[8]。岂惜战斗死,为君扫凶顽?精感石没羽[9],岂云惮险艰?楼船若鲸飞,波荡落星湾[10]。此曲不可奏,三军鬓成斑。

〔1〕豫章行:乐府《相和歌辞》旧题。诗作于上元元年(760)秋,时作者在豫章(今江西南昌市)。

〔2〕"胡风"句:全诗校:"一作燕人攒赤羽。"

〔3〕鲁阳关:古关名,故址在今河南鲁山县西南、南召县东北。

〔4〕上辽津:在今江西永修县东。见《豫章古今记》。

〔5〕白马:全诗校:"一作百鸟。"

〔6〕"白杨"二句:语本《古豫章行》:"白杨初生时,乃在豫章山。"

〔7〕休明:指美好清明的时代。

〔8〕闲:通"娴",习也。

〔9〕石没羽:《汉书·李广传》载:李广任右北平太守时,一次出猎,"见草中石,以为虎而射之,中石没矢,视之石也。他日射之,终不能入矣"。羽,即用羽毛作箭翼的箭。

〔10〕落星湾:在今江苏南京市东北,见《初学记》卷五引《南徐州记》。

# 沐浴子[1]

沐芳莫弹冠,浴兰莫振衣[2]。处世忌太洁,至人贵藏晖[3]。沧浪有钓叟[4],吾与尔同归。

〔1〕沐浴子:乐府《杂曲歌辞》旧题。

〔2〕"沐芳"二句:语本《楚辞·渔父》:"新沐者必弹冠,新浴者必振衣。"

〔3〕藏晖:掩藏其光芒。至:全诗校:"一作志。"

〔4〕"沧浪"句:《楚辞·渔父》:"渔父莞尔而笑,鼓枻而去,歌曰:'沧浪之水清兮,可以濯吾缨;沧浪之水浊兮,可以濯吾足。'遂去,不复与言。"

# 高句骊[1]

金花折风帽[2],白马小迟回[3]。翩翩舞广袖,似鸟海东来。

〔1〕高句骊:即高丽。《旧唐书·东夷列传》:"高丽者,出自扶余之别种也。其国都于平壤城,即汉乐浪郡之故地。"乐府《杂曲歌辞》有《高句丽》。

〔2〕"金花"句:《北史·高句丽传》:"人皆头著折风,形如弁,士人加插二鸟羽。贵者其冠曰苏骨,多用紫罗为之,饰以金银。"

〔3〕迟回:徘徊貌。

# 舍利弗[1]

金绳界宝地[2],珍木荫瑶池。云间妙音奏,天际法蠡吹[3]。

〔1〕舍利弗:乐府曲名,属《杂曲歌辞》。

〔2〕"金绳"句:佛教谓净土世界,"以琉璃为地,金绳界其道"。

〔3〕法蠡:即法螺,佛教作法事用的乐器。

# 静夜思[1]

床前看月光,疑是地上霜。举头望山月,低头思故乡。

〔1〕静夜思:《乐府诗集》卷九〇列入《新乐府辞》。

116

# 渌水曲<sup>[1]</sup>

渌水明秋月<sup>[2]</sup>,南湖采白蘋<sup>[3]</sup>。荷花娇欲语,愁杀荡舟人。

〔1〕渌水曲:乐府《琴曲歌辞》旧题。
〔2〕月:全诗校:"一作日。"
〔3〕白蘋:水草名。叶四方,中拆如十字,夏开小白花。俗称田字草。

# 凤凰曲<sup>[1]</sup>

嬴女吹玉箫<sup>[2]</sup>,吟弄天上春。青鸾不独去,更有携手人<sup>[3]</sup>。影灭彩云断,遗声落西秦<sup>[4]</sup>。

〔1〕凤凰曲:犹《凤台曲》,见下一首注。
〔2〕嬴女:指秦穆公的女儿弄玉,秦,嬴姓,故称。
〔3〕此二句谓弄玉与萧史皆随鸾凤飞去。
〔4〕"影灭"二句:鲍照《代升天行》:"凤台无还驾,箫管有遗声。"

# 凤台曲<sup>[1]</sup>

尝闻秦帝女<sup>[2]</sup>,传得凤凰声。是日逢仙子,当时别有情。人吹彩箫去,天借绿云迎。曲在身不返<sup>[3]</sup>,空余弄玉名。

〔1〕凤台曲:《乐府诗集》卷五一清商曲辞有梁武帝制《上云乐》七曲,其一曰《凤台曲》。
〔2〕秦帝女:指弄玉。

〔3〕曲:全诗校:"一作心。"

# 从军行[1]

从军玉门道[2],逐虏金微山[3]。笛奏梅花曲[4],刀开明月环。鼓声鸣海上[5],兵气拥云间。愿斩单于首[6],长驱静铁关[7]。

〔1〕从军行:乐府《相和歌辞》旧题。
〔2〕玉门:即玉门关。
〔3〕金微山:即今阿尔泰山。东汉窦宪曾遣耿夔等破北匈奴于此。
〔4〕梅花曲:即《梅花落》,乐府旧题,属《横吹曲辞》。
〔5〕海:瀚海,大漠。
〔6〕单于:匈奴称其王为单于。
〔7〕铁关:即铁门关。《新唐书·地理志》:"自焉耆西五十里过铁门关。"故址在今新疆焉耆西库尔勒附近。

# 秋　思[1]

春阳如昨日,碧树鸣黄鹂。芜然蕙草暮[2],飒尔凉风吹。天秋木叶下[3],月冷莎鸡悲[4]。坐愁群芳歇,白露凋华滋[5]。

〔1〕秋思:乐府《琴曲歌辞》旧题,为《蔡氏五弄》之一。
〔2〕蕙草:香草名。
〔3〕"天秋"句:《楚辞·九歌·湘夫人》:"袅袅兮秋风,洞庭波兮木叶下。"
〔4〕莎鸡:虫名,即纺织娘,又名络纬、络丝娘。
〔5〕华滋:茂盛的枝叶。

# 春　思

燕草如碧丝[1],秦桑低绿枝。当君怀归日,是妾断肠时。春风不相识,何事入罗帏[2]?

〔1〕燕:指今北京与河北北部及辽宁西部一带。
〔2〕罗帏:罗帐。

# 秋　思

燕支黄叶落[1],妾望自登台[2]。海上碧云断[3],单于秋色来[4]。胡兵沙塞合[5],汉使玉关回。征客无归日,空悲蕙草摧。

〔1〕燕支:山名,在今甘肃山丹东南。全诗校:"一作阏氏。"
〔2〕自:全诗校:"一作白。"白登台,在今山西大同市东白登山上。匈奴冒顿单于曾围汉高祖于此。
〔3〕海上:全诗校:"一作月出。"
〔4〕单于:指唐单于都护府,治所在今内蒙古和林格尔西北。全诗校:"一作蝉声。"
〔5〕沙塞:北方边塞多沙漠,故称。

# 子夜吴歌[1]

## 春　歌

秦地罗敷女[2],采桑绿水边。素手青条上,红妆白日鲜[3]。蚕饥妾欲去,

119

五马莫留连[4]。

〔1〕子夜吴歌:六朝乐府《吴声歌曲》中有《子夜歌》,相传为晋代一位名叫子夜的
女子所创,因其产生于吴地,故称《子夜吴歌》。全诗校:"一作子夜四时歌。"
〔2〕罗敷:汉乐府《陌上桑》:"秦氏有好女,自名为罗敷。"
〔3〕鲜:鲜艳明丽。
〔4〕"蚕饥"二句:语本梁武帝《子夜四时歌·夏歌》:"君住马已疲,妾去蚕欲
饥。"五马,汉代太守出行时乘坐五马之车,故以"五马"为太守的代称。

## 夏　歌

镜湖三百里[1],菡萏发荷花[2]。五月西施采[3],人看隘若耶[4]。回舟不
待月,归去越王家。

〔1〕镜湖:在今浙江绍兴市东南。
〔2〕菡萏(hàn dàn):即荷之别称。
〔3〕西施:古代越国美女,后由勾践献于吴王夫差。
〔4〕隘:阻塞。若耶:溪名,在浙江绍兴市南,溪旁有洗纱石,相传西施曾浣纱于
此。

## 秋　歌

长安一片月,万户捣衣声[1]。秋风吹不尽,总是玉关情[2]。何日平胡虏,
良人罢远征[3]?

〔1〕捣衣:妇女把织好的布帛,放在砧上,用杵捶击,使之软熟,以备裁缝衣服。
〔2〕玉关:玉门关。此泛指边塞。
〔3〕良人:古代妇女对丈夫的称呼。

## 冬　歌

明朝驿使发[1],一夜絮征袍。素手抽针冷,那堪把剪刀[2]。裁缝寄远道,
几日到临洮[3]?

〔1〕驿使:驿站传送文书及物件的人。

〔2〕素手:指妇女洁白的手。把:拿。

〔3〕临洮:唐洮州,天宝元年改为临洮郡,治所在今甘肃临潭。此泛指边地。


# 对酒行<sup>[1]</sup>

松子栖金华<sup>[2]</sup>,安期入蓬海<sup>[3]</sup>。此人古之仙,羽化竟何在<sup>[4]</sup>?浮生速流电,倏忽变光彩。天地无凋换,容颜有迁改。对酒不肯饮,含情欲谁待<sup>[5]</sup>?

〔1〕对酒行:乐府旧题,属《相和歌辞》。

〔2〕松子:即赤松子,传说中古代仙人。金华:山名,在今浙江金华市北。相传赤松子于此山得道,羽化升天。见《水经注》卷四〇、《元和郡县图志》卷二六。

〔3〕安期:安期生。传说中的古代仙人,居东海仙山。

〔4〕羽化:成仙。

〔5〕"对酒"二句:《文选》王粲《公宴诗》:"今日不极欢,含情欲谁待?"李善注:"含情,谓含其欢情而不畅也。"


# 估客行<sup>[1]</sup>

海客乘天风<sup>[2]</sup>,将船远行役。譬如云中鸟,一去无踪迹。

〔1〕估客行:又作《估客乐》,乐府《清商曲辞》旧题。

〔2〕海客:指商人。


# 捣衣篇

闺里佳人年十余,颦蛾对影恨离居<sup>[1]</sup>。忽逢江上春归燕,衔得云中尺素书[2]。玉手开缄长叹息,狂夫犹戍交河北[3]。万里交河水北流,愿为双燕泛中洲[4]。君边云拥青丝骑[5],妾处苔生红粉楼。楼上春风日将歇,谁能揽镜看愁发! 晓吹员管随落花[6],夜捣戎衣向明月。明月高高刻漏长[7],真珠帘箔掩兰堂[8]。横垂宝幄同心结[9],半拂琼筵苏合香[10]。琼筵宝幄连枝锦[11],灯烛荧荧照孤寝[12]。有便凭将金剪刀[13],为君留下相思枕[14]。摘尽庭兰不见君,红巾拭泪生氤氲[15]。明年若更征边塞,愿作阳台一段云[16]。

〔1〕颦蛾:皱眉。
〔2〕尺素书:书信。
〔3〕狂夫:指丈夫。狂,全诗校:"一作征。"戍:防守。交河:汉车师前王庭交河城,唐西州交河县,在今新疆吐鲁番市西。其地有交河,分流绕城下。
〔4〕中洲:水中陆地。
〔5〕君:指丈夫。云拥:形容众多。青丝骑:用青丝做缰绳的坐骑。
〔6〕员管:乐器名。
〔7〕刻漏:古滴水计时器。此指时间。
〔8〕兰堂:香气氤氲的堂室。
〔9〕宝幄:珍贵的帐幔。同心结:用锦带打成的连环回文样式的结子,用作男女相爱的象征。
〔10〕琼筵:珍美的筵席。苏合香:合众香料煎其汁而得之,是一种珍贵的香料。
〔11〕连枝:即连理枝,喻夫妇相爱。
〔12〕荧荧:明亮貌。
〔13〕便:或作"使",谓信使。凭:倚仗。
〔14〕鲍令晖《代葛沙门妻郭小玉诗二首》:"临当欲去时,复留相思枕。"
〔15〕氤氲(yīn yūn):烟雾弥漫貌,此处形容泪眼模糊。
〔16〕阳台:宋玉《高唐赋》写楚王梦与巫山神女欢会,神女别时曰:"妾在巫山之阳,高山之阻,旦为朝云,暮为行雨。朝朝暮暮,阳台之下。"

# 少年行[1]

君不见淮南少年游侠客,白日球猎夜拥掷。呼卢百万终不惜[2],报仇千里如咫尺。少年游侠好经过,浑身装束皆绮罗。蕙兰相随喧妓女,风光去处满笙歌。骄矜自言不可有,侠士堂中养来久。好鞍好马乞与人[3],十千五千旋沽酒[4]。赤心用尽为知己,黄金不惜栽桃李[5]。桃李栽来几度春,一回花落一回新。府县尽为门下客,王侯皆是平交人。男儿百年且乐命,何须徇书受贫病[6]?男儿百年且荣身,何须徇节甘风尘?衣冠半是征战士,穷儒浪作林泉民[7]。遮莫枝根长百丈[8],不如当代多还往。遮莫姻亲连帝城,不如当身自簪缨[9]。看取富贵眼前者,何用悠悠身后名?

〔1〕少年行:乐府《杂曲歌辞》旧题。全诗注:"此诗严粲云是伪作。"

〔2〕呼卢:古代博戏,又名樗蒲。《珊瑚钩诗话》:"樗蒲起自老子,今谓之呼卢,取纯色而胜之之义以名之耳。"

〔3〕乞:此处为给与之意。

〔4〕旋:张相《诗词曲语辞汇释》:"旋,犹漫也,犹云漫然为之或随意为之也。"

〔5〕栽桃李:喻指交友。

〔6〕徇:全诗校:"一作读。"

〔7〕浪作:使作。

〔8〕遮莫:尽管,任凭。

〔9〕簪缨:古时达官贵人的冠饰,亦指仕宦。


# 长 歌 行[1]


桃李待日开[2],荣华照当年。东风动百物,草木尽欲言。枯枝无丑叶,涸水吐清泉。大力运天地,羲和无停鞭[3]。功名不早著,竹帛将何宣[4]?桃李务青春[5],谁能贳白日[6]?富贵与神仙,蹉跎成两失。金石犹销铄,风霜无久质。畏落日月后,强欢歌与酒[7]。秋霜不惜人,倏忽侵蒲柳[8]。

〔1〕长歌行:乐府《相和歌辞》旧题。诗约作于开元二十五年(737),时作者在安陆。

〔2〕待:全诗校:"一作得。"

〔3〕羲和:为太阳驾车的神。

〔4〕竹帛:指史册。

〔5〕务:须。青春:春天。

〔6〕赍:借。原作"贯",据他本改。

〔7〕欢:全诗校:"一作饮。"

〔8〕蒲柳:《世说新语·言语》:"顾悦与简文同年,而发早白。简文曰:'卿何以先白?'对曰:'蒲柳之姿,望秋而落;松柏之质,经霜弥茂。'"蒲与柳均早落叶,故用以喻人之早衰。

# 长 相 思 〔1〕

日色已尽花含烟,月明欲素愁不眠〔2〕。赵瑟初停凤凰柱〔3〕,蜀琴欲奏鸳鸯弦〔4〕。此曲有意无人传,愿随春风寄燕然〔5〕,忆君迢迢隔青天。昔日横波目〔6〕,今成流泪泉。不信妾肠断,归来看取明镜前〔7〕。

〔1〕长相思:乐府旧题,属杂曲歌辞。

〔2〕欲:如,似。素:白色的绢。

〔3〕赵瑟:相传战国时赵国人善鼓瑟,故称。凤凰柱:刻成凤凰形的瑟柱。

〔4〕蜀琴:汉时蜀地人司马相如善琴,故称。

〔5〕燕然:山名,即今蒙古境内的杭爱山。

〔6〕日:全诗校:"一作时。"横波目:形容眼睛明亮动人。

〔7〕取:助词,犹"着"。

美人在时花满堂,美人去后空余床〔1〕。床中绣被卷不寝〔2〕,至今三载犹闻香〔3〕。香亦竟不灭,人亦竟不来。相思黄叶落〔4〕,白露点青苔〔5〕。

〔1〕空余:全诗校:"一作余空。"

〔2〕卷不寝:全诗校:"一作更不卷。"

〔3〕犹闻香:全诗校:"一作闻余香。"

〔4〕落:全诗校:"一作尽。"

〔5〕点:全诗校:"一作湿。"诗末全诗校:"此篇一作寄远。"

# 猛虎行[1]

朝作猛虎行,暮作猛虎吟。肠断非关陇头水[2],泪下不为雍门琴[3]。旌旗缤纷两河道[4],战鼓惊山欲颠倒[5]。秦人半作燕地囚,胡马翻衔洛阳草[6]。一输一失关下兵[7],朝降夕叛幽蓟城[8]。巨鳌未斩海水动,鱼龙奔走安得宁[9]?颇似楚汉时,翻覆无定止。朝过博浪沙,暮入淮阴市。张良未遇韩信贫,刘项存亡在两臣。暂到下邳受兵略,来投漂母作主人[10]。贤哲栖栖古如此,今时亦弃青云士[11]。有策不敢犯龙鳞[12],窜身南国避胡尘[13]。宝书玉剑挂高阁[14],金鞍骏马散故人。昨日方为宣城客,掣铃交通二千石[15]。有时六博快壮心[16],绕床三匝呼一掷[17]。楚人每道张旭奇,心藏风云世莫知[18]。三吴邦伯皆顾盼[19],四海雄侠两追随[20]。萧曹曾作沛中吏[21],攀龙附凤当有时[22]。溧阳酒楼三月春,杨花茫茫愁杀人[23]。胡雏绿眼吹玉笛[24],吴歌白纻飞梁尘[25]。丈夫相见且为乐[26],椎牛挝鼓会众宾[27]。我从此去钓东海[28],得鱼笑寄情相亲[29]。

〔1〕猛虎行:又作《猛虎吟》。乐府旧题,属《相和歌辞·平调曲》。全诗注:"此诗萧士赟云是伪作。"此诗作于至德元载(756)李白离宣城东赴剡中之时。

〔2〕"肠断"句:古乐府《陇头歌辞》:"陇头流水,鸣声幽咽。遥望秦川,肝肠断绝。"陇头,即陇山,在陕西陇县,西北跨甘肃清水县。

〔3〕雍门琴:雍门子周以琴见孟尝君,陈说当时形势与孟尝君处境之危,然后为之鼓琴,孟尝君涕泣涟涟,曰:"先生之鼓琴,令文若破国亡邑之人也。"见《说苑·善说》。

〔4〕两河道:指唐代的河北、河南两道。天宝十四载十一月,安禄山反于范阳,河北、河南诸郡相继陷落。

〔5〕颠:全诗校:"一作倾。"

〔6〕秦人:指关中的百姓。燕:今河北北部及北京市一带。安禄山叛军的根据地在此。衔:马吃草。

〔7〕一输:指高仙芝、封常清之败。天宝十四载十二月,安禄山攻陷洛阳,封常清退至陕县,正遇高仙芝率部屯陕,二人商议决定退守潼关,途中遭安史乱军追击,不战自溃,伤亡惨重。一失:指唐玄宗在战略上的重大失误。高仙芝、封常清虽经"一输",

125

但已在潼关修完守备,叛军不得攻而退去。事后,宦官边令诚上奏玄宗,称封常清摇惑军心,高仙芝不战而退,玄宗一怒之下,杀了高、封二将。

〔8〕朝降夕叛:据《资治通鉴》载,天宝十四载十二月,常山(今河北正定)太守颜杲卿起兵抗击安禄山,河北诸郡纷纷响应,但不久常山失陷,原已反正的诸郡官吏又纷纷归降安禄山。幽蓟:幽州、蓟州,此泛指河北一带。

〔9〕巨鳌:喻指安禄山。鱼龙:喻指百姓。

〔10〕"朝过"六句:叙张良、韩信故事。张良事见《史记·留侯世家》,秦灭韩,张良以其先人五世相韩故,立志为韩报仇,乃尽散家财,求刺客。东见沧海君,得一力士,以铁锤击秦始皇于博浪沙,误中副车。韩信事见《史记·淮阴侯列传》,韩信家贫,尝钓于城下,有一漂母见其饥,哀怜而饭之。韩信封楚王后,"召所从食漂母,赐千金"。

〔11〕栖栖:惶惶不安貌。青云士:志向远大的人。

〔12〕犯龙鳞:喻触怒君主。《韩非子·说难》:"人主亦有逆鳞,说之者能无婴人主之逆鳞,则几矣!"

〔13〕南国:南方。

〔14〕玉:全诗校:"一作长。"

〔15〕宣城:今安徽宣城。掣铃:唐时官府多悬铃于外,出入则牵铃以通报。掣,牵引,拉动。二千石:指州郡长官。

〔16〕六博:古代一种博戏,二人各拿六枚棋子相对而博。

〔17〕床:坐具。匝:周。掷:掷骰。古摴蒲之戏,以掷骰决胜负,得采有卢、雉、犊、白等称。晋刘毅尝与他人共为摴蒲之戏,毅"掷得雉,大喜,褰衣绕床叫",事见《晋书》本传。

〔18〕心藏风云:谓怀藏不平凡的志向与才能。

〔19〕三吴:古称吴兴、吴郡、会稽为"三吴",其地在今江苏南部、浙江北部一带。邦伯:周代官名,此指地方长官。皆:全诗校:"一作多。"

〔20〕两追随:全诗校:"一作皆相推。"

〔21〕萧曹:指萧何、曹参。《史记·曹相国世家》:"平阳侯曹参者,沛人也。秦时为沛狱掾,而萧何为主吏,居县为豪吏矣。"沛:秦县名,在江苏沛县东。

〔22〕攀龙附凤:指追随帝王建功立业。

〔23〕溧阳:即今江苏溧阳县。茫茫:全诗校:"一作漠漠。"

〔24〕胡雏:胡童。雏,全诗校:"一作人。"

〔25〕白纻:吴地歌曲名。飞梁尘:汉代虞公善雅歌,其音清哀,声振梁尘。见《艺文类聚》卷四三引《别录》。

〔26〕相见:全诗校:"一作到处。"

126

〔27〕椎牛:杀牛。挝(zhuā):击。

〔28〕钓东海:《庄子·外物》载,任公子制大钓巨纶,以五十头犗牛为饵,投竿东海,终于钓到一条大鱼。

〔29〕王琦曰:"是诗当是天宝十五载之春,太白与张旭相遇于溧阳,而太白又将遨游东越,与旭宴别而作也。"


# 去妇词—作顾况诗[1]


古来有弃妇[2],弃妇有归处。今日妾辞君,辞君遣何去[3]?本家零落尽,恸哭来时路。忆昔未嫁君,闻君却周旋[4]。绮罗锦绣段,有赠黄金千。十五许嫁君,二十移所天[5]。自从结发日未几[6],离君缅山川[7]。家家尽欢喜,孤妾长自怜。幽闺多怨思,盛色无十年。相思若循环[8],枕席生流泉[9]。流泉咽不扫[10],独梦关山道[11]。及此见君归[12],君归妾已老。物情恶衰贱[13],新宠方妍好。掩泪出故房[14],伤心剧秋草。自妾为君妻,君东妾在西。罗帷到晓恨,玉貌一生啼。自从离别久,不觉尘埃厚。尝嫌玳瑁孤[15],犹羡鸳鸯偶。岁华逐霜霰[16],贱妾何能久?寒沼落芙蓉,秋风散杨柳[17]。以此憔悴颜[18],空持旧物还[19]。余生欲何寄[20],谁肯相牵攀[21]?君恩既断绝,相见何年月?悔倾连理杯,虚作同心结[22]。女萝附青松,贵欲相依投。浮萍失绿水,教作若为流[23]?不叹君弃妾,自叹妾缘业[24]。忆昔初嫁君,小姑才倚床。今日妾辞君,小姑如妾长[25]。回头语小姑,莫嫁如兄夫。


〔1〕瞿蜕园、朱金城注:"王本虽仍列此诗,而《才调集》明指为顾况作,题为《弃妇词》,所多不过四句,其他差异亦甚少,《英华》选此诗,亦以为疑。"安旗等注:"《弃妇词》有繁简之分:《文苑英华》所载为简本,仅十七联;《才调集》所载系繁本,达三十二联之多。繁本较白集《去妇辞》多四句,其他差异亦甚少,盖为一诗之两传者。此诗之作者,当据《才调集》定为顾况。"

〔2〕来有:顾况集作"人虽"。

〔3〕遣:顾集作"欲"。

〔4〕却:顾集作"甚"。周旋:行礼时进退揖让之举。

〔5〕所天:妇人未嫁以父母为天,既嫁以丈夫为天。

〔6〕自从:此二字误衍。结发:谓成婚。

〔7〕缅:远。

〔8〕傅玄《怨歌行》:"情思如循环,忧来不能遏。"

〔9〕以上十二句顾集作"及与同结发,值君适幽燕。孤魂托飞鸟,两眼如流泉"。四句。

〔10〕扫:顾集作"燥"。

〔11〕独梦:顾集作"万里"。

〔12〕此:顾集作"至"。

〔13〕恶衰贱:顾集作"弃衰歇"。

〔14〕掩:顾集作"拭"。

〔15〕玳瑁:动物名,似龟,甲片可作装饰品。

〔16〕岁华:岁时,时间。

〔17〕顾集无以上十二句。

〔18〕此句顾集作"妾以憔悴捐"。

〔19〕空持:顾集作"羞将"。

〔20〕何:顾集作"有"。

〔21〕牵攀:顾集作"留连"。

〔22〕江总《杂曲三首》:"未眠解著同心结,欲醉那堪连理杯。"连理杯,谓夫妻相爱共饮。

〔23〕若为:如何。

〔24〕缘:因缘定分。业:佛教名词,泛指一切身心活动。佛教称,前世之业,将招致今生相应的果报。以上十句顾集作"空床对虚牖,不觉尘埃厚。寒水芙蓉花,秋风堕杨柳"。四句。

〔25〕"忆昔"四句:《焦仲卿妻》:"新妇初来时,小姑始扶床;今日被驱遣,小姑如我长。"忆昔,顾集作"记得"。才,顾集作"始"。妾辞君,顾集作"君弃妾"。

# 卷 六

## 襄阳歌[1]

落日欲没岘山西[2]，倒著接䍦花下迷[3]。襄阳小儿齐拍手,拦街争唱白铜
鞮[4]。傍人借问笑何事,笑杀山翁醉似泥[5]。鸬鹚杓,鹦鹉杯[6]。百年
三万六千日,一日须倾三百杯。遥看汉水鸭头绿[7],恰似葡萄初酸醅[8]。
此江若变作春酒,垒麹便筑糟丘台[9]。千金骏马换小妾[10],笑坐雕鞍歌
落梅[11]。车傍侧挂一壶酒,凤笙龙管行相催[12]。咸阳市中叹黄犬[13],何
如月下倾金罍[14]？君不见晋朝羊公一片石[15],龟头剥落生莓苔[16]。泪
亦不能为之堕,心亦不能为之哀[17]。清风朗月不用一钱买[18],玉山自倒
非人推[19]。舒州杓,力士铛[20],李白与尔同死生。襄王云雨今安在[21]？
江水东流猿夜声。

〔1〕襄阳歌:乐府旧题,属杂歌谣辞。襄阳,唐县名,今湖北襄阳市。
〔2〕岘山:一名岘首山,在今湖北襄阳市南。诗作于开元二十二年(734),时作者
正在襄汉一带漫游。
〔3〕倒著接䍦:用山简事。《晋书·山简传》载,简为征南将军镇襄阳,"每出嬉
游,多之池上,置酒辄醉,名之曰高阳池。时有童儿歌曰:'山公出何许? 往至高阳池。
日夕倒载归,茗艼无所知。时时能骑马,倒著白接䍦……"接䍦,帽名。茗艼,即酩酊。
〔4〕白铜鞮:襄阳童谣,源于齐、梁,原名《白铜蹄》。
〔5〕山翁:即山简。全诗校:"一作山公。"
〔6〕鸬鹚杓:形如鸬鹚颈的长柄酒杓。鹦鹉杯:用鹦鹉螺制成的酒杯。
〔7〕鸭头绿:当时染色业的术语,指一种像鸭头上的绿毛一般的颜色。
〔8〕酸醅:重酿而没有滤过的酒。
〔9〕垒:堆积。麹:俗称酒母,即酿酒时所用的发酵糖化剂。糟丘台:酒糟堆成的
山丘高台。纣沉湎于酒,以糟为丘。见《论衡·语增》。
〔10〕"千金"句:《独异志》卷中:"后魏曹彰性倜傥,偶逢骏马,爱之,其主所惜也。
彰曰:'予有美妾可换,惟君所选。'马主因指一妓,彰遂换之。"小,全诗校:"一作少。"
〔11〕笑:全诗校:"一作醉。"落梅:即《梅花落》,乐府横吹曲名。

〔12〕凤笙:笙形似凤,古人常称为凤笙。龙管:指笛,相传笛声如龙鸣,故称笛为龙管。

〔13〕"咸阳"句:用秦相李斯被杀事。《史记·李斯列传》:"二世二年七月,具斯五刑,论腰斩咸阳市。斯出狱,与其中子俱执,顾谓其中子曰:'吾欲与若复牵黄犬,俱出上蔡东门逐狡兔,岂可得乎?'遂父子相哭,而夷三族。"

〔14〕罍:酒器。

〔15〕羊公:指羊祜。一片石:指堕泪碑。

〔16〕龟:古时碑石下的石刻动物,形状似龟,名叫赑屃(bì xì)。头:全诗校:"一作龙。"

〔17〕全诗校:"一本此下有'谁能忧彼身后事,金凫银鸭葬死灰'二句。"

〔18〕朗:全诗校:"一作明。"

〔19〕"玉山"句:《世说新语·容止》:"嵇叔夜之为人也,岩岩若孤松之独立;其醉也,傀俄如玉山之将崩。"

〔20〕舒州杓:舒州(今安徽潜山县一带)出产的杓。唐时舒州以产酒器著名。力士铛:一种温酒的器具,唐代豫章(今江西南昌一带)所产。

〔21〕襄王云雨:《文选》载《高唐赋序》云:"昔日,楚襄王与宋玉游于云梦之台,望高唐之观。……玉曰:'者先王尝游高唐,怠而昼寝。王因幸之。去而辞曰妾在巫山之阳,高丘之阻,旦为朝云,暮为行雨……'"此言楚怀王梦中与神女幽会。


# 南都行[1]


南都信佳丽,武阙横西关[2]。白水真人居[3],万商罗鄽阛[4]。高楼对紫陌,甲第连青山[5]。此地多英豪,邈然不可攀。陶朱与五羖[6],名播天壤间。丽华秀玉色[7],汉女娇朱颜[8]。清歌遏流云[9],艳舞有余闲。遨游盛宛洛[10],冠盖随风还。走马红阳城[11],呼鹰白河湾[12]。谁识卧龙客,长吟愁鬓斑[13]?


〔1〕南都:南阳旧称。南阳为汉光武帝刘秀故里,他即位之后,建都洛阳,以南阳为别都,谓之南都。

〔2〕武阙:山名。《文选》张衡《南都赋》:"尔其地势,则武阙关其西,桐柏揭其东。"李善注:"武阙山为关,而在西弘农界也。"

130

〔3〕白水真人:东汉光武帝刘秀生于南阳白水乡,谶称白水真人。

〔4〕鄽:市宅。阛:市垣。

〔5〕甲第:头等宅第。

〔6〕陶朱:陶朱公,春秋时越国大夫范蠡的别号。《史记·越世家》:"范蠡……乃归相印,尽散其财,以分与知友乡党,而怀其重宝,间行以去,止于陶,以为此天下之中,交易有无之路通,为生可以致富矣。于是自谓陶朱公……居无何,则致赀累巨万。"五羖:即百里奚,春秋时秦国大夫。原为虞大夫,虞亡时被晋俘虏,作为陪嫁之臣送入秦国。后出走到楚,为楚人所执,又被秦穆公以五张黑公羊皮赎回,用为大夫,称为五羖大夫。范蠡与百里奚均为南阳人。

〔7〕丽华:指阴丽华,东汉光武帝之妻。光武微时闻其美,叹曰:"娶妻当得阴丽华。"事见《后汉书·光烈阴皇后记》。

〔8〕汉女:《文选·江赋》李善注引《韩诗内传》载,郑交甫于汉皋台下遇二神女,神女解佩珠与交甫。去十步,佩珠与二神女皆不见。

〔9〕"清歌"句:《列子·汤问》载,秦青"抚节悲歌,声振林木,响遏行云"。

〔10〕"遨游"句:《文选·古诗十九首》:"驱车策驽马,游戏宛与洛。"李周翰注:"宛,南阳也;洛,洛阳也。"

〔11〕红阳:《汉书·地理志》:"南阳郡有红阳侯国。"故城在今河南舞阳县西北。

〔12〕白河:即淯水。《明一统志》:"淯水在(南阳)府城东三里,俗名白河。"

〔13〕"谁识"二句:用诸葛亮事。诸葛亮隐居襄阳隆中时,"躬耕陇亩,好为《梁甫吟》"。

# 江上吟[1]

木兰之枻沙棠舟[2],玉箫金管坐两头。美酒樽中置千斛[3],载妓随波任去留。仙人有待乘黄鹤[4],海客无心随白鸥[5]。屈平词赋悬日月[6],楚王台榭空山丘[7]。兴酣落笔摇五岳[8],诗成笑傲凌沧洲[9]。功名富贵若长在,汉水亦应西北流。

〔1〕诗作于开元二十二年(734),时作者在江夏。

〔2〕木兰:树名,落叶乔木,又名杜兰,可造船。枻(yì):短桨。沙棠:木名。《山海经·西山经》:"昆仑之丘有木焉,其状如棠,黄华赤实,其味如李而无核,名曰沙棠,食之使人不溺。"此处形容船的名贵。

〔3〕斛:古代量器名,十斗为一斛。

〔4〕"仙人"句:传说中有骑鹤仙人。

〔5〕"海客"句:《世说新语·言语》:"澄以石虎为海鸥鸟。"注引《庄子》:"海上之人好鸥者,每旦之海上,从鸥游,鸥之至者数百而不止。其父曰:'吾闻鸥鸟从汝游,取来玩之。'明日之海上,鸥舞而不下。"

〔6〕"屈平"句:《史记·屈原贾生列传》:"屈平之作《离骚》……虽与日月争光可也。"

〔7〕台榭:台上有屋称榭。空:只。

〔8〕五岳:东岳泰山,西岳华山,南岳衡山,北岳恒山,中岳嵩山。

〔9〕凌:凌驾之意。沧洲:泛指江海之地。

# 侍从宜春苑奉诏赋龙池
# 柳色初青听新莺百啭歌[1]

东风已绿瀛洲草[2],紫殿红楼觉春好。池南柳色半青青,萦烟袅娜拂绮城。垂丝百尺挂雕楹,上有好鸟相和鸣,间关早得春风情。春风卷入碧云去,千门万户皆春声。是时君王在镐京[3],五云垂晖耀紫清[4]。仗出金宫随日转,天回玉辇绕花行。始向蓬莱看舞鹤[5],还过茝若听新莺[6]。新莺飞绕上林苑[7],愿入箫韶杂凤笙[8]。

〔1〕宜春苑:亦称宜春北苑,在东宫内宜春宫之北。龙池:在兴庆宫内。

〔2〕瀛洲:兴庆宫北有瀛洲门,在跃龙门内。

〔3〕镐京:西周建都镐京,此代指长安。

〔4〕五云:五色祥云。紫清:王琦注:"似谓紫微清都之所,天帝之所居也。"此指皇宫。

〔5〕蓬莱:指蓬莱池。唐大明宫蓬莱殿北有太液池,又称蓬莱池,池中有蓬莱山。

〔6〕茝若:汉殿名,在未央宫中。若,原作"石",据他本改。

〔7〕上林苑:秦时旧苑,汉武帝增而广之,故址在今陕西长安、周至、户县境内。

〔8〕箫韶:舜乐名,《尚书·益稷》:"《箫韶》成,凤凰来仪。"

# 玉壶吟[1]

烈士击玉壶,壮心惜暮年[2]。三杯拂剑舞秋月,忽然高咏涕泗涟[3]。凤凰初下紫泥诏[4],谒帝称觞登御筵[5]。揄扬九重万乘主[6],谑浪赤墀青琐贤[7]。朝天数换飞龙马[8],敕赐珊瑚白玉鞭[9]。世人不识东方朔,大隐金门是谪仙[10]。西施宜笑复宜嚬,丑女效之徒累身。君王虽爱蛾眉好,无奈宫中妒杀人[11]。

〔1〕此诗作于天宝二年(743)秋,其时李白正供奉翰林。

〔2〕"烈士"二句:《世说新语·豪爽》:"王处仲每酒后辄咏:'老骥伏枥,志在千里。烈士暮年,壮心不已。'以如意击吐壶,壶口尽缺。"

〔3〕涕:眼泪。泗:鼻涕。涟:不断流淌。

〔4〕"凤凰"句:言奉诏入宫。凤凰,即凤凰诏,皇帝诏书。诏书缄封加玺用紫泥,又称紫泥诏。紫泥,一种紫色的泥,封诏书用。

〔5〕称觞:举杯祝酒。

〔6〕揄扬:赞扬。九重:指皇帝居住的地方。

〔7〕谑浪:犹戏谑。赤墀(chí):宫殿前的台阶涂成赤色,称赤墀。青琐:宫中门户刻连琐文而以青涂之曰青琐。

〔8〕朝天:朝见皇帝。飞龙马:宫廷中飞龙厩养的好马。

〔9〕珊瑚白玉鞭:以珊瑚、白玉镶嵌的鞭。

〔10〕"世人"二句:《史记·滑稽列传》载东方朔酒酣时歌曰:"陆沉于俗,避世金马门。……"后世谓隐于朝廷为大隐。大隐,谓隐于朝市。谪仙,谪居凡间的仙人。

〔11〕蛾眉:指美女,此以自喻。宫中:指宫中妃嫔。《离骚》:"众女嫉余之蛾眉兮,谣诼谓余以善淫。"

# 函歌行上新平长史兄粲[1]

幽谷稍稍振庭柯[2],泾水浩浩扬湍波[3]。哀鸿酸嘶暮声急,愁云苍惨寒气多。忆昨去家此为客,荷花初红柳条碧。中宵出饮三百杯,明朝归揖二千石[4]。宁知流寓变光辉,胡霜萧飒绕客衣。寒灰寂寞凭谁暖,落叶飘扬何处归?吾兄行乐穷曛旭[5],满堂有美颜如玉。赵女长歌入彩云,燕姬醉舞娇红烛。狐裘兽炭酌流霞[6],壮士悲吟宁见嗟?前荣后枯相翻覆,何惜余光及棣华[7]?

〔1〕豳:古国名,周之祖先公刘所立。后汉于此置新平郡,西魏置豳州,后世因之。开元十三年,改豳为邠,天宝元年改为新平郡,乾元元年复为邠州。长史:州郡之上佐。诗作于开元十八年(730)初入长安期间,时作者由长安往游邠州。

〔2〕豳谷:即古豳地。王琦注:"何大复《雍大记》:豳谷在邠州东北三十里故三水县,公刘立国处。"稍稍:当作梢梢。《文选》谢朓《酬王晋安》"梢梢枝早劲"。吕向注:"梢梢,树枝劲强无叶之貌。"

〔3〕泾水:源出今宁夏六盘山,东南流经甘肃,至陕西高陵县入渭水。

〔4〕中宵:夜半。二千石:指州郡长官。

〔5〕曛:日入。旭:日出。

〔6〕兽炭:制成兽形之炭。流霞:指酒。

〔7〕余光:《史记·樗里子甘茂列传》:"甘茂之亡秦奔齐,逢苏代,代为齐使于秦,甘茂曰:'臣得罪于秦,惧而遁逃,无所容迹。臣闻贫人女与富人女会织,贫人女曰:我无以买烛,而子之烛光幸有余,子可分我余光,无损子明而得一斯便焉。今臣困而君方使秦而当路矣,茂之妻子在焉,愿君以余光振之。'"棣华:喻兄弟友爱。《诗·小雅·棠棣》:"棠棣之华,鄂不韡韡。凡今之人,莫如兄弟。"

# 西岳云台歌送丹丘子[1]

西岳峥嵘何壮哉[2]!黄河如丝天际来。黄河万里触山动,盘涡毂转秦地雷[3]。荣光休气纷五彩[4],千年一清圣人在[5]。巨灵咆哮擘两山[6],洪波喷箭射东海[7]。三峰却立如欲摧[8],翠崖丹谷高掌开[9]。白帝金精运元气[10],石作莲花云作台[11]。云台阁道连窈冥[12],中有不死丹丘生。明星玉女备洒扫[13],麻姑搔背指爪轻[14]。我皇手把天地户[15],丹丘谈天与天语。九重出入生光辉[16],东来蓬莱复西归。玉浆倘惠故人饮[17],骑二茅龙上天飞[18]。

〔1〕西岳：华山，在今陕西华阴市南。云台：华山的东北峰，四面峭壁高耸如台，故称。丹丘子：即李白好友元丹丘。诗约作于天宝二年(743)，时作者在长安供奉翰林。

〔2〕峥嵘：高峻貌。

〔3〕盘涡：水的漩涡。毂转：如车轮之转动。

〔4〕荣光休气：灵光瑞气。

〔5〕"千年"句：晋王嘉《拾遗记》："黄河千年一清，至圣之君以为大瑞。"

〔6〕"巨灵"句：《太平御览》卷三九引薛综注《西京赋》曰："华山对河东首阳山，黄河流于二山之间。古语云：本一山当河，河水过之而曲行。河神巨灵，以手擘开其上，以足蹈离其下，中分为两，以通河流。今睹手迹于华岳上，足迹在首阳山下，俱存焉。"

〔7〕箭：全诗校："一作流。"

〔8〕三峰：华山有三峰：西为莲花峰，南为落雁峰，东为朝阳峰。却立：退避。摧：倾倒。

〔9〕高掌：指巨灵之掌。

〔10〕白帝：传说中的西方之神。金精：华山在西方，属白帝所辖。古谓西方五行属金，故称白帝为金之精。元气：古人认为天地未分前，宇宙间充满的混一之气。

〔11〕石作莲花：华山四周山峰形如莲瓣，中间三峰特出，状如莲心。云作台：即指云台峰。西岳三峰之基座为云台峰，故云。

〔12〕阁道：栈道。窈冥：深远难见貌。指天。

〔13〕明星玉女：传说中仙女。《山海经·西山经》"太华之山"郭璞注："上有明星玉女，持玉浆，得上服之，即成仙。"

〔14〕麻姑搔背：《神仙传》卷二载，仙人王远与麻姑降于蔡经家，"麻姑手爪似鸟，经见之，心中念曰：'背大痒时，得此爪以爬背，当佳也。'"

〔15〕我皇：指唐玄宗。天地户：天地的门户。《汉武帝内传》：王母命侍女法婴歌《元灵之曲》曰："天地虽廓寥，我把天地户。"

〔16〕九重：天。传说天有九重。

〔17〕傥：同"倘"，假使。惠：以物分人为惠。

〔18〕茅龙：茅狗所化的龙。《列仙传》卷下载：汉中关下有一卜师名呼子先，寿百余岁。后有仙人携两茅狗来，子先与一酒家老妇骑之，化为龙，飞上华山成了仙人。

# 元丹丘歌<sup>[1]</sup>

元丹丘,爱神仙。朝饮颍川之清流<sup>[2]</sup>,暮还嵩岑之紫烟,三十六峰长周旋<sup>[3]</sup>。长周旋,蹑星虹<sup>[4]</sup>。身骑飞龙耳生风,横河跨海与天通,我知尔游心无穷。

〔1〕元丹丘:李白的好友,曾隐居嵩山学仙。
〔2〕颍川:即颍水,源出河南登封县西南阳乾山,东流至安徽颍上县东南入淮河。
〔3〕三十六峰:《河南通志》载,少室山,颍水之源出焉,其山有三十六峰。
〔4〕蹑:追赶。星虹:流星。

# 扶风豪士歌<sup>[1]</sup>

洛阳三月飞胡沙,洛阳城中人怨嗟。天津流水波赤血<sup>[2]</sup>,白骨相撑如乱麻<sup>[3]</sup>。我亦东奔向吴国,浮云四塞道路赊<sup>[4]</sup>。东方日出啼早鸦,城门人开扫落花。梧桐杨柳拂金井<sup>[5]</sup>,来醉扶风豪士家。扶风豪士天下奇,意气相倾山可移<sup>[6]</sup>。作人不倚将军势<sup>[7]</sup>,饮酒岂顾尚书期<sup>[8]</sup>?雕盘绮食会众客,吴歌赵舞香风吹。原尝春陵六国时<sup>[9]</sup>,开心写意君所知。堂中各有三千士,明日报恩知是谁?抚长剑,一扬眉<sup>[10]</sup>,清水白石何离离<sup>[11]</sup>!脱吾帽,向君笑;饮君酒,为君吟。张良未逐赤松去,桥边黄石知我心<sup>[12]</sup>。

〔1〕此诗作于天宝十五载(756)三月,时李白正避乱东吴,此诗当作于溧阳。扶风:唐郡名,天宝元年改岐州为扶风郡,治所在今陕西凤翔。
〔2〕天津:桥名,在洛阳西南洛水上。
〔3〕"白骨"句:陈琳《饮马长城窟行》:"君独不见长城下,死人骸骨相撑拄。"
〔4〕赊:远。
〔5〕金井:雕饰华美的井栏。
〔6〕"意气"句:鲍照《代雉朝飞》:"握君手,执杯酒,意气相倾死何有?"江总《杂

曲三首》:"泰山言应可转移。"

〔7〕"作人"句:汉辛延年《羽林郎》:"昔有霍家奴,姓冯名子都。依倚将军势,调笑酒家胡。"

〔8〕"饮酒"句:《汉书·陈遵传》载,陈遵嗜酒好客,每宴宾客,便关大门,把客人车子上的辖(车轴上的键)抛到井里,有急事也无法走。一次,一刺史入朝奏事,路过拜访,正遇陈遵饮酒,强留不放。刺史十分着急,只得待陈遵醉后,叩见陈母,说自己已与尚书约好了时间,不能耽搁。陈母于是让他从后阁门出去。

〔9〕原尝春陵:即战国四公子:赵平原君赵胜,齐孟尝君田文,楚春申君黄歇,魏信陵君无忌,均好招揽宾客,各有食客三千人。六国时:即指战国时。

〔10〕"抚长剑"二句:江晖《雨雪曲》:"恐君犹不信,抚剑一扬眉。"

〔11〕"清水"句:用古乐府《艳歌行》"语卿且勿眄,水清石自见"之意。离离,清晰貌。

〔12〕"张良"二句:《史记·留侯世家》:"愿弃人间事,欲从赤松子游耳。"赤松子,古代仙人。《史记·留侯世家》又载黄石公曾在下邳桥上向张良传授《太公兵法》。

# 同族弟金城尉叔卿烛照山水壁画歌〔1〕

高堂粉壁图蓬瀛,烛前一见沧洲清〔2〕。洪波汹涌山峥嵘,皎若丹丘隔海望赤城〔3〕。光中乍喜岚气灭〔4〕,谓逢山阴晴后雪〔5〕。回溪碧流寂无喧,又如秦人月下窥花源〔6〕。了然不觉清心魂,只将叠嶂鸣秋猿。与君对此欢未歇,放歌行吟达明发〔7〕。却顾海客扬云帆,便欲因之向溟渤〔8〕。

〔1〕金城:本名始平,中宗景龙四年改名金城,即今陕西兴平市。叔卿:字万,工部侍郎李适子,天宝六载卒。见《全唐诗人名考证》。

〔2〕蓬瀛:蓬莱、瀛洲二山的合称,传说为东海中的仙山。沧洲:泛指隐士居处。

〔3〕丹丘:传说中的神仙之地,昼夜长明。赤城:山名,在今浙江天台县北,传说山中有神仙洞府,为道教"十大洞天"之一。

〔4〕岚:山林中的雾气。

〔5〕"谓逢"句:王琦注:"《水经注》:川土明秀,亦为胜地,故王逸少云:'从山阴道上犹如镜中行也。'"

〔6〕"又如"句:用陶渊明《桃花源记》的故事。花源,即桃花源。

〔7〕明发:黎明。

〔8〕溟渤:大海。

# 白毫子歌<sup>〔1〕</sup>

淮南小山白毫子,乃在淮南小山里<sup>〔2〕</sup>。夜卧松下云<sup>〔3〕</sup>,朝餐石中髓<sup>〔4〕</sup>。小山连绵向江开,碧峰巉岩绿水回。余配白毫子,独酌流霞杯<sup>〔5〕</sup>。拂花弄琴坐青苔,绿萝树下春风来。南窗萧飒松声起,凭崖一听清心耳。可得见,未得亲。八公携手五云去<sup>〔6〕</sup>,空余桂树愁杀人<sup>〔7〕</sup>。

〔1〕白毫子:安旗等注:"白毫子,或为隐居安陆寿山之逸人。"

〔2〕"淮南"二句:王琦注:"上句之淮南小山,本《楚辞序》以赞美白毫子之才,下句之淮南小山,则指白毫子隐居之地而言。白毫子盖当时逸人,严沧浪以为太白呼八公为白毫子,非矣。"

〔3〕云:全诗校:"一作雪。"

〔4〕石中髓:《神仙传》卷六:"神山五百年辄开,其中石髓出,得而服之,寿与天相毕。"

〔5〕配:作伴。流霞:仙酒,每饮一杯,数月不饥。

〔6〕八公:《神仙传》卷四《刘安传》载,汉淮南王刘安招致天下方术之士,于是有八公者,皆须眉皓白,诣门求见。王师事之,八公授王仙术,道相与白日升天而去。五云:指五云车,仙人所乘。

〔7〕桂树:《楚辞·招隐士》:"桂树丛生兮山之幽。"

# 梁园吟<sup>〔1〕</sup>

我浮黄河去京阙<sup>〔2〕</sup>,挂席欲进波连山<sup>〔3〕</sup>。天长水阔厌远涉,访古始及平台间<sup>〔4〕</sup>。平台为客忧思多,对酒遂作梁园歌。却忆蓬池阮公咏,因吟渌水扬洪波<sup>〔5〕</sup>。洪波浩荡迷旧国,路远西归安可得<sup>〔6〕</sup>?人生达命岂暇愁<sup>〔7〕</sup>?且饮美酒登高楼。平头奴子摇大扇<sup>〔8〕</sup>,五月不热疑清秋。玉盘杨梅为君设,吴盐如花皎白雪[9]。持盐把酒但饮之,莫学夷齐事高洁[10]。昔人豪贵信陵君[11],今人耕种信陵坟。荒城虚照碧山月,古木尽入苍梧云[12]。梁王宫阙今安在?枚马先归不相待[13]。舞影歌声散渌池[14],空余汴水东流海[15]。沉吟此事泪满衣,黄金买醉未能归。连呼五白行六博[16],分曹赌酒酣驰晖[17]。歌且谣,意方远。东山高卧时起来,欲济苍生未应晚[18]。

〔1〕梁园:一名梁苑,汉梁孝王刘武筑,故址在今河南商丘市东南。诗约作于开元二十一年(732)夏,时作者离开长安,浮舟黄河抵梁园平台一带。

〔2〕河:原作"云",校云:"一作河。"京阙:都城,指长安。

〔3〕挂席:张帆。

〔4〕平台:故址在今河南商丘市东北,相传为春秋时宋皇国父所筑。

〔5〕"却忆"二句:阮籍《咏怀》其十六:"徘徊蓬池上,还顾望大梁。渌水扬洪波,旷野莽茫茫。"蓬池,传说在今开封市西南的尉氏县。

〔6〕旧国:指长安。西归:西归长安。

〔7〕达命:通达天命。

〔8〕平头奴子:戴平头巾的奴仆。平头,巾名。

〔9〕吴盐:吴地生产的盐,其白似雪。

〔10〕夷齐:伯夷、叔齐,《史记·伯夷列传》载,殷商灭亡后,伯、叔耻食周粟,隐居首阳山,采薇而食。此句全诗校:"一作何用孤高比云月。"

〔11〕信陵君:战国时魏公子无忌,善养士,致食客三千,以窃符救赵而闻名。

〔12〕苍梧云:《艺文类聚》卷一引《归藏》:"有白云出自苍梧,入于大梁。"

〔13〕梁王:指梁孝王。枚马:枚乘和司马相如,二人都曾做过梁孝王的门客。

〔14〕渌池:清澈的水池。

〔15〕汴水:即通济渠东段。自板渚(今河南荥阳北)引黄河水东行汴水故道,至今河南开封市别汴水折而东南流,经今杞县、睢县、宁陵,至商丘东南行蕲水故道,又经夏邑、永城、安徽宿县、灵璧、泗县、江苏泗洪,至盱眙对岸注入淮河。隋开通济渠,因自今荥阳至开封一段河道就是原来的汴水,故唐人统称通济渠东段全流为汴水或汴河。

〔16〕五白:古博戏有五木,其制用五子,上黑下白,掷得五子皆黑,称卢,最贵;其次五子皆白,称白。掷时欲得胜采,故连呼五白。六博:古博戏名。两人相博,用十二棋,每人六棋,六黑六白,故名。

〔17〕分曹:分为两方。驰晖:飞驰的日光。

〔18〕"东山"二句:用谢安事,谢安隐居东山,朝命屡降而不起,时人语曰:"安石不肯出,将如苍生何?"见《世说新语·排调》。

# 鸣皋歌送岑征君 时梁园三尺雪,在清泠池作[1]

若有人兮思鸣皋[2],阻积雪兮心烦劳[3]。洪河凌竞不可以径度[4],冰龙鳞兮难容舠[5]。邈仙山之峻极兮,闻天籁之嘈嘈[6]。霜崖缟皓以合沓兮,若长风扇海涌沧溟之波涛[7]。玄猿绿罴,舔舕崟岌[8];危柯振石,骇胆栗魄[9],群呼而相号。峰峥嵘以路绝[10],挂星辰于岩嶅[11]。送君之归兮,动鸣皋之新作[12]。交鼓吹兮弹丝[13],觞清泠之池阁[14]。君不行兮何待?若返顾之黄鹄[15]。扫梁园之群英[16],振大雅于东洛[17]。巾征轩兮历阻折[18],寻幽居兮越巇峿[19]。盘白石兮坐素月[20],琴松风兮寂万壑[21]。望不见兮心氛氲,萝冥冥兮霰纷纷[22]。水横洞以下渌[23],波小声而上闻。虎啸谷而生风,龙藏溪而吐云[24]。寡鹤清唳,饥鼯嚬呻[25]。魂独处此幽默兮,愀空山而愁人[26]。鸡聚族以争食[27],凤孤飞而无邻。蝘蜓嘲龙[28],鱼目混珍[29]。嫫母衣锦,西施负薪[30]。若使巢、由桎梏于轩冕兮[31],亦奚异乎瘿龙鳖蛰于风尘[32]。哭何苦而救楚[33]?笑何夸而却秦[34]。吾诚不能学二子沽名矫节以耀世兮[35],固将弃天地而遗身。白鸥兮飞来,长与君兮相亲[36]。

〔1〕鸣皋:山名,在唐河南府陆浑县,今河南嵩县东北。岑征君:岑勋,李白友人,因曾被朝廷征聘,故称征君。清泠池:在宋州宋城县(今河南商丘南)东北二里。诗约作于天宝四载(745)冬,时作者正在梁宋一带漫游。

〔2〕若有人:指岑征君。屈原《九歌·山鬼》:"若有人兮山之阿。"

〔3〕烦劳:烦忧。张衡《四愁诗》:"何为怀忧心烦劳。"

〔4〕洪河:大河。凌竞:寒冷而令人战栗。径度:直接渡过。

〔5〕冰龙鳞:形容冰棱参差有锯齿似龙之鳞。舠:小船,形如刀。

〔6〕邈:远。天籁:自然界的声响。嘈嘈:状声音的嘈杂。

〔7〕霜崖:带雪的山崖。缟皓:洁白色。合沓:重叠。沧溟:大海。

〔8〕玄猿:雄猿色黑。绿罴:绿毛的熊罴。舔舕(tiǎn dàn):吐舌貌。崟岌:山高的样子。

〔9〕危:高险。柯:树木的枝干。骇胆栗魄:使人胆战心惊。

〔10〕峥嵘:形容山峰高大险峻。

140

〔11〕岩:多小石的山。

〔12〕新作:即指此诗。

〔13〕交:混合,交混。鼓吹:打击乐器和吹奏乐器。弹丝:弹丝弦乐器。

〔14〕觞:酒器名,此处用作动词,指宴饮。清泠之池阁:即清泠池上的楼阁。

〔15〕"若反顾"句:《文选》苏武《诗四首》之二:"黄鹄一远别,千里顾徘徊。"

〔16〕扫:此为超过之意。群英:指当年梁孝王的宾客,如枚乘、司马相如等。

〔17〕大雅:即《诗经》中的《大雅》,共三十一篇,大多是西周王室贵族的作品,李白常以之代指古典诗歌的优良传统。东洛:洛阳。

〔18〕巾征轩:用布把车子蒙住。征轩:远行的车。历阻折:经历险阻曲折。

〔19〕寻幽居:寻找幽静之居处。巘崿:山崖。

〔20〕盘白石:盘坐在白石之上。

〔21〕琴松风:以琴弹出《风入松》曲调。

〔22〕氛氲:烦乱貌。同"纷纭"。冥冥:晦暗貌。霰:雪珠。

〔23〕横洞:横流穿越。渌:水色清澈。

〔24〕"虎啸"二句:东方朔《七谏·哀命》:"虎啸而谷风至兮,龙举而景云往。"《三国志·魏志·管辂传》裴松之注引《管辂别传》:"龙者阳精,以潜为阴,幽灵上通,和气感神,二物相扶,故能兴云。夫虎者阴精,而居于阳,依木长啸,动于巽林,二气相感,故能运风。"

〔25〕清唳:鹤鸣。鹤鸣凄清响亮,故称清唳。鼯:鼠类,状如蝙蝠,能飞。

〔26〕幽:晦暗。默:沉寂。愀(qiǎo):忧愁貌。

〔27〕聚族:集合。

〔28〕蝘蜒:即壁虎。扬雄《解嘲》:"执蝘蜒而嘲龟龙。"

〔29〕"鱼目"句:《文选》张协《杂诗》:"鱼目笑明月。"李善注引《洛书》:"秦失金镜,鱼目入珠。"

〔30〕嫫母:古代丑女,为黄帝妃。西施:春秋时越国美女。本为苎萝山鬻薪之女。

〔31〕巢由:巢父、许由,唐尧时的两个隐士。桎梏:束缚人手足的刑具,此处指受羁束。轩冕:古代官吏所乘的车和所戴的冠,此指仕宦。

〔32〕夔龙:虞舜的两个贤臣。蹩躠(bié xiè):匍匐而行貌。

〔33〕"哭何苦"句:用申包胥事。《左传》定公四年载,春秋时吴楚交兵,吴国军队入楚都,楚大夫申包胥为救楚而至秦乞兵,秦初不允,申包胥在秦国的朝廷哀哭了七天,秦师乃出。

〔34〕"笑何夸"句:用鲁仲连劝齐相不帝秦的故事。鲁仲连建功而不受赏历来传为佳话。左思《咏史》:"吾慕鲁仲连,谈笑却秦军。"

〔35〕沽名:沽取美名。矫节:故意作态表明自己有节操。耀世:炫耀于世。

# 鸣皋歌奉饯从翁清归五崖

## 山居 河南府陆浑县有鸣皋山

忆昨鸣皋梦里还,手弄素月清潭间。觉时枕席非碧山,侧身西望阻秦关。麒麟阁上春还早,著书却忆伊阳好[1]。青松来风吹古道[2],绿萝飞花覆烟草。我家仙翁爱清真[3],才雄草圣凌古人[4],欲卧鸣皋绝世尘。鸣皋微茫在何处?五崖峡水横樵路[5]。身披翠云裘,袖拂紫烟去。去时应过嵩少间[6],相思为折三花树[7]。

〔1〕伊阳:县名,先天元年割陆浑县置。在今河南嵩县西南。《太平寰宇记》卷五:"鸣皋山在河南府伊阳县东三十五里。"

〔2〕古:全诗校:"一作石。"

〔3〕翁:全诗校:"一作公。"

〔4〕草圣:后汉张芝善草书,有"草圣"之称。事见《后汉书·张奂传》。凌:超越。

〔5〕峡:全诗校:"一作溪。"

〔6〕嵩少:嵩高山与少室山(属嵩山)。《元和郡县图志》河南道河南府告成县:"嵩高山,在县西北二十三里。少室山,在县西北五十里。"

〔7〕三花树:王琦注:"三花树即贝多树也。《齐民要术》《嵩山记》曰:嵩寺中忽有思惟树,即贝多也。昔有人坐贝多树下思惟,因以名焉。汉道士从外国来,将子于西山脚下种,极高大,今有四树,一年三花。"

## 劳劳亭歌 在江宁县南十五里,古送别之所,一名临沧观[1]

金陵劳劳送客堂,蔓草离离生道旁[2]。古情不尽东流水,此地悲风愁白杨[3]。我乘素舸同康乐[4],朗咏清川飞夜霜。昔闻牛渚吟五章,今来何谢袁家郎[5]?苦竹寒声动秋月[6],独宿空帘归梦长。

142

〔1〕劳劳亭:在今南京市西南,三国时吴筑。江宁:唐县名,在今南京。诗约作于天宝八载(749)秋,时作者在金陵。

〔2〕离离:草茂盛貌。

〔3〕"此地"句:语本《古诗十九首》:"白杨多悲风,萧萧愁杀人。"

〔4〕舸:大船。康乐:谢灵运,袭封康乐公,世称谢康乐。谢灵运《东阳溪中赠答诗》:"可怜谁家郎,缘流乘素舸。"

〔5〕"昔闻"二句:用袁宏事。《晋书·文苑传》载,袁宏有逸才,少孤贫,以运租为生。时谢尚镇守牛渚,秋夜泛舟江上,听到袁宏在运租船上吟诵其《咏史诗》,大加赞赏,即邀宏过舟谈论,直到天亮。从此袁宏声誉日隆。今来,即如今。何谢,意谓不逊色。

〔6〕苦竹:竹的一种,因其笋味苦而得名。


# 横江词六首[1]


## 其 一

人道横江好[2],侬道横江恶[3]。一风三日吹倒山[4],白浪高于瓦官阁[5]。

〔1〕横江:即横江浦,在今安徽和县东南。诗作于开元十四年(726),时作者在东南一带漫游。

〔2〕道:全诗校:"一作言。"

〔3〕侬:吴地人自称。

〔4〕三日:全诗校:"一作一月。"

〔5〕瓦官阁:即瓦官寺,故址在今南京市。《江南通志》:"昇元阁在江宁城外,一名瓦官阁,即瓦官寺也。阁乃梁朝所建,高二百四十尺,南唐时犹存。今在城之西南角。"江宁,即今江苏南京市。


## 其 二

海潮南去过浔阳[1],牛渚由来险马当[2]。横江欲渡风波恶,一水牵愁万里长。

〔1〕浔阳:今江西九江市。古时相传海潮入长江,可至浔阳。因横江浦在浔阳东北,故曰"南去"。

〔2〕牛渚:山名,在今安徽当涂县西北。马当:山名,在江西彭泽县东北,横枕大江,历来是江防要地。

## 其　三

横江西望阻西秦[1],汉水东连扬子津[2]。白浪如山那可渡?狂风愁杀峭帆人[3]。

〔1〕西秦:今陕西。

〔2〕扬子津:在今江苏扬州市南,古时长江的重要渡口。汉:全诗校:"一作楚。"连:全诗校:"一作流。"

〔3〕峭帆人:指船夫。

## 其　四

海神来过恶风回,浪打天门石壁开[1]。浙江八月何如此[2]?涛似连山喷雪来。

〔1〕天门:山名,在安徽当涂县西南,两山夹江对峙,东为博望山,西为梁山,有似门户,故总称天门山。

〔2〕浙江:指浙江的一段钱塘江,每年农历八月钱塘江潮最为猛烈。

## 其　五

横江馆前津吏迎[1],向余东指海云生。郎今欲渡缘何事[2]?如此风波不可行。

〔1〕横江馆:在横江浦对岸采石矶上,又称采石驿。津吏:《新唐书·百官志》:"津尉,掌舟梁之事。"

〔2〕郎:古时对青年男子的称呼。

## 其　六

月晕天风雾不开[1],海鲸东蹙百川回[2]。惊波一起三山动[3],公无渡河归去来[4]。

〔1〕月晕:环绕月亮四周的光气。旧谓月晕主风。月:全诗校:"一作日。"
〔2〕"海鲸"句:语本木华《海赋》:"鱼则横海之鲸,突兀孤游……噏波则洪涟踧踖,吹涝则百川倒流。"蹙,迫。
〔3〕三山:在今江苏南京市西南,有三山相连,故名。
〔4〕公无渡河:古乐府《箜篌引》:"公无渡河,公竟渡河。堕河而死,当奈公何!"

# 金陵城西楼月下吟[1]

金陵夜寂凉风发,独上高楼望吴越[2]。白云映水摇空城,白露垂珠滴秋月。月下沉吟久不归,古来相接眼中稀[3]。解道澄江净如练,令人长忆谢玄晖[4]。

〔1〕金陵:即今江苏南京市。诗约作于开元十四年(726),时作者初游金陵。
〔2〕吴越:指今江苏南部和浙江北部一带。
〔3〕相接:指精神相通。眼中:指当今之世。
〔4〕解道:即解悟、领会之意。谢玄晖:谢朓,字玄晖,南朝齐代诗人。其《晚登三山还望京邑》有"余霞散成绮,澄江净如练"之句。

# 东山吟 土山去江宁城二十五里,晋谢安携妓之所[1]

携妓东土山,怅然悲谢安[2]。我妓今朝如花月,他妓古坟荒草寒。白鸡梦后三百岁[3],洒酒浇君同所欢。酣来自作青海舞[4],秋风吹落紫绮冠。彼亦一时,此亦一时,浩浩洪流之咏何必奇[5]?

〔1〕东山吟:全诗校:"一作醉过谢安东山作东山吟。"

〔2〕"携妓"句:《世说新语·识鉴》载,谢安隐居东山时,畜妓,携以游玩。东土山,全诗校:"一作东山去。"

〔3〕白鸡梦:指谢安之死。《晋书·谢安传》:"(安)因怅然谓所亲曰:'昔桓温在时,吾常惧不全,忽梦乘温舆行十六里,见一白鸡而止。乘温舆者,代其位也。十六里止,今十六年矣。白鸡主酉,今太岁在酉,吾病殆不起乎?'乃上疏逊位……寻薨。"

〔4〕青海舞:安旗等注:"青海舞,即青海波舞。魏颢《李翰林集序》:'间携昭阳、金陵之妓,迹类谢康乐,世号为李东山……饮数斗,醉则奴丹砂抚(当作舞)青海波。'"

〔5〕浩浩洪流之咏:《世说新语·雅量》:"桓公伏甲设馔,广延朝士,因此欲诛谢安、王坦之。王甚遽,问谢曰:'当作何计?'谢神意不变,谓文度曰:'晋祚存亡,在此一行。'相与俱前。王之恐状,转见于色。谢之宽容,愈表于貌。望阶趋席,方作洛生咏,讽'浩浩洪流'。桓惮其旷远,乃趣解兵。"


# 僧伽歌〔1〕


真僧法号号僧伽,有时与我论三车〔2〕。问言诵咒几千遍,口道恒河沙复沙〔3〕。此僧本住南天竺〔4〕,为法头陀来此国〔5〕。戒得长天秋月明〔6〕,心如世上青莲色〔7〕。意清净,貌棱棱〔8〕。亦不减,亦不增〔9〕。瓶里千年铁柱骨〔10〕,手中万岁胡孙藤〔11〕。嗟予落魄江淮久〔12〕,罕遇真僧说空有〔13〕。一言散尽波罗夷,再礼浑除犯轻垢〔14〕。


〔1〕僧伽:《太平广记》卷九六引《纪闻录》:"僧伽大师,西域人也,姓何氏。唐龙朔初,来游北土,隶名于楚州龙兴寺。后于泗州临淮县信义坊乞地施标,将建伽蓝。于其标下掘得古香积寺铭记并金像一躯,上有普照王佛字,遂建寺焉。景龙二年,中宗皇帝遣使迎师,入内道场,尊为国师。寻出居荐福寺。……至景龙四年三月二日端坐而终。"后人或疑此诗非李白所作;或以为诗中之僧伽乃与《太平广记》所载不同的另一胡僧。

〔2〕三车:指牛、羊、鹿三车,佛教用以喻大、中、小三乘。见《妙法莲华经》卷三。

〔3〕恒河沙:恒河在印度,沙言其多。《金刚经》:"是诸恒河所各有沙,佛世界如是,宁为多不?"

〔4〕天竺:古印度别称,其中分为五天竺:中天竺、东天竺、南天竺、西天竺、北天竺。

〔5〕头陀:佛教名词,意译"抖擞"(谓行此法,即能抖擞烦恼)。佛教苦行之一。共有十二项修行规定,称"头陀行"。

〔6〕"戒得"句:王琦注:"陈永阳王《解讲疏》:戒与秋月共明,禅与春池共洁。"

〔7〕青莲:花名,梵语优钵罗之译名。佛家以青莲花喻佛眼。

〔8〕稜稜:威严方正貌。

〔9〕"亦不减"二句:王琦注:"《心经》:是诸法空相,不生不灭,不垢不净,不减不增。"

〔10〕铁柱骨:即舍利骨,通常指释迦牟尼的遗体火化后结成的珠状物。全诗校:"一作舍利骨。"

〔11〕胡孙藤:杨齐贤注:"胡孙藤,乃藤杖,手所执者。"

〔12〕淮:全诗校:"一作湖。"

〔13〕空有:王琦注:《后汉书·西域传》:"清心释累之训,空有兼遣之宗。"章怀太子注:"不执着为空,执着为有,兼遣谓不空不有,虚实两忘也。"

〔14〕波罗夷、轻垢:王琦注:"波罗夷者,华言弃,谓犯此罪者,永弃佛法边外。《法苑珠林》云:波罗夷者,此云极重罪是也。轻垢罪者,比重减轻一等,凡玷汙净行之类皆是。据《梵网经》,重戒有十,犯者得波罗夷罪;轻戒有四十八,犯者为轻垢罪。"


# 白云歌送刘十六归山


楚山秦山皆白云,白云处处长随君。长随君,君入楚山里,云亦随君渡湘水[1]。湘水上,女萝衣[2],白云堪卧君早归[3]。

〔1〕湘水:即今湘江。诗作于天宝三载(744),时作者居翰林。

〔2〕女萝衣:屈原《九歌·山鬼》:"若有人兮山之阿,被薜荔兮带女萝。"后以女萝衣指隐士的服饰。

〔3〕全诗校:"一作《白云歌送友人》云:楚山秦山皆白云,白云处处长随君。君今还入楚山里,云亦随君渡湘水。水上女萝衣白云,早卧早行君早起。"

# 金陵歌送别范宣

石头巉岩如虎踞[1]，凌波欲过沧江去。钟山龙盘走势来[2]，秀色横分历阳树[3]。四十余帝三百秋[4]，功名事迹随东流。白马小儿谁家子[5]，泰清之岁来关囚[6]。金陵昔时何壮哉！席卷英豪天下来。冠盖散为烟雾尽，金舆玉座成寒灰。扣剑悲吟空咄嗟，梁陈白骨乱如麻。天子龙沉景阳井[7]，谁歌玉树后庭花[8]？此地伤心不能道，目下离离长春草。送尔长江万里心，他年来访南山老[9]。

〔1〕石头：山名，即今南京清凉山。《清一统志·江宁府》："石头山，《建康志》：在上元县西二里，北缘大江，南抵秦淮口……诸葛亮尝驻此以观形势，谓之石头虎踞是也。"

〔2〕钟山：即紫金山，在南京市区东。诸葛亮使至建业，叹曰："钟山龙盘，石头虎踞，帝王之宅也。"（《诸葛忠武书》卷九）

〔3〕历阳：县名，即今安徽和县，与金陵隔江相望。

〔4〕"四十"句：萧士赟注："按史书，自吴大帝建都金陵，后历晋、宋、齐、梁、陈，凡六代，共三十九主。此言四十余帝者，并其间推尊者而混言之也。自吴大帝黄武元年壬寅岁至陈祯明三年乙酉，共三百六十八年。吴亡后歌三十六年，只三百三十二年，此言三百秋者，举成数而言耳。"

〔5〕白马小儿：指侯景，梁代叛将。《梁书·侯景传》："普通中，童谣曰：'青丝白马寿阳来。'后景果乘白马，兵皆青衣。"

〔6〕"泰清"句：《梁书·武帝纪》载，太清二年秋八月戊戌，侯景举兵反。萧士赟注："泰清，梁武帝年号。时遭侯景之乱，困于台城，以所求不供，忧愤寝疾，崩于净居殿，乃泰清三年五月丙辰也。"关囚，指囚武帝于台城。全诗校："一作吹唇虎啸凤皇楼。"

〔7〕天子：指陈代亡国之君陈叔宝。《陈书·后主纪》："后主闻（隋）兵至，从宫人十余出后堂景阳殿，将自投于井，袁宪侍侧，苦谏不从，后阁舍人夏侯公韵又以身蔽井，后主与争久之，方得入焉。及夜，为隋军所执。"

〔8〕玉树后庭花：相传为陈后主陈叔宝所作，其词轻艳，被称为亡国之音。

〔9〕南山老：指商山四皓。商山为终南山支脉，故曰"南山老"。老，全诗校："一

作皓。”

# 笑歌行[1]

笑矣乎，笑矣乎！君不见曲如钩，古人知尔封公侯。君不见直如弦，古人知尔死道边[2]。张仪所以只掉三寸舌[3]，苏秦所以不垦二顷田[4]。笑矣乎，笑矣乎！君不见沧浪老人歌一曲，还道沧浪濯吾足[5]。平生不解谋此身[6]，虚作《离骚》遣人读。笑矣乎，笑矣乎！赵有豫让楚屈平，卖身买得千年名。巢由洗耳有何益[7]？夷齐饿死终无成[8]。君爱身后名，我爱眼前酒。饮酒眼前乐，虚名何处有[9]？男儿穷通当有时，曲腰向君君不知。猛虎不看几上肉，洪炉不铸囊中锥。笑矣乎，笑矣乎！宁武子[10]，朱买臣[11]，扣角行歌背负薪。今日逢君君不识，岂得不如佯狂人？

〔1〕全诗注："以下二首，苏轼云是伪作。"安旗等曰："《笑歌行》《悲歌行》二诗，各家均以为伪。其所据者，惟'凡近'、'粗劣'、'言无伦次、情多反覆'而已。是诚不足以断此为伪作。"

〔2〕"君不见"四句：《后汉书·五行志一》："顺帝之末，京都童谣曰：'直如弦，死道边；曲如钩，反封侯。'"

〔3〕张仪：战国时谋士。掉：摇。掉三寸舌：谓逞其辩才。

〔4〕二顷田：《史记·苏秦列传》："使我有洛阳负郭田二顷，吾岂能佩六国相印乎？"近城之地，多土质肥沃。

〔5〕"君不见"二句：《楚辞·渔父》："渔父莞尔而笑，鼓枻而去，歌曰：'沧浪之水清兮，可以濯吾缨；沧浪之水浊兮，可以濯吾足。'遂去，不复与言。"

〔6〕谋此身：指屈原只知报国，不知自保。

〔7〕巢由：巢父、许由，尧时的隐士。洗耳：皇甫谧《高士传》卷上："尧又召为九州长，由不欲闻之，洗耳于颍水滨。"

〔8〕夷、齐：伯夷、叔齐，传说二人耻食周粟，饿死于首阳山。

〔9〕"君爱"四句：用张翰事。《世说新语·任诞》载，张翰纵酒任诞，自称"使我有身后名，不如即时一杯酒"。

〔10〕宁武子：即宁戚。齐桓公郊迎客，宁戚饭牛车下，望见桓公而悲，击牛角而疾商歌。桓公闻之，抚其仆之手曰："异哉，歌者非常人也。"命后车载之而归，后任之为

149

卿。见《吕氏春秋·举难》《淮南子·道应训》。

〔11〕朱买臣：《汉书·朱买臣传》载，西汉吴人朱买臣，家贫，妻求去，后朱入朝为官，官至中大夫，迁会稽太守。

# 悲歌行[1]

悲来乎，悲来乎！主人有酒且莫斟，听我一曲悲来吟。悲来不吟还不笑，天下无人知我心。君有数斗酒，我有三尺琴。琴鸣酒乐两相得，一杯不啻千钧金。悲来乎，悲来乎！天虽长，地虽久，金玉满堂应不守[2]。富贵百年能几何，死生一度人皆有。孤猿坐啼坟上月，且须一尽杯中酒。悲来乎，悲来乎！凤凰不至河无图[3]，微子去之箕子奴[4]。汉帝不忆李将军[5]，楚王放却屈大夫[6]。悲来乎，悲来乎！秦家李斯早追悔[7]，虚名拨向身之外。范子何曾爱五湖[8]，功成名遂身自退。剑是一夫用，书能知姓名[9]。惠施不肯干万乘[10]，卜式未必穷一经[11]。还须黑头取方伯[12]，莫谩白首为儒生[13]。

〔1〕悲歌行：乐府旧题，属《杂曲歌辞》。

〔2〕"金玉"句：语本《老子》："金玉满堂，莫之能守。"

〔3〕"凤凰"句：《论语·子罕》："凤鸟不至，河不出图，吾已矣乎！"

〔4〕微子：殷纣王庶兄，名启，因数谏纣王，不听，乃去国。事见《史记·宋微子世家》。箕子：殷纣王诸父，封于箕，故称箕子。纣暴虐，箕子谏之不听，乃披发佯狂为奴。事见《史记·殷本纪》。

〔5〕李将军：李广，身经大小七十余战而未封侯，故云"汉帝不忆"。

〔6〕屈大夫：屈原，为楚三闾大夫，后被流放。

〔7〕李斯：秦相，后被腰斩于咸阳市。

〔8〕范子：范蠡，《国语·越语下》载，范蠡佐越王勾践灭吴后，乃辞别越王，"乘轻舟以浮于五湖，莫知其所终极"。

〔9〕"剑是"二句：《史记·项羽本纪》："项籍少时，学书不成。去学剑，又不成。项梁怒之，籍曰：'书，足以记名姓而已；剑，一人敌，不足学。'"

〔10〕惠施：战国宋人，仕于魏。魏惠王意欲以魏国相让，惠施不肯受。事见《吕氏春秋·不屈》。

150

〔11〕卜式:卜式以牧羊致富,屡以家财助边,汉武帝召之为中郎。卜式不愿为郎,帝曰:"吾有羊在上林中,欲令子牧之。"岁余,羊肥而繁盛,帝善之,迁缑氏令,累官至御史大夫。见《汉书·卜式传》。

〔12〕方伯:古一方诸侯之长。后称地方长官为方伯。

〔13〕谩:徒。

# 卷　七

## 秋浦歌十七首[1]

### 其　一

秋浦长似秋,萧条使人愁。客愁不可度,行上东大楼[2]。正西望长安,下见江水流。寄言向江水,汝意忆侬不[3]?遥传一掬泪[4],为我达扬州。

〔1〕秋浦:县名,唐时先属宣州,后改属池州,其地有秋浦湖。在今安徽池州市西。诗作于天宝十三载(754),时作者在池州。
〔2〕大楼:山名,在池州市南。《读史方舆纪要》:"大楼山,孤撑碧落,若空中楼阁然。"
〔3〕侬:吴语称我为侬。不:同"否",疑问词。
〔4〕一掬:犹一捧。《小尔雅·广量》:"一手之盛谓之溢,两手谓之掬。"

### 其　二

秋浦猿夜愁,黄山堪白头[1]。清溪非陇水,翻作断肠流[2]。欲去不得去,薄游成久游[3]。何年是归日?雨泪下孤舟[4]。

〔1〕黄山:在池州府城(今安徽贵池)南九十里。
〔2〕清溪:在池州府城北。陇水:古乐府《陇头歌辞》:"陇头流水,鸣声幽咽。遥望秦川,心肠断绝。"
〔3〕薄游:短暂的游历。
〔4〕雨泪:落泪。

### 其　三

秋浦锦驼鸟[1],人间天上稀。山鸡羞渌水[2],不敢照毛衣。

〔1〕锦驼鸟:秋浦出产的一种鸟,形似吐绶鸡,羽毛很美。

〔2〕山鸡:《博物志》卷四:"山鸡有美毛,自爱其色,终日映水,目眩则溺死。"

## 其 四

两鬓入秋浦,一朝飒已衰〔1〕。猿声催白发,长短尽成丝。

〔1〕飒:衰貌。

## 其 五

秋浦多白猿,超腾若飞雪〔1〕。牵引条上儿〔2〕,饮弄水中月。

〔1〕超腾:跳跃。

〔2〕条:树枝。儿:指幼猿。

## 其 六

愁作秋浦客,强看秋浦花〔1〕。山川如剡县〔2〕,风日似长沙〔3〕。

〔1〕强:勉强。

〔2〕剡县:在今浙江嵊州市。

〔3〕风日:犹风物。长沙:唐县名,在今湖南长沙市。《明一统志》载,秋浦在(池州)府城西南八十里,长八十余里,阔三十里,四时景物,宛如潇湘、洞庭。潇湘、洞庭,唐时属潭州。唐潭州治所在今湖南长沙市。

## 其 七

醉上山公马〔1〕,寒歌宁戚牛。空吟白石烂〔2〕,泪满黑貂裘〔3〕。

〔1〕山公:山简,《晋书·山简传》载,山简出镇襄阳,唯酒是耽。襄阳豪族习氏有佳园池,"简每出嬉戏,多之池上,置酒辄醉,名之曰高阳池。时有童儿歌曰:'山公出何许,往至高阳池。日夕倒载归,茗芋无所知。'"

〔2〕白石烂:宁戚叩牛角而歌曰:"南山矸,白石烂,生不逢尧与舜禅。短布单衣适至骭,从昏饭牛薄夜半,长夜漫漫何时旦?"见《汉书·邹阳传》注引应劭说。

〔3〕黑貂裘:用苏秦事。《战国策·秦策一》:"苏秦始将连横说秦惠王……书十上而说不行。黑貂之裘敝,黄金百斤尽,资用乏绝,去秦而归。"

## 其　八

秋浦千重岭,水车岭最奇[1]。天倾欲堕石,水拂寄生枝[2]。

〔1〕水车岭:在今安徽池州市西南,山势陡峻,旁临深渊。
〔2〕寄生枝:有寄生植物的树枝。

## 其　九

江祖一片石[1],青天扫画屏。题诗留万古,绿字锦苔生。

〔1〕江祖:山名,在安徽池州市西南。上有一石突出水际,高数丈。传说石上有仙人足迹,称江祖石。

## 其　十

千千石楠树,万万女贞林[1]。山山白鹭满,涧涧白猿吟。君莫向秋浦,猿声碎客心。

〔1〕石楠、女贞:均为常绿灌木。

## 其十一

逻人横鸟道[1],江祖出鱼梁[2]。水急客舟疾[3],山花拂面香。

〔1〕逻人:疑为秋浦山岭名。鸟道:高山峻岭上人迹罕至,只有鸟能飞过之处。
〔2〕鱼梁:水中为捕鱼而筑的堤。
〔3〕舟:全诗校:"一作行。"

## 其十二

水如一匹练<sup>[1]</sup>,此地即平天<sup>[2]</sup>。耐可乘明月<sup>[3]</sup>,看花上酒船。

〔1〕练:白色的熟绢。

〔2〕平天:湖名。《池州府志》卷七:"平天湖,在城西南十里。本清溪之水,由江祖潭、上洛岭以下,潴而为湖。"

〔3〕耐可:犹"愿得"。

## 其十三

渌水净素月<sup>[1]</sup>,月明白鹭飞。郎听采菱女<sup>[2]</sup>,一道夜歌归<sup>[3]</sup>。

〔1〕渌水:清澈的水。

〔2〕采菱女:罗愿《尔雅翼》:"吴楚风俗,当菱熟时,士女相与采之。故有采菱之歌以相和,为繁华流荡之音。"

〔3〕一道:同路。

## 其十四

炉火照天地,红星乱紫烟<sup>[1]</sup>。赧郎明月夜<sup>[2]</sup>,歌曲动寒川。

〔1〕"炉火"二句:秋浦为唐时铜、银产地,此写冶炼景况。

〔2〕赧郎:指矿工。赧,原意是因羞惭而脸红,此处形容因炉火映而脸红。

## 其十五

白发三千丈,缘愁似个长<sup>[1]</sup>。不知明镜里,何处得秋霜<sup>[2]</sup>?

〔1〕缘:因。个:这样,这般。

〔2〕秋霜:指白发。

## 其十六

秋浦田舍翁[1]，采鱼水中宿。妻子张白鹇[2]，结罝映深竹[3]。

〔1〕田舍翁：农家老翁。
〔2〕张：张网捕鸟兽。白鹇：水鸟名，出江南，雉类，白色，背有细黑纹。
〔3〕罝(jū)：捕鸟兽的网。

## 其十七

桃陂一步地[1]，了了语声闻[2]。暗与山僧别[3]，低头礼白云[4]。

〔1〕桃陂："陂"原作"波"，校云："一作陂。"王琦注："本集二十卷内有《清溪玉镜潭宴别诗》，注云：潭在秋浦桃胡陂下。是'桃波'乃'桃陂'之讹无疑矣。"
〔2〕了了：清楚明了之意。
〔3〕暗：默默无言。
〔4〕礼：礼拜。

# 当涂赵炎少府粉图山水歌[1]

峨眉高出西极天[2]，罗浮直与南溟连[3]。名公绎思挥彩笔[4]，驱山走海置眼前。满堂空翠如可扫[5]，赤城霞气苍梧烟[6]。洞庭潇湘意渺绵[7]，三江七泽情洄沿[8]。惊涛汹涌向何处，孤舟一去迷归年。征帆不动亦不旋，飘如随风落天边。心摇目断兴难尽，几时可到三山巅[9]？西峰峥嵘喷流泉，横石蹙水波潺湲[10]。东崖合沓蔽轻雾，深林杂树空茏葱[11]。此中冥昧失昼夜，隐几寂听无鸣蝉[12]。长松之下列羽客[13]，对坐不语南昌仙[14]。南昌仙人赵夫子，妙年历落青云士[15]。讼庭无事罗众宾[16]，杳然如在丹青里[17]。五色粉图安足珍？真山可以全吾身[18]。若待功成拂衣去，武陵桃花笑杀人[19]。

156

〔1〕当涂:即今安徽当涂县。粉图:图画。粉为绘画所用颜料。少府:县尉的别称。诗作于天宝十四载(755),时作者正在皖南一带漫游。

〔2〕峨眉:山名,在今四川峨眉山市南,主峰高三千多米,为四川第一名山。

〔3〕罗浮:山名,在广东博罗县西北,罗山之西有浮山,传说为蓬莱仙山之一阜,浮海来与罗山相并,故称。南溟:南海。

〔4〕绎思:指画家创作时的构思。

〔5〕空翠:指清翠的山色。

〔6〕赤城:山名,在浙江天台县北。土皆赤色,状似云霞。苍梧烟:《艺文类聚》卷一引《归藏》:"有白云出自苍梧,入于大梁。"

〔7〕洞庭:湖名,在今湖南岳阳县西南。潇湘:湘水源出今广西灵川县东海洋山西麓,至湖南永州市零陵区与潇水会合,合称潇湘。渺绵:遥远貌。

〔8〕三江七泽:形容河流湖泊之多。洄沿:回旋荡漾貌。

〔9〕三山:指传说中的东海三神山:蓬莱、方丈、瀛洲。

〔10〕蹙(cù):迫近。潺湲:流水声。

〔11〕合沓:高峻、重叠貌。芊绵:草木茂盛、蔓衍丛生之状。

〔12〕冥昧:昏暗。隐几:倚着几案。

〔13〕羽客:道士的别称。

〔14〕南昌仙:西汉末年,梅福为南昌县尉,后弃官,得道成仙。事见《汉书·梅福传》。此借指赵炎。

〔15〕历落:犹磊落,襟怀坦白。青云士:高尚之士。

〔16〕讼庭:诉讼的公堂,指赵炎的衙署。罗:聚集。

〔17〕杳然:幽深貌。丹青:图画。

〔18〕山:原作"仙",据王琦注本改。

〔19〕武陵桃花:武陵郡桃花源,晋陶渊明《桃花源记》所描绘的理想国图景。


# 永王东巡歌十一首[1]


## 其 一

永王正月东出师[2],天子遥分龙虎旗[3]。楼船一举风波静[4],江汉翻为雁鹜池[5]。

157

〔1〕全诗注:"永王璘,明皇子也。天宝十四年,安禄山反,诏璘领山南、岭南、黔中、江南四道节度使。十一月(按:《旧唐书·玄宗诸子传》作'九月'),璘至江陵,募士得数万,遂有窥江左意。十二月,引舟师东巡。"李白即于此时应召入永王幕,《永王东巡歌》便作于永王幕中。

〔2〕正月:指至德二载(757)正月。

〔3〕龙虎旗:绘有龙虎的旗帜。此句指李璘获得皇帝重用,让他统率大军,专管一方。

〔4〕楼船:船上有楼的战船。

〔5〕"江汉"句:《汉书·严助传》:"陛下以四海为境,九州为家,八薮为囿,江汉为池。"雁鹜池,养禽鸟的池塘,相传汉梁孝王曾在梁苑建雁鹜池。

## 其　二

三川北虏乱如麻[1],四海南奔似永嘉[2]。但用东山谢安石,为君谈笑静胡沙[3]。

〔1〕三川:秦郡名,在今河南荥阳、洛阳一带,因有黄河、洛水、伊水而得名。北虏:指安禄山叛军。

〔2〕永嘉:晋怀帝年号。永嘉五年,前汉刘曜陷洛阳,中原的贵族官僚,相率南迁避乱。见《晋书·孝怀帝纪》及《王导传》。

〔3〕"但用"二句:谢安,字安石,尝高卧东山不起,一旦出仕即立奇功,在淝水之战中运筹帷幄,大败苻坚军。见《晋书·谢安传》。谈笑,表示从容不迫。胡沙,犹胡尘。

## 其　三

雷鼓嘈嘈喧武昌[1],云旗猎猎过浔阳[2]。秋毫不犯三吴悦[3],春日遥看五色光[4]。

〔1〕雷鼓:《荀子·解蔽》:"雷鼓在侧而耳不闻。"杨倞注:"雷鼓,大鼓声如雷者。"嘈嘈:声音嘈杂。武昌:唐鄂州属县,今湖北鄂州市。

〔2〕云旗:形容军旗之高,直上云霄。猎猎:风吹旗帜发出的声音。浔阳:今江西省九江市。

〔3〕秋毫:喻细微之物。秋毫不犯:形容军纪严明。三吴:吴兴、吴郡、会稽,即今江苏南部、浙江北部一带。

〔4〕五色光:《南史·王僧辩传》:"贼望官军上有五色云。"此谓永王出兵顺应天意,故有五色祥云放光。

## 其 四

龙蟠虎踞帝王州[1],帝子金陵访古丘[2]。春风试暖昭阳殿[3],明月还过鸤鹊楼[4]。

〔1〕"龙蟠"句:《太平御览》卷一五六引晋张勃《吴录》:"刘备曾使诸葛亮至京,因睹秣陵山阜,叹曰:'钟山龙盘,石城虎踞,此帝王之宅也。'"
〔2〕帝子:指李璘。
〔3〕昭阳殿:南朝时宫殿,故址在今江苏南京市。
〔4〕鸤鹊楼:南朝宫中楼观名,故址在今南京市。

## 其 五

二帝巡游俱未回[1],五陵松柏使人哀[2]。诸侯不救河南地[3],更喜贤王远道来[4]。

〔1〕二帝:指唐玄宗、肃宗。巡游:当时玄宗避乱入蜀,肃宗即位于灵武,俱未回长安。
〔2〕五陵:指唐高祖、太宗、高宗、中宗、睿宗五个皇帝的陵墓。
〔3〕诸侯:指诸州军政长官。河南地:指洛阳一带。
〔4〕贤王:指李璘。

## 其 六

丹阳北固是吴关[1],画出楼台云水间。千岩烽火连沧海,两岸旌旗绕碧山。

〔1〕丹阳:唐郡名,即润州,治丹徒,即今江苏镇江市。北固:山名,在今江苏镇江

市北。《南徐州记》:"城西北有别岭,斜入江,三面临水,高数十丈,号曰北固。"

## 其 七

王出三山按五湖[1],楼船跨海次陪都[2]。战舰森森罗虎士[3],征帆一一引龙驹[4]。

〔1〕三山:泛指江南群山。按:巡行。五湖:泛指太湖流域的湖泊。
〔2〕次:停留。陪都:诸本多作"扬都",指扬州。
〔3〕罗:排列。虎士:有勇力的武士。
〔4〕征帆:此处指战船。龙驹:骏马。

## 其 八

长风挂席势难回[1],海动山倾古月摧[2]。君看帝子浮江日,何似龙骧出峡来[3]。

〔1〕挂席:张帆。
〔2〕古月:"胡"字的隐语,指安禄山叛军。
〔3〕龙骧:指晋将军王濬。《晋书·武帝纪》:"咸宁五年十一月,大举伐吴,遣龙骧将军王濬、广武将军唐彬率巴蜀之卒,浮江而下。"

## 其 九[1]

祖龙浮海不成桥[2],汉武浔阳空射蛟[3]。我王楼舰轻秦汉,却似文皇欲渡辽[4]。

〔1〕全诗注:"此首萧士赟云是伪作。"
〔2〕祖龙:指秦始皇。《史记·秦始皇本纪》载,秦始皇二十八年,渡江沉璧。至三十六年,江神持璧还之,曰:"今年祖龙死。"不成桥:传说秦始皇造石桥,欲渡海看日出之处。时有神人,以鞭驱石下海。石行不速则鞭之,皆流血。见《艺文类聚》卷七九引《三齐略记》。
〔3〕"汉武"句:《汉书·武帝纪》:"元封五年冬,行南巡狩……自浔阳浮江,亲射

160

蛟江中,获之。"

〔4〕文皇:唐太宗。据《新唐书·太宗纪》载,贞观十九年,太宗亲征辽东,二月由洛阳出发,五月车驾渡辽。

## 其　十

帝宠贤王入楚关[1],扫清江汉始应还。初从云梦开朱邸[2],更取金陵作小山[3]。

〔1〕帝:指唐玄宗。宠:信任。楚关:楚地。
〔2〕云梦:云梦泽,大致包括今湖南益阳、湘阴以北,湖北江陵、安陆以南,武汉市以西地区。朱邸:古代诸侯王的宅邸,因大门漆成朱色,故称。
〔3〕作:建造。小山:指西汉淮南王刘安在宫苑内安置门客的处所,此处代指永王府第。更:全诗校:"一作直。"

## 其十一

试借君王玉马鞭[1],指挥戎虏坐琼筵[2]。南风一扫胡尘静,西入长安到日边[3]。

〔1〕玉马鞭:喻指挥之权。
〔2〕戎虏:指安史叛军。琼筵:精美的筵席。
〔3〕南风:永王军在南方,故以南风为喻。日边:指皇帝身边。

# 上皇西巡南京歌十首[1]

## 其　一

胡尘轻拂建章台[2],圣主西巡蜀道来。剑壁门高五千尺,石为楼阁九天开[3]。

〔1〕全诗注:"天宝十五载六月己亥,禄山陷京师。七月庚辰,次蜀郡。八月癸巳,皇太子即皇帝位于灵武。十二月丁未,上皇天帝至自蜀郡,大赦,以蜀郡为南京。"上皇:指唐玄宗,太子李亨在灵武即位后,尊玄宗为上皇天帝。南京:指成都,至德二载十二月,以蜀郡(治成都)为南京,凤翔为西京,长安为中京。此诗当作于至德二载(757)岁末。

〔2〕建章台:汉长安有建章宫,宫中有建章台,又称神明台。

〔3〕"剑壁"二句:晋张载《剑阁铭》:"惟蜀之门,作固作镇。是曰剑阁,壁立千仞。"《老学庵笔记》卷七云:"剑门关皆石,无寸土。"

## 其　二

九天开出一成都[1],万户千门入画图。草树云山如锦绣,秦川得及此间无[2]?

〔1〕成都:天宝十五载改蜀郡为成都府。

〔2〕秦川:《通鉴》胡三省注:"秦地四塞以为固,渭水贯其中,渭川左右,沃壤千里,世谓之秦川。"此指长安一带。

## 其　三

华阳春树似新丰[1],行人新都若旧宫。柳色未饶秦地绿,花光不减上阳红[2]。

〔1〕华阳:古地区名,因在华山之阳得名。相当今陕西秦岭以南、四川和云南、贵州一带。此指蜀地。似:原作"号",校云:"一作似。"新丰:汉县名,在今陕西临潼县东北。

〔2〕上阳:上阳宫,在洛阳。阳,全诗校:"一作林。"

## 其　四

谁道君王行路难?六龙西幸万人欢[1]。地转锦江成渭水[2],天回玉垒作长安[3]。

〔1〕六龙:神话中为太阳驾车的六条龙。借指天子车驾。

〔2〕锦江:左思《蜀都赋》:"贝锦斐成,濯色江波。"刘逵注引谯周《益都志》曰:"成都织锦,既成,濯于江水,其文分明,胜于初成。他水濯之,不如江水也。"

〔3〕玉垒:山名,在今四川灌县西北。

## 其 五

万国同风共一时[1],锦江何谢曲江池[2]?石镜更明天上月[3],后宫亲得照蛾眉[4]。

〔1〕同风:风俗相同。《汉书·终军传》:"今天下为一,万里同风。"

〔2〕谢:逊,不如。曲江池:在陕西西安市东南。秦为宜春苑,汉为乐游原,有河水,水流曲折,故称。

〔3〕"石镜"句:扬雄《蜀王本纪》载,相传武都山精化为女子,蜀王娶以为妻,不久即死。蜀王葬之,以石作镜一枚,表其墓。

〔4〕亲:全诗校:"一作新。"

## 其 六

濯锦清江万里流[1],云帆龙舸下扬州[2]。北地虽夸上林苑[3],南京还有散花楼[4]。

〔1〕濯锦清江:即锦江。

〔2〕龙舸:船头及两旁画龙的大船。

〔3〕上林苑:秦时旧苑,汉代广之,故址在今陕西长安县西。

〔4〕散花楼:在成都摩诃池上,为隋代蜀王杨秀所建。

## 其 七

锦水东流绕锦城[1],星桥北挂象天星[2]。四海此中朝圣主,峨眉山下列仙庭。

〔1〕锦城:成都的别称。

〔2〕星桥:即七星桥,《华阳国志·蜀志》载,战国时代李冰在蜀江造七桥,上应北斗七星。

## 其 八

秦开蜀道置金牛[1],汉水元通星汉流[2]。天子一行遗圣迹,锦城长作帝王州。

〔1〕"秦开"句:《华阳国志·蜀志》载,秦惠王欲伐蜀而不识道路,于是造了五只石牛,置金于石牛尾下,扬言石牛能屙金。蜀王信以为真,派五丁力士拖石牛回蜀,蜀道乃通。

〔2〕"汉水"句:王琦注:"'汉水元通星汉流'者,言其所出高远,如从星汉而来,即'水从银汉落'及'黄河之水天上来'意也。"

## 其 九

水绿天青不起尘,风光和暖胜三秦[1]。万国烟花随玉辇[2],西来添作锦江春。

〔1〕三秦:项羽破秦入关,三分关中之地:以秦降将章邯为雍王,领咸阳以西之地;司马欣为塞王,领咸阳以东至费河之地;董翳为翟王,领上郡之地,合称三秦。

〔2〕烟花:指春天的景物。

## 其 十

剑阁重关蜀北门[1],上皇归马若云屯[2]。少帝长安开紫极[3],双悬日月照乾坤[4]。

〔1〕剑阁重关:晋张载《剑阁铭》:"惟蜀之门,作固作镇。是曰剑阁,壁立千仞。"

〔2〕云屯:形容马多。庾信《哀江南赋》:"梯冲乱舞,冀马云屯。"

〔3〕少帝:指唐肃宗李亨。紫极:谓帝王宫殿。《文选》潘岳《西征赋》:"厌紫极之闲敞。"李善注:"紫极,星名,王者为宫以象之。"

〔4〕双悬日月:指肃宗与玄宗均在长安。

# 峨眉山月歌<sup>[1]</sup>

峨眉山月半轮秋,影入平羌江水流<sup>[2]</sup>。夜发清溪向三峡<sup>[3]</sup>,思君不见下渝州<sup>[4]</sup>。

〔1〕峨眉山:在今四川峨眉山市南,主峰高三千多米。
〔2〕平羌江:即青衣江。源出四川芦山县,流至乐山市入岷江。
〔3〕清溪:即清溪驿,在今四川犍为县。三峡:即瞿塘峡、巫峡、西陵峡。
〔4〕渝州:治所在今四川重庆市。

# 峨眉山月歌送蜀僧晏入中京<sup>[1]</sup>

我在巴东三峡时<sup>[2]</sup>,西看明月忆峨眉。月出峨眉照沧海,与人万里长相随。黄鹤楼前月华白,此中忽见峨眉客<sup>[3]</sup>。峨眉山月还送君,风吹西到长安陌。长安大道横九天,峨眉山月照秦川<sup>[4]</sup>。黄金狮子乘高座<sup>[5]</sup>,白玉麈尾谈重玄<sup>[6]</sup>。我似浮云滞吴越<sup>[7]</sup>,君逢圣主游丹阙<sup>[8]</sup>。一振高名满帝都,归时还弄峨眉月。

〔1〕中京:唐肃宗至德二载(757)十二月,西京长安改名中京,《通鉴》卷二二〇胡三省注:"以长安在洛阳、凤翔、蜀郡、太原之中,故为中京。"诗作于乾元二年(759),时作者遇赦还至江夏。
〔2〕巴东:即归州,天宝元年改巴东郡,乾元元年复为归州,治所在今湖北秭归县。峡:全诗校:"一作月。"
〔3〕月华:月光。峨眉客:指蜀僧晏。
〔4〕秦川:指长安周围的渭河平原。
〔5〕"黄金"句:《大智度论》卷七:"佛为人中师子,佛所坐处若床若地,皆名师子座。夫师子,兽中独步,无畏,能伏一切,佛亦如是。"
〔6〕麈尾:用麈(兽名)尾做成的拂尘。重玄:即《老子》"玄之又玄"之意,此指老

165

庄哲学。《世说新语·容止》:"王夷甫容貌整丽,妙于谈玄,恒捉白玉柄麈尾,与手都无分别。"

〔7〕滞吴越:留滞于长江中下游地区。

〔8〕丹阙:指皇帝所居之地。

# 赤壁歌送别[1]

二龙争战决雌雄[2],赤壁楼船扫地空。烈火张天照云海,周瑜于此破曹公[3]。君去沧江望澄碧[4],鲸鲵唐突留余迹[5]。一一书来报故人[6],我欲因之壮心魄。

〔1〕赤壁:山名,东汉建安十三年,孙权与刘备联军败曹操于此。在今湖北嘉鱼县。

〔2〕二龙:指孙吴、刘备与曹操,即赤壁之战的双方。

〔3〕"烈火"二句:建安十三年(208),曹操率兵二十余万南下,孙权和刘备联兵五万,共同抵抗。曹兵进到赤壁,孙、刘联军利用曹军远来疲惫、疾疫流行、不习水战等弱点,用火攻击败曹操水师,孙权大将周瑜和刘备水陆并进,大破曹兵。事见《吴志·周瑜传》。

〔4〕望:全诗校:"一作弄。"

〔5〕鲸鲵:喻指赤壁之战的双方。唐突:冲突,争斗。

〔6〕故人:诗人自谓。

# 江夏行[1]

忆昔娇小姿,春心亦自持[2]。为言嫁夫婿,得免长相思。谁知嫁商贾,令人却愁苦。自从为夫妻,何曾在乡土?去年下扬州,相送黄鹤楼。眼看帆去远,心逐江水流。只言期一载,谁谓历三秋。使妾肠欲断,恨君情悠悠。东家西舍同时发,北去南来不逾月。未知行李游何方[3],作个音书能断绝[4]。适来往南浦[5],欲问西江船[6]。正见当垆女[7],红妆二八年。一种为人妻[8],独自多悲悽。对镜便垂泪,逢人只欲啼。不如轻薄儿,且暮长相随。悔作商人妇,青春长别离。如今正好同欢乐,君去容华谁得知[9]?

〔1〕江夏:唐天宝至德间改鄂州为江夏郡,治所在江夏县,即今湖北武汉市武昌。

〔2〕持:犹言控制。

〔3〕行李:行人,此指外出的丈夫。《左传·襄公八年》:"亦不使一介行李,告于寡君。"杜预注:"行李,行人也。"

〔4〕作个:怎么。能:只是。

〔5〕适来:刚才。南浦:在今武汉市武昌南。古亦用作送别之地的泛称。

〔6〕西江:指今江苏南京以西到江西九江一带的长江。

〔7〕当垆女:在酒店卖酒的女子。

〔8〕一种:一样。

〔9〕容华:年轻美丽的容貌。

# 怀仙歌

一鹤东飞过沧海[1],放心散漫知何在[2]?仙人浩歌望我来,应攀玉树长相待[3]。尧舜之事不足惊,自余嚣嚣直可轻[4]。巨鳌莫戴三山去[5],我欲蓬莱顶上行。

〔1〕一鹤:古有仙人骑鹤飞行的传说。沧海:《海内十洲记》:"沧海岛在北海中,地方三千里,去岸二十一万里,海四面环岛,各广五千里,水皆苍色,仙人谓之沧海也。"

〔2〕放心散漫:任情适性。

〔3〕浩歌:大声歌唱。玉树:仙境中的树木。

〔4〕嚣嚣:纷扰貌。

〔5〕"巨鳌"句:《列子·汤问》载,大海中有五座仙山,常随波漂流。群仙患之,天帝乃命巨鳌举首戴之,五山乃峙而不动。

167

# 玉真仙人词[1]

玉真之仙人[2]，时往太华峰[3]。清晨鸣天鼓[4]，飙欻腾双龙[5]。弄电不辍手[6]，行云本无踪。几时入少室[7]，王母应相逢[8]。

〔1〕玉真仙人：即玉真公主，睿宗第十女。

〔2〕"玉真"句：《金石录》卷二七《唐玉真公主墓志》："公主法号无上，真字玄玄，天宝中更赐号曰持盈。"

〔3〕太华：即西岳华山。

〔4〕鸣天鼓：道家养生之法。《云笈七签》卷四五引《九真高上宝书神明经》曰："扣齿之法，左相扣名曰打天钟，右相扣名曰槌天磬，中央上下相扣名曰鸣天鼓。"

〔5〕飙欻(xū)：疾风。

〔6〕弄电：《太平御览》卷一三引《汉武内传》："西王母曰：'东方朔为太山仙官，太仙使至方丈，助三天司命，朔但务山水游戏，擅弄雷电，激波扬风，风雨失时。'"

〔7〕少室：少室山，在河南省登封市北，主峰玉寨山为嵩山最高峰。

〔8〕王母：西王母。传说凡女子登仙得道者，皆隶属于西王母。

# 清溪行[1]

清溪清我心，水色异诸水。借问新安江，见底何如此[2]？人行明镜中，鸟度屏风里[3]。向晚猩猩啼[4]，空悲远游子。

〔1〕清溪：水名，在今安徽贵池县北。诗题全诗校："一作宣州清溪。"诗作于天宝十三载(754)，时作者在池州。

〔2〕新安江：浙江上游的一支，源出皖南休宁、祁门两县境，东南流至浙江建德市梅城入浙江。见底：沈约有《新安江水至清浅见底》诗。

〔3〕屏风：喻重叠的山峦。

〔4〕向晚：傍晚。

# 酬殷明佐见赠五云裘歌[1]

我吟谢朓诗上语,朔风飒飒吹飞雨[2]。谢朓已没青山空[3],后来继之有殷公。粉图珍裘五云色,晔如晴天散彩虹[4]。文章彪炳光陆离[5],应是素娥玉女之所为[6]。轻如松花落金粉,浓似锦苔含碧滋。远山积翠横海岛,残霞飞丹映江草。凝毫采掇花露容[7],几年功成夺天造。故人赠我我不违[8],著令山水含清晖。顿惊谢康乐,诗兴生我衣。襟前林壑敛暝色,袖上云霞收夕霏[9]。群仙长叹惊此物,千崖万岭相萦郁。身骑白鹿行飘飘,手翳紫芝笑披拂[10]。相如不足夸鹔鹴[11],王恭鹤氅安可方?瑶台雪花数千点,片片吹落春风香。为君持此凌苍苍[12],上朝三十六玉皇[13]。下窥夫子不可及,矫首相思空断肠[14]。

〔1〕殷明佐:即殷佐明。尝官仓部郎中。见《元和姓纂四校记》卷四。五云裘:杨齐贤注:"五云裘者,五色绚烂如云,故以五云名之。"

〔2〕"朔风"句:谢朓《观朝雨》:"朔风吹飞雨,萧条江上来。"

〔3〕青山:在安徽当涂东南三十里,谢朓曾在这里筑室居住。

〔4〕晔:光。

〔5〕文章:错杂的色采或花纹。彪炳:文采焕发。陆离:参差。

〔6〕素娥:嫦娥。玉女:仙女。

〔7〕露:全诗校:"一作雾。"

〔8〕违:拒绝。

〔9〕"襟前"二句:谢灵运《石壁精舍还湖中作》:"昏旦变气候,山水含清晖。林壑敛暝色,云霞收夕霏。"

〔10〕"身骑"二句:曹植《飞龙篇》:"忽逢二童,颜色鲜好。乘彼白鹿,手翳芝草。"翳,障蔽。

〔11〕"相如"句:《西京杂记》卷二载,司马相如初与卓文君还成都,家贫,曾用鹔鹴裘换酒。鹔鹴,水鸟名,似雁,长颈绿毛,其羽毛可制裘。夸,原作"跨",据王琦注本改。

〔12〕苍苍:指天空。

〔13〕三十六玉皇:萧士赟注:"道家所谓三十六天帝也。"

〔14〕矫首:举首。

# 临路歌<sup>[1]</sup>

大鹏飞兮振八裔<sup>[2]</sup>,中天摧兮力不济<sup>[3]</sup>。余风激兮万世,游扶桑兮挂左袂<sup>[4]</sup>。后人得之传此<sup>[5]</sup>,仲尼亡兮谁为出涕<sup>[6]</sup>?

〔1〕诗作于宝应元年(762)十一月,时李白贫病交加,正居住在安徽当涂县其族叔李阳冰家。临路歌:李华《故翰林学士李君墓铭序》:"年六十有二不偶,赋《临终歌》而卒。"当即本篇。"路"当作"终",形近而误。

〔2〕大鹏:李白自喻。《庄子·逍遥游》:"北溟有鱼,其名为鲲。鲲之大,不知其几千里也。化而为鸟,其名为鹏。鹏之背,不知其几千里也。怒而飞,其翼若垂天之云。"八裔:八方。

〔3〕中天:半空中。摧:摧折,伤损。

〔4〕扶桑:神木,传说日出其下,见《淮南子·天文训》。左袂:左袖。"左"原作"石",校云:"一作左"。意谓左袖太长,挂在扶桑树上。喻自己的理想不能实现。语本严忌《哀时令》:"左袪(袖)挂于榑桑(即扶桑)。"

〔5〕此:指大鹏摧折。

〔6〕"仲尼"句:孔子以鲁人西狩获麟而出涕,伤麟"出非其时而见害",事见《公羊传·哀公十四年》。

# 古　意

君为女萝草,妾作兔丝花<sup>[1]</sup>。轻条不自引,为逐春风斜。百丈托远松,缠绵成一家。谁言会面易<sup>[2]</sup>,各在青山崖。女萝发馨香,兔丝断人肠。枝枝相纠结,叶叶竞飘扬。生子不知根,因谁共芬芳?中巢双翡翠<sup>[3]</sup>,上宿紫鸳鸯。若识二草心,海潮亦可量。

〔1〕女萝、兔丝:均为寄生植物,由于兔丝蔓有时缠绕在女萝上,故古人常用兔丝、

女萝喻指男女爱情。

〔2〕面:全诗校:"一作合。"

〔3〕翡翠:鸟名。

# 山鹧鸪词[1]

苦竹岭头秋月辉[2],苦竹南枝鹧鸪飞。嫁得燕山胡雁婿[3],欲衔我向雁门归[4]。山鸡翟雉来相劝[5],南禽多被北禽欺。紫塞严霜如剑戟[6],苍梧欲巢难背违[7]。我今誓死不能去,哀鸣惊叫泪沾衣。

〔1〕山鹧鸪:当时流行于南方的新曲名。鹧鸪,鸟名,形似鸡而小,喜居南方。

〔2〕苦竹岭:山名,在池州。《江南通志》称李白曾读书于此。

〔3〕燕山:山名,在今河北省东北部。

〔4〕雁门:山名,关名,在今山西阳高县北。

〔5〕山鸡:即环颈雉,俗称野鸡。翟雉:即长尾雉。《博物志》卷四:"翟雉长尾,雨雪,惜其尾,栖高树杪,不敢下食,往往饿死。"

〔6〕紫塞:泛言边塞。崔豹《古今注》卷上:"秦筑长城,土色皆紫,汉塞亦然,故称紫塞焉。"

〔7〕苍梧:山名,在今湖南宁远县南。背违:离开。

# 历阳壮士勤将军名思齐歌并序[1]

历阳壮士勤将军,神力出于百夫。则天太后召见,奇之,授游击将军[2],赐锦袍玉带,朝野荣之。后拜横南将军[3]。大臣慕义,结十友,即燕公张说、馆陶公郭元振为首,余壮之,遂作诗。

太古历阳郡,化为洪川在[4]。江山犹郁盘[5],龙虎秘光彩。蓄泄数千载,风云何霮䨴[6]!特生勤将军,神力百夫倍。

〔1〕全诗注:"以下二首,萧士赟云是伪作。"历阳:隋历阳郡,唐置和州,天宝元年

171

改为历阳郡,乾元元年复旧。治所在历阳(今安徽和县)。勤思齐:曾任夔州、归州镇将,开元九年前因故免职,张说《举陈光乘等表》称其"忠壮而异材"。

〔2〕游击将军:武散官,从五品下,见《新唐书·百官志》。

〔3〕横南将军:瞿蜕园、朱金城注:"横南将军之称非唐代所有,恐出道听途说。"

〔4〕"太古"二句:《淮南子·俶真训》:"历阳之都,一夕反(一作化)而为湖。"高诱注:"历阳,淮南国之县名,今属江都。昔有老姁,常行仁义,有二诸生过之,谓曰:'此国当没为湖。'谓姁视东城门阃有血,便走上北山,勿顾也。自此姁便往视门间。阍者问之,姁对曰如是。其暮,门吏故杀鸡,血涂门阃,明旦老姁早往视门,见血,便上北山,国没为湖。与门吏言其事,适一宿耳,一夕旦而为湖也。"事又见《述异记》卷上。

〔5〕郁盘:屈曲延伸貌。

〔6〕霮㲉(dàn duì):云浓重貌。

# 草 书 歌 行

少年上人号怀素[1],草书天下称独步。墨池飞出北溟鱼[2],笔锋杀尽中山兔[3]。八月九月天气凉,酒徒词客满高堂。笺麻素绢排数箱[4],宣州石砚墨色光。吾师醉后倚绳床[5],须臾扫尽数千张。飘风骤雨惊飒飒,落花飞雪何茫茫!起来向壁不停手,一行数字大如斗。恍恍如闻神鬼惊,时时只见龙蛇走。左盘右蹙如惊电,状同楚汉相攻战。湖南七郡凡几家[6],家家屏障书题遍。王逸少[7],张伯英[8],古来几许浪得名[9]。张颠老死不足数[10],我师此义不师古。古来万事贵天生,何必要公孙大娘浑脱舞[11]。

〔1〕上人:对僧人的敬称。怀素:字藏真,俗姓钱,以善"狂草"著名。

〔2〕墨池:相传为王羲之的洗砚池,在会稽(今浙江绍兴)。此借指怀素洗砚处。北溟鱼:即鲲。《庄子·逍遥游》:"北溟有鱼,其名为鲲。鲲之大,不知其几千里也。化而为鸟,其名为鹏。"

〔3〕中山兔:中山之兔毫,为笔精妙。《太平寰宇记》:"溧水县中山又名独山,在县东南十里,不与群山相接。古老相传,中山有白兔,世称为笔最精。"中山,在今江苏溧水。

〔4〕笺麻素绢:王琦注:"笺、麻,皆纸也。以五色染成,或砑光,或金银泥。画花式者为笺纸,其以麻为之者为麻纸。唐时诏书用黄麻、白麻是也。绢、素,皆缯名。缯中至下者谓之绢,绢之精白者谓之素。"

〔5〕绳床:一种坐具,又称交椅。

〔6〕湖南七郡:王琦注:"七郡谓长沙郡、衡阳郡、桂阳郡、零陵郡、连山郡、江华郡、邵阳郡。此七郡皆在洞庭湖之南,故曰湖南。"

〔7〕王逸少:晋书法家王羲之,字逸少。

〔8〕张伯英:东汉书法家张芝,字伯英。

〔9〕浪:徒然。

〔10〕张颠:指唐书法家张旭。

〔11〕"何必"句:杜甫《观公孙大娘弟子舞剑器行序》:"开元三载,予尚童稚,记于郾城观公孙氏舞剑器浑脱,浏漓顿挫,独出冠时。……往时吴人张旭善草书帖,数尝于邺县见公孙大娘舞西河剑器,自此草书长进,豪荡感激。"浑脱,唐时舞名。

# 和卢侍御通塘曲

君夸通塘好,通塘胜耶溪[1]。通塘在何处? 远在浔阳西。青萝袅袅挂烟树,白鹇处处聚沙堤。石门中断平湖出,百丈金潭照云日[2]。何处沧浪垂钓翁,鼓棹渔歌趣非一。相逢不相识,出没绕通塘。浦边清水明素足,别有浣纱吴女郎。行尽绿潭潭转幽,疑是武陵春碧流。秦人鸡犬桃花里,将比通塘渠见羞[3]。通塘不忍别,十去九迟回[4]。偶逢佳境心已醉,忽有一鸟从天来。月出青山送行子,四边苦竹秋声起[5]。长吟白雪望星河[6],双垂两足扬素波[7]。梁鸿德耀会稽日[8],宁知此中乐事多?

〔1〕耶溪:若耶溪,在今浙江绍兴市南。

〔2〕金潭:潭水清澈,下有金沙,故称金潭。

〔3〕"行尽"句:用陶潜《桃花源记》典。渠,彼,他。

〔4〕迟回:徘徊不忍去貌。

〔5〕苦竹:竹之一种,因其笋味苦而得名。

〔6〕白雪:古歌曲名。宋玉《对楚王问》:"客有歌于郢中者,其始曰《下里》《巴人》,国中属而和者数千人。……其为《阳春》《白雪》,国中属而和者不过数十人。"此

指卢侍御的《通塘曲》。

〔7〕双垂两足:传说月亮中有仙子,月初生时只见仙人两足,月圆后才能见仙人全形。塘水中可见初月之倒影,故云。素波:指月光。

〔8〕"梁鸿"句:《后汉书·逸民传》载,梁鸿为扶风平陵人,有志隐居。同县孟氏女孟光状肥丑而黑,后嫁梁鸿,夫妻恩爱。

# 卷　八

## 赠孟浩然[1]

吾爱孟夫子[2]，风流天下闻。红颜弃轩冕[3]，白首卧松云[4]。醉月频中圣[5]，迷花不事君[6]。高山安可仰[7]？徒此揖清芬[8]。

〔1〕开元二十七年（739），李白游襄阳，访孟浩然，本诗即作于此时。孟浩然（689—740），襄州襄阳（今属湖北）人，唐代著名诗人。

〔2〕夫子：古代对男子的敬称。

〔3〕红颜：指年青时代。轩冕：大夫的车服，代指官爵。江总《自叙》：“轩冕傥来之一物，岂是预要乎？”

〔4〕卧松云：即隐居山林。

〔5〕醉月：月下醉酒。圣：指清酒。汉末曹操禁酒，人称清酒为圣人，浊酒为贤人。见《三国志·魏志·徐邈传》。

〔6〕迷花：迷恋花木，指隐居生活。

〔7〕“高山”句：《诗经·小雅》有“高山仰止，景行行止”之句。

〔8〕揖：作揖，拱手为礼。清芬：清美芬芳，喻高尚的节操。

## 赠从兄襄阳少府皓[1]

结发未识事[2]，所交尽豪雄。却秦不受赏，击晋宁为功[3]？小节岂足言，退耕舂陵东[4]。归来无产业，生事如转蓬[5]。一朝乌裘敝，百镒黄金空[6]。弹剑徒激昂[7]，出门悲路穷[8]。吾兄青云士[9]，然诺闻诸公[10]。所以陈片言[11]，片言贵情通。棣华傥不接[12]，甘与秋草同。

〔1〕此诗约作开元二十七年（739），时作者由吴越一带漫游后回到安陆。

〔2〕结发：指初成年。古代男子，二十岁束发而冠。

〔3〕"却秦"二句:用鲁仲连却秦救赵事。却秦,使秦退兵。击晋:全诗校:"一作救赵。"作"救赵"是。宁为功,岂以此为功。全诗校:"一本此下有'脱身白刃里,杀人红尘中。当朝揖高义,举世称英雄'四句。"

〔4〕舂陵:在今湖北枣阳县。

〔5〕生事:生计。转蓬:随风飘转的蓬草。喻身世飘零。

〔6〕"一朝"二句:用苏秦事。《战国策·秦策一》:"苏秦始将连横说秦惠王……书十上而说不行。黑貂之裘敝,黄金百斤尽。资用乏绝,去秦而归。"

〔7〕弹剑:用冯谖与孟尝君的故事,见《战国策·齐策四》。

〔8〕路穷:《世说新语·栖逸》注引《魏氏春秋》:"阮籍常率意独驾,不由径路,车迹所穷,辄痛哭而反。"

〔9〕青云士:品格高尚的人。

〔10〕然诺:应许,许诺。闻诸公:因重然诺而为诸公所知。

〔11〕陈片言:陈述简短的话。

〔12〕棣华:喻兄弟。《诗·小雅·常棣》:"常棣之华,鄂不韡韡。凡今之人,莫如兄弟。"倘:同"倘",倘使。


# 淮海对雪赠傅霭〔1〕


朔雪落吴天,从风渡溟渤。海树成阳春〔2〕,江沙皓明月〔3〕。兴从剡溪起〔4〕,思绕梁园发〔5〕。寄君郢中歌〔6〕,曲罢心断绝〔7〕。

〔1〕淮海:《尚书·禹贡》:"淮海惟扬州。"诗题全诗校:"一作淮南对雪赠孟浩然。"

〔2〕成阳春:指树上着雪,似花盛开。

〔3〕全诗校:"一本此下有'飘飘四荒外,想象千花发。瑶草生阶墀,玉尘散庭阙'四句。"

〔4〕"兴从"句:用王子猷雪夜访戴事。《世说新语·任诞》:"王子猷居山阴,夜大雪,眠觉开室,命酌酒。四望皎然,因起傍徨,咏左思《招隐诗》。忽忆戴安道。时戴在剡,即便夜乘小船就之。经宿方至,造门不前而返。人问其故,王曰:'吾本乘兴而行,兴尽而返,何必见戴?'"

〔5〕梁园:即梁苑。谢惠连有《雪赋》,写梁孝王于梁园置酒赏雪事。

〔6〕郢中歌:谓《阳春》《白雪》。借指此首"对雪"之作。

〔7〕全诗校:"一本此四句作'剡溪兴空在,郢路歌未歇。寄君《梁父吟》,曲尽心断绝。'"

# 赠徐安宜<sup>[1]</sup>

白田见楚老<sup>[2]</sup>,歌咏徐安宜。制锦不择地,操刀良在兹<sup>[3]</sup>。清风动百里,惠化闻京师<sup>[4]</sup>。浮人若云归<sup>[5]</sup>,耕种满郊岐。川光净麦陇,日色明桑枝。讼息但长啸,宾来或解颐<sup>[6]</sup>。青橙拂户牖<sup>[7]</sup>,白水流园池。游子滞安邑<sup>[8]</sup>,怀恩未忍辞。翳君树桃李<sup>[9]</sup>,岁晚托深期。

〔1〕安宜:唐县名,在今江苏宝应县。

〔2〕白田:安宜地名。《江南通志》:"白田渡,宝应县南门外。"

〔3〕"制锦"二句:《左传·襄公三十一年》载,尹何年少,子皮欲使出任邑大夫,子产以为不可,曰:"犹未能操刀而使割也,其伤实多。……子有美锦,不使人学制焉。大官大邑,身之所庇也,而使学者制焉,其为美锦,不亦多乎?"杜预注:"制,裁也。"

〔4〕百里:谓一县之地。惠化:惠政。

〔5〕浮人:流亡外地的人。

〔6〕解颐:使人开颜欢悦。《汉书·匡衡传》:"匡说诗,解人颐。"

〔7〕橙:全诗校:"一作槐。"

〔8〕游子:诗人自谓。安邑:即指安宜。

〔9〕翳:惟。树桃李:《韩诗外传》卷七:"夫春树桃李,夏得阴其下,秋得食其实。"

# 赠任城卢主簿<sup>[1]</sup>

海鸟知天风,窜身鲁门东。临觞不能饮,矫翼思凌空。钟鼓不为乐,烟霜谁与同<sup>[2]</sup>?归飞未忍去,流泪谢鸳鸿<sup>[3]</sup>。

〔1〕任城:唐县名,在今山东济宁市。卢主簿:王琦注本多一"潜"字。

〔2〕"海鸟"六句:《庄子·达生》载,昔有鸟止于鲁郊,鲁君悦之,飨以太牢,奏以

韶乐。此鸟反而忧悲,不思饮食。

〔3〕鸳鸿:喻朝官班列。此指任城诸友。

# 早秋赠裴十七仲堪[1]

远海动风色,吹愁落天涯。南星变大火[2],热气余丹霞。光景不可回,六龙转天车[3]。荆人泣美玉[4],鲁叟悲匏瓜[5]。功业若梦里,抚琴发长嗟。裴生信英迈,屈起多才华[6]。历抵海岱豪,结交鲁朱家[7]。复携两少女,艳色惊荷葩[8]。双歌入青云,但惜白日斜。穷溟出宝贝[9],大泽饶龙蛇[10]。明主傥见收,烟霄路非赊[11]。时命若不会,归应炼丹砂[12]。

〔1〕此诗约作于开元二十八年(740),时李白寓居于山东。

〔2〕"南星"句:王琦注:"南星,南方之星也。大火,心星也。初昏之时,大火见南方,于时为夏。若转而西流,则为秋矣。"

〔3〕六龙:神话中为太阳驾车的六条龙。

〔4〕"荆人"句:用卞和抱璞哭于荆山下,后剖璞得玉的故事,事见《韩非子》。

〔5〕"鲁叟"句:《论语·阳货》:"吾岂匏瓜也哉!焉能系而不食?"喻不为世所用。

〔6〕屈起:勃起。屈,通"倔"。

〔7〕海岱:指古青州之地。朱家:汉初鲁人,以"任侠"闻名,多藏匿豪士和亡命,势力很大。事见《史记·游侠列传》。

〔8〕葩:花。

〔9〕穷溟:《文选》木华《海赋》:"翔天沼,戏穷溟。"李善注:"《庄子》曰:'穷发之北,有溟海者,天池也。'"

〔10〕"大泽"句:语本《左传·襄公二十一年》:"深山大泽,实生龙蛇。"

〔11〕烟霄:犹青云。霄,原作"霞",据王琦注本改。赊:远。

〔12〕"时命"二句:全诗校:"一作'知飞万里道,勿使岁寒暖'。"

# 赠范金乡二首[1]

君子枉清盼[2]，不知东走迷[3]。离家未几月，络纬鸣中闱[4]。桃李君不言，攀花愿成蹊[5]。那能吐芳信，惠好相招携[6]。我有结绿珍[7]，久藏浊水泥。时人弃此物，乃与燕珉齐[8]。摭拭欲赠之[9]，申眉路无梯[9]。辽东惭白豕[10]，楚客羞山鸡[11]。徒有献芹心[12]，终流泣玉啼[13]。只应自索漠[14]，留舌示山妻[15]。

〔1〕金乡：唐县名，在今山东金乡县。乡，原作"卿"，据王琦注本改。

〔2〕清盼：谓友人之关照。

〔3〕东走：《淮南子·说山训》："狂者东走，逐者亦东走，东走则同，所以东走则异。"

〔4〕络纬：昆虫名，俗称纺织娘。

〔5〕"桃李"二句：《史记·李将军列传赞》有古谚"桃李不言，下自成蹊"之句。

〔6〕那：犹"又"、"更"。芳信：芳言，佳音。惠好：友爱，友情。

〔7〕结绿：宝石名。《史记·范雎蔡泽列传》："周有砥砄，宋有结绿，梁有县藜，楚有和璞，此四宝者，土之所生，良工之所失也。"

〔8〕燕珉：即燕石，宋之愚人得燕石，归而藏之，以为宝，其实与瓦片差不多。

〔9〕摭：拾。申眉：伸眉，扬眉。

〔10〕"辽东"句：朱浮《为幽州牧与彭宠书》："往时辽东有豕，生子白头，异而献之。行至河东，见群豕皆白，怀惭而还。"

〔11〕"楚客"句：楚人有担山鸡者，说是凤凰，路人信以为真，以二千金买之，欲献于楚王，后山鸡死，此人抱憾不已。王闻之，厚赐之。

〔12〕献芹心：《列子·杨朱》："昔人有美戎菽、甘枲茎、芹萍子者，对乡豪称之。乡豪取而尝之，蜇于口，惨于腹。众哂而怨之，其人大惭。"后用"献芹"为自谦所献菲薄、不足当意之辞。

〔13〕"终流"句：用卞和事。

〔14〕索漠：枯寂无生气貌。

〔15〕"留舌"句：《史记·张仪列传》载，楚人疑张仪盗璧，"共执张仪，掠笞数百，不服，释之。其妻曰：'嘻！子无读书游说，安得此辱乎？'张仪谓其妻曰：'视吾舌尚

在否?'其妻笑曰:'舌在也。'仪曰:'足矣。'"

范宰不买名[1],弦歌对前楹[2]。为邦默自化[3],日觉冰壶清[4]。百里鸡犬静,千庐机杼鸣。浮人少荡析[5],爱客多逢迎。游子睹嘉政,因之听颂声。

〔1〕买名:沽名钓誉。
〔2〕弦歌:指礼乐教化。
〔3〕为:治理。自化:《老子》:"我无为而民自化。"
〔4〕冰壶清:鲍照《代白头吟》:"清如玉壶冰。"
〔5〕浮人:流亡在外之人。荡析:离散。《尚书·盘庚》:"今我民用荡析离居。"


# 赠瑕丘王少府[1]

皎皎鸾凤姿,飘飘神仙气。梅生亦何事?来作南昌尉[2]。清风佐鸣琴[3],寂寞道为贵。一见过所闻,操持难与群。毫挥鲁邑讼,目送瀛洲云[4]。我隐屠钓下,尔当玉石分[5]。无由接高论,空此仰清芬。

〔1〕瑕丘:唐县名,在今山东兖州市。少府:县尉的别称。
〔2〕"梅生"二句:西汉末,梅福为南昌县尉,后弃官,得道成仙。事见《汉书·梅福传》。
〔3〕鸣琴:《吕氏春秋·察贤》:"宓子贱治单父,弹鸣琴,身不下堂而单父治。"
〔4〕瀛洲:海上三神山之一。
〔5〕玉石分:谓显出非同于凡石的似玉美才。


# 东鲁见狄博通[1]

去年别我向何处?有人传道游江东。谓言挂席度沧海,却来应是无长风[2]。

180

〔1〕东鲁:指今山东曲阜一带。狄博通:并州太原人,狄仁杰之曾孙。事见《新唐书·宰相世系表四下》。

〔2〕"却来"句:瞿蜕园、朱金城注:"唐人语,却来即返回之意。谓在谓渡海,而今复回,当是无长风之故。"


# 见京兆韦参军量移东阳二首[1]


潮水还归海,流人却到吴[2]。相逢问愁苦,泪尽日南珠[3]。


〔1〕参军:府尹佐吏。量移:《日知录》卷三二:"唐朝人得罪贬窜远方,遇赦改近地,谓之量移。"东阳:唐县名,在今浙江东阳县。

〔2〕流人:有罪被流放的人。

〔3〕"泪尽"句:用鲛人泣珠事。《博物志》卷二:"南海外有鲛人,水居如鱼,不废织绩,其眼能泣珠。"日南,汉郡名,其地在今越南南部。


闻说金华渡[1],东连五百滩[2]。全胜若耶好[3],莫道此行难。猿啸千溪合,松风五月寒。他年一携手,摇艇入新安[4]。


〔1〕金华:唐县名,在今浙江金华。

〔2〕五百滩:王琦注引《一统志》:"五百滩在金华府城西五里,滩之最大者,俗传舟行挽牵,五百人方可渡。"

〔3〕若耶:溪名,在今浙江绍兴市南。

〔4〕新安:新安江,浙江上游的一支,源出皖南休宁、祁门两县境,东南流至浙江建德县梅城入浙江。


# 赠丹阳横山周处士惟长[1]


周子横山隐,开门临城隅。连峰入户牖,胜概凌方壶[2]。时作白纻词[3],放歌丹阳湖[4]。水色傲溟渤,川光秀菰蒲[5]。当其得意时,心与天壤俱。

闲云随舒卷,安识身有无? 抱石耻献玉<sup>[6]</sup>,沉泉笑探珠<sup>[7]</sup>。羽化如可作<sup>[8]</sup>,相携上清都<sup>[9]</sup>。

〔1〕横山:又名横望山,在安徽当涂县北六十里。四望皆横,故名横山。其南有丹阳湖。

〔2〕方壶:方丈,海中三神山之一。

〔3〕白纻词:《明一统志·太平府》:"白纻山,在府城东五里,本名楚山,晋桓温携妓游山奏乐,好为《白纻歌》,因名山。"

〔4〕丹阳湖:在今安徽当涂县东南,周围三百余里。

〔5〕菰:即菰菜,俗称茭白。

〔6〕"抱石"句:用卞和事,见《韩非子·和氏》。

〔7〕探珠:《庄子·列御寇》:"夫千金之珠,必在九重之渊,而骊龙颔下。"

〔8〕羽化:谓成仙,即"变化飞升"之意。

〔9〕清都:天帝所居的宫阙,也指帝王所居的都城。


# 玉真公主别馆苦雨赠卫尉张卿二首<sup>[1]</sup>


秋坐金张馆<sup>[2]</sup>,繁阴昼不开。空烟迷雨色,萧飒望中来。翳翳昏垫苦<sup>[3]</sup>,沉沉忧恨催。清秋何以慰? 白酒盈吾杯。吟咏思管乐<sup>[4]</sup>,此人已成灰。独酌聊自勉,谁贵经纶才? 弹剑谢公子,无鱼良可哀<sup>[5]</sup>。

〔1〕诗题安旗等注:"别馆在终南山楼观。卫尉张卿,即右相张说次子张垍,尚宁亲公主,拜驸马都尉,为玉真侄婿。"

〔2〕秋:全诗校:"一作愁。"金张:《汉书·盖宽饶传》:"下无金、张之托。"注:"金,金日磾也。张,张安世也。"金、张汉时并为显官。金、张馆,借指玉真公主别馆。

〔3〕翳翳:昏暗貌。昏垫:《尚书·益稷》:"下民昏垫。"《文选》谢灵运《游南亭》:"久痗昏垫苦。"张铣注:"昏雾垫溺也,言病此霖雨之苦也。"

〔4〕管乐:管仲与乐毅。

〔5〕"弹剑"二句:用孟尝君食客冯谖故事,见《史记·孟尝君列传》。谢:以辞相告。公子:此处借指张卿。

苦雨思白日，浮云何由卷？稷契和天人[1]，阴阳乃骄蹇[2]。秋霖剧倒井，昏雾横绝巘[3]。欲往咒尺涂，遂成山川限。潨潨奔溜闻[4]，浩浩惊波转。泥沙塞中途，牛马不可辨[5]。饥从漂母食[6]，闲缀羽陵简[7]。园家逢秋蔬，藜藿不满眼[8]。蟏蛸结思幽[9]，蟋蟀伤褊浅[10]。厨灶无青烟，刀机生绿藓。投箸解鹔鹴，换酒醉北堂[11]。丹徒布衣者，慷慨未可量。何时黄金盘，一斛荐槟榔[12]？功成拂衣去，摇曳沧洲傍[13]。

〔1〕稷契：稷即后稷，周之始祖，舜时为农官，教民耕种。契乃商之始祖，舜时为司徒，掌教化。后以"稷契"为贤臣的典范。和天人：调和天道与人事。

〔2〕乃：全诗校："一作仍。"骄蹇：不顺貌。

〔3〕剧：甚于。倒井：傅玄《雨诗》："霖雨如倒井。"巘：山峰。

〔4〕潨潨（cóng）：水流之声。闻：全诗校："一作泻。"

〔5〕"牛马"句：《庄子·秋水》："秋水时至，百川灌河，泾流之大，两涘渚涯之间，不辨牛马。"

〔6〕"饥从"句：用韩信与漂母的故事，见《史记》本传。

〔7〕"闲缀"句：安旗等注："缀，谓连结字句以成文章。……羽陵简，代指所作诗文。《穆天子传》：'天子东游，次于雀梁，蠹书于羽陵。'"

〔8〕藜藿：《汉书·司马迁传》颜师古注："藜，草似蓬也。藿，豆叶也。"

〔9〕蟏蛸：小蜘蛛。

〔10〕褊浅：困窘之意。

〔11〕"投箸"二句：用司马相如用鹔鹴裘换酒喝的故事，见《西京杂记》卷二。

〔12〕"丹徒"四句：《南史·刘穆之传》："诸葛长民有异谋，穆之厚为之备。谓所亲曰：'贫贱常思富贵，富贵必践危机，今日思为丹徒布衣，不可得也。'穆之少时家贫，诞节，嗜酒食，不修拘捡。好往妻兄家乞食，多见辱，不以为耻。……江氏后有庆会，属令勿来，穆之犹往，食毕求槟榔。江氏兄弟戏之曰：'槟榔消食，君乃常饥，何忽须此？'……及穆之为丹阳尹，将召妻兄弟，妻泣而稽颡以致谢。穆之曰：'本不匿怨，无所致忧。'及至醉，穆之乃令厨人以金盘贮槟榔一斛以进之。"

〔13〕沧洲：泛指隐士居处。


# 赠韦秘书子春二首[1]


谷口郑子真，躬耕在岩石。高名动京师，天下皆籍籍[2]。斯人竟不起，云卧从所适。苟无济代心<sup>[3]</sup>，独善亦何益。惟君家世者，偃息逢休明<sup>[4]</sup>。谈天信浩荡<sup>[5]</sup>，说剑纷纵横<sup>[6]</sup>。谢公不徒然，起来为苍生<sup>[7]</sup>。秘书何寂寂<sup>[8]</sup>，无乃羁豪英！且复归碧山，安能恋金阙。旧宅樵渔地，蓬蒿已应没。却顾女几峰<sup>[9]</sup>，胡颜见云月<sup>[10]</sup>？

〔1〕安旗等注："本年(至德元载)十二月作于庐山屏风叠隐居处。韦子春,曾官秘书省著作郎,故称。韦为永王璘谋主之一。永王领四道节度使镇江陵时,韦奉命来庐山说李白入幕。此诗当是白应征后赠韦之作。"二首:全诗校:"一本二诗合作一首。"

〔2〕"谷口"四句:《汉书·王贡两龚鲍传序》载,郑子真隐居云阳谷口,大将军王凤礼聘之,不应,以清高著称于时。籍籍,众口喧腾貌。

〔3〕济代:即济世。

〔4〕"惟君"二句:瞿蜕园、朱金城注："此二句指韦氏在唐高宗、武后朝,思谦、承庆、嗣立等相继为相。"偃息,安卧。

〔5〕谈天:《史记·孟子荀卿列传》载,战国时邹衍善辩,所言天地广大,五德始终,多为天事。其弟奭亦有名,故齐人称"谈天衍,雕龙奭"。

〔6〕说剑:《庄子》有《说剑》篇。瞿蜕园、朱金城注："《庄子·说剑》之意,即战国策士纵横之言,故云'说剑纷纵横'。"

〔7〕"谢公"二句:谢安隐居东山,时人语曰："安石不肯出,将如苍生何?"见《世说新语·排调》。

〔8〕寂寂:寂寞不得志。

〔9〕女几峰:《明一统志》："女几山在河南宜阳县西九十里。"

〔10〕胡颜:犹云有何颜面。

徒为风尘苦，一官已白须。气同万里合，访我来琼都<sup>[1]</sup>。披云睹青天<sup>[2]</sup>，扪虱话良图<sup>[3]</sup>。留侯将绮里<sup>[4]</sup>，出处未云殊。终与安社稷，功成去五湖<sup>[5]</sup>。

〔1〕琼都:郭沫若《李白与杜甫》："'琼都'就是庐山。《郡国志》:'庐山叠嶂九层,崇岩万仞。《山海经》所谓三天子都,亦曰天子嶂也。'"

〔2〕"披云"句:晋卫伯玉命子弟去拜见乐广,曰："此人,人之水镜也,见之若披云雾睹青天。"见《世说新语·赏誉》。

〔3〕扪虱:《晋书·苻坚载记》载,王猛隐居华山,"桓温入关,猛被褐而诣之,一面

谈当世之事,扪虱而言,旁若无人"。

〔4〕留侯:张良佐刘邦建立汉朝,封留侯。将:与。绮里:绮里季,"商山四皓"之一,此代指"四皓"。

〔5〕"功成"句:用范蠡功成后乘轻舟浮于五湖的典故。

# 赠韦侍御黄裳二首[1]

太华生长松,亭亭凌霜雪[2]。天与百尺高,岂为微飙折[3]?桃李卖阳艳[4],路人行且迷。春光扫地尽[5],碧叶成黄泥。愿君学长松,慎勿作桃李。受屈不改心[6],然后知君子。

〔1〕诗约作于天宝十一载(752),时作者在北方。韦黄裳:据《旧唐书·肃宗纪》、《王铣传》及《唐御史台精舍题名考》卷三载,韦于天宝九年为万年尉,后为殿中侍御史,乾元时为苏州刺史、浙西节度使。唐殿中侍御史,众呼为侍御。

〔2〕太华:西岳华山。亭亭:直立不阿貌。

〔3〕微飙:小旋风。

〔4〕卖阳艳:卖弄春日花盛开的艳丽之色。

〔5〕扫:全诗校:"一作拂。"

〔6〕受屈:受到挫折与打击。

见君乘骢马[1],知上太山道[2]。此地果摧轮[3],全身以为宝。我如丰年玉[4],弃置秋田草。但勖冰壶心[5],无为叹衰老。

〔1〕乘骢马:指为御史。东汉桓典为侍御史,执法严正,不避权贵,常乘骢马,京师畏惮。

〔2〕山:全诗校:"一作行。"

〔3〕摧轮:摧折车轮。曹操《苦寒行》:"北上太行山,艰哉何巍巍。羊肠坂诘屈,车轮为之摧。"

〔4〕丰年玉:《世说新语·赏誉》:"世称庾文康为丰年玉,稚恭为荒年谷。"

〔5〕冰壶:鲍照《代白头吟》:"清如玉壶冰。"

# 赠薛校书[1]

我有吴越曲[2],无人知此音。姑苏成蔓草[3],麋鹿空悲吟[4]。未夸观涛作[5],空郁钓鳌心[6]。举手谢东海,虚行归故林[7]。

〔1〕诗约作于天宝三载(744),时李白即将离开长安。

〔2〕越:缪本作"趋"。《古今注》卷下:"吴趋曲,吴人以歌其地。"

〔3〕"姑苏"句:春秋时,伍子胥被吴王逼迫自杀。临死前,仰天叹曰:"吾今日死,吴宫为墟,庭生蔓草。"事见《吴越春秋·夫差内传》。姑苏,台名,吴王夫差所建,故址在今苏州市西南。

〔4〕"麋鹿"句:《史记·淮南衡山列传》载,伍子胥谏吴王,不从,叹曰:"臣今见麋鹿游姑苏之台也。"

〔5〕观涛作:指枚乘《七发》。《七发》:"将以八月之望,与诸侯远方交游兄弟,并往观涛乎广陵之曲江。"

〔6〕钓鳌:《列子·汤问》:"龙伯之国有大人,举足不盈数步而暨五山之所,一钓而连六鳌……"又,宋赵令畤《侯鲭录》六:"李白开元中谒宰相,封一板,上题曰:'海上钓鳌客李白。'"

〔7〕谢:辞别。虚行:谓行而无功。

# 赠何七判官昌浩

有时忽惆怅,匡坐至夜分[1]。平明空啸咤[2],思欲解世纷[3]。心随长风去,吹散万里云。羞作济南生,九十诵古文[4]。不然拂剑起,沙漠收奇勋。老死阡陌间,何因扬清芬[5]?夫子今管乐[6],英才冠三军[7]。终与同出处,岂将沮溺群[8]?

〔1〕匡坐:正坐。夜分:半夜。

〔2〕平明:黎明。啸咤:大声呼喊。

186

〔3〕解世纷:排解世间的纷争。

〔4〕济南生:《汉书·儒林传》:"伏生,济南人也。故为秦博士。孝文时,求能治《尚书》者,天下亡有。闻伏生治之,欲召。时伏生年九十余,老不能行,于是诏太常,使掌故朝错(即晁错)往受之。"古文:指用古文字写的经书。

〔5〕阡陌:田间的路,南北为阡,东西为陌。清芬:美名。

〔6〕管乐:管仲、乐毅。

〔7〕冠三军:居于三军之首。

〔8〕出处:进退,引申指行动。沮溺:即长沮、桀溺,春秋时隐士,曾嘲讽孔子终日栖栖遑遑、奔走于列国之间的积极用世精神。见《论语·微子》。南朝梁朱异《还东田宅赠朋离》:"虽有遨游美,终非沮溺群。"

# 读诸葛武侯传书怀赠长安<br>崔少府叔封昆季[1]

汉道昔云季,群雄方战争[2]。霸图各未立,割据资豪英[3]。赤伏起颓运[4],卧龙得孔明[5]。当其南阳时,陇亩躬自耕[6]。鱼水三顾合[7],风云四海生[8]。武侯立岷蜀,壮志吞咸京[9]。何人先见许,但有崔州平[10]。余亦草间人,颇怀拯物情[11]。晚途值子玉[12],华发同衰荣[13]。托意在经济[14],结交为弟兄。无令管与鲍[15],千载独知名。

〔1〕诸葛武侯传:当指《三国志·蜀志·诸葛亮传》。诸葛亮晚年被封为武乡侯,故称诸葛武侯。叔封:同州刺史崔子源子;其弟忱,千牛将军。见《新唐书·宰相世系表二下》。昆季:兄弟。诗约作于初入长安的开元十八年(730)。

〔2〕季:末。指东汉末年。群雄:指袁绍、袁术、曹操、孙坚、刘备等人。

〔3〕资:凭借。

〔4〕"赤伏"句:赤伏符,传说是光武帝刘秀称帝前所受的符命。见《后汉书·光武帝纪》。

〔5〕卧龙:《蜀志·诸葛亮传》及裴注说,东汉末年,诸葛亮在襄阳隆中隐居,徐庶、司马徽荐之于刘备,称亮为"卧龙"。亮字孔明。

〔6〕"当其"二句:诸葛亮《出师表》:"臣本布衣,躬耕于南阳。"诸葛亮隐居的南阳隆中山,在今湖北襄阳市古城西。

〔7〕鱼水:《蜀志·诸葛亮传》:"先主解之曰:'孤之有孔明,犹鱼之有水也。'"三顾:汉末刘备三次往隆中访聘诸葛亮,见《蜀志·诸葛亮传》。

〔8〕"风云"句:喻诸葛亮辅佐刘备建立功业。

〔9〕岷蜀:蜀中有岷山、岷江,故称岷蜀。咸京:指秦汉时之京城咸阳、长安一带。

〔10〕"何人"二句:《三国志·蜀志·诸葛亮传》:"亮躬耕陇亩,好为《梁父吟》。身长八尺,每自比于管仲、乐毅,时人莫之许也,惟博陵崔州平、颍川徐庶元直与亮友善,谓为信然。"见许,赏识。

〔11〕草间人:指隐居草野之人。拯物情:拯世之意。

〔12〕晚途:晚年。值:遇到。子玉:指东汉崔瑗,东汉名儒,官至济北相。此以崔瑗喻指崔叔封。

〔13〕华发:花白的头发。衰荣:偏义复词,指衰老。

〔14〕托意:寄托志向。经济:经世济民。

〔15〕管与鲍:管仲与鲍叔。鲍叔,春秋时齐国人,管仲少时,常与鲍叔游,"鲍叔知其贤",后荐管仲为相,佐齐桓公称霸。管仲曰:"生我者父母,知我者鲍子也。"见《史记·管晏列传》。


# 赠郭将军[1]


将军少年出武威[2],入掌银台护紫微[3]。平明拂剑朝天去,薄暮垂鞭醉酒归。爱子临风吹玉笛,美人向月舞罗衣。畴昔雄豪如梦里,相逢且欲醉春晖[4]。

〔1〕诗约作于天宝三载(744),时李白在长安。

〔2〕武威:即凉州,天宝元年改名武威郡,治所在今甘肃武威。少年出武威:全诗校:"一作豪荡有英威。"

〔3〕银台:《唐六典》卷七载,大明宫紫宸殿之"东曰左银台门,西曰右银台门"。此指唐宫。紫微:谓帝王所居。入:全诗校:"一作昔。"

〔4〕"畴昔"二句:全诗校:"一作'今日相逢俱失路,何年灞上弄春晖'。"

# 驾去温泉后赠杨山人[1]

少年落魄楚汉间,风尘萧瑟多苦颜[2]。自言管葛竟谁许[3]？长吁莫错还闭关[4]。一朝君王垂拂拭[5],剖心输丹雪胸臆[6]。忽蒙白日回景光[7],直上青云生羽翼。幸陪鸾辇出鸿都,身骑飞龙天马驹[8]。王公大人借颜色,金章紫绶来相趋[9]。当时结交何纷纷,片言道合惟有君。待吾尽节报明主,然后相携卧白云[10]。

〔1〕温泉:即温泉宫,天宝六载改名华清宫,在今陕西临潼南骊山上。诗作于天宝二年(743)冬,时作者正供奉翰林。

〔2〕楚汉间:指今湖北汉水流域一带。萧瑟:秋风声。

〔3〕管葛:管仲和诸葛亮。许:认可。

〔4〕莫错:烦乱。闭关:闭门。

〔5〕垂拂拭:喻加以赏拔。

〔6〕输:送。丹:指赤心。雪:洗涤,使呈露。

〔7〕白日:喻皇帝。景光:日光。

〔8〕鸾辇:皇帝的车驾。鸿都:东汉宫廷有鸿都门,其内置学及书库,文学之士多集中于此。此借指翰林院。飞龙:唐禁中马厩名。天马驹:骏马。《史记·大宛列传》载,初,汉武帝得乌孙马,名曰天马,后得大宛汗血马,又更名乌孙马为西极,名大宛马为天马。唐制,翰林学士初入院,赐中厩马一匹,谓之"长借马"。其时李白供奉翰林,故得骑飞龙厩马。

〔9〕借颜色:犹言给面子。金章:金印。章:原作"璋",据王琦注本改。汉制,丞相、太尉、列侯、将军,皆金印紫绶。见《汉书·百官公卿表》。此以金章紫绶指朝廷大官。

〔10〕卧白云:指隐居山林。

# 温泉侍从归逢故人

汉帝长杨苑[1],夸胡羽猎归[2]。子云叨侍从,献赋有光辉[3]。激赏摇天

189

笔[4],承恩赐御衣。逢君奏明主,他日共翻飞。

〔1〕长杨苑:汉宫苑名,故址在今陕西周至县东南。

〔2〕夸胡:《汉书·扬雄传》:"上将大夸胡人以多禽兽,秋,命右扶风发民入南山……张罗罔置罘,捕熊罴豪猪虎豹狖玃狐菟麋鹿,载以槛车,输长杨射熊馆。"

〔3〕"子云"二句:《汉书·扬雄传》载,汉成帝幸长杨宫,令胡客大校猎,扬雄献《长杨赋》。

〔4〕激赏:极其赞赏。天笔:御笔。

# 赠裴十四[1]

朝见裴叔则,朗如行玉山[2]。黄河落天走东海,万里写入胸怀间[3]。身骑白鼋不敢度[4],金高南山买君顾[5]。徘徊六合无相知[6],飘若浮云且西去。

〔1〕此诗约作于开元十四年(726),时李白正在江南一带漫游。

〔2〕"朝见"二句:《世说新语·容止》:"裴令公有俊容仪,脱冠冕,粗服乱头皆好,时人以为玉人。见者曰:'见裴叔则如玉山上行,光映照人。'"

〔3〕写:通"泻",倾泻。

〔4〕白鼋:屈原《九歌·河伯》:"乘白鼋兮逐文鱼,与女游兮河之渚。"鼋,大鳖。

〔5〕"金高"句:郁贤皓注:"金高:极言价高。南山:指终南山。买君顾:《列女传》卷五《楚成郑瞀传》:'郑瞀者,郑女之嬴媵,楚成王之夫人也。初,成王登台,临后宫,宫人皆倾观,子瞀直行不顾,徐步不变。王曰:"顾,吾以女为夫人。"子瞀复不顾。王曰:"顾,吾又与女千金而封若父兄。"子瞀遂一顾。'此借用郑子瞀事,意谓隐南山的目的是希望得到君王的垂顾。"

〔6〕六合:即天地四方。

# 赠崔侍郎[1]

黄河二尺鲤,本在孟津居[2]。点额不成龙,归来伴凡鱼[3]。故人东海客,一见借吹嘘[4]。风涛傥相因[5]，更欲凌昆墟[6]。

〔1〕侍郎：李白集或作“侍御”，是。崔侍御即崔成甫。
〔2〕二：全诗校：“一作三。”孟津：古黄河津渡名，在今河南孟津县东北、孟县西南。
〔3〕“点额”二句：《水经注·河水》：“鳣，鲔也，出巩穴，三月则上渡龙门，得渡为龙矣，否则点额而还。”
〔4〕吹嘘：替人说好话，宣扬。
〔5〕因：原作“见”，校云：“一作因。”
〔6〕昆墟：《水经注·河水》：“昆仑墟在西北……其高万一千里，河水出其东北陬。”全诗校：“一本此下有‘何当赤车使，再往召相如’二句。”

# 述德兼陈情上哥舒大夫[1]

天为国家孕英才，森森矛戟拥灵台[2]。浩荡深谋喷江海，纵横逸气走风雷。丈夫立身有如此，一呼三军皆披靡。卫青谩作大将军[3]，白起真成一竖子[4]。

〔1〕哥舒大夫：指哥舒翰，天宝六载为陇右节度使。八载，破吐蕃石堡城，加摄御史大夫。两《唐书》有传。
〔2〕“森森”句：《晋书·裴楷传》：“楷有知人之鉴……尝目……钟会‘如观武库森森，但见矛戟在前’。”灵台，指心。《庄子·庚桑楚》：“不可内于灵台。”郭象注：“灵台，心也。”
〔3〕卫青：汉武帝时名将，官大将军。谩作：虚为。
〔4〕白起：战国时名将，事秦昭王。《史记·平原君传》：“毛遂按剑而前曰：‘……白起，小竖子耳。’”竖子，对人的蔑称，犹“小子”。

# 雪谗诗赠友人

嗟予沉迷，猖獗已久[1]。五十知非，古人尝有[2]。立言补过，庶存不朽<sup>[3]</sup>。包荒匿瑕<sup>[4]</sup>，蓄此顽丑<sup>[5]</sup>。月出致讥<sup>[6]</sup>，贻愧皓首<sup>[7]</sup>。感悟遂晚，事往日迁。白璧何辜？青蝇屡前<sup>[8]</sup>。群轻折轴，下沉黄泉。众毛飞骨，上凌青天<sup>[9]</sup>。萋斐暗成，贝锦粲然<sup>[10]</sup>。泥沙聚埃，珠玉不鲜。洪焰烁山，发自纤烟<sup>[11]</sup>。苍波荡日，起于微涓<sup>[12]</sup>。交乱四国<sup>[13]</sup>，播于八埏<sup>[14]</sup>。拾尘掇蜂<sup>[15]</sup>，疑圣猜贤。哀哉悲夫，谁察予之贞坚！彼妇人之猖狂，不如鹊之强强。彼妇人之淫昏，不如鹑之奔奔<sup>[16]</sup>。坦荡君子<sup>[17]</sup>，无悦簧言<sup>[18]</sup>。擢发续罪<sup>[19]</sup>，罪乃孔多<sup>[20]</sup>。倾海流恶，恶无以过<sup>[21]</sup>。人生实难<sup>[22]</sup>，逢此织罗<sup>[23]</sup>。积毁销金<sup>[24]</sup>，沉忧作歌。天未丧文，其如余何<sup>[25]</sup>！妲己灭纣<sup>[26]</sup>，褒女惑周<sup>[27]</sup>。天维荡覆，职此之由<sup>[28]</sup>。汉祖吕氏，食其在傍<sup>[29]</sup>。秦皇太后，毒亦淫荒<sup>[30]</sup>。蟠蛛作昏<sup>[31]</sup>，遂掩太阳。万乘尚尔<sup>[32]</sup>，匹夫何伤！辞殚意穷<sup>[33]</sup>，心切理直。如或妄谈，昊天是殛<sup>[34]</sup>。子野善听<sup>[35]</sup>，离娄至明<sup>[36]</sup>。神靡遁响，鬼无逃形。不我遐弃<sup>[37]</sup>，庶昭忠诚<sup>[38]</sup>。

〔1〕"嗟予"二句：语本丘迟《与陈伯之书》："沉迷猖獗，以至于此。"猖獗，颠踬。

〔2〕"五十"二句：《淮南子·原道训》："蘧伯玉，年五十而知四十九年非。"

〔3〕"立言"二句：《左传·襄公二十四年》："太上有立德，其次有立功，其次有立言。虽久不废，此之谓不朽。"立言，著书立说。

〔4〕包荒：《易·泰》："包荒用冯河。"孔疏："包含荒秽之物。"匿瑕：《左传·宣公十五年》："瑾瑜匿瑕。"杜预注："匿，亦藏也，虽美玉之质，亦或居藏瑕秽。"

〔5〕顽丑：丑恶。

〔6〕月出：《诗·陈风》篇名，相传是讥刺好色的诗。

〔7〕贻：遗留。皓首：白头，指老年。

〔8〕"白璧"二句：《埤雅·释虫》："青蝇粪尤能败物，虽玉犹不免，所谓蝇粪点玉是也。盖青蝇善乱色……故诗以青蝇刺谗。"

〔9〕"群轻"四句：《汉书·中山靖王胜传》："丛轻折轴，羽翮飞肉。"颜师古注："言积载轻物，物多至令车轴毁折。而鸟之所以能飞翔者，以羽翮扇扬之故也。"

〔10〕"萋斐"二句：《诗·小雅·巷伯》："萋兮斐兮，成是贝锦。彼潜人者，亦已大甚。"萋斐：形容谗言编造巧妙。

〔11〕洪焰：大火。纤：细，小。

〔12〕涓：细流。

〔13〕交乱：扰乱。四国：犹四方。《诗·小雅·青蝇》："营营青蝇，止于棘。谗人罔极，交乱四国。"

〔14〕八埏(shān)：犹八方。

〔15〕拾尘:《孔子家语·在厄》载,孔子厄于陈、蔡,从者七日不食,子贡谋得米一石,"颜回、仲由炊之于坏屋之下,有埃墨堕饭中,颜回取而食之。子贡自井望见之,不悦,以为窃食也"。以告孔子。孔子召颜回问之,颜如实以告,始释其疑。"曰:'然乎! 吾亦食之。'颜回出,孔子顾谓二三子曰:'吾之信回也,非待今日也。'二三子由此乃服之"。掇蜂:《琴操》卷上载,尹伯奇母死,其父更娶后妻,生伯邦,"乃谮伯奇于吉甫(伯奇父名)曰:'伯奇见妾有美色,然有欲心。'吉甫曰:'伯奇为人慈仁,岂有此也?'妻曰:'试置妾空房中,君登楼而察之。'后妻知伯奇仁孝,乃取毒蜂缀衣领,伯奇前持。于是吉甫大怒,放伯奇于野"。后来真相大白,"吉甫乃求伯奇……射杀后妻"。陆机《君子行》:"掇蜂灭天道,拾尘惑孔颜。"

〔16〕"彼妇人"四句:《诗·鄘风·鹑之奔奔》:"鹑之奔奔,鹊之强强。"奔奔、强强:鹑与鹊双宿双飞貌。古谓诗刺卫宣姜"鹑鹊之不若也"。

〔17〕"坦荡"句:《论语·述而》:"君子坦荡荡。"坦荡,全诗校:"一作皎皎。"

〔18〕簧言:《诗·小雅·巧言》:"巧言如簧。"指动听而不实之言。

〔19〕"擢发"句:《史记·范雎蔡泽列传》:"擢贾之发以续贾之罪尚未足。"续,即数也,全诗校:"一作赎。"

〔20〕孔:甚。

〔21〕"倾海"二句:祖君彦《为李密檄洛州文》:"罄南山之竹,书罪无穷;决东海之波,流恶难尽。"

〔22〕"人生"句:《左传·成公二年》:"人生实难,其有不获死乎!"

〔23〕织罗:即罗织,陷人于罪之意。

〔24〕"积毁"句:谓众口所毁,虽金石犹可使之销熔。《史记·张仪列传》:"臣闻之:积羽沉舟,群轻折轴,众口铄金,积毁销骨。"

〔25〕"天未"二句:《论语·子罕》载,孔子被困于匡时曾说:"天之未丧斯文也,匡人其如予何?"

〔26〕妲己:殷纣王的宠妃。纣因宠爱妲己而荒废国政,"周武王于是遂率诸侯伐纣……斩纣头,县(悬)之白旗,杀妲己"。见《史记·殷本纪》。

〔27〕褒女:即褒姒,《史记·周本纪》载幽王嬖爱褒姒,后立为后。"褒姒不好笑,幽王欲其笑万方,故不笑。幽天为烽燧大鼓,有寇至则举烽火。诸侯悉至,至而无寇,褒姒乃大笑。幽王说之,为数举烽火。……申侯怒,与缯、西夷犬戎攻幽王。幽王举烽火征兵,兵莫至。遂杀幽王骊山下,虏褒姒,尽取周赂而去。"

〔28〕天维:天之纪纲。职:主。

〔29〕"汉祖"二句:《史记·吕太后本纪》:"太后称制……以辟阳侯审食其为左丞相。左丞相不治事,令监宫中,如郎中令。食其故得幸太后,常用事,公卿皆因而决事。"

〔30〕毐:嫪毐(lào ǎi),战国时秦人。秦始皇母太后荒淫,与毐私通,生二子。始皇九年,杀毐,夷三族,又杀太后所生二子,迁太后于雍。事见《史记·吕不韦传》。

〔31〕螮蝀(dì dōng):即虹。作昏:古人认为虹乃阴阳交会而生,是天地的淫气,故云。

〔32〕万乘:指帝王。尚尔:尚且如此。

〔33〕殚:尽。

〔34〕昊天:即天。殛:诛杀。

〔35〕子野:春秋晋乐师师旷,字子野,善辨音以断吉凶福祸。

〔36〕离娄:《孟子·离娄》:"离娄之明。"赵岐注:"离娄者,古之明目者,盖以为黄帝之时人也。黄帝亡其玄珠,使离朱索之。离朱即离娄也,能视于百步之外,见秋毫之末。"

〔37〕遐弃:远弃。《诗·周南·汝坟》:"既见君子,不我遐弃。"

〔38〕庶昭:或许可以表明。

# 赠参寥子[1]

白鹤飞天书[2],南荆访高士[3]。五云在岷山[4],果得参寥子。肮脏辞故园,昂藏入君门[5]。天子分玉帛[6],百官接话言[7]。毫墨时洒落[8],探玄有奇作[9]。著论穷天人[10],千春秘麟阁[11]。长揖不受官,拂衣归林峦。余亦去金马[12],藤萝同所欢。相思在何处?桂树青云端[13]。

〔1〕参寥子:当时一位隐士的号,其姓名不详。

〔2〕"白鹤"句:言征辟贤士的天书飞来。

〔3〕南荆:楚地,指今湖北襄阳一带。

〔4〕五云:五色云。《太平御览》卷八引京房《易飞候》:"视四方常有大云五色,其下贤人隐也。"岷山:一名岷首山,在今湖北襄阳。

〔5〕肮脏:刚直不屈貌。昂藏:气概不凡貌。

〔6〕玉帛:玉器和束帛。

〔7〕话言:《诗·大雅·抑》:"其维哲人,告之话言。"毛传:"话言,古之善言也。"

〔8〕"毫墨"句:语本鲍照《蜀四贤咏》:"陵令无人事,毫墨时洒落。"

〔9〕探玄:探讨道家妙理。

〔10〕穷天人:谓穷究天道人事之相互关系。司马迁《报任安书》:"亦欲以究天人

194

之际,通古今之变,成一家之言。"

〔11〕麟阁:麒麟阁的省称。麒麟阁为汉宫中阁名,是宫中藏秘书、处贤士之所。唐人常借以指秘书省或翰林院。

〔12〕金马:汉宫门名。

〔13〕桂树:《楚辞·招隐士》:"桂树丛生兮山之幽。"又,吴均《山中杂诗》:"山中自有宅,桂树笼青云。"

# 赠饶阳张司户燧[1]

朝饮苍梧泉,夕栖碧海烟[2]。宁知鸾凤意,远托猗桐前[3]?慕蔺岂曩古[4]?攀嵇是当年[5]。愧非黄石老,安识子房贤[6]?功业嗟落日,容华弃徂川[7]。一语已道意,三山期著鞭[8]。蹉跎人间世,寥落壶中天[9]。独见游物祖[10],探元穷化先[11]。何当共携手,相与排冥筌[12]?

〔1〕饶阳:即深州,天宝元年改为饶阳郡,治所在今河北深县。司户:郡守佐吏。

〔2〕苍梧、碧海:代指南方与北方。

〔3〕"宁知"二句:陆云《赠郑曼季诗·高冈》:"瞻彼高冈,有猗其桐。"《诗·大雅·卷阿》郑笺:"凤凰之性,非梧桐不栖,非竹实不食。"

〔4〕慕蔺:《史记·司马相如列传》:"相如既学,慕蔺相如之为人,更名相如。"

〔5〕攀嵇:颜延年《五君咏》:"交吕既鸿轩,攀嵇亦凤举。"嵇,嵇康。

〔6〕"愧非"二句:《史记·留侯世家》载,黄石公曾在下邳桥上向张良传授《太公兵法》。子房:张良字子房,此喻指张司户。

〔7〕徂川:犹逝川。

〔8〕三山:指传说中的东海三神山:蓬莱、方丈、瀛洲。

〔9〕壶中天:道家所说的仙境。《神仙传》卷五载,壶会卖药于汝南,常悬一壶,夜则跳入壶中,中有"楼观五色,重门阁道"。

〔10〕物祖:万物之祖。《庄子·山木》:"浮游乎万物之祖,物物而不物于物。"

〔11〕探元:即探玄。化先:万物化成之先。颜延年《应诏观北湖田收》:"开冬眷徂物,残悴盈化先。"

〔12〕排冥筌:《文选》江淹《许征君询》:"一时排冥筌,泠然空中赏。"李善注:"筌,捕鱼之器。言鱼之在筌,犹人之处尘俗,今既排而去之,超在埃尘之外,故泠然涉空,得中而留也。"

# 赠清漳明府侄聿[1]

我李百万叶,柯条布中州[2]。天开青云器[3],日为苍生忧。小邑且割鸡,大刀仁烹牛[4]。雷声动四境,惠与清漳流[5]。弦歌咏唐尧[6],脱落隐簪组[7]。心和得天真,风俗犹太古[8]。牛羊散阡陌,夜寝不扃户[9]。问此何以然,贤人宰吾土[10]。举邑树桃李[11],垂阴亦流芬。河堤绕绿水,桑柘连青云[12]。赵女不冶容,提笼昼成群[13]。缫丝鸣机杼,百里声相闻[14]。讼息鸟下阶[15],高卧披道帙[16]。蒲鞭挂檐枝,示耻无扑挞[17]。琴清月当户,人寂风入室。长啸无一言,陶然上皇逸[18]。白玉壶冰水,壶中见底清。清光洞毫发,皎洁照群情[19]。赵北美佳政,燕南播高名[20]。过客览行谣[21],因之诵德声。

〔1〕清漳:唐县名,在今河北广平县东北。明府:县令。
〔2〕叶:世。柯条:枝条。
〔3〕青云器:高远之材。颜延年《五君咏》:"仲容青云器。"
〔4〕"小邑"二句:子游为武城县令,孔子至武城,闻弦歌之声,笑道:"割鸡焉用牛刀?"见《论语·阳货》。
〔5〕雷声:《白氏六帖事类集》卷二一:"雷震百里,县令象之,分土百里。"清漳:源出山西平定县大黾谷,在河北、河南两省边境与浊漳合流,统称漳河。
〔6〕弦歌:指礼乐教化。"子之武城,闻弦歌之声"。见《论语·阳货》。唐尧:琴曲名。
〔7〕脱落:犹脱略,不受拘束之意。簪组:指官吏的服饰。隐簪组,即吏隐之意。
〔8〕天真:指未受礼俗影响的天性。太古:指唐尧以前的远古时期。
〔9〕阡陌:田间小路。扃户:闭户。
〔10〕宰:治理。
〔11〕举邑:全县。
〔12〕柘:又名黄桑,叶可饲蚕。
〔13〕赵女:清漳县先秦时属赵国。相传赵地出美女。冶容:女子妖冶其容。笼:竹篮,用以盛桑叶。
〔14〕缫丝:抽理蚕丝。百里:指一县之境。

〔15〕讼息:指政治清明,百姓没有争讼。鸟下阶:谢灵运《斋中读书》:"虚馆绝净讼,空庭来鸟雀。"

〔16〕披:翻阅。道帙:道书。

〔17〕"蒲鞭"二句:东汉刘宽温仁多恕,历典三郡,吏人有过,但以蒲鞭罚之,示辱而已,终不加苦。见《后汉书》本传。

〔18〕陶然:和乐貌。上皇:指伏羲氏。古人想象伏羲氏之世社会安定,生活闲适。

〔19〕"白玉"四句:郁贤皓注:"四句以白玉壶中水清澈见底喻李政治清明,洞察一切。"鲍照《代白头吟》:"直如朱丝绳,清如玉壶冰。"

〔20〕赵北、燕南:指清漳一带,清漳在古赵国北部,古燕国之南。

〔21〕行谣:道路之歌。

# 赠临洺县令皓弟 时被讼停官〔1〕

陶令去彭泽,茫然太古心〔2〕。大音自成曲,但奏无弦琴〔3〕。钓水路非远,连鳌意何深? 终期龙伯国,与尔相招寻〔4〕。

〔1〕临洺:唐县名,在今河北永年县。

〔2〕"陶令"二句:《宋书·陶潜传》载,陶潜任彭泽令,八十余日即解印绶去职。

〔3〕"大音"二句:《晋书·陶潜传》:"性不解音,而畜素琴一张,弦徽不具,每朋酒之会,则抚而和之,曰:'但识琴中趣,何劳弦上声!'"《老子》:"大音希声。"

〔4〕"钓水"四句:用龙伯国大人钓鳌事,见《列子·汤问》。

# 赠郭季鹰

河东郭有道〔1〕,于世若浮云。盛德无我位,清光独映君。耻将鸡并食,长与凤为群。一击九千仞〔2〕,相期凌紫氛〔3〕。

〔1〕郭有道:即郭泰。郭泰卒,四方之士千余人前来会葬,蔡邕为之撰碑文,既而曰:"吾为碑铭多矣,皆有惭德,唯郭有道无愧色耳。"

197

〔2〕"一击"句:宋玉《对楚王问》:"凤凰上击九千里,绝云霓,负苍天,翱翔乎杳冥之上。"

〔3〕"相期"句:刘桢《赠从弟》其三:"凤凰集南岳,徘徊孤竹根。于心有不厌,奋翅凌紫氛。"

# 邺中赠王大[1]

一身竟无托,远与孤蓬征[2]。千里失所依,复将落叶并[3]。中途偶良朋,问我将何行。欲献济时策[4],此心谁见明?君王制六合[5],海塞无交兵。壮士伏草间,沉忧乱纵横。飘飘不得意,昨发南都城[6]。紫燕枥下嘶[7],青萍匣中鸣[8]。投躯寄天下,长啸寻豪英。耻学琅琊人[9],龙蟠事躬耕[10]。富贵吾自取,建功及春荣。我愿执尔手,尔方达我情。相知同一己,岂惟弟与兄?抱子弄白云,琴歌发清声。临别意难尽,各希存令名[11]。

〔1〕邺:古都邑名,在今河北临漳县西南,曹操封魏王,定都于此。唐时于其地置邺县,属相州。天宝元年,改相州为邺郡,治安阳(今河南安阳)。诗题全诗校:"一作邺中王大劝入高凤石门山幽居。"高凤,后汉隐士。《后汉书》有传。

〔2〕孤蓬:《文选》鲍照《芜城赋》:"孤蓬自振。"吕向注:"孤蓬,草也,无根而随风飘转者。"

〔3〕"复将"句:又与落叶相遇,意谓又值秋季。

〔4〕济时:匡时济世。

〔5〕六合:天地四方。

〔6〕南都:即南阳。

〔7〕紫燕:骏马名。下:全诗校:"一作上。"

〔8〕青萍:宝剑名。《抱朴子·博喻》:"青萍、豪曹,剡锋之精绝也。"

〔9〕琅琊人:指诸葛亮。他本琅琊(在今山东诸城市一带)人,后徙居南阳。

〔10〕龙蟠:龙盘曲而伏。诸葛亮曾被称为"卧龙"。

〔11〕令名:美名。

# 赠华州王司士[1]

淮水不绝涛澜高[2],盛德未泯生英髦[3]。知君先负庙堂器[4],今日还须赠宝刀[5]。

〔1〕华州:治郑县,在今陕西华县。司士:即司士参军事,州刺史之佐吏。

〔2〕"淮水"句:《晋书·王导传》:"初导渡淮,使郭璞筮之,卦成,璞曰:'吉,无不利。淮水绝,王氏灭。'其后子孙繁衍,竟如璞言。"

〔3〕英髦:《尔雅·释言》:"髦,选也,髦,俊也。"郭璞注:"士中之俊,如毛中之髦。"

〔4〕庙堂器:指王佐之才。

〔5〕赠宝刀:魏文帝时,徐州刺史吕虔有佩刀,"工相之,以为必登三公,可服此刀"。虔以别驾王祥"有公辅之量",赠以佩刀。后祥历官司空、太尉,位终太保。见《晋书·王祥传》。


# 赠卢征君昆弟

明主访贤逸,云泉今已空[1]。二卢竟不起,万乘高其风。河上喜相得[2],壶中趣每同[3]。沧洲即此地,观化游无穷[4]。水落海上清,鳌背睹方蓬[5]。与君弄倒景[6],携手凌星虹。

〔1〕"明主"二句:瞿蜕园、朱金城注:"此二句即王维诗'圣代无隐者,英灵尽来归'之意。"

〔2〕"河上"句:河上公为传说中的仙人,莫知其姓名,汉文帝时结草为庵于河滨,因号河上公。文帝读《老子》,常以疑问请教。见《神仙传》卷三。

〔3〕壶中趣:《神仙传》卷五载,壶公卖药于汝南,常悬一壶,夜则跳入壶中,中有"楼观五色,重门阁道"。

〔4〕观化:《庄子·至乐》:"吾与子观化而化及我,我又何恶焉?"

〔5〕"鳌背"句:《列子·汤问》载,大海中有五座仙山,常随波漂流,群仙患之,天帝乃命巨鳌举首戴之,五山乃峙而不动。

〔6〕倒景:道家指天上最高处。见《汉书·郊祀志》。

# 赠新平少年[1]

韩信在淮阴,少年相欺凌。屈体若无骨,壮心有所凭[2]。一遭龙颜君[3],啸咤从此兴。千金答漂母[4],万古共嗟称。而我竟何为?寒苦坐相仍。长风入短袂,两手如怀冰。故友不相恤,新交宁见矜[5]?摧残槛中虎,羁绁韝上鹰[6]。何时腾风云,搏击申所能?

〔1〕新平:唐邠州,天宝元年改为新平郡,治新平县(今陕西邠县)。
〔2〕"韩信"四句:写韩信忍受胯下之辱的故事。
〔3〕龙颜君:《汉书·高祖纪》谓高祖"隆准而龙颜"。
〔4〕"千金"句:韩信家贫,有一漂母哀而饭之,后报以千金。
〔5〕矜:怜悯,同情。
〔6〕羁绁(xiè):马缰绳,此处为束缚之意。韝上鹰:《文选》鲍照《乐府》:"昔如韝上鹰。"刘良注:"韝,以皮蔽手而臂鹰也。"

# 赠崔侍郎[1]

长剑一杯酒,男儿方寸心。洛阳因剧孟[2],托宿话胸襟。但仰山岳秀,不知江海深。长安复携手,再顾重千金。君乃輶轩佐[3],予叨翰墨林。高风摧秀木[4],虚弹落惊禽[5]。不取回舟兴[6],而来命驾寻。扶摇应借力[7],桃李愿成阴[8]。笑吐张仪舌[9],愁为庄舄吟[10]。谁怜明月夜,肠断听秋砧[11]!

〔1〕郎:全诗校:"一作御。"作"御"是。
〔2〕剧孟:汉洛阳人,以任侠显名诸侯。

200

〔3〕辒轩:使者所乘之轻车。全诗校:"一作轩辕。"王琦注:"按太白作《崔公泽畔吟诗序》有'中佐宪车'之语,是崔尝以事为使副,故曰'君乃辒轩佐',作'轩辕'者非是。"

〔4〕"高风"句:《文选》李康《运命论》:"木秀于林,风必摧之。"刘良注:"木高出于林上者,故风吹而先折也。"

〔5〕"虚弹"句:《战国策·齐策四》:"更赢与魏王处京台之下……有间,雁从东方来,更赢以虚发而下之。"雁受箭伤生群,听到弦声而惊坠。

〔6〕回舟兴:化用王子猷雪夜访戴之事。

〔7〕扶摇:盘旋而上的暴风。《庄子·逍遥游》:"鹏之徙于南冥也,水击三千里,抟扶摇而上者九万里。"

〔8〕"桃李"句:古谚有"桃李不言,下自成蹊"之句。见《史记·李将军列传赞》。

〔9〕张仪舌:《史记·张仪列传》载,楚人疑张仪盗璧,"共执张仪,掠笞数百,不服,醳之。其妻曰:'嘻!子毋读书游说,安得此辱乎?'张仪谓其妻曰:'视吾舌尚在不?'其妻笑曰:'舌在也。'仪曰:'足矣。'"

〔10〕"愁为"句:越人庄舄在楚国官至执珪,不忘故国,病中吟唱越国的歌曲寄托乡思。事见《史记·张仪列传》。

〔11〕砧:捣衣石。

# 走笔赠独孤附马<sup>〔1〕</sup>

都尉朝天跃马归<sup>〔2〕</sup>,香风吹人花乱飞。银鞍紫鞚照云日<sup>〔3〕</sup>,左顾右盼生光辉<sup>〔4〕</sup>。是时仆在金门里,待诏公车谒天子<sup>〔5〕</sup>。长揖蒙垂国士恩<sup>〔6〕</sup>,壮心剖出酬知己。一别磋跎朝市间,青云之交不可攀。倘其公子重回顾,何必侯赢长抱关?<sup>〔7〕</sup>

〔1〕独孤驸马:当为独孤明。《新唐书·诸帝公主传》载,玄宗女信成公主,下嫁独孤明。

〔2〕都尉:指驸马都尉。魏晋以后,尚公主者皆拜此官。见《初学记》卷十。

〔3〕鞚:有嚼口的马络头。

〔4〕左顾右盼:曹植《与吴质书》:"左顾右盼,谓若无人。"

〔5〕公车:汉官署名。待诏公车,指己为翰林待诏。

〔6〕国士:旧称一国杰出的人才。《战国策·赵策一》:"知伯以国士遇臣,臣故国

士报之。"

〔7〕"倘其"二句:用战国信陵君的门客侯嬴的故事,见《史记·魏公子列传》。

# 赠嵩山焦炼师[1]并序

　　嵩丘有神人焦炼师者,不知何许妇人也。又云生于齐梁时,其年貌可称五六十。常胎息绝谷[2],居少室庐[3],游行若飞,倏忽万里。世或传其入东海,登蓬莱,竟莫能测其往也。余访道少室,尽登三十六峰,闻风有寄,洒翰遥赠。
二室凌青天[4],三花含紫烟[5]。中有蓬海客,宛疑麻姑仙[6]。道在喧莫染,迹高想已绵。时餐金鹅蕊[7],屡读青苔篇[8]。八极恣游憩,九垓长周旋[9]。下瓢酌颍水[10],舞鹤来伊川[11]。还归空山上,独拂秋霞眠。萝月挂朝镜,松风鸣夜弦。潜光隐嵩岳,炼魄栖云幄。霓裳何飘飘[12],凤吹转绵邈。愿同西王母,下顾东方朔[13]。紫书倘可传[14],铭骨誓相学。

〔1〕焦炼师:《唐六典》卷四:"道士修行有三号……其德高思精,谓之炼师。"

〔2〕胎息:道家、道教的一种修炼方法。《抱朴子·释滞》:"得胎息者,能不以鼻口嘘吸,如在胞胎之中。"绝谷:犹辟谷,古代道家的养身延年之术。

〔3〕少室:少室山,在河南登封市北,主峰玉寨山为嵩山最高峰。

〔4〕二室:指太室山、少室山,总称嵩山。

〔5〕三花:即三花树。

〔6〕麻姑:古代仙女。

〔7〕金鹅蕊:王琦注:"杨升庵曰:金鹅蕊,桂也。《艺文类聚》《临海记》曰:郡东南有白石山,高三百余丈,望之如雪。山上有湖,古老相传云:金鹅所集,八桂所植。"全诗校:"一作蛾药。"

〔8〕青苔篇:道书。陈子昂《潘尊师碑颂》:"道逢真人升玄子,授以宝书青苔纸。"

〔9〕八极:八方极远之地。九垓:九天之上。

〔10〕"下瓢"句:用许由事。

〔11〕"舞鹤"句:用王子乔事。周灵王太子晋好吹笙,作凤凰鸣,道士浮丘公接以上嵩山。三十余年后,对人说:"告我家,七月七日待我于缑氏山巅。"至时果乘白鹤驻山头,数日而去。后人立祠于缑氏山与嵩山。事见《列仙传》卷上。

〔12〕裳:全诗校:"一作衣。"

〔13〕"愿同"二句:《博物志》卷八载,七月七日之夜,西王母降于汉宫,与汉武帝

共食仙桃。"时东方朔窃从殿南厢朱鸟牖中窥母，母顾之，谓帝曰：'此窥牖小儿，尝三来盗吾此桃。'帝乃大怪之"。

〔14〕紫书：道书。王琦注："《真诰》：道有青要紫书，金根众文。《云笈七签》：紫书，紫笔缮文也。"

# 口号赠征君鸿此公时被征[1]

陶令辞彭泽[2]，梁鸿入会稽[3]。我寻高士传[4]，君与古人齐。云卧留丹壑，天书降紫泥[5]。不知杨伯起，早晚向关西[6]。

〔1〕诗题王琦注本作《口号赠杨征君》。王琦注："萧本作《口号赠征君鸿》……盖以为即卢鸿矣，未详是否。"卢鸿，字浩然，隐于嵩山，玄宗开元六年（718）应诏入东都，拜谏议大夫，坚辞，乃听还山，后广聚生徒五百人。

〔2〕"陶令"句：《宋书·陶潜传》载，陶潜任彭泽令，在官八十余日，"郡遣督邮至，县吏白，应束带见之。潜叹曰：'我不能为五斗米折腰向乡里小人。'即日解印绶去职，赋《归去来》"。

〔3〕"梁鸿"句：后汉梁鸿，家贫而尚节介，博览无所不通，与妻孟光共入霸陵山中，以耕织为业。后东出关，过京师，与妻居齐鲁间，后又去吴。事见《后汉书·梁鸿传》。

〔4〕高士传：《隋书·经籍志》："《高士传》六卷，皇甫谧撰。"又"《高士传》二卷，虞槃佐撰"。

〔5〕紫泥：皇帝诏书封袋用紫泥封口，泥上盖印，故称紫泥诏或紫泥书。

〔6〕"不知"二句：杨震字伯起，弘农华阴人。博学，时称"关西孔子杨伯起"。汉安帝时，官至太尉，刚正直谏，免官，饮鸩而卒。顺帝即位，下诏昭雪，以礼改葬。《后汉书》有传。

# 上李邕[1]

大鹏一日同风起，抟摇直上九万里[2]。假令风歇时下来，犹能簸却沧溟水[3]。世人见我恒殊调[4]，闻余大言皆冷笑。宣父犹能畏后生[5]，丈夫未可轻年少[6]。

〔1〕诗作于天宝四载(745),时作者在齐鲁一带漫游。李邕:历仕武后、中宗、玄宗朝,以能文爱士名重天下,官北海太守,世称李北海。

〔2〕"大鹏"二句:《庄子·逍遥游》:"鹏之徙于南冥也,水击三千里,抟扶摇而上者九万里。"

〔3〕假令:假使。簸却:激扬。沧溟:大海。

〔4〕恒:常。殊调:格调特殊。

〔5〕宣父:即孔子,唐太宗贞观十一年诏尊孔子为宣父。畏后生:《论语·子罕》:"后生可畏,焉知来者之不如今也。"

〔6〕丈夫:男子的通称。全诗注:"此首萧士赟云是伪作。"


# 赠张公洲革处士[1]


列子居郑圃,不将众庶分[2]。革侯遁南浦[3],常恐楚人闻。抱瓮灌秋蔬,心闲游天云。每将瓜田叟,耕种汉水濆。时登张公洲,入兽不乱群[4]。井无桔槔事[5],门绝刺绣文[6]。长揖二千石[7],远辞百里君[8]。斯为真隐者,吾党慕清芬。

〔1〕张公洲:在今武汉市武昌南二十里。为晋隐士张公灌园处,故名。

〔2〕"列子"二句:《列子·天瑞》:"子列子居郑圃四十年,人无识者。国君卿大夫视之,犹众庶也。"将,与。

〔3〕南浦:王琦注:"南浦,即张公洲,以在城之南,故曰南浦。"

〔4〕"入兽"句:《庄子·山木》:"入兽不乱群,入鸟不乱行,鸟兽不恶,而况人乎?"

〔5〕"井无"句:《庄子·天地》载,子贡过汉阴,见一老人凿隧入井,用水瓮取水浇园,用力多而功效少。子贡问为何不用机械抽水,老人说:"有机械者必有机事,有机事者必有机心……吾非不知,羞而不为也。"

〔6〕刺绣文:《史记·货殖列传》:"工不如商,刺绣文不如倚市门。"此言家中不用刺绣品。

〔7〕长揖:古代同辈人的相见之礼,拱手自上而至极下,不拜。二千石:谓州郡长官。

〔8〕百里君:谓县令。

# 卷　九

## 秋日炼药院镊白发赠元六兄林宗[1]

木落识岁秋,瓶冰知天寒[2]。桂枝日已绿,拂雪凌云端[3]。弱龄接光景[4],矫翼攀鸿鸾。投分三十载[5],荣枯同所欢。长吁望青云,镊白坐相看[6]。秋颜入晓镜,壮发凋危冠[7]。穷与鲍生贾[8],饥从漂母餐[9]。时来极天人[10],道在岂吟叹?乐毅方适赵[11],苏秦初说韩[12]。卷舒固在我[13],何事空摧残。

〔1〕镊:拔除,夹取。元林宗:当是元丹丘。

〔2〕"木落"二句:《淮南子·说山训》:"见一叶落而知岁之将暮,睹瓶中之冰而知天下之寒。"

〔3〕桂枝:《晋书·郤诜传》:"累迁雍州刺史,武帝于东堂会送,问诜曰:'卿自以为何如?'诜对曰:'臣举贤良对策,为天下第一,犹桂林之一枝,昆山之片玉。'"此二句喻指元林宗才华出众。

〔4〕弱龄:谓少年。

〔5〕投分:志趣相合。

〔6〕白:指白发。

〔7〕壮发:《汉书·赵皇后传》:"额上有壮发,类孝元皇帝。"颜师古注:"壮发当额前侵下而生,今俗呼为圭头者是也。"危冠:高冠。

〔8〕鲍生:即鲍叔牙。此处用管仲与鲍叔交游的故事。

〔9〕漂母:韩信曾得漂母的救济而存活。

〔10〕时:指建功立业的机会。极天人:谓致身青云。

〔11〕乐毅:战国时燕将。

〔12〕苏秦:战国时东周洛阳人,曾游说六国共同抗秦。苏秦先说燕,次说赵,三说韩,事见《史记·苏秦列传》。王琦注:"乐毅适赵、苏秦说韩二事,皆言功业未成就之意。"

〔13〕卷舒:指用世和隐居。

# 书情赠蔡舍人雄[1]

尝高谢太傅[2]，携妓东山门[3]。楚舞醉碧云，吴歌断清猿。暂因苍生起，谈笑安黎元[4]。余亦爱此人，丹霄冀飞翻[5]。遭逢圣明主，敢进兴亡言[6]。白璧竟何辜，青蝇遂成冤[7]。一朝去京国，十载客梁园[8]。猛犬吠九关，杀人愤精魂[9]。皇穹雪冤枉，白日开氛昏[10]。泰阶得夔龙，桃李满中原[11]。倒海索明月，凌山采芳荪[12]。愧无横草功[13]，虚负雨露恩[14]。迹谢云台阁，心随天马辕[15]。夫子王佐才[16]，而今复谁论？层飙振六翮，不日思腾骞[17]。我纵五湖棹，烟涛恣崩奔[18]。梦钓子陵湍，英风缅犹存[19]。彼希客星隐[20]，弱植不足援[21]。千里一回首，万里一长歌。黄鹤不复来，清风愁奈何！舟浮潇湘月，山倒洞庭波。投汨笑古人[22]，临濠得天和[23]。闲时田亩中，搔背牧鸡鹅。别离解相访，应在武陵多[24]。

〔1〕此诗作于天宝十二载（753），时作者滞留于梁园一带。舍人：官名。唐中书省有中书舍人、起居舍人、通事舍人，东宫有中舍人、太子舍人、通事舍人。

〔2〕谢太傅：谢安。安卒赠太傅，故称。高：钦佩推崇。此句全诗校："一作尝闻谢安石。"

〔3〕"携妓"句：谢安隐居东山时，喜携妓游玩。

〔4〕"暂因"句：谢安屡征不出，时人或曰："安石不肯出，将如苍生何？""谈笑"句：淝水之战时谢安任征讨大都督，指挥谢玄等大败苻坚军。黎元，即百姓。

〔5〕丹霄：天空。冀：希望。

〔6〕兴亡言：指有关国家治乱兴亡的意见。全诗校："一本此下有'蛾眉积谗妒，鱼目嗤玙璠'二句。"

〔7〕"白璧"二句：陈子昂《宴胡楚真禁所》："青蝇一相点，白璧遂成冤。"此以白璧遭污喻己之被谗遭毁。竟何辜，全诗校："一作本无瑕。"

〔8〕京国：长安。梁园：在今河南商丘东南。此泛指梁地。

〔9〕猛犬：喻把持政权的奸臣。《楚辞·九辩》："岂不郁陶而思君兮，君之门以九重。猛犬狺狺而迎吠兮，关梁闭而不通。"九关：犹九门，九重，喻朝廷。《楚辞·招魂》："虎豹九关，啄害下人些。"愤精魂：使人愤懑。

〔10〕皇穹:指天。氛昏:晦暗恶浊之气。

〔11〕泰阶:即三台,星座名,喻人间三公之位,即相位。夔龙:传说为舜时的两个贤臣。桃李:喻指人才。

〔12〕明月:明月珠。凌:度越。荪:香草名。此处明月、芳荪均喻指人才。

〔13〕横草功:微小的功劳。《汉书·终军传》:"军自请曰:'军无横草之功,得列宿卫,食禄五年。'"颜师古注:"言行草中,使草偃卧,故云横草也。"

〔14〕雨露恩:指皇帝对臣下、百姓的恩惠似雨露滋润万物一样。

〔15〕谢:辞别。云台:汉代有台曰云台,此代指朝廷。天马:指皇帝车驾所用的马。

〔16〕夫子:指蔡雄。

〔17〕层飙:高风。六翮:有力的翅膀。《古诗十九首》:"昔我同门友,高举振六翮。"腾骞(qiān):飞腾。

〔18〕五湖棹:用范蠡事。崩奔:趋赴。

〔19〕子陵:东汉初隐士严光的字。湍:急流。缅:遥远。风:全诗校:"一作芬。"

〔20〕彼:全诗校:"一作徒。"希:仰慕。客星:指严子陵。

〔21〕弱植:软弱而不能树立。《左传·襄公三十年》:"其君弱植。"孔颖达疏:"《周礼》谓草木为植物,植为树立,君志弱不树立也。"

〔22〕汨:汨罗江,在今湖南平江、汨罗县境内。屈原自沉于此。

〔23〕临濠:《庄子·秋水》:"庄子与惠子游于濠梁之上,庄子曰:'儵鱼出游从容,是鱼之乐也。'"天和:自然的祥和之气。《庄子·知北游》:"若正汝形,一汝视,天和将至。"

〔24〕解:懂得。武陵:指桃花源。


# 忆襄阳旧游赠马少府巨〔1〕


昔为大堤客〔2〕,曾上山公楼〔3〕。开窗碧嶂满〔4〕,拂镜沧江流。高冠佩雄剑,长揖韩荆州〔5〕。此地别夫子〔6〕,今来思旧游。朱颜君未老,白发我先秋〔7〕。壮志恐蹉跎,功名若云浮。归心结远梦,落日悬春愁。空思羊叔子,堕泪岘山头〔8〕。


〔1〕诗约作于天宝四载(745),时作者游梁宋和东鲁,途经济阴(今山东定陶县)。襄阳:唐襄州,天宝元年改为襄阳郡,治所在襄阳县(今湖北襄阳市)。少府:县尉的别

称。

〔2〕大堤:在襄阳城外,东临汉江,西自万山,周围四十余里。

〔3〕山公楼:山简遗迹。西晋时山简曾为襄阳太守。

〔4〕碧嶂:青山。

〔5〕韩荆州:韩朝宗,开元二十二年为荆州大都督府长史兼判襄州刺史,李白在襄阳拜见过他。

〔6〕夫子:指马巨。

〔7〕秋:指衰老。

〔8〕"空思"二句:晋羊祜镇守襄阳时,常登岘山,置酒赋诗。祜死后,其部属在岘山建碑立庙,每年祭祀。见碑皆流泪,杜预因称此碑为"堕泪碑"。事见《晋书·羊祜传》。叔子,羊祜字。此二句全诗校:"一作何时共携手,更醉岘山头。"


# 对雪献从兄虞城宰<sup>〔1〕</sup>

昨夜梁园里<sup>〔2〕</sup>,弟寒兄不知。庭前看玉树<sup>〔3〕</sup>,肠断忆连枝<sup>〔4〕</sup>。

〔1〕虞城:唐县名,在今河南虞城县。
〔2〕梁园:汉梁孝王在睢阳所建的园林。故址在今河南商丘东南。
〔3〕玉树:指雪中之树。
〔4〕连枝:喻兄弟。


# 访道安陵遇盖寰为余
# 造真箓临别留赠<sup>〔1〕</sup>

清水见白石<sup>〔2〕</sup>,仙人识青童<sup>〔3〕</sup>。安陵盖夫子,十岁与天通。悬河与微言<sup>〔4〕</sup>,谈论安可穷?能令二千石,抚背惊神聪。挥毫赠新诗,高价掩山东<sup>〔5〕</sup>。至今平原客<sup>〔6〕</sup>,感激慕清风。学道北海仙,传书蕊珠宫<sup>〔7〕</sup>。丹田了玉阙<sup>〔8〕</sup>,白日思云空。为我草真箓,天人惭妙工。七元洞豁落<sup>〔9〕</sup>,八角辉星虹<sup>〔10〕</sup>。三灾荡璇玑<sup>〔11〕</sup>,蛟龙翼微躬。举手谢天地,虚无齐始终<sup>〔12〕</sup>。

黄金满高堂,答荷难克充[13]。下笑世上士,沉魂北罗酆[14]。昔日万乘坟,今成一科蓬[15]。赠言若可重,实此轻华嵩[16]。

〔1〕安陵:唐县名,在今河北吴桥县北。寰:原作"还",据王琦本改。真箓:道教秘文。《隋书·经籍志》记受道之法云:"初受《五千文箓》,次受《三洞箓》,次受《洞玄箓》,次受《上清箓》。箓皆素书,纪诸天曹官属佐史之名有多少,又有诸符,错在其间。文章诡怪,世所不识。"

〔2〕"清水"句:语本《乐府诗集·相和歌辞·艳歌行》:"语卿且勿眄,水清石自见。"

〔3〕青童:仙童。

〔4〕悬河:《世说新语·赏誉》:"郭子玄语议如悬河写水,注而不竭。"微言:精微要妙之言。

〔5〕山东:华山以东地区。

〔6〕平原客:平原郡中宾客。安陵属德州平原郡。

〔7〕北海仙:王琦注:"北海仙,谓北海高天师如贵。"蕊珠宫:此借指道观。

〔8〕丹田:道教指脐下男子精室、女子子宫所在部位。玉阙:梁丘子注:"玉阙者,肾中白气,上与肺连也。"《黄庭内景经》:"肺部之宫似华盖,下有童子坐玉阙。"梁丘子注:"玉阙者,肾中白气,上与肺连也。"

〔9〕"七元"句:王琦注:"《云笈七签》:《太微黄书》八卷,素诀乃含于九天元母,结文空胎,历岁数劫,以成自然之章。太皇中岁,成《洞真金真玉光八景飞经》……青真小童名之为《豁落七元》。"

〔10〕"八角"句:《隋书·经籍志》:"(元始天尊)所说之经……天地不坏,则蕴而莫传,劫运若开,其文自见。凡八字,尽道体之奥,谓之天书。字方一丈,八角垂芒,光辉照耀,惊心眩目,虽诸天仙,不能省视。"

〔11〕三灾:佛教谓劫末所起的三种灾害。刀兵、疫疠、饥馑为小三灾,起于住劫中减劫之末,火、风、水为大三灾,起于坏劫之末。璇玑:古时测天文的器皿。

〔12〕始终:即生死。

〔13〕答荷:报答。克:能。充:足够。

〔14〕罗酆:道教所谓鬼王都城所在。《真诰·阐幽微》:"罗酆山在北方癸地,山高二千六百里,周回三万里。其山下有洞天,在山之中,周回一万五千里,其上其下并有鬼神宫室。山上有六宫,洞中有六宫,辄周回千里,是为六天鬼神之宫也。"

〔15〕科蓬:土块,指小坟。

〔16〕华嵩:华山、嵩山。此谓赠言重于华、嵩。

# 赠崔郎中宗之<sub>时谪官金陵</sub>[1]

胡雁拂海翼,翱翔鸣素秋。惊云辞沙朔[2],飘荡迷河洲。有如飞蓬人[3],去逐万里游。登高望浮云,仿佛如旧丘[4]。日从海旁没,水向天边流。长啸倚孤剑,目极心悠悠[5]。岁晏归去来,富贵安可求[6]?仲尼七十说,历聘莫见收[7]。鲁连逃千金,珪组岂可酬[8]?时哉苟不会,草木为我俦[9]。希君同携手,长往南山幽。

〔1〕题下注语他本无,《旧唐书·李白传》称"侍御史崔宗之谪官金陵,与白诗酒唱和",全诗编者因据之而加注。其实《旧唐书》所言不足信,说见郁贤皓《李白诗中崔侍御考辨》。

〔2〕沙朔:北方沙漠之地。

〔3〕飞蓬人:飘泊之人,诗人自谓。

〔4〕旧丘:《文选》鲍照《结客少年场行》:"去乡三十载,复得还旧丘。"李善注:"《广雅》曰:'丘,居也。'"

〔5〕心悠悠:《诗·郑风·子衿》:"悠悠我心。"悠悠,思之长也。

〔6〕"富贵"句:《论语·述而》:"子曰:'富而可求也,虽执鞭之士,吾亦为之;如不可求,从吾所好。'"

〔7〕"仲尼"二句:《淮南子·泰族训》:"孔子欲行王道,东西南北,七十说而无所偶。"聘,问。

〔8〕"鲁连"二句:用鲁仲连笑而不受千金之报的故事。珪组,指官爵。

〔9〕不会:指没有机会。俦:伴侣。

# 赠崔咨议[1]

绿骥本天马[2],素非伏枥驹[3]。长嘶向清风,倏忽凌九区[4]。何言西北至,却走东南隅[5]。世道有翻覆,前期难豫图。希君一剪拂[6],犹可骋中衢[7]。

〔1〕咨议:《新唐书·百官志》:"王府官……咨议参军事一人,正五品上,掌讦谋议事。"

〔2〕绿骥:骏马名。天马:汉武帝称乌孙马或大宛汗血马为天马。

〔3〕伏枥驹:凡马。枥:马槽。

〔4〕倏忽:转眼之间。九区:九州。

〔5〕"何言"二句:庾肩吾《爱妾换马》:"渥水出腾驹,湘川实应图。来从西北道,去逐东南隅。"

〔6〕翦拂:修剪洗拭。《文选》刘峻《广绝交论》:"至于顾盼增其倍价,翦拂使其长鸣。"

〔7〕中衢:即中道,道路的中央。


# 赠升州王使君忠臣[1]

六代帝王国,三吴佳丽城[2]。贤人当重寄[3],天子借高名。巨海一边静,长江万里清。应须救赵策,未肯弃侯嬴[4]。

〔1〕升州:唐乾元元年(758),改江宁郡置,上元二年废。治所在上元(今南京市)。

〔2〕六代:指孙吴、东晋、宋、齐、梁、陈六个以上元为都的朝代。三吴:指吴郡、吴兴、会稽。

〔3〕重寄:犹云重任。

〔4〕"应须"二句:用信陵君用侯嬴策解邯郸之围事。此处诗人自比侯嬴,希望找到建立功业的机会。


# 赠别从甥高五[1]

鱼目高泰山,不如一玙璠[2]。贤甥即明月[3],声价动天门。能成吾宅相,不减魏阳元[4]。自顾寡筹略,功名安所存?五木思一掷[5],如绳系穷猿。枥中骏马空,堂上醉人喧。黄金久已罄,为报故交恩。闻君陇西行,使我惊心魂。与尔共飘飖，雪天各飞翻。江水流或卷，此心难具论。贫家羞好客[6]，语拙觉辞繁。三朝空错莫[7]，对饭却惭冤[8]。自笑我非夫[9]，生事多契阔[10]。蓄积万古愤，向谁得开豁[11]？天地一浮云，此身乃毫末[12]。忽见无端倪[13]，太虚可包括[14]。去去何足道，临岐空复愁。肝胆不楚越[15]，山河亦衾裯[16]。云龙若相从[17]，明主会见收。成功解相访[18]，溪水桃花流[19]。

〔1〕高五：高镇，李白又有《醉后赠从甥高镇》诗。

〔2〕鱼目：鱼目似珠可以假乱真。高泰山：言堆积之多。玙璠：美玉。

〔3〕明月：明月珠。

〔4〕"能成"二句：《晋书·魏舒传》："魏舒字阳元，任城樊人也。少孤，为外家宁氏所养。宁氏起宅，相宅者云：'当出贵甥'。外祖母以魏氏甥小而慧，意谓应之。舒曰：'当为外氏成此宅相。'"

〔5〕五木：古代博具。程大昌《演繁露》："古惟斫木为子，一具凡五子，故名五木。后世转而用石用玉用象牙用骨，故《列子》谓之投琼，律文谓之出玖。"

〔6〕家：全诗校："一作居。"

〔7〕三朝：三天。错莫：心绪繁乱。

〔8〕饭：全诗校："一作饮。"

〔9〕非夫：犹云非丈夫。《左传·宣公十二年》："且成师以出，闻敌强而退，非夫也。"

〔10〕契阔：劳苦，勤苦。

〔11〕开豁：倾诉，抒发。

〔12〕毫末：言细微之极。《庄子·秋水》："号物之数谓之万，人处一焉。……此其比万物也，不似毫末之在于马体乎？"

〔13〕端倪：边际。《庄子·大宗师》："反覆终始，不知端倪。"

〔14〕太虚：天空。

〔15〕楚越：语本《庄子·德充符》："自其异者视之，肝胆楚越也；自其同者视之，万物皆一也。"

〔16〕衾裯：被子与床帐。

〔17〕云龙：指君臣遇合。《易·乾》："云从龙，风从虎，圣人作而万物睹。"

〔18〕解：全诗校："一作若。"

〔19〕溪：全诗校："一作绿。"此句用《桃花源记》典。

# 赠裴司马[1]

翡翠黄金缕,绣成歌舞衣。若无云间月[2],谁可比光辉?秀色一如此,多为众女讥。君恩移昔爱,失宠秋风归[3]。愁苦不窥邻[4],泣上流黄机[5]。天寒素手冷,夜长烛复微。十日不满匹,鬓蓬乱若丝。犹是可怜人,容华世中稀。向君发皓齿[6],顾我莫相违。

〔1〕司马:州刺史之佐吏。

〔2〕云间月:古乐府《白头吟》:"皑如山上雪,皎若云间月。"

〔3〕秋风归:用班婕妤好事。汉成帝时,班婕妤失宠,供养于长信宫,乃作《怨诗》咏扇曰:"常恐秋节至,凉风夺炎热。"见《玉台新咏》卷一。

〔4〕窥邻:谓女子求偶。宋玉《登徒子好色赋》:"臣里之美者,莫若臣东家之子……然此女登墙窥臣三年,至今未许也。"

〔5〕流黄:褐黄色之绢。

〔6〕发皓齿:指开口唱歌。皓,洁白。

# 叙旧赠江阳宰陆调[1]

泰伯让天下,仲雍扬波涛[2]。清风荡万古,迹与星辰高[3]。开吴食东溟[4],陆氏世英髦[5]。多君秉古节,岳立冠人曹[6]。风流少年时,京洛事游遨[7]。腰间延陵剑[8],玉带明珠袍。我昔斗鸡徒,连延五陵豪[9]。邀遮相组织,呵吓来煎熬[10]。君开万丛人,鞍马皆辟易[11]。告急清宪台,脱余北门厄[12]。间宰江阳邑,蔼棘树兰芳[13]。城门何肃穆[14],五月飞秋霜[15]。好鸟集珍木,高才列华堂。时从府中归,丝管俨成行[16]。但苦隔远道,无由共衔觞[17]。江北荷花开,江南杨梅熟[18]。正好饮酒时,怀贤在心目。挂席拾海月[19],乘风下长川[20]。多沽新丰醽[21],满载剡溪船[22]。中途不遇人,直到尔门前。大笑同一醉,取乐平生年[23]。

〔1〕江阳:唐县名,在今江苏扬州市。陆调:字牧臣,广德二年官袁州别驾。见李华《张镐遗德颂》。

〔2〕"泰伯"二句:周太王有三子,长曰泰伯,次曰仲雍,少曰季历。季历贤,有圣子曰昌。太王欲立季历,以及于昌,于是泰伯、仲雍乃奔荆蛮,断发文身,示不可用。季历立,传位于昌,是为周文王。事见《史记·吴太伯世家》。陆机《吴趋行》:"泰伯导仁风,仲雍扬其波。"

〔3〕迹:指泰伯、仲雍的行为与德行。

〔4〕开吴:指泰伯、仲雍创立吴国。东溟:东海,此指东方吴地。

〔5〕陆氏:陆姓为江东大族之一。英髦:英俊杰出。

〔6〕多:赞许。古节:古人高尚的节操。岳立:像山岳一样耸立。人曹:人群。

〔7〕京洛:指首都长安和东都洛阳。事:从事。

〔8〕延陵剑:用吴公子季札典。春秋时,季札出使过徐君,心许返回时将宝剑相赠。返回时,徐君已死,季札将剑挂于徐君墓树上。见《史记·吴太伯世家》。

〔9〕五陵:汉高祖葬长陵,惠帝葬安陵,景帝葬阳陵,武帝葬茂陵,昭帝葬平陵,合称五陵,均在长安周围。汉唐时此地多豪侠少年。

〔10〕邀遮:拦路。呵吓:呵斥和恐吓。煎熬:围攻,折磨。

〔11〕君:指陆调。辟易:因惊恐而后退。

〔12〕清宪台:御史台,掌监察。北门:似指长安北门。

〔13〕间:最近。宰:为县令。棘:喻小人。兰芳:喻君子。

〔14〕肃穆:严肃静谧。

〔15〕"五月"句:谓陆调治邑十分威严。

〔16〕丝管:弦乐器和管乐器。俨:俨然,庄严貌。

〔17〕衔觞:衔杯,喝酒。

〔18〕江北:江阳县在长江以北。江南:李白此时在江南。

〔19〕挂席:张帆。谢灵运《游赤石进帆海》:"扬帆采石华,挂席拾海月。"李善注:"《临海志》曰:'……海月大如镜,白色。'扬帆、挂席,其义一也。"

〔20〕长川:指长江。

〔21〕沽:买。新丰:指江南镇江丹徒之新丰,亦产美酒(据钱大昕《十驾斋养新录》)。醁:美酒。

〔22〕剡溪船:用王子猷访戴逵的典故。《世说新语·任诞》:"王子猷居山阴,夜大雪,眠觉,开室,命酌酒。四望皎然,因起彷徨,咏左思《招隐诗》。忽忆戴安道。时戴在剡,即便夜乘小船就之。经宿方至,造门不前而返。人问其故,王曰:'吾本乘兴而行,兴尽而返,何必见戴?'"

〔23〕全诗校:"一本作:'太伯让天下,仲雍扬波涛。清风荡万古,迹与星辰高。

214

开吴食东溟，陆氏世英髦。大子特峻秀，岳立冠人曹。风流少年时，京洛事游遨。骖骊红阳燕，玉剑明珠袍。一诺许他人，千金双错刀。满堂青云士，望美期丹霄。我昔北门厄，摧如一枝蒿。有虎挟鸡徒，连延五陵豪。邀遮来组织，呵吓相煎熬。君披万人丛，脱我如貔牢。此耻竟未刷，且食绥山桃。非天雨文章，所祖托风骚。苍蓬老壮发，长策未逢遭。别君几何时，君无相思否？鸣琴坐高楼，绿水净窗牖。政成闻雅颂，人吏皆拱手。投刃有余地，回车摄江阳。错杂非易理，先威挫豪强。城门何肃穆，五月飞秋霜。好鸟集珍木，高才列华堂。时从府中归，丝管俨成行。但苦隔远道，无由共衔觞。江北荷花开，江南杨梅鲜。挂席拾海月，乘风下长川。多沽新丰醁，满载剡溪船。中途不遇人，直到尔门前。大笑同一醉，取乐平生年。'"

# 赠从孙义兴宰铭[1]

天子思茂宰[2]，天枝得英才[3]，朗然清秋月，独出映吴台[4]。落笔生绮绣，操刀振风雷[5]，蠖屈虽百里，鹏骞望三台[6]。退食无外事[7]，琴堂向山开[8]。绿水寂以闲，白云有时来。河阳富奇藻，彭泽纵名杯[9]。所恨不见之，犹如仰昭回[10]。元恶昔滔天，疲人散幽草。惊川无恬鳞，举邑罕遗老[11]。誓雪会稽耻[12]，将奔宛陵道[13]。亚相素所重[14]，投刃应《桑林》[15]。独坐伤激扬[16]，神融一开襟。弦歌欣再理[17]，和乐醉人心。蠹政除害马[18]，倾巢有归禽。壶浆候君来，聚舞共讴吟。农夫弃襄笠，蚕女堕缨簪[19]。欢笑相拜贺，则知惠爱深[20]。历职吾所闻，称贤尔为最。化洽一邦上，名驰三江外[21]。峻节贯云霄，通方堪远大[22]。能文变风俗，好客留轩盖[23]。他日一来游，因之严光濑[24]。

〔1〕义兴：唐县名，属常州，在今江苏宜兴。

〔2〕茂宰：良宰。

〔3〕天枝：指帝室之胄。

〔4〕吴台：即姑苏台，在今江苏苏州市，春秋时吴王夫差所筑。

〔5〕操刀：指治邑，《左传·襄公三十一年》载，尹何年少，子皮欲使出任邑大夫，子产以为不可，曰："犹未能操刀而使割也，其伤实多。……子有美锦，不使人学制焉。大官大邑，身之所庇也，而使学者制焉，其为美锦，不亦多乎？"

〔6〕蠖屈：《易·系辞下》："尺蠖之屈，以求信也。"后以蠖屈喻人之不得志。百

里:指一县之地。鹏骞:鹏飞。三台:指三公之高位。

〔7〕退食:退朝而进食,谓下班。

〔8〕琴堂:《吕氏春秋·察贤》:"宓子贱治单父,弹鸣琴,身不下堂而单父治。"琴堂故址,在今山东单县旧城北。

〔9〕河阳:指晋人潘岳,曾为河阳令。奇藻:文词出众。彭泽:指陶渊明,曾为彭泽令。

〔10〕昭回:谓星辰光耀回转。《诗·大雅·云汉》:"倬彼云汉,昭回于大。"

〔11〕元恶:元凶。恬:原作"活",据王琦本改。王琦注:"'元恶滔天'二联指上元中宋州刺史刘展举兵为乱,连陷扬、润、升、苏、湖……诸州,凡三月始平。……常州与苏、湖、扬、润四州地界相接,其乱离不遑安处,概可知矣。"

〔12〕会稽耻:指春秋时越王勾践为吴王夫差所败,困于会稽之事。此处借指刘展之乱。

〔13〕宛陵:唐宣州宣城县,即汉之宛陵县地。

〔14〕亚相:御史大夫。此指李垣,乾元初,垣兼御史大夫,持节都统淮南、江南、江西节度宜慰观察处置等使。

〔15〕"投刃"句:《庄子·养生主》:"庖丁为文惠君解牛,手之所触,肩之所倚,足之所履,膝之所踦,砉然响然,奏刀騞然,莫不中音,合于《桑林》之舞,乃中《经首》之会。"《桑林》,汤乐名。句指李铭治民得法,游刃有余。

〔16〕独坐:《后汉书·宣秉传》:"光武特诏御史中丞与司隶校尉、尚书令会同并专席而坐,故京城号曰:'三独坐。'"激扬:激浊扬清。

〔17〕"弦歌"句:谓李铭复为县令。指礼乐教化。子游为武城宰,孔子过,闻弦歌之声。见《论语·阳货》。

〔18〕除害马:《庄子·徐无鬼》:"夫为天下者,亦奚以异乎牧马者哉!亦去其害马者而已矣!"

〔19〕缨簪:妇人所佩饰物。

〔20〕句下作者原注:"亚相李公重之以能政,中丞李公免罢以移官。"王琦曰:"盖铭以刘展称兵,避难奔走失官,因二公而复职者也。"中丞李公,李丹,上元二年为苏州刺史兼御史中丞。参见《全唐诗人名考证》。

〔21〕三江:安旗等注:"三江,谓松江、钱塘江、浦阳江。此指李铭移官后所在之地区。"

〔22〕通方:通达治道。

〔23〕轩盖:指车驾。

〔24〕严光濑:东汉隐士严光垂钓之处。在今浙江桐庐县富春江畔。

# 草创大还赠柳官迪<sup>[1]</sup>

天地为橐籥<sup>[2]</sup>，周流行太易<sup>[3]</sup>。造化合元符<sup>[4]</sup>，交媾腾精魄<sup>[5]</sup>。自然成妙用，孰知其指的<sup>[6]</sup>？罗络四季间，绵微无一隙。日月更出没，双光岂云只<sup>[7]</sup>？姹女乘河车，黄金充辕轭<sup>[8]</sup>。执枢相管辖，摧伏伤羽翮<sup>[9]</sup>。朱鸟张炎威，白虎守本宅。相煎成苦老，消烁凝津液<sup>[10]</sup>。仿佛明窗尘，死灰同至寂。捣冶入赤色，十二周律历。赫然称大还，与道本无隔<sup>[11]</sup>。白日可抚弄，清都在咫尺<sup>[12]</sup>。北酆落死名<sup>[13]</sup>，南斗上生籍<sup>[14]</sup>。抑予是何者？身在方士格<sup>[15]</sup>。才术信纵横，世途自轻掷。吾求仙弃俗，君晓损胜益。不向金阙游<sup>[16]</sup>，思为玉皇客<sup>[17]</sup>。鸾车速风电，龙骑无鞭策<sup>[18]</sup>。一举上九天，相携同所适。

〔1〕大还：即还丹，一种仙丹，服一刀圭即白日升天。见《抱朴子·金丹》。此处似指内丹。

〔2〕橐籥：冶炼时用以鼓风的器具。《老子》："天地之间，其犹橐籥乎，虚而不屈，动而愈出。"

〔3〕周流：指阴阳之气周转流行。《易·系辞》："变动不居，周流六虚。"太易：指天地形成前的混沌状态。《列子·天瑞》："夫有形者生于无形，则天地安从生？故曰：有太易，有太初，有太始，有太素。太易者，未见气也。"

〔4〕"造化"句：《文选》陆倕《新刻漏铭序》："入神之制，与造化合符。"吕延济注："造化，谓阴阳也。符，同也。"元符：大符应。

〔5〕交媾：指阴阳二气交相感应。精魄：精灵之气。

〔6〕指的：指自然变化的意旨。

〔7〕"罗络"四句：安旗等注："《周易参同契》卷上：'坎戊月精，离己日光。日月为易，刚柔相当。土王四季，罗络始终……天地构其精，日月相撢持……蟾蜍与兔魄，日月气双明。'四句由此化出，谓四时运行，日月出没，皆自然之所为。"

〔8〕"姹女"二句：安旗等注："姹女，汞也，炼丹所用药物。《周易参同契》卷下：'河上姹女，灵而最神。得火则飞，不见埃尘。'阴真君《金液还丹歌》：'北方正气名河车。'道家谓药物与河车相合，始能成丹，故曰'乘'。黄金，道家以为服之可以成仙。《抱朴子·黄白》：'《铜柱经》曰：丹沙可为金，河车可作银，立则可成，成则为真，子得

其道,可以仙身。'充辕轭,盖因上句之字面而设言。二句言炼丹之事。"

〔9〕"执枢"句:《龙虎经》:"神室有所象,鸡子为形容。五岳峙潜洞,际会有枢辖。"摧伏:谓炼丹要恰到好处,不然则有所损伤,隐伏不见也。

〔10〕"朱鸟"四句:仍言炼丹之事。杨齐贤注:"朱鸟属火,为心;白虎属金,为肺。津液者,华池(口腔)神水也。"萧士赟注:"老者,炼丹火候之老嫩,悉铅汞相制伏之道耳。"

〔11〕"仿佛"六句:《周易参同契》卷上:"岁月将欲讫,毁性伤寿年。形体为灰土,状若明窗尘。捣冶并合之,驰入赤色门。固塞其际会,务令致完坚。炎火张于下,昼夜声正勤。始文使可修,终竟武乃陈。候视加谨慎,审察调寒温。周旋十二节,节尽更亲观。气索命将绝,休死亡魄魂。色转更为紫,赫然成还丹。"六句本此,仍言炼丹之事。

〔12〕清都:天帝的居处。

〔13〕北酆:即罗酆山。

〔14〕"南斗"句:《搜神记》卷三:"南斗注生,北斗注死。"

〔15〕方士:有方术之士,道士。

〔16〕金阙:宫阙,指朝廷。

〔17〕玉皇:道教中地位最高、职权最大的神,又称玉帝或玉皇大帝。

〔18〕鸾车、龙骑:均谓仙人所乘。


# 赠崔司户文昆季〔1〕


双珠出海底,俱是连城珍〔2〕。明月两特达〔3〕,余辉傍照人。英声振名都,高价动殊邻〔4〕。岂伊箕山故〔5〕,特以风期亲〔6〕。惟昔不自媒,担簦西入秦〔7〕。攀龙九天上,忝列岁星臣〔8〕。布衣侍丹墀,密勿草丝纶〔9〕。才微惠渥重,谗巧生缁磷〔10〕。一去已十载〔11〕,今来复盈旬。清霜入晓鬓,白露生衣巾。侧见绿水亭,开门列华茵〔12〕。千金散义士,四坐无凡宾。欲折月中桂,持为寒者薪〔13〕。路旁已窃笑,天路将何因〔14〕?垂恩倘丘山,报德有微身。

〔1〕司户:司户参军,州郡之佐吏。昆季:兄弟。

〔2〕双珠:喻崔氏兄弟。连城珍:价值连城的珍宝。

218

〔3〕明月:明月珠。特达:出类拔萃。此句语本郭璞《游仙诗》:"珪璋虽特达,明月难暗投。"

〔4〕殊邻:指外地。

〔5〕箕山:在河南登封东南,相传尧欲让天下于许由,许由便逃到箕山之下、颍水之阳隐居。

〔6〕风期:风度。

〔7〕自媒:自荐。簦:长柄笠,即后世之雨伞。入秦:指到长安供奉翰林。

〔8〕岁星臣:指天子侍臣。用汉东方朔事。

〔9〕丹墀:漆成朱色的殿前石阶。密勿:勤勉。丝纶:指皇帝的诏书。《礼记·缁衣》:"王言如丝,其出如纶;王言如纶,其出如綍。"

〔10〕惠渥:恩泽。缁磷:指璞玉表面的缺点。《论语·阳货》:"不曰坚乎? 磨而不磷。不曰白乎? 涅而不缁。"

〔11〕去:指离开朝廷。

〔12〕茵:垫子、褥子的通称。

〔13〕月中桂:传说月中有桂树。持:全诗校:"一作特。"

〔14〕天路:入朝之路。曹植《与吴季重书》:"天路高邈,良久无缘。"

# 赠溧阳宋少府陟[1]

李斯未相秦,且逐东门兔[2]。宋玉事襄王,能为高唐赋[3]。常闻绿水曲[4],忽此相逢遇。扫洒青天开,豁然披云雾[5]。葳蕤紫鸳鸟,巢在昆山树[6]。惊风西北吹,飞落南溟去[7]。早怀经济策,特受龙颜顾[8]。白玉栖青蝇[9],君臣忽行路[10]。人生感分义,贵欲呈丹素[11]。何日清中原[12],相期廓天步[13]。

〔1〕诗作于至德元载(756),时作者避乱至溧阳。溧阳:唐县名,属宣州,在今江苏溧阳。少府:县尉。

〔2〕"李斯"二句:《史记·李斯列传》:"斯出狱,与其中子俱执。顾谓其中子曰:'吾欲与若复牵黄犬,俱出上蔡东门,逐狡兔,岂可得乎?'遂父子相哭,而夷三族。"

〔3〕"宋玉"二句:宋玉,楚顷襄王时曾任大夫,作有《高唐赋》等。

〔4〕绿水曲:古代乐曲名。此借指宋陟的诗作。

〔5〕"扫洒"二句:《世说新语·赏誉》载,晋卫伯玉命子弟去拜见乐广,曰:"此人,人之水镜也,见之若披云雾睹青天。"

〔6〕葳蕤:草木茂盛貌。此处借以描写紫鸾羽毛纷披之状。昆山:昆仑山的简称。古代传说鸾凤栖息在昆仑山的树林里。

〔7〕南溟:南海。

〔8〕经济策:治国安民的方略。龙颜:皇帝的容颜。代指皇帝。

〔9〕"白玉"句:《埤雅·释虫》:"青蝇类尤能败物,虽玉犹不免,所谓蝇粪点玉也。盖青蝇善乱色,故诗人以刺谗。"

〔10〕行路:不相识的陌路人。

〔11〕分(fèn)义:义气和情分。丹素:赤诚之心。

〔12〕清中原:指平定安史之乱。

〔13〕廓:开拓。天步:犹言国运。沈约《法王寺碑》:"因斯而运斗枢,自兹而廓天步。"

# 戏 赠 郑 溧 阳 〔1〕

陶令日日醉,不知五柳春〔2〕。素琴本无弦〔3〕,漉酒用葛巾〔4〕。清风北窗下,自谓羲皇人〔5〕。何时到溧里〔6〕,一见平生亲。

〔1〕郑溧阳:李白《溧阳濑水贞义女碑铭》:"邑宰荥阳郑公名晏。"

〔2〕陶令:陶渊明,曾为彭泽令。五柳:陶渊明宅边有五柳树,因自号"五柳先生"。

〔3〕"素琴"句:《晋书·陶潜传》:"性不解音,而蓄素琴一张,弦徽不具,每朋酒之会,则抚而和之,曰:'但识琴中趣,何劳弦上声!'"

〔4〕"漉酒"句:《宋书·陶潜传》:"郡将候潜,值其酒熟,取头上葛巾漉酒,毕,还复著之。"

〔5〕"清风"二句:陶渊明《与子俨等疏》:"尝言五六月中,北窗下卧,遇凉风暂至,自谓是羲皇上人。"羲皇,传说中上古时代的伏羲氏。

〔6〕溧里:即溧阳。"溧"原作"栗",据宋本改。

# 赠僧崖公

昔在朗陵东[1]，学禅白眉空[2]。大地了镜彻[3]，回旋寄轮风[4]。揽彼造化力，持为我神通[5]。晚谒泰山君[6]，亲见日没云。中夜卧山月[7]，拂衣逃人群。授余金仙道[8]，旷劫未始闻[9]。冥机发天光[10]，独朗谢垢氛[11]。虚舟不系物[12]，观化游江濆[13]。江濆遇同声，道崖乃僧英。说法动海岳，游方化公卿[14]。手秉玉麈尾[15]，如登白楼亭。微言注百川[16]，亹亹信可听[17]。一风鼓群有[18]，万籁各自鸣[19]。启闭八窗牖，托宿掣雷霆。自言历天台，搏壁蹑翠屏[20]。凌兢石桥去[21]，恍惚入青冥。昔往今来归，绝景无不经。何日更携手，乘杯向蓬瀛[22]？

〔1〕朗陵：蔡州朗山县(今河南确山西南)《元和郡县图志》："朗陵山，在县西北三十里。"

〔2〕白眉空：王琦注："白眉空疑是当时释子之名，犹禅宗所称南泉愿、临济元、赵州谂之类。"

〔3〕了：分明。镜彻：《楞严经》卷一〇："观诸世间大地山河如镜鉴明，来无所粘，过无踪迹。"

〔4〕轮风：即风轮。《法苑珠林》卷二："依《华严经》云：'三千大千世界，以无量因缘乃成。且如大地依水轮，水依风轮，风依空轮，空无所依。然众生业感世界安住，故《智度论》云：三千大千世界皆依风轮为基。'"

〔5〕神通：《维摩诘经·香积佛品》："维摩诘即入三昧，现神通力，示诸大众。"

〔6〕泰山君：即泰山之神。

〔7〕"中夜"句：全诗校："一作'夜卧雪上月'。"

〔8〕金仙：佛的别称，见《金光明经》。

〔9〕旷劫：《隋书·经籍志》："天地之外，四维上下，更有天地，亦无终极。然皆有成有败。一成一败，谓之一劫。"《楞严经》："我旷劫来心得无碍。"旷，久远。

〔10〕冥机：玄奥之机。天光：自然之光。

〔11〕垢氛：污浊的环境。

〔12〕虚舟：《庄子·列御寇》："巧者劳而智者忧，无能者无所求，饱食而遨游，泛若不系之舟，虚而遨游者也。"

〔13〕江濆:江边。

〔14〕游方:僧人周游四方。

〔15〕玉麈尾:玉柄麈尾。《晋书·王衍传》:"妙善玄言,唯谈老庄为事。每执玉柄麈尾,与手同色。"麈尾,拂尘,用麈的尾毛制成。

〔16〕白楼亭:故址在今浙江绍兴。东晋时,孙绰等人常在此清谈赏景。见《世说新语·赏誉》。微言:精微要妙之言。

〔17〕亹亹:动听。《晋书·谢安传》:"弱冠诣王濛,清言良久,既去,濛子修曰:'向客何如大人?'濛曰:'此客亹亹,为来逼人。'"

〔18〕群有:指万物。

〔19〕万籁:自然界的各种声音。

〔20〕"搏壁"句:《文选》孙绰《游天台山赋》:"践莓苔之滑石,搏壁立之翠屏。"李善注:"翠屏,石桥之上石壁之名也。"

〔21〕凌兢:恐惧貌。石桥:在天台山北峰。其道甚窄,下临绝涧。

〔22〕乘杯:慧皎《高僧传》载,南朝宋时有一僧,神力卓异,常乘木杯渡水。蓬瀛:传说中东海中的神山。

# 游溧阳北湖亭望瓦屋山怀古赠同旅[1]

朝登北湖亭,遥望瓦屋山。天清白露下,始觉秋风还。游子托主人,仰观眉睫间。目色送飞鸿,邈然不可攀。长吁相劝勉,何事来吴关[2]。闻有贞义女,振穷溧水湾[3]。清光了在眼,白日如披颜。高坟五六墩[4],崒兀栖猛虎[5]。遗迹翳九泉,芳名动千古。子胥昔乞食,此女倾壶浆。运开展宿愤,入楚鞭平王[6]。凛冽天地间,闻名若怀霜。壮夫或未达,十步九太行[7]。与君拂衣去[8],万里同翱翔。

〔1〕瓦屋山:在溧阳西北八十里。赠同旅:全诗校:"一作赠孟浩然。"

〔2〕"游子"六句:王琦注:"'游子'数句言游客仰观主人辞色,见其仰视飞鸟,意不在宾客,故长吁相劝,何事来此地。'目色送飞鸿'是暗用卫灵公仰视蜚雁,色不在孔子事。"

〔3〕"闻有"二句:《越绝书》卷一:"子胥遂行至溧阳界中,见一女子,击絮于濑水之中。子胥曰:'岂可得托食乎?'女子曰:'诺。'即发箪饭,清其壶浆而食之。子胥食

已而去,谓女子曰:'掩尔壶浆,毋令之露。'女子曰:'诺。'子胥行五步,还顾,女子自纵于濑水之中而死。"濑水:又名瀬水,在溧阳西北。

〔4〕墩:土堆。

〔5〕崒兀:高耸貌。猛虎:王琦注:"谓坟势幸兀有若猛虎,是写遥望中拟似之景耳。……据此诗,贞义女之坟唐时尚存,当在瓦屋山下,今则不考矣。"

〔6〕鞭平王:《史记·伍子胥列传》:"及吴兵入郢,伍子胥求昭王既不得,乃掘楚平王墓,出其尸,鞭之三百然后已。"

〔7〕"十步"句:喻世路之艰。

〔8〕拂衣去:指归隐。《后汉书·杨彪传》:"孔融鲁国男子,明日便当拂衣而去,不复朝矣。"


# 醉后赠从甥高镇[1]


马上相逢揖马鞭[2],客中相见客中怜。欲邀击筑悲歌饮[3],正值倾家无酒钱。江东风光不借人,枉杀落花空自春[4]。黄金逐手快意尽[5],昨日破产今朝贫。丈夫何事空啸傲?不如烧却头上巾[6]。君为进士不得进,我被秋霜生旅鬓[7]。时清不及英豪人[8],三尺童儿重廉蔺[9]。匣中盘剑装鲻鱼[10],闲在腰间未用渠[11]。且将换酒与君醉,醉归托宿吴专诸[12]。

〔1〕诗约作于天宝七载(748)暮春,时作者在金陵。

〔2〕揖马鞭:持马鞭行拱手之礼。

〔3〕击筑悲歌:《史记·刺客列传》:"荆轲嗜酒,日与狗屠及高渐离饮于燕市。酒酣以往,高渐离击筑,荆轲和而歌于市中相乐也,已而相泣,旁若无人。"

〔4〕不借人:不待人。借,等待。枉:徒然。

〔5〕逐手:随手。

〔6〕头上巾:指儒巾。

〔7〕秋霜:喻白发。

〔8〕时清:时代清平。及:恩及。

〔9〕廉蔺:廉颇和蔺相如,战国时赵国的著名将相。

〔10〕鲻(cuò)鱼:即鲨鱼,皮可制刀剑的鞘,此处即指剑鞘。

〔11〕渠:它,指剑。

〔12〕托宿:寄宿。专诸:春秋时吴人,因为公子光刺杀吴王僚而闻名。此处专诸似指李白一位具有侠士风度的友人。

# 赠秋浦柳少府[1]

秋浦旧萧索,公庭人吏稀。因君树桃李[2],此地忽芳菲。摇笔望白云,开帘当翠微[3]。时来引山月,纵酒酣清辉。而我爱夫子,淹留未忍归[4]。

〔1〕赠:原作"崔",据王琦注本改。秋浦:唐县名,在今安徽池州市。少府:县尉。柳少府,柳圆。李白又有《赠柳圆》诗。
〔2〕树桃李:潘岳曾任河阳令,于县遍种挑李。
〔3〕翠微:淡青的山色。
〔4〕淹留:久留。

# 赠崔秋浦三首[1]

吾爱崔秋浦,宛然陶令风[2]。门前五杨柳[3],井上二梧桐。山鸟下听事[4],檐花落酒中。怀君未忍去,惆怅意无穷。

〔1〕诗作于天宝十三载(754),时作者在秋浦。
〔2〕陶令:陶渊明,曾为彭泽令。
〔3〕五杨柳:陶渊明宅边有五柳树,因自号"五柳先生"。
〔4〕听事:中庭。《资治通鉴·齐纪》:"夜,进卧舆于郡听事。"胡三省注:"中庭曰听事,言受事察讼于是也。"

崔令学陶令,北窗常昼眠[1]。抱琴时弄月,取意任无弦。见客但倾酒,为官不爱钱。东皋春事起,种黍早归田[2]。

〔1〕"北窗"句:陶渊明《与子俨等疏》:"常言五六月中,北窗下卧,遇凉风暂至,自

224

谓是羲皇上人。"

〔2〕以上二句全诗校:"一作东皋多种黍,劝你早耕田。"


河阳花作县[1],秋浦玉为人[2]。地逐名贤好,风随惠化春。水从天汉落[3],山逼画屏新。应念金门客[4],投沙吊楚臣[5]。


〔1〕"河阳"句:用潘岳事。

〔2〕玉为人:《晋书·卫玠传》:"总角乘羊车入市,见者皆以为玉人,观之者倾都。"

〔3〕水:指九华山的瀑布。

〔4〕金门客:诗人自谓,因其曾待诏翰林,故云。金门,汉未央宫门名。

〔5〕投沙:弃之长沙,指贾谊贬长沙事。吊楚臣:即吊屈原。


# 望九华赠青阳韦仲堪[1]


昔在九江上[2],遥望九华峰。天河挂绿水,秀出九芙蓉。我欲一挥手,谁人可相从?君为东道主[3],于此卧云松[4]。

〔1〕诗作于天宝十三载(754),时李白在池州一带漫游。九华:山名,在今安徽青阳县南。《太平御览》卷四六引《九华山录》:"此山奇秀,高出云表,峰峦异状,其数有九,故号九子山焉。李白因游九子,睹其山秀异,遂更号曰九华。"青阳:唐县名,今属安徽。

〔2〕《尚书·禹贡》:"九江在南,皆东合为大江。"汉浔阳在今湖北黄梅西南。

〔3〕东道主:指居停主人。

〔4〕卧云松:指隐居。

# 卷　十

## 赠王判官时余归隐居庐山屏风叠[1]

昔别黄鹤楼,蹉跎淮海秋[2]。俱飘零落叶,各散洞庭流[3]。中年不相见,蹭蹬游吴越[4]。何处我思君? 天台绿萝月[5]。会稽风月好,却绕剡溪回[6]。云山海上出,人物镜中来[7]。一度浙江北,十年醉楚台[8]。荆门倒屈宋[9],梁苑倾邹枚[10]。苦笑我夸诞[11],知音安在哉? 大盗割鸿沟[12],如风扫秋叶。吾非济代人[13],且隐屏风叠。中夜天中望[14],忆君思见君。明朝拂衣去,永与海鸥群[15]。

〔1〕此诗作于天宝十五载(756),当时安史叛军已占领了洛阳以北广大地区。屏风叠:庐山自五老峰以下,九叠如屏,故名。

〔2〕黄鹤楼:故址在今湖北武汉市武昌。蹉跎:失时。淮海:指今江苏省扬州一带。

〔3〕"各散"句:如洞庭湖的支流一样各奔东西。

〔4〕蹭蹬:失意潦倒。

〔5〕天台:山名,在今浙江天台县北。绿萝:即女萝、松萝,皆地衣类植物。

〔6〕会稽:今浙江绍兴市。剡溪:在今浙江嵊州市南。

〔7〕镜中:形容水流清澈如镜。

〔8〕楚台:古代楚国境内的台榭。

〔9〕荆门:山名,在今湖北宜都市西北长江南岸。此指荆州一带,即楚郢都之地。

〔10〕梁苑:汉梁孝王在睢阳所建的园林,故址在今河南商丘东南。邹枚:西汉辞赋家邹阳、枚乘,均曾为梁孝王宾客。倾:倒,压倒。

〔11〕苦:全诗校:"一作若。"夸诞:浮夸放诞。

〔12〕大盗:指安禄山。鸿沟:古运河名,故道自河南荥阳北引黄河水,曲折东流至淮阳入颍水。秦末刘邦、项羽曾划鸿沟为界,西为汉,东为楚。

〔13〕济代:济世,因避唐太宗李世民讳改"世"为"代"。

〔14〕中夜:夜半。

〔15〕与海鸥群:指隐居。

# 在水军宴赠幕府诸侍御[1]

月化五白龙[2],翻飞凌九天。胡沙惊北海,电扫洛阳川[3]。虏箭雨宫阙,皇舆成播迁[4]。英王受庙略,秉钺清南边[5]。云旗卷海雪[6],金戟罗江烟。聚散百万人,弛张在一贤[7]。霜台降群彦[8],水国奉戎旃[9]。绣服开宴语,天人借楼船[10]。如登黄金台[11],遥谒紫霞仙[12]。卷身编蓬下,冥机四十年[13]。宁知草间人,腰下有龙泉[14]?浮云在一决[15],誓欲清幽燕[16]。愿与四座公,静谈金匮篇[17]。齐心戴朝恩[18],不惜微躯捐。所冀旄头灭[19],功成追鲁连[20]。

〔1〕此诗当作于至德二载(757)正月,时作者在永王李璘幕府。水军:指永王李璘的水师。幕府:指将帅的府署。侍御:此泛指侍从永王的官员。

〔2〕"月化"句:《十六国春秋·后燕录》载,慕容熙建始元年正月,"太史丞梁延年梦月化为五白龙,梦中占之曰:'月,臣也;龙,君也。月化为龙,当有臣为君者。'"此指安禄山叛乱。

〔3〕胡沙:喻指胡兵。北海:泛指北方。电:闪电,形容安史叛军行动迅速。

〔4〕皇舆:皇帝所乘的车。播迁:流离迁徙,指玄宗逃往蜀中。

〔5〕英王:指永王李璘。庙略:朝廷的战略谋划。秉钺:指执掌兵权。钺(yuè),大斧。清:肃清。

〔6〕海雪:海中的浪涛。

〔7〕聚散:聚集和散开,指指挥、调度。弛张:弓弦的一松一紧,亦治理、调度之意。一贤:指李璘。

〔8〕霜台:指御史台。群彦:众贤。指诸侍御。

〔9〕水国:江南多水,故称。戎旃(zhān):军旗。

〔10〕绣服:《汉书·百官公卿表》:"侍御史有绣衣直指,出讨奸猾,治大狱。"此指永王幕府侍御。天人:有非常才能的人,此指李璘。楼船:战船。

〔11〕黄金台:燕昭王为招贤纳士而筑。

〔12〕紫霞仙:天上的仙人。

〔13〕卷身:屈身。编蓬:编蓬草为户,此指简陋的房屋。冥机:即息机,隐居不问世事。

227

〔14〕宁知:岂知。草间人:草野之人,作者自谓。龙泉:宝剑名。相传为春秋时楚王请陶冶子、干将所造三剑之一,详见《越绝书·越绝外传·记宝剑》。

〔15〕"浮云"句:《庄子·说剑》:"……上决浮云,下绝地纪。此剑一用,匡诸侯,天下服矣。此天子之剑也。"

〔16〕幽燕:今北京市及河北省北部地区,当时是安禄山的根据地。

〔17〕金匮篇:兵书名,相传为吕尚所作。

〔18〕戴:尊奉。

〔19〕旄头:即昴宿,古人认为是胡星,其明预兆战乱。此指安禄山叛军。

〔20〕鲁连:鲁仲连,为人排难解纷,功成身退,不受赏赐。

# 赠武十七谔 并序

门人武谔,深于义者也。质本沉悍,慕要离之风[1]。潜钓川海,不数数于世间事[2]。闻中原作难,西来访余。余爱子伯禽在鲁,许将冒胡兵以致之。酒酣感激,援笔而赠。

马如一匹练,明日过吴门[3]。乃是要离客,西来欲报恩。笑开燕匕首,拂拭竟无言。狄犬吠清洛[4],天津成塞垣[5]。爱子隔东鲁,空悲断肠猿[6]。林回弃白璧[7],千里阻同奔。君为我致之,轻赍涉淮源[8]。精诚合天道,不愧远游魂[9]。

〔1〕要离:古侠士名。

〔2〕川:全诗校:"一作江。"数数:即汲汲,心情急切貌。

〔3〕"马如"二句:《太平御览》卷八一八引《韩诗外传》载,孔子与颜回登鲁东山,颜回望见吴县阊门外一匹练,孔子说是白马。吴门,古吴县(今苏州市)城门。

〔4〕狄:古时称北方民族。此指安禄山。

〔5〕天津:指天津桥,在唐东都洛阳皇城正南洛水上。

〔6〕断肠猿:《世说新语·黜免》:"桓公入蜀,至三峡中。部伍中有得猿子者,其母缘岸哀号,行百余里不去,遂跳上船,至便即绝。破视其腹中,肠皆寸寸断。"

〔7〕林回:《庄子·山木》:"林回弃千金之璧,负赤子而趋。或曰:'为其布欤? 赤子之布寡矣;为其累欤? 赤子之累多矣。弃千金之璧,负赤子而趋,何也?'林回曰:'彼以利合,此以天属也。'"陆德明《音义》:"林回,司马云:'殷之逃民之姓名。'"

〔8〕轻赍:轻装。淮源:淮水之源,此指淮水。

〔9〕远游:全诗校:"一作邓攸。"《晋书·邓攸传》载,攸没于石勒,后以牛马负妻子而逃。又遇贼盗其牛马,攸因担其儿及侄步走。度不能两全,乃谓其妻曰:"吾弟早亡,惟有一息,理不可绝,止应自弃我儿耳。幸而得存,我后当有子。"妻泣而从之。攸弃子之后,妻不复孕。时人为之语曰:"天道无知,使邓伯道(攸字伯道)无儿。"

# 赠闾丘宿松[1]

阮籍为太守,乘驴上东平。剖竹十日间,一朝风化清[2]。偶来拂衣去,谁测主人情?夫子理宿松,浮云知古城。扫地物莽然,秋来百草生。飞鸟还旧巢,迁人返躬耕[3]。何惭宓子贱[4],不减陶渊明[5]。吾知千载后,却掩二贤名。

〔1〕闾丘:复姓。宿松:唐县名,在今安徽宿松县。
〔2〕"阮籍"四句:《晋书·阮籍传》:"及文帝辅政,籍尝从容言于帝曰:'籍平生曾游东平,乐其风土。'帝大悦,即拜东平相。籍乘驴到郡,坏府舍屏障,使内外相望,法令清简,旬日而还。"太守,晋时郡置太守,国置相,两者职位相当,故诗中称籍为太守。剖竹,即分符,《史记·孝文本纪》:"初与郡国守相为铜虎符、竹使符。"铜虎符与竹使符都是汉代的符信,每符由郡国守相与朝廷各持其半。后因以分符喻指出任州郡长官。
〔3〕迁人:流亡在外的人。
〔4〕宓子贱:《吕氏春秋·察贤》:"宓子贱治单父,弹鸣琴,身不下堂而单父治。"
〔5〕陶渊明:《宋书·陶潜传》载,陶潜任彭泽令,在官八十余日,因不能承受奉迎官长之苦而解印绶去职,赋《归去来兮辞》。

# 狱中上崔相涣[1]

胡马渡洛水,血流征战场。千门闭秋景,万姓危朝霜。贤相燮元气[2],再欣海县康[3]。台庭有夔龙[4],列宿粲成行[5]。羽翼三元圣,发辉两太阳[6]。应念覆盆下[7],雪泣拜天光[8]。

229

〔1〕此诗作于至德二载(757)。时太白坐永王璘事,系浔阳狱。崔涣:《旧唐书·崔涣传》载,天宝十五载(756)七月,崔涣拜黄门侍郎、同中书门下平章事,十一月,"诏涣充江淮宣谕选补使,以收遗逸"。至德二载八月,罢知政事,除左散骑常侍兼余杭太守、江东采访防御使。

〔2〕贤相:指崔涣。燮:调和。《尚书·周官》:"论道经邦,燮理阴阳。"

〔3〕海县:犹云海内。

〔4〕台庭:宰相之庭。夔龙:相传为虞舜的二位贤臣。一为乐官,一为谏官。

〔5〕列宿:二十八宿,此喻指朝廷的众贤才。

〔6〕三元圣:王琦注:"元圣,大圣也。……三元圣,谓玄宗、肃宗、广平王也。两太阳亦谓玄宗、肃宗也。"广平王即肃宗子李俶(后来的代宗)。

〔7〕覆盆:盆戴于头顶,无法看天。比喻蒙不白之冤,无由申诉。司马迁《报任安书》:"仆以为戴盆何以望天。"

〔8〕雪泣:拭泪。天光:日光。

# 中丞宋公以吴兵三千赴河南军次浔阳脱余之囚参谋幕府因赠之[1]

独坐清天下[2],专征出海隅[3]。九江皆渡虎[4],三郡尽还珠[5]。组练明秋浦[6],楼船入郢都[7]。风高初选将[8],月满欲平胡[9]。杀气横千里,军声动九区[10]。白猿惭剑术[11],黄石借兵符[12]。戎虏行当剪,鲸鲵立可诛[13]。自怜非剧孟[14],何以佐良图?

〔1〕至德二载(757)秋,在御史中丞宋若思和宰相崔涣的营救下,李白被释出狱,并留宋军中参赞军务,此诗即作于此时。中丞宋公:即宋若思。天宝十五载六月为御史中丞,至德二载任江南西道采访使、宣城太守。河南:指河南道。包括今河南、山东省的大部及安徽、江苏省的一部分。次:停留。

〔2〕独坐:专席而坐。《后汉书·宣秉传》:"建武元年,拜御史中丞。光武特诏御史中丞与司隶校尉、尚书令会同并专席而坐,故京师号曰'三独坐'。"这里指宋若思。

〔3〕专征:经特许得自行出兵征伐。《竹书纪年·帝辛三年》:"王锡命西伯得专征伐。"海隅:沿海地区。

〔4〕"九江"句:《后汉书·宋均传》:"迁九江太守。郡多虎豹,数为民患,常募设槛阱,而犹多伤害。均到,下记属县曰:'……今为民害,咎在残吏,而劳动张捕,非忧

恤之本也。其务退奸贪,思进忠善,可一去槛阱,除消课制。'其后传言虎相与东游渡江。"

〔5〕三郡:泛指宋若思所到之处。还珠:《后汉书·孟尝传》:"迁合浦太守。郡不产谷食而海出珠宝……先时宰守并多贪秽,诡人采求,不知纪极,珠遂渐徙于交趾郡界……尝到官,革易前弊,求民病利。曾未逾岁,去珠复还。"

〔6〕组练:组甲和被练的简称,古代军士所穿的两种甲衣。明:照耀。

〔7〕郢都:先秦时楚国的都城,在今湖北江陵。

〔8〕初选将:开始命将出征。

〔9〕月满:指月圆之时。平胡:指平定安史叛军。

〔10〕九区:即九州,泛指广大地域。

〔11〕"白猿"句:《文选》卷五左思《吴都赋》:"其上则猿父哀吟。"注引《吴越春秋》曰:"越有处女,出于南林之中……处女将北见于越王,道逢老翁,自称袁公……于是袁公即跳于竹林,竹槁折堕地,处女即接末……袁公即飞上树,化为白猿,遂引去。"

〔12〕"黄石"句:《汉书·张良传》载,张良在下邳圯上遇一老人,授之以兵法,此人即黄石公。兵符,即兵法。

〔13〕行:将。鲸鲵:喻指安史叛军。

〔14〕剧孟:汉初游侠。


# 流夜郎赠辛判官〔1〕


昔在长安醉花柳〔2〕,五侯七贵同杯酒〔3〕。气岸遥凌豪士前,风流肯落他人后〔4〕?夫子红颜我少年,章台走马著金鞭〔5〕。文章献纳麒麟殿〔6〕,歌舞淹留玳瑁筵〔7〕。与君自谓长如此,宁知草动风尘起〔8〕。函谷忽惊胡马来〔9〕,秦宫桃李向明开〔10〕。我愁远谪夜郎去,何日金鸡放赦回〔11〕?

〔1〕此诗作于乾元元年(758)流放夜郎途中。

〔2〕花柳:指游赏之地。

〔3〕五侯:汉平二年,汉成帝同日封其舅王谭等五人为侯,世称五侯。见《汉书·元后传》。七贵:指汉时吕、霍、上官等七家贵族。五侯七贵,泛指当时的权贵。

〔4〕气岸:傲岸不羁的气概。肯:岂肯。

〔5〕夫子:指辛判官。章台走马:《汉书·张敞传》:"敞无威仪,时罢朝会,过走马

章台街。"

〔6〕麒麟殿:西汉长安城未央宫中殿名,为皇帝藏书之处。此借指唐长安宫殿。

〔7〕淹留:久留。玳瑁筵:珍美的筵席。

〔8〕草动风尘起:指安史之乱爆发。

〔9〕函谷:关名,古关在今河南灵宝县南。

〔10〕明:指太阳。全诗校:"一作胡。"

〔11〕金鸡放赦:《封氏闻见记》卷四:"国有大赦,则命卫尉树金鸡于阙下。"

# 赠刘都使〔1〕

东平刘公幹〔2〕,南国秀余芳。一鸣即朱绂〔3〕,五十佩银章〔4〕。饮冰事戎幕〔5〕,衣锦华水乡〔6〕。铜官几万人〔7〕,诤讼清玉堂。吐言贵珠玉,落笔回风霜〔8〕。而我谢明主,衔哀投夜郎。归家酒债多,门客粲成行〔9〕。高谈满四座,一日倾千觞。所求竟无绪,裘马欲摧藏〔10〕。主人若不顾,明发钓沧浪〔11〕。

〔1〕都使:王琦注:"当是兼衔,若都水监使者之类耳。"唐都水监置使者二人,正五品上。此诗作于乾元元年。

〔2〕刘公幹:三国魏刘桢,字公幹,东平人,建安七子之一。曹操"辟为丞相掾属"。

〔3〕朱绂:指红色官服。唐制,四品服深绯,五品服浅绯。

〔4〕银章:银印。《汉书·百官公卿表》:"凡吏秩比二千石以上,皆银印青绶。"

〔5〕饮冰:比喻忧心。《庄子·人间世》:"今吾朝受命而夕饮冰,我其内热与。"

〔6〕衣锦:《旧唐书·张士贵传》载,张士贵为虢州刺史,高祖曰:"欲卿衣锦昼游耳。"

〔7〕铜官:唐铜官治,在今安徽铜陵市。

〔8〕风霜:《西京杂记》卷三:"淮南王安著《鸿烈》二十一篇……自云字中皆挟风霜。"

〔9〕"归家"二句:王注:"孔融诗:'归家酒债多,门客粲成行。'"

〔10〕无绪:无端绪。摧藏:悲伤。

〔11〕主人:指刘都使。明发:犹明晨。

# 赠常侍御

安石在东山,无心济天下[1]。一起振横流[2],功成复潇洒。大贤有卷舒[3],季叶轻风雅[4]。匡复属何人,君为知音者。传闻武安将,气振长平瓦[5]。燕赵期洗清,周秦保宗社[6]。登朝若有言,为访南迁贾[7]。

〔1〕"安石"二句:《世说新语·排调》载,晋谢安隐居东山,朝命屡降而不动,时人有"安石(谢安字)不肯出,将如苍生何"之语。

〔2〕横流:指乱世。傅亮《为宋公修张良庙教》:"夷项定汉,大拯横流。"

〔3〕卷舒:隐居与出仕。

〔4〕季叶:季世、末世。

〔5〕"传闻"二句:《史记·廉颇蔺相如列传》载,秦伐韩,军于阏与,赵王令赵奢救之,"秦军军武安西,秦军鼓噪勒兵,武安屋瓦尽振"。武安,即今河北武安市。武安将,此喻指郭子仪、李光弼等唐军将领。

〔6〕"燕赵"二句:王琦注:"燕赵皆为禄山所据,故期其洗清。周地谓洛阳,在唐为东京。秦地为长安,在唐为西京。宗庙社稷在焉,故欲其保护。"

〔7〕南迁贾:指贾谊,贾谊遭权贵谗毁,被汉文帝贬为长沙王太傅。事见《史记·贾生列传》。

# 赠易秀才[1]

少年解长剑,投赠即分离[2]。何不断犀象[3]?精光暗往时[4]。蹉跎君自惜,窜逐我因谁[5]?地远虞翻老[6],秋深宋玉悲[7]。空摧芳桂色[8],不屈古松姿。感激平生意[9],劳歌寄此辞[10]。

〔1〕此诗作于乾元元年(758)流放夜郎途中。

〔2〕"少年"二句:言与易秀才订交甚早。投赠,赠送。

〔3〕断犀象:斩断犀牛与象,言剑之锋利。曹植《七启》:"步光之剑,华藻繁

233

缛……陆断犀象。"

〔4〕精光:指宝剑的光芒。

〔5〕蹉跎:虚度光阴。窜逐:指流放夜郎。

〔6〕虞翻:字仲翔,会稽余姚人,吴时官至骑都尉。性疏直,数有酒失,远谪交州而卒。《三国志·吴志》有传。

〔7〕"秋深"句:宋玉《九辩》:"悲哉,秋之为气也。"

〔8〕芳桂:桂花。

〔9〕感激:因有所感而内心激动。

〔10〕劳歌:劳者之歌。《公羊传·宣公十五年》注:"饥者歌其食,劳者歌其事。"

# 经乱离后天恩流夜郎忆旧游书怀赠
# 江夏韦太守良宰[1]

天上白玉京[2],十二楼五城[3]。仙人抚我项,结发受长生[4]。误逐世间乐,颇穷理乱情[5]。九十六圣君,浮云挂空名[6]。天地赌一掷[7],未能忘战争。试涉霸王略[8],将期轩冕荣[9]。时命乃大谬,弃之海上行[10]。学剑翻自哂[11],为文竟何成?剑非万人敌[12],文窃四海声[13]。儿戏不足道[14],五噫出西京[15]。临当欲去时,慷慨泪沾缨[16]。叹君倜傥才,标举冠群英[17]。开筵引祖帐,慰此远徂征[18]。鞍马若浮云,送余骠骑亭[19]。歌钟不尽意,白日落昆明[20]。十月到幽州,戈铤若罗星[21]。君王弃北海,扫地借长鲸[22]。呼吸走百川,燕然可摧倾[23]。心知不得语,却欲栖蓬瀛[24]。弯弧惧天狼,挟矢不敢张[25]。揽涕黄金台[26],呼天哭昭王。无人贵骏骨[27],绿耳空腾骧[28]。乐毅倘再生[29],于今亦奔亡。蹉跎不得意,驱马还贵乡[30]。逢君听弦歌[31],肃穆坐华堂。百里独太古,陶然卧羲皇[32]。征乐昌乐馆[33],开筵列壶觞。贤豪间青娥,对烛俨成行[34]。醉舞纷绮席,清歌绕飞梁[35]。欢娱未终朝,秩满归咸阳[36]。祖道拥万人,供帐遥相望[37]。一别隔千里,荣枯异炎凉[38]。炎凉几度改,九土中横溃[39]。汉甲连胡兵[40],沙尘暗云海。草木摇杀气,星辰无光彩。白骨成丘山,苍生竟何罪[41]?函关壮帝居[42],国命悬哥舒[43]。长戟三十万,开门纳凶渠[44]。公卿如犬羊,忠谠醢与菹[45]。二圣出游豫,两京遂丘

234

墟<sup>[46]</sup>。帝子许专征,秉旄控强楚<sup>[47]</sup>。节制非桓文<sup>[48]</sup>,军师拥熊虎<sup>[49]</sup>。人心失去就,贼势腾风雨<sup>[50]</sup>。惟君固房陵<sup>[51]</sup>,诚节冠终古<sup>[52]</sup>。仆卧香炉顶<sup>[53]</sup>,餐霞嗽瑶泉。门开九江转,枕下五湖连<sup>[54]</sup>。半夜水军来,浔阳满旌旃<sup>[55]</sup>。空名适自误,迫胁上楼船<sup>[56]</sup>。徒赐五百金,弃之若浮烟<sup>[57]</sup>。辞官不受赏,翻谪夜郎天<sup>[58]</sup>。夜郎万里道<sup>[59]</sup>,西上令人老。扫荡六合清,仍为负霜草<sup>[60]</sup>。日月无偏照,何由诉苍昊<sup>[61]</sup>?良牧称神明,深仁恤交道<sup>[62]</sup>。一忝青云客<sup>[63]</sup>,三登黄鹤楼。顾惭祢处士,虚对鹦鹉洲<sup>[64]</sup>。樊山霸气尽<sup>[65]</sup>,寥落天地秋。江带峨眉雪,川横三峡流<sup>[66]</sup>。万舸此中来<sup>[67]</sup>,连帆过扬州。送此万里目,旷然散我愁。纱窗倚天开,水树绿如发。窥日畏衔山<sup>[68]</sup>,促酒喜得月。吴娃与越艳,窈窕夸铅红<sup>[69]</sup>。呼来上云梯,含笑出帘栊<sup>[70]</sup>。对客小垂手<sup>[71]</sup>,罗衣舞春风。宾跪请休息<sup>[72]</sup>,主人情未极。览君荆山作,江鲍堪动色<sup>[73]</sup>。清水出芙蓉,天然去雕饰<sup>[74]</sup>。逸兴横素襟,无时不招寻<sup>[75]</sup>。朱门拥虎士,列戟何森森<sup>[76]</sup>!剪凿竹石开,萦流涨清深<sup>[77]</sup>。登台坐水阁,吐论多英音<sup>[78]</sup>。片辞贵白璧<sup>[79]</sup>,一诺轻黄金<sup>[80]</sup>。谓我不愧君,青鸟明丹心<sup>[81]</sup>。五色云间鹊<sup>[82]</sup>,飞鸣天上来。传闻赦书至<sup>[83]</sup>,却放夜郎回。暖气变寒谷,炎烟生死灰<sup>[84]</sup>。君登凤池去<sup>[85]</sup>,勿弃贾生才<sup>[86]</sup>。桀犬尚吠尧<sup>[87]</sup>,匈奴笑千秋<sup>[88]</sup>。中夜四五叹,常为大国忧<sup>[89]</sup>。旌旆夹两山<sup>[90]</sup>,黄河当中流。连鸡不得进,饮马空夷犹<sup>[91]</sup>。安得羿善射,一箭落旄头<sup>[92]</sup>?

〔1〕此诗作于乾元二年(759),时诗人在江夏。乱离:指因战乱而流离失所。天恩:皇帝的恩惠。江夏:即鄂州,治所在今武汉市武昌。韦良宰:时为鄂州刺史,参见李白《鄂州刺史韦公德政碑》。

〔2〕白玉京:传说中的天上仙境。

〔3〕十二楼五城:传说在昆仑,为神仙之所居。《汉书·郊祀志》:"方士有言,黄帝时为五城十二楼。"颜师古注引应劭曰:"昆仑玄圃,五城十二楼,仙人之所常居。"

〔4〕结发:犹束发,指年轻时。受长生:接受道教的长生不老之术。

〔5〕逐:追求。穷:穷究。理乱情:指国家治乱的道理。

〔6〕九十六圣君:自秦始皇至唐玄宗凡九十六个皇帝。挂空名:徒留空名。

〔7〕赌一掷:孤注一掷,以求一胜。

〔8〕涉:接触。霸王略:成王成霸的谋略。

〔9〕期:期望。轩冕:大夫以上官员的车服。此指贵显。

〔10〕时命:命运。之:指霸王之略。海上行:《论语·公冶长》:"子曰:道不行,乘桴浮于海。"

〔11〕翻:反。自哂(shěn):自我嘲笑。

〔12〕"剑非"句:《史记·项羽本纪》载,项羽少年时学书、学剑俱不成,他的叔父项梁责备他,羽答曰:"书,足以记名姓而已。剑,一人敌,不足学;学万人敌。"

〔13〕窃:窃取,自谦之词。

〔14〕儿戏:谦指自己的作品。

〔15〕五噫:《后汉书·梁鸿传》:"(鸿)过京师,作《五噫之歌》曰:'陟彼北芒兮,噫!顾览帝京兮,噫!宫室崔嵬兮,噫!人之劬劳兮,噫!辽辽未央兮,噫!'"

〔16〕缨:帽带。

〔17〕君:指韦良宰。倜傥:卓越豪迈。标举:高超。

〔18〕祖帐:饯别时所设的帐幕。祖:往。

〔19〕浮云:喻送行人数众多。骠骑亭:在长安郊外。

〔20〕歌钟:古乐器名,此指送别时奏乐。昆明:池名,在长安西南,原为汉武帝开凿。

〔21〕幽州:治所在今北京市西南。戈铤:皆兵器名。罗星:形容兵器之多,如群星罗列。

〔22〕君王:指玄宗。北海:指北方之地。扫地:意谓一干二净,全部。借:借给。长鲸:喻指安禄山。天宝元年,唐玄宗以安禄山为平卢节度使。三载(744),加范阳节度使。经略、威武、清夷、静塞、恒阳、北平、高阳、唐兴、横海、平卢、卢龙十一军,及榆关守捉、安东都护府,兵凡十三万余,皆归其所统;幽、蓟、妫、檀、易、恒、定、鄚、沧、营、平十一州之地,皆归其所治。故云"弃北海"、"扫地"。

〔23〕走:移动。燕然:山名,即今蒙古杭爱山。二句极言其气焰之盛。

〔24〕蓬瀛:借指隐居之地。

〔25〕弧:木弓。天狼:星名,此处喻指安禄山。《楚辞·九歌·东君》:"举长矢兮射天狼。"张:开弓。

〔26〕黄金台:战国时燕昭王所筑。

〔27〕骏骨:《战国策·燕策一》载,燕昭王招贤,郭隗说:"臣闻古之人君,有以千金求千里马者,三年不能得。涓人言于君曰:'请求之。'君遣之,三月得千里马,马已死,买其骨五百金,反以报君。君怒曰:'所求者生马,安事死马而捐五百金?'涓人对曰:'死马且买之五百金,况生马乎?天下必以王能市马,马今至矣。'于是不能期年,千里马至者三。今王诚欲致士,先从隗始;隗且见事,况贤于隗者乎?岂远千里哉?"

〔28〕绿耳:古骏马名。腾骧:奔跃。

〔29〕乐毅:战国名将,由魏至燕,被昭王用为亚卿,尝率军破齐,下七十城。后昭

王死,惠王受齐人离间,疑忌乐毅,使人代之为将。于是乐毅奔赵。事见《史记》本传。

〔30〕贵乡:唐县名,在今河北大名县东北。

〔31〕弦歌:子游为武城宰,孔子过武城闻弦歌之声,见《论语·阳货》。

〔32〕百里:指一县所辖之地。太古:远古。陶然:和乐安闲貌。羲皇:伏羲氏,古人认为伏羲氏时代的人无忧无虑,生活安逸。

〔33〕征乐:招人奏乐。昌乐:唐县名,在今河南南乐县。馆:客舍。

〔34〕青娥:指歌舞女伎。俨:整齐貌。

〔35〕"清歌"句:《列子·汤问》:"韩娥东之齐,匮粮,过雍门,鬻歌假食。既去,而余音绕梁,三日不绝。"

〔36〕未终朝:不到一个早晨,极言时间的短暂。秩满:任期已满。

〔37〕祖道:设宴送行。供帐:饯行时所设的帐幕。

〔38〕荣枯:草木的繁茂和衰萎。炎凉:暑寒。

〔39〕九土:九州之土,指全国。横溃:河道决口,喻指天下大乱。

〔40〕汉甲:指唐军。连:接触。

〔41〕苍生:百姓。

〔42〕函关:函谷关。壮:言函谷关地势险要,使长安显得气势雄壮。帝居:指长安。

〔43〕哥舒:哥舒翰。洛阳被安禄山占领后,玄宗命哥舒翰领兵二十万镇守潼关,保卫京师。

〔44〕长戟:古代兵器,此指唐军。凶渠:罪魁祸首,指安禄山。据史书记载,哥舒翰在玄宗的催逼下,不得已引兵东出潼关,与贼战,大败。收散卒复守潼关,被其部下执以降贼。

〔45〕上句指潼关失守后,长安旋即沦陷,来不及逃跑的大臣,似犬羊一般为叛军所驱赶宰杀。忠谠:正直敢言之臣。醢(hǎi)与菹(zū):即菹醢,剁成肉酱。

〔46〕二圣:指唐玄宗和唐肃宗。游豫:游乐。讳言出逃。丘墟:废墟。

〔47〕帝子:指永王李璘。许专征:指皇帝给予李璘的自专征伐的权力。秉旄:持旄节。强楚:时玄宗以李璘为四道节度使,镇江陵(古楚都所在之地)。

〔48〕非桓文:言不能像齐桓公、晋文公那样指挥、控制军队。齐桓公、晋文公是春秋时期两个善于用兵的霸主。

〔49〕军师:部队。熊虎:喻勇猛的士兵。

〔50〕腾风雨:状贼势之盛。

〔51〕固:坚守。房陵:郡名,治所在今湖北房县。当时韦良宰为房陵太守。

〔52〕诚节:忠诚的节操。终古:自古以来。

〔53〕香炉:庐山峰名。

〔54〕九江:旧谓长江流至汉浔阳境内派分为九。五湖:泛指庐山一带的湖泊。

〔55〕旌旆:指军旗。二句指李璘引兵东巡,沿江而下。

〔56〕空名:虚名。楼船:指李璘的水军战船。

〔57〕浮烟:喻不值得重视之物。

〔58〕翻谪:反而贬谪。

〔59〕万里道:极言其远。

〔60〕六合:天地四方。负霜草:比喻含冤不白。

〔61〕苍昊:苍天。

〔62〕良牧:指江夏太守韦良宰。恤:顾念。交道:指朋友。

〔63〕忝(tiǎn):辱,有愧于,谦词。

〔64〕祢处士:后汉祢衡。鹦鹉洲:在今湖北汉阳县西南长江中,因当年祢衡在此作《鹦鹉赋》而得名。

〔65〕樊山:在今湖北鄂城县北。霸气:三国时孙权曾在此建立霸业,故云。

〔66〕峨眉雪:相传峨眉山积雪,需至夏日才能溶化流入岷江,经三峡而下。

〔67〕舸:大船。

〔68〕日衔山:指日落。

〔69〕吴娃、越艳:指吴越美女。窈窕:娇美貌。铅红:铅粉和胭脂。

〔70〕云梯:指黄鹤楼上的扶梯。帘栊:此指帘子。

〔71〕小垂手:古代舞蹈中的一种姿式,有大垂手、小垂手之称,"或如惊鸿,或如飞燕"。见《乐府杂录》。

〔72〕宾跪:古人席地而坐,坐时两膝着地,臀着于踝;引身而起伸直腰股即为跪。

〔73〕荆山:在今湖北武当山东南、汉水西岸。江鲍:指六朝诗人江淹、鲍照。堪:能。动色:情动见于脸色。

〔74〕雕饰:雕琢修饰。

〔75〕横:充满。素襟:平素的怀抱。招寻:邀请。

〔76〕列戟:古代显贵之家门前列戟,木制无刃,以为仪仗。森森:森严威武。

〔77〕萦流:萦回的流水。

〔78〕英音:独到的见解。

〔79〕片辞:一两句话。

〔80〕"一诺"句:《史记·季布传》:"楚人谚曰:'得黄金百斤,不如得季布一诺。'"

〔81〕青鸟:传说是西王母的使者。阮籍《咏怀诗》:"谁言不可见,青鸟明我心。"

〔82〕云间鹊:高飞入云的喜鹊。

〔83〕赦书:乾元二年二月,唐朝廷发布大赦令,见《唐大诏令集》卷八四。

238

〔84〕"暖气"句:《艺文类聚》卷九引刘向《别录》:"邹衍在燕,燕有谷,地美而寒,不生五谷。邹子居之,吹律而温气至,而谷生。"其地在今北京市密云西南,亦名燕谷山、寒谷。生死灰:谓死灰复燃。

〔85〕凤池:即凤凰池,指中书省。《晋书·荀勖传》:"久之,以勖守尚书令。勖久在中书,专管机事。及失之,甚惘惘怅恨。或有贺之者,勖曰:'夺我凤凰池,诸君贺我邪!'"

〔86〕勿:原作"忽",据宋本改。贾生:贾谊,此为诗人自喻。

〔87〕桀犬吠尧:喻安禄山部将史思明继续作乱。

〔88〕"匈奴"句:典出《汉书·车千秋传》,汉武帝时车千秋素无才能,仅凭一言博得皇帝的宠信,旬月之间即升为宰相。后来匈奴单于知道了这件事,就说:"汉置丞相非用贤也。"

〔89〕大国:指唐朝。

〔90〕两山:指黄河两边的太华、首阳两山。

〔91〕连鸡:缚在一起的鸡,喻各地节度使互相牵制,不能很好地配合作战。夷犹:犹豫。

〔92〕羿:后羿,古代部族领袖,以善射闻名。旄头:星名,二十八宿之一。《史记·天官书》:"昴曰旄头,胡星也。"落旄头,喻平定史思明叛军。

# 江夏使君叔席上赠史郎中[1]

凤凰丹禁里,衔出紫泥书[2]。昔放三湘去,今还万死余[3]。仙郎久为别[4],客舍问何如[5]?涸辙思流水[6],浮云失旧居。多惭华省贵[7],不以逐臣疏。复如竹林下[8],叨陪芳宴初。希君生羽翼,一化北溟鱼[9]。

〔1〕诗作于乾元二年(759),时作者遇赦来到江夏。江夏:唐天宝至德间改鄂州为江夏郡。史郎中:史钦。李白有《与史郎中钦听黄鹤楼上吹笛》诗。

〔2〕紫泥,封诏书用的一种紫色的泥。

〔3〕三湘:指湘水流域一带。二句指己流夜郎遇赦得还。

〔4〕仙郎:唐代称尚书省各部中、员外郎为仙郎。

〔5〕问何如:瞿蜕园、朱金城注:"问何如为六朝风俗,即相见时问讯之寒暄语也。"

〔6〕涸辙:即涸辙鱼,干涸的车辙里的小鱼,比喻处于困境而待援助的人。事出

《庄子·外物》。

　　〔7〕华省：唐人每称尚书省为华省。华省贵：谓史郎中。郎中为尚书省属官。

　　〔8〕竹林：《晋书·阮咸传》："咸任达不拘，与叔父籍为竹林之游。"

　　〔9〕"希君"二句：《庄子·逍遥游》："北溟有鱼，其名为鲲。鲲之大，不知其几千里也。化而为鸟，其名为鹏。……是鸟也，海运则将徙于南溟。"


# 博平郑太守自庐山千里相寻入江夏
# 北市门见访却之武陵立马赠别[1]


大梁贵公子[2]，气盖苍梧云[3]。若无三千客，谁道信陵君？救赵复存魏[4]，英威天下闻。邯郸能屈节，访博从毛薛[5]。夷门得隐沦，而与侯生亲。仍要鼓刀者，乃是袖槌人[6]。好士不尽心，何能保其身？多君重然诺，意气遥相托。五马入市门[7]，金鞍照城郭。都忘虎竹贵[8]，且与荷衣乐[9]。去去桃花源，何时见归轩？相思无终极，肠断朗江猿[10]。


　　〔1〕博平：郡名，即博州，治所在今山东聊城东北。武陵：郡名，即朗州，治所在今湖南常德市。

　　〔2〕大梁：战国魏都，在今河南开封市。贵公子：指信陵君，其门下有食客数千人。

　　〔3〕苍梧云：《艺文类聚》卷一引《归藏》："有白云出自苍梧，入于大梁。"

　　〔4〕救赵：《史记·魏公子列传》载，秦昭王进兵包围赵都邯郸，魏王派兵前去救援，却只是观望，后信陵君盗得军符前往救赵，才解赵之围。存魏：魏安釐王三十年，秦兵东伐魏，魏以信陵君为将，破秦兵于河外，乘胜逐秦兵至函谷关，秦兵不敢出。

　　〔5〕"邯郸"二句：公子在赵，闻赵有处士毛公藏于博徒，薛公藏于卖浆家，乃间步往，从两人游，甚欢。后秦伐魏，魏王遣使至赵请公子归魏，公子不从。毛、薛二人说公子，公子遂归魏，率兵破秦。事见《史记·魏公子列传》。

　　〔6〕"夷门"四句：据《史记·魏公子列传》载，信陵君得夷门守关者侯嬴和屠夫朱亥二人，十分信任他们，后二人均为其立功。

　　〔7〕五马：汉代太守出行时乘坐五马之车，故以"五马"为太守的代称。市门：市肆之门，即江夏北市门。

　　〔8〕虎竹：《汉书·文帝纪》："二年九月，初与郡守为铜虎符、竹使符。"

　　〔9〕荷衣：隐者所服。《楚辞·九歌·少司命》："荷衣兮蕙带"。

〔10〕朗江:即朗溪。《方舆胜览》卷三〇:"朗水在常德府武陵县,其水西南自辰、锦州入郡界,经郡城入大江,谓之朗江。"

# 江上赠窦长史

汉求季布鲁朱家[1],楚逐伍胥去章华[2]。万里南迁夜郎国,三年归及长风沙[3]。闻道青云贵公子,锦帆游戏西江水[4]。人疑天上坐楼船,水净霞明两重绮。相约相期何太深,棹歌摇艇月中寻。不同珠履三千客,别欲论交一片心。

〔1〕季布:楚人,为项羽部下名将,多次困窘刘邦。刘邦灭项羽,以千金求捕季布,布潜藏于鲁朱家处。朱家劝汝阴侯夏侯婴说服刘邦赦季布,封为郎中。朱家:汉初鲁人,以"任侠"闻名,多藏匿豪士和亡命,在关东地区势力很大。事见《史记·游侠列传》。

〔2〕伍胥:伍子胥,春秋时吴国大夫,楚大夫伍奢次子。楚平王七年(前522),伍奢被杀,他去楚奔吴。章华:楚台名,此代指楚国。

〔3〕长风沙:地名,在今安徽安庆市东长江边。

〔4〕西江:指今安徽境内之长江。

# 赠王汉阳[1]

天落白玉棺,王乔辞叶县[2]。一去未千年,汉阳复相见。犹乘飞凫舄[3],尚识仙人面。鬓发何青青,童颜皎如练。吾曾弄海水,清浅嗟三变。果惬麻姑言,时光速流电[4]。与君数杯酒,可以穷欢宴。白云归去来[5],何事坐交战[6]?

〔1〕汉阳:唐县名,在今湖北武汉市汉阳。

〔2〕"天落"二句:《后汉书·王乔传》:"后天下玉棺于堂前,吏人推排,终不动摇。乔曰:'天帝独召我耶!'乃沐浴服饰,寝其中,盖便立覆。宿昔葬于城东,土自成坟,其

夕,县中牛皆流汗喘乏,而人无知者。"落白,全诗校:"一作上堕。"

〔3〕飞凫舄:《后汉书·方术传》载,王乔为叶县令,有神术,每月朔望,自县诣朝台。"临至,辄有双凫从东南飞来。于是候凫至,举罗张之,但得一只舄焉。乃诏上方诊视,则四年中所赐尚书官属履也。"

〔4〕"吾曾"四句:化用麻姑的传说。《神仙传》载,仙女麻姑说曾见东海三为桑田,前到蓬莱,又见海水浅于往日略半,将复为陆地。

〔5〕归去来:用陶渊明《归去来兮辞》意。

〔6〕交战:《韩非子·喻老》:"子夏见曾子,曾子曰:'何肥也?'对曰:'战胜,故肥也。'曾子曰:'何谓也?'子夏曰:'吾入见先王之义则荣,出见富贵之乐又荣之,两者战于胸中,未知胜负,故臞(瘦)。今先王之义胜,故肥。'"

# 赠汉阳辅录事二首[1]

闻君罢官意,我抱汉川湄[2]。借问久疏索[3],何如听讼时?天清江月白,心静海鸥知[4]。应念投沙客,空余吊屈悲[5]。

〔1〕汉阳:唐沔州汉阳郡,治所在汉阳县(今武汉市汉阳)。辅录事:辅翼,见李白《泛沔州城南郎官湖》序。录事,唐州刺史佐吏有录事参军事。

〔2〕抱汉川湄:犹言患病。

〔3〕疏索:冷落。

〔4〕"心静"句:《世说新语·言语》:"澄以石虎为海鸥鸟。"注引《庄子》:"海上之人好鸥者,每旦之海上,从鸥游,鸥之至者数百而不止。其父曰:'吾闻鸥鸟从汝游,取来玩之。'明日之海上,鸥舞而不下。"

〔5〕投沙客:指贾谊,谓弃置长沙也。吊屈:贾谊过湘江,作《吊屈原赋》。

鹦鹉洲横汉阳渡,水引寒烟没江树。南浦登楼不见君[1],君今罢官在何处?汉口双鱼白锦鳞,令传尺素报情人[2]。其中字数无多少,只是相思秋复春。

〔1〕南浦:古水名,在今武汉市南。古时常用作送别之地的泛称。江淹《别赋》:"送君南浦,伤如之何!"

〔2〕汉口:胡三省《通鉴注》:"汉口,汉水入江之口,其地在鄂州汉阳县东大别山下。"双鱼、尺素:皆指书信。

# 江夏赠韦南陵冰[1]

胡骄马惊沙尘起[2]，胡雏饮马天津水[3]。君为张掖近酒泉[4]，我窜三巴九千里[5]。天地再新法令宽，夜郎迁客带霜寒[6]。西忆故人不可见，东风吹梦到长安。宁期此地忽相遇[7]，惊喜茫如堕烟雾。玉箫金管喧四筵，苦心不得申长句[8]。昨日绣衣倾绿尊[9]，病如桃李竟何言[10]！昔骑天子大宛马，今乘款段诸侯门[11]。赖遇南平豁方寸[12]，复兼夫子持清论[13]。有似山开万里云，四望青天解人闷。人闷还心闷，苦辛长苦辛。愁来饮酒二千石[14]，寒灰重暖生阳春[15]。山公醉后能骑马[16]，别是风流贤主人。头陀云月多僧气[17]，山水何曾称人意？不然鸣笳按鼓戏沧流[18]，呼取江南女儿歌棹讴[19]。我且为君槌碎黄鹤楼，君亦为吾倒却鹦鹉洲。赤壁争雄如梦里[20]，且须歌舞宽离忧。

〔1〕此诗作于乾元二年（759）流放夜郎遇赦还至江夏时。南陵：唐县名，在今安徽南陵县。韦冰：韦渠牟之父，尝官著作郎兼苏州司马，大历八年卒。见岑仲勉《唐集质疑》、陶敏《全唐诗人名考证》。

〔2〕胡骄：此指安史叛军。

〔3〕胡雏：晋王衍曾称石勒为胡雏，见《晋书·石勒载记》。此借指安禄山。天津水：天津桥下之水。天津桥在洛阳南洛水上。

〔4〕张掖：唐郡名，治所在今甘肃张掖市。酒泉：唐郡名，治所在今甘肃酒泉市。

〔5〕窜：流放。三巴：东汉末益州牧刘璋置巴郡、巴东、巴西三郡，合称三巴，在今四川省东部。李白流夜郎，至三巴而遇赦。

〔6〕天地再新：指至德二年（757）两京收复，形势变好。迁客：作者自指。

〔7〕宁期：岂料。

〔8〕长句：唐代以七言古诗为长句，此指作诗。

〔9〕昨：犹"昔"。绣衣：《汉书·百官公卿表上》："侍御史有绣衣直指，出讨奸猾，治大狱。武帝所制，不常置。"颜注："衣以绣者，尊宠之也。"绿尊：酒杯。

〔10〕病如桃李：《史记·李将军列传》记古谚曰："桃李不言，下自成蹊。"

〔11〕大宛马：古代西域大宛国所产的名马。款段：行动迟缓的马。

〔12〕南平：指李白族弟南平太守李之遥。豁方寸：敞开胸襟。

〔13〕夫子:对韦冰的尊称。

〔14〕二千石:指州郡长官。

〔15〕"寒灰"句:《史记·韩长孺列传》载,汉景帝时,韩长孺犯法下狱,狱吏田甲辱之,长孺曰:"死灰独不复然乎?"田甲曰:"然即溺之。"不久,长孺起复为梁内史,田甲亡走。

〔16〕"山公"句:《晋书·山简传》载,山简出镇襄阳,唯酒是耽。襄阳豪族习氏有佳园池,"简每出嬉游,多之池上,置酒辄醉,名之曰高阳池。时有童儿歌曰:'山公出何许,径至高阳池。日夕倒载归,茗艼无所知。'"

〔17〕头陀:佛寺名,故址在今湖北武汉市黄鹤山。

〔18〕然:全诗校:"一作能。"箛:古管乐器名。按:击。

〔19〕棹讴:即棹歌、船歌、渔歌。

〔20〕赤壁争雄:指孙权与刘备联军大败曹操的赤壁之战。见本书《赤壁歌送别》注。


# 赠卢司户 [1]


秋色无远近,出门尽寒山。白云遥相识,待我苍梧间 [2]。借问卢耽鹤 [3],西飞几岁还?

〔1〕诗作于乾元二年(759)秋,时李白在零陵(永州)。卢司户:卢象,时贬永州司户参军。

〔2〕"白云"二句:《艺文类聚》卷一引《归藏》:"有白云出自苍梧,入于大梁。"

〔3〕卢耽鹤:《水经注·耒水》引郑德明《南康记》曰:"昔有卢耽,仕州为治中。少栖仙术,善解云飞。每夕辄凌虚归家,晓则还州。尝于元会至朝,不及朝列,化为白鹤,至阁前回翔欲下,威仪以石掷之,得一只履。耽惊还就列,内外左右莫不骇异。"


# 赠从弟南平太守之遥二首 [1]


少年不得意,落魄无安居 [2]。愿随任公子,欲钓吞舟鱼 [3]。常时饮酒逐风景 [4],壮心遂与功名疏。兰生谷底人不锄 [5],云在高山空卷舒。汉家天子驰驷马,赤车蜀道迎相如[6]。天门九重谒圣人,龙颜一解四海春[7]。彤庭左右呼万岁,拜贺明主收沉沦[8]。翰林秉笔回英眄[9],麟阁峥嵘谁可见[10]?承恩初入银台门[11],著书独在金銮殿[12]。龙驹雕镫白玉鞍[13],象床绮席黄金盘[14]。当时笑我微贱者,却来请谒为交欢。一朝谢病游江海,畴昔相知几人在[15]?前门长揖后门关,今日结交明日改。爱君山岳心不移[16],随君云雾迷所为。梦得池塘生春草,使我长价登楼诗[17]。别后遥传临海作,可见羊何共和之[18]。

〔1〕此诗作于乾元二年(759)流放夜郎途中遇赦还至江夏时。南平:唐郡名,即渝州,治所在今四川重庆。

〔2〕落魄:穷困失意。

〔3〕任公子:《庄子·外物》载,任公子制大钓巨纶,以五十头犗牛为饵,投竿东海,终于钓到一条大鱼。

〔4〕逐风景:探寻好风景。

〔5〕"兰生"句:三国时刘备欲杀狂士张裕,曰:"芳兰生门,不得不锄。"见《三国志·蜀志·周群传》。

〔6〕汉家天子:指汉武帝。驷马:四匹马驾的车子。相如:汉代辞赋家司马相如。

〔7〕天门:宫门。九重:形容宫殿的深邃。圣人:指唐玄宗。龙颜一解:指皇帝开颜而笑。

〔8〕彤庭:汉时皇宫以朱色漆中庭,称彤庭。收:录用。沉沦:沦落不遇的人。

〔9〕翰林:指翰林院,唐官署名。秉笔:指自己供奉翰林时为皇帝草拟文词。英眄:指皇帝的注目。

〔10〕麟阁:汉长安未央宫中藏书之处。

〔11〕银台门:唐长安大明宫内的门名,翰林院在右银台门内。初入银台门:全诗校:"一作侍从甘泉宫。"

〔12〕金銮殿:大明宫中殿名,在翰林院东北。

〔13〕龙驹:良马。

〔14〕象床:以象牙为饰的床。

〔15〕谢病:托病辞官。畴昔:往昔。

〔16〕君:指李之遥。山岳心不移:言友情牢固,犹如山岳。

〔17〕"梦得"二句:谢灵运在永嘉西堂,诗思竟日不就,忽梦见惠连,便得"池塘生春草"之句,自称"此语有神助,非我语也"。见钟嵘《诗品》卷中引《谢氏家录》。长价:增长声价。登楼诗:即谢灵运《登池上楼》诗("池塘生春草"见于此诗)。此以谢

惠连喻之遥,而以灵运自喻。

〔18〕临海作:指谢灵运《登临海峤初发彊中作与从弟惠连可见羊何共和之》诗。羊,羊璿之。何,何长瑜。二人均为谢灵运、谢惠连之友。


东平与南平,今古两步兵[1]。素心爱美酒,不是顾专城[2]。谪官桃源去[3],寻花几处行?秦人如旧识[4],出户笑相迎。


〔1〕东平:郡、国名,治所在今山东东平县。晋阮籍曾为东平相。步兵:阮籍曾为步兵校尉。

〔2〕专城:州郡长官。古乐府《陌上桑》:"三十侍中郎,四十专城居。"

〔3〕桃源:桃花源。

〔4〕秦人:即桃花源中人。陶渊明《桃花源记》:"自云先世避秦时乱,率妻子邑人来此绝境。"


# 赠潘侍御论钱少阳[1]


绣衣柱史何昂藏[2],铁冠白笔横秋霜[3]。三军论事多引纳,阶前虎士罗干将[4]。虽无二十五老者[5],且有一翁钱少阳。眉如松雪齐四皓,调笑可以安储皇[6]。君能礼此最下士,九州拭目瞻清光。


〔1〕侍御:唐人称殿中侍御史与监察御史为侍御。

〔2〕绣衣:指御史。柱史:即柱下史,周秦官名,后世称侍御史。昂藏:气宇不凡貌。

〔3〕铁冠:即法冠,以铁为柱,置于冠上,执法者服之。白笔:古时御史簪白笔。《御览》卷二二七引《魏志》曰:"帝尝大会殿中,御史簪白笔,侧阶而坐。上问左右:'此为何官所主?'左右不对,辛毗曰:'此谓御史。旧时簪笔以奏不法,今者直备官,但珥笔耳。'"

〔4〕干将:宝剑名。

〔5〕二十五老者:《说苑·尊贤》:"介子推行年十五而相荆,仲尼闻之,使人往视,还曰:'廊下有二十五俊士,堂上有二十五老人。'仲尼曰:'合二十五人之智,智于汤武;并二十五人之力,力于彭祖,以治天下,其固免矣乎!'"

〔6〕"眉如"二句:秦末四位须发皆白的老人,隐居于商山,人称"商山四皓"。汉

高祖素慕其贤名,征之不得。吕后用张良计,卑辞安车迎四人至,与太子同见汉高祖。太子地位由此得以巩固。事见《史记·留侯世家》。储皇:太子。


# 赠柳圆


竹实满秋浦,风来何苦饥[1]?还同月下鹊,三绕未安枝[2]。夫子即琼树,倾柯拂羽仪[3]。怀君恋明德,归去日相思。


〔1〕"竹实"二句:《韩诗外传》卷八:"凤乃止帝东园,集帝梧桐,食帝竹实,没身不去。"
〔2〕"还同"二句:曹操《短歌行》:"月明星稀,乌鹊南飞。绕树三匝,何枝可依?"
〔3〕琼树:《世说新语·赏誉》载,王戎称美王衍"神姿高彻,如瑶林琼树,自然是风尘外物"。倾柯:谢灵运《拟魏太子邺中集诗八首·平原侯植》:"倾柯引弱枝,攀条摘蕙草。"羽仪:羽翮,高飞之鸟。


# 流夜郎半道承恩放还兼欣克复之美
# 书怀示息秀才[1]


黄口为人罗[2],白龙乃鱼服[3]。得罪岂怨天?以愚陷网目[4]。鲸鲵未翦灭,豺狼屡翻复[5]。悲作楚地囚[6],何日秦庭哭[7]?遭逢二明主,前后两迁逐[8]。去国愁夜郎,投身窜荒谷。半道雪屯蒙[9],旷如鸟出笼。遥欣克复美,光武安可同[10]?天子巡剑阁,储皇守扶风[11]。扬袂正北辰[12],开襟揽群雄。胡兵出月窟[13],雷破关之东[14]。左扫因右拂,旋收洛阳宫。回舆入咸京,席卷六合通[15]。叱咤开帝业[16],手成天地功。大驾还长安,两日忽再中[17]。一朝让宝位,剑玺传无穷[18]。愧无秋毫力,谁念矍铄翁[19]?弋者何所慕?高飞仰冥鸿[20]。弃剑学丹砂,临炉双玉童[21]。寄言息夫子,岁晚陟方蓬[22]。


〔1〕克复:指收复两京。此诗作于乾元二年(759)。
〔2〕黄口:指雏鸟。《孔子家语》:"孔子见罗雀者,所得皆黄口小雀,问之曰:'大

雀独不得何也?'罗者曰:'大雀善惊而难得,黄口贪食而易得。'"

〔3〕"白龙"句:班固《东京赋》:"白龙鱼服,见困豫且。"《说苑·正谏》:"吴王欲从民饮酒,伍子胥谏曰:'不可。昔白龙下清泠之渊,化为鱼,渔者豫且射中其目。'"

〔4〕目:网孔。

〔5〕鲸鲵:喻安史叛军。翻复:指史思明降而复叛。狼:全诗校:"一作虎。"

〔6〕楚地囚:《左传·成公九年》载,晋侯观于军府,见郑人所献楚囚钟仪,召而问之,仪自云"伶人",晋侯"使与之琴,操南音"。

〔7〕秦庭哭:楚昭王十年,吴军伐楚,入郢。昭王出奔,楚大夫申包胥求救于秦,哭于秦庭七日七夜,秦乃出兵救楚,击败吴军。事见《左传·定公四年》。日:全诗校:"一作由。"

〔8〕二明主:指玄宗、肃宗。两迁逐:指天宝初被谗去朝和此次流放夜郎。

〔9〕屯蒙:王琦注:"屯蒙者,艰难蒙晦之义。"雪屯蒙,指流放途中遇赦。

〔10〕光武:指汉光武帝刘秀。

〔11〕巡剑阁:指玄宗幸蜀。储皇:指肃宗。扶风:即凤翔郡。至德二载二月,肃宗幸凤翔。及两京收复,始还长安。

〔12〕北辰:《论语·为政》:"为政以德,譬如北辰,居其所而众星共之。"

〔13〕胡兵:指回纥。月窟:古人认为月归宿于西方,故称极西之地为月窟。

〔14〕关:函谷关。此句谓唐军大破叛军于关东。

〔15〕回舆:指肃宗自凤翔回到长安。六合通:指各地叛军均被击败。

〔16〕业:全诗校:"一作宇。"

〔17〕大驾:指玄宗车驾。两日:指玄宗、肃宗。

〔18〕剑玺:喻帝位。汉时传国之宝有秦王子婴所献白玉玺、高帝斩白蛇剑。

〔19〕矍铄翁:《后汉书·马援传》载,马援六十二岁时,请求率军征五溪蛮,天子以其老,不许。马援披甲上马,顾盼自雄,天子笑曰:"矍铄哉,是翁也!"遂许其率军出征。

〔20〕"弋者"二句:《法言·问明》:"鸿飞冥冥,弋人何篡焉?"弋者,射鸟者。

〔21〕学丹砂:学道炼丹。玉童:仙童。

〔22〕方蓬:指海上仙山方丈、蓬莱。

# 赠张相镐二首 时逃难在宿松山作〔1〕

神器难窃弄〔2〕,天狼窥紫宸〔3〕。六龙迁白日〔4〕,四海暗胡尘。吴穹降元宰,君子方经纶〔5〕。澹然养浩气〔6〕,欻起持大钧〔7〕。秀骨象山岳,英谋合

248

鬼神。佐汉解鸿门，生唐为后身[8]。拥旄秉金钺[9]，伐鼓乘朱轮[10]。虎将如雷霆，总戎向东巡[11]。诸侯拜马首[12]，猛士骑鲸鳞[13]。泽被鱼鸟悦[14]，令行草木春[15]。圣智不失时，建功及良辰[16]。丑虏安足纪[17]？可贻帼与巾[18]。倒泻溟海珠，尽为入幕珍[19]。冯异献赤伏[20]，邓生欻来臻[21]。庶同昆阳举[22]，再睹汉仪新[23]。昔为管将鲍[24]，中奔吴隔秦[25]。一生欲报主，百代思荣亲。其事竟不就，哀哉难重陈。卧病宿松山[26]，苍茫空四邻。风云激壮志，枯槁惊常伦[27]。闻君自天来[28]，目张气益振。亚夫得剧孟[29]，敌国空无人[30]。扪虱对桓公，愿得论悲辛[31]。大块方噫气[32]，何辞鼓青蘋[33]？斯言倘不合，归老汉江滨[34]。

〔1〕张镐：博州(今山东聊城)人，肃宗至德二载(757)五月为相。八月，兼河南节度使，持节都统淮南等道诸军事。此诗即作于是月之后，时作者正卧病于宿松山(在今安徽宿松县)。

〔2〕神器：《文选》张衡《东京赋》："巨猾间釁，窃弄神器。"薛综注："神器，帝位也。"

〔3〕天狼：屈原《九歌·东君》："举长矢兮射天狼。"王逸注："天狼，星名，以喻贪残。"此喻安禄山。紫宸：天子之居。

〔4〕六龙：《初学记》卷一引《淮南子》注："日乘车驾以六龙。"

〔5〕昊穹：天空。元宰：谓宰相，指张镐。经纶：指筹划治理国家大事。

〔6〕澹然：恬淡貌。浩气：浩然之气。

〔7〕欻(xū)：忽然。大钧：指重任。

〔8〕"佐汉"二句：谓张镐能像张良那样解除高祖的鸿门之厄(见《史记·项羽本纪》)，他生在唐代正是张良的后身。

〔9〕拥旄：持旄节。唐节度使"赐双族双节"。金钺：古时大将军出征，特赐黄钺，以铜为之，黄金涂刃及柄。

〔10〕伐鼓：击鼓。朱轮：古贵显者所乘之车。

〔11〕总戎：犹云主帅。指张镐。

〔12〕诸侯：指各地州郡长官。

〔13〕骑鲸鳞：语本扬雄《羽猎赋》："乘巨鳞，骑鲸鱼。"

〔14〕泽：恩泽。被：加，及。

〔15〕令：军令。

〔16〕圣智：大智。及：趁。

〔17〕安足纪：何足道。

〔18〕帼与巾:妇女的首饰和头巾。《资治通鉴·魏纪》:"司马懿与诸葛亮相守百余日,亮数挑战,懿不出,亮乃遗懿巾帼妇人之服。"

〔19〕溟海珠:喻有才能的人。幕:指张镐的幕府。

〔20〕冯异:东汉开国元勋,曾劝刘秀即帝位。见《后汉书》本传。赤伏:即赤伏符,一种预言帝王受命的谶语。按:献赤伏符者乃是强华,此将冯异劝刘秀即位与强华献赤符事合而为一,以喻当时群臣拥唐肃宗即位。

〔21〕邓生:邓禹,幼与刘秀相善,刘秀起兵讨王莽,邓禹"杖策北渡,追及于邺。光武见之甚欢"。见《后汉书·邓禹传》。欢:原作"倏",据王琦本改。

〔22〕庶:庶几,差不多。昆阳举:指昆阳之战,汉更始元年,刘秀尝大破王莽军于昆阳,见《后汉书·光武帝纪》。昆阳:汉县名,即今河南叶县。

〔23〕再睹汉仪:《光武帝纪》:"更始将北都洛阳,以光武行司隶校尉,使前整修宫府。……及见司隶僚属,皆欢喜不自胜,老吏或垂涕曰:'不图今日复见汉宫威仪!'"此借指唐室之再造。

〔24〕管将鲍:管仲与鲍叔牙,二人为莫逆之交。

〔25〕中:中年。

〔26〕宿松:唐县名,在今安徽宿松县。宿松山:全诗校:"一作古松滋。"

〔27〕枯槁:贫困憔悴。常伦:此处指亲友。

〔28〕自天来:指从皇帝身边来。

〔29〕"亚夫"句:汉将周亚夫得剧孟,时人谓其"若得一敌国"。

〔30〕敌:全诗校:"一作七。"空:全诗校:"一作定。"

〔31〕"扪虱"句:《晋书·王猛传》:"桓温入关,猛被褐而诣之,一面谈当世之事,扪虱而言,旁若无人。"

〔32〕"大块"句:《庄子·齐物论》:"大块噫气,其名为风。"成玄英疏:"大块者,造物之名,亦自然之称也。"噫气:气壅塞而忽通。

〔33〕青蘋:水上浮萍,其大者曰蘋。

〔34〕归老:终老。


本家陇西人[1],先为汉边将[2]。功略盖天地[3],名飞青云上。苦战竟不侯,富年颇惆怅[4]。世传崆峒勇[5],气激金风壮[6]。英烈遗厥孙,百代神犹王[7]。十五观奇书,作赋凌相如[8]。龙颜惠殊宠[9],麟阁凭天居[10]。晚途未云已,蹭蹬遭谗毁[11]。想像晋末时,崩腾胡尘起。衣冠陷锋镝,戎虏盈朝市。石勒窥神州,刘聪劫天子[12];抚剑夜吟啸,雄心日千里。誓欲斩鲸鲵[13],澄清洛阳水。六合洒霖雨,万物无凋枯[14]。我挥一杯水,自笑何区区<sup>[15]</sup>。因人耻成事，贵欲决良图<sup>[16]</sup>。灭虏不言功，飘然陟蓬壶<sup>[17]</sup>。惟有安期舄<sup>[18]</sup>，留之沧海隅。

〔1〕本家：祖籍。陇西：郡名，治所在今甘肃临洮南。

〔2〕汉边将：指李广，汉代名将，陇西成纪（今甘肃秦安县）人。

〔3〕"功略"句：《文选》李陵《报苏武书》："陵先将军，功略盖天地，义勇冠三军。"刘良注："先将军，广也，功绩谋略甚大，可盖于天地。"

〔4〕"苦战"二句：《史记·李将军列传》："广尝与望气王朔燕语，曰：'自汉击匈奴而广未尝不在其中，而诸部校尉以下，才能不及中人，然以击胡军功取侯者数十人，而广不为后人，然无尺寸之功以得封邑者，何也？岂吾相不当侯耶？且固命也？'富，全诗校："一作当。"

〔5〕崆峒：山名，在今甘肃省，古时属陇西郡。相传这一带的人勇武善战。《尔雅》："空桐之人武。"

〔6〕金风：秋风。

〔7〕王：通"旺"。

〔8〕凌：超越。相如：汉辞赋家司马相如。

〔9〕惠：赐给。殊宠：特殊的宠遇。

〔10〕麟阁：麒麟阁，原为汉代藏书处，这里借指翰林院（在大明宫中）。凭：依。天居：天子之居。此句全诗校："一作'侍从承明庐。'"

〔11〕晚途：晚年。蹭蹬：不得意。

〔12〕"想像"六句：以晋末"五胡之乱"喻安史之乱。《晋书·孝怀帝纪》："永嘉五年六月癸未，刘曜、王弥、石勒同寇洛川，王师频为所败，死者甚众。丁酉，刘曜、王弥入京师，帝开华林园门，出河阴藕池，欲幸长安，为曜等所追及，曜等遂焚烧宫庙，逼辱妃后，百官、士庶，死者三万余人。帝蒙尘于平阳，刘聪以帝为会稽公。"崩腾，动荡，破坏。锋镝，刀箭。戎虏盈，全诗校："一作荆棘生。"

〔13〕鲸鲵：此喻指安禄山。

〔14〕六合：天地四方。全诗校："一作三台。"万物：全诗校："一作六合。"

〔15〕区区：微小。

〔16〕因人成事：依靠别人的力量而成事。《史记·平原君列传》载，毛遂曰："公等碌碌，所谓因人成事者也。"决良图：定下灭虏良策。

〔17〕陟（zhì）：登。全诗校："一作向。"蓬壶：即蓬莱，古代传说中的仙山。

〔18〕安期舄：《南方草木状》卷上："番禺东有涧，涧中生菖蒲，皆一寸九节。安期生采服仙去，但留玉舄焉。"舄，鞋。

251

# 闻谢杨儿吟猛虎词因此有赠[1]

同州隔秋浦[2],闻吟猛虎词。晨朝来借问,知是谢杨儿。

〔1〕猛虎词:即《猛虎吟》,乐府《相和歌辞·平调曲》名。
〔2〕"同州"句:王琦注:"同州隔秋浦,谓同在池州,而所隔者只一秋浦之水也。"

# 宿清溪主人[1]

夜到清溪宿,主人碧岩里。檐楹挂星斗,枕席响风水。月落西山时,啾啾夜猿起[2]。

〔1〕诗作于天宝十三载(754),时作者在池州。清溪:水名,在今安徽池州市北。
〔2〕啾啾:猿啼声。《楚辞·九歌·山鬼》:"猿啾啾兮狖夜鸣"。

# 系浔阳上崔相涣三首[1]

邯郸四十万,同日陷长平[2]。能回造化笔,或冀一人生[3]。

〔1〕系浔阳、崔相涣:见本书《狱中上崔相涣》注。此诗前二首作于至德二载(757)。
〔2〕"邯郸"二句:《史记·白起王翦列传》载,秦昭王四十七年(前260),秦将攻赵,赵将廉颇坚守长平(今山西高平市西北),秦军久攻不下。后赵王中了秦人的反间计,以赵括代廉颇,括不知兵,被秦将白起围困,断其粮道。赵军困守四十六天,突围不成,括被射死。赵军四十万人降秦,全被活埋。
〔3〕一人生:沈炯《自长安还至方山怆然自伤》:"秦军坑赵卒,遂有一人生。"

毛遂不堕井,曾参宁杀人[1]?虚言误公子[2],投杼惑慈亲[3]。白璧双明月[4],方知一玉真。

〔1〕"毛遂"二句:《西京杂记》卷六:"昔鲁有两曾参,赵有两毛遂。南曾参杀人见捕,人以告北曾参母。野人毛遂堕井而死,客以告平原君,平原君曰:'嗟乎,天丧予矣!'既而知野人毛遂,非平原君客也。"
〔2〕公子:指平原君。
〔3〕慈亲:指曾参之母。
〔4〕明月:珠名。

虚传一片雨,枉作阳台神[1]。纵为梦里相随去,不是襄王倾国人[2]。

〔1〕"虚传"二句:宋玉《高唐赋》描写楚王梦与巫山神女欢会,神女去而辞曰:"妾在巫山之阳,高山之阻,且为朝云,暮为行雨。朝朝暮暮,阳台之下。"
〔2〕襄王倾国人:指巫山神女。全诗注:"此首萧士赟云:'非上崔相。'"

# 巴陵赠贾舍人[1]

贾生西望忆京华[2],湘浦南迁莫怨嗟[3]。圣主恩深汉文帝,怜君不遣到长沙[4]。

〔1〕巴陵:唐郡名,即岳州,治所在今湖南岳阳市。贾舍人:贾至。乾元二年(759),贾至贬岳州司马,诗即是时所作。
〔2〕贾生:贾谊,《史记·屈原贾生列传》载,贾谊遭权贵谗毁,被汉文帝贬为长沙王太傅。此喻指贾至。
〔3〕湘浦:湘水之滨。
〔4〕圣主:指肃宗。因岳阳在长沙之北,离长安稍近,故云"恩深汉文帝"。

# 卷十一

## 赠别舍人弟台卿之江南[1]

去国客行远,还山秋梦长。梧桐落金井,一叶飞银床[2]。觉罢揽明镜,鬓毛飒已霜。良图委蔓草,古貌成枯桑[3]。欲道心下事,时人疑夜光[4]。因为洞庭叶,飘落之潇湘[5]。令弟经济士[6],谪居我何伤[7]?潜虬隐尺水[8],著论谈兴亡。客遇王子乔[9],口传不死方。入洞过天地,登真朝玉皇[10]。吾将抚尔背,挥手遂翱翔[11]。

〔1〕台卿:王琦注:"《旧唐书·永王璘传》云,璘以薛镠、李台卿、蔡坰为谋主,其即此台卿欤?太白之见辟于永王璘,想斯人为之累也。"

〔2〕银床:井栏。

〔3〕古貌:指相貌高古不凡。枯桑:喻衰老。

〔4〕"时人"句:邹阳《狱中上书自明》:"臣闻明月之珠,夜光之璧,以暗投人于道,众莫不按剑相眄者,何则?无因而至前也。"

〔5〕潇湘:因潇水、湘水在零陵合流,故零陵亦有潇湘之称。詹锳谓此诗即乾元二年秋作于零陵。

〔6〕令弟:犹贤弟。

〔7〕此句全诗校:"一作'出门见我伤。'"

〔8〕潜虬:《文选》谢灵运《登池上楼》:"潜虬媚幽姿。"李善注:"虬以深潜而保真。"尺水:指水浅。

〔9〕客遇:待之以客人之礼。全诗校:"一作云见。"王子乔:周灵王太子晋,好吹笙,作凤凰鸣,道士浮丘公接以上嵩山。事见《列仙传》卷上。

〔10〕洞:洞天,道家称仙人居处为洞天。登真:登仙。玉皇:天帝。

〔11〕遂翱翔:全诗校:"一作凌苍苍。"

# 醉后赠王历阳[1]

书秃千兔毫[2]，诗裁两牛腰[3]。笔踪起龙虎[4]，舞袖拂云霄。双歌二胡
姬，更奏远清朝[5]。举酒挑朔雪，从君不相饶[6]。

〔1〕题下全诗注："历阳，和州也。"历阳：唐郡名，治所在今安徽和县。
〔2〕兔毫：指笔。
〔3〕牛腰：王琦注："苏颂曰：'诗裁两牛腰，言其卷大如牛腰也。'"
〔4〕起龙虎：指书法有龙虎之势。
〔5〕远清朝：瞿蜕园、朱金城注："郡府古称郡朝，县府亦可称县朝，远清朝当是言歌
舞之地，距其县府尚远，亦流连忘返之意。或清朝谓清晨，而远为误字。观下文不相饶，
似无非言嬉酒不肯遽散也。《李诗辨》疑云：'远清朝义疑，或曰曲名，未知是否？'"
〔6〕饶：让也。鲍照《拟行路难》："日月流迈不相饶。"

# 赠历阳褚司马<sub>时此公为稚子舞，故作是诗</sub>

北堂千万寿[1]，侍奉有光辉。先同稚子舞，更著老莱衣[2]。因为小儿啼，
醉倒月下归。人间无此乐，此乐世中稀。

〔1〕北堂：代指母亲。《诗·卫风·伯兮》："焉得谖草，言树之背。"毛传："谖草令
人忘忧。背，北堂也。"
〔2〕老莱衣：老莱子孝养二亲，行年七十，常著彩衣以娱亲。事见《太平御览》卷
四一三引《孝子传》。

# 对雪醉后赠王历阳

有身莫犯飞龙鳞[1]，有手莫辩猛虎须[2]。君看昔日汝南市，白头仙人隐玉

壶[3]。子猷闻风动窗竹，相邀共醉杯中绿[4]。历阳何异山阴时，白雪飞花乱人目。君家有酒我何愁？客多乐酣秉烛游[5]。谢尚自能鸲鹆舞[6]，相如免脱鹔鹴裘[7]。清晨鼓棹过江去[8]，千里相思明月楼[9]。

〔1〕"有身"句：《韩非子·说难》："人主亦有逆鳞，说者能无婴人主之逆鳞则几矣！"

〔2〕"有手"句：《庄子·盗跖》："疾走料虎头，编虎须，几不免虎口哉！"

〔3〕"君看"二句：《神仙传》卷五载，壶公卖药于汝南，常悬一壶，夜则跳入壶中，中有"仙宫世界，楼观五色，重门阁道"。

〔4〕子猷：晋王徽之字子猷，家住山阴，一夜大雪，睡醒开门，命家人备酒。杯中绿：指酒。

〔5〕秉烛游：《古诗十九首》："昼短苦夜长，何不秉烛游？"

〔6〕谢尚：晋人，王导辟为掾，"始到府，通谒，导以其有胜会，谓曰：'闻君能作鸲鹆舞，一坐倾想，宁有此理否？'尚曰：'佳。'便著衣帻而舞"。见《晋书·谢尚传》。

〔7〕"相如"句：《西京杂记》卷二载，司马相如初与卓文君还成都，家贫，曾用鹔鹴裘换酒喝。

〔8〕清晨：全诗校："一作兴罢。"

〔9〕此句全诗校："一作他日西看却月楼。"

# 赠宣城宇文太守兼呈崔侍御[1]

白若白鹭鲜，清如清唳蝉[2]。受气有本性，不为外物迁。饮水箕山上[3]，食雪首阳巅[4]。回车避朝歌[5]，掩口去盗泉[6]。岩峣广成子[7]，倜傥鲁仲连[8]。卓绝二公外，丹心无间然[9]。昔攀六龙飞，今作百炼铅[10]。怀恩欲报主，投佩向北燕[11]。弯弓绿弦开，满月不惮坚[12]。闲骑骏马猎，一射两虎穿。回旋若流光，转背落双鸢。胡虏三叹息，兼知五兵权[13]。铓铓突云将[14]，却掩我之妍。多逢剿绝儿[15]，先著祖生鞭[16]。据鞍空矍铄，壮志竟谁宣[17]？蹉跎复来归，忧恨坐相煎[18]。无风难破浪[19]，失计长江边。危苦惜颓光，金波忽三圆[20]。时游敬亭上，闲听松风眠。或弄宛溪月，虚舟信洄沿。颜公二十万，尽付酒家钱[21]。兴发每取之，聊向醉中仙[22]。过此无一事，静谈秋水篇[23]。君从九卿来[24]，水国有丰年。鱼盐满市井,布帛如云烟。下马不作威,冰壶照清川[25]。霜眉邑中叟,皆美太守贤。时时慰风俗,往往出东田[26]。竹马数小儿,拜迎白鹿前[27]。含笑问使君,日晚可回旋?遂归池上酌,掩抑清风弦[28]。曾标横浮云[29],下抚谢朓肩。楼高碧海出,树古青萝悬。光禄紫霞杯,伊昔忝相传[30]。良图扫沙漠,别梦绕旌旃。富贵日成疏,愿言杳无缘。登龙有直道[31],倚玉阻芳筵[32]。敢献绕朝策[33],思同郭泰船[34]。何言一水浅,似隔九重天。崔生何傲岸,纵酒复谈玄。身为名公子,英才苦迍邅[35]。鸣凤托高梧[36],凌风何翩翩!安知慕群客[37],弹剑拂秋莲[38]?

〔1〕宣城:唐宣州,天宝元年改为宣城郡,治所在今安徽宣城。崔侍御:崔成甫。

〔2〕白鹭鲜:白鹭之羽毛。《隋书·食货志》:"是岁,翟雉尾一值十缣,白鹭鲜半之。"清唳蝉:古人认为蝉只"饮露而不食",故曰"清"。

〔3〕箕山:相传尧欲让天下于许由,许由便逃到箕山之下、颍水之阳隐居。事见《吕氏春秋·求人》

〔4〕首阳:山名,相传为伯夷、叔齐饿死处,在今山西永济县南。

〔5〕朝歌:殷纣王国都。《汉书·邹阳传》:"邑号朝歌,墨子回车。"《淮南子》:"墨子非乐,不入朝歌。"

〔6〕盗泉:《文选》陆机《猛虎行》:"渴不饮盗泉水,热不息恶木阴。"李善注引《尸子》曰:"孔子过于盗泉,渴矣而不饮,恶其名也。"

〔7〕岩峣:山高峻貌。此形容人的品格高远。广成子:古仙人。《庄子·在宥》载,黄帝立为天子十九年,闻广成子在崆峒之上,而往见之,问"至道之精",广成子不答。黄帝退,捐天下,筑特室,闲居三月,复往求长生之道,广成子曰:"必静必清,无劳汝形,无摇汝精,乃可以长生。"

〔8〕"倜傥"句:战国时,鲁仲连助赵解邯郸之围,平原君赠以千金,笑而不受。又助齐收复聊城,辞爵而逃隐于海上。事见《史记·鲁仲连邹阳列传》。

〔9〕外:犹言"内中"。间然:《论语·泰伯》:"禹,吾无间然矣。"《正义》:"间谓间厕……言己不复能间厕其间也。"

〔10〕百炼铅:王琦注:"百炼铅言其柔,铅性不能刚,经百炼则益柔矣。"

〔11〕佩:指官吏衣带上的饰物。投佩:谓去官。

〔12〕满月:指拉满弓。

〔13〕五兵:泛指武器。

〔14〕铃铃:象声词。突云将:犹云猛将。

〔15〕剿绝儿:安旗等注:"剿绝儿,或剿儿,即健儿。《乐府诗集》横吹曲辞《幽州

马客吟》:'快马常苦瘦,剿儿常苦贫。'"

〔16〕"先著"句:《晋书·刘琨传》载,琨与祖逖为友,闻逖被用,与亲故书曰:"吾枕戈待旦,志枭逆虏,常恐祖生先吾著鞭。"

〔17〕"据鞍"句:《后汉书·马援传》载,马援年六十二,披甲上马,顾盼自雄,天子笑曰:"矍铄哉,是翁也!"宣:倾诉。

〔18〕坐:张相《诗词曲语辞汇释》:"坐,甚辞,犹深也,殊也。……坐相煎,犹云殊相逼也。"

〔19〕破浪:《宋书·宗悫传》:"愿乘长风破万里浪。"

〔20〕金波:指月光。

〔21〕"颜公"二句:《宋书·陶潜传》:"先是,颜延之在浔阳,与陶潜情款。后为始安郡,经过,日日造潜,每往必酣饮至醉。临去,留二万钱与潜。潜悉送酒家,稍就取酒。"

〔22〕仙:全诗校:"一作眠。"

〔23〕秋水篇:《庄子》篇名。

〔24〕九卿:中央政府的九个高级官职。

〔25〕下马:指初到任。冰壶:《文选》鲍照《白头吟》:"清如玉壶冰。"李周翰注:"玉壶冰,取其洁净也。"此处形容宇文太守为政清明。

〔26〕东田:谢朓为宣城太守,有《游东田》诗。

〔27〕竹马:用郭伋事。汉武帝时,郭伋任并州牧,有善政。行部至西河,有儿童数百,各骑竹马,迎拜于道;及归,诸儿复送至城外。事见《后汉书·郭伋传》。白鹿:《太平御览》卷九〇六引谢承《后汉书》:"郑弘为临淮太守,行春,有两白鹿随车,夹毂而行。弘怪问主簿黄国:'鹿为吉凶?'国拜贺曰:'闻三公车幡画作鹿,明府当为宰相。'后弘果为太尉。"

〔28〕谢朓《郡内高斋闲望答吕法曹诗》:"已有池上酌,复此风中琴。"

〔29〕曾标:萧士赟注:"曾标,言其标致之高也。"

〔30〕光禄:瞿蜕园、朱金城注:"颜延年官终金紫光禄大夫,后人称为颜光禄。李白以陶潜自比,而以宇文比颜,故云'伊昔忝相传。'"

〔31〕登龙:《后汉书·李膺传》:"膺独持风裁,以声名自高。士有被其容接者,名为登龙门。"

〔32〕倚玉:指高攀或亲附贤者。《世说新语·容止》:"魏明帝使后弟毛曾与夏侯玄共坐,时人谓:'蒹葭倚玉树。'"

〔33〕绕朝策:《左传·文公十三年》载,士会归晋,临行,秦大夫"绕朝赠之以策,曰:'子无谓秦无人,吾谋适不用也。'"

〔34〕郭泰船:《后汉书·郭泰传》载,郭泰游洛阳,与河南尹李膺友善。"后归乡

258

里,衣冠诸儒送至河上,车数千辆。林宗唯与李膺同舟而济,众宾望之,以为神仙焉。"

〔35〕名公子:指诗题中之崔侍御,即崔成甫,盖为礼部尚书崔沔之子,故称。迍遭:遭遇坎坷。

〔36〕"鸣凤"句:《诗·大雅·卷阿》郑笺:"凤凰之性,非梧桐不栖,非竹实不食。"

〔37〕慕群客:瞿蜕园、朱金城注:"慕群客,李白自谓,有攀援之意也。"鲍照《日落望江赠荀丞》:"岂念慕群客,咨嗟恋景沉。"

〔38〕弹剑:用孟尝君门客冯谖弹剑而歌的典故,事见《战国策·齐策四》。


# 赠宣城赵太守悦[1]


赵得宝符盛[2],山河功业存。三千堂上客,出入拥平原[3]。六国扬清风,英声何喧喧!大贤茂远业,虎竹光南藩[4]。错落千丈松[5],虬龙盘古根。枝下无俗草,所植唯兰荪[6]。忆在南阳时,始承国士恩[7]。公为柱下史[8],脱绣归田园[9]。伊昔簪白笔[10],幽都逐游魂[11]。持斧冠三军[12],霜清天北门。差池宰两邑[13],鹗立重飞翻[14]。焚香入兰台,起草多芳言[15]。夔龙一顾重,矫翼凌翔鹓[16]。赤县扬雷声[17],强项闻至尊[18]。惊飙颓秀木[19],迹屈道弥敦[20]。出牧历三郡,所居猛兽奔[21]。迁人同卫鹤,谬上懿公轩[22]。自笑东郭履[23],侧惭狐白温[24]。闲吟步竹石,精义忘朝昏[25]。憔悴成丑士,风云何足论!狝猴骑土牛[26],羸马夹双辕。愿借羲皇景[27],为人照覆盆[28]。溟海不振荡,何由纵鹏鲲[29]?所期要津日[30],倜傥假腾骞[31]。


〔1〕赵悦:天宝十四载为宣城太守,参见《唐刺史考》卷一五六。

〔2〕宝符:《史记·赵世家》载,赵简子曾告诸子曰:"吾藏宝符于常山上,先得者赏。"

〔3〕"三千"二句:《史记·平原君虞卿列传》:"平原君赵胜者,赵之诸公子也。诸子中胜最贤,喜宾客,宾客盖至者数千人。"

〔4〕茂远业:指后裔繁盛。虎竹:《汉书·文帝纪》:"二年九月,初与郡守为铜虎符、竹使符。"南藩:指宣城。

〔5〕千丈松:《世说新语·赏誉》:"庾子嵩目和峤,森森如千丈松,虽磊砢有节目,

施之大厦有栋梁之用。"

〔6〕兰荪:香草名,喻指有才能的人。

〔7〕国士:旧称一国的杰出人物。

〔8〕柱下史:指御史。

〔9〕绣:绣衣,御史所服。

〔10〕簪白笔:《御览》卷二二七引《魏志》曰:"帝尝大会殿中,御史簪白笔侧阶而坐。上问左右:'此为何官何主?'左右不对,辛毗曰:'此谓御史。旧时簪笔以奏不法,今者直备官,但珥笔耳。'"

〔11〕幽都:指幽州。游魂:安旗等注:"指斥敌寇之语,意谓不能久存。"此指赵悦以御史佐幽州军幕。

〔12〕持斧:指为御史。汉武帝时,"绣衣御史暴胜之,使持斧逐捕盗贼,以军兴从事,诛二千石以下"。见《汉书·王䜣传》。

〔13〕差池:《诗·邶风·燕燕》:"燕燕于飞,差池其羽。"正义:"差池者,往飞之貌。"

〔14〕鹗立:王琦注:"《埤雅》:鹗性好跱,故每立更不移处。所谓鹗立,义取诸此。"重飞翻:喻其复出为官。

〔15〕兰台:御史台,古亦称兰台寺。起草:后汉尚书郎主作文书起草。

〔16〕夔龙:虞舜之二臣名。此指当时的宰相杨国忠。矫:举。李白《为赵宣城与杨右相书》:"昔相公秉国宪之日,一拔九霄……衣绣霜台,含香华省(尚书省)。"

〔17〕赤县:京都所治为赤县。

〔18〕强项:《后汉书·董宣传》载,东汉董宣任洛阳令时,秉公处死湖阳公主的苍头,抗旨不向公主谢罪。"帝令小黄门持之,使宣叩头谢主,宣不从,强使顿之,宣两手据地,终不肯俯。"帝称之为"强项令"。

〔19〕颓秀木:李康《运命论》:"木秀于林,风必摧之。"

〔20〕"迹屈"句:瞿蜕园、朱金城注:"此似指赵曾为赤县令而又罢黜。唐之赤县令,秩为正五品上,故虽罢黜而官资已显,得再起为郡守也。"

〔21〕猛兽奔:用后汉宋均事。东汉时,九江郡多虎,屡为民患。宋均为九江太守,退奸贪,进忠善,行仁政。猛虎乃相率渡江而去。见《后汉书·宋均传》。

〔22〕"迁人"二句:《左传·闵公二年》:"卫懿公好鹤,鹤有乘轩者。"瞿蜕园、朱金城注:"迁人,李白自谓。此句意谓谬受赵之宠遇。"

〔23〕东郭履:《史记·滑稽列传》:"东郭先生久待诏公车,贫困饥寒,衣敝,履不完。行雪中,履有上无下,足尽践地。道中人笑之,东郭先生应之曰:'谁能履行雪中,令人视之,其上履也,其履下处乃似人足者乎?'"

〔24〕狐白温:《文选》王微《杂诗》:"讵忆无衣苦?但知狐白温。"吕向注:"狐白,

谓狐腋之白毛以为裘也。"

〔25〕精义:《易·系辞》:"精义入神,以致用也。"

〔26〕"猕猴"句:《三国志·魏志·邓艾传》裴松之注引《世语》载,司马宣王辟州泰,三十六日而擢为新城太守。宣王为泰会,使尚书钟繇调泰:"君释褐登宰府,三十六日拥麾盖,守兵马郡,乞儿乘小车,一何驶乎!"泰曰:"诚有此。君,名公之子,少有文采,故守吏职,猕猴骑土牛,又何迟也!"

〔27〕羲皇:日御,此处代指日。

〔28〕覆盆:盆戴于头顶,无法看天。比喻蒙不白之冤,无由申诉。司马迁《报任安书》:"仆以为戴盆何以望天。"

〔29〕鹏鲲:《庄子·逍遥游》:"北溟有鱼,其名为鲲。鲲之大,不知其几千里也。化而为鸟,其名为鹏。……是鸟也,海运则将徙于南溟。"

〔30〕要津:比喻显要的官职。《古诗十九首》:"何不策高足,先据要路津?"

〔31〕假:借助。腾骞:飞腾。

# 赠从弟宣州长史昭

淮南望江南[1],千里碧山对。我行倦过之[2],半落青天外。宗英佐雄郡[3],水陆相控带。长川豁中流,千里泻吴会[4]。君心亦如此,包纳无小大。摇笔起风霜,推诚结仁爱。讼庭垂桃李,宾馆罗轩盖。何意苍梧云[5],飘然忽相会?才将圣不偶[6],命与时俱背。独立山海间[7],空老圣明代。知音不易得,抚剑增感慨。当结九万期[8],中途莫先退。

〔1〕淮南:指淮南道。江南:江南道。王琦注:"唐时之淮南道、江南道皆古扬州之境,中隔一江,江之北为淮南,江之南为江南。"

〔2〕倦:全诗校:"一作尽。"

〔3〕宗英:指李昭。《汉书·叙传》:"四国绝祀,河间贤明。礼乐是修,为汉宗英。"佐雄郡:长史为郡(州)佐,故云。

〔4〕吴会:吴郡与会稽郡。此指长江下游地区。

〔5〕苍梧云:《艺文类聚》卷一引《归藏》:"有白云出自苍梧,入于大梁。"

〔6〕将:与。不偶:不遇。

〔7〕独立:《史记·滑稽列传》:"今世之处士,时虽不用,崛然独立,块然独处。"

# 于五松山赠南陵常赞府[1]

为草当作兰,为木当作松。兰秋香风远,松寒不改容。松兰相因依,萧艾徒丰茸[2]。鸡与鸡并食,鸾与鸾同枝。拣珠去沙砾,但有珠相随。远客投名贤,真堪写怀抱。若惜方寸心,待谁可倾倒?虞卿弃赵相,便与魏齐行[3]。海上五百人,同日死田横[4]。当时不好贤,岂传千古名?愿君同心人,于我少留情。寂寂还寂寂,出门迷所适。长铗归来乎[5]!秋风思归客[6]。

〔1〕五松山:在南陵,即今安徽南陵县。赞府:县丞。

〔2〕丰茸:草木丰盛茂密貌。

〔3〕"虞卿"二句:《史记·范雎蔡泽列传》:"(秦)昭王乃遗赵王书曰:'……范君之仇魏齐在平原君之家,王使人疾持其头来。不然,吾举兵而伐赵,又不出王之弟于关。'赵孝成王乃发卒围平原君家,急,魏齐夜亡出,见赵相虞卿。虞卿度赵王终不可说,乃解其相印,与魏齐亡。"

〔4〕"海上"二句:《史记·田儋列传》载,刘邦称帝后,田横惧诛而与其徒属五百余人入海,居岛中。高帝闻之,乃使使赦其罪而召之。田横乃与其客二人乘传诣洛阳,至尸乡而自刭,令客奉其头,从使者驰奏高帝。田横既葬,二客亦皆自刭,下从之。高帝大惊,闻其客尚有五百人在海中,使使召之。至则闻田横死,亦皆自杀,于是乃知田横兄弟能得士也。

〔5〕"长铗"句:用孟尝君门客冯谖弹剑长歌的典故。全诗校:"一作长剑歌归来。"

〔6〕"秋风"句:《晋书·张翰传》载,张翰"因见秋风起,乃思吴中菰菜、莼羹、鲈鱼鲙,曰:'人生贵得适志,何能羁宦数千里,以要名爵乎!'遂命驾而归"。

# 自梁园至敬亭山见会公谈陵阳山水
# 兼期同游因有此赠[1]

我随秋风来,瑶草恐衰歇[2]。中途寡名山,安得弄云月?渡江如昨日,黄

262

叶向人飞。敬亭惬素尚,弭棹流清辉[3]。冰谷明且秀,陵峦抱江城。粲粲吴与史[4],衣冠耀天京。水国饶英奇,潜光卧幽草[5]。会公真名僧,所在即为宝[6]。开堂振白拂[7],高论横青云。雪山扫粉壁[8],墨客多新文[9]。为余话幽栖,且述陵阳美。天开白龙潭[10],月映清秋水。黄山望石柱,突兀谁开张[11]?黄鹤久不来,子安在苍茫[12]。东南焉可穷?山鸟飞绝处[13]。稠叠千万峰,相连入云去。闻此期振策[14],归来空闭关。相思如明月,可望不可攀。何当移白足[15],早晚凌苍山?且寄一书札,令予解愁颜。

[1]梁园:故址在今河南商丘市东南。敬亭山:在今安徽宣城北。陵阳:山名,传说为陵阳令窦子明得仙处,在宣州泾县西南一百三十里。

[2]瑶草:仙草。

[3]弭棹:停船。流:流连。清辉:指山水景色。

[4]粲粲:鲜明貌,此指杰出。吴与史:宣城士人,名不可考。

[5]潜光:指隐居。曹植《仙人篇》:"潜光养羽翼。"

[6]"会公"二句:安旗等注:"以佛图澄喻会公。"王琦注:"《十六国春秋》:佛图澄,天竺人也。本姓帛氏,少出家,清真务学,诵经数百万言。石虎倾心事澄,乃下书曰:'和尚国之大宝,荣爵不加,高禄不受。荣禄匪顾,何以旌德?'"

[7]白拂:即僧人说法时常持之白色拂尘。

[8]"雪山"句:王琦注:"谓画雪山于粉壁之上。"

[9]"墨客"句:王琦注:"谓文墨之客多以新文赞美之。"

[10]白龙潭:在宣州。相传窦子明弃官学道,钓得白龙,放之于此,因名白龙潭。后龙来迎子明上陵阳山,遂成仙。

[11]黄山:在安徽南部。石柱山:在宣州旌德县西六十里。此二句全诗校:"一作白柱撞星汉,西崖谁开张。"

[12]子安:仙人名。《列仙传》卷下载,窦子明钓得白龙而放之,后得白鱼,腹中有书,教子明服食之法。"子明遂上黄山,采五石脂,沸水而食之。三年,龙来迎去,止陵阳山上。百余年,出去地千余丈,大呼山下人,令上山半,告言溪中子安当来,问子明钓车在否。后二十余年,子安死,人取葬石山下,有黄鹤来栖其冢边树,鸣呼子安云。"

[13]此句全诗校:"一作猿狖绝行处。"

[14]振策:犹言举杖,即出行。

[15]白足:慧皎《高僧传》卷十载,释昙始"足白于面,虽跣涉泥水,未尝沾湿,天

下皆称白足和上（尚）"。

# 赠友人三首

兰生不当户[1]，别是闲庭草。凤被霜露欺，红荣已先老。谬接瑶华枝[2]，结根君王池。顾无馨香美，叨沐清风吹。余芳若可佩，卒岁长相随[3]。

〔1〕"兰生"句：袁淑《种兰诗》："种兰忌当门，怀璧莫向楚。"
〔2〕瑶华：玉花，传说中的仙花。《九歌·大司命》："折疏麻兮瑶华。"
〔3〕卒岁：《诗·小雅·采菽》："优哉游哉，聊以卒岁。"

袖中赵匕首，买自徐夫人[1]。玉匣闭霜雪，经燕复历秦。其事竟不捷[2]，沦落归沙尘。持此愿投赠，与君同急难。荆卿一去后，壮士多摧残。长号易水上，为我扬波澜。凿井当及泉，张帆当济川。廉夫唯重义，骏马不劳鞭。人生贵相知，何必金与钱[3]？

〔1〕"袖中"二句：《史记·刺客列传》："太子豫求天下之利匕首，得赵人徐夫人匕首，取之百金。使工以药焠之，以试人，血濡缕，人无不立死者。乃装为遣荆卿。"
〔2〕其事：指荆轲刺秦王之事。
〔3〕"人生"二句：语本古乐府《白头吟》："男儿重义气，何用钱刀为？"

慢世薄功业[1]，非无胸中画[2]。谑浪万古贤[3]，以为儿童剧。立产如广费[4]，匡君怀长策。但苦山北寒，谁知道南宅[5]？岁酒上逐风，霜鬓两边白。蜀主思孔明，晋家望安石。时人列五鼎[6]，谈笑期一掷[7]。虎伏被胡尘，渔歌游海滨。弊裘耻妻嫂[8]，长剑托交亲[9]。夫子秉家义[10]，群公难与邻。莫持西江水，空许东溟臣[11]。他日青云去，黄金报主人。

〔1〕慢世：放荡不羁，玩世不恭。
〔2〕画：谋略，计划。
〔3〕谑浪：《诗·邶风·终风》："谑浪笑敖。"毛传："言戏谑不敬。"
〔4〕"立产"句：用汉疏广事。《汉书·疏广传》载，汉宣帝时，太子太傅疏广告老

264

还乡,宣帝赐黄金二十斤,太子赠金五十斤。广既归乡,天天大摆筵席,请族人故旧饮酒作乐,以尽余年。

〔5〕道南宅:《三国志·吴志·周瑜传》:"坚子策与瑜同年,独相友善,瑜推道南大宅以舍策。"知:全诗校:"一作分。"

〔6〕五鼎:古祭礼,大夫以五鼎盛羊、豕、肤、鱼、腊。后用以形容官僚贵族生活之奢侈。

〔7〕一掷:《晋书·何无忌传》:"刘毅家无担石之储,摴蒱一掷百万。"

〔8〕"弊裘"句:《战国策·秦策一》:"苏秦始将连横说秦惠王……书十上而说不行。黑貂之裘敝,黄金百斤尽。资用乏绝,去秦而归。"

〔9〕"长剑"句:用孟尝君门人冯谖弹剑而歌的典故。

〔10〕家义:家风。

〔11〕"莫持"二句:《庄子·外物》说,庄子尝路遇涸辙之鲋鱼向他求斗升之水以救命,他说将激"西江之水"以迎鱼,鱼说那时我早已枯死了。

# 陈情赠友人

延陵有宝剑,价重千黄金。观风历上国,暗许故人深。归来挂坟松,万古知其心[1]。懦夫感达节[2],壮士激青衿[3]。鲍生荐夷吾,一举致齐相[4]。斯人无良朋,岂有青云望?临财不苟取,推分固辞让[5]。后世称其贤,英风邈难尚。论交但若此,友道孰云丧?多君骋逸藻,掩映当时人。舒文振颓波,秉德冠彝伦[6]。卜居乃此地,共井为比邻[7]。清琴弄云月,美酒娱冬春。薄德中见捐,忽之如遗尘。英豪未豹变[8],自古多艰辛。他人纵以疏,君意宜独亲。奈何成离居,相去复几许?飘风吹云霓[9],蔽目不得语。投珠冀相报,按剑恐相拒[10]。所思采芳兰,欲赠隔荆渚[11]。沉忧心若醉,积恨泪如雨。愿假东壁辉,余光照贫女[12]。

〔1〕"延陵"六句:用季札事。春秋时,季札出使过徐君,心许返回时将宝剑相赠。返回时,徐君已死,季札将剑挂于徐君墓树上。见《史记·吴太伯世家》。

〔2〕达节:指季札重义之节操。

〔3〕士:全诗校:"一作气。"青衿:《诗·郑风·子衿》:"青青子衿,悠悠我心。"毛传:"青衿,青领也,学子之所服。"青,全诗校:"一作素。"素衿,犹素襟。

〔4〕"鲍生"句:《史记·管晏列传》载,管仲少时,常与鲍叔游,后鲍叔荐管仲为齐相,佐齐桓公称霸。致,原作"置",据王琦本改。

〔5〕推:全诗校:"一作揣。"

〔6〕彝伦:常伦,人之常道。

〔7〕共井:谓居住之地相接。

〔8〕豹变:豹文变美,比喻辅佐王业,为之增光。《易·革》:"君子豹变,其文蔚也。"

〔9〕"飘风"句:《楚辞·离骚》:"飘风屯其相离兮,帅云霓而来御。"王逸注:"飘风,无常之风,以兴邪恶之象也。云霓,恶气也,以喻佞人。"

〔10〕"投珠"二句:汉邹阳《狱中上书自明》:"臣闻明月之珠,夜光之璧,以暗投人于道,众莫不按剑相眄者,何则?无因而至前也。"相,全诗校:"一作有。"拒,原作"距",据王琦本改。

〔11〕荆:全诗校:"一作修"

〔12〕"愿假"二句:《列女传》卷六载,齐女徐吾与邻妇李吾等会烛相从夜织,徐吾最贫而烛数不属。李吾谓其属曰:"徐吾烛数不属,请无与夜也。"徐吾曰:"夫一室之中,益一烛不为暗,损一烛不为明。何爱东壁之余光,不使贫妾得蒙见哀之恩,长为妾役之事,使诸君常有惠施于妾,不亦可乎?"李吾莫能应,遂复与夜,终无复言。


# 赠从弟冽[1]


楚人不识凤,重价求山鸡[2]。献主昔云是,今来方觉迷[3]。自居漆园北[4],久别咸阳西[5]。风飘落日去,节变流莺啼[6]。桃李寒未开,幽关岂来蹊[7]?逢君发花萼,若与青云齐[8]。及此桑叶绿,春蚕起中闺[9]。日出布谷鸣,田家拥锄犁。顾余乏尺土,东作谁相携[10]?傅说降霖雨[11],公输造云梯[12]。羌戎事未息,君子悲涂泥[13]。报国有长策,成功羞执珪[14]。无由谒明主,杖策还蓬藜[15]。他年尔相访,知我在磻溪[16]。

〔1〕诗作于天宝五载(746),时作者在山东一带漫游。

〔2〕"楚人"二句:《尹文子·大道上》载,楚人有担山鸡者,说是凤凰,路人信以为真,以二千金买之,欲献于楚王。经宿而雄死,路人不遑惜其金,惟恨不得献王。王闻之,感其欲献于己,召而厚赐之。重,全诗校:"一作高。"

266

〔3〕迷:迷误。

〔4〕漆园:在今山东荷泽市北,庄周曾做过蒙漆园吏。

〔5〕咸阳:指长安。

〔6〕节变:季节变换。

〔7〕"桃李"二句:《史记·李将军列传》记古谚曰:"桃李不言,下自成蹊。"幽关,幽静冷落的门户。来,全诗校:"一作成。"

〔8〕君:指李冽。花警:喻兄弟。《诗·小雅·常棣》:"常棣之华,鄂不韡韡。凡今之人,莫如兄弟。"鄂,通"萼"。与青云齐:言情意之高。

〔9〕中闺:妇女的居室。

〔10〕东作:春耕。

〔11〕"傅说"句:《书·说命上》载,殷高宗命傅说为相,曰:"若岁大旱,用汝作霖雨。"

〔12〕公输:即公输般,春秋时鲁国著名的巧匠,曾为楚国造云梯以攻宋。

〔13〕羌:我国古代西北方的少数民族。戎:泛指西方的少数民族。涂泥:犹涂炭。

〔14〕执珪:春秋时诸侯国爵位名。此指得到高位。

〔15〕杖策:扶杖。蓬藜:皆草名。

〔16〕磻溪:在陕西宝鸡市东南,源出南山,北流入渭。传说姜太公曾垂钓于此。周文王出猎,遇之,拜为师,遂兴周灭殷。见《韩诗外传》卷八。


# 赠闾丘处士<sup>[1]</sup>


贤人有素业<sup>[2]</sup>,乃在沙塘陂。竹影扫秋月,荷衣落古池<sup>[3]</sup>。闲读山海经<sup>[4]</sup>,散帙卧遥帷<sup>[5]</sup>。且耽田家乐,遂旷林中期<sup>[6]</sup>。野酌劝芳酒,园蔬烹露葵<sup>[7]</sup>。如能树桃李,为我结茅茨<sup>[8]</sup>。


〔1〕闾丘:复姓。

〔2〕素业:平素的产业。

〔3〕衣:全诗校:"一作花。"

〔4〕山海经:书名。大约成书于战国时代,书中保存了大量远古的神话传说和史地文献资料。

〔5〕散帙:指打开书卷。帙,书套。

〔6〕旷:荒废,耽误。期:约定,约会。

〔7〕露葵:菜蔬名。宋玉《讽赋》:"烹露葵之羹。"

〔8〕树桃李:《韩诗外传》卷七:"夫春树桃李,夏得阴其下,秋得食其实。"树,种植。茅茨:以茅覆屋。

# 赠钱征君少阳[1]

白玉一杯酒,绿杨三月时。春风余几日?两鬓各成丝。秉烛唯须饮[2],投竿也未迟[3]。如逢渭川猎,犹可帝王师[4]。

〔1〕征君:征士的敬称。古称不受朝廷征聘之士为征士。诗题全诗校:"一作送赵云卿。"

〔2〕秉烛:《古诗十九首》:"昼短苦夜长,何不秉烛游?"

〔3〕投竿:垂钓。

〔4〕"如逢"二句:此处用姜太公吕尚与周文王相遇的典故。

# 赠宣州灵源寺仲濬公[1]

敬亭白云气,秀色连苍梧。下映双溪水[2],如天落镜湖。此中积龙象[3],独许濬公殊。风韵逸江左[4],文章动海隅。观心同水月,解领得明珠[5]。今日逢支遁[6],高谈出有无[7]。

〔1〕仲濬公:《李白诗文系年》谓即《听蜀僧濬弹琴》题中之蜀僧濬。

〔2〕双溪:在宣州治所宣城县城下,二水合流,故名。

〔3〕龙象:佛教称诸阿罗汉中修行勇猛有最大力者为龙象,后亦称高僧为龙象。

〔4〕江左:江东,即长江下游南岸地区。

〔5〕"观心"二句:王琦注:"水月,谓水中月影,非有非无,了不可执,慧者观心,亦复如是。解领,解悟也。明珠,喻菩提大道也。"

〔6〕支遁:本姓关,河内林虑人,东晋高僧,善谈玄理,与谢安等过从甚密。

〔7〕有无:王琦注:"僧肇《维摩诘经注》:不可得而有,不可得而无者,其唯大乘行

乎！欲言其有，无相无名；欲言其无，万德斯行。万德斯行，故虽无而有；无相无名，故虽有而无。然则言有不乖无，言无不乖有，或说有行，或说无行，有无虽殊，其致一也。"

# 赠僧朝美

水客凌洪波，长鲸涌溟海。百川随龙舟，嘘吸竟安在[1]？中有不死者，探得明月珠。高价倾宇宙，余辉照江湖。苞卷金缕褐[2]，萧然若空无。谁人识此宝？窃笑有狂夫。了心何言说[3]，各勉黄金躯[4]。

〔1〕"百川"二句：木华《海赋》："鱼则横海之鲸，突兀孤游，茹鳞甲，吞龙舟。噏波则洪涟踧踖，吹涝则百川倒流。"

〔2〕金缕褐：王琦注："《隋书》：波斯多金缕织成。"

〔3〕了心：王琦注："《楞严经》：'汝之心灵，一切明了。若汝现成所明了心，实在身内。'"

〔4〕王琦注："诗言水客泛舟大海，舟为长鲸所嘘吸，遂遭溺没，其中乃有不死者，反于海中得明月之珠，卷而藏之，不自炫耀，人亦不识。以喻人在烦恼海中，为一切嗜欲所汩没……乃其中有不昧本来者，反于烦恼海中悟得如来法宝。其价则倾乎宇宙，其光则照乎江湖，卷而怀之，不自以为有，而若空无者。然人皆不能识此宝，而唯我能识之。夫心既明了，更无言说可以酬对，唯有劝勉珍重此躯而已。盖人身难得……未可轻忽，故曰各勉黄金躯也。"

# 赠僧行融

梁有汤惠休，常从鲍照游[1]。峨眉史怀一[2]，独映陈公出。卓绝二道人[3]，结交凤与麟。行融亦俊发，吾知有英骨。海若不隐珠[4]，骊龙吐明月[5]。大海乘虚舟[6]，随波任安流。赋诗旃檀阁[7]，纵酒鹦鹉洲。待我适东越，相携上白楼[8]。

〔1〕"梁有"二句:《宋书·徐湛之传》:"时有沙门释惠休,善属文,辞采绮艳,湛之与之厚善。世祖命使还俗。本姓汤,位至扬州从事。"鲍照有《秋日示休上人》《答休上人》等诗。按:惠休为刘宋时期人物,此谓梁,盖忆误。

〔2〕史怀一:峨眉僧。卢藏用《陈子昂别传》谓"道人史怀一"与陈子昂"笃岁寒之交"。崔颢有《赠怀一上人诗》。

〔3〕道人:指僧人。

〔4〕海若:海神名,见《庄子·秋水》。

〔5〕"骊龙"句:《庄子·列御寇》:"夫千金之珠,必在九重之渊,而骊龙颔下。"明月,珠名。

〔6〕虚舟:《庄子·列御寇》:"巧者劳而智者忧,无能者无所求,饱食而遨游,泛若不系之舟,虚而遨游者也。"

〔7〕旃檀:檀香。

〔8〕白楼:亭名,故址在今浙江绍兴。东晋时,孙绰、许询、支遁常在此清谈赏景。见《世说新语·赏誉》。

# 赠黄山胡公求白鹇并序

　　闻黄山胡公有双白鹇,盖是家鸡所伏,自小驯狎,了无惊猜。以其名呼之,皆就掌取食。然此鸟耿介,尤难畜之。余平生酷好,竟莫能致,而胡公辍赠于我,唯求一诗。闻之欣然,适会宿意。因援笔三叫,文不加点以赠之[1]。

请以双白璧,买君双白鹇。白鹇白如锦[2],白雪耻容颜。照影玉潭里,刷毛琪树间[3]。夜栖寒月静,朝步落花闲。我愿得此鸟,玩之坐碧山。胡公能辍赠,笼寄野人还[4]。

〔1〕加点:《尔雅·释器》:"灭谓之点。"郭璞注:"以笔灭字为点。"《南史·刘孺传》:"尝在御座为《李赋》,受诏便成,文不加点。"即删改之意。

〔2〕白如锦:王琦注:"孔颖达《礼记正义》:'素锦,白锦也。白鹇毛羽白质黑边,有似锦文,故曰白如锦。'"

〔3〕琪树:玉树,对树的美称。

〔4〕野人:山野之人,李白自谓。

## 登敬亭山南望怀古赠窦主簿

敬亭一回首,目尽天南端。仙者五六人,常闻此游盘。溪流琴高水[1],石耸麻姑坛[2]。白龙降陵阳,黄鹤呼子安。羽化骑日月,云行翼鸳鸾[3]。下视宇宙间,四溟皆波澜[4]。汰绝目下事[5],从之复何难?百岁落半途,前期浩漫漫。强食不成味,清晨起长叹。愿随子明去,炼火烧金丹[6]。

〔1〕琴高水:即琴溪。王琦注:"《江南通志》:'琴高山,在宁国府泾县北二十里,昔琴高于此山修炼得道,故名。有隐雨岩,是其控鲤上升之所。……有钓台,台下流水即琴溪也。'"

〔2〕麻姑坛:《新定九域志》卷六:"宣州花姑山,亦谓之麻姑山,昔麻姑修道,于此上升,有仙坛在焉。"按:麻姑山在宁国府城(今安徽宣城)东三十五里。

〔3〕鸳:全诗校:"一作鸥。"

〔4〕四溟:四海。皆:全诗校:"一作空。"

〔5〕汰绝:涤除。

〔6〕"炼火"句:王琦注:"《一统志》:'丹台在陵阳山中峰之半,平夷可容数人,相传窦子明尝炼丹其上。'"

## 经乱后将避地剡中留赠崔宣城[1]

双鹅飞洛阳[2],五马渡江徼[3]。何意上东门,胡雏更长啸[4]!中原走豺虎,烈火焚宗庙。太白昼经天[5],颓阳掩余照[6]。王城皆荡覆,世路成奔峭[7]。四海望长安,颦眉寡西笑[8]。苍生疑落叶[9],白骨空相吊。连兵似雪山,破敌谁能料?我垂北溟翼[10],且学南山豹[11]。崔子贤主人,欢娱每相召。胡床紫玉笛,却坐青云叫[12]。杨花满州城,置酒同临眺[13]。忽思剡溪去[14],水石远清妙。雪尽天地明[15],风开湖山貌。闷为洛生咏[16],醉发吴越调[17]。赤霞动金光,日足森海峤[18]。独散万古意,闲垂一溪钓。猿近天上啼,人移月边棹。无以墨绶苦[19],来求丹砂要[20]。华发长折腰[21]，将贻陶公诮[22]。

〔1〕此诗作于天宝十五载（756）春，时作者将从宣城、溧阳一带南下避难剡中。剡中：古地名，在今浙江嵊州市和新昌县一带。崔宣城：宣城县令崔钦。见李白《赵公西候新亭颂》。

〔2〕"双鹅"句：《晋书·五行志》："孝怀帝永嘉元年二月，洛阳东北步广里地陷，有苍白二色鹅出，苍者飞翔冲天，白者止焉。……陈留董养曰：'步广，周之狄泉，盟会地也。白者，金色，国之行也；苍为胡象，其可尽言乎？'是后刘元海、石勒相继乱华。"

〔3〕"五马"句：《晋书·元帝纪》载，晋室南渡前，有童谣说："五马游渡江，一马化为龙。"后司马睿登帝位。徼（jiào），边界。

〔4〕"何意"二句：《晋书·石勒载记》："年十四，随邑人行贩洛阳，倚啸上东门。王衍见而异之，顾谓左右曰：'向者胡雏，吾观其声视有奇志，恐将为天下之患。'"何意，何曾想到。

〔5〕太白：即金星，主杀伐。《汉书·天文志》："太白，兵象也。"

〔6〕颓阳：落日。掩：隐藏。

〔7〕王城：东周王城，即唐之洛阳。时洛阳为安禄山所占。奔峭：艰难险峻。

〔8〕西笑：桓谭《新论·祛蔽》："关东鄙语曰：'人闻长安乐，则出门向西而笑。'"

〔9〕疑：似，如。

〔10〕北溟翼：指北海大鹏的巨翅，语出《庄子·逍遥游》。

〔11〕南山豹：刘向《列女传》卷二载，陶答子妻语："妾闻南山有玄豹，雾雨七日而不下食者何也？欲以泽其毛而成文章也，故藏而远害。"

〔12〕胡床：一种可以折叠的轻便坐具。青云叫：指在高处吹笛，其声好似来自云端。

〔13〕临眺：居高远望。

〔14〕剡溪：水名，在今浙江嵊州市南。

〔15〕雪尽：谓春日雪皆融化。

〔16〕洛生咏：《世说新语·轻诋》："人问顾长康何以不作洛生咏，答曰：'何至作老婢声！'"刘孝标注："洛下书生咏音重浊，故云老婢声。"

〔17〕吴越调：指吴越一带的歌曲。

〔18〕日足：从云隙中射出的日光。峤：山高而尖。

〔19〕无以墨绶苦：时崔宣城为县令，故云。

〔20〕丹砂要：即炼丹之要诀。

〔21〕折腰：陶潜为彭泽令，曾感叹"吾不能为五斗米折腰，拳拳事乡里小人"，即日解印绶去职。事见《宋书·陶潜传》。

〔22〕陶公:陶渊明。

# 献从叔当涂宰阳冰[1]

金镜霾六国[2],亡新乱天经[3]。焉知高光起[4],自有羽翼生。萧曹安岷
屼[5],耿贾摧欃枪[6]。吾家有季父,杰出圣代英。虽无三台位[7],不借四
豪名[8]。激昂风云气,终协龙虎精[9]。弱冠燕赵来[10],贤彦多逢迎[11]。
鲁连善谈笑[12],季布折公卿[13]。遥知礼数绝[14],常恐不合并。惕想结宵
梦[15],素心久已冥。顾惭青云器[16],谬奉玉樽倾。山阳五百年,绿竹忽
再荣[17]。高歌振林木[18],大笑喧雷霆。落笔洒篆文,崩云使人惊[19]。吐
辞又炳焕,五色罗华星[20]。秀句满江国,高才揽天庭[21]。宰邑艰难时,
浮云空古城。居人若薙草[22],扫地无纤茎。惠泽及飞走[23],农夫尽归
耕。广汉水万里,长流玉琴声[24]。雅颂播吴越[25],还如泰阶平[26]。小子
别金陵,来时白下亭[27]。群凤怜客鸟,差池相哀鸣[28]。各拔五色毛,意
重泰山轻。赠微所费广,斗水浇长鲸。弹剑歌苦寒[29],严风起前楹。月
衔天门晓[30],霜落牛渚清[31]。长叹即归路,临川空屏营[32]。

〔1〕阳冰:李阳冰。此诗作于宝应元年(762)。
〔2〕金镜:刘孝标《广绝交论》:"盖圣人握金镜,阐风烈。"李善注:"《洛书》曰:
'秦失金镜。'郑玄曰:'金镜,喻明道也。'"六国:战国七雄中除秦以外的其他六国。
〔3〕新:初始元年(8)王莽代汉称帝,国号新。天经:天之常道。
〔4〕高光:指汉高租与汉光武帝。
〔5〕萧曹:指辅佐刘邦建立汉王朝的萧何、曹参。岷屼:不安貌。
〔6〕耿贾:指辅佐刘秀建立东汉王朝的耿弇、贾复。欃枪:彗星,喻指战乱。
〔7〕三台:指三台星,计上台、中台、下台各二星。古人认为它象征人世的三公。
〔8〕借:犹"让"。四豪:指魏信陵君、赵平原君、齐孟尝君、楚春申君。
〔9〕"激昂"二句:《易·乾》:"云从龙,风从虎,圣人作而万物睹。"
〔10〕弱冠:《礼记·曲礼》:"二十曰弱冠。"
〔11〕贤彦:有德才之人。
〔12〕"鲁连"句:《史记·鲁仲连邹阳列传》载,战国时,鲁仲连助赵解邯郸之围,
平原君赠以千金,笑而不受。

〔13〕"季布"句:《史记·季布栾布列传》:"单于尝为书嫚吕后,吕后大怒,召诸将议之。上将军樊哙曰:'臣愿得十万众横行匈奴中。'诸将皆阿吕后意,曰:'然。'季布曰:'樊哙可斩也。……'是时殿上皆恐,太后罢朝,遂不复议击匈奴事。"

〔14〕礼数绝:《文选》任昉《出郡传舍哭范仆射》:"平生礼数绝,式瞻在国祯。"李周翰注:"礼数绝,谓交道相得,虽品命有异,不为礼数。"

〔15〕惕:忧也。

〔16〕青云器:《文选》颜延年《五君咏》:"仲容青云器。"李善注:"青云言高远也。"

〔17〕"山阳"二句:自阮籍叔侄竹林之游,至唐代宗时约五百年。

〔18〕"高歌"句:《列子·汤问》载,秦青"抚节悲歌,声振林木,响遏行云"。

〔19〕崩云:鲍照《飞白书势铭》:"轻如游雾,重似崩云。"李阳冰工篆书。

〔20〕炳焕:文采鲜明华美。五色:五色云。

〔21〕扻天庭:《文选》左思《蜀都赋》:"摛藻扻天庭。"吕向注:"扻,犹盖也。"

〔22〕薙:除草。

〔23〕飞走:飞禽走兽。

〔24〕"广汉"二句:暗用宓子贱事。《吕氏春秋·察贤》:"宓子贱治单父,弹鸣琴,身不下堂而单父治。"广汉,汉水。

〔25〕雅颂:代称盛世之音。

〔26〕泰阶平:三台六星,两两排列如阶梯,故名泰阶。古人认为泰阶平"则阴阳和,风雨时,社稷神祇咸获其宜,天下大安,是为太平"。白下亭:驿亭名,在金陵城西。

〔28〕差池:张翼而飞。

〔29〕苦寒:即《苦寒行》,古清商曲名,其辞备言行役遇寒之苦。

〔30〕天门:在当涂西南长江上,东岸的山名博望,西岸的山名梁山。两山隔江对峙,如同门户,俗谓之天门山。

〔31〕牛渚:山名,在安徽当涂县北长江边,北部突入江中。

〔32〕屏营:彷徨不安貌。

# 书怀赠南陵常赞府[1]

岁星入汉年,方朔见明主[2]。调笑当时人,中天谢云雨。一去麒麟阁[3],遂将朝市乖[4]。故交不过门,秋草日上阶。当时何特达,独与我心谐[5]。置酒凌歊台[6],欢娱未曾歇。歌动白纻山[7],舞回天门月[8]。问我心中事,为君前致辞。君看我才能,何似鲁仲尼[9]? 大圣犹不遇,小儒安足悲[10]? 云南五月中,频丧渡泸师[11]。毒草杀汉马,张兵夺云旗[12]。至今西二河,流血拥僵尸[13]。将无七擒略[14],鲁女惜园葵[15]。咸阳天下枢,累岁人不足[16]。虽有数斗玉,不如一盘粟。赖得契宰衡,持钧慰风俗[17]。自顾无所用,辞家方来归。霜惊壮士发,泪满逐臣衣[18]。以此不安席,蹉跎身世违[19]。终当灭卫谤,不受鲁人讥[20]。

〔1〕赞府:唐人称县令为明府,称县令之佐为赞府。诗约作于天宝十三载(754),时作者在南陵。南陵,唐县名,即今安徽南陵县。

〔2〕"岁星"二句:《太平广记》卷六引《洞冥记》及《东方朔别传》:"朔未死时,谓同舍郎曰:'天下人无能知朔,知朔者唯太王公耳!'朔卒后,武帝得此语,即召太王公问之曰:'尔知东方朔乎?'公对曰:'不知。''公何所能?'曰:'颇善星历。'帝问:'诸星皆具在否?'曰:'诸星具在,独不见岁星十八年,今复见耳。'帝仰天叹曰:'东方朔生在朕旁十八年,而不知是岁星哉!'惨然不乐。"此以东方朔自喻。

〔3〕麒麟阁:西汉长安未央宫中阁名,为皇帝藏书之处。此借指翰林院。

〔4〕将:与。乖:分离。

〔5〕特达:特出。谐:合。

〔6〕凌歊台:台名,故址在今安徽当涂县北黄山上。

〔7〕白纻山:在当涂县东五里。

〔8〕天门:天门山。

〔9〕鲁仲尼:孔子,字仲尼,春秋时鲁国人。

〔10〕大圣:指孔子。小儒:李白自谓。

〔11〕"云南"二句:指鲜于仲通及李宓等两次征南诏丧师事。唐玄宗天宝十载(751),剑南节度使鲜于仲通率精兵八万讨伐南诏(今云南大理),大败于泸水之南,士卒死者六万人。天宝十三载,剑南节度留后李宓率师七万再征南诏,李宓被擒,全军覆没。见《资治通鉴》卷二一六、二一七。

〔12〕张兵:指南诏盛设军队。云:全诗校:"一作秦。"

〔13〕西二河:即西洱河,其水汇为巨湖,称西洱海,在今云南省大理市。拥:塞满。

〔14〕七擒略:三国时诸葛亮南征,七次捉获南方少数民族首领孟获,又七次将他释放,使孟获真正感服。事见《三国志·蜀志·诸葛亮传》裴注引《汉晋春秋》。

〔15〕惜园葵:《列女传·仁智传》:"鲁漆室邑之女也,过时未适人。当穆公时,君老,太子幼,女倚柱而啸……其邻人妇从之游,谓曰:'何啸之悲也!子欲嫁耶? 吾为子求偶。'漆室女曰:'嗟乎! ……吾岂为不嫁不乐而悲哉! 吾忧鲁君老,太子幼。'邻

女笑曰："'此乃鲁大夫之忧,妇人何与焉!'漆室女曰:'不然……昔晋客舍吾家,系马园中,马逸驰走,践吾葵,使我终岁不食葵。……今鲁君老悖,太子少愚,奸伪日起。夫鲁国有患者,君臣父子皆被其辱,祸及众庶,妇人独安所避乎?吾甚忧之。'……三年,鲁果乱。齐楚攻之,鲁连有寇。男子战斗,妇人转输,不得休息。"

〔16〕咸阳:此指长安。枢:中枢。累岁:多年。人不足:指粮食不够吃。

〔17〕契:传说为虞舜的贤臣,任司徒,掌管教化。宰衡:宰相。持钧:指操持国政。风俗:此指百姓的疾苦。

〔18〕逐臣:诗人自指。

〔19〕不安席:不能安坐。蹉跎:虚度光阴。身世违:遭遇不好。

〔20〕"终当"二句:复旦大学古典文学教研组《李白诗选》:"卫谤,卫人对孔子的毁谤。据《史记·孔子世家》记载,孔子某次在卫,卫人在卫灵公前毁谤孔子,灵公使人用武装监视孔子,孔子遂离开卫国。鲁人讥,鲁人对孔子的讥笑。据《庄子·盗跖》记载,盗跖嘲骂孔子为大盗,说他'矫言伪行,以迷惑天下之主,而欲求富贵焉'。两句以卫人、鲁人对孔子的毁谤比时人对自己的毁谤,并表示终当洗雪之意。"

# 赠 汪 伦[1]

李白乘舟将欲行,忽闻岸上踏歌声[2]。桃花潭水深千尺[3],不及汪伦送我情。

〔1〕诗作于天宝十三载(754),时作者正在今安徽泾县漫游。题下全诗注:"白游泾县桃花潭,村人汪伦常酝美酒以待白。"按:此非诗人自注,乃全诗编者所录杨齐贤语。

〔2〕踏歌:连手而歌,踏地以为节。

〔3〕桃花潭:在今安徽泾县西南。

# 卷十二

## 安陆白兆山桃花岩寄刘侍御绾[1]

云卧三十年,好闲复爱仙。蓬壶虽冥绝[2],鸾鹤心悠然。归来桃花岩[3],得憩云窗眠[4]。对岭人共语,饮潭猿相连[5]。时升翠微上[6],邈若罗浮巅[7]。两岑抱东壑[8],一嶂横西天[9]。树杂日易隐,崖倾月难圆。芳草换野色,飞萝摇春烟。入远构石室,选幽开上田。独此林下意,杳无区中缘[10]。永辞霜台客[11],千载方来旋。

〔1〕诗约作于开元二十五年(737),时李白在安陆。全诗校:“一作春归桃花岩贻许侍御。”安陆:唐县名,在今湖北安陆市。白兆山:在安陆市西三十里。刘绾:尝官高陵主簿、太康令、监察御史。见《全唐诗人名考证》。

〔2〕蓬壶:即蓬莱,古代传说中的海上仙山。

〔3〕桃花岩:《舆地纪胜》卷七七德安府:“桃花岩在白兆山,即太白读书之处。”

〔4〕以上六句全诗校:“一作幼采紫房谈,早爱沧溟仙。心迹颇相误,世事空徂迁。归来丹岩曲,得憩青霞眠。”

〔5〕“饮潭”句:《尔雅翼》:“猿好攀援,其饮水辄自高崖或大木上累累相接下饮,饮毕复相收而上。”

〔6〕翠微:指青翠的山峰。

〔7〕罗浮:即罗浮山,在今广东博罗县北。相传罗山之西有浮山,乃浮海而至,与罗山并体,故名。

〔8〕岑:小而高的山。

〔9〕嶂:如屏障的山峰。

〔10〕区中缘:尘世间的俗缘。《文选》谢灵运《登江中孤屿》:“缅邈区中缘。”

〔11〕霜台:指御史台。霜台客:指刘绾。

# 淮南卧病书怀寄蜀中赵征君蕤[1]

吴会一浮云,飘如远行客[2]。功业莫从就,岁光屡奔迫[3]。良图俄弃捐[4],衰疾乃绵剧[5]。古琴藏虚匣[6],长剑挂空壁。楚冠怀钟仪[7],越吟比庄舄[8]。国门遥天外[9],乡路远山隔[10]。朝忆相如台[11],夜梦子云宅[12]。旅情初结缉[13],秋气方寂历[14]。风入松下清,露出草间白。故人不可见,幽梦谁与适[15]?寄书西飞鸿,赠尔慰离析[16]。

〔1〕诗作于开元十四年(726),时作者卧病于扬州。淮南:唐淮南道采访使,治扬州(今江苏扬州)。赵征君蕤:赵蕤,字太宾,梓州盐亭(今四川盐亭县)人。著有《长短经》。开元中征之,不赴,故称征君。据《彰明逸事》载,李白青少年时代曾与他交往,关系十分密切。

〔2〕吴会:指吴郡和会稽郡,相当于今江苏省东南部、浙江省西部一带。曹丕《杂诗》:"西北有浮云……适与飘风会。吹我东南行,行行至吴会。"此二句全诗校:"一作'万里无主人,一身独为客。'"

〔3〕莫从就:无从成就。奔迫:迅急紧迫。

〔4〕良图:指政治抱负。俄:很快。捐:原作"损",据王琦本改。

〔5〕绵剧:绵长加剧。

〔6〕虚:空。

〔7〕"楚冠"句:《左传·成公九年》:"晋侯观于军府,见钟仪,问之曰:'南冠而絷者谁也?'"此句全诗校:"一作楚怀奏钟仪。"

〔8〕"越吟"句:《史记·张仪列传》载,越人庄舄在楚国官至执珪,不忘故国,病中吟唱越国的歌曲寄托乡思。

〔9〕国门:都城之门。指蜀都之门。

〔10〕以上二句全诗校:"一作卧来恨已久,兴发思逾积。"

〔11〕相如台:司马相如的琴台。故址在今成都市抚琴小区。

〔12〕子云宅:指扬雄(字子云)的住宅,故址在今成都市。

〔13〕结缉:纠缠郁结。

〔14〕寂历:凋零稀疏貌。

〔15〕故人:指赵蕤。适:往,归。

〔16〕"赠尔"句:语本谢灵运《南楼中望所迟客》:"路阻莫赠问,云何慰离析?"离

析,分离。

# 寄弄月溪吴山人

尝闻庞德公[1],家住泂湖水[2]。终身栖鹿门[3],不入襄阳市。夫君弄明月[4],灭景清淮里。高踪邈难追,可与古人比。清扬杳莫睹[5],白云空望美。待我辞人间,携手访松子[6]。

〔1〕庞德公:《后汉书·逸民传》载,庞德公,襄阳人,居岘山南,不曾入城府,躬耕垅亩。荆州牧刘表数延请,不能屈。建安中,携妻子登鹿门山,采药不返。

〔2〕泂:原作“洞”,据王琦本改。

〔3〕鹿门:鹿门山,在今湖北襄阳。

〔4〕夫君:指吴山人。

〔5〕清扬:《诗·郑风·野有蔓草》:“有美一人,清扬婉兮。”毛传:“清扬,眉目之间,婉然美也。”

〔6〕松子:即赤松子,传说中古代仙人。

# 秋山寄卫尉张卿及王征君[1]

何以折相赠?白花青桂枝。月华若夜雪,见此令人思。虽然剡溪兴,不异山阴时[2]。明发怀二子[3],空吟招隐诗[4]。

〔1〕卫尉张卿:即右相张说次子张垍,尚宁亲公主,拜驸马都尉。

〔2〕“虽然”二句:用王子猷雪夜访戴事。见《世说新语·任诞》。

〔3〕明发:黎明。

〔4〕招隐诗:左思作,载《文选》卷二二。

# 望终南山寄紫阁隐者[1]

出门见南山,引领意无限。秀色难为名[2],苍翠日在眼。有时白云起,天际自舒卷。心中与之然,托兴每不浅。何当造幽人,灭迹栖绝巘[3]?

〔1〕诗约作于天宝三载(744),时作者在长安。终南山:广义指秦岭,东西绵延千里。紫阁:终南山之一峰,在陕西户县东南。

〔2〕难为名:难于用言语形容。

〔3〕灭迹:绝迹于人间。绝巘(yǎn):极高的山顶。

# 夕霁杜陵登楼寄韦繇[1]

浮阳灭霁景[2],万物生秋容。登楼送远目,伏槛观群峰。原野旷超缅,关河纷杂重[3]。清晖映竹日,翠色明云松。蹈海寄遐想[4],还山迷旧踪。徒然迫晚暮,未果谐心胸。结桂空伫立[5],折麻恨莫从[6]。思君达永夜,长乐闻疏钟[7]。

〔1〕杜陵:古县名,西汉元康元年(前65)改杜县置,因宣帝筑陵葬此,故名。在今陕西西安市东南。

〔2〕浮阳:日光。阳,全诗校:"一作云。"

〔3〕杂:全诗校:"一作错。"

〔4〕蹈海:用鲁仲连事。《史记·鲁仲连邹阳列传》:"彼(指秦)即肆然而为帝,过而为政于天下,则连(仲连自谓)有蹈东海而死耳。"

〔5〕结桂:《楚辞·九歌·大司命》:"结桂枝兮延伫。"

〔6〕折麻:《楚辞·九歌·大司命》:"折疏麻兮瑶华,将以遗兮离居。"

〔7〕永夜:长夜。长乐:汉宫名,在长安。徐陵《玉台新咏序》:"厌长乐之疏钟。"

# 秋夜宿龙门香山寺奉寄王方城十七丈奉国莹上人从弟幼成令问[1]

朝发汝海东[2]，暮栖龙门中。水寒夕波急，木落秋山空。望极九霄回，赏幽万壑通。目皓沙上月，心清松下风。玉斗横网户[3]，银河耿花宫[4]。兴在趣方逸，欢余情未终[5]。凤驾忆王子[6]，虎溪怀远公[7]。桂枝坐萧瑟[8]，棣华不复同[9]。流恨寄伊水，盈盈焉可穷[10]？

〔1〕龙门：在今河南洛阳市南三十里。以有龙门山（西山）和香山（东山）隔伊水夹峙，故又名伊阙。香山寺：在香山上，后魏时建。方城：唐县名，属山南道唐州。奉国：寺名，在唐东都洛阳修行坊。见《唐两京城坊考》卷五。

〔2〕汝海：即汝水。

〔3〕"玉斗"句：王琦注："玉斗即北斗，色明朗如玉，故曰玉斗。网户，门扉上刻为方目如罗网状，若今之隔亮也。《楚辞·招魂》：'网户朱缀，刻方连些。'"

〔4〕耿：明亮。花宫：吕延济："花宫，佛寺也。佛说法处天雨众花，故诗人以佛寺为花宫。"

〔5〕此二句全诗校："一作咫尺世喧隔，微冥真理融。"

〔6〕"凤驾"句：《列仙传》卷上载，周灵王太子晋好吹笙，作凤凰鸣，道士浮丘公接以上嵩山。

〔7〕"虎溪"句：虎溪在江西九江庐山。晋时高僧慧远居东林寺，每送客至此，辄有虎吼鸣，因名虎溪。后送客未尝过此。一日，与陶潜、陆修静共话，不觉过溪，三人大笑而别。见《莲社高贤传》。

〔8〕桂枝：《楚辞·招隐士》："桂树丛生兮山之幽……攀援桂枝兮聊淹留。"

〔9〕棣华：喻兄弟。此指幼成、令问二弟。

〔10〕盈盈：《古诗十九首》："盈盈一水间，脉脉不得语。"

# 春日独坐寄郑明府

燕麦青青游子悲，河堤弱柳郁金枝[1]。长条一拂春风去，尽日飘扬无定时。我在河南别离久,那堪坐此对窗牖? 情人道来竟不来[2],何人共醉新丰酒[3]。

〔1〕郁金:香草名,色黄。

〔2〕情人:指友人。

〔3〕新丰:汉县名,在今陕西西安市临潼区东,古以产美酒著称。


# 寄淮南友人[1]

红颜悲旧国,青岁歇芳洲[2]。不待金门诏[3],空持宝剑游。海云迷驿道,江月隐乡楼。复作淮南客,因逢桂树留[4]。

〔1〕淮南:此指扬州。

〔2〕青岁:犹青春,即春天。陈子昂《春台引》:"迟美人兮不见,恐青岁之还遒。"

〔3〕金门:汉未央宫门名,武帝铸铜马立于门外,故名。

〔4〕桂树:《楚辞·招隐士》:"桂树丛生兮山之幽。"


# 沙丘城下寄杜甫[1]

我来竟何事? 高卧沙丘城。城边有古树,日夕连秋声。鲁酒不可醉[2],齐歌空复情[3]。思君若汶水[4],浩荡寄南征。

〔1〕诗作于天宝四载(745),时李白寄寓兖州。沙丘:当在汶水附近,李白尝寓家于此。

〔2〕鲁酒:鲁地的酒,薄酒。《庄子·胠箧》:"鲁酒薄而邯郸围。"

〔3〕齐歌:指齐地的音乐。空复情:徒然有情。

〔4〕汶水:源出今山东莱芜之原山,经泰安、东平、汶上流入运河。

# 闻丹丘子于城北营石门幽居中有高凤遗迹仆离群远怀亦有栖遁之志因叙旧以寄之[1]

春华沧江月,秋色碧海云。离居盈寒署,对此长思君。思君楚水南,望君淮山北。梦魂虽飞来,会面不可得。畴昔在嵩阳[2],同衾卧羲皇[3]。绿萝笑簪绂,丹壑贱岩廊[4]。晚途各分析,乘兴任所适。仆在雁门关[5],君为峨眉客。心悬万里外,影滞两乡隔。长剑复归来,相逢洛阳陌。陌上何喧喧! 都令心意烦。迷津觉路失,托势随风翻。以兹谢朝列,长啸归故园。故园恣闲逸,求古散缥帙[6]。久欲入名山[7],婚娶殊未毕[8]。人生信多故,世事岂惟一? 念此忧如焚,怅然若有失。闻君卧石门,宿昔契弥敦。方从桂树隐[9],不羡桃花源[10]。高风起遐旷,幽人迹复存。松风清瑶瑟,溪月湛芳樽[11]。安居偶佳赏,丹心期此论。

〔1〕高凤:后汉南阳叶人。好学,"遂为名儒,乃教授业于西唐山中(在唐唐州湖阳县西北)"。终身不仕,卒于家。见《后汉书·逸民列传》。王琦注:"庾信作《高凤赞》有'石门云度,铜梁雨来'云云……岂石门山即西唐山之异名耶?"

〔2〕畴昔:往昔。嵩阳:嵩山之阳。

〔3〕羲皇:即伏羲氏。此犹言"自谓是羲皇上人"。

〔4〕岩廊:殿旁高廊,此指朝堂。

〔5〕雁门关:在今山西省代县北。

〔6〕缥帙:书卷。徐陵《玉台新咏序》:"开兹缥帙,散此缃编。"

〔7〕入:全诗校:"一作寻。"

〔8〕"婚娶"句:反用向子平事。《后汉书·逸民传》载,向长字子平,隐居不仕,屡辞征辟。建武中,为子女婚嫁毕,与同好游五岳名山,不知所终。娶,全诗校:"一作嫁。"

〔9〕桂树隐:《楚辞·招隐士》:"桂树丛生兮山之幽。"

〔10〕桃花源:陶渊明《桃花源记》描写的理想境界。

〔11〕湛:澄清。芳樽:美酒。

# 淮阴书怀寄王宋城<sup>[1]</sup>

沙墩至梁苑<sup>[2]</sup>，二十五长亭<sup>[3]</sup>。大舶夹双橹，中流鹅鹳鸣<sup>[4]</sup>。云天扫空碧，川岳涵余清。飞凫从西来，适与佳兴并。眷言王乔舄<sup>[5]</sup>，婉娈故人情<sup>[6]</sup>。复此亲懿会<sup>[7]</sup>，而增交道荣。沿洄且不定<sup>[8]</sup>，飘忽怅徂征<sup>[9]</sup>。暝投淮阴宿，欣得漂母迎<sup>[10]</sup>。斗酒烹黄鸡，一餐感素诚。予为楚壮士<sup>[11]</sup>，不是鲁诸生<sup>[12]</sup>。有德必报之，千金耻为轻。缅书羁孤意<sup>[13]</sup>，远寄棹歌声。

〔1〕淮阴：唐县名，在今江苏淮安市淮阴区。宋城：唐县名，属宋州。原作"宗成"，校云，一作"宗城"。据王琦本改。

〔2〕沙墩：淮阴地名。梁苑：故址在唐宋州宋城县。

〔3〕二十五长亭：王琦注："长亭即斥堠也，古制十里一长亭。二十五长亭，则二百五十里矣。"

〔4〕大舶：大船。鹅鹳鸣：似指摇橹声。

〔5〕飞凫、王乔舄：《后汉书·方术传》载，王乔为叶县令，有神术，每月朔望，自县诣朝台，"临至，辄有双凫从东南飞来。于是候凫至，举罗张之，但得一只舄焉。乃诏尚方诊视，则四年中所赐尚书官属履也"。此皆喻指宋城令王某。

〔6〕婉娈：缠绵。

〔7〕亲懿：懿亲，至亲。

〔8〕沿洄：在水中回旋往返。

〔9〕徂征：远行。

〔10〕漂母：韩信家贫，尝钓于城下，有一漂母见其饥，哀怜而饭之。

〔11〕楚壮士：指韩信。李白自喻也。

〔12〕鲁诸生：指不通时变的鄙儒。《史记·刘敬叔孙通列传》载，西汉初高祖命叔孙通制定朝廷礼仪，于是叔孙通使征鲁诸生三十余人，有两生不肯行，曰："公所为不合古，吾不行。公往矣，无污我！"叔孙通笑曰："若真鄙儒也，不知时变。"

〔13〕羁孤意：羁旅孤独之情。

# 闻王昌龄左迁龙标遥有此寄[1]

杨花落尽子规啼[2]，闻道龙标过五溪[3]。我寄愁心与明月，随风直到夜郎西[4]。

〔1〕诗约作于天宝八载（749）暮春，时作者在金陵。左迁：贬官。龙标：唐县名，在今湖南洪江市治所黔城镇。时昌龄贬龙标尉。
〔2〕子规：即杜鹃鸟。杨花落尽：全诗校："一作扬州花落。"
〔3〕五溪：辰溪、酉溪、巫溪、武溪、沅溪。在今湖南西部。
〔4〕夜郎：唐县名，在今湖南芷江县西。


# 寄王屋山人孟大融[1]

我昔东海上，劳山餐紫霞[2]。亲见安期公，食枣大如瓜[3]。中年谒汉主，不惬还归家。朱颜谢春辉，白发见生涯。所期就金液[4]，飞步登云车。愿随夫子天坛上[5]，闲与仙人扫落花。

〔1〕王屋：山名，在山西垣曲、阳城，以及河南济源等县市之间，为古代道教胜地。
〔2〕劳山：在今山东即墨市境。
〔3〕"亲见"二句：《史记·封禅书》载李少君言："臣尝游海上，见安期生（古仙人）。安期生食巨枣，大如瓜。"
〔4〕金液：元君传授给老子的仙丹，入口则其身皆金色。服半两成地仙，服一两为天仙。见《抱朴子·金丹》。
〔5〕天坛：王屋山之绝顶曰天坛。

# 忆旧游寄谯郡元参军[1]

忆昔洛阳董糟丘,为余天津桥南造酒楼[2]。黄金白璧买歌笑,一醉累月轻王侯[3]。海内贤豪青云客,就中与君心莫逆[4]。回山转海不作难,倾情倒意无所惜。我向淮南攀桂枝[5],君留洛北愁梦思。不忍别,还相随。相随迢迢访仙城[6],三十六曲水回萦[7]。一溪初入千花明[8],万壑度尽松风声。银鞍金络到平地,汉东太守来相迎[9]。紫阳之真人[10],邀我吹玉笙。餐霞楼上动仙乐[11],嘈然宛似鸾凤鸣[12]。袖长管催欲轻举[13],汉中太守醉起舞[14]。手持锦袍覆我身,我醉横眠枕其股。当筵意气凌九霄[15],星离雨散不终朝[16],分飞楚关山水遥[17]。余既还山寻故巢,君亦归家渡渭桥[18]。君家严君勇貔虎[19],作尹并州遏戎虏[20]。五月相呼度太行[21],摧轮不道羊肠苦[22]。行来北凉岁月深[23],感君贵义轻黄金[24]。琼杯绮食青玉案[25],使我醉饱无归心。时时出向城西曲,晋祠流水如碧玉[26]。浮舟弄水箫鼓鸣,微波龙鳞莎草绿[27]。兴来携妓恣经过,其若杨花似雪何。红妆欲醉宜斜日,百尺清潭写翠娥[28]。翠娥婵娟初月辉[29],美人更唱舞罗衣[30]。清风吹歌入空去,歌曲自绕行云飞[31]。此时行乐难再遇[32],西游因献长杨赋[33]。北阙青云不可期[34],东山白首还归去[35]。渭桥南头一遇君,鄠台之北又离群[36]。问余别恨知多少,落花春暮争纷纷。言亦不可尽,情亦不可极。呼儿长跪缄此辞[37],寄君千里遥相忆。

〔1〕谯郡:唐亳州,天宝元年改为谯郡,治所在今安徽亳州市。元参军:元演,李白好友。参军,郡守佐吏。

〔2〕董糟丘:可能是当时一个酒商的别号。糟丘,酒糟堆成的小丘。天津桥:在唐洛阳南洛水上。

〔3〕累月:接连好几个月。

〔4〕青云客:喻有远大前程及不凡声誉的人。就中:其中。莫逆:指心投意合。《庄子·大宗师》:"子桑户、孟子反、子琴张……三人相视而笑,莫逆于心,遂相与为友。"

〔5〕攀桂枝:指隐居。《楚辞·招隐士》:"攀援桂枝兮聊淹留。"王逸注:"桂树芬

286

香,以兴屈原之忠贞也……淹留于此,以待明君。"

〔6〕仙城:山名,李白有《冬夜于随州紫阳先生餐霞楼送烟子元演隐仙城山序》。

〔7〕三十六曲:形容河道弯曲多折。回萦:迂回旋绕。

〔8〕千花明:众芳吐艳。《文选》江淹《杂体诗》李善注:"凡草木,花实荣茂谓之明,枝叶凋伤谓之晦。"

〔9〕到:原作"倒",据王琦本改。汉东:唐随州,天宝元年改为汉东郡,治所在今湖北随州市。

〔10〕紫阳:即胡紫阳,李白有《汉东紫阳先生碑铭》记其生平。真人:对道士的敬称。

〔11〕餐霞楼:胡紫阳在随州苦竹院中修造的楼。

〔12〕嘈然:众乐齐奏貌。

〔13〕轻举:飘然欲飞,形容起舞的姿态。

〔14〕汉中:应作"汉东"。

〔15〕意气:意态、气概。

〔16〕星离雨散:喻指离别。不终朝,不满一个早晨,言分别之速。

〔17〕楚关:指随州,其地先秦属楚。

〔18〕还山:回乡。渭桥:唐长安渭水上有三座桥,称中渭桥、东渭桥、西渭桥。

〔19〕严君:父亲。貔(pí)虎:猛兽。

〔20〕并州:治所在今山西太原市。开元十一年,改并州为太原府。尹:府之最高长官。遏:抑止。戎虏:此指突厥,当时常侵扰太原以北地区。

〔21〕太行:即太行山。当时从洛阳往太原须经太行。

〔22〕摧轮:摧折车轮。羊肠:即羊肠坂,太行山上的险隘小道。曹操《苦寒行》:"北上太行山,艰哉何巍巍!羊肠坂诘屈,车轮为之摧。"

〔23〕北凉:应作"北京",天宝元年曾改太原为北京。

〔24〕贵:全诗校:"一作重。"

〔25〕琼杯:玉杯。绮食:精美的食物。青玉案:饰以青玉的短足托盘。

〔26〕晋祠:周代晋国开国君主唐叔虞的祠庙,在今山西太原市西南二十五里悬瓮山下。晋水发源于此,为当地名胜。

〔27〕龙鳞:形容波纹的细碎。莎草:水草名。

〔28〕写:画,映照。翠娥:指美女。

〔29〕婵娟:秀丽美好貌。初月:新月。

〔30〕更唱:轮流歌唱。宋玉《高唐赋》:"更唱迭和,赴曲随流。"

〔31〕"歌曲"句:《列子·汤问》载,秦青"抚节悲歌,声振林木,响遏行云"。

〔32〕行:全诗校:"一作欢。"

〔33〕西游：指到长安。长杨赋：《汉书·扬雄传》载，扬雄从汉成帝猎，至长杨宫，上《长杨赋》。此句指自己天宝元年奉诏入京。

〔34〕北阙：指朝廷。青云：喻高官显爵。

〔35〕东山：东晋谢安出仕前隐居东山，故以东山指隐居处。

〔36〕鄼(cuó)台：一名鄼亭，在谯郡。

〔37〕长跪：直身而跪。缄此辞：缄封此诗。

## 月夜江行寄崔员外宗之[1]

飘飘江风起[2]，萧飒海树秋。登舻美清夜[3]，挂席移轻舟[4]。月随碧山转，水合青天流。杳如星河上，但觉云林幽。归路方浩浩，徂川去悠悠[5]。徒悲蕙草歇，复听菱歌愁。岸曲迷后浦，沙明瞰前洲。怀君不可见，望远增离忧。

〔1〕崔宗之：故相崔日用之嗣子，为李白好友。员外：员外郎之省称。宗之于开元年间官至尚书省礼部员外郎。

〔2〕飘飘：全诗校："一作飘飖。"

〔3〕舻：船首。此指船。

〔4〕挂席：张帆。

〔5〕徂川：逝水。

## 宿白鹭洲寄杨江宁[1]

朝别朱雀门[2]，暮栖白鹭洲。波光摇海月，星影入城楼。望美金陵宰，如思琼树忧[3]。徒令魂入梦，翻觉夜成秋。绿水解人意，为余西北流。因声玉琴里，荡漾寄君愁。

〔1〕白鹭洲：古代长江中的沙洲，在今南京市水西门外。后世江流西移，洲与陆地遂相连接。江宁：唐县名，属润州，本金陵地，在今南京市。杨江宁：杨利物，时为江宁

令。

〔2〕朱雀门：即金陵南门。

〔3〕"如思"句：语本吴均《与柳恽相赠答诗》："思君甚琼树，不见方离忧。"琼树，比喻美好的人品、风度。

# 新林浦阻风寄友人[1]

潮水定可信[2]，天风难与期。清晨西北转，薄暮东南吹。以此难挂席，佳期益相思。海月破圆影，菰蒋生绿池[3]。昨日北湖梅[4]，开花已满枝。今朝东门柳，夹道垂青丝。岁物忽如此，我来定几时？纷纷江上雪，草草客中悲[5]。明发新林浦，空吟谢朓诗[6]。

〔1〕新林浦：王琦注："《景定建康志》：新林浦在城西南二十里，阔三丈，深一丈，长十二里。源出牛头山，西七里入大江，秋夏胜五十石舟，春冬涸。"

〔2〕"潮水"句：因潮至有时，故言其"可信"。

〔3〕菰蒋：俗称茭白，其实如米，可食。

〔4〕北湖：即玄武湖。王琦注："徐爰《释问》：晋太兴三年，始创北湖，筑长堤以壅北山之水，东自覆舟山，西至宣城城六里。宋元嘉中，有黑龙见，因改名玄武湖。"

〔5〕草草：忧虑。《诗·小雅·巷伯》："骄人好好，劳人草草。"

〔6〕谢朓诗：谢朓有《之宣城郡出新林浦向板桥》诗。全诗校："一本题作金陵阻风雪书怀寄杨江宁，云：'潮水定可信，天风难与期。清晨西北转，薄暮东南吹。以此难挂席，沿洄颇淹迟。使索金陵书，又叨贤宰知。弦歌止过客，惠化闻京师。岁物忽如此，我来复几时？纷纷江上雪，草草客中悲。明发新林浦，空吟谢朓诗。'"

# 寄韦南陵冰余江上乘兴访之遇寻颜 尚书笑有此赠[1]

南船正东风，北船来自缓。江上相逢借问君，语笑未了风吹断。闻君携伎访情人[2]，应为尚书不顾身[3]。堂上三千珠履客[4]，瓮中百斛金陵春[5]。

恨我阻此乐，淹留楚江滨[6]。月色醉远客，山花开欲然。春风狂杀人，一日剧三年。乘兴嫌太迟，焚却子猷船[7]。梦见五柳枝[8]，已堪挂马鞭。何日到彭泽[9]，长歌陶令前。

　　〔1〕韦南陵冰：南陵县令韦冰。南陵，即今安徽南陵县。颜尚书：颜真卿。乾元二年六月为升州刺史、浙西节度使，上元元年(760)二月为刑部尚书。此诗盖上元元年春作，时颜由金陵返京，途过江夏，韦于江上寻之。

　　〔2〕情人：友人，指颜真卿。

　　〔3〕身：自身。王琦注："身犹我也，魏晋后多自称曰身。"

　　〔4〕珠履客：《史记·春申君列传》："春申君客三千余人，其上客皆蹑珠履。"珠履，缀有明珠的鞋子。

　　〔5〕金陵春：酒名。唐人多以"春"名酒，如烧春、石冻春、土窟春等，见李肇《国史补》卷下。

　　〔6〕淹留：久留。

　　〔7〕子猷船：王子猷雪夜思念友人戴安道，即便夜乘小舟就之，经宿方至，不见而返，人问其故，答曰："吾本乘兴而行，兴尽而返，何必见戴?"事见《世说新语·任诞》。

　　〔8〕五柳：晋陶渊明，宅边有五柳树，因自号五柳先生。此喻指韦冰。

　　〔9〕彭泽：陶渊明曾为彭泽令。

# 题情深树寄象公

肠断枝上猿[1]，泪添山下樽。白云见我去，亦为我飞翻。

　　〔1〕"肠断"句：《世说新语·黜免》："桓公入蜀，至三峡中。部伍中有得猿子者，其母缘岸哀号，行百余里不去，遂跳上船，至便即绝。破视其腹中，肠皆寸寸断。"

# 北山独酌寄韦六

巢父将许由[1]，未闻买山隐[2]。道存迹自高，何惮去人近[3]？纷吾下兹岭,地闲喧亦泯[4]。门横群岫开[5],水凿众泉引。屏高而在云,窦深莫能准。川光昼昏凝,林气夕凄紧。于焉摘朱果,兼得养玄牝[6]。坐月观宝书[7],拂霜弄瑶轸[8]。倾壶事幽酌,顾影还独尽。念君风尘游,傲尔令自哂[9]。

〔1〕巢父、许由:均为尧时隐士。将:与,及。

〔2〕买山隐:《世说新语·排调》:"支道林因人就深公买印山。深公答曰:'未闻巢由买山而隐。'"

〔3〕去:距离。

〔4〕泯:灭。

〔5〕岫:峰峦。

〔6〕玄牝:《老子》:"玄牝之门,是谓天地根。"玄,微妙;牝,雌性。意谓"道"就像微妙的母体一样,生殖万物,故称"玄牝"。

〔7〕宝书:指道书。江淹《杂体诗·休上人》:"宝书为君掩。"

〔8〕瑶轸:指琴。王琦注:"琴下系弦之柱,谓之轸,或以玉之故曰瑶轸。"

〔9〕全诗校:"一本此下有安知世上人,名利空蠢蠢二句。"

# 寄当涂赵少府炎[1]

晚登高楼望,木落双江清。寒山饶积翠[2],秀色连州城。目送楚云尽,心悲胡雁声。相思不可见,回首故人情。

〔1〕当涂:即今安徽当涂县。少府:县尉的别称。

〔2〕饶:多。

# 寄东鲁二稚子 在金陵作[1]

吴地桑叶绿,吴蚕已三眠[2]。我家寄东鲁,谁种龟阴田[3]?春事已不及[4],江行复茫然。南风吹归心,飞堕酒楼前[5]。楼东一株桃,枝叶拂青烟。此树我所种，别来向三年[6]。桃今与楼齐，我行尚未旋[7]。娇女字平阳，折花倚桃边。折花不见我，泪下如流泉。小儿名伯禽，与姊亦齐肩。双行桃树下，抚背复谁怜？念此失次第[8]，肝肠日忧煎。裂素写远意[9]，因之汶阳川[10]。

〔1〕诗作于天宝八载(749)，时作者在金陵。东鲁：指兖州任城(今山东济宁市)，李白曾寓家于此。

〔2〕吴地：金陵春秋时属吴地。三眠：意谓春蚕将老。蚕在吐丝作茧前经过四次蜕皮，其时不食不动，俗称眠。

〔3〕龟阴田：龟山以北的田地。龟山，在山东新泰市西南。

〔4〕春事：春天的农事。

〔5〕酒楼：据《太平广记》卷二〇一载，李白曾在任城建造酒楼，"日与同志荒宴其上，少有醒时"。

〔6〕向：近。

〔7〕旋：回归。

〔8〕失次第：言心情不平静，失其常度。

〔9〕裂素：撕开白绢。古时常用白绢书写。

〔10〕之：往。汶阳川：即汶水。全诗校："娇女字平阳下，一作娇女字平阳，有弟与齐肩。双行桃树下，折花倚桃边。折花不见我，泪下如流泉。"


# 独酌清溪江石上寄权昭夷[1]


我携一樽酒，独上江祖石[2]。自从天地开，更长几千尺？举杯向天笑，天回日西照。永愿坐此石，长垂严陵钓[3]。寄谢山中人，可与尔同调。


〔1〕诗约作于天宝十三载(754)，时李白在秋浦。清溪：在池州府(今安徽池州市)城北。"石"上疑脱一"祖"字。

〔2〕江祖石：山名，在安徽池州市西南。

〔3〕严陵：即严子陵。东汉著名隐士，为刘秀同学，刘秀即帝位，召至京师，授官而不受，旋归隐于富春江。

# 禅房怀友人岑伦

时南游罗浮,兼泛桂海,自春徂秋不返,仆旅江外,书情寄之[1]。
婵娟罗浮月,摇艳桂水云[2]。美人竟独往,而我安得群?一朝语笑隔,万里欢情分。沉吟彩霞没,梦寐群芳歇[3]。归鸿渡三湘[4],游子在百粤[5]。边尘染衣剑,白日凋华发。春风变楚关[6],秋声落吴山。草木结悲绪,风沙凄苦颜。徂来已永久[7],颓思如循环。飘飘限江裔[8],想像空留滞。离忧每醉心,别泪徒盈袂。坐愁青天末,出望黄云蔽。目极何悠悠!梅花南岭头[9]。空长灭征鸟[10],水阔无还舟。宝剑终难托,金囊非易求[11]。归来倘有问,桂树山之幽[12]。

〔1〕罗浮:山名,在广东东江北岸,增城、博罗、河源等市县间。桂海:南海。王琦谓此处实指桂水。江外:江东。
〔2〕摇艳:美好貌。桂水:今广西境内之漓水,入临桂境后称桂水。
〔3〕群:全诗校:"一作琼。"
〔4〕三湘:泛指今洞庭湖南北、湘水流域一带。
〔5〕百粤:即百越。上古时期,江浙闽粤之地,皆为越族所居,故称。
〔6〕风:全诗校:"一作气。"
〔7〕徂来:犹去来。
〔8〕江裔:江边。飘飘:全诗校:"一作飘飖。"
〔9〕南岭:又称梅岭,即大庾岭,在江西、广东两省边境。南,全诗校:"一作遍。"
〔10〕空长:全诗校:"一作长空。"
〔11〕金囊:盛金之囊。《史记·郦生陆贾传》载,贾出使南越,南越王尉佗赐贾"橐(大囊),中装直千金"。
〔12〕"桂树"句:《楚辞·招隐士》:"桂树丛生兮山之幽。"

# 卷十三

## 庐山谣寄卢侍御虚舟[1]

我本楚狂人,凤歌笑孔丘[2]。手持绿玉杖[3],朝别黄鹤楼。五岳寻仙不辞远[4],一生好入名山游。庐山秀出南斗傍[5],屏风九叠云锦张,影落明湖青黛光[6]。金阙前开二峰长,银河倒挂三石梁[7]。香炉瀑布遥相望,回崖沓嶂凌苍苍[8]。翠影红霞映朝日,鸟飞不到吴天长[9]。登高壮观天地间,大江茫茫去不还。黄云万里动风色,白波九道流雪山[10]。好为庐山谣,兴因庐山发[11]。闲窥石镜清我心,谢公行处苍苔没[12]。早服还丹无世情,琴心三叠道初成[13]。遥见仙人彩云里,手把芙蓉朝玉京[14]。先期汗漫九垓上,愿接卢敖游太清[15]。

〔1〕卢虚舟:字幼真,范阳人,肃宗时曾任殿中侍御史。诗作于上元元年(760),时作者由江夏赴浔阳重游庐山。

〔2〕"我本"二句:《论语·微子》:"楚狂接舆歌而过孔子曰:'凤兮!凤兮!何德之衰?往者不可谏,来者犹可追。已而!已而!今之从政者殆而。'"

〔3〕绿玉杖:指仙人之手杖。

〔4〕五岳:东岳泰山、西岳华山、南岳衡山、北岳恒山、中岳嵩山。

〔5〕秀出:突出。南斗:星名,即二十八宿中的斗宿,古人认为庐山一带是斗宿的分野。

〔6〕屏风九叠:即庐山九叠屏,其地峰峦起伏众多,状如屏风九叠。明湖:指鄱阳湖。青黛:青黑色。

〔7〕金阙:指庐山金阙岩,又名石门。慧远《庐山记》:"西南有石门山,其形似双阙,壁立千余仞,而瀑布流焉。"二峰:即形似双阙之石门二峰。银河:指瀑布,即九叠屏左之三叠泉,其势三折而下,如银河之挂石梁。

〔8〕香炉:庐山香炉峰。回崖:曲折的山崖。沓嶂:重叠的山峰。凌:超越。苍苍:青天。

〔9〕翠影:指山色。吴天:庐山一带春秋时属吴国,三国时为吴地。

〔10〕九道:相传长江流到浔阳分为九道。雪山:指长江之浪峰。

〔11〕兴:诗兴。

〔12〕石镜:《艺文类聚》卷七〇引《浔阳记》:"石镜在山东,有一团石悬崖,明净照人。"谢公:指谢灵运,其《入彭蠡湖口》云:"攀崖照石镜。"没:掩没。

〔13〕还丹:道家炼丹,将九转丹再炼,化为还丹,谓服之可白日升天。无世情:摒弃人世之情。琴心三叠:道教修炼术语,指心静气和的一种境界。

〔14〕把:持。芙蓉:荷花。玉京:道教谓元始天尊所居之仙境。

〔15〕"先期"二句:谓己先往,愿卢也来,一起同游仙境。《淮南子·道应训》载:卢敖游于北海,见一深目玄发之人迎风而舞,卢愿与之结伴而游,其人曰:"吾与汗漫期于九垓之外,吾不可以久驻。"期,约定。汗漫,此指仙人别名。九垓,九重天,指天空极高远之处。太清,神仙所居之仙境。此处以卢敖借指卢侍御。


# 下浔阳城泛彭蠡寄黄判官[1]


浪动灌婴井[2],浔阳江上风。开帆入天镜,直向彭湖东[3]。落景转疏雨,晴云散远空[4]。名山发佳兴,清赏亦何穷。石镜挂遥月,香炉灭彩虹[5]。相思俱对此,举目与君同。

〔1〕诗作于上元元年(760),时李白泛舟于浔阳彭蠡湖。浔阳:唐江州治所,今江西九江市。彭蠡:湖名,即今鄱阳湖。

〔2〕灌婴井:在今九江市。《元和郡县图志》江南道江州:"建安中,孙权经此城(江州州城),权自标地,令工掘之,正得古井,铭云:'汉六年颍阴侯(灌婴封颍阴侯)开,三百年当塞,后不满百年,当为应运者所开。'权以为己瑞。井极深大,江中风浪,井水辄动。"

〔3〕天镜:形容湖水清澈,犹如明镜。彭湖:即彭蠡湖。

〔4〕"落景"二句:全诗校:"一作返景照疏雨,轻烟澹远空。"

〔5〕此二句全诗校:"一作瀑布洒青壁,遥山挂彩虹。"


# 书情寄从弟邠州长史昭[1]


自笑客行久,我行定几时?绿杨已可折,攀取最长枝。翩翩弄春色,延伫寄相思。谁言贵此物？意愿重琼蕤[2]。昨梦见惠连,朝吟谢公诗[3]。东风引碧草,不觉生华池。临玩忽云夕,杜鹃夜鸣悲[4]。怀君芳岁歇,庭树落红滋[5]。

〔1〕邠州:治所在今陕西彬县。长史:州刺史佐职。
〔2〕愿:全诗校:"一作厚。"琼蕤:《文选》陆机《拟古诗》"玉颜侔琼蕤"张铣注:"琼蕤,玉花也。"
〔3〕"昨梦"二句:谢灵运在永嘉西堂,思诗竟日不就,忽梦见惠连,便得"池塘生春草"之句。自称"此语有神助,非我语也"。见钟嵘《诗品》卷中引《谢氏家录》。
〔4〕杜鹃:即子规鸟。
〔5〕红滋:红花。

# 寄王汉阳[1]

南湖秋月白[2],王宰夜相邀。锦帐郎官醉[3],罗衣舞女娇。笛声喧沔鄂[4],歌曲上云霄。别后空愁我,相思一水遥。

〔1〕王汉阳:即汉阳令王某。汉阳,唐沔州治所,在今湖北武汉市汉阳。此诗作于乾元元年(758)。与《泛沔州城南郎官湖》作于同时。
〔2〕南湖:即郎官湖。《湖广通志》:"郎官湖在汉阳府城内。"
〔3〕郎官:指尚书郎张谓。
〔4〕沔鄂:沔州与鄂州。鄂州治所在今武汉市武昌。

# 春日归山寄孟浩然[1]

朱绂遗尘境[2],青山谒梵筵[3]。金绳开觉路[4],宝筏度迷川[5]。岭树攒飞栱,岩花覆谷泉。塔形标海日[6],楼势出江烟。香气三天下[7],钟声万壑连。荷秋珠已满,松密盖初圆。鸟聚疑闻法[8],龙参若护禅[9]。愧非流水韵,叼入伯牙弦[10]。

〔1〕孟浩然:襄州襄阳(今属湖北)人,唐代著名山水田园诗人。

〔2〕朱绶:系官印的红色丝带。

〔3〕梵筵:僧人说法之讲席。

〔4〕金绳:佛教谓净土世界"以琉璃为地,金绳界其道"。见《妙法莲华经·譬喻品》。

〔5〕宝筏:喻佛法。王注:"《翻译名义》:《功德施论》云:如欲济川,先应取筏。至彼岸已,舍之而去。"

〔6〕日:原作"月",据王琦本改。

〔7〕三天:指三界,即欲界、色界、无色界。

〔8〕"鸟聚"句:《续高僧传》卷八《僧范传》载:"尝有胶州刺史杜弼于邺显义寺请范冬讲,至《华严》六地,忽有一雁飞下……正对高座,伏地听法……又于此寺夏讲,雀来,在座西南伏听,终于九旬。又曾处济州,亦有一鸟飞来入听,讫讲便去。"

〔9〕"龙参"句:《孔雀王经》《大云经》均言诸龙王护持佛法。

〔10〕"愧非"二句:《列子·汤问》:"伯牙善鼓琴,钟子期善听。伯牙鼓琴,志在登高山,钟子期曰:'善哉,峨峨兮若泰山!'志在流水,钟子期曰:'善哉,洋洋兮若江河!'"

# 流夜郎永华寺寄浔阳群官[1]

朝别凌烟楼[2],贤豪满行舟。暝投永华寺,宾散予独醉。愿结九江流,添成万行泪。写意寄庐岳[3],何当来此地? 天命有所悬,安得苦愁思?

〔1〕夜郎:在今贵州正安县西。诗作于乾元元年(公元758年),时诗人远流夜郎途经浔阳西之水华寺。永华寺:在浔阳(今江西九江)西。

〔2〕凌烟楼:在浔阳,南朝宋临川王刘义庆为江州刺史时所建。

〔3〕庐岳:庐山,此处代指群官所在的浔阳。

# 流夜郎至西塞驿寄裴隐[1]

扬帆借天风,水驿苦不缓。平明及西塞,已先投沙伴[2]。回峦引群峰,横蹙楚山断。砯冲万壑会[3]，震沓百川满。龙怪潜溟波，候时救炎旱[4]。我行望雷雨，安得沾枯散？鸟去天路长，人愁春光短。空将泽畔吟[5]，寄尔江南管[6]。

〔1〕诗作于乾元元年(758)，时作者流放夜郎行至西塞驿。西塞驿：当在西塞山附近。西塞山，在今湖北黄石市东长江边，山势险峻。

〔2〕投沙伴：指一同被放逐的人。投沙，用汉贾谊遭权贵谗毁，被贬为长河王太傅事，见《史记·屈原贾生列传》。

〔3〕砯(pīng)：水冲击山岩的声音。

〔4〕候：原作"俟"，校云："一作候。"

〔5〕泽畔吟：用屈原事，《楚辞·渔父》："屈原既放，游于江潭，行吟泽畔，颜色憔悴，形容枯槁。"

〔6〕江南管：谢朓《夜听妓》："要取洛阳人，共命江南管。"管，管乐器。

# 自汉阳病酒归寄王明府[1]

去岁左迁夜郎道[2]，琉璃砚水长枯槁[3]。今年敕放巫山阳[4]，蛟龙笔翰生辉光[5]。圣主还听子虚赋，相如却与论文章[6]。愿扫鹦鹉洲[7]，与君醉百场。啸起白云飞七泽，歌吟渌水动三湘[8]。莫惜连船沽美酒，千金一掷买春芳。

〔1〕诗作于乾元二年(759)，时作者在江夏一带。明府：县令的别称。李白有《赠王汉阳》《寄王汉阳》《望汉阳柳色寄王宰》《早春寄王汉阳》《醉题王汉阳厅》，皆即此诗之王明府。

〔2〕去岁：指乾元元年(758)。由此可知此诗当作于乾元二年，时李白遇赦还至江夏。

〔3〕"琉璃"句：谓不再写作诗文。

〔4〕巫山：在今重庆巫山县东。李白流放夜郎途经巫山时遇朝廷发布赦令而得释。

〔5〕"蛟龙"句：谓诗兴勃起，又能挥笔如蛟龙飞腾般写作诗文了。

〔6〕"圣主"二句：《史记·司马相如列传》载，《子虚赋》是汉大赋家司马相如的

代表作,深得汉武帝赏识。与,全诗校:"一作欲。"

〔7〕鹦鹉洲:原在与黄鹤楼斜对之长江中,今已不存。《海录碎事》卷三下:"黄祖杀祢衡埋于沙洲之上,后人因号其洲为鹦鹉,以衡尝为《鹦鹉赋》故也。"

〔8〕啸:此指吟诗。七泽:在今湖北省境内。司马相如《子虚赋》:"臣闻楚有七泽,尝见其一,未睹其余也。臣之所见,盖特其小小者耳,名曰云梦。"三湘:此处泛指洞庭湖南北、湘江流域一带。

# 望汉阳柳色寄王宰[1]

汉阳江上柳,望客引东枝[2]。树树花如雪,纷纷乱若丝。春风传我意,草木别前知[3]。寄谢弦歌宰[4],西来定未迟。

〔1〕王宰:即上诗之"王明府"。
〔2〕望:对。客:诗人自指。
〔3〕别前知:全诗校:"一作发前墀。"又,"别"王琦本作"度"。
〔4〕弦歌:指礼乐教化。子游为武城宰,孔子过闻弦歌之声。弦歌宰,指汉阳令王某。

# 江夏寄汉阳辅录事[1]

谁道此水广?狭如一匹练。江夏黄鹤楼,青山汉阳县。大语犹可闻,故人难可见。君草陈琳檄[2],我书鲁连箭[3]。报国有壮心,龙颜不回眷[4]。西飞精卫鸟[5],东海何由填?鼓角徒悲鸣,楼船习征战[6]。抽剑步霜月,夜行空庭遍。长呼结浮云[7],埋没顾荣扇[8]。他日观军容,投壶接高宴[9]。

〔1〕此诗作于乾元二年(759)。江夏:唐鄂州江夏郡,治所在江夏县(今湖北武汉市武昌)。汉阳:唐沔州汉阳郡,治所在今武汉汉阳。
〔2〕陈琳檄:陈琳以善作檄文闻名于时,一天曹操因病卧床,读陈琳檄文,跃然而起

曰:"此愈我病。"事见《三国志·魏志·王粲传》裴注引《典略》。

〔3〕鲁连箭:《史记·鲁仲连邹阳列传》载,齐将田单破燕军,收复齐城,惟聊城不下,燕将固守岁余,士卒多死。鲁连乃为书,束之于矢,以射城中遗燕将。燕将得书,泣三日,乃自杀,齐军遂克聊城。

〔4〕回眷:回视,理睬。

〔5〕精卫鸟:《山海经·北山经》载,炎帝少女名女娃,游于东海,溺而不返,遂化为鸟,名曰精卫,常衔西山之木石,以填东海。

〔6〕鼓角:鼓和号角,古时军中用以报时、警众或发号施令。楼船:船上有楼的大船。

〔7〕结浮云:高适《塞下曲》:"结束浮云骏,翩翩出从戎。"结,装束。浮云,骏马名,见《西京杂记》卷二。

〔8〕顾荣:晋怀帝时人。《晋书·顾荣传》载:陈敏叛乱,顾荣讨之,"敏率万余人出,不获济,荣麾以羽扇,其众溃散"。此以顾荣自许。

〔9〕投壶:《后汉书·祭遵传》:"对酒设乐,必雅歌投壶。"

# 早春寄王汉阳

闻道春还未相识,走傍寒梅访消息。昨夜东风入武昌[1],陌头杨柳黄金色。
碧水浩浩云茫茫,美人不来空断肠[2]。预拂青山一片石,与君连日醉壶觞。

〔1〕诗作于上元元年(760)春,诗人由零陵返回江夏之时。武昌:原作"武阳",据清刊本胡震亨注《李诗通》改。唐鄂州武昌县,即今湖北鄂州市。

〔2〕美人:指王汉阳。

# 江上寄巴东故人[1]

汉水波浪远[2],巫山云雨飞。东风吹客梦,西落此中时。觉后思白帝[3],佳人与我违[4]。瞿塘饶贾客[5],音信莫令稀。

〔1〕此诗作于开元十三年(725),时诗人离蜀远游初至汉水流域。巴东:即归州,

天宝元年改为巴东郡,治所在今湖北秭归县。

〔2〕汉水:长江支流,源出陕西省宁强县,东南流经陕西南部、湖北西北部和中部,在武汉市入长江。

〔3〕白帝:白帝城,故址在今四川奉节县白帝山上,东汉公孙述所建。

〔4〕佳人:指巴东故人。违:离别。

〔5〕瞿塘:瞿塘峡,此代指长江三峡。饶:多。


# 江上寄元六林宗[1]


霜落江始寒,枫叶绿未脱。客行悲清秋,永路苦不达。沧波眇川汜[2],白日隐天末。停棹依林峦,惊猿相叫聒。夜分河汉转[3],起视溟涨阔[4]。凉风何萧萧,流水鸣活活[5]。浦沙净如洗,海月明可掇[6]。兰交空怀思,琼树讵解渴[7]?勖哉沧洲心[8],岁晚庶不夺。幽赏颇自得,兴远与谁豁[9]?


〔1〕元六林宗:詹锳谓即元丹丘。李白又有《秋日炼药院镊白发赠元六兄林宗》诗,其中有"投分三十载,荣枯同所欢"之句,可知元与李白为旧交。

〔2〕川汜:水滨。

〔3〕夜分:夜半。河汉:即银河。

〔4〕溟涨:大海。

〔5〕活活(kuò):流水声。

〔6〕掇:拾取。

〔7〕兰交:《易·系辞上》:"二人同心,其利断金;同心之言,其臭如兰。"臭,气味。琼树:亦喻指友人。《古文苑》卷四李陵《赠别苏武》:"思得琼树枝,以解长渴饥。"

〔8〕勖(xù):勉励。沧洲:泛指隐士居处。

〔9〕兴远:意兴高远。豁:抒发。


# 寄从弟宣州长史昭[1]


尔佐宣州郡,守官清且闲。常夸云月好,邀我敬亭山[2]。五落洞庭叶[3],

三江游未还[4]。相思不可见,叹息损朱颜。

〔1〕宣州:州治在今安徽宣城。李白又有《赠从弟宣州长史昭》诗。
〔2〕敬亭山:在今安徽宣城北。
〔3〕此句谓已历数秋。《九歌·湘夫人》:"袅袅兮秋风,洞庭波兮木叶下。"
〔4〕三江:其说甚多,此处泛指江河。


## 泾溪东亭寄郑少府谔[1]

我游东亭不见君,沙上行将白鹭群。白鹭行时散飞去,又如雪点青山云。
欲往泾溪不辞远,龙门蹙波虎眼转[2]。杜鹃花开春已阑,归向陵阳钓鱼
晚[3]。

〔1〕泾溪:又名赏溪,在安徽泾县西南一里。少府:县尉的别称。
〔2〕龙门:指龙门山,在安徽太平西北四十里,中有石窦似门,故名。虎眼转:王琦
注:"谓水波旋转,有光相映,若虎眼之光。"
〔3〕陵阳:山名,在泾县西南一百余里处。钓鱼:用窦子明事。相传窦子明弃官学
道,钓得白龙而放之,后龙来迎子明上陵阳山,遂成仙。见《列仙传》卷下。


## 宣州九日闻崔四侍御与宇文太守
## 游敬亭余时登响山不同此赏醉
## 后寄崔侍御二首[1]

九日茱萸熟,插鬓伤早白[2]。登高望山海,满目悲古昔。远访投沙人,因
为逃名客[3]。故交竟谁在?独有崔亭伯[4]。重阳不相知,载酒任所适。
手持一枝菊,调笑二千石[5]。日暮岸帻归[6],传呼隘阡陌。彤襜双白
鹿[7],宾从何辉赫!夫子在其间,遂成云霄隔。良辰与美景,两地方虚掷。
晚从南峰归,萝月下水壁。却登郡楼望,松色寒转碧。咫尺不可亲,弃我
如遗舄[8]。

〔1〕九日:即九月九日重阳节。崔四侍御:即崔成甫。响山:在安徽宣城南。

〔2〕茱萸(yú)、插鬓:茱萸是一种香气浓烈的植物,古人于九月九日登高,佩戴之,以避邪禳灾。

〔3〕投沙人:用贾谊谪长沙事。李白《泽畔吟序》:"《泽畔吟》者,逐臣崔公(成甫)之所作也。公……起家校书蓬山,再尉关辅。中佐于宪车,因贬湘阴。"崔成甫《赠李十二》云:"我是潇湘放逐臣。"逃名:全诗校:"一作名山。"

〔4〕崔亭伯:崔骃字亭伯,汉和帝时,为车骑大将军窦宪府掾,因数进谏,不为宪容,出为长岑长。事见《后汉书·崔骃传》。此喻指崔成甫。

〔5〕二千石:指州郡长官。

〔6〕岸帻:将帻掀起露出前额称"岸帻"。帻,头巾。

〔7〕襜:车帷。古刺史之车用彤襜。双白鹿:用郑弘事,《太平御览》卷九〇六引谢承《后汉书》:"郑弘为临淮太守,行春,两白鹿随车夹毂而行。弘怪,问主簿黄国:'鹿为吉凶?'国拜贺曰:'闻三公车画作鹿,明府当为宰相。'后弘果为太尉。"

〔8〕舄:鞋。《古诗十九首》:"不念携手好,弃我如遗舄。"

九卿天上落[1],五马道傍来[2]。列戟朱门晓[3],褰帷碧帐开[4]。登高望远海,召客得英才。紫绶欢情洽[5],黄花逸兴催[6]。山从图上见,溪即镜中回。遥羡重阳作,应过戏马台[7]。

〔1〕九卿:中央政府的九个高级官职。

〔2〕五马:汉代太守出行时乘坐五马之车,故以"五马"为太守的代称。

〔3〕列戟:古代显贵之家门前列戟,木制无刃,以为仪仗。

〔4〕褰帷:汉代刺史上任,传车垂帷。贾琮为冀州刺史,升车言曰:"刺史当远视广听,纠察美恶,何有反垂帷裳以自掩塞乎?"乃命褰帷(撩起车帷),贪官污吏闻风而逃。见《后汉书·贾琮传》。帐:原作"嶂"据王琦本改。

〔5〕紫绶:紫色佩绶。唐制,二品、三品官员玉佩用紫绶。见《旧唐书·舆服志》。

〔6〕黄花:菊花。

〔7〕戏马台:项羽建,故址在今江苏徐州市南。谢灵运有《九日从宋公戏马台集送孔令》诗。此言崔侍御重阳之作,过于谢公戏马台之诗也。


# 寄崔侍御[1]


宛溪霜夜听猿愁[2],去国长为不系舟。独怜一雁飞南海,却羡双溪解北流[3]。高人屡解陈蕃榻[4]，过客难登谢朓楼[5]。此处别离同落叶，朝朝分散敬亭秋。

〔1〕诗约作于天宝十二载(753)，时作者在宣城。崔侍御：即崔成甫。
〔2〕宛溪：在今安徽宣城东。
〔3〕双溪：在宣城东土山下，以二水合流而得名。
〔4〕陈蕃榻：徐稚以德行著称，屡辟不起，陈蕃为豫章太守，以礼请署功曹。"蕃在郡不接宾客，唯稚来，特设一榻，去则悬之"。见《后汉书·徐稚传》。
〔5〕过客：指崔成甫。难：全诗校："一作还。"谢朓楼：一名北楼，南齐谢朓为宣城太守时所建。

## 泾溪南蓝山下有落星潭可以卜筑余泊舟石上寄何判官昌浩[1]

蓝岑竦天壁，突兀如鲸额。奔蹙横澄潭，势吞落星石。沙带秋月明，水摇寒山碧。佳境宜缓棹，清辉能留客。恨君阻欢游，使我自惊惕。所期俱卜筑，结茅炼金液[2]。

〔1〕蓝山：在安徽泾县西五十里，高千仞。落星潭：在蓝山下，相传晋陈霸兄弟捕鱼于此，见一星落潭中，故名。何判官昌浩：李白又有《赠何七判官昌浩》诗。判官，唐代节度、采访等使幕府均有此官职。
〔2〕金液：元君传授给老子的仙丹，入口则其身皆金色。服半两成地仙，服一两为天仙。见《抱朴子·金丹》。

## 早过漆林渡寄万巨[1]

西经大蓝山，南来漆林渡。水色倒空青，林烟横积素。漏流昔吞翕，沓浪竞奔注。潭落天上星，龙开水中雾。峣岩注公栅[2]，突兀陈焦墓[3]。岭峭纷上干[4]，川明屡回顾。因思万夫子，解渴同琼树[5]。何日睹清光[6]，相

304

欢咏佳句。

〔1〕漆林渡:泾溪渡口,距蓝山约十里。

〔2〕嶢:全诗校:"一作巉。"注公栅:胡震亨注:"注公,疑是左公。隋末左难当筑城栅拒辅公祏于泾,与大蓝山近。"

〔3〕陈焦:三国吴人,永安四年(261)亡,埋之六日更生,穿土中出。见《吴志·孙休传》。其墓在泾县五城山左,见《江南通志》。

〔4〕上干:上插云天。

〔5〕"解渴"句:《古文苑》卷四李陵《赠别苏武》:"思得琼树枝,以解长渴饥。"

〔6〕睹清光:指再相见。


# 游敬亭寄崔侍御[1]


我家敬亭下,辄继谢公作[2]。相去数百年,风期宛如昨。登高素秋月,下望青山郭。俯视鸳鹭群[3],饮啄自鸣跃。夫子虽蹭蹬[4],瑶台雪中鹤。独立窥浮云,其心在寥廓。时来顾我笑,一饭葵与藿。世路如秋风,相逢尽萧索。腰间玉具剑,意许无遗诺[5]。壮士不可轻,相期在云阁。

〔1〕诗作于天宝十二载(753),时作者在宣城。诗题全诗校:"一本作登古城望府中寄崔侍御。"

〔2〕谢公:谢朓,有《敬亭山》诗。

〔3〕此句全诗校:"一作府中鸿鹭群。"

〔4〕蹭蹬(cèng dèng):潦倒失意。

〔5〕"腰间"二句:春秋时,季札出使过徐君,心许返回时将宝剑相赠,返回时,徐君已死,季札将剑挂于徐君墓树上。见《史记·吴太伯世家》。玉具剑,剑口及把手部分以玉为饰的剑。此二句全诗校:"一作愿为经冬柏,不逐天霜落。"


# 三山望金陵寄殷淑[1]


三山怀谢朓,水澹望长安[2]。芜没河阳县[3],秋江正北看。卢龙霜气冷[4],鸧鹒月光寒[5]。耿耿忆琼树[6],天涯寄一欢。

〔1〕三山:在今南京市西南,有三峰南北相接,故名。殷淑:《全唐文》卷三四〇颜
真卿《茅山玄靖先生广陵李君碑铭》:"真卿与先生门人中林子殷淑……尝接采真之
游。"

〔2〕水澹:水动貌。全诗校:"一作渌水。"望长安:谢朓《晚登三山还望京邑》有
"灞涘望长安,河阳视京县"之句。

〔3〕河阳县:在今河南省孟县西。因当时已被安史叛军所占,故云"芜没"。此诗
盖至德元载(756)秋作于金陵。

〔4〕卢龙:山名,即今南京市狮子山,周围五里,西临大江。晋元帝初渡江,至此,
见山岭绵延,与石头城相接,险要似塞北卢龙,因以为名。

〔5〕鸧鹒:南朝宫中楼观名,故址在今南京市。

〔6〕琼树:喻美好的风姿,指友人。《世说新语·赏誉》载,王戎称美王衍"神姿高
彻,如瑶林琼树,自然是风尘外物"。

# 自金陵溯流过白壁山玩
# 月达天门寄句容王主簿[1]

沧江溯流归,白壁见秋月。秋月照白壁,皓如山阴雪[2]。幽人停宵征,贾
客忘早发。进帆天门山,回首牛渚没[3]。川长信风来,日出宿雾歇。故人
在咫尺,新赏成胡越[4]。寄君青兰花,惠好庶不绝。

〔1〕白壁山:在安徽当涂县北三十里。壁,原作"璧",据王琦本改。诗中同。天
门:山名,在今当涂县西南,二山夹江,对峙如门,东曰博望山,西名梁山。句容:唐县
名,即今江苏句容。主簿:县令佐吏。

〔2〕山阴雪:用王子猷雪夜访戴的典故。

〔3〕牛渚:山名,在今当涂县西北。

〔4〕新赏:新结识的友人,此指王主簿。胡越:胡在北,越在南,指相距遥远,不能
相见。

# 寄上吴王三首[1]

淮王爱八公[2]，携手绿云中。小子忝枝叶[3]，亦攀丹桂丛[4]。谬以词赋重，而将枚马同[5]。何日背淮水[6]，东之观土风？

〔1〕吴王：嗣吴王李祗，太宗第三子吴王恪之孙，天宝十二载在庐江太守任。

〔2〕淮王：淮南王刘安。八公：《神仙传》卷四《刘安传》载，汉淮南王刘安招致天下方术之士，于是有八公者，皆浓眉皓白，诣门求见。王师事之，八公授王仙术，遂相与白日升天而去。

〔3〕忝枝叶：李白自称与唐王室同宗，故云。

〔4〕攀丹桂：《楚辞》淮南小山《招隐士》：“攀援桂枝兮聊淹留。”王逸注称淮南小山是淮南王的门下士，此处李白借以表达愿依附吴王之意。

〔5〕将：与。枚马：汉辞赋家枚乘、司马相如。

〔6〕背淮水：邹阳《谏吴王书》：“臣所以历数王之朝，背淮千里而自致者……窃高下风之行，尤说（悦）大王之义。”背，离开。

坐啸庐江静[1]，闲闻进玉觞。去时无一物，东壁挂胡床[2]。

〔1〕坐啸：《后汉书·党锢传》载，成瑨为南阳太守，请岑晊为功曹，郡中大治，时人谣曰：“南阳太守岑公孝，弘农成瑨但坐啸。”庐江：唐庐州，天宝元年改为庐江郡，治所在今安徽合肥。

〔2〕“去时”二句：《三国志·魏志·裴潜传》注引《魏略》：“潜为兖州时，尝作一胡床，及其去也，留以挂柱。”此言吴王为官清廉。

英明庐江守，声誉广平籍[1]。洒扫黄金台，招邀青云客[2]。客曾与天通，出入清禁中[3]。襄王怜宋玉，愿入兰台宫[4]。

〔1〕广平：郑袤任广平太守，治郡以德化为先，善作条教，百姓爱之。事见《晋书·郑袤传》。籍：盛大。

〔2〕黄金台：故址在今河北易县东南。传说“燕昭王置千金于台上，以延天下

之士"。见《文选》鲍照《代放歌行》李善注引《上谷郡图经》。青云客:喻高尚之材。

〔3〕清禁:皇宫。此二句指己曾入翰林。

〔4〕襄王:喻指吴王。宋玉:诗人自喻。兰台宫:战国时楚宫名。宋玉《风赋》:"楚襄王游于兰台之宫,宋玉、景差侍。"

# 卷十四

## 秋日鲁郡尧祠亭上宴别杜补阙范侍御[1]

我觉秋兴逸,谁云秋兴悲?山将落日去[2],水与晴空宜。鲁酒白玉壶,送行驻金羁[3]。歇鞍憩古木[4],解带挂横枝。歌鼓川上亭,曲度神飙吹[5]。云归碧海夕,雁没青天时。相失各万里,茫然空尔思[6]。

〔1〕诗作于天宝五载(746)秋,时李白寄居东鲁。鲁郡:即兖州,天宝元年改为鲁郡。治所在今山东兖州市。尧祠:故址在今兖州南。

〔2〕将:带。

〔3〕金羁:饰金的马络头,此代指马。

〔4〕憩古木:在古树下休息。

〔5〕曲度:曲调。飙(biāo):疾风,暴风。神飙吹:形容乐声激荡有力。以上二句全诗校:"一本无此二句,却添'南歌忆郢客,东舞见齐姬。清波忽澹荡,白雪纷逶迤。一隔范杜游,此欢忽若遗'三韵。"

〔6〕空尔思:徒然思念你。

## 别鲁颂

谁道泰山高,下却鲁连节。[1]谁云秦军众,摧却鲁连舌[2]。独立天地间,清风洒兰雪。夫子还倜傥,攻文继前烈[3]。错落石上松[4],无为秋霜折。赠言镂宝刀,千岁庶不灭。

〔1〕下却:低于。鲁连:即鲁仲连,曾助赵解邯郸之围,平原君赠以千金,笑而不受。见《史记·鲁仲连邹阳列传》。

〔2〕摧却:挫败于。

〔3〕前烈:指鲁仲连。

〔4〕错落:交错缤纷。


# 别中都明府兄[1]


吾兄诗酒继陶君[2],试宰中都天下闻。东楼喜奉连枝会[3],南陌愁为落叶分。城隅渌水明秋日,海上青山隔暮云。取醉不辞留夜月,雁行中断惜离群[4]。

〔1〕诗作于天宝五载(746)秋,李白将离鲁南游。中都:唐县名,属兖州。本称平陆,天宝元年更名。在今山东汶上县。

〔2〕陶君:即陶渊明。

〔3〕连枝:树木枝条连生,常用以比喻兄弟。

〔4〕雁行:喻兄弟之序。《礼记·王制》:"父之齿随行,兄之齿雁行。"


# 梦游天姥吟留别[1]


海客谈瀛洲,烟涛微茫信难求[2]。越人语天姥,云霞明灭或可睹[3]。天姥连天向天横,势拔五岳掩赤城[4]。天台四万八千丈[5],对此欲倒东南倾。我欲因之梦吴越,一夜飞度镜湖月[6]。湖月照我影,送我至剡溪[7]。谢公宿处今尚在[8],渌水荡漾清猿啼。脚著谢公屐,身登青云梯[9]。半壁见海日,空中闻天鸡[10]。千岩万转路不定,迷花倚石忽已暝[11]。熊咆龙吟殷岩泉,㦸深林兮惊层巅[12]。云青青兮欲雨,水澹澹兮生烟[13]。列缺霹雳[14],丘峦崩摧。洞天石扇,訇然中开[15]。青冥浩荡不见底,日月照耀金银台[16]。霓为衣兮风为马,云之君兮纷纷而来下[17]。虎鼓瑟兮鸾回车,仙之人兮列如麻[18]。忽魂悸以魄动,恍惊起而长嗟[19]。惟觉时之枕席,失向来之烟霞[20]。世间行乐亦如此,古来万事东流水[21]。别君去兮何时还,且放白鹿青崖间[22],须行即骑访名山。安能摧眉折腰事权贵〔23〕,使我不得开心颜。

〔1〕诗作于天宝五载(746),时李白将离兖州而南游吴越等地。诗题全诗校:"一作别东鲁诸公。"天姥:山名,在今浙江新昌县东,"其峰孤峭,下临嵊县,仰望如在天表"(《明一统志》)。

〔2〕瀛洲:古代传说海上三座仙山之一。微茫:模糊不清的样子。信难求:确实难以寻访。

〔3〕"云霞"句:指天姥山在云霞中时隐时现。霞,原作"霓",据王琦本改。

〔4〕拔:超拔。掩:盖过。赤城:山名,在今浙江天台县北。

〔5〕天台:山名,在今浙江天台县北,天姥山东南。

〔6〕镜湖:在今浙江绍兴市南。

〔7〕剡溪:在今浙江嵊(shèng)州市南。曹娥江上游诸水,古通称剡溪。

〔8〕谢公:指谢灵运。其《登临海峤初发彊中作与从弟惠连见羊何共和之》云:"暝投剡中宿,明登天姥岑。"

〔9〕谢公屐:谢灵运特制的一种木鞋,专供登山用。上山时去掉前齿,下山时去掉后齿。见《宋书·谢灵运传》。青云梯:指山路高峻陡峭,如登攀青天的梯子。

〔10〕半壁:半山腰。海日:从海面上升起的太阳。天鸡:《述异记》卷下:"东南有桃都山,上有大树名桃都;枝相去三千里,上有天鸡。日初出照此木,天鸡则鸣,天下鸡皆随之鸣。"

〔11〕暝:天色昏暗。

〔12〕殷:雷声,形容声音宏大。层巅:重叠的山峰。

〔13〕澹澹(dàn):水波荡漾貌。

〔14〕列缺:闪电。

〔15〕洞天:道教称神仙居住的地方为"洞天",意谓洞中别有天地。石扇:石门。訇(hōng)然:声音大。

〔16〕青冥:青天。金银台:指仙宫楼台。郭璞《游仙诗》:"神仙排云出,但见金银台。"

〔17〕霓(ní):虹。云之君:云神,此处泛指神仙。

〔18〕鸾:传说中凤凰一类的鸟。列如麻:极言其众。

〔19〕悦(huǎng):同"恍",心神不定的样子。

〔20〕向来:原来。烟霞:指梦中所见景象。

〔21〕亦如此:同梦境一样。东流水:喻世间万事一去而不复返。

〔22〕白鹿:传说中的神兽,为神仙之坐骑。

〔23〕摧眉折腰:低眉弯腰。事:侍奉。

311

# 留别曹南群官之江南[1]

我昔钓白龙[2],放龙溪水傍。道成本欲去,挥手凌苍苍。时来不关人,谈笑游轩皇[3]。献纳少成事,归休辞建章[4]。十年罢西笑[5],揽镜如秋霜。闭剑琉璃匣,炼丹紫翠房[6]。身佩豁落图[7],腰垂虎盘囊[8]。仙人驾彩凤[9],志在穷遐荒。恋子四五人,徘徊未翱翔。东流送白日,骤歌兰蕙芳。仙宫两无从,人间久摧藏[10]。范蠡脱勾践[11],屈平去怀王[12]。飘飘紫霞心[13],流浪忆江乡。愁为万里别,复此一衔觞。淮水帝王州,金陵绕丹阳[14]。楼台照海色,衣马摇川光。及此北望君,相思泪成行。朝云落梦渚,瑶草空高唐[15]。帝子隔洞庭[16],青枫满潇湘。怀君路绵邈,览古情凄凉。登岳眺百川,杳然万恨长。知恋峨眉去[17],弄景偶骑羊[18]。

〔1〕诗作于天宝十二载(753),时作者在曹南。曹南:即曹州,治曹县(今山东曹县)。

〔2〕钓白龙:用窦子明事,《列仙传》卷下:"陵阳子明者,铚乡人也,好钓鱼。于旋溪钓得白龙,子明惧,解钩拜而放之。后得白鱼,腹中有书,教子明服食之法。子明遂上黄山,采五石脂,沸水而服之。三年,龙来迎去。"

〔3〕时:时运。不关人:不由人。轩皇:即黄帝,此代指天子所居之地。

〔4〕献纳:指向朝廷上书言事。建章:汉长安宫殿名,此代指朝廷。

〔5〕西笑:桓谭《新论》:"人闻长安乐,则出门西向而笑。"

〔6〕紫翠房:炼丹之所。《十洲记》谓西王母之所治,有"紫翠丹房"。

〔7〕身佩豁落图:道教徒的装束。

〔8〕虎盘囊:亦道教徒所佩。

〔9〕驾:王琦本作"借"。

〔10〕仙:求仙。宫:指入朝为官。无从:没有着落。摧藏:忧伤。

〔11〕"范蠡"句:越大夫范蠡辅佐勾践灭吴称霸后,易名隐遁,泛舟五湖。事见《史记·越王勾践世家》。脱,原作"说",据王琦本改。

〔12〕"屈平"句:战国时楚国大夫屈原被楚王放逐江南,曾长期流浪于湘水流域,后自沉汨罗江而死。

〔13〕飘飘:全诗校:"一作飘飙。"

〔14〕淮水:此指秦淮河。金陵:山名,即钟山。丹阳:润州,天宝元年改为丹阳郡。

〔15〕朝云:宋玉《高唐赋》描写楚王梦与巫山神女欢会,神女去而辞曰:"妾在巫山之阳,高丘之阻,旦为朝云,暮为行雨。朝朝暮暮,阳台之下。"梦渚:云梦泽之渚。瑶草:指灵芝,《水经注·江水二》载巫山神女未嫁而亡,"封于巫山之台,精魂为草,实为灵芝"。高唐:高唐观,故址当在今湖北荆州地区。宋玉《高唐赋序》:"昔者楚襄王与宋玉游于云梦之台,望高唐之观。"唐,原误作"堂",据王琦本改。

〔16〕帝子:指尧女娥皇、女英。《九歌·湘夫人》:"帝子降兮北渚。"

〔17〕知:全诗校:"一作却。"

〔18〕骑羊:用葛由事,《列仙传》卷上:"葛由者,羌人也。周成王时,好刻木羊卖之。一旦骑羊而入西蜀,蜀中王侯贵人追之上绥山。在峨眉山西南,高无极也。随之者不复还,皆得仙道。"

# 留别于十一兄逖裴十三游塞垣

太公渭川水[1],李斯上蔡门[2]。钓周猎秦安黎元[3],小鱼𩽾兔何足言[4]!天张云卷有时节,吾徒莫叹羝触藩[5]。于公白首大梁野[6],使人怅望何可论!既知朱亥为壮士[7],且愿束心秋毫里[8]。秦赵虎争血中原,当去抱关救公子[9]。裴生览千古,龙鸾炳文章[10]。悲吟雨雪动林木,放书辍剑思高堂[11]。劝尔一杯酒,拂尔裘上霜。尔为我楚舞,吾为尔楚歌[12]。且探虎穴向沙漠[13],鸣鞭走马凌黄河[14]。耻作易水别,临歧泪滂沱[15]。

〔1〕"太公"句:《史记·齐太公世家》载,姜太公吕尚年老穷困,垂钓于渭川水滨。周文王出猎,遇之,与语,大悦,立为师。后佐武王兴周灭殷。

〔2〕"李斯"句:《史记·李斯列传》:"斯出狱,与其中子俱执。顾谓其中子曰:'吾欲与若复牵黄犬,俱出上蔡东门,逐狡兔,岂可得乎?'遂父子相哭,而夷三族。"

〔3〕钓周:谓吕尚垂钓意不在鱼,而在于辅周。猎秦:指秦相李斯而言。

〔4〕𩽾(jùn):狡兔。

〔5〕天张云卷:天开云收。羝触藩:喻所至碰壁,进退两难。《易·大壮》:"羝羊触藩,羸其角。"

〔6〕大梁:今河南开封市。

〔7〕朱亥:战国时信陵君的门客,为信陵君救赵立下大功,事见《史记·魏公子列

传》。

〔8〕束心：约束心思。秋毫：指笔墨。

〔9〕抱关：指守城门。关，门栓。此二句用侯嬴事，见《史记·魏公子列传》。

〔10〕龙鸾：喻有文彩。炳：光彩焕发。

〔11〕高堂：指父母。

〔12〕"尔为我"二句：《史记·留侯世家》载，吕后用张良计迎四皓入朝辅佐太子后，高祖谓戚夫人曰："我欲易之，彼四人辅之，羽翼已成，难动矣。"戚夫人泣，上曰："为我楚舞，吾为若楚歌！"歌数阕，戚夫人嘘唏流涕。

〔13〕探虎穴：语本《三国志·吴志·吕蒙传》："不探虎穴，安得虎子？"

〔14〕凌：渡过。

〔15〕"耻作"二句：《战国策·燕策三》载，战国时，燕太子丹遣荆轲入秦谋刺秦王，众皆白衣冠以送之。至易水上，高渐离击筑，荆轲和而歌曰："风萧萧兮易水寒，壮士一去兮不复还！"复为慷慨羽声，"士皆瞋目，发尽上指冠"。

# 留别王司马嵩[1]

鲁连卖谈笑，岂是顾千金[2]？陶朱虽相越[3]，本有五湖心。余亦南阳子，时为梁甫吟[4]。苍山容偃蹇，白日惜颓侵[5]。愿一佐明主，功成还旧林[6]。西来何所为，孤剑托知音。鸟爱碧山远，鱼游沧海深。呼鹰过上蔡[7]，卖畚向嵩岑[8]。他日闲相访，丘中有素琴[9]。

〔1〕王司马嵩：坊州司马王嵩。

〔2〕鲁连：《史记·鲁仲连邹阳列传》载，战国时，鲁仲连助赵解邯郸之围，平原君赠以千金，笑而不受。

〔3〕陶朱：陶朱公，即范蠡，他辅佐勾践灭吴称霸后，易名隐遁，泛舟五湖，后又去陶地经商，"自谓陶朱公……居无何，则致赀累巨万"。事见《史记·越王勾践世家》。

〔4〕南阳子：指诸葛亮。

〔5〕偃蹇：偃卧不为事之意。颓侵：指太阳西落。

〔6〕还旧林：指隐居。

〔7〕"呼鹰"句：用李斯事，见《史记·李斯列传》。

〔8〕卖畚：据《十六国春秋》载，王猛少贫贱，以卖畚为业。尝卖畚于洛阳，有一人贵买其畚，猛因随之入山取钱，见一老翁踞胡床而坐。有一人引王猛进拜，老翁曰：

"王公何缘拜也?"乃十倍偿其畚值,遣人送之。既出,猛回视,乃嵩山也。畚(běn),盛土之具。嵩岑,嵩山。

〔9〕"丘中"句:左思《招隐诗》:"岩穴无结构,丘中有鸣琴。"


# 夜别张五[1]

吾多张公子[2],别酌酬高堂。听歌舞银烛,把酒轻罗裳。横笛弄秋月,琵琶弹陌桑[3]。龙泉解锦带[4],为尔倾千觞。


〔1〕诗约作于开元十八年(730),时作者从长安往游邠州。张五:岑仲勉《唐人行第录》谓即张堪,张说之子,张垍之弟。

〔2〕多:重,赞许。

〔3〕陌桑:即古乐府《陌上桑》曲。

〔4〕龙泉:宝剑名。


# 魏郡别苏明府因北游[1]

魏都接燕赵,美女夸芙蓉。淇水流碧玉,舟车日奔冲,青楼夹两岸,万室喧歌钟。天下称豪贵,游此每相逢[2]。洛阳苏季子,剑戟森词锋。六印虽未佩,轩车若飞龙。黄金数百镒,白璧有几双[3]?散尽空掉臂,高歌赋还邛[4]。落魄乃如此[5],何人不相从?远别隔两河,云山杳千重[6]。何时更杯酒,再得论心胸。


〔1〕魏郡:即魏州,天宝元年改为魏郡,治所在今河北大名东北。明府:县令。宋本作"少府"。

〔2〕"天下"二句:全诗校:"一作天下称豪游,此中每相逢。"

〔3〕"洛阳"六句:苏季子,苏秦,字季子,东周洛阳人,曾说赵肃侯,"赵王……乃饰车百乘,黄金千镒,白璧百双,锦绣千纯,以约诸侯。……于是六国从合而并力焉。苏秦为从约长,并相六国"。见《史记·苏秦列传》。此以苏秦喻苏明府。


315

〔4〕还邛：《史记·司马相如列传》载，卓文君奔司马相如，同赴成都，相如家徒四壁立，后复与文君俱归临邛，谢朓《休沐重还丹阳道中诗》："还邛歌赋似。"

〔5〕落魄：放浪不羁。

〔6〕"云山"句：全诗校："一作云天满愁容。"

# 留别西河刘少府[1]

秋发已种种[2]，所为竟无成。闲倾鲁壶酒，笑对刘公荣[3]。谓我是方朔，人间落岁星[4]。白衣千万乘[5]，何事去天庭？君亦不得意，高歌羡鸿冥[6]。世人若醯鸡，安可识梅生[7]？虽为刀笔吏，缅怀在赤城[8]。余亦如流萍，随波乐休明[9]。自有两少妾，双骑骏马行。东山春酒绿，归隐谢浮名。

〔1〕西河：即汾州，天宝元年改为西河郡。

〔2〕秋：全诗校："一作我。"种种：发短貌。《左传·昭公三年》："余发如此种种，余奚能为？"

〔3〕刘公荣：晋人，为人通达。阮籍与王戎共饮，公荣在座，而不得一杯，然"言语谈戏，三人无异"。见《世说新语·任诞》。

〔4〕方朔、岁星：传说东方朔本是岁星。

〔5〕千：当作"干"。

〔6〕鸿冥：《法言·问明》："鸿飞冥冥，弋人何篡焉？"冥冥，高远的天空。

〔7〕醯鸡：《庄子·田子方》："丘之于道也，其犹醯鸡欤？"郭象注："醯鸡者，瓮中之蠛蠓。"梅生：指梅福，《汉书·梅福传》载，西汉末，梅福为南昌县尉，后弃官，得道成仙。

〔8〕刀笔吏：主办公文案卷的官吏。古时用简札，书有错谬，以刀削之，故谓之刀笔吏。赤城：道教名山，在今浙江天台县北。

〔9〕休明：天下太平。

# 颍阳别元丹丘之淮阳[1]

吾将元夫子，异性为天伦[2]。本无轩裳契[3]，素以烟霞亲[4]。尝恨迫世网[5],铭意俱未伸[6]。松柏虽寒苦,羞逐桃李春。悠悠市朝间[7],玉颜日缁磷[8]。所失重山岳,所得轻埃尘。精魄渐芜秽,衰老相凭因。我有锦囊诀[9],可以持君身。当餐黄金药,去为紫阳宾[10]。万事难并立,百年犹崇晨[11]。别尔东南去,悠悠多悲辛。前志庶不易[12],远途期所遵。已矣归去来,白云飞天津[13]。

〔1〕颍阳:唐县名,在今河南登封西南。淮阳:即陈州,治所在今河南淮阳。

〔2〕将:与。天伦:指父子、兄弟等关系。

〔3〕轩裳:古代卿大夫的轩车与裳服。借指官位。

〔4〕烟霞:指游仙生活。

〔5〕世网:尘世的束缚。

〔6〕铭意:念念不忘之心意,指归隐的志向。

〔7〕市朝:市场与朝廷。

〔8〕缁磷:《论语·阳货》:"不曰坚乎? 磨而不磷。不曰白乎? 涅而不缁。"缁,黑。磷,薄。

〔9〕锦囊诀:指仙灵秘方。

〔10〕黄金药:指仙药。江淹《从建平王游纪南城》:"丹砂信难学,黄金不可成。"紫阳:即紫阳真人。道教传说,汉代周义山,入蒙山遇羡门子,得长生要诀,白日升天。参见《云笈七签》卷一〇六《紫阳真人周君内传》。

〔11〕崇晨:即崇朝,一个早晨。

〔12〕庶:希冀之词。

〔13〕天津:银河的别称。

# 留别广陵诸公[1]

忆昔作少年,结交赵与燕。金羁络骏马,锦带横龙泉[2]。寸心无疑事,所向非徒然。晚节觉此疏,猎精草太玄[3]。空名束壮士,薄俗弃高贤。中回圣明顾,挥翰凌云烟。骑虎不敢下,攀龙忽堕天[4]。还家守清真,孤洁励秋蝉[5]。炼丹费火石,采药穷山川。卧海不关人,租税辽东田[6]。乘兴忽复起,棹歌溪中船[7]。临醉谢葛强,山公欲倒鞭[8]。狂歌自此别,垂钓沧浪前。

〔1〕广陵:即扬州。诗题全诗校:"一作留别邯郸故人。"

〔2〕龙泉:宝剑名。

〔3〕草太玄:《汉书·扬雄传》:"哀帝时,丁、傅、董贤用事,诸附离之者,或起家至二千石。时雄方草《太玄》,有以自守,泊如也。"

〔4〕"中回"四句:概述李白供奉翰林及去朝之情状。攀龙,依附帝王以建功立业。《易·乾》:"九五,飞龙在天。"《法言·渊骞》:"攀龙鳞,附凤翼。"

〔5〕秋蝉:古人认为蝉出自土壤,升于高木之上,吟风饮露,不见其食,所以往往用它来象征高洁的品格。

〔6〕"卧海"二句:用管宁事,管宁字幼安,东汉末避乱辽东,累征不起。见《三国志·魏志·管宁传》。谢朓《郡内登望》:"言税辽东田。"不关人,谓不与人事。

〔7〕棹歌:船歌。

〔8〕"临醉"二句:用山简事,《世说新语·任诞》载,山简常酣醉,时人为之歌曰:"山公时一醉,径造高阳池。……举手问葛强,何如并州儿?"葛强,山简的爱将。

# 广陵赠别[1]

玉瓶沽美酒,数里送君还。系马垂杨下,衔杯大道间[2]。天边看绿水,海上见青山。兴罢各分袂[3],何须醉别颜?

〔1〕诗约作于开元十四年(726),时作者出蜀后初游江南。

〔2〕衔杯:谓饮酒。

〔3〕分袂:离别,分手。

# 感时留别从兄徐王延年从弟延陵[1]

天籁何参差,噫然大块吹[2]。玄元包橐籥[3],紫气何逶迤[4]!七叶运皇化[5],千龄光本支[6]。仙风生指树,大雅歌麤斯[7]。诸王若鸾虬,肃穆列藩维[8]。哲兄锡茅土,圣代罗荣滋[9]。九卿领徐方[10],七步继陈思[11]。伊昔全盛日,雄豪动京师。冠剑朝凤阙[12],楼船侍龙池[13]。鼓钟出朱

318

邸,金翠照丹墀[14]。君王一顾盼,选色献蛾眉[15]。列戟十八年[16],未曾辄迁移。大臣小喑呜,谪窜天南垂[17]。长沙不足舞[18],贝锦且成诗[19]。佐郡浙江西[20],病闲绝驱驰。阶轩日苔藓,鸟雀噪檐帷。时乘平肩舆[21],出入畏人知。北宅聊偃愒[22],欢愉恤茕嫠[23]。羞言梁苑地,烜赫耀旌旗[24]。兄弟八九人,吴秦各分离[25]。大贤达机兆[26],岂独虑安危?小子谢麟阁,雁行忝肩随[27]。令弟字延陵,凤毛出天姿[28]。清英神仙骨,芬馥苣兰蕤[29]。梦得春草句,将非惠连谁[30]?深心紫河车[31],与我特相宜。金膏犹罔象,玉液尚磷缁[32]。伏枕寄宾馆,宛同清漳湄[33]。药物多见馈,珍羞亦兼之。谁道溟渤深[34]?犹言浅恩慈。鸣蝉游子意,促织念归期[35]。骄阳何太赫[36],海水烁龙龟。百川尽凋枯,舟楫阁中逵[37]。策马摇凉月,通宵出郊坼[38]。泣别目眷眷[39],伤心步迟迟。愿言保明德,王室仁清夷[40]。掺袂何所道[41],援毫投此辞。

[1]徐王延年:唐宗室,高祖第十子徐王元礼曾孙,开元二十六年封嗣徐王,天宝时多次被贬官,至德初,为徐杭郡司马,卒。延陵为其弟。见《旧唐书·徐王元礼传》。据诗中"列戟十八年"一句推断,此诗当作于至德元载(756)。

[2]天籁:自然界的声响。大块:大地。《庄子·齐物论》:"夫大块噫气,其名为风。"

[3]玄元:指老子,唐乾封元年,追号老子为太上玄元皇帝。橐籥:冶炼时用于鼓风的器具。

[4]紫气:老子西游,关令尹望见紫气东来,果见老子乘青牛过关。见《艺文类聚》卷八七引《关令内传》。

[5]七叶:七世。唐朝从高祖至肃宗共七帝。

[6]本支:指嫡系子孙和旁支子孙。

[7]"仙风"句:《神仙传》卷一:"老子之母适至李树下而生老子,生而能言,指李树曰:'以此为我姓。'""大雅"句:《诗·周南·螽斯》:"螽斯羽,诜诜兮。宜尔子孙,振振兮。"朱熹注:"螽斯一生九十九子。"后用以形容子孙众多。

[8]鸑:凤凰一类的鸟。虬:有角的龙。藩维:屏障。

[9]哲兄:指李延年。锡茅土:指延年封嗣徐王。罗:全诗校:"一作含。"

[10]九卿:延年父璀,"开元中为宗正员外卿"。徐方:徐州。

[11]"七步"句:魏文帝令曹植七步中作诗,不成者行大法,植应声吟曰:"煮豆持作羹,漉菽以为汁。萁在釜下燃,豆在釜中泣。本自同根生,相煎何太急。"见《世说新语·文学》。

〔12〕凤阙:汉宫阙名,在建章宫之东,高二十余丈,上有铜凤凰,故名。

〔13〕龙池:《唐会要》:"开元元年内出祭龙池乐章,十六年筑坛于兴庆宫,以仲春月祭之。"

〔14〕朱邸:王侯在京师的宅第。

〔15〕蛾眉:美女,喻指美才。

〔16〕列戟:唐制,嗣王、郡王皆列戟于门。

〔17〕"大臣"二句:谓徐王被右相李林甫所奏而贬谪彭城长史。彭城在南方,故云"天南垂"。

〔18〕"长沙"句:言徐王为长史不足以展其才。汉景帝时,诸王来朝。长沙定王张袖小举手而舞,帝怪问之,对曰:"臣国小地狭,不足回旋。"帝乃以武陵、零陵、益阳益焉。事见《汉书·长沙定王发传》。

〔19〕贝锦:《诗·小雅·巷伯》:"萋兮斐兮,成是贝锦。彼潜人者,亦已大甚。"

〔20〕佐郡:指徐王为徐杭郡司马。司马为郡守之辅佐,故曰佐郡。浙江西:指徐杭郡,即杭州。

〔21〕平肩舆:轿子,亦称肩舆。

〔22〕偃愒:休养。

〔23〕茕(qióng):孤单,无兄弟。嫠:寡妇。

〔24〕梁苑:汉梁孝王在睢阳所建的园林,故址在今河南商丘东南。耀旌旗:《史记·梁孝王世家》记梁孝王建梁园,"得赐天子旌旗,出从千乘万骑",拟于天子。

〔25〕吴:指杭州。秦:指长安。

〔26〕大贤:指徐王。机兆:福祸的征兆。

〔27〕麟阁:即麒麟阁,为汉宫中阁名,是宫廷藏秘书、处贤才之所,此喻指翰林院。雁行:指兄弟之序。肩随:与人并行而略后,以表敬意。

〔28〕"凤毛"句:谓承继了先辈所遗风采。晋王敬伦(王导子劭)风姿似父,桓公(桓温)望之曰:"大奴(王劭)固自有凤毛。"见《世说新语·容止》。

〔29〕茝:香草。蕤:繁盛貌。

〔30〕"梦得"二句:用谢灵运梦见惠连而得佳句的典故,事见钟嵘《诗品》卷中引《谢氏家录》。

〔31〕紫河车:谓丹药。

〔32〕金膏、玉液:皆指仙药。罔象:仿佛。

〔33〕伏枕:指卧病。清漳湄:刘桢《赠五官中郎将》:"余婴沉痼疾,窜身清漳滨。"

〔34〕溟渤:大海。

〔35〕促织:蟋蟀的别名。

〔36〕太:全诗校:"一作火。"

320

〔37〕阁:同搁,搁浅。

〔38〕"策马"二句:王琦注:"因天旱水涸,舟揖沮阁,故策马于凉月之下,乘夜而留别也。"

〔39〕眷眷:依依不舍貌。

〔40〕清夷:清平。

〔41〕掺袂:揽持其袂,表示不忍分别。

# 别储邕之剡中[1]

借问剡中道,东南指越乡。舟从广陵去,水入会稽长[2]。竹色溪下绿,荷花镜里香。辞君向天姥[3],拂石卧秋霜。

〔1〕诗作于开元十四年(726)夏,时作者由广陵前往越州。剡中:指剡县,在今浙江嵊州市与新昌县。

〔2〕会稽:在今浙江绍兴市。

〔3〕天姥:山名,在今浙江新昌县东。

# 留别金陵诸公

海水昔飞动,三龙纷战争[1]。钟山危波澜[2],倾侧骇奔鲸。黄旗一扫荡,割壤开吴京[3]。六代更霸王,遗迹见都城[4]。至今秦淮间[5],礼乐秀群英。地扇邹鲁学[6],诗腾颜谢名[7]。五月金陵西,祖余白下亭[8]。欲寻庐峰顶,先绕汉水行[9]。香炉紫烟灭,瀑布落太清[10]。若攀星辰去,挥手缅含情。

〔1〕海水:喻指百姓。扬雄《剧秦美新》:"海水群飞。"三龙:指魏、蜀、吴三国。

〔2〕钟山:即紫金山,在江苏南京市东。

〔3〕黄旗:《宋书·符瑞志上》:"汉世术士言:黄旗紫盖见于斗、牛之间,江东有天子气。"吴京:指金陵,即今南京市。三国时吴帝孙权建都金陵。

〔4〕六代:指吴、东晋、宋、齐、梁、陈。都城:指金陵,六代均建都于此。"遗迹"句全诗校:"一作遗都见空城。"

〔5〕秦淮:秦淮河,流经金陵城入长江。

〔6〕扇:炽盛。邹鲁学:指孔孟儒学。孟子为邹人,孔子为鲁人。

〔7〕颜谢:指刘宋诗人颜延之、谢灵运。

〔8〕祖:祖饯,饯别。白下亭:驿亭名,金陵城东西各有一白下亭,此指城西的新亭。

〔9〕汉水:此指长江。

〔10〕"香炉"二句:慧远《庐山记》:"东南有香炉山,孤峰独秀起,游气笼其上,则氤氲若香烟。""西有石门,其前似双阙,壁立千余仞,而瀑布流焉。"太清,指天空。

# 口　号〔1〕

食出野田美,酒临远水倾。东流若未尽,应见别离情。

〔1〕全诗校:"一作口号留别金陵诸公。"口号:即口占,随口吟成的诗。

# 金陵酒肆留别〔1〕

风吹柳花满店香〔2〕,吴姬压酒唤客尝〔3〕。金陵子弟来相送,欲行不行各尽觞。请君试问东流水〔4〕,别意与之谁短长?

〔1〕诗作于开元十四年(726),时作者初游金陵后即将离开。

〔2〕风吹:全诗校:"一作白门。"

〔3〕吴姬:吴地酒店侍女。金陵古属吴国。压酒:新酒初熟,压糟取汁。唤:全诗校:"一作劝,一作使。"

〔4〕试问:全诗校:"一作问取。"

# 金陵白下亭留别[1]

驿亭三杨树,正当白下门。吴烟暝长条,汉水啮古根。向来送行处,回首
阻笑言。别后若见之,为余一攀翻[2]。

〔1〕诗约作于天宝八载(749),时诗人正游历江南。白下亭:驿亭名。
〔2〕攀翻:指折杨以寄托相思之情。

# 别东林寺僧[1]

东林送客处,月出白猿啼。笑别庐山远,何烦过虎溪[2]?

〔1〕东林寺:在庐山之麓,晋太元九年慧远所建。
〔2〕"笑别"二句:晋时高僧慧远居东林寺,复送客至一溪辄有虎鸣,故名其溪为
虎溪。后送客未尝过此。一日,与陶潜等共话,不觉过溪,众人大笑而别。见《莲社高
贤传》。

# 窜夜郎于乌江留别宗十六璟[1]

君家全盛日,台鼎何陆离[2]!斩鳌翼娲皇,炼石补天维[3]。一回日月顾,
三入凤皇池[4]。失势青门傍,种瓜复几时[5]?犹会众宾客,三千光路歧。
皇恩雪愤懑,松柏含荣滋[6]。我非东床人[7],令姊忝齐眉[8]。浪迹未出
世,空名动京师[9]。适遭云罗解[10],翻谪夜郎悲。拙妻莫邪剑,及此二龙
随[11]。惭君湍波苦,千里远从之[12]。白帝晓猿断,黄牛过客迟[13]。遥瞻
明月峡[14],西去益相思。

〔1〕作于乾元元年(758)。乌江:指浔阳江,在今江西九江市北。宗璟:李白妻宗氏之弟。

〔2〕台鼎:古代称三公或宰相为台鼎,言其职位显要,犹星有三台,鼎足而立。陆离:美盛貌。宗璟的祖父宗楚客在武则天和中宗时,曾三次拜相。

〔3〕翼:辅佐。娲皇:女娲,喻指武则天。《淮南子·览冥训》:"往古之时,四极废,九州裂,天不兼覆,地不周载。……于是女娲炼五色石以补苍天,断鳌足以立四极。"

〔4〕日月:喻指武则天和中宗。凤凰池:中书省的美称。"三入"句:谓三次为相。唐中书省长官,即宰相。

〔5〕"失势"二句:借秦末邵平事写宗氏之失势。邵平为秦故东陵侯,秦破,为布衣,种瓜于长安城东,事见《史记·萧相国世家》。

〔6〕"皇恩"二句:谓宗氏失势后复被起用。

〔7〕东床人:《晋书·王羲之传》载,晋太尉郗鉴命人至王家选婿,诸子侄咸自矜持,唯王羲之坦腹东床,若无其事。郗鉴即以女妻之。

〔8〕齐眉:喻夫妇和合。《后汉书·梁鸿传》:"(鸿)每归,妻为具食,不敢于鸿前仰视,举案齐眉。"

〔9〕"浪迹"二句:指李白天宝初应诏入京,供奉翰林事。

〔10〕云罗:谓罗网严密。

〔11〕"拙妻"二句:《晋书·张华传》载,雷焕在丰城县狱掘得宝剑两把,雄曰干将,雌曰莫邪,送干将与张华,留莫邪以自佩。张华被杀,失剑所在。雷焕卒后,其子持莫邪剑经延平津,剑忽跃入水中。使人没水取之,不得,但见双龙光彩照水,波浪惊沸。

〔12〕从:安旗等注:"诗题既曰留别,宗璟断不会相送千里。从疑为送,以音近而误,是宗璟远道来乌江相送也。"

〔13〕白帝:白帝城,在今重庆奉节县东。黄牛:黄牛山,在今湖北宜昌市西北八十里,亦称黄牛峡。

〔14〕明月峡:在今广元以北。因峡前南岸峭壁上有圆孔,形若满月,故名。


# 留别龚处士


龚子栖闲地,都无人世喧。柳深陶令宅[1],竹暗辟疆园[2]。我去黄牛峡,遥愁白帝猿。赠君卷葹草[3],心断竟何言。

〔1〕"柳深"句:陶渊明曾任彭泽令,宅边有五柳树。

〔2〕"竹暗"句:东晋人顾辟疆,有名园,池馆林泉之胜,号吴中第一。见《世说新语·简傲》。

〔3〕卷葹草:一名宿莽,相传此草拔心不死。

## 赠别郑判官

窜逐勿复哀[1],惭君问寒灰[2]。浮云本无意,吹落章华台[3]。远别泪空尽,长愁心已摧。二年吟泽畔,憔悴几时回[4]?

〔1〕诗作于乾元元年(758),时诗人在长流夜郎的途中。窜逐:指流放夜郎。

〔2〕寒灰:喻自己凄苦的心境与困厄的处境。

〔3〕章华台:楚灵王所筑,旧址在今湖北监利县西北。

〔4〕"二年"二句:以屈原自喻,《楚辞·渔父》:"屈原既放,游于江潭,行吟泽畔,颜色憔悴,形容枯槁。"二,全诗校:"一作三"。

## 黄鹤楼送孟浩然之广陵[1]

故人西辞黄鹤楼,烟花三月下扬州。孤帆远影碧空尽,唯见长江天际流。

〔1〕诗约作于开元十六年(728)。黄鹤楼:故址在今湖北武汉市蛇山黄鹄矶头。广陵:在今江苏扬州市,唐时为扬州广陵郡治所。

## 将游衡岳过汉阳双松亭
## 留别族弟浮屠谈皓[1]

秦欺赵氏璧,却入邯郸宫[2]。本是楚家玉,还来荆山中[3]。丹彩泻沧

325

溟<sup>[4]</sup>，精辉凌白虹。青蝇一相点<sup>[5]</sup>，流落此时同。卓绝道门秀<sup>[6]</sup>，谈玄乃支公<sup>[7]</sup>。延萝结幽居，剪竹绕芳丛。凉花拂户牖，天籁鸣虚空。忆我初来时，蒲萄开景风<sup>[8]</sup>。今兹大火落<sup>[9]</sup>，秋叶黄梧桐。水色梦沅湘，长沙去何穷<sup>[10]</sup>？寄书访衡峤<sup>[11]</sup>，但与南飞鸿。

〔1〕浮屠：即佛陀，为梵语音译。此指僧人。

〔2〕"秦欺"二句：赵有和氏璧，秦昭王遗赵王书，诈言愿以十五城易璧。蔺相如使秦，献璧，见秦王无诚意，不肯交出城池，乃设计取回宝璧，派人送回赵国。事见《史记·廉颇蔺相如列传》。

〔3〕楚家玉：和氏璧出于楚。荆山：楚山。

〔4〕丹彩：指玉的纹理光泽。泻：全诗校："一作照。"

〔5〕"青蝇"句：《埤雅·释虫》："青蝇粪尤能败物，虽玉犹不免，所谓蝇粪点玉是也。盖青蝇善乱色……故诗以青蝇刺谗。"

〔6〕道门：此指佛门。

〔7〕支公：指支遁，东晋高僧，善谈玄理，与谢安、王羲之、许询等过从甚密。

〔8〕景风：夏至后暖和之风。

〔9〕大火：即心宿二，夏夜星空中主要亮星之一。

〔10〕沅湘：沅水和湘水，二水皆流入洞庭湖。长沙：古郡名，治所在今湖南长沙。

〔11〕衡峤：衡山。

# 留别贾舍人至二首<sup>[1]</sup>

大梁白云起，飘飖来南洲。徘徊苍梧野<sup>[2]</sup>，十见罗浮秋<sup>[3]</sup>。鳌抃山海倾<sup>[4]</sup>，四溟扬洪流<sup>[5]</sup>。意欲托孤凤，从之摩天游<sup>[6]</sup>。风苦道路难，翱翔还昆丘<sup>[7]</sup>。不肯衔我去，哀鸣惭不周<sup>[8]</sup>。远客谢主人，明珠难暗投<sup>[9]</sup>。拂拭倚天剑<sup>[10]</sup>，西登岳阳楼<sup>[11]</sup>。长啸万里风，扫清胸中忧。谁念刘越石，化为绕指柔<sup>[12]</sup>。

〔1〕此诗清人王琦及今人詹锳均疑为他人之作而误入李白集中，说见王注《李太白全集》和詹著《李白诗论丛》。贾舍人：贾至。

〔2〕"大梁"三句：《艺文类聚》卷一引《归藏》："有白云出自苍梧，入于大梁。"

〔3〕罗浮：山名，在今广东省增城市东。

〔4〕鳌抃:《楚辞·天问》"鳌戴山抃"王逸注:"鳌,大龟也。击手曰抃。"《文选》张衡《思玄赋》:"登蓬莱而容与兮,鳌虽抃而不倾。"吕延济注:"巨鳌负蓬莱山,虽抃击而不倾侧。"

〔5〕四溟:四海。

〔6〕摩:迫近,接触。

〔7〕昆丘:昆仑山。

〔8〕周:王琦本作"留"。

〔9〕"明珠"句:邹阳《狱中上书自明》:"臣闻明月之珠,夜光之璧,以暗投人于道,众莫不按剑相眄者,何则? 无因而至前也。"

〔10〕倚天剑:宋玉《大言赋》:"长剑耿耿倚天外。"

〔11〕岳阳楼:岳州治所西门城楼。高三层,下瞰洞庭湖。

〔12〕刘越石:晋刘琨,字越石,其《重赠卢谌》曰:"何意百炼刚,化为绕指柔?"吕延济注:"百炼之铁坚刚,而今可绕指,自喻今破败而至柔弱也。"

秋风吹胡霜,凋此檐下芳。折芳怨岁晚,离别凄以伤。谬攀青琐贤,延我于北堂[1]。君为长沙客,我独之夜郎。劝此一杯酒,岂惟道路长? 割珠两分赠,寸心贵不忘。何必儿女仁[2],相看泪成行!

〔1〕青琐:青琐门,宫门。刻有连琐状图形,涂以青色。延:请。

〔2〕儿女仁:儿女之情。曹植《赠白马王彪》:"忧思成疾疢,无乃儿女仁。"


# 渡荆门送别[1]


渡远荆门外,来从楚国游[2]。山随平野尽,江入大荒流[3]。月下飞天镜[4],云生结海楼[5]。仍怜故乡水[6],万里送行舟。

〔1〕诗作于开元十三年(725),时作者出三峡初至江陵。荆门:山名,在今湖北宜都市西北长江南岸。

〔2〕楚国:今湖北一带地区,春秋战国时属楚。

〔3〕大荒:辽阔无边的原野。

〔4〕飞天镜:谓如飞过天空的镜子。

〔5〕结海楼:指结成海市蜃(shèn)楼。

〔6〕怜:原作"连",据王琦本改。

# 闻李太尉大举秦兵百万出征东南懦夫请缨冀申一割之用半道病还留别金陵崔侍御十九韵[1]

秦出天下兵,蹴踏燕赵倾[2]。黄河饮马竭,赤羽连天明[3]。太尉杖旄钺,云骑绕彭城[4]。三军受号令,千里肃雷霆[5]。函谷绝飞鸟,武关拥连营[6]。意在斩巨鳌,何论鲙长鲸[7]?恨无左车略,多愧鲁连生[8]。拂剑照严霜,雕戈鬘胡缨[9]。愿雪会稽耻,将期报恩荣[10]。半道谢病还[11],无因东南征。亚夫未见顾,剧孟阻先行[12]。天夺壮士心,长吁别吴京[13]。金陵遇太守,倒屣相逢迎[14]。群公咸祖饯,四座罗朝英[15]。初发临沧观,醉栖征房亭[16]。旧国见秋月[17],长江流寒声。帝车信回转[18],河汉复纵横[19]。孤凤向西海,飞鸿辞北溟[20]。因之出寥廓,挥手谢公卿[21]。

〔1〕李太尉:即李光弼。太尉,正一品,唐时为三公之一,位尊而无具体职守。上元二年(761)五月,光弼为河南副元帅、太尉兼侍中,都统河南、淮南、荆南等八道行营节度,出镇临淮。本诗即作于此年。东南:指临淮郡,即泗州,治所在今安徽泗县。请缨:自请从军。一割之用:《后汉书·班超传》载,班超曾说:"况臣奉大汉之威,而无铅刀一割之用乎?"意谓铅刀虽钝,但仍能一割。李白引此语意在说明,自己虽已衰老,但仍可为国出力。

〔2〕秦:长安,此处指唐朝廷。蹴踏:踩踏。燕赵:古燕国、赵国一带,时为安史叛军所据。

〔3〕赤羽:指饰以红色羽毛的旗。

〔4〕旄钺:旄节和斧钺。二者均为皇帝授与军事统帅,表示赐给其征讨生杀之权的信物。云骑:言兵马之多如云。骑,原作"旗",据王琦本改。彭城:即徐州。当时史朝义围宋州,光弼率兵至徐州,史朝义退走。

〔5〕"三军"二句:言李光弼治军极严。《旧唐书·李光弼传》谓李光弼"御军严肃,天下服其威名。每申号令,诸将不敢仰视"。

〔6〕函谷:函谷关。在今河南灵宝市境。武关:在今陕西丹凤县东南。

〔7〕巨鳌:喻指叛军首领。鲙:细切鱼肉。长鲸:喻一般的叛将。鲙长鲸:全诗校:"一作鲵与鲸。"

328

〔8〕左车:指李左车,秦末汉初人。据《汉书·淮阴侯列传》载,李左车有谋略,曾向赵王、成安君献计,成安君不听,而导致井陉之败。后左车为韩信所擒,韩信师事之。鲁连生:即鲁仲连。

〔9〕雕戈:镂刻花纹的平头戟。鬐胡缨:粗缨,没有文理的缨带。

〔10〕恩荣:言皇帝给自己的恩惠荣耀。

〔11〕谢病还:因病辞谢而还。

〔12〕"亚夫"二句:以亚夫喻李光弼而自比剧孟,因阻于行未能见顾深以为憾。亚夫,周亚夫,西汉名将。剧孟,西汉时洛阳人,以任侠显诸侯。

〔13〕长吁(xū):长叹。吴京:即金陵,今南京市。

〔14〕倒屣:《三国志·魏志·王粲传》:"闻粲在门,倒屣迎之。"

〔15〕祖饯:饯行。朝英:当朝的杰出人物。

〔16〕临沧观:即新亭,在今南京市南劳山上。征虏亭:东晋征虏将军谢石所建,在今南京玄武湖北。

〔17〕旧国:故都,指金陵。

〔18〕帝车:星名,即斗宿。

〔19〕河汉:指银河。

〔20〕北溟:北方的大海。以上二句谓自己如孤凤和飞鸿一样将飞向远方。

〔21〕寥廓:指广阔的天空。谢:辞别。公卿:指崔侍御等人。


# 别韦少府〔1〕


西出苍龙门〔2〕,南登白鹿原〔3〕。欲寻商山皓〔4〕,犹恋汉皇恩。水国远行迈,仙经深讨论。洗心句溪月〔5〕,清耳敬亭猿〔6〕。筑室在人境,闭关无世喧〔7〕。多君枉高驾,赠我以微言〔8〕。交乃意气合,道因风雅存。别离有相思,瑶瑟与金樽。

〔1〕诗作于天宝十二载(753),时作者在宣城。

〔2〕苍龙门:汉长安未央宫东有苍龙阙。

〔3〕白鹿原:亦称灞上,在长安东南。

〔4〕商山皓:商山四皓。

〔5〕句溪:在安徽宣城东五里,溪流回曲,形如句字,源出笼丛、天目诸山,东北流二百余里,合众流入长江。

〔6〕清耳:洁其心耳。敬亭:山名,在宣城。

〔7〕闭关:闭门。

〔8〕多:赞美。枉:屈尊。微言:精微的言论。

# 南陵别儿童入京[1]

白酒新熟山中归,黄鸡啄黍秋正肥。呼童烹鸡酌白酒,儿女嬉笑牵人衣。高歌取醉欲自慰,起舞落日争光辉[2]。游说万乘苦不早[3],著鞭跨马涉远道。会稽愚妇轻买臣[4],余亦辞家西入秦[5]。仰天大笑出门去,我辈岂是蓬蒿人[6]!

〔1〕南陵:在今安徽南陵县。天宝元年(742),唐玄宗下诏征李白入京,此为李白在南陵与家人告别时所作。

〔2〕"起舞"句:酒酣后兴致极浓,翩翩起舞,似与落日争辉。

〔3〕万乘:古代制度,天子有兵车万辆,后用作皇帝的代称。苦不早:当时李白已四十余岁,故云。

〔4〕"会稽"句:《汉书·朱买臣传》:"朱买臣……家贫,好读书,不治产业,常艾薪樵,卖以给食,担束薪,行且诵书。其妻亦负戴相随,数止买臣毋歌呕道中。买臣愈益疾歌,妻羞之,求去。买臣笑曰:'我年五十当富贵,今已四十余矣。女苦日久,待我富贵报女功。'妻恚怒曰:'如公等,终饿死沟中耳,何能富贵?'买臣不能留,即听去。"后数年,买臣往长安求仕成功,曾一度任会稽太守。

〔5〕秦:指长安。

〔6〕蓬蒿人:生活在草野间的人。

# 别 山 僧

何处名僧到水西?乘舟弄月宿泾溪[1]。平明别我上山去,手携金策踏云梯[2]。腾身转觉三天近[3],举足回看万岭低。谑浪肯居支遁下,风流还与远公齐[4]。此度别离何日见?相思一夜暝猿啼。

〔1〕水西:即水西山,在安徽泾县西五里。泾溪:水西山下临泾溪。舟:全诗校:"一作杯。"

〔2〕金策:即锡杖,杖高与眉齐,头有锡环,又叫声杖、鸣杖。

〔3〕三天:泛指高空。

〔4〕支遁:东晋高僧,善谈玄理。远公:慧远,二十一岁出家,师事道安。后入庐山,居东林寺,为净土宗初祖,事见慧皎《高僧传》。

## 赠别王山人归布山[1]

王子析道论,微言破秋毫[2]。还归布山隐,兴入天云高。尔去安可迟?瑶草恐衰歇。我心亦怀归,屡梦松上月。傲然遂独往[3],长啸开岩扉。林壑久已芜,石道生蔷薇。愿言弄笙鹤[4],岁晚来相依。

〔1〕布山:汉县名,唐曰桂平,在今广西桂平市。

〔2〕秋毫:喻事理之微细者。

〔3〕独往:指归隐。《文选》谢灵运《入华子冈是麻源第三谷》李善注:"淮南王《庄子略要》曰:'江海之上,山谷之人,轻天下细万物而独往者也。'司马彪曰:'独往任自然,不复顾世也。'"

〔4〕弄笙鹤:王子乔为周灵王太子,好吹笙,作凤凰鸣,道士浮丘公接以上嵩山。后人立祠于缑氏山与嵩山。事见《列仙传》卷上。

## 江夏别宋之悌[1]

楚水清若空[2],遥将碧海通。人分千里外,兴在一杯中。谷鸟吟晴日,江猿啸晚风。平生不下泪,于此泣无穷。

〔1〕江夏:在今湖北武汉市武昌。宋之悌:宋之问弟。开元二十二年(734)自太原尹流朱鸢,诗即是时作。

〔2〕楚水:指流经今湖北一带的江水。

# 卷十五

## 南阳送客<sup>[1]</sup>

斗酒勿为薄<sup>[2]</sup>,寸心贵不忘。坐惜故人去<sup>[3]</sup>,偏令游子伤。离颜怨芳草,春思结垂杨。挥手再三别,临歧空断肠。

〔1〕诗作于开元后期游南阳时。南阳:在今河南南阳市。
〔2〕薄:少。《古诗十九首》:"斗酒相娱乐,聊厚不为薄。"
〔3〕坐:犹深。

## 送张舍人之江东<sup>[1]</sup>

张翰江东去,正值秋风时<sup>[2]</sup>。天清一雁远,海阔孤帆迟。白日行欲暮,沧波杳难期。吴洲如见月<sup>[3]</sup>,千里幸相思。

〔1〕此首《又玄集》卷上作孟浩然诗。
〔2〕"张翰"二句:《晋书·张翰传》载,张翰仕于洛阳,因秋风起,思念家乡,遂辞职而归。
〔3〕吴洲:即今苏州市。这里泛指江东地区。

## 送王屋山人魏万还王屋<sup>[1]</sup>并序

　　王屋山人魏万。云自嵩宋沿吴相访<sup>[2]</sup>,数千里不遇,乘兴游台越,经永嘉<sup>[3]</sup>,观谢公石门<sup>[4]</sup>,后于广陵相见。美其爱文好古,浪迹方外<sup>[5]</sup>,因述其行而赠是诗<sup>[6]</sup>。

仙人东方生,浩荡弄云海。沛然乘天游,独往失所在[7]。魏侯继大名[8],本家聊摄城[9]。卷舒入元化[10],迹与古贤并[11]。十三弄文史,挥笔如振绮[12]。辩折田巴生,心齐鲁连子[13]。西涉清洛源[14],颇惊人世喧。采秀卧王屋,因窥洞天门[15]。朅来游嵩峰,羽客何双双[16]!朝携月光子,暮宿玉女窗[17]。鬼谷上窈窕,龙潭下奔潀[18]。东浮汴河水[19],访我三千里。逸兴满吴云,飘飘浙江汜[20]。挥手杭越间,樟亭望潮还[21]。涛卷海门石[22],云横天际山。白马走素车,雷奔骇心颜[23]。遥闻会稽美,且度耶溪水[24]。万壑与千岩,峥嵘镜湖里[25]。秀色不可名[26],清辉满江城。人游月边去,舟在空中行。此中久延伫,入剡寻王许[27]。笑读曹娥碑,沉吟黄绢语[28]。天台连四明,日入向国清[29]。五峰转月色[30],百里行松声。灵溪恣沿越,华顶殊超忽[31]。石梁横青天,侧足履半月[32]。忽然思永嘉,不惮海路赊[33]。挂席历海峤,回瞻赤城霞[34]。赤城渐微没,孤屿前峣兀[35]。水续万古流,亭空千霜月。缙云川谷难,石门最可观[36]。瀑布挂北斗[37],莫穷此水端。喷壁洒素雪,空濛生昼寒[38]。却思恶溪去[39],宁惧恶溪恶。咆哮七十滩,水石相喷薄[40]。路创李北海,岩开谢康乐[41]。松风和猿声,搜索连洞壑[42]。径出梅花桥,双溪纳归潮[43]。落帆金华岸,赤松若可招[44]。沈约八咏楼,城西孤岧峣[45]。岧峣四荒外,旷望群川会[46]。云卷天地开,波连浙西大[47]。乱流新安口,北指严光濑[48]。钓台碧云中,邈与苍岭对[49]。稍稍来吴都,徘徊上姑苏[50]。烟绵横九疑,漭荡见五湖[51]。目极心更远,悲歌但长吁。回桡楚江滨,挥策扬子津[52]。身著日本裘,昂藏出风尘[53]。五月造我语,知非儓儗人[54]。相逢乐无限,水石日在眼。徒干五诸侯[55],不致百金产。吾友扬子云,弦歌播清芬[56]。虽为江宁宰,好与山公群[57]。乘兴但一行[58],且知我爱君。君来几何时?仙台应有期[59]。东窗绿玉树[60],定长三五枝。至今天坛人[61],当笑尔归迟。我苦惜远别,茫然使心悲。黄河若不断,白首长相思[62]。

〔1〕诗作于天宝十三载(754),时作者在金陵。王屋:山名,在山西阳城、垣曲之间。王屋山人:魏万的别名。魏万,后改名颢。

〔2〕嵩:指嵩山。宋:宋州,治所在今河南商丘市南。

〔3〕台:台州,治所在今浙江临海市。越:越州,治所在今浙江绍兴市。永嘉:郡名,治所在今浙江温州市。

〔4〕谢公:南朝宋谢灵运,曾为永嘉太守。石门:永嘉名山,谢灵运曾在此游览咏诗,故谓之曰"谢公石门"。

〔5〕浪迹:放浪远游,没有定所。方外:世俗之外。

〔6〕序文全诗校:"一作见王屋山人魏万,云自嵩历兖,游梁入吴,计程三千里,相访不遇,因下江东,寻诸名山。往复百越,后于广陵一面。遂乘兴共过金陵。此公爱奇好古,独出物表。因述其行李,遂有此作。"

〔7〕东方生:即东方朔。《汉武内传》载:东方朔一日乘龙飞去,同时众人见其从西北冉冉上升,后大雾遮蔽,不知所往。沛然:迅疾。以上四句全诗校:"一作东方不辞家,独访紫泥海。时人少相逢,往往失所在。"

〔8〕"魏侯"句:春秋时晋献公赐毕万为魏大夫,卜偃说:"毕万之后必大。万,盈数也;魏,大名也。以是始赏,天启之矣。"事见《左传·闵公元年》。李白用此典,是说魏万姓魏名万,继承了毕万得魏地的大名。

〔9〕聊摄城:聊城即今山东聊城市,摄城即今山东茌平县。两地相邻,古称聊摄。

〔10〕卷舒:犹屈伸。元化:造化。

〔11〕迹:指魏万的行为。并:合。

〔12〕振绮:形容文章写得富有文采。

〔13〕"辩折"二句:齐之辩士田巴,"一日而服千人"。鲁仲连折之曰:"国亡在旦暮耳,先生将奈何?"田巴曰:"无奈何。"鲁仲连曰:"夫危不能为安,亡不能为存……先生之言,有似枭鸣,出声而人皆恶之,愿先生之勿复谈也。"事见《太平御览》卷四六四引《鲁连子》。此言魏万能言善辩,有鲁仲连扶危济困之志。

〔14〕清洛:即洛水,源出陕西洛南县西北。

〔15〕秀:草木之花。洞天门:相传王屋山上有仙宫洞天,号"小有清虚洞天"。

〔16〕趍来:即来。"趍"为发语词。羽客:即羽人,指道士。

〔17〕月光子:神仙名,即月光童子,传说常至嵩山。玉女窗:传说嵩山有玉女窗,汉武帝曾在窗中窥见天上玉女。

〔18〕鬼谷:在今河南登封市北,相传战国时鬼谷先生曾居此。窈窕:幽深貌。龙潭:在登封县东,九潭相接,其深莫测,又称九龙潭。潈(cóng):水汇聚称潈。

〔19〕汴水:即通济渠东段,经宋州东南流。

〔20〕汜(sì):水边。

〔21〕杭越:杭州、越州。樟亭:地名,在今杭州市南。

〔22〕海门,浙江夹岸有山,南曰龛,北曰赭,两山相对,谓之海门。

〔23〕"白马"二句:形容钱塘江潮来势凶猛,使人惊心动魄。语本枚乘《七发》:"其始起也,洪淋淋焉若白鹭之下翔。其少进也,浩浩凯凯,如素车白马,帷盖之张。……凌赤岸,篲扶桑,横奔似雷行。"

〔24〕会稽:今浙江绍兴市。且度:全诗校:"一作一弄。"耶溪:即若耶溪,在今浙江绍兴市南。

〔25〕镜湖:在今绍兴市。

〔26〕不可名:无法形容。

〔27〕剡:县名,在今浙江嵊市、新昌县一带。王许:指王羲之、许询,二人均为东晋名士,曾隐居剡中沃洲山(在今浙江新昌县)。

〔28〕"笑读"二句:《世说新语·捷悟》载,曹操与杨修过曹娥碑下,见碑阴题"黄绢幼妇外孙齑臼"八字。修解曰:"黄绢,色丝也,于字为绝;幼妇,少女也,于字为妙;外孙,女子也,于字为好;齑臼,受辛也,于字为辞。所谓'绝妙好辞'也。"

〔29〕天台:山名,在今浙江天台县北。四明:山名,在今浙江宁波西南。国清:古代著名佛寺,在天台山南麓。

〔30〕五峰:国清寺旁有八桂、灵禽、祥云、灵芝、映霞等五座山峰。

〔31〕灵溪:在天台县北十五里。淡:原作"咨",据王琦本改。沿越:顺流而渡。华顶:天台山最高峰。天台有九峰,形如莲花,华顶居九峰之中,如花心之顶,故名。超忽:远貌。

〔32〕石梁:石桥。《文选》孙绰《游天台山赋》李善注引顾恺之《启蒙记》:"天台山石桥,路径不盈尺,长数十步,步至滑,下临绝冥之涧。"侧足:形容石桥险狭,仅能侧足而行。半月:形容石桥的形状。

〔33〕赊:遥远。

〔34〕峤(qiáo):尖峭之山。赤城:山名,在浙江天台县北。山土皆赤色,状似云霞。

〔35〕孤屿:山名,在今浙江温州市北江中,有东西二峰相对峙。峣(yáo)兀:高峻貌。

〔36〕缙云:山名,在今浙江缙云县。石门:山名,在今浙江青田县西。两峰壁立,相对如门,故名。上有瀑布,高七百尺。

〔37〕挂北斗:极言瀑布之高。

〔38〕空濛:烟雨迷茫貌。

〔39〕思:全诗校:"一作寻。"恶溪:即丽水,今名好溪,源出浙江丽水市东北大瓮山。其水湍急,多险滩。

〔40〕喷薄:水流激荡,发出巨大声响。

〔41〕李北海:指曾作过北海太守的唐人李邕,他作括州刺史时,曾在此开路。诸本于此句下有李白自注:"李公邕昔为括州,开此岭路。"谢康乐:谢灵运,袭爵康乐公。灵运曾在恶溪游览题诗,其上有康乐岩。诸本于此句下有李白自注:"恶溪有谢康乐题诗处。"

〔42〕搜索:往来貌。

〔43〕径出:路出。梅花桥:浙江金华东有梅花溪,桥当在其上。双溪:一曰东港,一曰南港,两水流至金华南会合。

〔44〕金华:山名,在今浙江金华北。赤松:赤松子,古代仙人。

〔45〕八咏楼:南齐沈约任东阳太守时建。原名玄畅楼,沈约于此楼题《登台望秋月》等八首诗,后因称"八咏楼"。故址在今浙江金华市。岧峣:高貌。

〔46〕旷望:远望。

〔47〕浙西:指今浙江省浙江以西地区。

〔48〕新安口:新安江入浙江之口。新安江是浙江上游的一支,源出江西省婺源县西北率山,东南流至浙江建德市梅城入浙江。严光懒:为汉严子陵垂钓处,在浙江桐庐县西五十里。

〔49〕钓台:严子陵钓台。苍岭:即括苍山,在今浙江东南部。

〔50〕稍稍:随即。吴都:今江苏苏州市,春秋时为吴国都城。姑苏:相传为吴王阖庐或夫差所筑,故址在今江苏吴江区西南姑苏山上。

〔51〕烟绵:长远而不断之意。九疑:山名,在湖南宁远县南。漭荡:水广阔貌。五湖:即太湖。

〔52〕桡(ráo):船桨,此指船。策:马鞭。扬子津:古渡口名,在今江苏扬州市邗江区南长江边,即瓜洲渡。

〔53〕日本裘:李白自注:"裘则朝卿所赠,日本布为之。"朝卿,即晁衡,日本国人,原名阿倍仲麻吕。昂藏:气概不凡。

〔54〕造我语:前来与我谈话。佁儗(chì nǐ):痴呆、固滞貌。佁,全诗校:"一作僮。"

〔55〕干:干谒。五诸侯:即五侯,河平二年,汉成帝同日封其舅王谭等五人为侯,世称五侯。泛指权贵之家。

〔56〕扬子云:扬雄,字子云,西汉辞赋家。此借指李白友人杨利物,时杨为江宁县令。李白有《江宁宰杨利物画赞》。弦歌:指礼乐教化。子游为武城宰,孔子过,闻弦歌之声。见《论语·阳货》。

〔57〕山公:即山简,《晋书·山简传》载,山简出镇襄阳,唯酒是耽。

〔58〕但一行:指与自己一同前往江宁。

〔59〕仙台:神仙居住的地方。

〔60〕东窗:指魏万王屋山旧居。

〔61〕天坛:山名,在今河南省济源市西,为王屋山诸峰之一。

〔62〕"黄河"二句:王琦注:"此是倒装句法,谓白首相思,若黄河之水,终无断绝时耳。"

## 送当涂赵少府赴长芦<sup>[1]</sup>

我来扬都市，送客回轻舠<sup>[2]</sup>。因夸楚太子，便睹广陵涛<sup>[3]</sup>。仙尉赵家玉，英风凌四豪<sup>[4]</sup>。维舟至长芦，目送烟云高。摇扇对酒楼，持袂把蟹螯。前途倘相思，登岳一长谣。

〔1〕赵少府：赵炎，善画山水，李白又有《当涂赵炎少府粉图山水歌》。长芦：长芦镇，在唐扬州六合县南。

〔2〕扬都：即扬州。舠：小船。

〔3〕"因夸"二句：语本枚乘《七发》："楚太子有疾而吴客往问之……客曰：将以八月之望，与诸侯远方交游兄弟，并往观涛乎广陵之曲江。"

〔4〕仙尉：西汉末年，梅福为南昌尉，后弃官，得道成仙。事见《汉书·梅福传》。此指赵炎。四豪：指战国四公子，即魏信陵君、赵平原君、齐孟尝君、楚春申君。

## 送友人寻越中山水<sup>[1]</sup>

闻道稽山去，偏宜谢客才<sup>[2]</sup>。千岩泉洒落，万壑树萦回。东海横秦望，西陵绕越台<sup>[3]</sup>。湖清霜镜晓，涛白雪山来。八月枚乘笔<sup>[4]</sup>，三吴张翰杯<sup>[5]</sup>。此中多逸兴，早晚向天台。

〔1〕越中：指越州会稽郡治（今浙江绍兴市），古代越国的都城。

〔2〕稽山：即会稽山，在今浙江绍兴市东南。谢客：指谢灵运，小名客儿。

〔3〕秦望：山名，在今绍兴市东南。西陵：在今浙江萧山西，又称固陵。越台：即越王台，勾践所建，在会稽山上。

〔4〕"八月"句：用枚乘《七发》中所写八月观涛事。

〔5〕张翰杯：张翰纵酒任诞，时人号为"江东步兵"。自言"使我有身后名，不如即时一杯酒"。见《世说新语·任诞》。

# 送族弟凝之滁求婚崔氏[1]

与尔情不浅,忘筌已得鱼[2]。玉台挂宝镜[3],持此意何如? 坦腹东床下[4],由来志气疏[5]。遥知向前路,掷果定盈车[6]。

[1]滁:滁州,治所在今安徽滁州市。

[2]忘筌:《庄子·外物》:"筌者所以在鱼,得鱼而忘筌。蹄者所以在兔,得兔而忘蹄。言者所以在意,得意而忘言。"筌,捕鱼之竹器。

[3]玉台:用温峤事,温峤为刘琨长史。北征刘聪,得玉镜台一枚。后丧妇,从姑刘氏有一女,甚有姿慧,属温觅婚。温密有自婚意,乃报姑云:"已觅得婚处,门地粗可,婿身名宦,尽不减峤。"因以玉镜台为聘礼,姑大喜。既婚交礼,女笑曰:"我固疑是老奴,果如所卜。"见《世说新语·假谲》。

[4]坦腹:用王羲之事,坦腹东床,终被郗鉴选中为婚的故事。

[5]疏:放浪无拘束。

[6]"掷果"句:潘岳貌美,少时常挟弹出洛阳道,"妇人遇之者皆连手萦绕,投之以果,遂满车而归"。见《晋书·潘岳传》。

# 送友人游梅湖[1]

送君游梅湖,应见梅花发。有使寄我来[2],无令红芳歇。暂行新林浦[3],定醉金陵月。莫惜一雁书,音尘坐胡越[4]。

[1]诗作于天宝八载(749),时作者在金陵。梅湖:当在今南京市附近。

[2]"有使"句:南朝宋时,陆凯从江南寄梅花一枝,给在长安的范晔,并赠诗曰:"折梅逢驿使,寄与陇头人。江南无所有,聊赠一枝春。"见《太平御览》卷九七〇引盛弘之《荆州记》。

[3]新林浦:在今南京市西南。

[4]音尘:音讯。坐:犹"致"。胡越:胡在北,越在南,比喻间隔遥远。

# 送崔十二游天竺寺[1]

还闻天竺寺,梦想怀东越[2]。每年海树霜,桂子落秋月[3]。送君游此地,已属流芳歇。待我来岁行,相随浮溟渤[4]。

〔1〕天竺寺:在浙江杭州天竺山上,有上、中、下三寺,唐之天竺寺即下天竺寺。
〔2〕东越:指杭州。春秋时为越地而在东方,故曰东越。
〔3〕"桂子"句:王琦注:"《咸淳临安志》:旧俗所传月坠桂子,惟天竺素有之。……刺史白居易诗云:'宿因月桂落,醉为海榴开。'注云:'天竺尝有月中桂子落。'"
〔4〕溟渤:泛指大海。

# 送杨山人归天台[1]

客有思天台,东行路超忽[2]。涛落浙江秋,沙明浦阳月[3]。今游方厌楚,昨梦先归越。且尽秉烛欢,无辞凌晨发。我家小阮贤,剖竹赤城边[4]。诗人多见重,官烛未曾然[5]。兴引登山屐[6],情催泛海船。石桥如可度,携手弄云烟。

〔1〕天台:山名,在浙江天台县北。
〔2〕超忽:遥远貌。
〔3〕浦阳:水名,源出浙江浦江县西,北流入钱塘江。
〔4〕小阮:指阮籍之侄阮咸,后人谓侄曰小阮本此。这里借指李白从侄、时任杭州刺史的李良。剖竹:即分符,指出任州郡长官。赤城:山名,在今浙江天台县北。
〔5〕官烛:《太平御览》卷二五六引谢承《后汉书》:"巴祇字敬祖,为扬州刺史,在官不迎妻子……夜与士对坐暗中,不燃官烛。"
〔6〕登山屐:即谢公屐,谢灵运特制的一种木鞋,专供登山用。上山时去掉前齿,下山时去掉后齿。

# 送温处士归黄山白鹅峰旧居<sup>[1]</sup>

黄山四千仞,三十二莲峰<sup>[2]</sup>。丹崖夹石柱,菡萏金芙蓉<sup>[3]</sup>。伊昔升绝顶,下窥天目松<sup>[4]</sup>。仙人炼玉处,羽化留余踪<sup>[5]</sup>。亦闻温伯雪,独往今相逢<sup>[6]</sup>。采秀辞五岳<sup>[7]</sup>,攀岩历万重。归休白鹅岭,渴饮丹砂井<sup>[8]</sup>。凤吹我时来,云车尔当整<sup>[9]</sup>。去去陵阳东<sup>[10]</sup>,行行芳桂丛。回溪十六度,碧嶂尽晴空。他日还相访,乘桥蹑彩虹<sup>[11]</sup>。

〔1〕黄山:古称黟山,唐改黄山。在安徽省南部。白鹅峰:黄山群峰之一。

〔2〕三十二莲峰:王琦注:"诸书皆言黄山之峰三十有六,而白诗只言三十有二,盖四峰唐以前未有名也。"

〔3〕菡萏:即荷花。王琦注:"谓黄山三十二峰,皆如莲花,丹崖夹峙中,植立若柱。然其顶之圆平者,如菡萏之未舒,其顶之开敷者,如芙蓉之已秀。"

〔4〕天目:山名,在浙江临安市西北,上有两湖若左右目,故名天目。

〔5〕炼玉:指炼仙丹。羽化:指成仙而去。黄山有炼丹峰,高八百七十仞,相传浮丘公炼丹于峰顶,经八甲子,丹始成。

〔6〕温伯雪:名伯,字雪子。《庄子·田子方》载:孔子见温伯雪子而不言,子路不解,孔子说:"若夫人者,目击而道存矣,亦不可以容声矣。"李白此处借其名以喻温处士。独往:谓离群而隐居。

〔7〕采秀:采花。植物开花为秀。此指灵芝。

〔8〕丹砂井:黄山东峰下有朱砂汤泉,热可点茗,春时即色微红。

〔9〕凤吹:用仙人王子乔吹笙作凤鸣事。云车:仙人所乘。

〔10〕陵阳:即陵阳山,在安徽泾县西南。相传为陵阳子明成仙处。

〔11〕桥:指仙人桥,又名天桥、仙石桥,在炼丹台,为黄山最险之处。两峰绝处,各出峭石,彼此相抵,有若笋接,接而不合,似续若断,登者莫不叹为奇绝。

# 送方士赵叟之东平[1]

长桑晓洞视,五藏无全牛[2]。赵叟得秘诀,还从方士游。西过获麟台[3],为我吊孔丘。念别复怀古,潸然空泪流[4]。

〔1〕方士:方术之士。东平:郡名,即郓州,治所在今山东东平西北。

〔2〕长桑:长桑君,传说中的神医,曾出其怀中药与扁鹊,又悉取其禁方书与扁鹊。"扁鹊以其言饮药三十日,视见垣一方人。以此视病,尽见五藏(脏)症结。"见《史记·扁鹊传》。无全牛:语出《庄子·养生主》:"疱丁曰:始臣解牛之时,所见无非牛者。三年之后,未尝见全牛也。方今之时,臣以神遇,而不以目视。"

〔3〕获麟台:在今山东巨野县东南。即西狩获麟之所,后人于此筑台。

〔4〕潸(shān)然:泪流貌。


# 送韩准裴政孔巢父还山[1]

猎客张兔罝[2],不能挂龙虎。所以青云人,高歌在岩户[3]。韩生信英彦,裴子含清真。孔侯复秀出,俱与云霞亲。峻节凌远松,同衾卧盘石。斧冰嗽寒泉,三子同二屐[4]。时时或乘兴,往往云无心。出山揖牧伯[5],长啸轻衣簪。昨宵梦里还,云弄竹溪月。今晨鲁东门,帐饮与君别[6]。雪崖滑去马,萝径迷归人。相思若烟草,历乱无冬春[7]。

〔1〕孔巢父:冀州人,字弱翁。早勤文史,少时与韩准、裴政、李白、张叔明、陶沔隐于徂徕山,时号"竹溪六逸"。见《旧唐书·孔巢父传》。

〔2〕罝(jū):捕兽的网。

〔3〕高:全诗校:"一作浩。"岩户:指山中隐居之处。

〔4〕屐:指登山之木屐。

〔5〕揖:谓揖而不拜。牧伯:指州郡长官。

〔6〕鲁东门:指兖州城的东门。帐饮:在郊野张设帷帐,置酒送别。

〔7〕历乱:杂乱无章。

# 送杨少府赴选

大国置衡镜[1],准平天地心。群贤无邪人,朗鉴穷清深。吾君咏南风,衮冕弹鸣琴[2]。时泰多美士,京国会缨簪[3]。山苗落涧底,幽松出高岑[4]。夫子有盛才,主司得球琳[5]。流水非郑曲,前行遇知音[6]。衣工剪绮绣[7],一误伤千金。何惜刀尺余,不裁寒女衾?我非弹冠者[8],感别但开襟。空谷无白驹[9],贤人岂悲吟?大道安弃物,时来或招寻。尔见山吏部[10],当应无陆沉[11]。

〔1〕置衡镜:指铨选人才。衡可以量轻重,镜可以照美丑,衡镜指甄辨评量人才的准则。

〔2〕南风:古诗名。相传舜作五弦琴,唱《南风》歌,其词曰:"南风之薰兮,可以解吾民之愠兮。"衮冕:君主之衮衣及冠冕。

〔3〕缨簪:官员之服饰。亦指官员。

〔4〕"山苗"二句:左思《咏史》:"郁郁涧底松,离离山上苗。以彼径寸茎,荫此百尺条。"此反而用之。

〔5〕主司:主考官。球琳:美玉,喻有才德的人。

〔6〕流水:《列子·汤问》:"伯牙善鼓琴,钟子期善听。伯牙鼓琴,志在登高山,钟子期曰:'善哉,峨峨兮若泰山!'志在流水,钟子期曰:'善哉,洋洋兮若江河!'"后世因以喻高雅的乐曲或知音难得。郑曲:本指春秋、战国时郑地的音乐,音调与雅乐不同。前行:指吏部。《通典》卷二三:"尚书六曹,吏部、兵部为前行。"唐时文官的铨选,由吏部负责。

〔7〕衣工:喻主持铨选之人。剪绮绣:喻裁鉴人才。

〔8〕弹冠:指入仕。《汉书·王吉传》:"吉与贡禹为友,世称'王阳在位,贡公弹冠。'言其取舍同也。"

〔9〕"空谷"句:《诗经·小雅·白驹》:"皎皎白驹,食我场苗。"

〔10〕山吏部:即山涛,"竹林七贤"之一,晋武帝时曾任吏部尚书,官至司徒。此喻指吏部主持铨选之人。

〔12〕陆沉:谓无水而沉,喻人中隐者。引申指埋没。

# 对雪奉饯任城六父秩满归京[1]

龙虎谢鞭策,鹓鸾不司晨[2]。君看海上鹤,何似笼中鹑?独用天地心,浮云乃吾身[3]。虽将簪组狎,若与烟霞亲。季父有英风,白眉超常伦[4]。一官即梦寐,脱屣归西秦[5]。窦公敞华筵,墨客尽来臻。燕歌落胡雁,郢曲回阳春[6]。征马百度嘶,游车动行尘。踟蹰未忍去,恋此四座人。饯离驻高驾,惜别空殷勤。何时竹林下,更与步兵邻[7]?

〔1〕任城:唐县名,在今山东济宁市。

〔2〕鹓鸾:凤凰一类鸟。

〔3〕《维摩诘经》卷上:"是身如浮云,须臾变灭。"

〔4〕白眉:马良字季常,眉中有白毛。兄弟五人,皆有才名,乡里为之语曰:"马氏五常,白眉最良。"见《蜀志·马良传》。此喻指六父(六叔)。

〔5〕脱屣:脱鞋,喻看得很轻,无所留恋,多用于鄙弃名利富贵。西秦:指长安。

〔6〕燕歌:指北方之乐。郢曲:指南方之乐。王琦注:"落胡雁,谓其声之精妙,能令飞鸟感之而下集;回阳春,谓其音之美善,能令阳气应之而潜动。"

〔7〕"何时"二句:《晋书·阮咸传》:"咸任达不拘,与叔父籍为竹林之游。"步兵,指阮籍。步兵,指阮籍,此借喻六父。

# 鲁郡尧祠送吴五之琅琊[1]

尧没三千岁,青松古庙存。送行奠桂酒[2],拜舞清心魂。日色促归人,连歌倒芳樽。马嘶俱醉起,分手更何言。

〔1〕鲁郡:兖州,天宝元年改为鲁郡,治所在今山东兖州。尧祠:在兖州治所东南。琅琊:即沂州,治所在今山东临沂。

〔2〕奠:以酒洒地祭神。桂酒:用桂泡渍的酒。《楚辞·九歌·东皇太一》:"奠桂酒兮椒浆。"

# 鲁郡尧祠送窦明府薄华
## 还西京[1] 时久病初起作

朝策犁眉𫘦,举鞭力不堪[2]。强扶愁疾向何处?角巾微服尧祠南[3]。长杨扫地不见日,石门喷作金沙潭[4]。笑夸故人指绝境[5],山光水色青于蓝。庙中往往来击鼓,尧本无心尔何苦[6]?门前长跪双石人,有女如花日歌舞。银鞍绣毂往复回,簸林蹶石鸣风雷[7]。远烟空翠时明灭,白鸥历乱长飞雪[8]。红泥亭子赤栏干,碧流环转青锦湍[9]。深沉百丈洞海底[10],那知不有蛟龙蟠[11]?君不见绿珠潭水流东海[12],绿珠红粉沉光彩。绿珠楼下花满园,今日曾无一枝在。昨夜秋声阊阖来,洞庭木落骚人哀[13]。遂将三五少年辈,登高远望形神开[14]。生前一笑轻九鼎[15],魏武何悲铜雀台[16]?我歌白云倚窗牖[17],尔闻其声但挥手。长风吹月度海来,遥劝仙人一杯酒。酒中乐酣宵向分[18],举觞酹尧尧可闻[19]。何不令皋繇拥彗横八极,直上青天挥浮云[20]。高阳小饮真琐琐,山公酪酊何如我[21]!竹林七子去道赊[22],兰亭雄笔安足夸[23]?尧祠笑杀五湖水[24],至今憔悴空荷花。尔向西秦我东越,暂向瀛洲访金阙[25]。蓝田太白若可期[26],为余扫洒石上月。

〔1〕诗约作于天宝五载(746)秋,时作者寓居兖州。明府:县令别称。西京:指长安。

〔2〕犁眉𫘦(guā):黑眉的黄马。犁,通黧,黑色。𫘦,黑嘴的黄马。力不堪:力不胜任。

〔3〕角巾:隐者所戴的一种有角的头巾。微服:指家居便服。服,全诗校:"一作步。"

〔4〕石门:山名,在兖州。

〔5〕绝境:风景优美之地。

〔6〕尧本无心:指尧本无意让人祭祀。

〔7〕毂(gǔ):车轮中心插轴的部分。这里指车。簸、蹶:皆动摇之意。

〔8〕历乱:杂乱貌。

〔9〕青锦湍:似青锦之急流。

〔10〕洞:穿通。此句谓金沙潭水极深,可贯通海底。

〔11〕蟠:伏。

〔12〕绿珠:晋石崇爱妾,《晋书·石苞传》附石崇传载:崇有妓曰绿珠,美而艳。孙秀使人求之,崇不予。秀遂矫诏收崇。"崇正宴于楼上,介士到门,崇谓绿珠曰:'我今为尔得罪。'绿珠泣曰:'当效死于官前。'因自投于楼下而死。"绿珠潭:指洛阳石崇家池,池南有绿珠楼。

〔13〕阊阖:风名。《史记·律书》:"阊阖风居西方。"洞庭木落:屈原《九歌·湘夫人》:"袅袅兮秋风,洞庭波兮木叶下。"

〔14〕将:带领。形神开:身心舒畅。

〔15〕九鼎:古代传说,夏禹铸九鼎,刻九州方物于鼎上,夏、商、周三代皆奉之为传国宝,以为国家政权的象征。

〔16〕铜雀台:或称铜爵台,曹操建于建安十五年冬,故址在今河北临漳县西南。

〔17〕白云:歌名。窗牖:窗户。

〔18〕酒中:饮酒至中半。乐酣:奏乐酣畅和洽。宵向分:夜将半。

〔19〕酹(lèi):以酒沃地以祭神。

〔20〕皋繇:即皋陶,舜时掌刑狱之臣。拥彗:持帚。彗,扫帚。横八极:横扫八方极远之地。挥:全诗校:"一作扫。"

〔21〕高阳:高阳池,山简常往饮酒之处。琐琐:琐细,不足道。山公:山简,以饮酒闻名。

〔22〕竹林七子:阮籍、嵇康、山涛、刘伶、阮咸、向秀、王戎"七人常集于竹林之下,肆意酣畅,故世谓竹林七贤"(《世说新语·任诞》)。赊(shē):远。

〔23〕兰亭雄笔:指王羲之所撰并书之《兰亭集序》。《晋书·王羲之传》:"尝与同志宴集于会稽山阴之兰亭,羲之自为之序以申其志。"

〔24〕五湖:即指太湖。

〔25〕瀛洲:传说东海中三神山之一。金阙:《史记·封禅书》:"此三神山者……黄金银为宫阙。"

〔26〕蓝田:山名,在今陕西蓝田县东。太白:山名,在今陕西西安南部,是秦岭的主峰。期:约会。


# 金乡送韦八之西京[1]


客自长安来,还归长安去。狂风吹我心,西挂咸阳树[2]。此情不可道,此别何时遇？望望不见君,连山起烟雾。

〔1〕诗作于天宝四载(745),时作者在兖州。金乡:唐县名,在今山东金乡。
〔2〕咸阳:借指长安。

# 送薛九被谗去鲁

宋人不辨玉[1],鲁贱东家丘[2]。我笑薛夫子,胡为两地游？黄金消众口[3],白璧竟难投[4]。梧桐生蒺藜,绿竹乏佳实。凤凰宿谁家,遂与群鸡匹[5]。田家养老马,穷士归其门[6]。蛾眉笑躄者,宾客去平原。却斩美人首,三千还骏奔[7]。毛公一挺剑,楚赵两相存[8]。孟尝习狡兔,三窟赖冯谖[9]。信陵夺兵符,为用侯生言[10]。春申一何愚,刭首为李园[11]。贤哉四公子[12],抚掌黄泉里。借问笑何人,笑人不好士。尔去且勿喧,桃李竟何言[13]。沙丘无漂母,谁肯饭王孙[14]?

〔1〕"宋人"句:宋之愚人得燕石于梧台之东,归而藏之,以为宝。周客见之,掩口而笑曰:"此特燕石也,其与瓦甓不殊。"宋人大怒,藏之愈固。见《艺文类聚》卷六引《阚子》。
〔2〕"鲁贱"句:《文选》沈约《辩圣论》:"当仲尼在世之时,世人不言为圣人也,伐树削迹,于七十君而不一值,或以为东家丘,或以为丧家犬。"五臣注:"鲁人不识孔子圣人,乃曰:'彼东家丘者,吾知之矣。'言轻孔子也。"
〔3〕"黄金"句:《国语·周语下》:"谚曰:众心成城,众口铄金。"谓众口谗毁,虽金亦可销熔。
〔4〕"白璧"句:邹阳《狱中上书自明》:"臣闻明月之珠,夜光之璧,以暗投人于道,众莫不按剑相眄者,何则? 无因而至前也。"
〔5〕"凤凰"二句:相传凤凰非梧桐不栖,非竹实不食。
〔6〕"田家"二句:《韩诗外传》载,战国时,田子方出见老马于道,以问御者,答曰:"故公家畜也,罢而不为用,故出放也。"子方曰:"少尽其力,而老去其身,仁者不为也。"乃束帛以赎之。穷士闻之,皆归其门。
〔7〕"蛾眉"四句:《史记·平原君列传》载,平原君府第旁有一躄者,平原君美人见之大笑。躄者求见平原君:"臣愿得笑臣之头。"平原君笑着答应了,却并未杀那美人。门下宾客知道此事后,纷纷离去。平原君十分不解,门下一人对曰:"以君之不

346

杀笑躄者,以君为爱色而贱士,士即去耳。"后来平原君杀了那个美人,门客才又渐渐多了起来。蛾眉,指美女。躄(bì),瘸腿。骏奔,来得又多又快。

〔8〕毛公:平原君之门客毛遂。《史记·平原君虞卿列传》载:秦围邯郸,赵使平原君求救,合纵于楚,毛遂自请随行。至楚,与楚合纵,久谈而不决,毛遂持剑而前,对楚王说:"白起小竖子耳……兴师以与楚战,一战而举鄢郢,再战而烧夷陵……而王弗知恶焉,合从者为楚,非为赵也。"楚王点头称是,遂定纵于殿上,出兵救赵。

〔9〕"孟尝"二句:《战国策·齐策四》载:冯谖为孟尝君收债于薛,烧其债券而归。后孟尝君被废黜,归薛,民扶老携幼迎君道中。孟尝君顾谓冯谖曰:"先生所为文市义者,乃今日见之。"冯谖曰:"狡兔有三窟,仅得免其死耳!今君有一窟,未得高枕而卧也。请为君复凿二窟。"遂西游梁,说梁王遣使往聘孟尝君。梁使三返,齐王闻之,遣太傅迎孟尝君归国执政。冯谖戒孟尝君曰:"愿请先王之祭器,立宗庙于薛。"庙成,还报孟尝君曰:"三窟已就,君姑高枕为乐矣。"后孟尝君为相数十年,无纤介之祸者,冯谖之计也。

〔10〕"信陵"二句:用信陵君发兵救赵的故事,见《史记·魏公子列传》。侯生,信陵君门客侯嬴,他为信陵君出谋划策,用计获得兵权,最后解了邯郸之围。

〔11〕"春申"二句:李园阴养死士,欲杀春申君。有人劝春申君早做准备,先发制人,春申君不听。后十七日,考烈王卒,李园果然伏死士于棘门之内,刺杀了春申君。见《史记·春申君列传》。

〔12〕四公子:即平原君、信陵君、春申君、孟尝君。

〔13〕"尔去"二句:古谚曰:"桃李不言,下自成蹊。"见《史记·李将军列传》。

〔14〕沙丘:在兖州治所瑕丘县东门外。漂母饭王孙:用韩信事,韩信家贫,尝钓于城下,有一漂母见其饥,哀怜而饭之。韩信封楚王后,"召所从食漂母,赐千金"。

# 单父东楼秋夜送族弟

## 况之秦[1] <sub>时凝弟在席</sub>

尔从咸阳来[2],问我何劳苦。沐猴而冠不足言[3],身骑土牛滞东鲁[4]。况弟欲行凝弟留,孤飞一雁秦云秋[5]。坐来黄叶落四五[6],北斗已挂西城楼。丝桐感人弦亦绝[7],满堂送君皆惜别。卷帘见月清兴来,疑是山阴夜中雪[8]。明日斗酒别,惆怅清路尘[9]。遥望长安日,不见长安人。长安宫阙九天上,此地曾经为近臣[10]。一朝复一朝,发白心不改。屈原憔悴滞江潭[11],亭伯流离放辽海[12]。折翮翻飞随转蓬[13],闻弦虚坠下霜空[14]。圣朝久弃青云士,他日谁怜张长公[15]?

〔1〕诗约作于天宝四载(745),时李白离开长安正在东鲁一带漫游。单父:唐县名,在今山东单县。秦指长安。况:原作沈,据宋本改。诗中同。

〔2〕咸阳:指长安。

〔3〕沐猴而冠:《汉书·伍被传》:"(蓼太子)以为汉廷公卿列侯皆如沐猴而冠耳。"言猴子戴上人的帽子,徒似人形。沐猴,猕猴。

〔4〕身骑土牛:三国时,州泰对钟繇说:"君名公之子,少有文采,故守吏职,猕猴骑土牛,又何迟也。"事见《三国志·魏志·邓艾传》注引《世说》。此指在政治上不得意。东鲁:指今山东曲阜一带。

〔5〕一雁:指李况。

〔6〕坐来:正当其时。

〔7〕丝桐:指琴。弦:琴弦。绝:中断。

〔8〕山阴夜中雪:用王子猷雪夜访友的典故。

〔9〕清路尘:语本曹植《七哀诗》:"君若清路尘,妾若浊水泥。浮沉各异势,会合何时谐?"

〔10〕为近臣:指自己曾供奉翰林。

〔11〕"屈原"句:据《楚辞·渔父》载,屈原被放逐后,"游于江潭,行吟泽畔,颜色憔悴,形容枯槁"。

〔12〕"亭伯"句:东汉崔骃,字亭伯,任权臣窦宪的主簿,因敢于指出窦宪的短处而被贬为长岑县长。骃自以为远去不得意,遂不之官而归。见《后汉书·崔骃传》。辽海:指地处辽河流域的长岑(今辽宁省沈阳市东)。

〔13〕翮(hé):鸟羽上的茎。折翮,喻不得志。

〔14〕闻弦虚坠:用战国更羸事。《战国策·楚策》载,有一次更羸为魏王引弓虚发而下雁,王惊问其故,更羸对曰:"其飞徐,而鸣悲。飞徐者,故疮痛也;鸣悲者,久失群也;故疮未息,而惊心未去也,闻弦音引而高飞,故疮陨也。"

〔15〕青云士:德才高尚之士。张长公:西汉张挚,字长公,官至大夫而被罢免,"以不能取容当世,故终身不仕"。

# 送族弟凝至晏堌 〔1〕 单父三十里

雪满原野白,戎装出盘游 〔2〕 。挥鞭布猎骑,四顾登高丘。兔起马足间,苍鹰下平畴 〔3〕 。喧呼相驰逐,取乐销人忧。舍此戒禽荒,征声列齐讴 〔4〕 。鸣鸡发晏堌,别雁惊涞沟 〔5〕 。西行有东音 〔6〕 ,寄与长河流。

〔1〕晏堌:在今山东单县一带。

〔2〕盘游:游乐。

〔3〕畴:农田。

〔4〕禽荒:沉迷于田猎。征声:招歌者唱歌。征,原作"微",据王琦本改。齐讴:齐地歌谣。

〔5〕涞沟:即涞河,在单县东门外。

〔6〕东音:东方的音乐,即齐讴。

# 鲁城北郭曲腰桑下送张子还嵩阳[1]

送别枯桑下,凋叶落半空。我行懜道远,尔独知天风[2]。谁念张仲蔚[3],还依蒿与蓬?何时一杯酒,更与李膺同[4]?

〔1〕嵩阳:嵩山之南。

〔2〕懜(měng):无知貌。知天风:语本古乐府《饮马长城窟行》:"枯桑知天风,海水知天寒。"

〔3〕张仲蔚:东汉高士,博学善文,隐身不仕,"闭门养性,不治荣名,时人莫识"。见皇甫谧《高士传》。此喻指张子。

〔4〕李膺:东汉桓帝时累官至司隶校尉。当时宦官当权,社会政治黑暗、混乱,李膺与太学生首领郭泰、名士范滂等相结交,一起议论朝政,抨击宦官。延熹九年(166),宦官集团诬其结党"诽讪朝廷",桓帝下令"逮逋党人",收执李膺等共二百余人。翌年,皆赦归乡里,禁锢终身。灵帝即位,外戚窦武执掌朝政,交结鲠直派官僚陈蕃谋诛宦官,起用李膺为长乐少府。后事败,窦、陈及李膺等一百余"党人"都被宦官杀害。事见《后汉书·党锢列传》。

# 卷十六

## 送鲁郡刘长史迁弘农长史[1]

鲁国一杯水,难容横海鳞[2]。仲尼且不敬[3],况乃寻常人。白玉换斗粟,黄金买尺薪。闭门木叶下,始觉秋非春[4]。闻君向西迁,地即鼎湖邻[5]。宝镜匣苍藓,丹经埋素尘[6]。轩后上天时,攀龙遗小臣[7]。及此留惠爱,庶几风化淳。鲁缟如白烟,五缣不成束[8]。临行赠贫交,一尺重山岳。相国齐晏子,赠行不及言[9]。托阴当树李[10],忘忧当树萱[11]。他日见张禄,绨袍怀旧恩[12]。

〔1〕弘农:虢州,天宝元年改为弘农郡,治所在今河南灵宝市西南。

〔2〕横海鳞:巨鲸。

〔3〕"仲尼"句:《文选》沈约《辩圣论》:"当仲尼在世之时,世人不言为圣人也,伐树削迹,于七十君而不一值,或以为东家丘,或以为丧家狗。"

〔4〕"白玉"四句:言己历抵诸侯,却极不称意。

〔5〕鼎湖:《史记·封禅书》说黄帝铸鼎于荆山下,有龙垂胡髯迎黄帝上天,因名其处为鼎湖。

〔6〕宝镜:黄帝所用之镜。相传黄帝铸十五镜。丹经:传说黄帝曾登王屋山授丹经。

〔7〕"轩后"二句:传说黄帝荆山铸鼎成,有龙下迎,帝乘之升天,群官随。上者七十余人。余小臣不得上,乃攀龙髯。事见《史记·封禅书》。轩后,即黄帝。

〔8〕鲁缟:鲁地生产的白绢。缣:细绢。不成束:唐制,帛以十端为束,今只五匹,故云"不成束"。

〔9〕"相国"二句:《晏子春秋·内篇杂上》:"曾子将行,晏子送之曰:'君子赠人以轩,不若以言,吾请以言乎,以轩乎?'曾子曰:'请以言。'"

〔10〕"托阴"句:《韩诗外传》卷七:"夫春树桃李,夏得阴其下,秋得食其实。"

〔11〕"忘忧"句:《诗·卫风·伯兮》:"焉得谖草,言树之背。"毛传:"谖草令人忘忧。背,北堂也。"谖,同萱。

〔12〕"他日"二句:《史记·范雎蔡泽列传》载:魏中大夫须贾使齐,范雎从。贾疑

范雎通齐,魏相使人笞之,几死。后逃入秦国,为秦相,号曰张禄,而魏不知。魏闻秦将东伐韩魏,遣须贾使秦。范雎闻之,敝衣微行见须贾,须贾怜之,取一绨(厚缯)袍赐雎。后知张禄即范雎,大恐。范雎数其罪当死,然"以绨袍恋恋有故人之意",故赦之。

# 送族弟单父主簿凝摄宋城主簿至郭南月桥却回栖霞山留饮赠之[1]

吾家青萍剑,操割有余闲[2]。往来纠二邑[3],此去何时还?鞍马月桥南,光辉歧路间。贤豪相追饯,却到栖霞山。群花散芳园,斗酒开离颜。乐酣相顾起,征马无由攀[4]。

〔1〕单父:宋州属县。宋城:唐宋州治所,在今河南商丘。摄:代理。月桥:在单父城南。栖霞山:在单父东四里,相传梁孝王曾来此游赏。

〔2〕青萍:宝剑名。操割:喻处理公务。

〔3〕纠:督察。二邑:指单父和宋城。

〔4〕攀:牵挽使留之意。

# 鲁郡东石门送杜二甫[1]

醉别复几日,登临遍池台。何时石门路,重有金樽开[2]? 秋波落泗水[3],海色明徂徕[4]。飞蓬各自远,且尽手中杯。

〔1〕诗作于天宝四载(745)秋,时作者在兖州。石门:山名,在今山东曲阜东北,山有石峡对峙如门,故名。杜二甫:杜甫,唐代著名诗人。

〔2〕开:设。

〔3〕泗水:源出山东泗水县陪尾山,西流经曲阜、兖州。

〔4〕徂徕:山名,在今山东泰安东南。

# 鲁郡尧祠送张十四游河北<sup>[1]</sup>

猛虎伏尺草,虽藏难蔽身。有如张公子,肮脏在风尘<sup>[2]</sup>。岂无横腰剑,屈
彼淮阴人<sup>[3]</sup>。击筑向北燕<sup>[4]</sup>,燕歌易水滨<sup>[5]</sup>。归来泰山上,当与尔为邻。

〔1〕鲁郡:即兖州,州治在今山东省兖州市。尧祠,在兖州南。张十四:《全唐诗
人名考证》谓即张谓,其游河北约在开元二十五年。河北:唐河北道,即古幽、冀二州
之境,有孟、怀、魏、博等二十九州。

〔2〕肮脏:高亢刚直貌。

〔3〕"屈彼"句:用韩信忍受胯下之辱的故事。见《史记·淮阴侯列传》。淮阴,汉
代县名,故城在今江苏省淮阴南。

〔4〕"击筑"句:用荆轲与高渐离事,《史记·刺客列传》载,荆轲到燕国后,"日与
狗屠及高渐离饮于燕市,酒酣以往,高渐离击筑,荆轲和而歌于市中,相乐也,已而相
泣,旁若无人者"。

〔5〕"燕歌"句:战国时,燕太子丹遣荆轲入秦谋刺秦王,众皆白衣冠以送之。至
易水上,高渐离击筑,荆轲和而歌曰:"风萧萧兮易水寒,壮士一去兮不复还!"复为慷
慨羽声,"士皆瞋目,发尽上指冠"。事见《战国策·燕策三》。

# 杭州送裴大泽赴庐州长史<sup>[1]</sup>

西江天柱远<sup>[2]</sup>,东越海门深<sup>[3]</sup>。去割慈亲恋,行忧报国心。好风吹落日,
流水引长吟。五月披裘者,应知不取金<sup>[4]</sup>。

〔1〕庐州:治所在今安徽合肥市。王琦本"赴"上多一"时"字。

〔2〕天柱:山名,在今安徽潜山县西北。

〔3〕海门:钱塘江入海口,其地有二山,对峙于江之南北。

〔4〕"五月"二句:《论衡·书虚》:"延陵季子出游,见路有遗金。当夏五月,有披
裘而薪者。季子呼薪曰:'取彼地金来!'薪者投镰于地,瞋目拂手而言曰:'何子居

352

之高,视之下,仪貌之壮,语言之野也! 吾当夏五月,披裘而薪,岂取金者哉?'"

# 灞陵行送别[1]

送君灞陵亭,灞水流浩浩[2]。上有无花之古树,下有伤心之春草。我向秦人问路歧,云是王粲南登之古道[3]。古道连绵走西京,紫阙落日浮云生[4]。正当今夕断肠处,骊歌愁绝不忍听[5]。

〔1〕诗作于天宝三载(744),时作者在长安。
〔2〕灞陵亭:在长安东灞水之滨,为古人饯别之地。灞水:源出陕西蓝田县东,北流入渭。
〔3〕路歧:即歧路,岔路。王粲:东汉末年人,献帝初因长安扰乱而南奔荆州,其《七哀诗》描写离开长安南奔情景,中有"南登灞陵岸,回首望长安"之句。
〔4〕紫阙:紫宫,皇宫。浮云:喻指朝中奸臣。
〔5〕骊歌:告别之歌。《汉书·王式传》:"客歌《骊驹》,主人歌《客毋庸归》。"注引文颖曰:"其辞云:骊驹在门,仆夫具存。骊驹在路,仆夫整驾。"骊驹,即骊歌。原作"黄鹂",校云:"一作骊歌。"据改。

# 送贺监归四明应制[1]

久辞荣禄遂初衣,曾向长生说息机[2]。真诀自从茅氏得[3],恩波宁阻洞庭归[4]。瑶台含雾星辰满[5],仙峤浮空岛屿微[6]。借问欲栖珠树鹤[7],何年却向帝城飞[8]?

〔1〕贺监:贺知章,字季真,曾任太子宾客,兼秘书监,后上疏请求还乡为道士,诏赐镜湖剡川一曲。四明,四明山,在浙江嵊州市东。
〔2〕初衣:初服,指未仕时的服装。息机:摆脱世俗事务。
〔3〕茅氏:即茅盈,西汉人,相传后得道成仙。见《史记·秦始皇本纪》《集解》引《太原真人茅盈内纪》。

〔4〕洞庭:太湖的别称。《吴地记》引《扬州记》:"太湖一名震泽,一名洞庭。"宁阳:全诗校:"一作应许。"

〔5〕瑶台:神仙所居之地。

〔6〕仙峤:尖而高的仙山。浮空:谓海中仙山随波浮动。

〔7〕珠树:传说昆仑仙境有珠树。鹤:传说苏仙公得道成仙后,尝化为白鹤来归,见《神仙传》卷九。

〔8〕帝城:指长安。

# 送窦司马贬宜春〔1〕

天马白银鞍〔2〕,亲承明主欢。斗鸡金宫里,射雁碧云端。堂上罗中贵,歌钟清夜阑〔3〕。何言谪南国〔4〕,拂剑坐长叹。赵璧为谁点〔5〕,隋珠枉被弹〔6〕。圣朝多雨露,莫厌此行难。

〔1〕宜春:即袁州,治所在今江西宜春。司马:郡守佐吏。

〔2〕天马:骏马。

〔3〕中贵:宦官。歌钟:古代打击乐器,即编钟。

〔4〕言:料。南国:指宜春。

〔5〕"赵璧"句:《埤雅·释虫》:"青蝇粪尤能败物,虽玉犹不免,所谓蝇粪点玉也。盖青蝇善乱色……故诗以青蝇刺谗。"赵璧,即和氏璧。

〔6〕"隋珠"句:《庄子·让王》:"以隋侯之珠,弹千仞之雀,世必笑之。"

# 送羽林陶将军〔1〕

将军出使拥楼船,江上旌旗拂紫烟。万里横戈探虎穴〔2〕,三杯拔剑舞龙泉〔3〕。莫道词人无胆气,临行将赠绕朝鞭〔4〕。

〔1〕羽林:禁军名。唐有左右羽林军,各置大将军、将军等。

〔2〕探虎穴:《三国志·吴志·吕蒙传》:"不探虎穴,安得虎子?"

〔3〕龙泉:宝剑名。

〔4〕绕朝鞭:《左传·文公十三年》载,士会归晋,临行,秦大夫"绕朝赠之以策,曰:'子无谓秦无人,吾谋适不用也。'"

# 送程刘二侍御兼独孤判官
# 赴安西幕府<sup>〔1〕</sup>

安西幕府多材雄,喧喧惟道三数公<sup>〔2〕</sup>。绣衣貂裘明积雪,飞书走檄如飘风<sup>〔3〕</sup>。朝辞明主出紫宫,银鞍送别金城空<sup>〔4〕</sup>。天外飞霜下葱海<sup>〔5〕</sup>,火旗云马生光彩<sup>〔6〕</sup>。胡塞清尘几日归<sup>〔7〕</sup>,汉家草绿遥相待。

〔1〕程刘二侍御、独孤判官:据《旧唐书·封常清传》载,夫蒙灵警为安西节度使时(在开元二十九年至天宝六载),麾下有"判官刘眺、独孤峻",或即其人。程则无考。侍御,原作"侍郎",据王琦本改。判官,节度使僚属。安西:安西节度,治所在今新疆库车。

〔2〕喧喧:声名显著。

〔3〕绣衣:指御史。《汉书·百官公卿表上》:"侍御史有绣衣直指,出讨奸猾,治大狱。武帝所制,不常置。"颜注:"衣以绣者,尊宠之也。"飞书走檄:谓草拟军中文书之敏疾。

〔4〕紫宫:指皇宫。金城:指长安。

〔5〕葱海:指葱岭一带。

〔6〕火旗:指旗红似火。云马:指马多如云。

〔7〕胡塞清尘:指边塞安定。王琦本作"胡塞尘清"。几:王琦本作"计"。

# 送侄良携二妓赴会稽戏有此赠

携妓东山去<sup>〔1〕</sup>,春光半道催。遥看若桃李,双入镜中开<sup>〔2〕</sup>。

〔1〕"携妓"句:谢安隐居东山时,畜妓,携以游玩。见《世说新语·识鉴》。

〔2〕镜中:山阴南湖"白水翠岩互相映发,若镜若图,故王逸少(羲之)云:山阴路上行,如在镜中游"。见《初学记》引《舆地志》。山阴,唐越州会稽郡治所。

# 送贺宾客归越[1]

镜湖流水漾清波[2],狂客归舟逸兴多[3]。山阴道士如相见,应写黄庭换白鹅[4]。

〔1〕诗作于天宝三载(744)正月,时作者在长安供奉翰林。贺宾客:贺知章,贺归乡时官太子宾客。

〔2〕镜湖:即鉴湖,在今浙江绍兴西南。

〔3〕狂客:贺知章自号"四明狂客"。

〔4〕"山阴"二句:《太平御览》卷二三八引何法盛《晋中兴书》:"山阴有道士养群鹅,(王)羲之意甚悦,道士云:'为写《黄庭经》,当举群相赠。'乃为写讫,笼鹅而去。"按:贺知章工草隶,故以羲之为喻。

# 送张遥之寿阳幕府[1]

寿阳信天险,天险横荆关。苻坚百万众,遥阻八公山[2]。不假筑长城,大贤在其间[3]。战夫若熊虎[4],破敌有余闲。张子勇且英,少轻卫霍孱[5]。投躯紫髯将[6],千里望风颜。勖尔效才略[7],功成衣锦还[8]。

〔1〕寿阳:即寿春,东晋时尝改为寿阳。唐寿州寿春郡,治寿春,即今安徽寿县。

〔2〕"苻坚"二句:《晋书·苻坚载记》载,淝水之战时,苻坚望见八公山上草木,以为皆为伏兵。八公山,在寿州寿春县北四里。

〔3〕假:借助。大贤:指谢安,他是淝水之战中晋军的主帅。

〔4〕战夫:士兵。

〔5〕卫:卫青。霍:霍去病。二人均为汉代名将。孱:懦弱。

〔6〕紫髯将:指孙权。《三国志·吴志·孙权传》裴注引《献帝春秋》:"张辽问吴

降人:'向有紫髯将军,长上短下,便马善射,是谁?'降人答曰:'是孙会稽。'"此指寿阳军的主将。

〔7〕勖(xù):勉励。

〔8〕衣锦还:《南史·柳庆远传》:"出为雍州刺史,加都督。(梁武)帝饯于新亭,谓曰:'卿衣锦还乡,朕无西顾忧矣。'"


# 送裴十八图南归嵩山二首

何处可为别,长安青绮门[1]。胡姬招素手,延客醉金樽[2]。临当上马时,我独与君言。风吹芳兰折,日没鸟雀喧[3]。举手指飞鸿,此情难具论[4]。同归无早晚,颍水有清源[5]。

〔1〕诗作于天宝三载(744),时李白居翰林。青绮门:即青门,又叫霸城门,乃长安城东出南头第一门,色青,故称。见《三辅黄图》卷一。

〔2〕延:全诗校:"一作留。"

〔3〕"风吹"二句:王琦注:"'风吹芳兰折',喻君子被抑不得伸其志也。'日没鸟雀喧',喻君暗而谗言竞作也。"

〔4〕飞鸿:晋郭瑀隐于山中,张天锡遣使征之,他指着飞鸿对使者说:"此鸟也安可笼哉!"遂深逃绝迹。见《晋书·郭瑀传》。难具论:难以一一叙说。

〔5〕"颍水"句:相传尧欲让天下于许由,许由便逃到箕山之下、颍水之阳隐居。事见《吕氏春秋·求人》。

君思颍水绿,忽复归嵩岑[1]。归时莫洗耳[2],为我洗其心。洗心得真情,洗耳徒买名[3]。谢公终一起,相与济苍生[4]。

〔1〕嵩岑:即嵩山。

〔2〕洗耳:用许由事,皇甫谧《高士传》卷上:"尧又召为九州长,由不欲闻之,洗耳于颍水滨。"

〔3〕买名:《史记·伯夷列传》正义引《高士传》载:巢父见许由洗耳于颍水,曰:"子若处高岸深谷,人道不通,谁能见子?子故浮游,欲闻求其名誉。"

〔4〕"谢公"二句:《世说新语·排调》载,晋谢安隐居东山,朝命屡降而不动,后出

357

为桓温司马,将发新亭,朝士咸出瞻送。中丞高灵戏曰:"卿屡违朝旨,高卧东山,诸人每相与言:'安石(谢安字)不肯出,将如苍生何!'今亦苍生将如卿何?"谢安笑而不答。后安官至宰相。

## 同王昌龄送族弟襄归桂阳二首[1]

秦地见碧草,楚谣对清樽。把酒尔何思,鹧鸪啼南园。余欲罗浮隐[2],犹怀明主恩。踌躇紫宫恋[3],孤负沧洲言[4]。终然无心云,海上同飞翻。相期乃不浅,幽桂有芳根[5]。

〔1〕王昌龄:唐代诗人。桂阳:唐郴州,天宝元年改为桂阳郡,治所在今湖南郴州市。诗题全诗校:"一作同王昌龄崔国辅送李舟归郴州。"
〔2〕罗浮:山名,在今广东增城市东。
〔3〕紫宫:指皇宫。
〔4〕沧洲:泛指隐士居处。
〔5〕幽桂:《楚辞·招隐士》:"桂树丛生兮山之幽。"

尔家何在潇湘川[1],青莎白石长江边[2]。昨梦江花照江日[3],几枝正发东窗前。觉来欲往心悠然,魂随越鸟飞南天。秦云连山海相接,桂水横烟不可涉[4]。送君此去令人愁,风帆茫茫隔河洲。春潭琼草绿可折,西寄长安明月楼。

〔1〕潇湘:指湘江。
〔2〕青莎(suō):莎草,多年生草本植物,多生在潮湿地区或河边沙地上。江:原作"沙",据王琦本改。
〔3〕日:全诗校:"一作月。"
〔4〕桂水:源出郴州桂东县小桂山,下流合于耒水,至衡州府城北与潇湘合流。

## 送外甥郑灌从军三首

六博争雄好彩来,金盘一掷万人开[1]。丈夫赌命报天子,当斩胡头衣锦回[2]。

〔1〕“六博”二句：以博戏喻疆场立功。六博，古博戏名。

〔2〕衣锦回：衣锦还乡。

丈八蛇矛出陇西[1]，弯弧拂箭白猿啼[2]。破胡必用龙韬策[3]，积甲应将熊耳齐[4]。

〔1〕丈八蛇矛：《晋书·刘曜载记》载陈安死后，陇上歌之曰：“陇上壮士有陈安……丈八蛇矛左右盘，十荡十决无当前。”

〔2〕“弯弧”句：用养由基事，《淮南子·说山训》：“楚王有白猿，王自射之，则搏矢而熙。使养由基射之，始调弓娇矢，未发，则猿拥柱号矣。”

〔3〕龙韬：中国古代兵书《六韬》之一，相传为周代吕望（姜太公）所作。

〔4〕“积甲”句：《后汉书·刘盆子传》载：赤眉首领樊崇携刘盆子降光武帝时，“积兵甲宜阳城西，与熊耳山齐”。

月蚀西方破敌时，及瓜归日未应迟[1]。斩胡血变黄河水，枭首当悬白鹊旗[2]。

〔1〕及瓜：《左传·庄公八年》：“齐侯使连称管至父戍葵丘，瓜时而往，曰：‘及瓜而代。’”意谓瓜熟时赴戍，到明年瓜熟时派人接替。

〔2〕白鹊旗：瞿、朱注：“《唐六典》有白泽旗，鹊或即泽之误。”

## 送于十八应四子举落第还嵩山[1]

吾祖吹橐籥，天人信森罗[2]。归根复太素，群动熙元和[3]。炎炎四真人，摛辩若涛波[4]。交流无时寂，杨墨日成科[5]。夫子闻洛诵[6]，夸才才固多。为金好踊跃[7]，久客方蹉跎。道可束卖之，五宝溢山河[8]。劝君还嵩丘，开酌盼庭柯[9]。三花如未落[10]，乘兴一来过。

〔1〕四子举：《通典》卷一五载，唐开元二十九年始置道举，举送课试与明经同。“京都各百人，诸州无常员，习老、庄、文、列，谓之四子”。

〔2〕橐籥:冶炼时用以鼓风的器具。《老子》"天地之间,其犹橐籥乎,虚而不屈,动而愈出"。老子姓李,故谓之"吾祖"。天人:得道之人。森罗:众多。

〔3〕归根:返归其本性。太素:《列子·天瑞》:"太素者,质之始也。"熙:嬉,乐。元和:阴阳和合。

〔4〕炎炎:美盛貌。四真人:天宝元年,尊庄子为南华真人,文子为通玄真人,列子为冲虚真人,庚桑子为洞虚真人。见《旧唐书·玄宗纪》。摛辩:铺张辞藻进行辩论。

〔5〕杨墨:前人疑当作"副墨"。副墨,谓文学翰墨,此指四子之书。科:考试的科目。

〔6〕洛诵:反复背诵。《庄子·大宗师》:"副墨之子,闻诸洛诵之孙。"

〔7〕"为金"句:《庄子·大宗师》:"今之大冶铸金,金踊跃曰:'我且必为镆铘。'大冶必以为不祥之金。"

〔8〕五宝:《逸周书》卷一:"德有五宝。"

〔9〕盼庭柯:陶渊明《归去来兮辞》:"引壶觞以自酌,眄庭柯以怡颜。"

〔10〕三花:王琦注:"三花树即贝多树也。《齐民要术》:《嵩山记》曰:嵩寺中忽有思惟树,即贝多也。昔有人坐贝多树下思惟,因以名焉。汉道士从外国来,将子于西山脚下种,极高大,今有四树,一年三花。"


# 送　别[1]


浔阳五溪水,沿洄直入巫山里[2]。胜境由来人共传,君到南中自称美[3]。送君别有八月秋,飒飒芦花复益愁。云帆望远不相见,日暮长江空自流。


〔1〕诗约作于天宝九载(750),时诗人游浔阳。
〔2〕沿洄:回旋往返。
〔3〕南中:指蜀中地区。


# 送族弟绾从军安西[1]


汉家兵马乘北风,鼓行而西破犬戎[2]。尔随汉将出门去,剪虏若草收奇功[3]。君王按剑望边色[4],旄头已落胡天空[5]。匈奴系颈数应尽,明年应入蒲萄宫[6]。

〔1〕安西:唐设安西都护府,治所庄新疆库车。

〔2〕鼓行:军队击鼓前进。《汉书·项籍传》:"我引兵鼓行而西,必举秦矣。"犬戎:指西域少数民族。

〔3〕虏:敌兵。

〔4〕色:全诗校:"一作邑。"

〔5〕旄头:星名,二十八宿之一。《汉书·天文志》:"昴曰旄头,胡星也。"此星为胡人的象征。旄头落,谓胡人败亡。

〔6〕系颈:指降服。数:天数。蒲萄宫:《汉书·匈奴传下》:"元寿二年,单于来朝。上以太岁厌胜所在,舍之上林苑蒲陶宫。"

# 送梁公昌从信安王北征[1]

入幕推英选,捐书事远戎[2]。高谈百战术,郁作万夫雄。起舞莲花剑,行歌明月弓[3]。将飞天地阵,兵出塞垣通。祖席留丹景,征麾拂彩虹[4]。旋应献凯入,麟阁伫深功[5]。

〔1〕信安王:李祎,唐太宗子吴王恪之孙。北征:开元二十年,以信安郡王祎为河东、河北两道行军副大总管,率兵讨契丹。三月,李祎大破奚、契丹于幽州之北山。见《旧唐书·玄宗纪》。题中原无"王"字,据王琦本补。

〔2〕捐:弃。

〔3〕莲花剑:剑把刻作未开之莲花形状的剑。明月弓:弓形如月,故云。

〔4〕祖席:饯别的宴席。丹景:指太阳。麾:旌旗。

〔5〕"麟阁"句:在汉未央宫内。汉宣帝甘露二年,画功臣霍光、张安世、苏武等十一人图像于阁上。见《汉书·苏武传》。

# 送白利从金吾董将军西征[1]

西羌延国讨,白起佐军威[2]。剑决浮云气[3],弓弯明月辉。马行边草绿,旌卷曙霜飞。抗手凛相顾,寒风生铁衣[4]。

〔1〕金吾:《新唐书·百官志》:"左右金吾卫,上将军各一人,大将军各一人,将军各二人。"

〔2〕西羌:指吐蕃。延:招致。白起:战国时秦之名将,见《史记·白起王翦列传》有传。此借指白利。

〔3〕"剑决"句:《庄子·说剑》:谓天子之剑,"上决浮云,下绝地纪。此剑一用,匡诸侯,天下服矣"。

〔4〕抗手:举手。铁衣:铁甲。

# 送张秀才从军[1]

六驳食猛虎[2],耻从驽马群。一朝长鸣去,矫若龙行云[3]。壮士怀远略,志存解世纷。周粟犹不顾[4],齐珪安肯分[5]?抱剑辞高堂,将投霍冠军[6]。长策扫河洛,宁亲归汝坟[7]。当令千古后,麟阁著奇勋。

〔1〕秀才:唐代进士的通称。

〔2〕驳:兽名,《尔雅·释畜》:"驳如马,倨牙,食虎豹。"

〔3〕矫:高举。

〔4〕周粟:用伯夷、叔齐义不食周粟之事。

〔5〕"齐珪"句:用鲁仲连助齐收复聊城,辞爵而逃隐于海上的故事。

〔6〕霍冠军:指西汉名将霍去病,他曾被封为冠军侯。此处借指唐军将领。"霍"原作"崔",据王琦本改。

〔7〕汝坟:汝水之滨。

# 送崔度还吴度,故人礼部员外国辅之子[1]

幽燕沙雪地[2],万里尽黄云。朝吹归秋雁,南飞日几群。中有孤凤雏[3],哀鸣九天闻。我乃重此鸟,彩章五色分。胡为杂凡禽,鸡鹜轻贱君[4]。举手捧尔足,疾心若火焚。拂羽泪满面,送之吴江濆[5]。去影忽不见,踌躇日将曛[6]。

〔1〕诗作于天宝十一载(752)冬,时李白初至幽燕。国辅:原作"辅国",据王琦本改。崔国辅,唐代诗人。
〔2〕幽燕:指今北京市、河北北部及辽宁一带,古属幽州,战国时属燕国,故称幽燕。
〔3〕孤凤雏:喻指崔度。
〔4〕鸡:原作"雏",据王琦本改。
〔5〕濆:水边。
〔6〕曛:昏暗。

## 送祝八之江东赋得浣纱石[1]

西施越溪女,明艳光云海[2]。未入吴王宫殿时,浣纱古石今犹在。桃李新开映古查[3],菖蒲犹短出平沙[4]。昔时红粉照流水,今日青苔覆落花。君去西秦适东越,碧山青江几超忽[5]。若到天涯思故人,浣纱石上窥明月。

〔1〕浣纱石:浙江绍兴南有若耶溪,一名浣纱溪,溪边有浣纱石,相传西施浣纱于此。
〔2〕光:照。
〔3〕查:即槎,水中浮木。
〔4〕菖蒲:生长在水边的一种草。
〔5〕超忽:遥远貌。

## 送侯十一

朱亥已击晋,侯嬴尚隐身。时无魏公子,岂贵抱关人[1]?余亦不火食,游梁同在陈[2]。空余湛卢剑[3],赠尔托交亲。

〔1〕"朱亥"四句:用魏公子信陵君及门客朱亥、侯嬴计夺兵权以救赵邯郸之围的故事。

〔2〕火食:熟食。同在陈:同当年孔子厄于陈、蔡时一样。《庄子·山木》:"孔子围于陈蔡之间,七日不火食。"

〔3〕湛卢剑:宝剑名。风胡子对楚昭王说:"此谓湛卢之剑。……五金之英,太阳之精,寄气托灵,出之有神,服之有威,可以折冲拒敌。"见《吴越春秋》卷四。

# 鲁中送二从弟赴举之西京[1]

鲁客向西笑[2],君门若梦中。霜凋逐臣发,日忆明光宫[3]。复羡二龙去[4],才华冠世雄。平衢骋高足[5],逸翰凌长风[6]。舞袖拂秋月,歌筵闻早鸿。送君日千里,良会何由同?

〔1〕诗作于天宝五载(746)秋,时李白居鲁中。诗题全诗校:"一作送族弟锽。"

〔2〕鲁客:作者自指。向西笑:桓谭《新论·祛蔽》:"关东鄙语曰:人闻长安乐,则出门西向而笑。"

〔3〕逐臣:作者自指。明光宫:汉宫殿名,此借指唐宫。

〔4〕二龙:《后汉书·许劭传》:"许劭字子将,汝南平舆人也。少峻名节,好人伦,多所赏识。……兄虔亦知名,汝南人称平舆渊有二龙焉。"此喻指二从弟。

〔5〕高足:良马之捷足。

〔6〕逸翰:高飞的鸟,喻才能出众的人。

# 奉饯高尊师如贵道士
# 传道箓毕归北海[1]

道隐不可见[2],灵书藏洞天[3]。吾师四万劫[4],历世递相传。别杖留青竹[5],行歌蹑紫烟。离心无远近,长在玉京悬[6]。

〔1〕道箓:道教的秘文。北海:郡名,即青州,治所在今山东青州市。

〔2〕“道隐”句：王琦注：“《老子》：‘道隐无名。’河上公注：‘道潜隐使人无能指名也。’《庄子》：‘道不可闻，闻而非也。道不可见，见而非也。’”

〔3〕灵书：指道教的秘文。

〔4〕劫：佛教言世界从生成到毁灭的一个周期，称为一劫。

〔5〕“别杖”句：用费长房事，《后汉书·方术传》载，仙人壶公给费长房一竹杖，长房骑之，须臾还乡，将杖投于葛陂，即化为龙。

〔6〕玉京：道书言天上有白玉京，为天帝所居。

## 金陵送张十一再游东吴[1]

张翰黄花句，风流五百年[2]。谁人今继作，夫子世称贤。再动游吴棹，还浮入海船。春光白门柳[3]，霞色赤城天[4]。去国难为别，思归各未旋。空余贾生泪，相顾共凄然[5]。

〔1〕诗作于天宝八载(749)，时李白在金陵。

〔2〕黄花句：张翰《杂诗》：“青条若总翠，黄花如散金。”五百年：张翰是西晋末年人，距李白生活的时代约有四百五十余年。此举其成数而言。

〔3〕白门：金陵城西门。

〔4〕赤城：山名。在浙江天台县北。土石皆赤，望之如霞。

〔5〕贾生泪：西汉贾谊上疏文帝，称当时天下事势，“可为痛哭者一，可为流涕者二，可为长太息者六”。见《汉书·贾谊传》。

## 送纪秀才游越

海水不满眼，观涛难称心。即知蓬莱石，却是巨鳌簪[1]。送尔游华顶[2]，令余发舄吟[3]。仙人居射的[4]，道士住山阴[5]。禹穴寻溪入[6]，云门隔岭深[7]。绿萝秋月夜，相忆在鸣琴。

〔1〕巨鳌：巨龟。传说东南大海中有一巨龟，“以背负蓬莱山，周回千里”。见《初

学记》卷三〇引《玄中记》。

〔2〕华顶：山名，在天台县北。

〔3〕鸟吟：越人庄舃在楚国官至执珪，不忘故国，病中吟唱越国的歌曲寄托乡思。事见《史记·张仪列传》。

〔4〕"仙人"句：《后汉书·郑弘传》李贤注引孔灵符《会稽记》载，会稽有射的山，其南有白鹤山。射的山有仙人射箭，白鹤山之鹤则为仙人取箭。

〔5〕"道士"句：用王羲之用《黄庭经》换山阴道士群鹅的故事。

〔6〕禹穴：《史记·太史公自序》："上会稽，探禹穴。"《集解》引张晏："禹巡狩至会稽而崩，因葬焉。上有孔穴，民间云禹入此穴。"

〔7〕云门：山名，在浙江绍兴城南。


# 送长沙陈太守二首〔1〕


长沙陈太守，逸气凌青松。英主赐五马，本是天池龙〔2〕。湘水回九曲，衡山望五峰〔3〕。荣君按节去〔4〕，不及远相从。

〔1〕长沙：郡名，即潭州，治所在今湖南长沙市。

〔2〕五马：汉代太守出行时乘坐五马之车，故以"五马"为太守的代称。汉乐府《陌上桑》有"使君从南来，五马立踟蹰"之句。天池龙：庾信《春赋》："马是天池之龙种。"

〔3〕五峰：指衡山最主要的五座山峰，即紫盖、天柱、芙蓉、石廪、祝融。

〔4〕按节：按辔徐行而节奏分明。


七郡长沙国〔1〕，南连湘水滨。定王垂舞袖，地窄不回身〔2〕。莫小二千石〔3〕，当安远俗人。洞庭乡路远，遥羡锦衣春〔4〕。

〔1〕七郡：唐时潭州长沙郡、衡州衡阳郡、永州零陵郡等七郡，在秦、汉时均为长沙国故地。

〔2〕"定王"二句：汉景帝时，诸王来朝。长沙定王张袖小举手而舞，帝怪问之，对曰："臣国小地狭，不足回旋。"帝乃以武陵等地益焉。事见《汉书·长沙定王发传》。

〔3〕二千石：指州郡长官。

〔4〕锦衣：谓衣锦还乡。

# 送杨燕之东鲁

关西杨伯起,汉日旧称贤[1]。四代三公族[2],清风播人天。夫子华阴居,
开门对玉莲[3]。何事历衡霍[4],云帆今始还。君坐稍解颜,为君歌此篇。
我固侯门士,谬登圣主筵[5]。一辞金华殿,蹭蹬长江边[6]。二子鲁门
东[7],别来已经年。因君此中去,不觉泪如泉。

〔1〕"关西"二句:杨震字伯起,弘农华阴人。博学,时称"关西孔子杨伯起"。

〔2〕四代:杨震曾为司徒、太尉,其子秉也曾官太尉,秉子赐历任司空、司徒、太尉,
赐子彪也历任司空、司徒和太尉。由杨震至杨彪,四世为三公。三,全诗校:"一作
五。"

〔3〕华阴:县名,在今陕西华阴市。玉莲:指华山的莲花峰。

〔4〕历:游历。衡霍:指衡山。衡山一名霍山。

〔5〕"谬登"句:谓待诏翰林事。

〔6〕金华殿:汉宫殿名,在长安未央宫中。蹭蹬:遭遇挫折。

〔7〕二子:指平阳与伯禽。

# 送蔡山人

我本不弃世,世人自弃我。一乘无倪舟,八极纵远舵[1]。燕客期跃马,唐
生安敢讥[2]?采珠勿惊龙[3],大道可暗归。故山有松月,迟尔玩清晖。

〔1〕倪:边际。八极:八方极远之地。

〔2〕"燕客"二句:《史记·范雎蔡泽列传》载,蔡泽请唐举看相,唐举曰:"先生之
寿,从今以往者四十三岁。"蔡泽曰:"吾持粱刺齿肥,跃马疾驱,怀黄金之印,结紫绶于
要(腰),揖让人主之前,食肉富贵,四十三年足矣!"跃马,谓飞黄腾达。燕客,指蔡
泽。

〔3〕"采珠"句:《庄子·列御寇》:"夫千金之珠,必在九重之渊,而骊龙颔下。"骊

龙,黑龙。

# 送萧三十一之鲁中兼问稚子伯禽

六月南风吹白沙,吴牛喘月气成霞[1]。水国郁蒸不可处,时炎道远无行车。夫子如何涉江路,云帆袅袅金陵去[2]。高堂倚门望伯鱼,鲁中正是趋庭处[3]。我家寄在沙丘傍[4],三年不归空断肠。君行既识伯禽子,应驾小车骑白羊[5]。

〔1〕吴牛喘月:言天气炎热。《太平御览》卷四引《风俗通》:"吴牛望见月则喘,使之苦于日,见月怖喘矣。"
〔2〕金陵去:离开金陵。
〔3〕倚门:《战国策·齐策》载,王孙贾年十五,事闵王,其母曰:"汝朝出而晚来,则吾倚门而望,汝暮出而不还,则吾倚闾而望。"伯鱼:孔子的儿子,名鲤。此喻指伯禽。趋庭:《论语·季氏》:"(孔子)尝独立,鲤趋而过庭。曰:'学诗乎?'对曰:'未也。''不学诗,无以言。'鲤退而学诗。他日,又独立,鲤趋而过庭。曰:'学礼乎?'对曰:'未也。''不学礼,无以立。'鲤退而学礼。"
〔4〕沙丘:在今山东汶水附近,李白在鲁中时曾寓家于此。
〔5〕"应驾"句:以卫玠喻指伯禽,《世说新语·容止》注引《卫玠别传》:"龆龀时,乘白羊车于洛阳市上,咸曰:'谁家璧人?'于是家门州党号为'璧人。'"

# 送杨山人归嵩山

我有万古宅,嵩阳玉女峰[1]。长留一片月,挂在东溪松。尔去掇仙草,菖蒲花紫茸[2]。岁晚或相访,青天骑白龙[3]。

〔1〕玉女峰:嵩山东峰太室山二十四峰之一。峰北有石如女子,故名。
〔2〕菖蒲:相传菖蒲生石上,一寸九节以上,服之长生。紫花者尤善。紫茸:紫色小花。此二句全诗校:"一作君行到此峰,餐霞驻衰容。"

〔3〕白龙:《广博物志》载:东汉人瞿武,服用黄精、紫芝,得天竺真人秘诀,乘白龙而去。

# 送殷淑三首〔1〕

海水不可解,连江夜为潮。俄然浦屿阔〔2〕,岸去酒船遥。惜别耐取醉〔3〕,鸣榔且长谣〔4〕。天明尔当去,应有便风飘〔5〕。

〔1〕殷淑:道门中人。
〔2〕浦:水滨。屿:小岛。
〔3〕耐:愿辞。耐取醉,犹云值得一醉。
〔4〕鸣榔:击船板以为歌声之节。榔,即船板。
〔5〕有便:原作“便有”,据王琦本改。便风:顺风。

白鹭洲前月〔1〕,天明送客回。青龙山后日〔2〕,早出海云来。流水无情去,征帆逐吹开。相看不忍别,更进手中杯。

〔1〕白鹭洲:古代长江中的沙洲,在今南京市水西门外。
〔2〕青龙山:又名青山,在今南京市东南。

痛饮龙筇下〔1〕,灯青月复寒。醉歌惊白鹭,半夜起沙滩。

〔1〕龙筇:未详,疑为竹名。

# 送岑征君归鸣皋山〔1〕

岑公相门子,雅望归安石〔2〕。奕世皆夔龙,中台竟三拆〔3〕。至人达机兆,高揖九州伯〔4〕。奈何天地间,而作隐沦客。贵道能全真,潜辉卧幽邻〔5〕。探元入窅默,观化游无垠〔6〕。光武有天下,严陵为故人。虽登洛阳殿,不

369

屈巢由身[7]。余亦谢明主,今称偃蹇臣[8]。登高览万古,思与广成邻[9]。蹈海宁受赏[10],还山非问津[11]。西来一摇扇,共拂元规尘[12]。

　　[1]征君:隐居不应朝廷征聘的人。鸣皋山:在今河南嵩县东北。

　　[2]相门子:征君盖与诗人岑参同族,故云。岑参《感旧赋序》:"国家六叶,吾门三相矣。"安石:东晋谢安,字安石。

　　[3]奕世:累世。夔龙:传说舜时的两位贤臣。中台:星名,三台(上台、中台、下台)之一。古谓三公上应三台。拆:通"坼",分开,裂开。《晋书·天文志下》:"永康元年三月,中台星坼……占曰:'台星失常,三公忧。……'是月……斩司空张华。"按,岑参所称"三相"中之二相(岑长倩、岑羲),相继于武后、睿宗时被杀。

　　[4]机兆:事机的先兆。揖:揖而不拜。九州伯:九州之长官。句指隐而不仕。

　　[5]潜辉:藏辉。邻:全诗校:"一作鳞。"

　　[6]元:同"玄"。宼默:幽深难测。无垠:无形状之貌。

　　[7]"光武"四句:用严光事。《后汉书·逸民传》载,严光曾与刘秀同学,刘秀即帝位,召至京城,拜谏议大夫,不受,旋归隐于富春江。

　　[8]偃蹇:傲世之意。

　　[9]广成:即广成子,古仙人。

　　[10]"蹈海"句:用鲁仲连事,《史记·鲁仲连邹阳列传》:"彼(指秦)即肆然而为帝,过而为政于天下,则连有蹈东海而死耳。"

　　[11]问津:《论语·微子》:"使子路问津焉。"

　　[12]西来:全诗校:"一作终期。"元规尘:晋庾亮字元规。《晋书·王导传》:"时亮虽居外镇,而执朝廷之权,既据上流,拥强兵,趣向者多归之。导内不能平,常遇西风尘起,举扇自蔽,徐曰:'元规尘污人。'"此以"元规尘"喻权臣之盛气凌人。

# 送范山人归泰山

鲁客抱白鹤[1],别余往泰山。初行若片云[2],杳在青崖间。高高至天门,日观近可攀[3]。云山望不及,此去何时还?

　　[1]鹤:全诗校:"一作鸡。"《续博物志》:"学道之士,居山宜养白鸡白犬,可以辟

邪。"

　　〔2〕云：全诗校："一作雪。"汉马第伯《封禅仪记》："是朝上（泰）山……至中观……遥望其人……或为白石，或雪，久之，白者移过树，乃知是人也。"

　　〔3〕天门：泰山有大天门、小天门等名胜。日观：泰山峰名。全诗校："一作海日。"

# 卷十七

## 送韩侍御之广德[1]

昔日绣衣何足荣[2]，今宵贳酒与君倾[3]。暂就东山赊月色，酣歌一夜送泉明[4]。

〔1〕本诗作于肃宗上元二年(761)，时李白滞留于江南。
〔2〕韩侍御：韩云卿。广德：唐县名，属宣州，即今安徽广德县。
〔3〕绣衣：指御史。
〔4〕贳(shì)：赊。
〔5〕泉明：即陶渊明，盖避唐高祖李渊讳改。此借指韩侍御。

## 送通禅师还南陵隐静寺[1]

我闻隐静寺，山水多奇踪。岩种朗公橘[2]，门深杯渡松[3]。道人制猛虎[4]，振锡还孤峰[5]。他日南陵下，相期谷口逢[6]。

〔1〕南陵：唐县名，在今安徽南陵、繁昌境。隐静寺：在今繁昌县东南隐静山上，又名五峰寺。
〔2〕朗公：晋永嘉时禅师。旧志谓隐静寺有朗公橘。
〔3〕杯渡松：相传隐静寺为杯渡所建，寺外有十里松径，乃杯渡手植。杯渡：慧皎《高僧传》载，南朝宋时有一僧，不知其姓名，神力卓异，常乘木杯渡水。
〔4〕道人：得道之人，指僧人。制猛虎：用晋高僧于法兰事，《法苑珠林》卷六三载，晋僧于法兰夜坐禅，虎入其室，于法兰以手摩其头，虎奋耳而伏，数日乃去。
〔5〕振锡：指僧人出行。锡，锡杖，僧人所执，有金环绕之，动则作锡锡之声。
〔6〕相期：相约。

# 送友人

青山横北郭[1]，白水绕东城。此地一为别，孤蓬万里征[2]。浮云游子意，落日故人情[3]。挥手自兹去，萧萧班马鸣[4]。

〔1〕郭：外城。

〔2〕为别：作别。

〔3〕游子：指友人。故人：作者自指。王琦注："浮云一往而无定迹，故以比游子之意。落日衔山而不遽去，故以比故人之情。"

〔4〕萧萧：马嘶叫声。班马：载人离去的马。《左传·襄公十八年》："邢伯告中行伯曰：'有班马之声，齐师其遁。'"注："班，别也。"

# 送　别[1]

斗酒渭城边[2]，垆头醉不眠[3]。梨花千树雪，杨叶万条烟。惜别倾壶醑，临分赠马鞭[4]。看君颍上去，新月到应圆[5]。

〔1〕此诗重见卷一八九岑参集，题作《送杨子》。《沧浪诗话·考证》云："太白诗'斗酒渭城边，垆头耐醉眠'，乃岑参之诗误入。"按，《文苑英华》、《唐百家诗选》皆以此诗为岑参作，岑参集明抄本（源于宋本）亦载此诗。

〔2〕渭城：秦咸阳故城，汉武帝元鼎三年改为渭城。故地在今陕西咸阳市东。

〔3〕醉不眠：全诗岑集作"耐醉眠"。

〔4〕倾壶醑：岑集作"添壶酒"。醑（xǔ），美酒。分：岑集作"岐"。

〔5〕看：估量之辞。颍上：唐县名。在今安徽颍上县西北。应：岑集作"家"。

# 江上送女道士褚三清游南岳[1]

吴江女道士，头戴莲花巾[2]。霓衣不湿雨，特异阳台云[3]。足下远游履，凌波生素尘[4]。寻仙向南岳,应见魏夫人[5]。

〔1〕南岳:即衡山。

〔2〕莲花巾:即"紫华芙蓉巾",道教传说谓玉女所佩。

〔3〕衣:全诗校:"一作裳。"阳台云:宋玉《高唐赋》描写楚王梦与巫山神女欢会,神女去而辞曰:"妾在巫山之阳,高丘之阻,旦为朝云,暮为行雨。朝朝暮暮,阳台之下。"

〔4〕"足下"二句:以洛神喻女道士。曹植《洛神赋》:"践远游之文履,曳露绡之轻裾。……凌波微步,罗袜生尘。"吕向注:"远游,履名,步于水波之上,如生尘也。"

〔5〕魏夫人:《太平广记》卷五八引《南岳魏夫人传》,谓魏夫人为晋任城人,"幼而好道,静默恭谨……太乙玄仙遣飙车来迎,夫人乃托剑化形而去。……位为紫虚元君,领上真司命南岳夫人,比秩仙公"。


# 送友人入蜀


见说蚕丛路[1],崎岖不易行。山从人面起,云傍马头生。芳树笼秦栈[2],春流绕蜀城[3]。升沉应已定,不必问君平[4]。

〔1〕蚕丛:传说中的古代蜀国君王。蚕丛路,指蜀道。

〔2〕秦栈:即栈道,因是由秦入蜀之路,故称秦栈。

〔3〕蜀城:指成都。

〔4〕升沉:指人生仕途的荣枯进退。君平:严君平,西汉蜀郡人,卖卜于成都,日得百钱,足以自养,即闭肆下帘读《老子》,享年九十余。


# 送李青归南叶阳川[1]


伯阳仙家子[2],容色如青春。日月秘灵洞,云霞辞世人。化心养精魄,隐几寂天真[3]。莫作千年别,归来城郭新[4]。

〔1〕南叶:全诗校:"一作华。"华阳川,在虢州华阳山南。

〔2〕伯阳:老子,姓李,名耳,字伯阳。被道教尊为教主。

〔3〕隐几:凭几。窅:深邃貌。

〔4〕"莫作"二句:用丁令威事,《搜神后记》卷一载,辽东人丁令威学道成仙,后化鹤归辽,时人不识,举弓欲射之。丁乃歌曰:"有鸟有鸟丁令威,去家千年今始归,城郭如故人民非……"


# 送舍弟

吾家白额驹[1],远别临东道。他日相思一梦君,应得池塘生春草[2]。

〔1〕"吾家"句:王琦注:"即吾家千里驹之意。"《晋书·凉武昭王李玄盛传》载:玄盛少而好学,通涉经史,尤善文义。及长,颇习武艺。太史令郭黁尝曰:"李君(玄盛)有国土之分,家有骒草马生白额驹,此其时也。"

〔2〕"他日"二句:谢灵运在永嘉西堂,思诗竟日不就,忽梦见惠连,便得"池塘生春草"之句。自称"此语有神助,非我语也"。见钟嵘《诗品》卷中引《谢氏家录》。


# 送别得书字

水色南天远,舟行若在虚。迁人发佳兴,吾子访闲居。日落看归鸟,潭澄羡跃鱼[1]。圣朝思贾谊,应降紫泥书[2]。

〔1〕羡:全诗校:"一作怜。"

〔2〕贾谊:贾谊为长沙王太傅,后岁余,文帝思谊,征之。紫泥书:皇帝诏书封袋用紫泥封口,泥上盖印,故称紫泥诏或紫泥书。见《汉旧仪》卷上、《太平御览》卷七四引《陇右记》。

# 送鞠十少府

试发清秋兴,因为吴会吟<sup>〔1〕</sup>。碧云敛海色,流水折江心。我有延陵剑<sup>〔2〕</sup>,君无陆贾金<sup>〔3〕</sup>。艰难此为别,惆怅一何深。

　　〔1〕吴会吟:吴越一带吟唱诗歌的声调。
　　〔2〕延陵剑:用春秋时季札将宝剑挂于徐君墓前树上以表守信的故事。见《史记·吴太伯世家》。
　　〔3〕陆贾金:汉高祖时,陆贾出使南越,南越王"赐陆生橐中装直(值)千金"。见《史记·郦生陆贾列传》。

# 送张秀才谒高中丞<sup>〔1〕</sup>并序

　　　　余时系浔阳狱中,正读《留侯传》<sup>〔2〕</sup>。秀才张孟熊蕴灭胡之策,将之广陵谒高中丞。余嘉子房之风,感激于斯人,因作是诗以送之。

秦帝沦玉镜<sup>〔3〕</sup>,留侯降氛氲<sup>〔4〕</sup>。感激黄石老<sup>〔5〕</sup>,经过沧海君<sup>〔6〕</sup>。壮士挥金槌,报仇六国闻<sup>〔7〕</sup>。智勇冠终古,萧陈难与群<sup>〔8〕</sup>。两龙争斗时<sup>〔9〕</sup>,天地动风云。酒酣舞长剑,仓卒解汉纷<sup>〔10〕</sup>。宇宙初倒悬,鸿沟势将分<sup>〔11〕</sup>。英谋信奇绝,夫子扬清芬<sup>〔12〕</sup>。胡月入紫微,三光乱天文<sup>〔13〕</sup>。高公镇淮海<sup>〔14〕</sup>,谈笑却妖氛。采尔幕中画,戡难光殊勋<sup>〔15〕</sup>。我无燕霜感<sup>〔16〕</sup>,玉石俱烧焚<sup>〔17〕</sup>。但洒一行泪,临歧竟何云。

　　〔1〕高中丞:即高适,时为扬州大都督府长史、淮南节度使,兼御史中丞。
　　〔2〕系浔阳狱:至德二载(757),李白坐璘事,被因于浔阳(今江西九江市)狱中。诗当作于是时。《留侯传》:指《史记·留侯世家》。
　　〔3〕玉镜:喻清明之道。此句全诗校:"一作六雄灭金虎。"
　　〔4〕氛氲:气盛貌。
　　〔5〕黄石老:即黄石公,他曾在下邳桥上传授《太公兵法》给张良。事见《史记·

留侯世家》。

〔6〕沧海君:秦汉时隐士。张良曾学礼于淮阳,东见仓海君。仓,通"沧"。

〔7〕"壮士"二句:秦灭韩,张良以其先人五世相韩故,立志为韩报仇,乃尽散家财,求刺客。东见沧海君,得一力士,以铁锤击秦始皇于博浪沙,误中副车。事见《史记·留侯世家》。

〔8〕萧陈:刘邦谋士萧何、陈平。

〔9〕两龙:指楚汉。《史记·魏豹彭越列传》:"两龙方斗,且待之。"

〔10〕"酒酣"二句:用鸿门宴事,《史记·项羽本纪》载刘邦赴鸿门拜见项羽,饮宴中险遭暗算。用张良计乃得脱身。

〔11〕鸿沟:古运河名,故道自河南荥阳北引黄河水,曲折东流至淮阳入颍水。秦末刘邦、项羽曾划鸿沟为界,西为汉,东为楚。

〔12〕信:确。以上二句全诗校:"一作夫子称卓绝,超然继清芬。"

〔13〕"胡月"二句:谓安史之乱爆发,社会动荡不安。胡月,喻指胡兵。紫微,星座名,太一之精,天帝所居。见《史记·天官书》。三光,指日月星。

〔14〕淮海:指扬州。淮南节度使治扬州。

〔15〕戡:胜,克。

〔16〕燕霜:用邹衍事,邹衍在燕,无罪被囚,时当五月,仰天而叹,天为之陨霜。见《论衡·感虚》。

〔17〕"玉石"句:《尚书·胤征》:"火炎昆冈,玉石俱焚。"


# 浔阳送弟昌峒鄱阳司马作〔1〕


桑落洲渚连〔2〕,沧江无云烟。寻阳非剡水,忽见子猷船〔3〕。飘然欲相近,来迟杳若仙。人乘海上月,帆落湖中天。一睹无二诺,朝欢更胜昨。尔则吾惠连,吾非尔康乐〔4〕。朱绂白银章,上官佐鄱阳〔5〕。松门拂中道,石镜回清光〔6〕。摇扇及于越,水亭风气凉〔7〕。与尔期此亭〔8〕,期在秋月满。时过或未来,两乡心已断。吴山对楚岸,彭蠡当中州〔9〕。相思定如此,有穷尽年愁。


〔1〕鄱阳:唐郡名,即饶州,治所在今江西鄱阳县。昌峒:宋本作"昌崛"。

〔2〕桑落洲:在今江西九江市东北长江中。

〔3〕"寻阳"二句:用王子猷雪夜访戴的故事。见《世说新语·任诞》。此以子猷喻昌峒。

〔4〕"尔则"二句:用谢灵运梦见惠连而有佳句的典故。

〔5〕朱绂:指官服。银章:指官印。上官:就职上任。佐鄱阳:指为鄱阳司马。司马为郡守佐吏。

〔6〕松门、石镜:谢灵运《入彭蠡湖口》:"攀崖照石镜,牵叶入松门。"石镜在庐山东,其地有石若镜,明可以照见人形。

〔7〕于越:亭名,在今江西余干县东南羊角山上。余干县西滨鄱阳湖。

〔8〕期:约会。

〔9〕彭蠡:古泽薮名,即今江西鄱阳湖。

# 饯校书叔云

少年费白日,歌笑矜朱颜。不知忽已老,喜见春风还。惜别且为欢,徘徊桃李间。看花饮美酒,听乌临晴山。向晚竹林寂,无人空闭关[1]。

〔1〕闭关:闭门。

# 送王孝廉觐省[1]

彭蠡将天合,姑苏在日边[2]。宁亲候海色[3],欲动孝廉船。窈窕晴江转,参差远岫连[4]。相思无昼夜,东注似长川[5]。

〔1〕孝廉:唐时以孝廉为明经之称。

〔2〕将:与。姑苏:苏州之别称。在日边:姑苏近东海日出之地,故云。

〔3〕宁亲:使父母安宁,指省亲。

〔4〕岫(xiù):峰峦。

〔5〕注:原作"泣",据王琦本改。

# 同吴王送杜秀芝赴举入京[1]

秀才何翩翩,王许回也贤[2]。暂别庐江守,将游京兆天。秋山宜落日,秀水出寒烟。欲折一枝桂[3],还来雁沼前[4]。

〔1〕吴王:嗣吴王李祗,太宗第三子吴王恪之孙,时吴王为庐江太守。芝:王琦谓当作"才"。

〔2〕许:赞许。

〔3〕"欲折"句:《楚辞·招隐士》:"桂树丛生兮山之幽……攀援桂枝兮聊淹留。"

〔4〕雁沼:雁池。《西京杂记》载梁孝王筑兔园,园中有雁池。这里借指吴王的园林。

# 洞庭醉后送绛州吕使君果流澧州[1]

昔别若梦中,天涯忽相逢。洞庭破秋月,纵酒开愁容。赠剑刻玉字,延平两蛟龙[2]。送君不尽意,书及雁回峰[3]。

〔1〕诗作于乾元二年(759),时诗人在巴陵。绛州:治所在今山西新绛县。澧州:治所在今湖南澧县。果:全诗校:"一作杲。"

〔2〕两蛟龙:用宝剑干将莫邪跃入水中化龙而去的故事,见《晋书·张华传》。

〔3〕雁回峰:即回雁峰,旧传北雁南飞,至衡阳回雁峰而回北。

# 与诸公送陈郎将归衡阳并序[1]

仲尼旅人,文王明夷[2]。苟非其时,圣贤低眉。况仆之不肖者,而迁逐枯槁,固非其宜[3]。朝心不开,暮发尽白,而登高送远,使人增愁。陈郎将义风凛然,英

379

思逸发。来下曹城之榻[4]，去邀才子之诗。动清兴于中流，泛素波而径去。诸公仰望不及，连章祖之。序惭起予，辄冠名贤之首。作者嗤我，乃为抚掌之资乎[5]！衡山苍苍入紫冥，下看南极老人星[6]。回飙吹散五峰雪[7]，往往飞花落洞庭。气清岳秀有如此，郎将一家拖金紫[8]。门前食客乱浮云，世人皆比孟尝君[9]。江上送行无白璧，临歧惆怅若为分[10]？

〔1〕郎将：唐诸卫、太子十率府官属有左右郎将。衡阳：唐郡名，即衡州，治所在今湖南衡阳。

〔2〕"仲尼"二句：《易·乾》王弼注："文王明夷，则主可知矣；仲尼旅人，则国可知矣。"旅人，羁旅漂泊之人。

〔3〕非：疑当作"亦"。

〔4〕曹城：鄂州江夏县有曹公城，见《元和郡县图志》卷二七。下榻：用豫章太守陈蕃礼遇徐穉事，见《后汉书·徐穉传》。

〔5〕抚掌：拍手谈笑。

〔6〕南极老人：星名。《史记·天官书》："狼比地有大星，曰南极老人。老人见，治安……常以秋分时候之于南郊。"

〔7〕五峰：指衡山最著名的祝融、天柱、芙蓉、紫盖、石廪五座山峰。

〔8〕金紫：金印与紫绶。代指高官显爵。

〔9〕孟尝君：战国四公子之一，曾相齐，门下养贤士食客数千人。事见《史记·孟尝君列传》。

〔10〕若为：犹言"怎能"。

# 送赵判官赴黔府中丞叔幕[1]

廓落青云心[2]，交结黄金尽。富贵翻相忘，令人忽自哂。蹭蹬鬓毛斑[3]，盛时难再还。巨源咄石生，何事马蹄间[4]？绿萝长不厌，却欲还东山。君为鲁曾子[5]，拜揖高堂里。叔继赵平原[6]，偏承明主恩。风霜推独坐[7]，旌节镇雄藩[8]。虎士秉金钺，蛾眉开玉樽。才高幕下去，义重林中言[9]。水宿五溪月[10]，霜啼三峡猿。东风春草绿，江上候归轩。

〔1〕黔府：即黔州都督府，治所在今四川彭水县。中丞叔：指赵判官之叔赵国珍，

时为黔府都督兼本管经略等使。中丞是其兼衔。赵国珍为黔府都督在天宝十一载以后,说见詹锳《李白诗文系年》。

〔2〕廓落:空寂。

〔3〕蹭蹬:困顿。

〔4〕巨源:山涛字巨源。曹魏末,山涛为部河南从事,时太傅司马懿与大将军曹爽争权。山涛与石鉴共宿,夜起蹴石鉴曰:"今为何等时而眠邪!知太傅卧何意?"鉴曰:"宰相三不朝,与尺一令归第,卿何虑也?"山涛曰:"咄,石生!无事马蹄间邪!"投传而去。未二年,果有司马懿诛曹爽之事。见《晋书·宣帝纪》及《山涛传》。这里借指表达忧虑世乱之意。

〔5〕鲁曾子:即曾参,孔子弟子,事亲至孝。述《大学》,作《孝经》,以其学传子思,后世称为宗圣。

〔6〕赵平原:即平原君,战国赵武灵王之子,相赵惠王及孝成王,"喜宾客,宾客盖至者数千人"。事见《史记·平原君虞卿列传》。

〔7〕风霜:御史掌弹劾,为风霜之任。独坐:《后汉书·宣秉传》:"光武特诏御史中丞与司隶校尉、尚书令会同并专席而坐,故京师号曰'三独坐'。"

〔8〕旌节:皇帝授予将帅刑赏大权的信物。《新唐书·车服志》:"大将出,赐旌以颛赏,节以颛杀。"

〔9〕林中:用晋阮咸与其叔阮籍等为竹林之游事。见《晋书·阮籍传》。

〔10〕水宿:宿于舟中。五溪:指武陵的雄、樠、沅、酉、辰五溪。


# 送陆判官往琵琶峡[1]


水国秋风夜,殊非远别时。长安如梦里,何日是归期?

〔1〕琵琶峡:在今四川巫山,形如琵琶,故名。


# 送梁四归东平[1]


玉壶挈美酒,送别强为欢。大火南星月[2],长郊北路难。殷王期负鼎[3],汶水起垂竿[4]。莫学东山卧,参差老谢安[5]。

〔1〕东平:唐郡名,即郓州,治所在今山东郓城县。

〔2〕大火:即心宿二,夏夜星空中主要亮星之一。《诗·豳风·七月》:"七月流火。"朱熹注:"火,大火,心星也。以六月之昏,加于地之南方,至七月之昏则下而西流矣。"

〔3〕殷王:指汤。负鼎:用伊尹事,《史记·殷本纪》载,伊尹"负鼎俎,以滋味说汤",汤任以国政,致于王道。

〔4〕汶水:源出山东莱芜市北,经东平县南,至梁山东南入济水。

〔5〕东山卧:《世说新语·排调》载,晋谢安隐居东山,朝命屡降而不动,时人有"安石不肯出,将如苍生何"之叹。


# 江夏送友人[1]


雪点翠云裘,送君黄鹤楼。黄鹤振玉羽,西飞帝王州[2]。凤无琅玕实[3],何以赠远游? 徘徊相顾影,泪下汉江流。


〔1〕江夏:即鄂州,治所在今武汉市武昌。送:全诗校:"一作祖。"

〔2〕黄鹤:喻指友人。帝王州:指京城长安。

〔3〕凤:诗人自喻。琅玕实:传说凤凰食琼树之实,名曰琅玕。


# 送郗昂谪巴中[1]


瑶草寒不死[2],移植沧江滨。东风洒雨露,会入天地春[3]。予若洞庭叶,随波送逐臣。思归未可得,书此谢情人[4]。


〔1〕郗昂:王琦注:"按《羊士谔诗集》有诗题《乾元初严黄门自京兆少尹贬巴州刺史》云云,诗下注云:时郗詹事昂自拾遗贬清化尉,黄门年三十余,且为府主,与郗意气友善,赋诗高会,文字犹存。"按,"郗昂"即"郗昂";严黄门即严武,武贬巴州刺史在乾元元年(758)六月,参见《通鉴》。巴州,治所在今四川巴中县,属古巴地。清化,唐县名,属巴州。诗题所云"谪巴中",盖即谓昂"贬清化尉"也。巴中:指古巴地。在今四

川重庆一带。诗作于乾元元年秋,时作者正在流放途中。

〔2〕瑶草:仙草。此处喻指郗昂。

〔3〕地:全诗校:"一作池。"

〔4〕情人:唐人常称友人为"情人"。

# 江夏送张丞<sup>〔1〕</sup>

欲别心不忍,临行情更亲。酒倾无限月,客醉几重春。藉草依流水<sup>〔2〕</sup>,攀花赠远人。送君从此去,回首泣迷津。

〔1〕诗约作于开元二十二年(734),时作者在江夏。

〔2〕藉草:坐卧于草上。

# 赋得白鹭鸶送宋少府入三峡<sup>〔1〕</sup>

白鹭拳一足,月明秋水寒。人惊远飞去,直向使君滩<sup>〔2〕</sup>。

〔1〕赋得:凡摘取古人成句或以物为题之诗,题首多冠以"赋得"二字。

〔2〕使君滩:在四川万县东二里。《水经注·江水》:"(江水)又东迳羊肠虎臂滩。杨亮为益州,至此舟覆,惩其波澜,蜀人至今犹名之为使君滩。"

# 送二季之江东

初发彊中作,题诗与惠连<sup>〔1〕</sup>。多惭一日长,不及二龙贤<sup>〔2〕</sup>。西塞当中路<sup>〔3〕</sup>,南风欲进船。云峰出远海,帆影挂清川。禹穴藏书地<sup>〔4〕</sup>,匡山种杏田<sup>〔5〕</sup>。此行俱有适,迟而早归旋<sup>〔6〕</sup>。

〔1〕强中:地名。谢灵运有《登临海峤初发疆中作与从弟惠连》诗。

〔2〕二龙:《后汉书·许劭传》载,许劭与兄许虔均有名,时人誉之"二龙"。此喻指二季。

〔3〕西塞:山名,在今湖北大冶市东长江边。

〔4〕禹穴:《史记·太史公自序》:"上会稽,探禹穴。"《集解》引张晏:"禹巡狩至会稽而崩,因葬焉。上有孔穴,民间云禹入此穴。"

〔5〕匡山:即庐山。种杏:用董奉事,《神仙传》卷六载,董奉居庐山,为人治病,不取钱,重病愈者使栽杏五株,轻者一株。数年后得十余万株,郁然成林。

〔6〕迟(zhì):等待。

# 江西送友人之罗浮[1]

桂水分五岭[2],衡山朝九疑[3]。乡关渺安西[4],流浪将何之?素色愁明湖,秋渚晦寒姿。畴昔紫芳意,已过黄发期[5]。君王纵疏散,云壑借巢夷[6]。尔去之罗浮,我还憩峨眉。中阔道万里,霞月遥相思。如寻楚狂子,琼树有芳枝[7]。

〔1〕江西:江南西道,治所在洪州豫章,即今江西南昌市。罗浮:山名,在今广东增城、博罗、河源之间。

〔2〕桂水:即漓江下游桂江。五岭:指大庾岭、越城岭、骑田岭、萌渚岭、都庞岭,位于湘、赣、桂、粤交界处。

〔3〕九疑:山名,即苍梧山,在湖南宁远县南。其山九峰皆相似,故曰九疑。

〔4〕渺:遥远。安西:唐设安西都护府,治所在新疆库车。

〔5〕畴昔:往日。紫芳:紫芝,能"疗饥"的一种草药。黄发:老人发白更黄。

〔6〕疏散:分离。指被赐名放还。巢夷:指巢父和伯夷。《高士传》卷上:"巢父者,尧时隐人也,山居不营世利。年老,以树为巢而寝其上,故时人号曰巢父。"《史记·伯夷列传》载,殷商灭亡后,伯夷、叔齐耻食周粟,隐居首阳山采薇而食。

〔7〕楚狂:楚狂接舆,《论语·微子》:"楚狂接舆歌而过孔子曰:'凤兮!凤兮!何德之衰?往者不可谏,来者犹可追。已而!已而!今之从政殆而!'孔子下,欲与之言。趋而辟之,不得与之言。"又《列仙传》称楚狂接舆即陆通,好养生,在峨眉山数百年,后仙去。琼树:传说中的树名,生昆仑西。

# 宣州谢朓楼饯别校书叔云[1]

弃我去者昨日之日不可留,乱我心者今日之日多烦忧。长风万里送秋雁,对此可以酣高楼[2]。蓬莱文章建安骨[3],中间小谢又清发[4]。俱怀逸兴壮思飞,欲上青天览日月[5]。抽刀断水水更流,举杯销愁愁更愁。人生在世不称意,明朝散发弄扁舟[6]。

〔1〕诗作于天宝十二载(753)秋,时作者在宣城。宣州:今安徽宣城。谢朓楼:南齐诗人谢朓所建的楼阁,在宣城陵阳山上。校书:校书郎。诗题全诗校:"一作陪侍御叔华登楼歌。"

〔2〕酣高楼:在高楼上酣饮。

〔3〕蓬莱:传说中海上仙山,相传仙府难得的典籍俱存于此,汉时称官家藏书之东观为蓬莱山。又,唐人多以东观喻指秘书省。秘书省官属有校书郎。建安:东汉末献帝年号,当时曹操父子和王粲等七子写作诗文,刚健清新,形成了独特的风格,后代誉之为"建安风骨"。

〔4〕小谢:指谢朓,因他晚于谢灵运,故称谢灵运为大谢,谢朓为小谢。清发:清新秀发。

〔5〕逸兴:超逸豪迈的意兴。览:通"揽",摘取。日:王琦本作"明"。

〔6〕散发:不冠不簪,谓隐居不出仕。扁舟:小舟。弄扁舟,用范蠡事,《史记·货殖列传》:"范蠡……乃乘扁舟,浮于江湖。"人生:全诗校:"一作男儿。"散发弄扁舟:全诗校:"一作举棹还沧洲。"

# 宣城送刘副使入秦

君即刘越石,雄豪冠当时[1]。凄清横吹曲,慷慨扶风词[2]。虎啸俟腾跃,鸡鸣遭乱离[3]。千金市骏马[4],万里逐王师。结交楼烦将,侍从羽林儿[5]。统兵捍吴越,豺虎不敢窥。大勋竟莫叙,已过秋风吹[6]。秉钺有季公[7],凛然负英姿。寄深且戎幕,望重必台司[8]。感激一然诺,纵横两无疑。伏奏归北阙,鸣驺忽西驰[9]。列将咸出祖,英僚惜分离[10]。斗酒满四筵,歌啸宛溪湄[11]。君携东山妓,我咏北门诗[12]。贵贱交不易,恐伤中园葵[13]。昔赠紫骝驹,今倾白玉卮。同欢万斛酒,未足解相思。此别又千里,秦吴渺天涯[14]。月明关山苦,水剧陇头悲[15]。借问几时还,春风入黄池[16]。无令长相忆,折断绿杨枝[17]。

〔1〕刘越石:刘琨,字越石,西晋末年为并州刺史,进位大将军,都督并、冀、幽三州军事。

〔2〕"凄清"句:用刘琨奏胡笳以退敌故事。扶风词:指刘琨《扶风歌》,载《文选》卷二八。

〔3〕"鸡鸣"句:用刘琨等闻鸡起舞事,刘琨、祖逖闻鸡起舞,励志健身,以图恢复中原。事见《晋书·祖逖传》。

〔4〕"千金"句:用郭隗为燕昭王招贤的故事,事见《战国策·燕策一》。

〔5〕楼烦:古代民族名,春秋末分布于今山西宁武、苛岚等地。其人善骑射。此以楼烦将指善骑射的武将。羽林:宫廷禁卫军。

〔6〕"统兵"四句:王琦注:"上元中,宋州刺史刘展举兵反,其党张景超、孙待封攻陷苏、湖,进逼杭州,为温晁、李藏用所败。……刘副使于时亦在兵间,而功不得录,故有'统兵捍吴越,豺虎不敢窥。大勋竟莫叙,已过秋风吹'。之句。"

〔7〕秉钺:执掌兵权。季公:指季广琛,上元二年正月为宣州刺史、浙江西道节度使。见《旧唐书·肃宗纪》。

〔8〕台司:即三公之位。

〔9〕北阙:皇宫北面的门楼,为大臣等候朝见或上书奏事之地。鸣驺:显贵出行时,随从的骑卒吆喝开道。

〔10〕祖:饯别送行。英僚:盖时刘副使在季广琛幕府中为节度副使,故云。

〔11〕宛溪:在宣城东。

〔12〕东山妓:谢安隐居东山时,畜妓,携以游玩。见《世说新语·识鉴》。北门诗:《诗·邶风·北风》:"出自北门,忧心殷殷。"《诗序》曰:"《北门》,刺仕不得志也。"

〔13〕"贵贱"二句:语本《古诗》:"采葵莫伤根,伤根葵不生。结交莫羞贫,羞贫交不成。"

〔14〕渺:辽远。

〔15〕陇头悲:古乐府《陇头歌辞》:"陇头流水,鸣声幽咽。遥望秦川,心肠断绝。"

〔16〕黄池:河名,在宣城北一百二十里。

〔17〕"折断"句:《三辅黄图》卷六:"霸桥在长安东,跨水作桥。汉人送客至此桥,

386

折柳赠别。"

# 泾川送族弟锌<sup>〔1〕</sup>

泾川三百里,若耶羞见之<sup>〔2〕</sup>。锦石照碧山,两边白鹭鸶。佳境千万曲,客行无歇时。上有琴高水,下有陵阳祠<sup>〔3〕</sup>。仙人不见我,明月空相知。问我何事来,卢敖结幽期<sup>〔4〕</sup>。蓬山振雄笔,绣服挥清词<sup>〔5〕</sup>。江湖发秀色,草木含荣滋。置酒送惠连,吾家称白眉<sup>〔6〕</sup>。愧无海峤作,敢阙河梁诗<sup>〔7〕</sup>。见尔复几朝,俄然告将离。中流漾彩鹢,列岸丛金羁<sup>〔8〕</sup>。叹息苍梧凤<sup>〔9〕</sup>,分栖琼树枝。清晨各飞去,飘落天南垂<sup>〔10〕</sup>。望极落日尽,秋深暝猿悲。寄情与流水,但有长相思。

〔1〕王琦本题下有太白自注:"时卢校书草序,常侍御为诗。"泾川:即泾溪,在安徽泾县西南。

〔2〕若耶:溪名。在浙江绍兴东南若耶山下。

〔3〕琴高水:即琴溪,在泾县东北二十里。相传是仙人琴高控鲤之地。陵阳祠:在陵阳山,相传为汉窦子明升仙之处。

〔4〕卢敖:《淮南子·道应训》载,卢敖游于北海,见深目玄发之人迎风而舞,卢敖与之结伴同游,其人曰:"吾与汗漫期于九垓之外,吾不可以久驻。"

〔5〕蓬山:蓬莱山,海中神山,仙家秘籍藏所,后用作宫廷藏书与著作之处的美称。唐指秘书省。绣服:指御史。上句谓卢校书草序,下句谓常侍御作诗。

〔6〕惠连:谢惠连,南朝宋人,"幼而聪敏,年十岁,能属文,族兄灵运深相知赏"(《宋书·谢方明传》)。此借指族弟锌。白眉:马良字季常,眉中有白毛。兄弟五人,皆有才名,乡里为之语曰:"马氏五常,白眉最良。"见《蜀志·马良传》。

〔7〕海峤作:指谢灵运《登临海峤初发彊中作与从弟惠连》诗,诗中有"与子别山阿,含酸赴修畛。中流袂就判,欲去情不忍"之句。河梁诗:李陵《与苏武诗》:"携手上河梁,游子暮何之?"

〔8〕彩鹢:彩船。金羁:金属制的马笼头。此指配有金羁的马。

〔9〕苍梧:即九疑山。

〔10〕垂:通"陲"。

# 五松山送殷淑[1]

秀色发江左[2]，风流奈若何。仲文了不还[3]，独立扬清波。载酒五松山，颓然白云歌。中天度落月，万里遥相过。抚酒惜此月，流光畏蹉跎[4]。明日别离去，连峰郁嵯峨。

〔1〕诗作于天宝十三载(754)，时李白在宣州南陵。五松山：在宣州南陵(今安徽南陵县)铜井西五里。殷淑：李白友人，李白又有《三山望金陵寄殷淑》、《送殷淑三首》等诗。

〔2〕江左：江东。

〔3〕仲文：殷仲文，晋人，"少有才藻，美容貌"。见《晋书·殷仲文传》。此喻指殷淑。

〔4〕流光：光阴。

# 送崔氏昆季之金陵[1]

放歌倚东楼[2]，行子期晓发。秋风渡江来，吹落山上月。主人出美酒，灭烛延清光[3]。二崔向金陵，安得不尽觞？水客弄归棹[4]，云帆卷轻霜。扁舟敬亭下[5]，五两先飘扬[6]。峡石入水花，碧流日更长。思君无岁月，西笑阻河梁。

〔1〕诗约作于天宝十二载(753)秋，作者时在宣城。昆季：兄弟。诗题全诗校："一作秋夜崔八丈水亭送别。"

〔2〕放：全诗校："一作吴。"

〔3〕延：引。

〔4〕水客：指船夫。

〔5〕敬亭：山名，在今安徽宣城。

〔6〕五两：古代测风器。用鸡毛五两(或八两)系于高竿顶上，以观测风的方向与

力量。

<br>

# 登黄山凌歊台送族弟溧阳尉济充<br>泛舟赴华阴<sub>得齐字</sub>[1]

鸾乃凤之族[2]，翱翔紫云霓。文章辉五色，双在琼树栖[3]。一朝各飞去，凤与鸾俱啼。炎赫五月中，朱曦烁河堤[4]。尔从泛舟役[5]，使我心魂凄。秦地无碧草[6]，南云喧鼓鼙[7]。君王减玉膳，早起思鸣鸡[8]。漕引救关辅[9]，疲人免涂泥。宰相作霖雨[10]，农夫得耕犁。静者伏草间，群才满金闺[11]。空手无壮士，穷居使人低。送君登黄山，长啸倚天梯。小舟若凫雁，大舟若鲸鲵。开帆散长风，舒卷与云齐。日入牛渚晦[12]，苍然夕烟迷。相思定何许，杳在洛阳西[13]。

<br>

〔1〕凌歊(xiāo)台：王琦注："《太平府志》：黄山在郡治(今安徽当涂)北五里……上有宋孝武避暑离宫及凌歊台遗址。"溧阳：即今江苏溧阳。华阴：即今陕西华阴。李白《溧阳濑水贞义女碑铭》："县尉广平宋涉、丹阳李济。"此诗所送即丹阳李济。

〔2〕鸾乃凤之族：《禽经注》："鸾者，凤凰之亚，始生类凤，久则五彩变易。"

〔3〕文章：指毛羽之文。琼树栖：传说凤凰食琼树之实，名曰琅玕。

〔4〕朱曦：指日。

〔5〕泛舟役：指任漕运之役。

〔6〕"秦地"句：据《旧唐书·玄宗纪》载，天宝六载、九载、十三载，长安一带久旱无雨，关中大饥。

〔7〕喧鼓鼙：指举行求雨的仪式。

〔8〕鸣鸡：王琦曰："当是民饥之讹。"

〔9〕漕引：犹漕运，指从水路运送粮食。关辅：关中三辅之地。此指京畿地区。

〔10〕作霖雨：殷高宗命傅说为相，曰："若岁大旱，用汝作霖雨。"

〔11〕静者：虚静恬淡的人，是为"道德之至"。说见《庄子·天道》。金闺：金马门，汉未央宫门名。武帝铸铜马立于门外，因名。此代指朝廷。

〔12〕牛渚：山名，在安徽当涂县西北。

〔13〕定：全诗校："一作在。"许：全诗校："一作所。"洛阳西：指华阴一带。

# 送储邕之武昌[1]

黄鹤西楼月[2],长江万里情。春风三十度,空忆武昌城。送尔难为别,衔杯惜未倾。湖连张乐地[3],山逐泛舟行。诺为楚人重[4],诗传谢朓清。沧浪吾有曲,寄入棹歌声[5]。

〔1〕诗约作于天宝十三载(754),时作者在池州。武昌:唐县名,在今湖北鄂城。

〔2〕黄鹤西楼:即黄鹤楼。西,全诗校:"一作高。"

〔3〕张乐地:《庄子·天运》:"帝张咸池之乐于洞庭之野。"詹锳《李白诗文系年》:"谢朓诗有'洞庭张乐地'之句,则送别之地似在巴陵附近。"

〔4〕"诺为"句:用季布事,谓楚人最重然诺,语本《史记·季布栾布列传》:"楚人谚曰:得黄金百斤,不如得季布一诺。"

〔5〕"沧浪"二句:《孟子·离娄》:"沧浪之水清兮,可以濯我缨;沧浪之水浊兮,可以濯我足。"沧浪,水滨之地,古代常用以指隐居之地。

# 卷十八

## 酬谈少府[1]

一尉居倏忽,梅生有仙骨[2]。三事或可羞[3],匈奴晒千秋[4]。壮心屈黄绶[5],浪迹寄沧洲。昨观荆岘作[6],如从云汉游。老夫当暮矣,蹀足惧骅骝[7]。

〔1〕少府:即县尉。

〔2〕"梅生"句:西汉末年,梅福为南昌县尉,后弃官,得道成仙。事见《汉书·梅福传》。此指谈少府。

〔3〕三事:指三公(汉指丞相、太尉、御史大夫)。

〔4〕"匈奴"句:汉武帝时车千秋素无才能,仅凭一言博得皇帝的宠信,旬月之间即升为宰相。后来匈奴单于知道此事,说:"汉置丞相非用贤也。"见《汉书·车千秋传》。

〔5〕黄绶:系官印的黄色丝带,县尉之类的官吏所用。

〔6〕荆岘:指襄州的荆山、岘山。

〔7〕蹀足:顿足。骅骝:赤色骏马,此喻指谈少府。

## 酬宇文少府见赠桃竹书筒[1]

桃竹书筒绮绣文[2],良工巧妙称绝群。灵心圆映三江月,彩质叠成五色云。中藏宝诀峨眉去[3],千里提携长忆君。

〔1〕桃竹:蜀地特产,赤皮滑劲,可编为席。书筒:藏书之筒,唐时之书皆作卷轴装,故可入筒。

〔2〕文:花纹。

〔3〕峨眉:峨眉山,在今四川峨眉山市西南。

# 五月东鲁行答汶上君<sup>[1]</sup>

五月梅始黄,蚕凋桑柘空<sup>[2]</sup>。鲁人重织作,机杼鸣帘栊<sup>[3]</sup>。顾余不及仕,学剑来山东<sup>[4]</sup>。举鞭访前途<sup>[5]</sup>,获笑汶上翁。下愚忽壮士<sup>[6]</sup>,未足论穷通。我以一箭书,能取聊城功。终然不受赏,羞与时人同<sup>[7]</sup>。西归去直道<sup>[8]</sup>,落日昏阴虹。此去尔勿言<sup>[9]</sup>,甘心如转蓬<sup>[10]</sup>。

〔1〕诗约作于开元二十七年(739)五月,时作者由安陆初至东鲁(今山东兖州一带)。汶上:指汶水流域。汶水在今山东省。君:全诗校:"一作翁。"
〔2〕蚕凋:指蚕老作茧。柘:柘树,其叶可以饲蚕。
〔3〕机杼:指织布机。帘栊:门帘与窗户。栊(lóng),窗户。
〔4〕山东:指华山以东地区。
〔5〕访前途:问路。
〔6〕下愚:指汶上翁。壮士:作者自指。
〔7〕"我以"四句:用鲁仲连事,《史记·鲁仲连邹阳列传》载:"齐田单攻聊城岁余,士卒多死而聊城不下。鲁连乃为书,约之矢以射城中,遗燕将。……燕将见鲁连书,泣三日,犹豫不能自决。"后守城燕将自杀而城破。田单"归而言鲁连,欲爵之。鲁连逃隐于海上,曰:吾与富贵而诎于人,宁贫贱而轻世肆志焉"。
〔8〕西归:指回长安求仕。
〔9〕此:全诗校:"一作我。"
〔10〕转蓬:蓬草随风飘转,故称。此指四处漂泊。

# 早秋单父南楼酬窦公衡<sup>[1]</sup>

白露见日灭,红颜随霜凋。别君若俯仰<sup>[2]</sup>,春芳辞秋条。泰山嵯峨夏云在,疑是白波涨东海。散为飞雨川上来,遥帷却卷清浮埃。知君独坐青轩下,此时结念同所怀<sup>[3]</sup>。我闭南楼看道书,幽帷清寂在仙居。曾无好事来相访<sup>[4]</sup>,赖尔高文一起予<sup>[5]</sup>。

〔1〕单父:在今山东单县。窦公衡:开元二十三年为越州剡县尉,见《太平广记》卷二二二引《定命录》。

〔2〕俯仰:犹瞬息,表示时间之短。

〔3〕同所怀:全诗校:"一作同怀者。"

〔4〕好事:好事者。《汉书·扬雄传》:"家素贫,嗜酒,人希至其门。时有好事者载酒肴从游学。"

〔5〕起予:能启发我,使我得到教益。《论语·八佾》:"子曰:'起予者,商也,始可与言《诗》已矣。'"


# 山中问答

问余何意栖碧山[1],笑而不答心自闲。桃花流水窅然去[2],别有天地非人间。

〔1〕意:全诗校:"一作事。"

〔2〕窅(yǎo)然:幽远貌。


# 答友人赠乌纱帽[1]

领得乌纱帽,全胜白接䍦[2]。山人不照镜[3],稚子道相宜。

〔1〕乌纱帽:唐人的一种便帽。

〔2〕接䍦:一种帽子。

〔3〕山人:诗人自指。


# 酬张司马赠墨

上党碧松烟[1],夷陵丹砂末[2]。兰麝凝珍墨[3],精光乃堪掇。黄头奴子双鸦鬟[4],锦囊养之怀袖间[5]。今日赠予兰亭去[6],兴来洒笔会稽山[7]。

〔1〕上党:唐郡名,即潞州,治所在今山西长治市。碧松烟:晁贯之《墨经》:"古用松烟、石墨二种,石墨自晋魏以后无闻。松烟之制尚矣,汉贵扶风、隃糜、终南山之松……晋贵九江庐山之松……唐则易州、潞州之松。上党松心尤先见贵。"

〔2〕夷陵:唐郡名,即峡州,治所在今湖北宜昌市。

〔3〕兰麝:合墨所用之物。《齐民要术》卷九《合墨法》:"墨糜一斤,以好胶五两……可下鸡子白去黄五颗,亦以真朱砂一两,麝香一两,别治细筛,都合调下铁白中,宁刚不宜泽,捣三万杵,杵多益善。"

〔4〕双鸦鬓:头上双髻,色黑如鸦。

〔5〕"锦囊"句:《墨经》:"凡蓄故墨,亦利频风日时,以手润泽之,时置于衣袖中弥善。"

〔6〕兰亭:晋穆帝永和九年三月三日,王羲之等四十二人于会稽山阴之兰亭宴集修禊,饮酒赋诗,汇为《兰亭集》,王羲之作《兰亭集序》。

〔7〕会稽山:在浙江绍兴市东南。


# 答湖州迦叶司马问白是何人 [1]


青莲居士谪仙人 [2],酒肆藏名三十春。湖州司马何须问,金粟如来是后身 [3]。

〔1〕湖州:治所在今浙江湖州。迦叶:王琦注:"《通志·氏族略》:'迦叶氏,西域天竺人。'"

〔2〕青莲居士:李白自号。谪仙人:李白《对酒忆贺监诗序》:"太子宾客贺公(知章)于长安紫极宫一见余,呼余为谪仙人。"

〔3〕金粟如来:佛名,即维摩诘之前身。


# 答长安崔少府叔封游终南翠微寺太宗皇帝金沙泉见寄 [1]


河伯见海若,傲然夸秋水 [2]。小物昧远图,宁知通方士 [3]?多君紫霄意 [4],独往苍山里。地古寒云深,岩高长风起。初登翠微岭,复憩金沙泉。

394

践苔朝霜滑,弄波夕月圆。饮彼石下流,结萝宿溪烟。鼎湖梦渌水,龙驾空茫然[5]。早行子午关[6],却登山路远[7]。拂琴听霜猿,灭烛乃星饭[8]。人烟无明异,鸟道绝往还。攀崖倒青天,下视白日晚。既过石门隐[9],还唱石潭歌。涉雪搴紫芳[10],濯缨想清波[11]。此人不可见,此地君自过。为余谢风泉,其如幽意何!

〔1〕翠微寺:在唐长安县南终南山太和谷。

〔2〕"河伯"二句:《庄子·秋水》:"秋水时至,百川灌河。泾流之大,两涘渚崖之间,不辨牛马。于是焉河伯欣然自喜,以天下之美为尽在己。顺流而东行,至于北海,东面而视,不见水端。于是焉河伯始旋其面目,望洋向若而叹曰:'野语有之曰:闻道百,以为莫己若者,我之谓也。'"河伯,河神。若,海神。

〔3〕昧:不明。通方士:通晓大道之人。《汉书·韩安国传》:"通方之士,不可以文乱。"颜师古注:"方,道也。"

〔4〕多:赞赏。

〔5〕鼎湖:《史记·封禅书》载黄帝铸鼎于荆山下,有龙垂胡髯迎黄帝上天,因名其处为鼎湖。龙驾:指唐太宗的车驾。此二句借黄帝升天的传说指太宗驾崩。据《旧唐书·太宗纪》,太宗贞观二十三年四月幸翠微宫,五月,崩于宫中之含风殿。空,全诗校:"一作何。"

〔6〕子午关:在唐长安县南一百里子午道上。子午道,即子午谷。为古时自关中至汉中的通道。始辟于西汉元始五年,北自杜陵(今西安市东南)穿越秦岭,南口在今安康市境,南朝梁时另开新路,南口改在今宁陕县。关,全诗校:"一作间。又作峰。"

〔7〕此句全诗校:"一作却叹山路远,又作颇识关路远。"

〔8〕星饭:借着星光进餐。

〔9〕石门:在今陕西褒斜道(秦岭南北通道之一)上。

〔10〕搴:拔取。紫芳:紫芝。

〔11〕濯缨:《楚辞·渔父》:"渔父莞尔而笑,鼓枻而去,乃歌曰:'沧浪之水清兮,可以濯吾缨;沧浪之水浊兮,可以濯吾足。'遂去,不复与言。"

# 酬崔五郎中[1]

朔云横高天,万里起秋色。壮士心飞扬,落日空叹息。长啸出原野,凛然寒风生。幸遭圣明时[2]，功业犹未成。奈何怀良图，郁悒独愁坐[3]。杖策寻英豪[4]，立谈乃知我。崔公生民秀，缅邈青云姿[5]。制作参造化，托讽含神祇[6]。海岳尚可倾，吐诺终不移。是时霜飙寒，逸兴临华池。起舞拂长剑，四座皆扬眉。因得穷欢情[7]，赠我以新诗。又结汗漫期，九垓远相待[8]。举身憩蓬壶[9]，濯足弄沧海。从此凌倒景[10]，一去无时还。朝游明光宫，暮入阊阖关[11]。但得长把袂[12]，何必嵩丘山[13]。

〔1〕诗约作于开元十九年(731)，时李白在长安。崔五郎中：即崔宗之。宗之作《赠李十二》诗(今存)，白因作此诗答之。

〔2〕遭：遇。

〔3〕郁悒：苦闷，忧愁。独愁坐：全诗校："一作空独坐。"

〔4〕"杖策"句：用邓禹事，邓禹幼与刘秀相善，刘秀起兵讨王莽，邓禹"杖策北渡，追及于邺。光武见之甚欢"。见《后汉书·邓禹传》。

〔5〕"崔公"二句：颜延之《五君咏》："仲容青云器，实禀生民秀。"

〔6〕制作：指崔宗之的诗文。造化：创造化育，指天、自然。神祇：古代称天神为神，地神为祇。

〔7〕穷：极尽。

〔8〕"又结"二句：《淮南子·道应训》载，卢敖漫游北海时逢一士，希望他跟自己为友，"若士者龁然而笑曰：'……吾与汗漫期于九垓之外，吾不可以久驻。'若士举臂而竦身，遂入云中"。

〔9〕蓬壶：即蓬莱，传说中的海上仙山。

〔10〕凌倒景：此谓成仙。倒景，道家指天上最高处。

〔11〕明光：传说中在东极的仙山丹峦。见《楚辞·九怀》王逸注。阊阖：传说中的天门。

〔12〕把袂：握袖，指亲密相处。

〔13〕"何必"句：崔宗之《赠李十二白》："我家有别业，寄在嵩之阳。……子若同斯游，千载不相忘。"


# 以诗代书答元丹丘[1]


青鸟海上来[2]，今朝发何处？口衔云锦字[3]，与我忽飞去。鸟去凌紫烟，书留绮窗前。开缄方一笑,乃是故人传。故人深相勖,忆我劳心曲[4]。离居在咸阳,三见秦草绿。置书双袂间,引领不暂闲[5]。长望杳难见[6],浮云横远山。

〔1〕诗约作于开元二十一年(733),时作者在长安。元丹丘:李白之友。
〔2〕青鸟:神话中鸟名,西王母的使者。见《山海经·大荒西经》。
〔3〕云锦:锦的一种。字:全诗校:"一作书。"
〔4〕心曲:心之深处。
〔5〕引领:伸长脖子,形容盼望之殷切。
〔6〕望:全诗校:"一作叹。"

# 金门答苏秀才[1]

君还石门日,朱火始改木[2]。春草如有情,山中尚含绿。折芳愧遥忆,永路当自勖[3]。远见故人心,平生以此足。巨海纳百川,麟阁多才贤[4]。献书入金阙,酌醴奉琼筵[5]。屡忝白云唱[6],恭闻黄竹篇[7]。恩光照拙薄,云汉希腾迁[8]。铭鼎倘云遂,扁舟方渺然[9]。我留在金门,君去卧丹壑。未果三山期[10],遥欣一丘乐[11]。玄珠寄象罔[12],赤水非寥廓[13]。愿狎东海鸥[14],共营西山药[15]。栖岩君寂灭[16],处世余龙蠖[17]。良辰不同赏,永日应闲居[18]。鸟吟檐间树,花落窗下书。缘溪见绿筱,隔岫窥红蕖。采薇行笑歌,眷我情何已[19]。月出石镜间,松鸣风琴里。得心自虚妙,外物空颓靡。身世如两忘[20],从君老烟水。

〔1〕此诗作于李白供奉翰林之时。金门:即金马门,汉未央宫门名。武帝铸铜马立于门外,因名。
〔2〕朱火:即夏天。改木:古代不同的季节用不同的树木做钻火之材。
〔3〕永路:谓人生之长路。自:原作"日",据王琦本改。
〔4〕麟阁:麒麟阁的省称。麒麟阁为汉宫中阁名,是宫廷藏秘书、处贤才之所。唐人常借以指秘书省或翰林院。王琦注:"'巨海'二句,是正喻对写句法,言麟阁之广集才贤,犹巨海之受纳百川,甚言其多也。"
〔5〕金阙:宫阙。醴:甜酒。琼筵:指皇帝宴群臣之席。

〔6〕白云唱:周穆王西游,与西王母宴于瑶池之上。西王母为穆王歌曰:"白云在天,丘陵自出。道里悠远,山川间之。将子无死,尚能复来。"见《穆天子传》卷三。

〔7〕黄竹篇:诗篇名。传说周穆王南游,"日中大寒,北风雨雪,有冻人,天子作诗三章以哀民"。其首句为"我徂黄竹,"后世题为《黄竹诗》。见《穆天子传》卷五。

〔8〕拙薄:性拙才薄,诗人自谦之辞。云汉:天河。此指希求致身青云之上。

〔9〕铭鼎:《礼记·祭统》:"夫鼎有铭。铭者,自名也,自名以称扬其先祖之美而明著之后世者也。"遂:成,如愿。扁舟:小船。范蠡佐越王勾践灭吴后"乘轻舟以浮于五湖,莫知其所终极"。见《国语·越语下》。

〔10〕三山:指神说中的东海三神山蓬莱、方丈、瀛洲。见《史记·封禅书》。

〔11〕一丘乐:隐居之乐,《汉书·叙传上》:"渔钓于一壑,则万物不奸其志;栖迟于一丘,则天下不易其乐。"

〔12〕"玄珠"句:《庄子·天地》:"黄帝游乎赤水之北,登乎昆仑之丘而南望,还归,遗其玄珠。使知索之而不得……乃使象罔,象罔得之。"

〔13〕寥廓:高远空阔。

〔14〕狎鸥:《世说新语·言语》:"澄以石虎为海鸥鸟"注引《庄子》:"海上之人好鸥者,每旦之海上,从鸥游,鸥之至者数百而不止。其父曰:'吾闻鸥鸟从汝游,取来玩之。'明日之海上,鸥舞而不下。"

〔15〕西山药:即仙药。曹丕《折杨柳行》谓西山之上有两仙童,"与我一丸药",服之即羽化登仙。

〔16〕寂灭:此指心无欲求、与世无争的境界。

〔17〕龙蠖:指潜龙与尺蠖。《易·系辞下》:"尺蠖之屈,以求信(伸)也;龙蛇之蛰,以存身也。"

〔18〕永日:终日。

〔19〕"采薇"二句:意本《诗·召南·草虫》:"陟彼南山,言采其薇。未见君子,我心伤悲。"

〔20〕身世:自身与人世。鲍照《咏史》:"君平独寂寞,身世两相弃。"

# 酬坊州王司马与阎正字对雪见赠[1]

游子东南来,自宛适京国[2]。飘然无心云,倏忽复西北。访戴昔未偶[3],寻嵇此相得[4]。愁颜发新欢,终宴叙前识。阎公汉庭旧,沉郁富才力。价重铜龙楼,声高重门侧[5]。宁期此相遇,华馆陪游息。积雪明远峰,寒城锁春色。主人苍生望<sup>[6]</sup>，假我青云翼<sup>[7]</sup>。风水如见资<sup>[8]</sup>，投竿佐皇极<sup>[9]</sup>。

〔1〕诗作于开元十八年(730)，时李白由邠州来到坊州。坊州：治所在今陕西黄陵东南。正字：唐东宫司经局置正字二人，从九品上。王琦谓阎正字或即阎宽，天宝中为太子正字。参见《宝刻丛编》卷三、《金石录》卷七。

〔2〕宛：县名，即今河南南阳市。

〔3〕访戴：用王子猷雪夜访戴安道之典故。

〔4〕寻嵇：《晋书·嵇康传》："东平吕安服康高致，每一相思，辄千里命驾。"

〔5〕铜龙楼：指东宫。《汉书·成帝纪》："上尝急召，太子出龙楼门。"注："门楼上有铜龙，若白鹤、飞廉之为名也。"重门：宫门。

〔6〕苍生望：百姓的期望。谢安隐居东山，朝命屡降而不起，时人语曰："安石不肯出，将如苍生何？"见《世说新语·排调》。

〔7〕假：借。

〔8〕资：助。

〔9〕"投竿"句：用吕尚事，姜太公吕尚年老穷困，垂钓于渭水之滨。周文王出猎，遇之，与语，大悦，立为师。后佐武王兴周灭殷。事见《史记·齐太公世家》。皇极，指帝王或王室。

# 酬中都小吏携斗酒双鱼于逆旅见赠<sup>[1]</sup>

鲁酒若琥珀<sup>[2]</sup>，汶鱼紫锦鳞。山东豪吏有俊气，手携此物赠远人。意气相倾两相顾，斗酒双鱼表情素<sup>[3]</sup>。双鳃呀呷鳍鬣张，跋刺银盘欲飞去<sup>[4]</sup>。呼儿拂几霜刃挥，红肌花落白雪霏<sup>[5]</sup>。为君下箸一餐饱<sup>[6]</sup>，醉著金鞍上马归。

〔1〕中都：唐县名。《新唐书·地理志》："中都，上。本平陆，隶兖州，天宝元年更名。"在今山东汶上县。

〔2〕若琥珀：全诗校："一作琥珀色。"

〔3〕全诗校："一本此下有'酒来我饮之，鲙作别离处'二句。"

〔4〕呀呷：吞吐貌。跋刺：象声词，指鱼尾摆动之声。

〔5〕"红肌"句：王琦注："张协《七命》：'命支离，飞霜锷。红肌绮散，素肤雪落。'

太白意本于此,谓其红者如花,白者如雪也。"霏,雪貌。

〔6〕饱:全诗校:"一作罢。"

# 酬张卿夜宿南陵见赠

月出鲁城东[1],明如天上雪。鲁女惊莎鸡,鸣机应秋节[2]。当君相思夜,火落金风高[3]。河汉挂户牖,欲济无轻舠[4]。我昔辞林丘,云龙忽相见[5]。客星动太微,朝去洛阳殿[6]。尔来得茂彦[7],七叶仕汉余[8]。身为下邳客,家有圯桥书[9]。傅说未梦时,终当起岩野[10]。万古骑辰星[11],光辉照天下。与君各未遇,长策委蒿莱。宝刀隐玉匣,锈涩空莓苔。遂令世上愚,轻我土与灰。一朝攀龙去,蛙黾安在哉[12]?故山定有酒,与尔倾金罍。

〔1〕鲁城:指兖州城。兖州天宝元年改为鲁郡。

〔2〕莎鸡:虫名,即"纺织娘"。王琦注:"惊,犹'趣织鸣,懒妇惊'之意。"鸣机:织机鸣,指纺织。

〔3〕火:星名,即二十八宿的心宿,至秋则西行而下落。金风:秋风。

〔4〕轻舠:小船。

〔5〕云龙:《易·乾》:"云从龙,风从虎。"喻君臣遇合。

〔6〕"客星"二句:用严光事,汉光武帝请严光出山,光拒之,帝与之共卧,夜中,光以足加帝腹上。明日,太史奏:"客星犯御座甚急。"见《后汉书·严光传》。太微,星名,《晋书·天文志》:"太微,天子庭也,五帝之座也。"此二句言己被放还山。

〔7〕尔来:自那时以来。茂彦:有才德的人。

〔8〕"七叶"句:汉金日磾一门自汉武帝至平帝七代皆为贵官,十分显赫。见《汉书·金日磾传》。七叶,七世。

〔9〕"身为"二句:用张良事。《史记·留侯世家》载,张良曾于邳圯(桥)上遇一老人,老人授以《太公兵法》。

〔10〕"傅说"二句:傅说操筑于傅岩(在今山西平陆县东),殷高宗得之,命为相,致殷中兴。见《尚书·说命》。

〔11〕骑辰星:《淮南子·览冥训》:"此傅说之所以骑辰尾也。"高诱注:"(傅说)为高宗成八十一符,致中兴也,死托精于辰尾星。"

〔12〕攀龙:依附帝王以建功立业。《易·乾》:"九五,飞龙在天。"蛙黾:《楚辞·七谏》:"鸡鹜满堂坛兮,蛙黾游乎华池。"王注:"蛙黾(蛤蟆)喻谗谀弄口得志也。"

# 酬岑勋见寻就元丹丘
# 对酒相待以诗见招[1]

黄鹤东南来,寄书写心曲。倚松开其缄,忆我肠断续。不以千里遥,命驾来相招[2]。中逢元丹丘,登岭宴碧霄。对酒忽思我,长啸临清飙[3]。塞予未相知[4],茫茫绿云垂。俄然素书及,解此长渴饥。策马望山月,途穷造阶墀[5]。喜兹一会面,若睹琼树枝[6]。忆君我远来,我欢方速至。开颜酌美酒,乐极忽成醉。我情既不浅,君意方亦深。相知两相得,一顾轻千金[7]。且向山客笑,与君论素心[8]。

〔1〕岑勋:詹锳《李白诗文系年》:"按勋盖李诗中岑征君也。"李白友人,因曾被朝廷征聘,故李白又称其为"岑征君"。

〔2〕命驾:命御者驾车,即刻动身之意。

〔3〕清飙:清风。

〔4〕塞:发语词。

〔5〕阶墀(chí):台阶。

〔6〕琼树枝:形容风神之美。《世说新语·赏誉》载,王戎称美王衍"神姿高彻,如瑶林琼树,自然是风尘外物"。

〔7〕"一顾"句:《战国策·燕策二》:"人有卖骏马者,比三旦立市,人莫之知。……伯乐乃还而视之,去而顾之,一旦而马价十倍。"

〔8〕素心:本心,平素之心。

# 答从弟幼成过西园见赠[1]

一身自潇洒,万物何嚣喧[2]。拙薄谢明时[3],栖闲归故园。二季过旧壑,四邻驰华轩[4]。衣剑照松宇,宾徒光石门。山童荐珍果,野老开芳樽。上陈樵渔事,下叙农圃言。昨来荷花满,今见兰苕繁[5]。一笑复一歌,不知夕景昏[6]。醉罢同所乐,此情难具论。

〔1〕诗约作于开元二十五年(737),时李白在安陆。

〔2〕嚣喧:喧哗,吵闹,指人事纷争。

〔3〕拙薄:性拙才薄,诗人自谦之辞。

〔4〕二季:指幼成、令问两位从弟。华轩:华美的车驾。

〔5〕兰苕:春兰之花。郭璞《游仙诗》:"翡翠戏兰苕。"李善注:"兰苕,兰秀也。"

〔6〕夕景:夕阳。


# 酬王补阙惠翼庄庙宋丞泚赠别[1]


学道三十春,自言羲皇人[2]。轩盖宛若梦[3],云松长相亲。偶将二公合,复与三山邻[4]。喜结海上契,自为天外宾。鸾翮我先铩,龙性君莫驯[5]。朴散不尚古[6],时讹皆失真[7]。忽踏荒溪波[8],曷来浩然津[9]。薜带何辞楚[10],桃源堪避秦[11]。世迫且离别,心在期隐沦[12]。酬赠非炯诫[13],永言铭佩绅[14]。

〔1〕王琦注:"诗题疑有舛错。按:睿宗子申王㧑,开元八年薨,谥惠庄太子。宋泚必为惠庄太子陵庙丞者也。翼则王补阙之名耳。'惠翼'当作'翼惠'为是。"

〔2〕羲皇人:陶渊明《与子俨等疏》:"常言五六月中,北窗下卧,遇凉风暂至,自谓是羲皇上人。"羲皇,传说中上古时代的伏羲氏。皇,原作"和",据王琦本改。

〔3〕轩盖:指贵官所乘之车。

〔4〕三山:传说中的海上三座仙山。

〔5〕"鸾翮"二句:语本颜延年《五君咏》:"鸾翮有时铩,龙性谁能驯?"翮,羽茎。铩,伤残。

〔6〕朴散:王琦注:"谓淳朴之风散失也。"

〔7〕时讹:谓世风欺诈。

〔8〕荒溪波:喻指混乱的时政。波,原作"坡",据王琦本改。

〔9〕曷来:为何不来。张相《诗词曲语辞汇释》:"言何不来浩然津也。浩然津犹云宽闲之野,寂寞之滨。"

〔10〕薜带：屈原《九歌·山鬼》："若有人兮山之阿，被薜荔兮带女萝。"

〔11〕"桃源"句：用陶渊明《桃花源记》的典故。

〔12〕世迫：世事危急。隐沦：指隐居、隐士。

〔13〕炯诫：即明戒。班固《幽通赋》："既讯尔以吉象兮，又申之以炯戒。"

〔14〕铭佩绅：犹言铭佩，感念不忘之意。《论语·卫灵公》："子张书诸绅。"邢昺疏："子张以孔子之言书之绅带，意其佩服无忽忘也。"

# 酬裴侍御对雨感时见赠

雨色秋来寒，风严清江爽。孤高绣衣人[1]，潇洒青霞赏[2]。平生多感激，忠义非外奖[3]。祸连积怨生，事及徂川往[4]。楚邦有壮士，鄢郢翻扫荡。申包哭秦庭，泣血将安仰？鞭尸辱已及，堂上罗宿莽[5]。颇似今之人，蟊贼陷忠谠[6]。渺然一水隔，何由税归鞅[7]？日夕听猿愁，怀贤盈梦想。

〔1〕绣衣人：谓御史，此指裴侍御。

〔2〕青霞：江淹《恨赋》："郁青霞之奇意。"李善注："青霞奇意，志意高也。"

〔3〕外奖：指外物的激励。

〔4〕徂川：逝去之水。

〔5〕"楚邦"六句：用伍子胥与申包胥事。《左传·定公四年》载，楚昭王十年，吴军伐楚，入郢。昭王出奔，楚大夫申包胥求救于秦，哭于秦庭七日七夜，秦乃出兵救楚，击败吴军。《史记·伍子胥列传》："及吴兵入郢，伍子胥求昭王既不得，乃掘楚平王墓，出其尸，鞭之三百然后已。"鄢，楚地，在今湖北宜城。宿莽，《离骚》王逸注："草冬生不死者，楚人名之曰宿莽。"

〔6〕蟊贼：害稼之虫，此喻奸恶之人。忠谠：忠直之士。

〔7〕"何由"句：语本谢朓《京路夜发》："无由税归鞅。"李周翰注："税，息也。鞅，驾也。"

# 酬崔侍御[1]

严陵不从万乘游，归卧空山钓碧流。自是客星辞帝坐[2]，元非太白醉扬州[3]。

〔1〕诗约作于天宝六载(747),时作者正在江南漫游。全诗校:"一本此下有成甫二字。"

〔2〕"严陵"三句:用严光自比。《后汉书·本传》载,严光少与刘秀同游学,及刘秀即位为帝后,乃变名姓,隐身不见。又载,严光与光武帝共卧,光以足加帝腹上。明日,太史奏客星犯御座甚急,帝笑曰:"朕故人严子陵共卧耳。"

〔3〕"元非"句:崔成甫《赠李十二白》云:"天外常求太白老,金陵捉得酒仙人。"本诗即答成甫此诗者。

# 玩月金陵城西孙楚酒楼达曙歌吹日晚乘醉著紫绮裘乌纱巾与酒客数人棹歌秦淮往石头访崔四侍御[1]

昨玩西城月,青天垂玉钩。朝沽金陵酒,歌吹孙楚楼。忽忆绣衣人[2],乘船往石头。草裹乌纱巾,倒被紫绮裘[3]。两岸拍手笑,疑是王子猷[4]。酒客十数公,崩腾醉中流。谑浪掉海客[5],喧呼傲阳侯[6]。半道逢吴姬,卷帘出揶揄[7]。我忆君到此,不知狂与羞。月下一见君,三杯便回桡[8]。舍舟共连袂,行上南渡桥。兴发歌绿水[9],秦客为之摇[10]。鸡鸣复相招,清宴逸云霄。赠我数百字,字字凌风飙。系之衣裘上,相忆每长谣[11]。

〔1〕诗约作于天宝六载(747),时李白在金陵。乌纱巾:即乌纱帽,是唐人平时所戴的便帽。秦淮:秦淮河,长江下游支流,流经今江苏南京市。石头:石头城,故址在今江苏南京市清凉山。崔四侍御:即崔成甫。

〔2〕绣衣人:即崔成甫,时为监察御史。

〔3〕被:即"披"。

〔4〕王子猷:晋人,为人旷放,有雪夜乘舟访戴的佳话。

〔5〕掉海客:指晋人谢安。据《晋书·谢安传》载:谢安曾与孙绰等人泛海远游,风起浪涌,诸人皆惧,唯谢安吟啸自若。众咸服其雅量。掉,原作"棹",从王琦本改。

〔6〕阳侯:波神。

〔7〕揶揄:戏弄,侮弄。《东观汉记·王霸传》:"市人皆大笑,举手揶揄之。"

〔8〕月下:原作"一月",全诗校云:"一作月下。"桡:桨。

〔9〕绿水:乐曲名。

〔10〕摇:谓心动神摇。

〔11〕长谣:长歌。

# 江上答崔宣城<sup>〔1〕</sup>

太华三芙蓉,明星玉女峰<sup>〔2〕</sup>。寻仙下西岳,陶令忽相逢<sup>〔3〕</sup>。问我将何事,湍波历几重<sup>〔4〕</sup>?貂裘非季子<sup>〔5〕</sup>,鹤氅似王恭<sup>〔6〕</sup>。谬忝燕台召,而陪郭隗踪<sup>〔7〕</sup>。水流知入海,云去或从龙。树绕芦洲月,山鸣鹊镇钟<sup>〔8〕</sup>。还期如可访,台岭荫长松<sup>〔9〕</sup>。

〔1〕崔宣城:宣城县令崔钦,见李白《赵公西侯新亭颂》。

〔2〕太华:即西岳华山,在今陕西华阴县南,有芙蓉(莲花峰,上又有三峰)、明星、玉女三峰。

〔3〕陶令:陶渊明,曾为彭泽令。此喻指崔钦。

〔4〕湍波:急流。

〔5〕季子:苏秦字季子。《战国策·赵策一》:"李兑送苏秦……黑貂之裘,黄金百镒,苏秦得以为用,西入于秦。"

〔6〕"鹤氅"句:《世说新语·企羡》:"孟昶未达时,家在京口。尝见王恭乘高舆,被鹤氅裘。于时微雪,昶于篱间窥之,叹曰:'此真神仙中人!'"

〔7〕燕台:即黄金台,故址在今河北易县东南。传说"燕昭王置千金于台上,以延天下之士"。见《文选》鲍照《代放歌行》李善注引《上谷郡图经》。郭隗:燕昭王谋士。燕昭王采纳他的建议,筑台拜郭隗为师,于是"士争趋燕"。见《史记·燕召公世家》。二句指李白供奉翰林事。

〔8〕芦洲、鹊镇:皆地名,在今安徽南陵县附近。

〔9〕台岭:即天台山。孙绰《游天台山赋》:"苟台岭之可攀,亦何羡于层城?"又曰:"荫落落之长松。"

# 答族侄僧中孚赠玉泉仙人掌茶<sub>并序</sub>

余闻荆州玉泉寺近清溪诸山[1]，山洞往往有乳窟，窟中多玉泉交流。其中有白蝙蝠，大如鸦。按《仙经》：蝙蝠一名仙鼠，千岁之后，体白如雪，栖则倒悬，盖饮乳水而长生也。其水边处处有茗草罗生[2]，枝叶如碧玉。唯玉泉真公常采而饮之[3]，年八十余岁，颜色如桃花。而此茗清香滑熟，异于他者，所以能还童振枯，扶人寿也[4]。余游金陵，见宗僧中孚，示余茶数十片，拳然重叠，其状如手，号为仙人掌茶。盖新出乎玉泉之山，旷古未觌[5]，因持之见遗，兼赠诗，要余答之，遂有此作。后之高僧大隐知仙人掌茶发乎中孚禅子及青莲居士李白也。

常闻玉泉山，山洞多乳窟。仙鼠如白鸦，倒悬清溪月。茗生此中石，玉泉流不歇。根柯洒芳津，采服润肌骨。丛老卷绿叶，枝枝相接连。曝成仙人掌，似拍洪崖肩[6]。举世未见之，其名定谁传？宗英乃禅伯[7]，投赠有佳篇。清镜烛无盐，顾惭西子妍[8]。朝坐有余兴，长吟播诸天[9]。

〔1〕玉泉寺：在今湖北当阳市西玉泉山下，隋大业间建。《方舆胜览》卷二九："玉泉寺，在当阳市西南二十里玉泉山。"清溪诸山：在当阳县西北。《述异记》："荆州清溪、秀壁诸山，山洞往往有乳窟，窟中多玉泉交流。中有白蝙蝠，大如鸦。按《仙经》云：蝙蝠一名仙鼠，千载之后，体白如银，栖即倒悬，盖饮乳水而长生也。"

〔2〕茗：茶。

〔3〕玉泉真公：王琦注："吕温《南岳弥陀寺承远和尚碑》：'开元二十三年，至荆州玉泉寺谒兰若真和尚。'即玉泉真公也。"

〔4〕扶人寿：使人长寿。

〔5〕觌(dí)：见。

〔6〕洪崖：仙人名。

〔7〕宗英：同宗之英杰，指中孚。

〔8〕无盐：古丑女名。西子：西施。二句自比无盐，而以西施誉中孚。

〔9〕诸天：佛教谓欲界有十天，色界有十八天，无色界有四天，合有三十二天，总称诸天。见《法苑珠林》卷二《诸天部》。

# 酬裴侍御留岫师弹琴见寄[1]

君同鲍明远,邀彼休上人[2]。鼓琴乱白雪[3],秋变江上春。瑶草绿未衰,
攀翻寄情亲[4]。相思两不见,流泪空盈巾。

〔1〕岫师:僧人名。
〔2〕鲍明远:鲍照字明远。休上人:即僧人惠休。鲍照与休上人尝以诗相赠答。
〔3〕白雪:琴曲名,传说为师旷所作。
〔4〕攀翻:攀折。

# 张相公出镇荆州寻除太子詹事余时<br>流夜郎行至江夏与张公相去千里<br>公因太府丞王昔使车寄罗衣二事<br>及五月五日赠余诗余答以此诗[1]

张衡殊不乐,应有四愁诗[2]。惭君锦绣段,赠我慰相思[3]。鸿鹄复矫翼,
凤凰忆故池[4]。荣乐一如此,商山老紫芝[5]。

〔1〕此诗作于乾元元年(758)。张相公:张镐。《旧唐书·张镐传》:"肃宗以镐不
切事机,遂罢相位,授荆州大都督府长史……寻征为太子宾客。"此云"詹事",当为传
闻之误。相去:原无"相"字,据王琦本补。太府丞:太府寺属官。使车:使者乘坐的
车。

〔2〕"张衡"二句:东汉顺帝时,朝政昏暗。张衡出为河间相,"郁郁不得志,为《四
愁诗》"。诗见《文选》卷二九。

〔3〕"惭君"二句:语本《四愁诗》:"美人赠我锦绣段。"

〔4〕故池:指凤凰池,即中书省。张镐出镇荆州前宫中书侍郎、同平章事,故曰
"忆故池"。

〔5〕"商山"句:传说秦末商山四皓退隐蓝田山时作《紫芝曲》,其中有"晔晔紫芝,

407

可以疗饥"之句。

## 醉后答丁十八以诗讥余搥碎黄鹤楼[1]

黄鹤高楼已搥碎,黄鹤仙人无所依[2]。黄鹤上天诉玉帝,却放黄鹤江南归。神明太守再雕饰,新图粉壁还芳菲。一州笑我为狂客,少年往往来相讥。君平帘下谁家子[3],云是辽东丁令威[4]。作诗调我惊逸兴,白云绕笔窗前飞。待取明朝酒醒罢,与君烂漫寻春晖。

〔1〕全诗注:"此诗,杨慎云是伪作。"搥碎黄鹤楼:李白《江夏赠韦南陵冰》云:"我且为君搥碎黄鹤楼,君亦为吾倒却鹦鹉洲。"

〔2〕黄鹤仙人:指仙人子安,传说他曾乘黄鹤过此,遂以名楼。见《南齐书·州郡志》。

〔3〕"君平"句:严君平为西汉蜀郡人,卖卜于成都,日得百钱,足以自养,即闭肆下帘读《老子》。事见《汉书·王吉传序》。

〔4〕丁令威:《搜神后记》卷一载,辽东人丁令威学道成仙,后化鹤归辽,时人不识,举弓射之。丁令威歌曰:"有鸟有鸟丁令威,去家千年今始归,城郭如故人民非……"此借指丁十八。

## 答裴侍御先行至石头驿以书见招期月满泛洞庭[1]

君至石头驿,寄书黄鹤楼。开缄识远意,速此南行舟。风水无定准,湍波或滞留。忆昨新月生,西檐若琼钩。今来何所似,破镜悬清秋[2]。恨不三五明[3],平湖泛澄流。此欢竟莫遂,狂杀王子猷[4]。巴陵定近远[5],持赠解人忧。

〔1〕石头驿:《求阙斋读书录》:"石头驿在嘉鱼之上,白螺矶之下,去岳州百五十

里。"

〔2〕破镜:未圆之月。

〔3〕三五:农历每月十五日。《古诗十九首》其十七:"三五明月满。"

〔4〕狂:全诗校:"一作枉。"

〔5〕巴陵:郡名,治所在今湖南岳阳。

# 答高山人兼呈权顾二侯

虹霓掩天光,哲后起康济[1]。应运生夔龙[2],开元扫氛翳。太微廓金镜,端拱清遐裔[3]。轻尘集嵩岳,虚点盛明意[4]。谬挥紫泥诏,献纳青云际[5]。谗惑英主心,恩疏佞臣计。彷徨庭阙下,叹息光阴逝[6]。未作仲宣诗,先流贾生涕[7]。挂帆秋江上,不为云罗制。山海向东倾,百川无尽势,我于鸱夷子[8],相去千余岁。运阔英达稀,同风遥执袂。登舻望远水,忽见沧浪枻[9]。高士何处来,虚舟渺安系[10]?衣貌本淳古,文章多佳丽。延引故乡人,风义未沦替。顾侯达语默[11],权子识通蔽[12]。曾是无心云,俱为此留滞。双萍易飘转,独鹤思凌厉[13]。明晨去潇湘,共谒苍梧帝[14]。

〔1〕虹霓:杨齐贤注:"虹霓指太平公主辈,哲后指玄宗。"康济:安民济众。

〔2〕夔龙:舜之二臣。此指辅佐哲后的贤臣。

〔3〕太微:指太子之庭。金镜:喻明道。端拱:端坐拱手,旧时指帝王无为而治。遐裔:远方。以上六句写玄宗即位和开元之治。

〔4〕"轻尘"句:语本《隋书》:"涓流赴海,诚心屡竭;轻尘集岳,功力盖微。"点:通"玷"。

〔5〕挥:指起草。紫泥诏:即诏书,皇帝诏书封袋用紫泥封口,泥上盖印,故称紫泥诏或紫泥书。青云际:指朝廷。

〔6〕以上八句写诗人待诏翰林及被谗事。

〔7〕仲宣:王粲字仲宣,有《七哀诗》曰:"复弃中国去,委身适荆蛮。……南登霸陵岸,回首望长安。"贾生涕:西汉贾谊上疏文帝,称当时天下事势,"可为痛哭者一,可为流涕者二,可为长太息者六"。事见《汉书·贾谊传》。

〔8〕鸱夷子:即鸱夷子皮,范蠡的别号,见《史记·货殖列传》。

〔9〕枻:楫。"沧浪枻"用《楚辞·渔父》事。

〔10〕虚舟:《庄子·列御寇》:"巧者劳而智者忧,无能者无所求,饱食而敖游,泛若不系之舟,虚而敖游者也。"

〔11〕语默:《易·系辞》:"君子之道,或出或处,或默或语。"

〔12〕权子:疑指权昭夷。见李白《金陵与诸贤送权十一序》。通蔽:犹通塞。《易·节》:"象曰:不出户庭,知通塞也。"

〔13〕双萍:喻权、顾二人。独鹤:喻高山人。凌厉:疾飞。

〔14〕苍梧帝:指虞舜,《史记·五帝本纪》:"(舜)践帝位三十九年,南巡狩,崩于苍梧之野。葬于江南九疑,是为零陵。"

# 答杜秀才五松山见赠〔1〕

昔献长杨赋〔2〕,天开云雨欢。当时待诏承明里〔3〕,皆道扬雄才可观。敕赐飞龙二天马〔4〕,黄金络头白玉鞍。浮云蔽日去不返,总为秋风摧紫兰。角巾东出商山道,采秀行歌咏芝草〔5〕。路逢园绮笑向人〔6〕,两君解来一何好!闻道金陵龙虎盘〔7〕,还同谢朓望长安〔8〕。千峰夹水向秋浦,五松名山当夏寒。铜井炎炉歊九天〔9〕,赫如铸鼎荆山前〔10〕。陶公矍铄呵赤电〔11〕,回禄睢盱扬紫烟〔12〕。此中岂是久留处,便欲烧丹从列仙。爱听松风且高卧,飕飕吹尽炎氛过。登崖独立望九州,阳春欲奏谁相和〔13〕?闻君往年游锦城,章仇尚书倒屣迎〔14〕。飞笺络绎奏明主,天书降问回恩荣。肮脏不能就珪组〔15〕,至今空扬高蹈名。夫子工文绝世奇,五松新作天下推。吾非谢尚邀彦伯〔16〕,异代风流各一时。一时相逢乐在今,袖拂白云开素琴,弹为三峡流泉音〔17〕。从兹一别武陵去,去后桃花春水深〔18〕。

〔1〕题下全诗注:"五松山在南陵铜坑西五六里。"五松山:在今安徽铜陵市南。诗题原无"山"字,据王琦本补。

〔2〕长杨赋:汉成帝幸长杨宫,令胡客大校猎,扬雄献《长杨赋》。见《汉书·扬雄传》。

〔3〕待诏:犹言候命。承明:承明庐,汉承明殿旁屋,侍臣值宿所居处。

〔4〕飞龙:王琦注:"唐制,学士初入院,例赐飞龙厩马一匹。天马,御厩之马也。"

410

〔5〕"角巾"二句:商山四皓退隐蓝田山时曾作《紫芝曲》。秀,即芝草。

〔6〕园绮:指东园公与绮里季。此以四皓中的二人代指四皓。

〔7〕龙虎盘:形容金陵地势雄壮险要。

〔8〕望长安:谢朓《晚登三山还望京邑》:"灞涘望长安,河阳视京县。"诗以王粲望长安、潘岳望洛阳比喻自己还望金陵。

〔9〕铜井:山名,出铜,在今安徽铜陵市。炎炉:指炼铜的火炉。歊:热气上冲貌。

〔10〕铸鼎:《史记·封禅书》说黄帝铸鼎于荆山下,有龙垂胡髯迎黄帝上天,因名其处为鼎湖。

〔11〕陶公:即陶安公,传说是古代的一位铸冶师。《列仙传》卷下说他"数行火。火一旦散上行,紫色冲天,安公伏冶下求哀。须臾,朱雀止冶上,曰:'安公安公!冶与天通。七月七日,迎汝以赤龙。'至期,赤龙到,大雨,而安公骑之东南上"。矍铄:勇健貌。

〔12〕回禄:火神。睢盱:张目仰视貌。

〔13〕阳春:《阳春白雪》,古雅曲名。

〔14〕锦城:指成都。章仇尚书:即章仇兼琼。《通鉴·唐纪》天宝五载:"以剑南节度使章仇兼琼为户部尚书。"倒屣:倒穿了鞋子,形容热情迎客。《魏书·王粲传》:"时(蔡)邕才学显著,贵重朝廷,常车骑填巷,宾客盈坐。闻粲在门,倒屣迎之。"

〔15〕肮脏:豪迈耿直貌。珪组:官员所佩之玉及绶带,此指官位。

〔16〕"吾非"句:《晋书·文苑传》载,袁宏有逸才,少孤贫,以运租为生。时谢尚镇守牛渚,秋夜泛舟江上,听到袁宏在运租船上吟诵其《咏史诗》,大加赞赏,即邀宏过舟谈论,直到天亮,从此袁宏声誉日隆。彦伯,袁宏字。

〔17〕三峡流泉:琴曲名,相传为晋阮咸所作。

〔18〕"从兹"二句:用陶渊明《桃花源记》典。


# 至陵阳山登天柱石酬韩侍御
# 见招隐黄山[1]


韩众骑白鹿[2],西往华山中。玉女千余人,相随在云空。见我传秘诀,精诚与天通。何意到陵阳,游目送飞鸿[3]。天子昔避狄[4],与君亦乘骢[5]。拥兵五陵下,长策遏胡戎[6]。时泰解绣衣[7],脱身若飞蓬。鸾凤翻羽翼[8]，啄粟坐樊笼。海鹤一笑之，思归向辽东[9]。黄山过石柱，嶻嶭上攒丛[10]。因巢翠玉树[11]，忽见浮丘公[12]。又引王子乔[13]，吹笙舞松风。朗咏紫霞篇[14]，请开蕊珠宫[15]。步纲绕碧落[16]，倚树招青童[17]。何日可携手，遗形入无穷[18]。

〔1〕陵阳山：在今安徽泾县西南。天柱石：陵阳山之一峰。韩侍御：即韩云卿，详下注。

〔2〕韩众：古仙人。

〔3〕"游目"句：语本嵇康《赠秀才从军诗》："目送归鸿，手挥五弦。"

〔4〕避狄：指安禄山陷长安，玄宗奔蜀。

〔5〕乘骢：东汉桓典为侍御史，执法严正，不避权贵。常乘骢马，京师畏惮，为之语曰："行行且止，避骢马御史。"见《后汉书·桓典传》。

〔6〕"拥兵"二句：王琦注："太白《武昌宰韩君碑》云：'云卿文章冠世，拜监察御史，朝廷呼为子房。'李翱《韩夫人韦氏墓志铭》：'礼部郎中云卿，好立节义，有大功于昭陵。'……韩侍御之为云卿，殆无疑矣。"五陵，汉高祖葬长陵，惠帝葬安陵，景帝葬阳陵，武帝葬茂陵，昭帝葬平陵，合称五陵，皆在长安周围。胡戎，指安史叛军。

〔7〕绣衣：指侍御史。

〔8〕羽：缪本作"翕"。翕翼：敛翅。

〔9〕"海鹤"二句：用丁令威事，传说辽东人丁令威学道成仙后化鹤归还，时人不识，欲举弓射之。见《搜神后记》。

〔10〕嶻嶭(yǎn è)：峰峦。

〔11〕巢：筑巢而居。翠玉树：树的美称。

〔12〕浮丘公：仙人名。

〔13〕王子乔：仙人名。

〔14〕紫霞篇：即指《黄庭内景经》。

〔15〕蕊珠宫：道教传说天上有蕊珠宫。见《云笈七签》卷一一引《黄庭内景经》。

〔16〕步纲：安旗等注："步纲，即步罡。道士朝拜星宿，遣神召灵，行走进退步位，转折略如北斗星象位置。亦际禹步。"碧落：道家所谓东方第一天，有碧霞遍满，故称。见《度人经》。

〔17〕青童：仙童。亦指道观里的道童。

〔18〕入无穷：《庄子·在宥》载，黄帝问道于广成子，广成子曰："余将去女，入无穷之门，以游无极之野。吾与日月参光，吾与天地为常……人其尽死，而我独存。"

412

# 酬崔十五见招

尔有鸟迹书<sup>[1]</sup>，相招琴溪饮<sup>[2]</sup>。手迹尺素中<sup>[3]</sup>，如天落云锦。读罢向空笑，疑君在我前。长吟字不灭，怀袖且三年<sup>[4]</sup>。

〔1〕鸟迹书：传说仓颉见鸟兽足迹而受到启发，乃创造文字。见许慎《说文解字·自叙》。
〔2〕琴溪：在安徽泾县东北二里，相传为琴高控鲤之所。
〔3〕尺素：指书信。
〔4〕"长吟"二句：语本《古诗十九首》其十七："置书怀袖中，三岁字不灭。"

# 答王十二寒夜独酌有怀<sup>[1]</sup>

昨夜吴中雪，子猷佳兴发<sup>[2]</sup>。万里浮云卷碧山，青天中道流孤月。孤月沧浪河汉清<sup>[3]</sup>，北斗错落长庚明<sup>[4]</sup>。怀余对酒夜霜白，玉床金井冰峥嵘<sup>[5]</sup>。人生飘忽百年内，且须酣畅万古情<sup>[6]</sup>。君不能狸膏金距学斗鸡<sup>[7]</sup>，坐令鼻息吹虹霓<sup>[8]</sup>。君不能学哥舒横行青海夜带刀，西屠石堡取紫袍<sup>[9]</sup>。吟诗作赋北窗里，万言不直一杯水。世人闻此皆掉头，有如东风射马耳<sup>[10]</sup>。鱼目亦笑我，谓与明月同<sup>[11]</sup>。骅骝拳跼不能食，蹇驴得志鸣春风<sup>[12]</sup>。折杨皇华合流俗<sup>[13]</sup>，晋君听琴枉清角<sup>[14]</sup>。巴人谁肯和阳春<sup>[15]</sup>，楚地犹来贱奇璞<sup>[16]</sup>。黄金散尽交不成，白首为儒身被轻。一谈一笑失颜色，苍蝇贝锦喧谤声<sup>[17]</sup>。曾参岂是杀人者，谗言三及慈母惊<sup>[18]</sup>。与君论心握君手，荣辱于余亦何有<sup>[19]</sup>！孔圣犹闻伤凤麟<sup>[20]</sup>，董龙更是何鸡狗<sup>[21]</sup>？一生傲岸苦不谐，恩疏媒劳志多乖<sup>[22]</sup>。严陵高揖汉天子<sup>[23]</sup>，何必长剑拄颐事玉阶<sup>[24]</sup>。达亦不足贵，穷亦不足悲。韩信羞将绛灌比<sup>[25]</sup>，祢衡耻逐屠沽儿<sup>[26]</sup>。君不见，李北海，英风豪气今何在<sup>[27]</sup>！君不见，裴尚书，上坟三尺蒿棘居<sup>[28]</sup>！少年早欲五湖去<sup>[29]</sup>，见此弥将钟鼎疏<sup>[30]</sup>。

〔1〕诗约作于天宝八载(749)冬,时作者在金陵。全诗注:"此诗,萧士赟云是伪作。"

〔2〕"昨夜"二句:用王子猷雪夜访戴的典故。此以王子猷喻王十二。

〔3〕沧浪:犹沧凉,寒凉的意思。河汉:银河。

〔4〕北斗:星座名,有星七颗,成斗形。错落:参互纷杂。长庚:星名,即太白星。

〔5〕床:指井旁的栏杆。冰:原作"水",据王琦本改。峥嵘:形容冰结得很厚。

〔6〕酣畅:饮酒尽量。

〔7〕狸膏:狸能捕鸡,斗鸡时涂狸油于鸡头,使对方的鸡闻狸气而恐惧。金距:斗鸡时把金属芒刺装在鸡足上,以刺伤对方的鸡。

〔8〕坐令:遂使。鼻息吹虹霓:形容因斗鸡而获宠的人气焰嚣张的情状。

〔9〕哥舒:指哥舒翰。青海:湖名,在今青海省。夜带刀:《太平广记》卷四九五载西鄙人歌曰:"北斗七星高,哥舒夜带刀。"紫袍:唐制,三品以上服紫袍。哥舒翰于天宝八载六月攻下石堡城,获吐蕃兵数百,丧唐兵数万,朝廷为其加官进爵。事见两《唐书》中之《玄宗本纪》。

〔10〕掉头:不屑一顾之意。射:犹吹。

〔11〕"鱼目"二句:鱼目混珠之意。明月,宝珠名。谓:原作"请",校云:"一作谓。"

〔12〕骅骝:良马。拳跼:屈曲不伸貌。蹇:跛足。

〔13〕折杨、皇华:古代的两支通俗歌曲,为一般人所喜欢。《庄子·天地》:"大声不入里耳,《折杨》《皇华》,则嗑然而笑。"

〔14〕清角:相传是黄帝所作的乐曲,只有有德之君才能听,德薄之君听了会遭难。春秋时晋平公强迫师旷为他演奏此曲,结果"晋国大旱,赤地三年,平公之身遂癃病"。事见《韩非子·十过》。

〔15〕"巴人"句:谓曲高和寡,叹世无知音者。巴人,即下里巴人,古代的一种俗曲。阳春,即阳春白雪,古代一种雅曲。

〔16〕"楚地"句:相传春秋时楚人卞和得玉,先后献给楚厉王、楚武王,皆被认为是行骗,直到楚文王才确认卞和所献是一块美玉。璞,内藏美玉的石头。

〔17〕苍蝇:指进谗的小人。贝锦:有锦文的贝壳,这里指谗人的巧言。

〔18〕"曾参"二句:《战国策·秦策二》:"昔者曾子处费,费人有与曾子同名族者而杀人,人告曾子母曰:'曾参杀人。'曾子之母曰:'吾子不杀人。'织自若。有顷焉,人又曰:'曾参杀人'。其母尚织自若也。顷之,一人又告之曰:'曾参杀人'。其母惧,投杼逾墙而走。"

〔19〕亦何有:又算得什么。

〔20〕孔圣:孔丘。孔丘因自己的愿望不能实现,曾慨叹"凤鸟不至",又因鲁人猎

414

获麒麟而叹息"吾道穷矣"。见《论语·子罕》及《史记·孔子世家》。

〔21〕董龙:《十六国春秋》载:前秦苻坚时,董荣(小名"龙")以佞幸进,官右仆射。宰相王堕性刚峻,十分鄙视董龙,略不与言。有人劝王堕"降意接之",王堕说:"董龙是何鸡狗,而令国士与之言乎!"

〔22〕傲岸:高傲。不谐:与人合不来。媒劳:指引荐的人徒劳无功。乖:违背。

〔23〕"严陵"句:严陵即东汉隐士严光,他少年时与汉光武帝同学,后光武即位,与他相见,子陵长揖不拜,不行君臣之礼。

〔24〕长剑拄颐:佩带的剑很长,上端几乎触着下巴。事玉阶:在宫廷中侍奉皇帝。

〔25〕"韩信"句:韩信辅佐刘邦夺取天下,先被封为齐王,后降为淮阴侯,"信由此日夜怨望,居常鞅鞅,羞与绛、灌等列"。见《史记·淮阴侯列传》。绛,指绛侯周勃。灌,指颍阴侯灌婴。二人功绩远不及韩信,而同居侯位,故韩信羞与等列。

〔26〕祢衡:东汉末年人,性刚傲,好侮慢权贵。有一次他到许昌,别人劝他与陈群、司马朗交游,祢衡说:"吾焉能从屠沽儿耶?"屠沽儿:宰猪卖酒的人。

〔27〕李北海:北海太守李邕,性豪放,有文名。天宝六载(747),因李林甫陷害,被杖杀。

〔28〕裴尚书:裴敦复,官至刑部尚书,为李林甫所忌,贬淄川太守,与李邕同时被杖杀。蒿棘:泛指杂草。棘,全诗校:"一作下。"

〔29〕五湖去:用范蠡功成身退、泛舟五湖的典故。

〔30〕钟鼎:古代贵族人家吃饭时要鸣钟列鼎,以示富贵。

# 卷十九

## 游南阳白水登石激作[1]

朝涉白水源,暂与人俗疏。岛屿佳境色,江天涵清虚。目送去海云,心闲游川鱼。长歌尽落日,乘月归田庐。

〔1〕南阳:唐县名,属邓州,在今河南南阳。白水:即古淯水,今河南白河,流经南阳城东。石激:石砌的水堰。在南阳城东淯水上,为一城之胜。

## 游南阳清泠泉[1]

惜彼落日暮,爱此寒泉清。西辉逐流水[2],荡漾游子情。空歌望云月,曲尽长松声。

〔1〕清泠泉:王琦注:"丰山,在南阳府东北三十里,下有泉,曰清泠泉。"
〔2〕西辉:落日。

## 寻鲁城北范居士失道落苍耳中见范置酒摘苍耳作[1]

雁度秋色远,日静无云时。客心不自得,浩漫将何之[2]?忽忆范野人,闲园养幽姿[3]。茫然起逸兴,但恐行来迟。城壕失往路,马首迷荒陂[4]。不惜翠云裘[5],遂为苍耳欺。入门且一笑,把臂君为谁[6]?酒客爱秋蔬,山盘荐霜梨[7]。他筵不下箸,此席忘朝饥[8]。酸枣垂北郭,寒瓜蔓东篱[9]。还倾四五酌,自咏猛虎词[10]。近作十日欢,远为千载期[11]。风流自簸

416

荡,谑浪偏相宜[12]。酣来上马去,却笑高阳池[13]。

〔1〕诗作于天宝四载(745),时作者在兖州。失道:迷路。苍耳:植物名,又名卷耳,其嫩苗可食,亦可供药用。

〔2〕客:诗人自谓。浩漫:大水浩荡貌,形容愁思的宽广。

〔3〕野人:隐居于乡野的人。幽姿:幽雅之态。

〔4〕城壕:犹城池。陂(bēi):山坡。

〔5〕翠云裘:有青云图纹的皮衣。

〔6〕把臂:握住对方的手臂,亲热的表示。

〔7〕酒客:指自己。荐:进献。

〔8〕朝饥:指未吃早餐的饥饿。

〔9〕寒瓜:泛指秋瓜。

〔10〕猛虎词:即《猛虎行》或《猛虎吟》,古乐府相和歌曲调名,内容多述贫士不因环境艰险而改变其坚贞的节操。

〔11〕十日欢:战国时秦昭王在给平原君的信中说:"寡人愿与君为十日之饮。"见《史记·范睢蔡泽列传》。千载期:指友情永久不变。

〔12〕簸荡:摇荡。谑浪:戏谑放浪。

〔13〕高阳池:西汉初年郦食其自称高阳酒徒,后山简镇襄阳时,常在习家鱼池边饮酒,并说:"此是我高阳池。"

# 东鲁门泛舟二首[1]

日落沙明天倒开,波摇石动水萦回[2]。轻舟泛月寻溪转[3],疑是山阴雪后来[4]。

〔1〕诗作于开元二十八年(740)前后,时作者在兖州。东鲁门:兖州城的东门。

〔2〕天倒开:指天空倒映于水中。石动:指山石倒影在水波中晃动。

〔3〕泛月:月光照射水面,船像泛月而行。

〔4〕"疑是"句:用王子猷雪夜访戴的故事。

水作青龙盘石堤[1],桃花夹岸鲁门西。若教月下乘舟去,何啻风流到剡溪[2]。

〔1〕盘:盘绕。

〔2〕何啻:何止。剡溪:在浙江嵊县南。


# 秋猎孟诸夜归置酒单父东楼观妓[1]

倾晖速短炬[2],走海无停川。冀餐圆丘草,欲以还颓年[3]。此事不可得,微生若浮烟。骏发跨名驹[4],雕弓控鸣弦。鹰豪鲁草白,狐兔多肥鲜。邀遮相驰逐,遂出城东田[5]。一扫四野空,喧呼鞍马前。归来献所获,炮炙宜霜天[6]。出舞两美人,飘飘若云仙。留欢不知疲,清晓方来旋。

〔1〕孟诸:古泽薮名,在今河南商丘东北、虞城西北。单父:唐县名,在今山东单县。

〔2〕倾晖:西斜之日。

〔3〕圆丘草:郭璞《游仙诗》:“圆丘有奇草。”李善注:“《外国图》曰:‘圆丘有不死树,食之乃寿。’”还颓年:返老还童。

〔4〕骏:疾。

〔5〕邀遮:拦截(野兽)。田:通“畋”,猎也。

〔6〕炮炙:王琦注:“《韵会》:钱氏曰:凡肉置火中曰炮,近火曰炙。”


# 游泰山六首 天宝元年四月,从故御道上泰山[1]


## 其　一

四月上泰山,石平御道开。六龙过万壑[1],涧谷随萦回。马迹绕碧峰,于今满青苔。飞流洒绝巘[2],水急松声哀。北眺崿嶂奇,倾崖向东摧[3]。洞门闭石扇[4],地底兴云雷。登高望蓬瀛,想象金银台[5]。天门一长啸[6],万里清风来。玉女四五人,飘飘下九垓[7]。含笑引素手,遗我流霞杯[8]。

稽首再拜之,自愧非仙才。旷然小宇宙,弃世何悠哉!

[1]诗作于天宝元年(742)四月。御道:指开元十三年,玄宗东封泰山所走过的道路。六龙:谓天子车驾。古御驾用六马,故云。

[2]绝巘:最高的山顶。

[3]崿嶂:峰峦。摧:斜。

[4]石扇:石门。

[5]蓬瀛:代指海上仙山。金银台:传说仙人居处有金银台。

[6]天门:指南天门,在泰山十八盘尽头,再上即绝顶。

[7]玉女:仙女。九垓:九天。

[8]流霞杯:饮用仙酒的酒杯。流霞,仙酒,每饮一杯,数月不饥。见《论衡·道虚》。

## 其 二

清晓骑白鹿[1],直上天门山。山际逢羽人,方瞳好容颜[2]。扪萝欲就语,却掩青云关[3]。遗我鸟迹书[4],飘然落岩间。其字乃上古,读之了不闲[5]。感此三叹息,从师方未还。

[1]白鹿:仙人所乘。

[2]羽人:飞仙。方瞳:《抱朴子·祛惑》:"《仙经》云:仙人目瞳皆方。"

[3]掩关:闭门。

[4]鸟迹书:传说仓颉见鸟兽足迹而受启发,创造了文字。此指道家典籍。

[5]闲:熟习。

## 其 三

平明登日观[1],举手开云关[2]。精神四飞扬,如出天地间。黄河从西来,窈窕入远山[3]。凭崖览八极[4],目尽长空闲。偶然值青童[5],绿发双云鬟。笑我晚学仙,蹉跎凋朱颜。踌躇忽不见,浩荡难追攀[6]。

[1]日观:泰山东南峰顶,于此可以观日出。

[2]云关:谓云气拥蔽如门。

419

〔3〕窈窕:远貌。

〔4〕八极:八方极远之地。

〔5〕青童:仙童。

〔6〕浩荡:旷远貌。

## 其 四

清斋三千日<sup>[1]</sup>,裂素写道经<sup>[2]</sup>。吟诵有所得,众神卫我形。云行信长风<sup>[3]</sup>,飒若羽翼生。攀崖上日观,伏槛窥东溟。海色动远山<sup>[4]</sup>,天鸡已先鸣<sup>[5]</sup>。银台出倒景<sup>[6]</sup>,白浪翻长鲸。安得不死药,高飞向蓬瀛?

〔1〕千:全诗校:"一作十。"

〔2〕素:谓绢之精白者。

〔3〕信:听凭。

〔4〕海色:指海上晓色。

〔5〕天鸡:《述异记》:"东南有桃都山,上有大树名曰桃都,枝相去三千里,上有天鸡。日初出照此木,天鸡即鸣,天下之鸡皆随鸣之。"

〔6〕银台:指仙人所居之处。倒景:即倒影。景同"影"。

## 其 五

日观东北倾,两崖夹双石。海水落眼前,天光遥空碧<sup>[1]</sup>。千峰争攒聚<sup>[2]</sup>,万壑绝凌历<sup>[3]</sup>。缅彼鹤上仙<sup>[4]</sup>,去无云中迹。长松入霄汉,远望不盈尺。山花异人间,五月雪中白<sup>[5]</sup>。终当遇安期<sup>[6]</sup>,于此炼玉液<sup>[7]</sup>。

〔1〕天光:天色。遥:全诗校:"一作摇。"

〔2〕攒聚:指山峦重叠。

〔3〕凌历:度越。

〔4〕缅:思貌。

〔5〕五月雪:王琦注:"《岁华纪丽》:泰山冬夏有雪。"

〔6〕安期:即安期生,传说中的仙人,居东海仙山。事见《史记·封禅书》及《列仙传》卷上。

〔7〕玉液:仙药名。江淹《拟郭璞游仙》:"道人读丹经,方士炼玉液。"

## 其 六

朝饮王母池[1],暝投天门关[2]。独抱绿绮琴[3],夜行青山间。山明月露白,夜静松风歇。仙人游碧峰,处处笙歌发[4]。寂静娱清晖[5],玉真连翠微[6]。想像鸾凤舞,飘飘龙虎衣。扪天摘匏瓜[7],恍惚不忆归。举手弄清浅,误攀织女机[8]。明晨坐相失[9],但见五云飞[10]。

〔1〕王母池:一名瑶池,在泰山东南麓。

〔2〕暝:日暮。投:投宿。天门关:《山东通志》:"上泰山,屈曲盘道百余,经南天门、东西三天门至绝顶,高四十里。"

〔3〕绿绮琴:司马相如有良琴名绿绮,见傅玄《琴赋序》。后泛指良琴。

〔4〕笙歌:吹笙伴歌。

〔5〕清晖:指月光。

〔6〕玉真:道观名。翠微:青苍的山色。

〔7〕扪天:用手抚摸青天。匏瓜:星名。

〔8〕清浅:《古诗十九首》:"河汉清且浅。"此处指银河。织女机:指织女星。

〔9〕坐:忽然、渺然之意。

〔10〕五云:五色云,象征喜庆祥瑞。


# 秋夜与刘砀山泛宴喜亭池[1]

明宰试舟楫[2],张灯宴华池。文招梁苑客[3],歌动郢中儿[4]。月色望不尽,空天交相宜。令人欲泛海,只待长风吹。

〔1〕砀山:唐县名,在今安徽砀山县。宴喜亭池:王琦注:"《江南通志》:宴喜台在徐州砀城县东五十步,台上有石刻三大字,相传唐李白笔。"

〔2〕明宰:指砀山令刘某。

〔3〕梁苑客:詹锳云:"梁苑客盖指李白、杜甫与高适等也。"(《李白诗文系年》)梁苑,故址在今河南商丘东南。汉梁孝王好宾客,筑梁苑,延司马相如、枚乘等辞赋家居园中。

〔4〕"歌动"句:宋玉《对楚王问》"客有歌于郢中者,其始曰《下里》《巴人》,国中属而和者数千人。……其为《阳春》《白雪》,国中属而和者不过数十人。……是其曲弥高,其和弥寡。"

# 携妓登梁王栖霞山孟氏桃园中[1]

碧草已满地,柳与梅争春。谢公自有东山妓[2],金屏笑坐如花人。今日非昨日,明日还复来。白发对绿酒,强歌心已摧[3]。君不见梁王池上月[4],昔照梁王樽酒中。梁王已去明月在,黄鹂愁醉啼春风。分明感激眼前事[5],莫惜醉卧桃园东。

〔1〕栖霞山:在今山东单县东四里,世传梁孝王尝游此。
〔2〕"谢公"句:谢安隐居东山时,畜妓,携以游玩。见《世说新语·识鉴》。
〔3〕强:勉强。
〔4〕梁王:指西汉梁孝王刘武,曾建梁苑,中有雁池。
〔5〕分明:犹言应须。

# 与从侄杭州刺史良游天竺寺[1]

挂席凌蓬丘[2],观涛憩樟楼[3]。三山动逸兴[4],五马同遨游[5]。天竺森在眼,松风飒惊秋。览云测变化,弄水穷清幽。叠嶂隔遥海,当轩写归流。诗成傲云月,佳趣满吴洲。

〔1〕天竺寺:在浙江杭州天竺山上,分上、中、下三寺,唐之天竺寺即下天竺寺。
〔2〕蓬丘:即海中仙山蓬莱。
〔3〕樟楼:王琦注:"《浙江通志》:樟亭,在钱塘县(今杭州)旧治南五里,后改为浙江亭。今浙江驿,其故址也。"
〔4〕三山:指传说中的东海三神山蓬莱、方丈、瀛洲。见《史记·封禅书》。
〔5〕五马:汉代太守出行时乘坐五马之车,故以"五马"为太守的代称。此指杭州

刺史李良。

# 同友人舟行游台越作[1]

楚臣伤江枫[2]，谢客拾海月[3]。怀沙去潇湘[4]，挂席泛溟渤。蹇予访前迹[5]，独往造穷发[6]。古人不可攀，去若浮云没。愿言弄倒景[7]，从此炼真骨。华顶窥绝冥[8]，蓬壶望超忽[9]。不知青春度，但怪绿芳歇。空持钓鳌心[10]，从此谢魏阙[11]。

〔1〕台越：台州（治所在今浙江临海）、越州（今绍兴）。

〔2〕楚臣：指屈原。江枫：《楚辞·招魂》："湛湛江水兮上有枫，目极千里兮伤春心。"

〔3〕谢客：谢灵运，小字客儿。海月：海贝。谢灵运《游赤石进帆海》："扬帆采石华，挂席拾海月。"

〔4〕怀沙：《史记·屈原贾生列传》："（屈原）乃作《怀沙》之赋，其辞曰……于是怀石遂自沉汨罗以死。"

〔5〕蹇：发语辞。

〔6〕造：往，到。穷发：极荒远之地。见《庄子·逍遥游》。

〔7〕弄倒景：指泛舟水上。

〔8〕华顶：《方舆胜览》卷八："华顶峰在天台县东北六十里，盖天台第八重最高处。高一万丈，绝顶东望沧海，俗名望海尖，草木薰郁，殆非人世。"

〔9〕蓬壶：即蓬莱。

〔10〕钓鳌：《列子·汤问》："龙伯之国有大人，举足不盈数步而暨五山之所，一钓而连六鳌……至伏羲、神农时，其国人犹数十丈。"

〔11〕魏阙：《庄子·让王》："中山公子牟谓瞻子曰：'身在江海之上，心居乎魏阙之下，奈何？'"

# 下终南山过斛斯山人宿置酒[1]

暮从碧山下，山月随人归。却顾所来径[2]，苍苍横翠微[3]。相携及田家<sup>[4]</sup>，童稚开荆扉。绿竹入幽径，青萝拂行衣<sup>[5]</sup>。欢言得所憩，美酒聊共挥<sup>[6]</sup>。长歌吟松风<sup>[7]</sup>，曲尽河星稀<sup>[8]</sup>。我醉君复乐，陶然共忘机<sup>[9]</sup>。

〔1〕诗作于天宝二年(743)，时作者在长安。终南山：在陕西西安市南，为秦岭山峰之一。广义亦指秦岭。

〔2〕却顾：回头看。

〔3〕翠微：青翠掩映的山峦深处。

〔4〕及：到达。田家：指斛斯山人家。

〔5〕青萝：即女萝，地衣类植物。

〔6〕挥：此处为尽情饮酒之意。

〔7〕松风：乐府琴曲有《风入松》。

〔8〕河星：全诗校："一作星河。"

〔9〕陶然：欢乐的样子。忘机：心地淡泊，与世无争。

# 朝下过卢郎中叙旧游<sup>[1]</sup>

君登金华省，我入银台门<sup>[2]</sup>。幸遇圣明主，俱承云雨恩。复此休浣时<sup>[3]</sup>，闲为畴昔言<sup>[4]</sup>。却话山海事，宛然林壑存。明湖思晓月，叠嶂忆清猿。何由返初服<sup>[5]</sup>，田野醉芳樽。

〔1〕卢郎中：卢幼临，天宝初为刑部郎中。参见《全唐诗人名考证》。

〔2〕金华省：汉未央宫有金华殿，秘府图书藏于此。梁刘孝绰为秘书省著作郎时，作《归沐呈任中丞昉诗》云："步出金华省，还望承明庐。"金华省盖指秘书省。此处疑指华省(尚书省)。郎中为尚书省属官。银台门：唐翰林院在大明宫右银台门内。此指待诏翰林。

〔3〕休浣：唐时定制，官吏十天一次休息沐浴，每月分为上浣、中浣、下浣。

〔4〕畴昔：往日，往昔。

〔5〕初服：谓退职。《离骚》："进不入以离尤兮，退将复修吾初服。"

424

# 侍从游宿温泉宫作<sup>[1]</sup>

羽林十二将<sup>[2]</sup>，罗列应星文<sup>[3]</sup>。霜仗悬秋月<sup>[4]</sup>，霓旌卷夜云<sup>[5]</sup>。严更千户肃<sup>[6]</sup>，清乐九天闻<sup>[7]</sup>。日出瞻佳气<sup>[8]</sup>，葱葱绕圣君<sup>[9]</sup>。

〔1〕温泉宫：开元十一年建，天宝六载改名华清宫，故址在今陕西临潼骊山。此诗作于天宝二年(743)，说见詹锳《李白诗文系年》。

〔2〕羽林：禁军名。

〔3〕应星文：《晋书·天文志》："羽林四十五星，在营室南，一曰天军，主军骑，又主翼王也。"

〔4〕霜仗：威严肃穆的仪仗。

〔5〕霓旌：缀以五彩羽毛的旌旗，望望如虹霓，故称。

〔6〕严更：警夜行的更鼓。

〔7〕清乐：唐代九部乐之一。

〔8〕佳气：祥瑞之气。

〔9〕葱葱：形容佳气之旺盛。

# 邯郸南亭观妓<sup>[1]</sup>

歌鼓燕赵儿<sup>[2]</sup>，魏姝弄鸣丝<sup>[3]</sup>。粉色艳日彩，舞袖拂花枝。把酒顾美人，请歌邯郸词。清筝何缭绕，度曲绿云垂<sup>[4]</sup>。平原君安在<sup>[5]</sup>，科斗生古池。座客三千人<sup>[6]</sup>，于今知有谁？我辈不作乐，但为后代悲<sup>[7]</sup>。

〔1〕邯郸：唐县名，在今河北邯郸市。

〔2〕鼓：全诗校："一作妓。"

〔3〕姝：美女。弄鸣丝：指弹筝。

〔4〕度曲：唱曲。绿云垂：王琦注："绿云垂即响遏行云之意。"

〔5〕平原君：赵武灵王之子，"喜宾客，宾客盖至者数千人"。

〔6〕三千人:据《史记·平原君虞卿列传》载,平原君养敢死之士三千人。

〔7〕"我辈"二句:《古诗十九首》其十五:"为乐当及时,何能待来兹?愚者爱惜费,但为后世嗤。"

# 春日游罗敷潭[1]

行歌入谷口,路尽无人跻[2]。攀崖度绝壑,弄水寻回溪。云从石上起,客到花间迷。淹留未尽兴[3],日落群峰西。

〔1〕诗约作于开元二十一年(733),时作者离长安东去途经华州(即今陕西华县)。罗敷潭:王琦注:"王阮亭曰:罗敷谷水在华州。"

〔2〕跻:攀登。

〔3〕淹留:久留。

# 春陪商州裴使君游石娥溪
## 时欲东归遂有此赠[1]

裴公有仙标,拔俗数千丈[2]。澹荡沧洲云,飘飘紫霞想[3]。剖竹商洛间[4],政成心已闲。萧条出世表,冥寂闭玄关[5]。我来属芳节,解榻时相悦[6]。褰帷对云峰[7],扬袂指松雪。暂出东城边,遂游西岩前。横天耸翠壁,喷壑鸣红泉[8]。寻幽殊未歇,爱此春光发。溪傍饶名花,石上有好月。命驾归去来[9],露华生翠苔。淹留惜将晚,复听清猿哀。清猿断人肠,游子思故乡。明发首东路[10],此欢焉可忘。

〔1〕商州:唐州名,治所在今陕西商县。裴使君:疑即裴延庆,见《唐刺史考》。石娥溪:在商州西十里仙娥峰西岩下,又称仙娥溪、丹水。

〔2〕仙标:仙风道骨。亦指超凡脱俗的资质。拔俗:超越流俗。

〔3〕紫霞想:指向往学道。

〔4〕剖竹:即分符,指为州郡长官。商洛:商山、洛水,在商州境内。

〔5〕玄关:居室的外门。

〔6〕解榻:用陈蕃事,据《后汉书·徐稚传》载,陈蕃为豫章太守,"在郡不接宾客,唯稚(徐稚)来,特设一榻,去则悬之"。

〔7〕褰帷:用贾琮事,汉代刺史上任,传车垂帷。贾琮为冀州刺史,升车言曰:"刺史当远视广听,纠察美恶,何有反垂帷裳以自掩塞乎?"乃命褰帷,贪官污吏闻风而逃。见《后汉书·贾琮传》。

〔8〕红泉:即指丹水。

〔9〕命驾:命御者驾车。

〔10〕首:首途,即启程上路之意。

# 陪从祖济南太守泛鹊山湖三首[1]

初谓鹊山近,宁知湖水遥?此行殊访戴[2],自可缓归桡。

〔1〕济南:即齐州,天宝五载改为济南郡,治所在今山东济南市。鹊山湖:在今济南市北二十里,湖北岸有鹊山。

〔2〕访戴:用王子猷雪夜访戴的典故。

湖阔数十里[1],湖光摇碧山。湖西正有月,独送李膺还[2]。

〔1〕十:原作"千",据王琦本改。

〔2〕"独送"句:用李膺与郭泰同舟而济事,据载,郭泰游洛阳,与河南尹李膺友善,"后归乡里,衣冠诸儒送至河上,车数千两。林宗唯与李膺同舟而济,众宾望之,以为神仙焉"。

水入北湖去,舟从南浦回。遥看鹊山转,却似送人来。

# 春日陪杨江宁及诸官宴北湖感古作[1]

昔闻颜光禄,攀龙宴京湖[2]。楼船入天镜[3],帐殿开云衢[4]。君王歌大

427

风,如乐丰沛都<sup>[5]</sup>。延年献佳作<sup>[6]</sup>,邈与诗人俱<sup>[7]</sup>。我来不及此,独立钟山孤<sup>[8]</sup>。杨宰穆清风<sup>[9]</sup>,芳声腾海隅<sup>[10]</sup>。英僚满四座,粲若琼林敷<sup>[11]</sup>。鹢首弄倒景<sup>[12]</sup>,蛾眉缀明珠<sup>[13]</sup>。新弦采梨园<sup>[14]</sup>,古舞娇吴歈<sup>[15]</sup>。曲度绕云汉<sup>[16]</sup>,听者皆欢娱。鸡栖何嘈嘈<sup>[17]</sup>,沿月沸笙竽。古之帝宫苑,今乃人樵苏<sup>[18]</sup>。感此劝一觞,愿君覆瓢壶<sup>[19]</sup>。荣盛当作乐<sup>[20]</sup>,无令后贤吁。

〔1〕江宁:唐县名,肃宗上元二年更名上元,在今南京市。杨江宁:江宁令杨利物。北湖:即今南京玄武湖。

〔2〕颜光禄:南朝颜延之,字延年,曾为光禄大夫及金紫光禄大夫。攀龙:依附帝王。京:全诗校:"一作重,一作明。"

〔3〕天镜:指平静的湖面。

〔4〕帐殿:天子行幸在外,设帐以为殿。云衢:大道。

〔5〕"君王"二句:汉高祖刘邦称帝后归故乡沛县,召故人父老欢宴,帝自击筑,作歌曰:"大风起兮云飞扬,威加海内兮归故乡,安得猛士兮守四方!"见《史记·高祖本纪》。

〔6〕献佳作:王琦注:"按颜延年有《应诏观北湖田收》诗,所谓献佳作者,未知是此诗否?"

〔7〕邈:远。诗人:指《诗经》的作者。

〔8〕钟山:即紫金山,在今南京市东。

〔9〕穆清风:《诗·大雅·烝民》:"吉甫作诵,穆如清风。"

〔10〕芳声:美名。

〔11〕敷:排列。

〔12〕鹢首:古时在船头上画鹢鸟,故称船首为"鹢首"。亦指船。

〔13〕蛾眉:指美女。

〔14〕采:全诗校:"一作来。"梨园:唐玄宗时训练宫廷歌舞艺人的地方。玄宗曾选坐部伎子弟三百人和宫女数百人于梨园学歌舞,有时亲加教授,称为"皇帝梨园弟子"。见《新唐书·礼乐志十二》。

〔15〕吴歈:吴地歌曲。

〔16〕曲度:唱曲。

〔17〕嘈嘈:喧闹之极。鸡栖:谓日暮之时。语本《诗·王风·君子于役》:"鸡栖于埘,日之夕矣,羊牛下来。"

〔18〕帝宫苑:江宁为东晋、宋、齐、梁、陈之都。樵苏:打柴割草。

〔19〕覆瓢壶:王琦注:"覆瓢壶,犹倾尊倒瓮之意。"

〔20〕荣盛:全诗校:"一作盛时。"


# 宴郑参卿山池[1]


尔恐碧草晚,我畏朱颜移。愁看杨花飞,置酒正相宜。歌声送落日,舞影回清池[2]。今夕不尽杯,留欢更邀谁?


〔1〕参卿:王琦注:"杜甫诗:'参卿休坐幄,荡子不还家。'耿沣《送郭参军》诗:'人传府公政,记室有参卿。'皆谓参军也。疑唐时有此称谓。"

〔2〕回:旋转。


# 游谢氏山亭[1]


沧老卧江海,再欢天地清[2]。病闲久寂寞,岁物徒芬荣。借君西池游,聊以散我情。扫雪松下去,扪萝石道行。谢公池塘上,春草飒已生[3]。花枝拂人来,山鸟向我鸣。田家有美酒,落日与之倾。醉罢弄归月,遥欣稚子迎。


〔1〕诗约作于上元二年(761)早春,时作者寓居金陵而往游当涂青山。谢氏山亭:在当涂青山。陆游《入蜀记》卷三:"青山山南小市有谢元晖故宅基……环宅皆流泉、奇石、青林、文筱,真佳处也。遂由宅后登山,路极险峨。凡三四里……至一庵……庵前有小池曰谢公池,水味甘冷,虽盛夏不竭。绝顶又有小亭,亦名谢公亭。"

〔2〕天地清:天下太平。

〔3〕"谢公"二句:谢灵运梦见惠连,遂有"池塘生春草"之句,谓有神助。见钟嵘《诗品》引《谢氏家录》。

# 把酒问月 故人贾淳令予问之

青天有月来几时,我今停杯一问之。人攀明月不可得,月行却与人相随。皎如飞镜临丹阙[1],绿烟灭尽清辉发[2]。但见宵从海上来,宁知晓向云间没?白兔捣药秋复春[3],嫦娥孤栖与谁邻[4]?今人不见古时月,今月曾经照古人。古人今人若流水,共看明月皆如此。唯愿当歌对酒时[5],月光长照金樽里。

〔1〕丹阙:红色的宫门。指宫禁。

〔2〕绿烟:指暮霭。

〔3〕白兔捣药:乐府古辞《董逃行》:"教敕凡吏受言,采取神药若木端,白兔长跪捣药虾蟆丸。奉上陛下一玉柈,服此药可得神仙。"

〔4〕嫦娥:神话中的月中女神,相传为后羿之妻,羿求不死之药于西王母,嫦娥窃之以奔月。见《淮南子·览冥训》。

〔5〕当歌对酒:曹操《短歌行》:"对酒当歌,人生几何。"

# 同族侄评事黯游昌禅师山池二首[1]

远公爱康乐[2],为我开禅关[3]。萧然松石下,何异清凉山[4]? 花将色不染[5],水与心俱闲。一坐度小劫[6],观空天地间[7]。

〔1〕评事:官名,属大理寺,掌出使审理刑狱。见《唐六典》卷一八。

〔2〕"远公"句:《莲社高贤传》:"谢灵运为康乐公玄(之)孙,袭封康乐公。……至庐山,一见远公(慧远),肃然心服,乃即筑台,翻《涅槃经》,凿池种白莲。"

〔3〕禅关:悟禅之门。

〔4〕清凉山:今山西五台山的别称,为文殊菩萨的道场。"以岁积坚冰,夏仍飞雪,曾无炎暑,故曰清凉"。见《华严经疏》。

〔5〕将:与。色:佛教指一切能变坏、有滞碍之事物。不染:谓心不为外物所垢染。

430

〔6〕小劫：《释迦氏谱》："劫是何名？此云时也。若依西梵名曰'劫波'，此土译之名大时也，此一大时其年无数。"一般分为大劫、中劫、小劫。一小劫其年即无数。此泛指极长时间。

〔7〕观空：佛教宣扬诸法皆空（一切事物和现象皆虚幻不实），观空谓观察领悟诸法皆空之理。


客来花雨际<sup>〔1〕</sup>，秋水落金池<sup>〔2〕</sup>。片石寒青锦，疏杨挂绿丝。高僧拂玉柄<sup>〔3〕</sup>，童子献霜梨。惜去爱佳景，烟萝欲暝时。


〔1〕花雨：《法华经·分别功德品》载：佛祖说法时，"于虚空中雨曼陀罗华、摩诃曼陀罗华，以散无量百千万亿宝树下师子座上诸佛"。

〔2〕金池：《弥陀经》："极乐国土有七宝池……池底纯以金沙布地。"此用以称美昌禅师山池。

〔3〕玉柄：谓麈尾。


# 金陵凤凰台置酒<sup>〔1〕</sup>


置酒延落景<sup>〔2〕</sup>，金陵凤凰台。长波写万古，心与云俱开。借问往昔时，凤凰为谁来？凤凰去已久，正当今日回。明君越羲轩<sup>〔3〕</sup>，天老坐三台<sup>〔4〕</sup>。豪士无所用，弹弦醉金罍。东风吹山花，安可不尽杯？六帝没幽草<sup>〔5〕</sup>，深宫冥绿苔，置酒勿复道，歌钟但相催<sup>〔6〕</sup>。


〔1〕凤凰台：在今南京市南保宁寺。相传南朝刘宋元嘉年间，有三只五色大鸟翔集山上，时人认为是凤凰，筑台于山上，称山为凤台山，台为凤凰台。

〔2〕延：邀。落景：落日余晖。

〔3〕越：超越。羲轩：伏羲和轩辕，与神农合称三皇。

〔4〕天老：相传为黄帝之臣，见《竹书纪年》卷上、《列子·黄帝》。后用做宰相重臣的代称。三台：计上台、中台、下台三星。古人认为它象征人世的三公。见《晋书·天文志》。

〔5〕六帝：指六朝帝王。

〔6〕歌钟：《国语》韦昭注："歌钟，歌时所奏。"

# 秋浦清溪雪夜对酒客有唱山鹧鸪者[1]

披君貂襜褕[2]，对君白玉壶。雪花酒上灭，顿觉夜寒无。客有桂阳至[3]，能吟山鹧鸪。清风动窗竹，越鸟起相呼[4]。持此足为乐，何烦笙与竽。

〔1〕秋浦：唐县名，在今安徽池州市。以秋浦水得名。清溪：在今安徽池州市。山鹧鸪：乐府羽调曲名。

〔2〕君：全诗校："一作我。"襜褕：短衣，非正朝之服。《史记·魏其武安侯列传》："元朔三年，武安侯坐衣襜褕入宫不敬。"

〔3〕桂阳：郡名，治所在今湖南郴州市。

〔4〕越鸟：指鹧鸪，因其主要生活在南方，故谓之"越鸟"。

# 与周刚清溪玉镜潭宴别
### 潭在秋浦桃树陂下，余新名此潭[1]

康乐上官去，永嘉游石门[2]。江亭有孤屿[3]，千载迹犹存。我来游秋浦，三入桃陂源。千峰照积雪，万壑尽啼猿。兴与谢公合，文因周子论。扫崖去落叶，席月开清樽[4]。溪当大楼南[5]，溪水正南奔。回作玉镜潭，澄明洗心魂。此中得佳境，可以绝嚣喧。清夜方归来，酣歌出平原。别后经此地，为余谢兰荪[6]。

〔1〕玉镜潭：王琦注："周必大《泛舟游山录》：清溪水正碧色，下浅滩数里，至玉镜潭，水自南来，触岸西折，弯环可喜，潭深裁二三丈。"桃树陂：王琦本作"桃胡陂"。

〔2〕康乐：谢灵运，曾为永嘉太守。上官：赴任。永嘉：郡名，治所在今浙江温州。石门：山名，在今浙江温州城北。

〔3〕亭：全诗校："一作中。"孤屿：在温州城北四里永嘉江中。谢灵运有《登石门最高顶》与《登江中孤屿》诗。

〔4〕席：全诗校："一作带。"

〔5〕大楼:山名。《江南通志》谓其在池州府城南六十里。

〔6〕兰荪:香草,此喻周刚。

# 游秋浦白笴陂二首<sup>[1]</sup>

何处夜行好,月明白笴陂。山光摇积雪,猿影挂寒枝。但恐佳景晚,小令归棹移。人来有清兴,及此有相思<sup>[2]</sup>。

〔1〕诗约作于天宝十三载(754)冬,时作者在宣州秋浦一带漫游。白笴陂:王琦注:“《江南通志》:‘白笴堰,在池州府城西南二十五里。’”

〔2〕有相思:王琦注:“萧士赟曰:末句‘有’字,依《孟子》音又,去声。一本竟改作‘又’字,非也。”

白笴夜长啸,爽然溪谷寒。鱼龙动陂水,处处生波澜。天借一明月,飞来碧云端。故乡不可见,肠断正西看。

# 宴陶家亭子

曲巷幽人宅,高门大士家<sup>[1]</sup>。池开照胆镜<sup>[2]</sup>,林吐破颜花<sup>[3]</sup>。绿水藏春日,青轩秘晚霞<sup>[4]</sup>。若闻弦管妙,金谷不能夸<sup>[5]</sup>。

〔1〕大士:豪士。

〔2〕照胆镜:秦咸阳宫有方镜,能照见人五脏,知病之所在。宫女若有邪心,照镜则胆张心动。见《西京杂记》卷二。

〔3〕破颜:《五灯会元》卷一:“世尊在灵山会上拈花示众,是时众皆默然,唯迦叶尊者破颜微笑。”

〔4〕青轩:指亭子。秘:藏。

〔5〕金谷:在河南洛阳市西北。晋太康中,石崇在此建庄园,极豪奢。

# 在水军宴韦司马楼船观妓[1]

摇曳帆在空,清流顺归风[2]。诗因鼓吹发[3],酒为剑歌雄。对舞青楼妓,
双鬟白玉童。行云且莫去,留醉楚王宫[4]。

〔1〕水军:指永王李璘的水师。此诗当是至德元载(756)冬末入永王璘幕府后所
作。韦司马:韦子春。说见《全唐诗人名考证》。李白有《赠韦秘书子春二首》诗。
〔2〕流:全诗校:"一作川。"
〔3〕鼓吹:即鼓吹乐。《艺文类聚》卷六八引俗说曰:"桓玄作诗,思不来,辄作鼓
吹,既而思得,云:'鸣鹄响长皋。'叹曰:'鼓吹固自来人思。'"
〔4〕"行云"二句:化用楚王梦神女事,见宋玉《高唐赋》。

# 流夜郎至江夏陪长史叔及薛明府宴
# 兴德寺南阁[1]

绀殿横江上[2],青山落镜中。岸回沙不尽,日映水成空。天乐流香阁,莲
舟飏晚风。恭陪竹林宴[3],留醉与陶公[4]。

〔1〕江夏:唐鄂州,天宝元年改为江夏郡,治所在今湖北武汉市武昌。此诗作于乾
元元年(758)流放夜郎途经江夏时。
〔2〕绀殿:指寺院。徐陵《孝义寺碑》:"绀殿安坐,莲花养神。"绀,青红色。
〔3〕竹林宴:《晋书·阮咸传》:"咸任达不拘,与叔父籍为竹林之游。"
〔4〕陶公:指陶渊明。此喻薛明府。

# 泛沔州城南郎官湖 并序[1]

乾元岁秋八月,白迁于夜郎,遇故人尚书郎张谓出使夏口[2],沔州牧杜公、汉

434

阳宰王公觞于江城之南湖[3]，乐天下之再平也。方夜，水月如练，清光可掇。张公殊有胜概[4]，四望超然，乃顾白曰："此湖古来贤豪游者非一，而枉践佳景，寂寥无闻。夫子可为我标之嘉名，以传不朽。"白因举酒酹水[5]，号之曰"郎官湖"，亦犹郑圃之有"仆射陂"也[6]。席上文士辅翼、岑静以为知言，乃命赋诗纪事，刻石湖侧，将与大别山共相磨灭焉[7]。

张公多逸兴，共泛沔城隅。当的秋月好，不减武昌都[8]。四坐醉清光，为欢古来无。郎官爱此水，因号郎官湖。风流若未减，名与此山俱[9]。

〔1〕作于乾元元年(758)。沔州：州治汉阳，即今湖北武汉市汉阳。郎官湖：原在汉阳城内，已涸。

〔2〕张谓：唐代诗人。

〔3〕牧：指州刺史。宰：县令。

〔4〕胜概：美好的感慨。概，通"慨"。

〔5〕酹：洒酒于地表示祭奠或立誓。

〔6〕郑圃：指李氏陂。《元和郡县图志》卷八郑州管城县："李氏陂，县东四里。后魏孝文帝以此陂赐仆射李冲，故俗呼为仆射陂，周回十八里。"

〔7〕大别山：又称鲁山，在唐沔州汉阳县东北。

〔8〕武昌都：《世说新语·容止》载，庾太尉亮在武昌，秋夜气佳景清，佐吏殷浩等登南楼咏诗，兴致正高，忽闻庾亮至，众人欲起避之。庾亮说："诸君少住，老子于此处兴复不浅。"因据胡床，"与诸人咏谑，竟坐，甚得任乐"。孙权尝建都于武昌，故称"武昌都"。

〔9〕此山：指大别山。


# 陪侍郎叔游洞庭醉后三首[1]


今日竹林宴[2]，我家贤侍郎。三杯容小阮[3]，醉后发清狂[4]。

〔1〕这组诗作于乾元二年(759)秋，时作者在岳阳。侍郎叔：即刑部侍郎李晔，李白的族叔。

〔2〕竹林宴：《晋书·阮咸传》："咸任达不拘，与叔父籍为竹林之游。"

〔3〕小阮：阮咸，竹林七贤之一，是阮籍的侄子。此以阮籍比李晔，自比阮咸。

〔4〕清狂：纵情诗酒，无拘无束。

船上齐桡乐[1],湖心泛月归。白鸥闲不去,争拂酒筵飞。

〔1〕桡(ráo):船桨。

划却君山好[1],平铺湘水流。巴陵无限酒[2],醉杀洞庭秋。

〔1〕划(chǎn)却:铲平。君山:山名,在湖南岳阳西洞庭湖中。
〔2〕"巴陵"二句:郁贤皓《李白选集》:"谓欲使湖水都变成巴陵的酒,就可在秋天的洞庭边醉倒了。"巴陵,唐县名,今湖南岳阳。

## 夜泛洞庭寻裴侍御清酌

日晚湘水绿[1],孤舟无端倪[2]。明湖涨秋月,独泛巴陵西。过憩裴逸人,岩居陵丹梯[3]。抱琴出深竹,为我弹鹍鸡[4]。曲尽酒亦倾,北窗醉如泥。人生且行乐,何必组与珪[5]?

〔1〕湘水:洞庭湖主要由湘江注成,此处即以湘水指洞庭湖。
〔2〕端倪:边际。谢灵运《游赤石进帆海》诗:"溟涨无端倪,虚舟有超越。"
〔3〕丹梯:《文选》谢朓《敬亭山》李善注:"丹梯,谓山也。"吕延济注:"丹梯,谓山高峰入云霞处。"
〔4〕鹍鸡:古琴曲名。
〔5〕组:用丝织成的宽带子。古代用作系官印或佩玉的绶。珪:古代诸侯所执之玉版。组珪,代指官爵。

## 陪族叔刑部侍郎晔及
## 中书贾舍人至游洞庭五首[1]

### 其 一

洞庭西望楚江分[2],水尽南天不见云。日落长沙秋色远,不知何处吊湘君<sup>[3]</sup>。

〔1〕这组诗作于乾元二年(759)秋,时作者在岳阳。贾舍人至:贾至乾元二年秋为岳州司马。

〔2〕楚江分:长江由西而来,至今湖北石首市分两道入洞庭湖,故云"楚江分"。

〔3〕湘君:湘水之神。《列女传·母仪》载:尧的两个女儿娥皇、女英,死于江湘之间,俗谓之湘君。

## 其　二

南湖秋水夜无烟,耐可乘流直上天<sup>[1]</sup>。且就洞庭赊月色<sup>[2]</sup>,将船买酒白云边。

〔1〕耐可:犹怎能、安得。

〔2〕就:全诗校:"一作问。"

## 其　三

洛阳才子谪湘川<sup>[1]</sup>,元礼同舟月下仙<sup>[2]</sup>。记得长安还欲笑,不知何处是西天<sup>[3]</sup>。

〔1〕洛阳才子:指贾谊,贾谊是洛阳人,贾至也是洛阳人,故以贾谊为比。湘川:即湘江。

〔2〕元礼:东汉河南尹李膺,字元礼。郭泰还乡时,到河边送行的人很多,郭泰独自与李膺同船而行,送行的人都很羡慕,以为神仙。此以李膺喻李晔。

〔3〕"记得"二句:桓谭《新论》:"人闻长安乐,则出门西向而笑。"此处化用其意,表示对长安的怀念。西天,指长安。

## 其　四

洞庭湖西秋月辉,潇湘江北早鸿飞<sup>[1]</sup>。醉客满船歌白苎<sup>[2]</sup>,不知霜露入秋衣。

〔1〕潇湘:潇水和湘水在湖南零陵合流,故称潇湘。

〔2〕白苎:即《白纻歌》,为六朝时吴地之舞曲。

## 其　五

帝子潇湘去不还[1],空余秋草洞庭间。淡扫明湖开玉镜[2],丹青画出是君山。

〔1〕帝子:指娥皇、女英,为尧之二女。《九歌·湘夫人》:"帝子降兮北渚。"

〔2〕玉镜:形容湖面清澄如镜。

## 楚江黄龙矶南宴杨执戟治楼[1]

五月入五洲[2],碧山对青楼。故人杨执戟,春赏楚江流。一见醉漂月[3],三杯歌棹讴[4]。桂枝攀不尽[5],他日更相求。

〔1〕楚江:指长江。执戟:唐诸卫、太子十率府官属有执戟,诸卫正九品下,十率府从九品下。

〔2〕入:王琦本作"分"。五洲:王琦注:"《水经注》:'江中有五洲相接,故以五洲为名。宋孝武帝举兵江中,建牙洲上,有紫云荫之,即是洲也。'胡三省《通鉴注》:'五洲当在今黄州、江州之间。'"

〔3〕醉:全诗校:"一作波。"

〔4〕歌:全诗校:"一作纵。"棹讴:鼓棹而歌。

〔5〕"桂枝"句:《楚辞·招隐士》:"桂树丛生兮山之幽……攀援桂枝兮聊淹留。"

## 铜官山醉后绝句[1]

我爱铜官乐,千年未拟还。要须回舞袖,拂尽五松山[2]。

〔1〕铜官山:在今安徽铜陵市南。

〔2〕五松山:在铜陵市南。

# 与南陵常赞府游五松山

## 山在南陵铜井西五里,有古精舍[1]

安石泛溟渤,独啸长风还。逸韵动海上,高情出人间[2]。灵异可并迹,澹然与世闲。我来五松下,置酒穷跻攀[3]。征古绝遗老,因名五松山[4]。五松何清幽,胜境美沃洲[5]。萧飒鸣洞壑,终年风雨秋。响入百泉去,听如三峡流[6]。剪竹扫天花[7],且从傲吏游。龙堂若可憩[8],吾欲归精修。

〔1〕南陵:唐县名,在今安徽南陵。赞府:县丞佐职之别称。

〔2〕"安石"四句:《晋书·谢安传》载,谢安曾与孙绰等人泛海远游,风起浪涌,诸人皆惧,唯谢安吟啸自若。众咸服其雅量。

〔3〕跻:攀登。

〔4〕"征古"二句:胡震亨注:"观此诗,是五松非山本名,乃太白所名,亦如名九华也。"绝遗老,谓遗老皆已亡。

〔5〕沃洲:山名,在今浙江新昌县南。

〔6〕"萧飒"四句:王琦注:"萧飒、风雨、百泉、三峡,皆状五松涛声之美。"

〔7〕天花:《法华经》卷三:"时诸梵天王雨众天花……香风时来,吹去萎者,更雨新者。"

〔8〕龙堂:王琦注:"《江南通志》:'龙堂精舍,在南陵县五松山,李白与南陵常赞府游此有诗。'"

# 宣城青溪[1]

青溪胜桐庐[2],水木有佳色。山貌日高古,石容天倾侧。彩鸟昔未名,白猿初相识。不见同怀人[3],对之空叹息。

〔1〕诗题全诗校:"一作入清溪山。"宣城青溪:"青"王琦本作"清"。诗中同。王琦注:"清溪,在池州秋浦县北五里,而此云宣城清溪者,盖代宗永泰元年始析宣州之秋浦、青阳及饶州之至德为池州,其前固隶宣城郡耳。"

〔2〕桐庐:指桐庐水,即桐溪,在今浙江省桐庐东北。

〔3〕同怀:同志,同心。


# 与谢良辅游泾川陵岩寺[1]


乘君素舸泛泾西,宛似云门对若溪[2]。且从康乐寻山水[3],何必东游入会稽?

〔1〕泾川:即泾溪,在安徽泾县西南。陵岩寺:即凌岩寺,在泾县西水西山上。

〔2〕云门:寺名,在浙江绍兴市南云门山。若溪:若耶溪。

〔3〕康乐:谢灵运,袭封康乐公。寻山水:《宋书·谢灵运传》:"出为永嘉太守。郡有名山水,灵运素所爱好。出守既不得志,遂肆意游遨,遍历诸县,动逾旬朔。民间听讼,不复关怀。所至辄为诗咏,以致其意焉。"


# 游水西简郑明府[1]


天宫水西寺,云锦照东郭[2]。清湍鸣回溪,绿水绕飞阁[3]。凉风日潇洒,幽客时憩泊。五月思貂裘,谓言秋霜落。石萝引古蔓,岸笋开新箨[4]。吟玩空复情,相思尔佳作。郑公诗人秀,逸韵宏寥廓。何当一来游,惬我雪山诺[5]?

〔1〕水西:即天宫水西寺。王琦注:"按《江南通志》有水西寺、水西首寺、天宫水西寺,皆在泾县西五里之水西山中。"

〔2〕云锦:指寺旁清泉。

〔3〕飞阁:凌空耸立的高阁。

〔4〕箨(tuò):从草木上脱落下来的皮或叶。这是指笋皮。

〔5〕雪山诺:王琦注:"《广弘明集》:案《文殊师利涅槃经》云:佛灭度后四百五十年,文殊至雪山中,为五百仙人宣说十二部经讫,还归本土,入于涅槃。"雪山,即葱

岭,秦汉以葱岭多雪,故号雪山。此借雪山以咏佛寺。

# 九日登山<sup>[1]</sup>

渊明归去来,不与世相逐<sup>[2]</sup>。为无杯中物,遂偶本州牧<sup>[3]</sup>。因招白衣人,笑酌黄花菊<sup>[4]</sup>。我来不得意,虚过重阳时。题舆何俊发<sup>[5]</sup>,遂结城南期。筑土接响山,俯临宛水湄<sup>[6]</sup>。胡人叫玉笛<sup>[7]</sup>,越女弹霜丝。自作英王胄<sup>[8]</sup>,斯乐不可窥。赤鲤涌琴高,白龟道冯夷<sup>[9]</sup>。灵仙如仿佛,奠酹遥相知。古来登高人,今复几人在?沧洲违宿诺<sup>[10]</sup>,明日犹可待。连山似惊波<sup>[11]</sup>,合沓出溟海<sup>[12]</sup>。扬袂挥四座,酩酊安所知?齐歌送清觞<sup>[13]</sup>,起舞乱参差。宾随落叶散,帽逐秋风吹<sup>[14]</sup>。别后登此台,愿言长相思。

〔1〕九日:农历九月九日重阳节。王琦注:"题应有缺文。"

〔2〕"渊明"二句:《宋书·陶潜传》载,陶潜任彭泽令,在官八十余日,"郡遣督邮至,县吏白,应束带见之。潜叹曰:'我不能为五斗米折腰向乡里小人。'即日解印绶去职,赋《归去来》。"

〔3〕"为无"二句:《晋书·陶潜传》载:江州刺史王弘十分钦慕渊明,自访之,渊明称疾不见。弘因使人携酒,候潜于道。潜既遇酒,便引酌野亭,欣然忘进。弘乃出与相闻,遂欢宴穷日。

〔4〕"因招"二句:《艺文类聚》卷四引《续晋阳秋》:"陶潜尝九月九日无酒,宅边菊丛中,摘菊盈把,坐其侧久,望见白衣人至,乃王弘送酒也,即便就酌,醉而后归。"

〔5〕题舆:《太平御览》卷二六三引谢承《后汉书》:"周景为豫州,辟陈蕃为别驾,不就。景题别驾舆曰:'陈仲举座也。'不复更辟。蕃惶惧,起视职。"

〔6〕接:原作"按",据王琦本改。响山:在安徽宣城南,下俯宛溪。宛水:宛溪。

〔7〕叫:吹奏。

〔8〕英王胄:李白自谓为唐之宗室。

〔9〕"赤鲤"句:《搜神记》卷一:"琴高,赵人也。能鼓琴。……后辞入涿水中,取龙子,与诸弟子期之曰:'明日皆洁斋,候于水旁,设祠屋。'果乘赤鲤鱼出,来坐祠中。"白龟:安旗等注:"宣城之南,响山之西,有柏山,'左难当拒辅公拓于此,时有白龟履雪之异,因名白龟城。'见《宁国府志》。句盖用此事。"冯夷:河伯。

〔10〕宿诺:旧时许下的诺言。

〔11〕"连山"句:木华《海赋》:"波如连山。"

〔12〕合沓:高貌。

〔13〕觞:原作"扬",据王琦本改。

〔14〕"帽逐"句:用孟嘉事,《晋书·孟嘉传》载,桓温镇荆州,尝于九月九日游龙山,风至,参军孟嘉帽落而不觉,后人称为落帽台。

# 九　日[1]

今日云景好,水绿秋山明。携壶酌流霞[2],搴菊泛寒荣[3]。地远松石古,风扬弦管清。窥觞照欢颜,独笑还自倾。落帽醉山月,空歌怀友生[4]。

〔1〕诗约作于宝应元年(762),时作者在当涂。

〔2〕流霞:仙酒。每饮一杯,数月不饥。见《论衡·道虚》。

〔3〕搴:摘取。泛寒荣:用菊花浸酒。

〔4〕友生:朋友。《诗·小雅·常棣》:"虽有兄弟,不如友生。"

# 九日龙山饮[1]

九日龙山饮,黄花笑逐臣[2]。醉看风落帽[3],舞爱月留人。

〔1〕龙山:此诗作期同前。在安徽当涂县南。

〔2〕黄花:菊花。逐臣:李白自谓。

〔3〕风落帽:用孟嘉事。

# 九月十日即事[1]

昨日登高罢[2],今朝更举觞。菊花何太苦,遭此两重阳[3]。

〔1〕作期同前。

〔2〕登高:古时有在重阳节登高饮菊花酒的习俗。

〔3〕"菊花"二句:王琦注:"《岁时杂记》:'都城重九后一日宴赏,号小重阳。'菊以两遇宴饮,两遭采掇,故有太苦之言。"

# 陪族叔当涂宰游化城寺升公清风亭<sup>〔1〕</sup>

化城若化出<sup>〔2〕</sup>,金榜天宫开<sup>〔3〕</sup>。疑是海上云,飞空结楼台<sup>〔4〕</sup>。升公湖上秀<sup>〔5〕</sup>,粲然有辩才。济人不利己,立俗无嫌猜。了见水中月<sup>〔6〕</sup>,青莲出尘埃。闲居清风亭,左右清风来。当暑阴广殿,太阳为徘徊。茗酌待幽客,珍盘荐雕梅。飞文何洒落,万象为之摧。季父拥鸣琴<sup>〔7〕</sup>,德声布云雷。虽游道林室<sup>〔8〕</sup>,亦举陶潜杯。清乐动诸天<sup>〔9〕</sup>,长松自吟哀。留欢若可尽,劫石乃成灰<sup>〔10〕</sup>。

〔1〕当涂宰:王琦谓非李阳冰,另是一人,见李白《化城寺大钟铭》。化城寺:在当涂。升公:《太平府志》:"唐天宝间,寺僧清升能诗文,造舍利塔大戒坛,建清风亭于寺旁西湖上,铸铜钟一。"又《化城寺大钟铭》曰:"寺主升朝,闲心古容,英骨秀气,洒落毫素,谦柔笑言……常虚怀忘情,洁己利物。"王琦谓升朝、升公本一人。

〔2〕化城:一时幻化的城郭,佛教用以比喻小乘境界。见《妙法莲华经·化城喻品》。

〔3〕金榜:金色的匾额。

〔4〕"疑是"二句:谓海市蜃楼。

〔5〕上:全诗校:"一作山。"

〔6〕水中月:佛教用以比喻一切事物皆虚幻。见《大智度论·初品·十喻》。

〔7〕鸣琴:用宓子贱事,《吕氏春秋·察贤》:"宓子贱治单父,弹鸣琴,身不下堂而单父治。"

〔8〕道林:晋代名僧支遁。

〔9〕诸天:佛教谓欲界有十天,色界有十八天,五色界有四天,合有三十二天,总称诸天。见《法苑珠林》卷二《诸天部》。

〔10〕"劫石"句:《搜神记》卷一三载,汉武帝凿昆明池,极深,无土,悉是灰墨,举朝不解。至后汉明帝时,有胡僧入京,问之,胡僧云:"天地大劫将尽则劫烧。此劫烧之馀也。"

# 卷二十

## 登锦城散花楼[1]

日照锦城头,朝光散花楼。金窗夹绣户[2],珠箔悬银钩[3]。飞梯绿云中,极目散我忧[4]。暮雨向三峡,春江绕双流[5]。今来一登望,如上九天游。

〔1〕诗作于开元八年(720),时作者正游成都。锦城:即成都。散花楼:在成都摩诃池上,为隋末蜀王杨秀所建。

〔2〕绣户:雕绘华美的门户。

〔3〕珠箔:珠帘。银钩:银制之帘钩。银,全诗校:"一作琼。"

〔4〕飞梯:极高的楼梯。忧:全诗校:"一作愁。"

〔5〕双流:《水经注·江水》:"江水(岷江)又东,迳成都县,县以汉武帝元鼎二年立。县有二江,双流郡下。"二江,指郫江、流江。

## 登峨眉山[1]

蜀国多仙山,峨眉邈难匹[2]。周流试登览[3],绝怪安可悉[4]。青冥倚天开[5],彩错疑画出[6]。泠然紫霞赏[7],果得锦囊术[8]。云间吟琼箫,石上弄宝瑟。平生有微尚[9],欢笑自此毕。烟容如在颜[10],尘累忽相失[11]。倘逢骑羊子[12],携手凌白日[13]。

〔1〕诗作于开元八年(720)。峨眉山:在今四川峨眉山市西南。

〔2〕邈:渺邈绵远。

〔3〕周流:周游。

〔4〕悉:一一穷究。原作"息",据王琦本改。

〔5〕青冥:原指青天,此指青峰。开:全诗校:"一作关。"

〔6〕彩错:错杂斑斓的色彩。

444

〔7〕泠然:轻举貌。紫霞:多指仙人居处。

〔8〕锦囊术:《汉武内传》载:汉武帝曾把西王母和上元夫人所传授的仙经放在以锦制成的袋子里。后因以"锦囊术"指成仙之术。

〔9〕微尚:微小的愿望,指学道求仙。

〔10〕烟容:古书中常说仙人托身云烟,因此脸上也带有云烟之色。

〔11〕尘累:世俗的牵累。

〔12〕骑羊子:指仙人葛由。《列仙传》卷上:"葛由,蜀羌人也。周成王时,好刻木作羊卖之。一旦乘木羊入蜀中,蜀中王侯贵人追之上绥山。绥山多桃,在峨眉山西南,高无极也。随之者不能远,皆得仙道。"

〔13〕凌白日:谓升天成仙。

# 大庭库〔1〕

朝登大庭库,云物何苍然〔2〕!莫辨陈郑火〔3〕,空霾邹鲁烟。我来寻梓慎,观化入寥天〔4〕。古木朔气多,松风如五弦。帝图终冥没〔5〕,叹息满山川。

〔1〕大庭库:在今山东曲阜。王琦注:"《太平寰宇记》:大庭氏库高二丈,在曲阜县城内,县东一百五十步。"

〔2〕云物:日旁云气的颜色,古人凭以观测吉凶水旱。《周礼·保章氏》:"以五云之物辨吉凶水旱降丰荒之祲象。"

〔3〕陈郑火:《左传》昭公十八年:"宋、卫、陈、郑皆火。梓慎登大庭氏之库以望之,曰:'宋、卫、陈、郑也。'数日,皆来告火。"杜预注:"大庭氏,古国名,在鲁城内。鲁于其处作库高显,故登以望气。"

〔4〕寥天:《庄子·大宗师》:"安排而去化,乃入于寥天一。"郭象注:"安于推移而与化俱去,故仍入于寂寥而与天为一也。"

〔5〕帝图:犹云帝业。

# 登单父陶少府半月台〔1〕

陶公有逸兴,不与常人俱。筑台像半月,回向高城隅〔2〕。置酒望白云,商飙起寒梧[3]。秋山入远海,桑柘罗平芜。水色渌且明[4],令人思镜湖[5]。终当过江去[6],爱此暂踟蹰。

〔1〕半月台:王琦注:"《山东通志》:'半月台,在旧单县城东北隅,相传陶沔所筑。'"陶沔,李白友人,"竹溪六逸"之一。

〔2〕回向:全诗校:"一作回出。"

〔3〕商飙:秋风。商,全诗校:"一作高。"

〔4〕明:全诗校:"一作清。"

〔5〕镜湖:又名鉴湖,在今浙江绍兴会稽山北麓。

〔6〕过江:指往江东之地。

# 天 台 晓 望[1]

天台邻四明[2],华顶高百越[3]。门标赤城霞[4],楼栖沧岛月[5]。凭高登远览,直下见溟渤。云垂大鹏翻[6],波动巨鳌没。风潮争汹涌,神怪何翕忽[7]。观奇迹无倪,好道心不歇。攀条摘朱实[8],服药炼金骨。安得生羽毛,千秋卧蓬阙[9]。

〔1〕诗约作于天宝六载(747),时李白正在越地漫游。天台:山名,在今浙江东部。最高峰华顶山,在天台县东北。

〔2〕四明:山名,在今浙江宁波市西南。

〔3〕百越:古代越族所居之地,在今江浙闽粤一带。

〔4〕赤城:山名,在浙江天台县北,为天台之南门。孙绰《游天台山赋》:"赤城霞起而建标。"赤城山石色皆赤,状似云霞。

〔5〕沧岛:犹言海岛。

〔6〕"云垂"句:语本《庄子·逍遥游》:"鹏之背,不知其几千里也,怒而飞,其翼若垂天之云。"

〔7〕翕忽:迅疾貌。

〔8〕朱实:传说密山上生长一种丹木,结红色果实,食之可以延寿。见《山海经·西山经》。

〔9〕蓬阙:瞿蜕园、朱金城注:"盖即蓬莱宫阙之意。"

# 早望海霞边[1]

四明三千里,朝起赤城霞。日出红光散,分辉照雪崖。一餐咽琼液,五内发金沙[2]。举手何所待,青龙白虎车[3]。

〔1〕作期同前。
〔2〕琼液:玉液。道教称服之可长生。发:散。金沙:丹砂。
〔3〕青龙白虎车:仙人所乘之车。《神仙传》卷八载:吴郡人沈羲学道于蜀中,能消灾除病,救济百姓,其功德感天,天神识之。后度世君司马生乘青龙车、送迎使者徐福乘白虎车前来迎接,载羲升天。

# 焦山望松寥山[1]

石壁望松寥,宛然在碧霄。安得五彩虹,架天作长桥?仙人如爱我,举手来相招。

〔1〕焦山:在江苏镇江市东北长江中,传说东汉末焦光隐居于此,因名。松寥山:王琦注:"鲍天钟《丹徒县志》:'焦山之余支东出,分峙于鲸波弥森中,曰海门山。唐时称松寥山,称夷山,即此。'"

# 杜陵绝句[1]

南登杜陵上,北望五陵间[2]。秋水明落日,流光灭远山。

〔1〕杜陵:古县名,西汉元康元年(前65)改杜县置,因汉宣帝筑陵于此,故名。在今陕西西安市东南。

〔2〕五陵:汉高祖葬长陵,惠帝葬安陵,景帝葬阳陵,武帝葬茂陵,昭帝葬平陵,合称五陵,皆在长安周围。

# 登太白峰〔1〕

西上太白峰,夕阳穷登攀〔2〕。太白与我语〔3〕,为我开天关。愿乘泠风去〔4〕,直出浮云间〔5〕。举手可近月,前行若无山。一别武功去,何时复更还〔6〕?

〔1〕诗作于开元十八年(730)秋,时作者出长安西游邠、岐一带,途中登上太白峰。太白峰:在今陕西西安市西南。

〔2〕夕阳:山之西面。《诗·尔雅·释山》:"山西曰夕阳,山东曰朝阳。"

〔3〕太白:星名,即金星。

〔4〕泠风:轻风。

〔5〕出:全诗校:"一作上。"

〔6〕武功:古县名,县治在今武功。更:原作"见",据王琦本改。

# 登邯郸洪波台置酒观发兵〔1〕

我把两赤羽〔2〕,来游燕赵间。天狼正可射〔3〕,感激无时闲。观兵洪波台,倚剑望玉关〔4〕。请缨不系越,且向燕然山〔5〕。风引龙虎旗,歌钟昔追攀〔6〕。击筑落高月〔7〕,投壶破愁颜〔8〕。遥知百战胜,定扫鬼方还〔9〕。

〔1〕洪波台:《元和郡县图志》卷一五河北道磁州邯郸县:"洪波台,在县西北五里。"

〔2〕赤羽:王琦注:"赤羽谓箭之羽染以赤者,《国语》所谓朱羽之矰是也。"

〔3〕天狼:星名。《晋书·天文志上》:"狼一星在东井东南。狼为野将,主侵掠。"

〔4〕玉关:玉门关,此泛指边塞。

〔5〕燕然山:即今蒙古境内的杭爱山。永元元年(89),车骑将军窦宪,"与北匈奴

448

战于稽落山,大破之,追至私渠比鞮海。窦宪遂登燕然山,刻石勒功而还。”见《后汉书·和帝纪》。

〔6〕昔:全诗校:“一作忆,一作共。”

〔7〕筑:古击弦乐器,形似筝,有十三弦。

〔8〕投壶:《后汉书·祭遵传》:“遵为将军,取士皆用儒术,对酒设乐,必雅歌投壶。”

〔9〕鬼方:《易·既济》:“高宗伐鬼方,三年克之。”鬼方是殷周时西北部族名,其地在今陕西西部一带。


# 登新平楼[1]


去国登兹楼[2],怀归伤暮秋。天长落日远,水净寒波流。秦云起岭树,胡雁飞沙洲。苍苍几万里,目极令人愁。


〔1〕诗作于开元十八年(730),时作者由长安来到邠州。新平:郡名,即邠州,治所在新平县(今陕西彬县)。

〔2〕去国:指离开长安。


# 秋日登扬州西灵塔[1]


宝塔凌苍苍[2],登攀览四荒。顶高元气合,标出海云长[3]。万象分空界,三天接画梁[4]。水摇金刹影[5],日动火珠光[6]。乌拂琼帘度,霞连绣栱张[7]。目随征路断,心逐去帆扬。露浴梧楸白[8],霜催橘柚黄。玉毫如可见[9],于此照迷方[10]。


〔1〕西灵塔:即栖灵寺塔,为“中国之尤峻特者”(《太平广记》卷九八引《独异志》)。

〔2〕苍苍:深青色,指天空。

〔3〕标:梢,此指塔尖。


449

〔4〕三天:佛家语,指欲界天、色界天、无色界天。

〔5〕金刹:塔上的金色相轮。

〔6〕火珠:宫殿、塔庙建筑正脊上作装饰用的宝珠。

〔7〕栱:即斗栱,我国传统木结构建筑中的一种承重结构。主要由斗形木块和弓形肘木纵横交错层叠而成。

〔8〕楸:树名,落叶乔木。

〔9〕玉毫:慧琳《一切经音义》卷十一:"玉毫者,如来眉间白毫毛也,皓白光润,犹如白玉。佛从毫相,放大光明,照十方界。"

〔10〕迷方:迷途。

# 登金陵冶城西北谢安墩

此墩即晋太傅谢安与右军王羲之同登,
超然有高世之志,余将营园其上,故作是诗[1]。

晋室昔横溃[2],永嘉遂南奔[3]。沙尘何茫茫,龙虎斗朝昏。胡马风汉草[4],天骄蹙中原[5]。哲匠感颓运[6],云鹏忽飞翻。组练照楚国[7],旌旗连海门[8]。西秦百万众[9],戈甲如云屯。投鞭可填江[10],一扫不足论[11]。皇运有返正,丑虏无遗魂[12]。谈笑遏横流[13],苍生望斯存[14]。冶城访古迹[15],犹有谢安墩。凭览周地险,高标绝人喧。想像东山姿,缅怀右军言[16]。梧桐识嘉树,蕙草留芳根。白鹭映春洲[17],青龙见朝暾[18]。地古云物在[19],台倾禾黍繁[20]。我来酌清波,于此树名园[21]。功成拂衣去,归入武陵源[22]。

〔1〕冶城:在金陵西,本吴铸冶之地。谢安墩:在金陵半山报宁寺之后。相传谢安与王羲之尝登此游览。见《六朝事迹》。

〔2〕横溃:指西晋末年社会动乱。

〔3〕"永嘉"句:晋永嘉五年,前汉刘曜陷洛阳,中原的贵族官僚,相率南迁避乱。见《晋书·孝怀帝纪》及《王导传》。

〔4〕风:放,奔逸。

〔5〕天骄:《汉书·匈奴传》:"胡者,天之骄子也。"蹙:进逼。

〔6〕哲匠:指有才智的大臣。

〔7〕组练:"组甲被练"的简称。军士所穿的两种衣甲,引申指精壮的军队。

〔8〕海门:指长江入海口。

〔9〕西秦:指前秦苻氏政权,建都于长安。

〔10〕"投鞭"句:苻坚议南侵,曰:"虽有长江,其能固乎?以吾之众旅,投鞭于江,足断其流。"见《晋书·苻坚载记》。鞭,全诗校:"一作策。"

〔11〕"一扫"句:全诗校:"一作一朝为我吞。"

〔12〕"皇运"二句:指淝水之战,前秦战败,东晋得以保全。

〔13〕"谈笑"句:指谢安从容破敌事。苻坚率师南侵,号称百万。谢安为征讨大都督,夷然无惧色,围棋如常,而竟破敌。见《晋书·谢安传》。

〔14〕"苍生"句:谢安隐居东山,朝命屡降而不起,时人语曰:"安石不肯出,将如苍生何?"见《世说新语·排调》。

〔15〕此句全诗校:"一作至今古城隅。"

〔16〕东山姿:指谢安的丰采。右军:指王羲之。《世说新语·言语》:"王右军与谢太傅共登冶城,谢悠然远想,有高世之志。王谓谢曰:'夏禹勤王,手足胼胝;文王旰食,日不暇给。今四郊多垒,宜人人自效,而虚谈废务,浮文妨要,恐非当今所宜。'谢答曰:'秦任商鞅,二世而亡,岂清言致患邪?'"

〔17〕白鹭:白鹭洲,在金陵城西大江中。上多聚白鹭,因名之。

〔18〕青龙:青龙山,在金陵东南。

〔19〕云物:犹景物。

〔20〕台:指谢安墩。

〔21〕树:建立。

〔22〕武陵源:用陶渊明《桃花源记》之典,指隐居之地。归入:全诗校:"一作长啸。"

# 登瓦官阁[1]

晨登瓦官阁,极眺金陵城。钟山对北户[2],淮水入南荣[3]。漫漫雨花落,嘈嘈天乐鸣[4]。两廊振法鼓[5],四角吟风筝[6]。杳出霄汉上,仰攀日月行。山空霸气灭[7],地古寒阴生。寥廓云海晚,苍茫宫观平。门余闾阖宇[8],楼识凤凰名[9]。雷作百山动,神扶万栱倾[10]。灵光何足贵[11],长此镇吴京[12]。

〔1〕此诗重见李宾诗,题作《登瓦官寺阁》。诗当为李白作,说见詹锳《李白诗文系年》。诗约作于开元十三年(725),时作者初游金陵。瓦官阁:即瓦官寺阁,又名升元阁,梁代所建,高二十四丈,故址在今江苏南京市西南。

〔2〕北户:北门。

〔3〕淮水:指秦淮河。南荣:司马相如《上林赋》:"曝于南荣。"郭璞注:"荣,屋南檐也。"

〔4〕雨花:《法华经·分别功德品》载,佛祖说法时,"于虚空中雨曼陀罗花,摩诃曼陀罗花,以散无量百千万亿众宝树下师子座上诸佛"。天乐:《法华经·化城喻品》:"四王诸天,为供养佛,常击天鼓;其余诸天,作天伎乐。"

〔5〕法鼓:指佛寺中的大鼓。

〔6〕风筝:即风铃,又称檐马,悬于檐间,风吹则相击而发声。吟,李宾诗作"吹"。

〔7〕霸气:帝王之气。金陵曾为六朝首都,故云。

〔8〕闾阖:南朝宋宫门名。

〔9〕凤凰:楼名。王琦注:"《江南通志》:按《宫苑记》:凤凰楼在凤凰山上,宋元嘉中建。"

〔10〕山:李宾诗作"川"。神扶:《汉书·扬雄传》:"炕浮柱之飞榱兮,神莫莫而扶倾。"颜师古注:"言举立浮柱而驾飞榱,其形危竦,有神于冥冥之中扶持,故不倾也。"

〔11〕灵光:指鲁灵光殿。《文选》王延寿《鲁灵光殿赋序》:"鲁灵光殿者,盖景帝程姬之子恭王馀之所立也。恭王治都下国,好治宫室,遂因鲁僖基兆而营焉。"何足:李宾诗作"一向"。

〔12〕吴京:指金陵。


# 登梅冈望金陵赠族侄高座寺僧中孚[1]


钟山抱金陵,霸气昔腾发。天开帝王居,海色照宫阙。群峰如逐鹿,奔走相驰突。江水九道来[2],云端遥明没。时迁大运去,龙虎势休歇[3]。我来属天清,登览穷楚越[4]。吾宗挺禅伯,特秀鸾凤骨[5]。众星罗青天,明者独有月[6]。冥居顺生理,草木不剪伐。烟窗引蔷薇,石壁老野蕨。吴风谢安屐,白足傲履袜[7]。几宿一下山[8],萧然忘干谒。谈经演金偈[9],降鹤舞海雪。时闻天香来[10],了与世事绝。佳游不可得,春风惜远别。赋诗留岩屏,千载庶不灭。

〔1〕梅冈:在金陵城南,晋豫章太守梅赜家于冈下,故有此名。高座寺:王琦注:"高座寺,在江宁府雨花台梅冈,晋永嘉中建,名甘露寺。西竺僧尸黎密据高座说法,世谓高座道人,葬此,故名。"

〔2〕九道:古谓长江至荆州界分为九道。

〔3〕大运:天运。龙虎势:指金陵龙蟠虎踞之势。

〔4〕楚越:王琦注:"金陵之地,古为吴地,其西为楚,其南为越。"

〔5〕"吾宗"二句:全诗校:"一作吾宗道门秀,特异鸾凤骨。"

〔6〕明:全诗校:"一作朗。"

〔7〕"白足"句:慧皎《高僧传》卷十载:释昙始"足白于面,虽跣涉泥水,未尝沾湿,天下皆称白足和上(尚)"。

〔8〕一下山:全诗校:"一作下山来。"

〔9〕偈:梵语"偈陀"的省称,义译为"颂"。佛所说之偈,谓之金偈。

〔10〕天香:《法华经·法师功德品》:"亦闻天上诸天之香。"

# 登金陵凤凰台〔1〕

凤凰台上凤凰游,凤去台空江自流。吴宫花草埋幽径〔2〕,晋代衣冠成古丘〔3〕。三山半落青天外〔4〕,二水中分白鹭洲〔5〕。总为浮云能蔽日〔6〕,长安不见使人愁。

〔1〕凤凰台:故址在今南京市凤凰山。相传南朝刘宋元嘉年间,有三只五彩缤纷的鸟飞到金陵东南的山上,时人认为是凤凰,遂在山上筑了一座台,山改名为凤凰山,此台即"凤凰台"。

〔2〕吴宫:指三国吴建都金陵所造的宫殿。幽径:僻静的小路。

〔3〕晋代:指东晋。东晋王朝也建都金陵。衣冠:指世族、士绅。古丘:古坟。

〔4〕三山:山名,在金陵城西南长江边上,三峰并列,南北相连,故名。

〔5〕二水:指因白鹭洲而分开的江水。白鹭洲:古代长江中的沙洲,在今南京水西门外。

〔6〕浮云蔽日:喻朝中近臣之蔽君。

# 望庐山瀑布水二首[1]

西登香炉峰[2],南见瀑布水。挂流三百丈[3],喷壑数十里[4]。欻如飞电来[5],隐若白虹起。初惊河汉落[6],半洒云天里[7]。仰观势转雄,壮哉造化功[8]。海风吹不断,江月照还空[9]。空中乱潨射[10],左右洗青壁。飞珠散轻霞,流沫沸穹石[11]。而我乐名山,对之心益闲。无论漱琼液[12],还得洗尘颜。且谐宿所好[13],永愿辞人间。

〔1〕诗作于开元十三年(725),时作者首游庐山。

〔2〕香炉峰:庐山北峰。峰尖圆,烟云聚散其上,远望状似香炉,因得名。

〔3〕百:全诗校:"一作千。"

〔4〕壑:山沟。

〔5〕欻(xū):迅疾貌。电:全诗校:"一作练。"

〔6〕河汉:全诗校:"一作银河。"

〔7〕此句全诗校:"一作半泻金潭里。"

〔8〕造化功:大自然的功效。

〔9〕江:全诗校:"一作山。"

〔10〕潨(zōng):众水合在一起叫潨。

〔11〕穹石:大石。

〔12〕琼液:玉液,仙人所饮,以指清洁的泉水。

〔13〕谐:和合。宿:旧。

日照香炉生紫烟,遥看瀑布挂前川[1]。飞流直下三千尺,疑是银河落九天[2]。

〔1〕香炉:香炉峰。紫烟:云雾在阳光照射下呈紫色。以上二句全诗校:"一作庐山上与星斗连,日照香炉生紫烟。"

〔2〕九天:九重天,即天空最高处。

454

# 望庐山五老峰[1]

庐山东南五老峰,青天削出金芙蓉[2]。九江秀色可揽结,吾将此地巢云松[3]。

〔1〕作期同上。望:原作"登",据王琦本改。五老峰:《太平寰宇记》卷一一一:"五老峰在庐山东,悬崖突出,如五人相逐罗列之状。"
〔2〕芙蓉:即莲花。五老峰峭拔秀丽而山岩色黄,故称之为"金芙蓉"。
〔3〕揽结:采取。巢云松:巢居于白云苍松之间,即隐居。

# 江上望皖公山[1]

奇峰出奇云,秀木含秀气。清宴皖公山[2],巉绝称人意[3]。独游沧江上,终日淡无味。但爱兹岭高,何由讨灵异?默然遥相许,欲往心莫遂。待吾还丹成[4],投迹归此地。

〔1〕皖公山:一称皖山,在安徽潜山县西北。旧时通称山南为皖南,山北为皖北。
〔2〕清宴:即清晏,天空晴朗无云。
〔3〕巉绝:山势高险貌。陆游《入蜀记》:"北望正见皖山,太白《江上望皖公山》诗:'巉绝称人意。'巉绝二字,不刊之妙也。"
〔4〕还丹:一种仙丹,服一刀圭即白日升天。见《抱朴子·金丹》。

# 望黄鹤山[1]

东望黄鹤山,雄雄半空出。四面生白云,中峰倚红日。岩峦行穹跨[2],峰嶂亦冥密[3]。颇闻列仙人[4],于此学飞术。一朝向蓬海,千载空石室。金

455

灶生烟埃[5],玉潭秘清谧[6]。地古遗草木,庭寒老芝术[7]。蹇予羡攀跻[8],因欲保闲逸。观奇遍诸岳,兹岭不可匹。结心寄青松[9],永悟客情毕。

〔1〕黄鹤山:又名黄鹄山,西北有黄鹄矶,即今湖北武汉市武昌蛇山。《南齐书·州郡志》:"夏口城(今武汉市武昌)据黄鹄矶,世传仙人子安乘黄鹄过此上也。"山,原作"楼",据王琦本改。

〔2〕穹跨:高耸空中。

〔3〕冥密:连绵幽深。

〔4〕列仙人:指仙人子安等。

〔5〕金灶:仙人炼丹之具。

〔6〕清谧:清静。

〔7〕芝、术:均为药草名。

〔8〕蹇:语首助词。

〔9〕结心:收心。结,收敛。

# 鹦鹉洲[1]

鹦鹉来过吴江水[2],江上洲传鹦鹉名。鹦鹉西飞陇山去[3],芳洲之树何青青[4]！烟开兰叶香风暖,岸夹桃花锦浪生[5]。迁客此时徒极目[6],长洲孤月向谁明?

〔1〕诗约作于上元元年(760)春,时作者滞留江夏。鹦鹉洲:在汉阳一侧江中,与江夏(今武昌)之黄鹤矶隔江斜对。至明末已不存。

〔2〕吴江:此指武昌一带的长江。

〔3〕陇山:在今陕西、甘肃两省边境。相传陇山多鹦鹉。

〔4〕芳洲:谓洲上多芳草。

〔5〕锦浪:指落有花瓣的江水。

〔6〕迁客:诗人自指。因其曾被流放夜郎,故云。《李白诗文系年》谓此诗作于上元元年(760)。

# 九日登巴陵置酒望洞庭水军

时贼逼华容县[1]

九日天气清,登高无秋云。造化辟川岳,了然楚汉分[2]。长风鼓横波,合
沓蹙龙文[3]。忆昔传游豫[4],楼船壮横汾[5]。今兹讨鲸鲵[6],旌旆何缤
纷!白羽落酒樽[7],洞庭罗三军。黄花不掇手[8],战鼓遥相闻。剑舞转颓
阳,当时日停曛[9]。酣歌激壮士,可以摧妖氛。龌龊东篱下,渊明不足
群[10]。

　　[1]诗作于乾元二年(759)九月,时作者在岳阳。巴陵:即巴丘山,在岳州巴陵县
(今湖南岳阳)南。贼逼华容县:乾元二年(759)八月,康楚元、张嘉延据襄州作乱。
九月,张嘉延袭破荆州,事见《通鉴》。华容县:属岳州,在今湖南华容县。
　　[2]楚汉:指楚地之山和汉水。
　　[3]合沓:重重叠叠。蹙:聚集。龙文:指水的波纹。
　　[4]游豫:游乐。
　　[5]"楼船"句:语本汉武帝《秋风辞》:"泛楼船兮济汾河,横中流兮扬素波。"
　　[6]鲸鲵:喻指康楚元、张嘉延。
　　[7]白羽:指箭。以白羽为箭羽,故云。
　　[8]黄花:菊花。
　　[9]"剑舞"二句:用鲁阳挥戈返日的典故。《淮南子·览冥训》:"鲁阳公与韩构
难,战酣,日暮,援戈而㧑之,日为之反三舍。"曛(xūn),昏暗。
　　[10]龌龊:器量局狭,拘牵于小节。群:为伍。陶渊明诗有"采菊东篱下,悠然见
南山"之句。

# 秋登巴陵望洞庭[1]

清晨登巴陵,周览无不极。明湖映天光,彻底见秋色。秋色何苍然,际海
俱澄鲜。山青灭远树,水绿无寒烟。来帆出江中,去鸟向日边。风清长沙

浦<sup>〔2〕</sup>，山空云梦田<sup>〔3〕</sup>。瞻光惜颓发，阅水悲徂年<sup>〔4〕</sup>。北渚既荡漾<sup>〔5〕</sup>，东流自潺湲。郢人唱白雪<sup>〔6〕</sup>，越女歌采莲<sup>〔7〕</sup>。听此更肠断，凭崖泪如泉。

〔1〕诗作于乾元二年（759）秋，时作者在巴陵（今湖南岳阳市）。

〔2〕长沙浦：指由长沙而入洞庭湖的湘水。

〔3〕云梦：云梦泽。古代所称的云梦泽大致包括今湖南益阳、湘阴以北，湖北江陵、安陆以南，武汉市以西地区。山：全诗校："一作霜。"

〔4〕瞻光、阅水：王琦注："瞻光，瞻日月之光。阅水，阅逝去之水。"徂年：逝去的时光。

〔5〕"北渚"句：语本江淹《拟王征君微养疾》诗："北渚有帝子，荡漾不可期。"

〔6〕"郢人"句：宋玉《对楚王问》："客有歌于郢中者，其始曰《下里》《巴人》，国中属而和者数千人。……其为《阳春》《白雪》，国中属而和者不过数十人。……是其曲弥高，其和弥寡。"

〔7〕采莲：即《采莲曲》，乐府《清商曲》名。

# 与夏十二登岳阳楼<sup>〔1〕</sup>

楼观岳阳尽<sup>〔2〕</sup>，川迥洞庭开<sup>〔3〕</sup>。雁引愁心去<sup>〔4〕</sup>，山衔好月来<sup>〔5〕</sup>。云间连下榻<sup>〔6〕</sup>，天上接行杯。醉后凉风起，吹人舞袖回。

〔1〕此诗作于乾元二年（759）由江夏南游洞庭之时。

〔2〕岳阳：谓天岳山之阳。天岳山即巴陵山。在今岳阳市南。

〔3〕迥：远。全诗校："一作向。"

〔4〕此句全诗校："一作雁别秋江去。"

〔5〕"山衔"句：指月亮刚从山后升起。

〔6〕连：全诗校："一作逢。"下榻：用陈蕃礼徐稺事，徐稺以德行著称，屡辟公府，不起。陈蕃为豫章太守，以礼请署功曹。"蕃在郡不接宾客，唯稺来，特设一榻，去则悬之。"见《后汉书·徐稺传》。沈约《和谢宣城》："宾至下尘榻。"王勃《滕王阁序》："徐孺下陈蕃之榻。"

# 登巴陵开元寺西阁赠衡岳僧方外[1]

衡岳有开士[2],五峰秀真骨[3]。见君万里心,海水照秋月。大臣南溟去[4],问道皆请谒。洒以甘露言[5],清凉润肌发。明湖落天镜,香阁凌银阙[6]。登眺餐惠风[7],新花期启发。

〔1〕此诗重见《全唐诗》卷七七〇李宾诗。诗当为李白作,说见詹锳《李白诗文系年》。开元寺:《唐会要》卷四八:"天授元年十月二十九日,两京及天下诸州各置大云寺一所,开元二十六年六月一日,并改为开元寺。"

〔2〕开士:佛经中称菩萨为开士。亦指高僧。

〔3〕"五峰"句:《传灯录》卷三:"惠可大师返香山,终日宴坐,经八载,于寂默中见一神人谓曰:'将欲受果,何滞此耶?'翌日,觉头痛如刺,其师欲治之。空中有声曰:'此乃换骨,非常痛也。'师视其顶骨,即如五峰秀出矣。"真,李宾诗作"贞"。

〔4〕大臣:瞿蜕园、朱金城谓疑指张镐;安旗等疑"臣"为"师"之误。按,此言朝中大臣往南海,皆向衡岳僧问道,则作"臣"不误;又,下句曰"皆",则非止一人也,瞿、朱说亦非。

〔5〕甘露言:指佛语。《法华经》卷三:"如以甘露洒,除热得清凉。"

〔6〕明湖:李宾诗作"湖海"。香阁:佛家谓"有国名众香,佛号香积","其界一切,皆以香作楼阁"。见《维摩诘所说经》。银阙:指天上的宫阙。

〔7〕惠风:春风,和风。

# 与贾至舍人于龙兴寺剪落<br>梧桐枝望滟湖[1]

剪落青梧枝,滟湖坐可窥。雨洗秋山净,林光澹碧滋。水闲明镜转[2],云绕画屏移[3]。千古风流事,名贤共此时。

〔1〕贾至舍人:贾至,天宝末曾为中书舍人。龙兴寺:在巴陵(今岳阳)。《舆地纪

胜》卷六九:"法宝寺,唐曰龙兴,下瞰滗湖。"滗湖:在巴陵南。

〔2〕闲:静。明镜:指滗湖。

〔3〕画屏:指秋山。


# 挂席江上待月有怀<sup>〔1〕</sup>

待月月未出,望江江自流。倏忽城西郭,青天悬玉钩<sup>〔2〕</sup>。素华虽可揽,清景不可游<sup>〔3〕</sup>。耿耿金波里,空瞻鸤鹊楼<sup>〔4〕</sup>。


〔1〕席:帆。

〔2〕玉钩:指月。

〔3〕素华:月光。

〔4〕此二句语本谢朓《暂使下都夜发新林至京邑赠西府同僚》:"金波丽鸤鹊。"金波,月光。鸤鹊,汉观名,借指京邑金陵的宫观。


# 金陵望汉江<sup>〔1〕</sup>

汉江回万里,派作九龙盘<sup>〔2〕</sup>。横溃豁中国<sup>〔3〕</sup>,崔嵬飞迅湍<sup>〔4〕</sup>。六帝沦亡后,三吴不足观<sup>〔5〕</sup>。我君混区宇<sup>〔6〕</sup>,垂拱众流安<sup>〔7〕</sup>。今日任公子,沧浪罢钓竿<sup>〔8〕</sup>。


〔1〕汉江:指长江。

〔2〕派:支流。郭璞《江赋》:"流九派乎浔阳。"李善注:"应劭《汉书》注曰:'江自庐江、浔阳分为九。'"

〔3〕横溃:水泛滥冲决堤防。豁:空虚。

〔4〕崔嵬:高耸貌。此指波涛如山。

〔5〕六帝:指吴、东晋、宋、齐、梁、陈六代帝王。三吴:《水经注·江水》:"吴后分为三,世号'三吴',吴兴、吴郡、会稽也。"

〔6〕我君:指唐帝。混区宇:统一天下。

〔7〕垂拱:垂衣拱手,无为而治。《尚书·武成》:"崇德报功,垂拱而天下治。"

〔8〕"今日"二句:反用任公子钓大鱼事,隐指自己难于有所作为。

# 秋登宣城谢朓北楼[1]

江城如画里[2],山晓望晴空。两水夹明镜[3],双桥落彩虹[4]。人烟寒橘柚[5],秋色老梧桐。谁念北楼上,临风怀谢公[6]。

〔1〕诗约作于天宝十二载(753)秋,时作者在宣城。谢朓北楼:即谢朓楼。南齐诗人谢朓所建的楼阁,在宣城陵阳山上。

〔2〕江城:指宣城。

〔3〕两水:指宛溪、句溪,二溪于宣城东北合流。

〔4〕双桥:指宛溪上的两座桥,一名凤凰,一名济川,皆隋开皇中建。

〔5〕人烟:人家的炊烟。

〔6〕谢公:谢朓。

# 望天门山[1]

天门中断楚江开[2],碧水东流至此回[3]。两岸青山相对出[4],孤帆一片日边来。

〔1〕诗作于开元十三年(725),时作者出蜀后初次过天门山。天门山:在今安徽当涂县西南,东名博望山,西名梁山。两山夹江对峙,好似门户,故称"天门"。

〔2〕楚江:当涂一带古属楚地,故称流经这里的长江为"楚江"。

〔3〕至:全诗校:"一作直。"此:原作"北",据王琦本校语改。

〔4〕两岸青山:指博望山与梁山。

## 望木瓜山[1]

早起见日出,暮见栖鸟还。客心自酸楚,况对木瓜山[2]。

〔1〕诗作于天宝十三载(754),时作者在池州。木瓜山:在唐宣州青阳县(今安徽青阳)。
〔2〕木瓜:王琦注:"《千金翼方》:木瓜实味酸。"

## 登敬亭北二小山余时送客逢崔侍御并登此地

送客谢亭北[1],逢君纵酒还。屈盘戏白马[2],大笑上青山。回鞭指长安,西日落秦关。帝乡三千里[3],杳在碧云间。

〔1〕谢亭:即谢公亭,相传为谢朓送范云之零陵处,故址在今安徽宣城北。
〔2〕屈盘:曲折盘旋,指山路。
〔3〕帝乡:此指京城长安。

## 过崔八丈水亭[1]

高阁横秀气,清幽并在君。檐飞宛溪水[2],窗落敬亭云[3]。猿啸风中断,渔歌月里闻。闲随白鸥去,沙上自为群。

〔1〕诗作于天宝十二载(753),时作者在宣城。
〔2〕宛溪:在今安徽宣城东。
〔3〕敬亭:山名,在今安徽宣城北。

# 登广武古战场怀古[1]

秦鹿奔野草,逐之若飞蓬[2]。项王气盖世,紫电明双瞳[3]。呼吸八千人,横行起江东[4]。赤精斩白帝[5],叱咤入关中。两龙不并跃,五纬与天同[6]。楚灭无英图,汉兴有成功。按剑清八极[7],归酣歌大风[8]。伊昔临广武,连兵决雌雄。分我一杯羹,太皇乃汝翁[9]。战争有古迹,壁垒颓层穹。猛虎啸洞壑,饥鹰鸣秋空。翔云列晓阵,杀气赫长虹。拨乱属豪圣,俗儒安可通? 沉湎呼竖子,狂言非至公[10]。抚掌黄河曲,嗤嗤阮嗣宗[11]。

〔1〕诗约作于开元二十一年(733)秋,时作者由梁宋西游经广武山。广武古战场:广武在今河南荥阳东北,有三皇山,上有二城,东曰东广武,西曰西广武,各在一山头,相去百步。汴水从涧中东南流。楚汉相争,两军曾相持于此。见《元和郡县图志》卷八。

〔2〕"秦鹿"二句:《史记·淮阴侯列传》:"秦失其鹿,天下共逐之,于是高材疾足者先得焉。"

〔3〕紫电:喻眼睛有神。双瞳:重瞳。《史记·项羽本纪》:"闻项羽亦重瞳子。"

〔4〕呼吸:指极短时间。八千人:《史记·项羽本纪》:"籍与江东子弟八千人渡江而西。"

〔5〕"赤精"句:《史记·高祖本纪》载,刘邦夜行丰邑西泽中,有大白蛇挡道,刘邦拔剑斩蛇。一老妇哭之,人问其故,答曰:"吾子,白帝子也,化为蛇,当道,今为赤帝子斩之,故哭。"

〔6〕"五纬"句:《汉书·高帝记》:"元年冬十月,五星聚于东井。"是时秦亡。五纬,即五星。

〔7〕清八极:平定天下。八极,八方极远之地。

〔8〕歌大风:汉高祖刘邦称帝后归故乡沛县,召故人父老欢宴,帝自击筑,作歌曰:"大风起兮云飞扬,威加海内兮归故乡,安得猛士兮守四方!"见《史记·高祖本纪》。

〔9〕"伊昔"四句:《史记·项羽本纪》载:楚汉于广武对峙数月,项王为高俎,置太公(刘邦父)其上,告汉王曰:"今不急下,吾烹太公。"汉王:"吾与项羽俱北面受命

怀王,曰'约为兄弟'。吾翁即若翁,必欲烹而翁,则幸分我一杯羹。"

〔10〕沉湎:沉溺于酒。呼竖子:《晋书·阮籍传》载:阮籍曾登广武,观楚汉战处,慨叹道:"世无英雄,使竖子成名。"竖子,小子,此指刘邦。狂言:指阮籍之言。

〔11〕抚掌:拍手笑貌。嗤嗤:讥笑。阮嗣宗:阮籍字嗣宗。

# 卷二十一

## 安州应城玉女汤作<sup>[1]</sup>

神女殁幽境<sup>[2]</sup>,汤池流大川。阴阳结炎炭,造化开灵泉<sup>[3]</sup>。地底烁朱火<sup>[4]</sup>,沙傍歊素烟<sup>[5]</sup>。沸珠跃明月,皎镜函空天<sup>[6]</sup>。气浮兰芳满,色涨桃花然。精览万殊入<sup>[7]</sup>,潜行七泽连<sup>[8]</sup>。愈疾功莫尚,变盈道乃全<sup>[9]</sup>。濯濯气清沚<sup>[10]</sup>,晞发弄潺湲<sup>[11]</sup>。散下楚王国,分浇宋玉田<sup>[12]</sup>。可以奉巡幸,奈何隔穷偏。独随朝宗水<sup>[13]</sup>,赴海输微涓<sup>[14]</sup>。

〔1〕安州:唐州名,治所在今湖北安陆市。应城:安州属县,即今湖北应城市。玉女汤:温泉名,即玉女泉,在应城市西五十里,传说玉女曾在此处炼丹。全诗题下旧注:"《荆州记》云:常有玉女乘车投此泉。"

〔2〕神女:即传说中的玉女。

〔3〕"阴阳"二句:语本贾谊《鹏鸟赋》:"天地为炉兮造化为工,阴阳为炭兮万物为铜。"

〔4〕烁朱火:指玉女泉水热沸。

〔5〕歊(xiāo):热气上冲貌。

〔6〕函:容纳。言汤池水明如镜,天空倒映入水中。

〔7〕精览:明察。万殊:万物。

〔8〕七泽:古书记载楚地有七泽。

〔9〕"变盈"句:语本《易·谦》:"地道变盈而流谦。"谓损盈而益虚,如桑田变沧海之类。

〔10〕濯濯:明净貌。沚:清。此句全诗校:"一作濯缨掬清沚。"

〔11〕晞发:指把洗净的头发晒干。

〔12〕宋玉田:指云梦之田。楚襄王与宋玉、唐勒、景差等登阳云之台,宋玉作《小言赋》,襄王赐以云梦之田。见宋玉《小言赋》。

〔13〕朝宗:《尚书·禹贡》:"江汉朝宗于海。"意为百川以海为归向,如诸侯或百官朝见帝王。

〔14〕微涓:细流。

## 之广陵宿常二南郭幽居[1]

绿水接柴门,有如桃花源。忘忧或假草[2],满院罗丛萱[3]。暝色湖上来,微雨飞南轩。故人宿茅宇,夕鸟栖杨园[4]。还惜诗酒别,深为江海言。明朝广陵道,独忆此倾樽。

〔1〕广陵:郡名,即扬州,治所在今江苏扬州市。
〔2〕假:借。
〔3〕萱:忘忧草。
〔4〕杨园:《诗·小雅·巷伯》:"杨园之道。"毛传:"杨园,园名。"

## 夜下征虏亭[1]

船下广陵去,月明征虏亭。山花如绣颊[2],江火似流萤[3]。

〔1〕诗作于开元十四年(726),时作者由征虏亭登舟往扬州(广陵)。征虏亭:故址在今南京市,东晋征虏将军谢石所建。
〔2〕绣颊:唐代女子以丹脂点颊,色如锦绣,称为绣颊。
〔3〕江火:江船的灯火。

## 下途归石门旧居[1]

吴山高,越水清,握手无言伤别情。将欲辞君挂帆去,离魂不散烟郊树。此心郁怅谁能论,有愧叨承国士恩[2]。云物共倾三月酒,岁时同饯五侯门[3]。羡君素书尝满案[4],含丹照白霞色烂[5]。余尝学道穷冥筌[6],梦中往往游仙山。何当脱屣谢时去[7],壶中别有日月天[8]。俛仰人间易凋

466

朽[9]，钟峰五云在轩牖[10]。惜别愁窥玉女窗[11]，归来笑把洪崖手[12]。隐居寺，隐居山，陶公炼液栖其间[13]。灵神闭气昔登攀，恬然但觉心绪闲。数人不知几甲子[14]，昨来犹带冰霜颜[15]。我离虽则岁物改，如今了然识所在[16]。别君莫道不尽欢，悬知乐客遥相待[17]。石门流水遍桃花，我亦曾到秦人家。不知何处得鸡豕，就中仍见繁桑麻[18]。翛然远与世事间[19]，装鸾驾鹤又复远[20]。何必长从七贵游[21]，劳生徒聚万金产。挹君去[22]，长相思，云游雨散从此辞。欲知怅别心易苦，向暮春风杨柳丝。

〔1〕诗作于天宝十三载(754)春，时李白寓居金陵而往游石门。石门：王琦注："按《太平府志》：横望山在当涂县东六十里，春秋楚子重伐吴，至于横山，即此山也。实为金陵朝对之山。《真诰》称其石形壤奇，洞穴盘纡。陶隐居尝栖迟此地炼丹，故有陶公读书堂、石门、古祠、灰井、丹炉诸遗迹。书堂今为澄心寺。石门山水尤奇，盘道屈曲，沿蹬而入，峭壁二里，夹石参天，左拥右抱，罗列拱揖，高者抗层霄，下者入衍奥。中有玉泉嵌空渊渊而来，春夏霖潦奔驰，秋冬澄流一碧，萦绕如练。观诗中所称隐居山寺、陶公炼液、石门流水诸句，知石门旧居盖在其处矣。"

〔2〕叨承：自谦之辞。言不当承受而承受。国士：国家的栋梁之才。

〔3〕云物：景物。岁时：节候。五侯：汉平二年，汉成帝同日封其舅王谭等五人为侯，世称五侯。见《汉书·元后传》。此泛指达官贵人。

〔4〕素书：古时以白绢写书，故称素书。

〔5〕"含丹"句：王琦注："含丹者，书中之字以朱写之。白者绢色，丹白相映，烂然如霞矣。"

〔6〕冥筌：指道家之理与迹。

〔7〕脱屣：喻轻易抛弃一切。

〔8〕壶中日月天：即壶天，道家所说的仙境。《神仙传》卷五载，壶公卖药于汝南，常悬一壶，夜则跳入壶中，中有"仙宫世界，楼观五色，重门阁道"。

〔9〕俛仰：同"俯仰"。

〔10〕钟峰：钟山。在轩牖：言其距离之近。

〔11〕玉女窗：在嵩山，传说汉武帝曾在窗中窥见天上玉女。

〔12〕洪崖：仙人名。

〔13〕隐居山：《因话录》："宣州当涂隐居山岩，即陶贞白炼丹所也。炉迹犹在，后为佛舍。"陶公：即南朝人陶弘景，曾隐居茅山(一说横望山)，自号华阳隐居，谥贞白先生。《南史》有传。

〔14〕甲子：古以干支纪年，六十年为一甲子。

〔15〕来:原作"夜",校云:"一作来。"冰霜颜:仙人之貌。

〔16〕岁物:四季景物。识:原作"失",据王琦本改。

〔17〕悬知:预知。乐客:指好客的人。

〔18〕"石门"四句:用陶渊明《桃花源记》之事。

〔19〕翛然:自然往来,无拘无束。

〔20〕鸾、鹤:仙人所乘。

〔21〕七贵:指汉时吕、霍、上官等七家贵族,后泛指权贵。

〔22〕挹:通"揖"。


# 客中行

兰陵美酒郁金香[1],玉碗盛来琥珀光[2]。但使主人能醉客,不知何处是他乡。

〔1〕诗约作于开元二十七年(739),时作者初至东鲁后前往兰陵游览。

〔2〕兰陵:原山东峄县。郁金香:香草名。有浓烈香味。

〔3〕琥珀:松柏树脂的化石,色淡黄或赤褐。此处形容美酒的色泽。


# 太原早秋[1]

岁落众芳歇[2],时当大火流[3]。霜威出塞早,云色渡河秋[4]。梦绕边城月,心飞故国楼[5]。思归若汾水[6],无日不悠悠[7]。

〔1〕诗作于开元二十三年(735),时李白往游太原。太原:在今山西太原市西南。

〔2〕岁落:早秋时,一年光阴已过半,故云"落"。歇:凋谢。

〔3〕大火:即心宿二,夏夜星空中主要亮星之一。《诗·豳风·七月》:"七月流火。"朱熹注:"火,大火,心星也。以六月之昏,加于地之南方,至七月之昏则下而西流矣。"

〔4〕河:指黄河。

〔5〕故国:故乡。

〔6〕汾水:发源于山西宁武县管涔山,南流至河津县入黄河。

〔7〕悠悠:悠长貌。

# 奔亡道中五首<sup>[1]</sup>

## 其 一

苏武天山上<sup>[2]</sup>,田横海岛边<sup>[3]</sup>。万重关塞断,何日是归年?

〔1〕奔亡:指至德二载(755)春永王兵败后,李白南奔彭泽。

〔2〕"苏武"句:《汉书·苏武传》载,苏武出使匈奴,被扣留,不屈,徙至北海上牧羊。武"杖汉节牧羊,卧起操持,节旄尽落。"天山,在今新疆境内。按苏武牧羊在北海(今俄罗斯贝加尔湖),然古人误传在天山,刘删《苏武诗》云:"食雪天山近,思归海路长。"

〔3〕"田横"句:《史记·田儋列传》载,刘邦称帝后,田横惧诛而与其徒属五百余人入海,居岛中。高帝闻之,乃使使赦其罪而召之。田横乃与其客二人乘传诣洛阳,至尸乡而自刭,令客奉其头,从使者驰奏高帝。田横既葬,二客亦皆自刭,下从之。高帝大惊,闻其客尚有五百人在海中,使使召之。至则闻田横死,亦皆自杀,于是乃知田横兄弟能得士也。

## 其 二

亭伯去安在<sup>[1]</sup>,李陵降未归<sup>[2]</sup>。愁容变海色<sup>[3]</sup>,短服改胡衣<sup>[4]</sup>。

〔1〕"亭伯"句:崔骃,字亭伯,汉和帝时为车骑大将军窦宪府掾,因数进谏,不为宪容,出为长岑长。事见《后汉书·崔骃传》。

〔2〕"李陵"句:《汉书·李陵传》载,汉武帝命贰师将军李广利击匈奴,李陵自请率部到兰干山南,以分单于兵,陵至浚稽山,被匈奴大军围困,兵败而降。

〔3〕海色:将晓的天色。

〔4〕短服:即胡服。胡人着窄袖短衣,以便于骑射。

## 其 三

谈笑三军却[1],交游七贵疏[2]。仍留一只箭,未射鲁连书[3]。

〔1〕"谈笑"句:语本左思《咏史诗》:"吾慕鲁仲连,谈笑却秦军。"
〔2〕七贵:泛指权贵。
〔3〕"仍留"二句:《史记·鲁仲连邹阳列传》载,齐将田破燕军,收复齐城,惟聊城不下,燕将固守岁余,士卒多死。鲁连乃为书,束之于矢,以射城中燕将。燕将得书,泣三日,乃自杀,齐军遂克聊城。

## 其 四

函谷如玉关,几时可生还[1]?洛阳为易水[2],嵩岳是燕山[3]。俗变羌胡语,人多沙塞颜。申包惟恸哭,七日鬓毛斑[4]。

〔1〕函谷:关名,古关址在今河南灵宝市南。时函谷已为安禄山所据。玉关:玉门关。生还:班超《上书求代》:"臣不敢望到酒泉郡,但愿生入玉门关。"
〔2〕阳:缪本作"川"。易水:在今河北易县南。
〔3〕嵩岳:即中岳嵩山。燕山:在今河北遵化、宽城及北京市北一带。
〔4〕"申包"二句:秦昭王十年,吴军伐楚,入郢。昭王出奔,楚大夫申包胥求救于秦,哭于秦庭七日七夜,秦乃出兵救楚,击败吴军。事见《左传·定公四年》。

## 其 五

森森望湖水[1],青青芦叶齐。归心落何处,日没大江西。歇马傍春草,欲行远道迷。谁忍子规鸟[2],连声向我啼。

〔1〕森森:大水貌。
〔2〕子规:即杜鹃鸟,春暮即鸣,自夜达旦,其声哀切,似云"不如归去"。

470

# 郢门秋怀[1]

郢门一为客,巴月三成弦[2]。朔风正摇落[3],行子愁归旋。杳杳山外日,茫茫江上天。人迷洞庭水,雁度潇湘烟[4]。清旷谐宿好[5],缁磷及此年[6]。百龄何荡漾,万化相推迁。空谒苍梧帝[7],徒寻溟海仙。已闻蓬海浅[8],岂见三桃圆[9]?倚剑增浩叹,扪襟还自怜。终当游五湖[10],濯足沧浪泉[11]。

〔1〕郢门:即荆门。在今湖北宜都西北。

〔2〕弦:月半圆时,状如弓弦。农历每月七八日为上弦,二十二三日为下弦。三成弦,谓一月有余。

〔3〕摇落:指草木凋零。

〔4〕度:飞越。

〔5〕清旷:清朗开阔之地。《后汉书·仲长统传》:"欲卜居清旷,以乐其志。"

〔6〕缁磷:喻操守不变。《论语·阳货》:"不曰坚乎?磨而不磷。不曰白乎?涅而不缁。"

〔7〕苍梧帝:指虞舜,《史记·五帝本纪》:"(舜)践帝位三十九年,南巡狩,崩于苍梧之野。葬于江南九疑,是为零陵。"

〔8〕蓬海浅:用麻姑事,《神仙传》卷七载,仙女麻姑说曾见东海三为桑田,前到蓬莱,又见海水浅于往日略半,将复为陆地。

〔9〕三桃圆:用王母仙桃事,传说西王母园中有蟠桃,三千年一开花,三千年一结实。见《汉武帝内传》。

〔10〕游五湖:用范蠡功成归隐事,《国语·越语下》载,范蠡佐越王勾践灭吴后,乃辞别越王,"乘轻舟以浮于五湖,莫知其所终极"。

〔11〕濯足沧浪:《楚辞·渔父》:"渔父莞尔而笑,鼓枻而去,乃歌曰:'沧浪之水清兮,可以濯吾缨;沧浪之水浊兮,可以濯吾足。'遂去,不复与言。"

# 至鸭栏驿上白马矶赠裴侍御[1]

侧叠万古石,横为白马矶。乱流若电转,举棹扬珠辉。临驿卷缇幕[2],升

471

堂接绣衣[3]。情亲不避马[4]，为我解霜威[5]。

〔1〕鸭栏驿：在今湖南临湘县。因吴建昌侯孙虑曾在此作斗鸭栏而得名。白马矶：在临湘县。

〔2〕缇幕：浅绛色帐幕。

〔3〕绣衣：指御史，《汉书·百官公卿表上》："侍御史有绣衣直指，出讨奸猾，治大狱。武帝所制，不常置。"颜注："衣以绣者，尊宠之也。"

〔4〕避马：即避骢，东汉桓典为侍御史，执法严正，不避权贵，常乘骢马，京师畏惮，为之语曰："行行且止，避骢马御史。"见《后汉书·桓典传》。

〔5〕霜威：指御史的威严。

## 荆门浮舟望蜀江[1]

春水月峡来[2]，浮舟望安极？正是桃花流[3]，依然锦江色[4]。江色绿且明，茫茫与天平。逶迤巴山尽[5]，摇曳楚云行。雪照聚沙雁，花飞出谷莺。芳洲却已转，碧树森森迎。流目浦烟夕，扬帆海月生。江陵识遥火[6]，应到渚宫城[7]。

〔1〕诗作于乾元二年(759)，时作者遇赦东归行到荆门。蜀江：流经蜀地的长江。

〔2〕月峡：明月峡。

〔3〕桃花流：即桃花汛，农历二三月桃花盛开时，冰化雨积，河水猛涨，称为桃花汛。

〔4〕锦江：岷江分支之一。左思《蜀都赋》："贝锦斐成，濯色江波。"刘逵注引谯周《益州志》曰："成都织锦，既成，濯于江水，其文分明，胜于初成。"

〔5〕巴山：大巴山的简称，在汉江支流任河谷地以东，四川、陕西、湖北三省边境。

〔6〕江陵：郡名，即荆州，治所在今湖北荆州市。

〔7〕渚宫：春秋时楚之别宫，在今江陵。

## 上三峡[1]

巫山夹青天，巴水流若兹[2]。巴水忽可尽，青天无到时。三朝上黄牛，三暮行太迟[3]。三朝又三暮,不觉鬓成丝。

〔1〕诗作于乾元二年(759),时作者长流夜郎溯江而上行至三峡。

〔2〕巫山:山名,在今重庆巫山东。巴水:今四川东部、湖北西部一带流经三峡中的江水,古统称巴水。

〔3〕黄牛:黄牛峡,在湖北宜昌市西。山高滩险,江流迂回,民谣云:"朝发黄牛,暮宿黄牛。三朝三暮,黄牛如故。"见《水经注·江水二》。

# 自巴东舟行经瞿塘峡登巫山最高峰晚还题壁[1]

江行几千里,海月十五圆[2]。始经瞿塘峡,遂步巫山巅。巫山高不穷[3],巴国尽所历[4]。日边攀垂萝,霞外倚穹石[5]。飞步凌绝顶,极目无纤烟。却顾失丹壑[6],仰观临青天。青天若可扪[7],银汉去安在[8]?望云知苍梧[9],记水辨瀛海[10]。周游孤光晚[11],历览幽意多[12]。积雪照空谷,悲风鸣森柯[13]。归途行欲曛,佳趣尚未歇[14]。江寒早啼猿,松暝已吐月[15]。月色何悠悠,清猿响啾啾[16]。辞山不忍听,挥策还孤舟[17]。

〔1〕作于乾元二年(759)流夜郎遇赦东归途中。巴东:古郡名,即唐夔州,治所在今重庆奉节。瞿塘峡:长江三峡之一,在今巫山西,奉节东。巫山:在巫山东。

〔2〕十五圆:指历时十五个月。

〔3〕不穷:没有穷尽,极高。

〔4〕巴国:今四川、重庆地区,先秦时代为巴国地。历:经历。

〔5〕萝:松萝。穹石:大石。

〔6〕却顾:回头看。丹壑:赤色山谷。

〔7〕扪:摸。

〔8〕银汉:银河。

〔9〕"望云"句:《艺文类聚》卷一引《归藏》:"有白云出自苍梧,入于大梁。"

〔10〕记:识别。瀛海:浩瀚无边的大海。

〔11〕孤光:指日光。

〔12〕历览:一一观览。幽意:幽思逸怀。

473

〔13〕森柯:茂盛的树枝。

〔14〕曛:黄昏。歇:尽。

〔15〕暝:暗。

〔16〕清猿:指猿鸣凄清。

〔17〕策:竹杖。

# 早发白帝城[1]

朝辞白帝彩云间[2],千里江陵一日还[3]。两岸猿声啼不尽[4],轻舟已过万重山。

〔1〕白帝城:东汉初公孙述据蜀称帝,色尚白,号白帝,故得名。在今重庆奉节东。诗作于乾元二年(759)春长流夜郎至白帝城获赦东归时。诗题全诗校:"一作白帝下江陵。"

〔2〕彩云间:白帝城地势高峻,如在云中。

〔3〕"千里"句:《水经注·江水》:"自三峡七百里中,两岸连山,略无阙处。……有时朝发白帝,暮宿江陵,其间千二百里,虽乘奔御风,不以疾也。"

〔4〕"两岸"句:《水经注·江水》:"或王命急宣,有时朝发白帝,暮宿江陵,其间千二百里,虽乘奔御风,不以疾也。……常有高猿长啸,空谷传响,哀啭久绝。故渔者歌曰:'巴东三峡巫峡长,猿鸣三声泪沾裳。'"

# 秋下荆门[1]

霜落荆门江树空,布帆无恙挂秋风[2]。此行不为鲈鱼鲙,自爱名山入剡中[3]

〔1〕诗作于开元十三年(725),时作者出三峡初至江陵。荆门:山名,在今湖北宜都西北大江南岸,上合下开,其状如门;又与北岸之虎牙山相对,其间水势湍急,为江行绝险处。

〔2〕布帆无恙:顾恺之在荆州刺史殷仲堪幕为参军,因假还家。殷仲堪把布帆借

给他使用,路遇大风,他写信告诉殷仲堪说:"行人安稳,布帆无恙。"事见《晋书·顾恺之传》。

〔3〕剡中:在今浙江嵊州、新昌一带。其地山水佳丽。

## 江行寄远

刳木出吴楚[1],危槎百余尺[2]。疾风吹片帆,日暮千里隔。别时酒犹在,已为异乡客。思君不可得,愁见江水碧。

〔1〕刳木:凿木为舟。《易·系辞》:"刳木为舟。"吴楚:今长江中下游地区,古为吴、楚之地。

〔2〕槎:用竹木编成的筏,此指船。

## 宿五松山下荀媪家[1]

我宿五松下,寂寥无所欢。田家秋作苦,邻女夜春寒。跪进雕胡饭[2],月光明素盘[3]。令人惭漂母[4],三谢不能餐。

〔1〕五松山:在今安徽铜陵市南。媪(ǎo):老妇人。

〔2〕雕胡:即菰米,可为饭。

〔3〕素盘:白盘。

〔4〕漂母:《史记·淮阴侯列传》:韩信年少时甚贫,常寄食于人,人多厌之者。"信钓于城下,诸母漂,有一母见信饥,饭信,竟漂数十日。"这里以漂母喻荀媪。

## 下泾县陵阳溪至涩滩[1]

涩滩鸣嘈嘈,两山足猿猱[2]。白波若卷雪,侧石不容舠[3]。渔子与舟人,撑折万张篙。

〔1〕诗作于天宝十三载(754),时作者漫游于泾县。泾县:即今安徽泾县。涩滩:在今泾县西九十五里,《明一统志》说它"怪石峻立,如虎伏龙盘"。

〔2〕足:多。

〔3〕石:原作"足",据王琦本改。舠:小船。

# 下陵阳沿高溪三门六刺滩[1]

三门横峻滩,六刺走波澜。石惊虎伏起,水状龙萦盘。何惭七里濑[2],使我欲垂竿。

〔1〕凌阳:溪名。三门:山名,在泾县城西径溪上游,下临六刺滩。

〔2〕七里濑:又称七里滩,《浙江通志》一九引《严陵志》:"七里滩,在(桐庐)县西四十五里,与严陵濑相接。两山夹峙,水驶如箭。谚曰:有风七里,无风七十里。"

# 夜泊黄山闻殷十四吴吟[1]

昨夜谁为吴会吟[2],风生万壑振空林。龙惊不敢水中卧,猿啸时闻岩下音。我宿黄山碧溪月,听之却罢松间琴。朝来果是沧洲逸[3],酤酒提盘饭霜栗[4]。半酣更发江海声,客愁顿向杯中失。

〔1〕诗约作于天宝十三载(754),时作者在当涂一带漫游。黄山:又名浮丘山,在安徽当涂北,相传为浮丘翁牧鸡之处,非安徽省南部之黄山。吴吟:指唱吴地歌曲。

〔2〕吴会:吴郡、会稽之合称。

〔3〕沧洲:泛指隐士居处。阮籍《为郑冲劝晋王笺》:"临沧洲而谢支伯,登箕山以揖许由。"

〔4〕提:原作"醒",校云:"一作提。"

# 宿虾湖

鸡鸣发黄山,暝投虾湖宿[1]。白雨映寒山,森森似银竹[2]。提携采铅客[3],结荷水边沐。半夜四天开,星河烂人目。明晨大楼去[4],冈陇多屈伏。当与持斧翁,前溪伐云木。

〔1〕黄山:指安徽池州市小黄山,在池州市南七十里。虾湖:在池州南六十里。见《贵池县志》。
〔2〕森森:雨落貌。
〔3〕采铅客:指炼丹人。
〔4〕大楼:山名,在今安徽贵池县南。

# 西　施[1]

西施越溪女,出自苎萝山[2]。秀色掩今古,荷花羞玉颜。浣纱弄碧水[3],自与清波闲。皓齿信难开,沉吟碧云间[4]。勾践征绝艳,扬蛾入吴关[5]。提携馆娃宫[6],杳渺讵可攀? 一破夫差国,千秋竟不还。

〔1〕西施:吴王夫差灭越,越王勾践欲复仇,乃用美人计,得诸暨苎萝山卖薪女西施,献于夫差。夫差宠之,荒淫亡国。事见《吴越春秋·勾践阴谋外传》。
〔2〕苎萝山:在今浙江诸暨市南。
〔3〕浣纱:浙江绍兴南有若耶溪,一名浣纱溪,溪边有浣纱石,相传西施浣纱于此。
〔4〕沉吟:沉思吟味。碧云间:指苎萝山上。
〔5〕扬蛾:扬眉。
〔6〕馆娃宫:春秋吴宫名,吴王夫差为西施所造。今江苏苏州灵岩山上有灵岩寺,即其故址。

# 王右军<sup>[1]</sup>

右军本清真,潇洒出风尘<sup>[2]</sup>。山阴过羽客,爱此好鹅宾。扫素写道经,笔精妙入神。书罢笼鹅去,何曾别主人<sup>[3]</sup>?

〔1〕王右军:王羲之,东晋书法家,尝官右军将军,故称"王右军"。《晋书》有传。

〔2〕清真:纯洁质朴。出:全诗校:"一作在。"

〔3〕"山阴"六句:咏羲之写经换鹅事。《晋书·王羲之传》:"山阴有一道士,养好鹅,羲之往观焉,意甚悦,固求市之。道士云:'为写《道德经》,当举群相赠耳。'羲之欣然写毕,笼鹅而归。"过,过访。羽客,指道士。

# 上元夫人<sup>[1]</sup>

上元谁夫人,偏得王母娇<sup>[2]</sup>。嵯峨三角髻,余发散垂腰。裘披青毛锦,身著赤霜袍<sup>[3]</sup>。手提嬴女儿,闲与凤吹箫<sup>[4]</sup>。眉语两自笑<sup>[5]</sup>,忽然随风飘。

〔1〕上元夫人:传说中的仙女。《太平广记》卷五六引《汉武内传》:"上元夫人,道君弟子也。"

〔2〕娇:宠爱。

〔3〕"嵯峨"四句:《汉武内传》记上元夫人:"年可二十余,天姿精耀,灵眸艳绝。服青霜袍,云彩乱色,非锦非绣,不可名字。头作三角髻,余发散垂至腰。"又《太平御览》卷六七八引《茅君传》称上元夫人"服赤霜之袍,披青锦裘,头作三角髻"。

〔4〕嬴女儿、凤吹箫:用弄玉事,春秋时萧史善吹箫,秦穆公女弄玉爱之,结为夫妻,每日教弄玉吹箫。数年后,声似凤鸣,有凤凰来止其屋,穆公为之作凤台。后夫妇皆成仙,随凤凰飞去。见《列仙传》卷上。

〔5〕"眉语"句:语本刘孝威《都县遇见人织率尔寄妇诗》:"窗疏眉语度,纱轻眼笑来。"

# 苏台览古[1]

旧苑荒台杨柳新[2]，菱歌清唱不胜春[3]。只今惟有西江月[4]，曾照吴王宫里人。

〔1〕诗约作于开元十四年(726)，时作者在江南漫游。苏台：即姑苏台。位于姑苏山上，相传为吴王阖庐或夫差所筑。故址在今江苏苏州市吴江区西南。
〔2〕旧苑：指吴王所建长洲苑，故址在今苏州市西南。
〔3〕菱歌：采菱之歌。
〔4〕西江：指长江。长江由西而来，故云。

# 越中览古[1]

越王勾践破吴归[2]，义士还乡尽锦衣[3]。宫女如花满春殿，只今惟有鹧鸪飞[4]。

〔1〕作期同上。越中：指会稽，春秋时越国首都，在今浙江绍兴市。
〔2〕勾践：春秋时越国君主，曾被吴王夫差打败，后卧薪尝胆，任用贤能之士，终于灭掉吴国。
〔3〕乡：全诗校："一作家。"
〔4〕鹧鸪：鸟名，多产于我国南方。

# 商山四皓[1]

白发四老人，昂藏南山侧[2]。偃卧松雪间，冥翳不可识[3]。云窗拂青霭，石壁横翠色。龙虎方战争，于焉自休息[4]。秦人失金镜[5]，汉祖升紫极[6]。阴虹浊太阳[7]，前星遂沦匿[8]。一行佐明圣，倏起生羽翼[9]。功成身不居，舒卷在胸臆。宵冥合元化[10]，茫昧信难测。飞声塞天衢，万古仰遗迹[11]。

〔1〕商山四皓：秦末四位须发皆白的老人东园公、绮里季、夏黄公、甪里先生，隐居于商山。汉高祖素慕其贤名，征之不得。吕后用张良计，卑辞安车迎四人至，与太子同见汉高祖。太子地位由此得以巩固。事见《史记·留侯世家》。

〔2〕昂藏：仪表雄伟、气宇不凡貌。

〔3〕偃卧：仰卧，指隐居。冥翳：幽深貌。

〔4〕龙虎：喻指楚汉。于焉：于此，指在商山。

〔5〕金镜：喻明道，刘孝标《广绝交论》："盖圣人握金镜，阐风烈。"李善注："《洛书》曰：'秦失金镜。'郑玄曰：'金镜，喻明道也。'"

〔6〕紫极：指皇宫。

〔7〕阴虹：王琦注："《春秋潜潭巴》：'虹出日旁，后妃阴胁主。'杨齐贤注：'阴虹，以喻戚夫人。'"

〔8〕前星：指太子刘盈。《汉书·五行志下》："心，大星，天王也；其前星太子，后星庶子也。"

〔9〕"一行"二句：咏四皓辅佐太子事，《史记·留侯世家》载，汉高祖见四皓辅佐太子，说："羽翼已成，难动矣。"遂辍废太子之议。圣，全诗校："一作两。"

〔10〕宵冥：深远貌。元化：造化。

〔11〕迹：原作"则"，据王琦本改。


# 过四皓墓[1]


我行至商洛[2]，幽独访神仙。园绮复安在[3]，云萝尚宛然。荒凉千古迹，芜没四坟连。伊昔炼金鼎[4]，何年闭玉泉[5]？陇寒惟有月[6]，松古渐无烟。木魅风号去，山精雨啸旋[7]。紫芝高咏罢[8]，青史旧名传。今日并如此，哀哉信可怜！

〔1〕四皓墓：在商州上洛县（今陕西商县）西。

〔2〕商洛：指商山、洛水，并在商州境内。

〔3〕园绮:东园公、绮里季。代指四皓。

〔4〕伊昔:从前。炼金鼎:鲍照《代淮南王》:"金鼎玉七合神丹。"

〔5〕闭玉泉:谓死后葬于地下。

〔6〕陇:指坟墓。

〔7〕"木魅"二句:语本鲍照《芜城赋》:"木魅山鬼,野鼠城狐。风嗥雨啸,昏见晨趋。"

〔8〕紫芝高咏:即《紫芝曲》,传说秦末商山四皓退隐蓝田山而作。歌中有"晔晔紫芝,可以疗饥"之句,故名。

# 岘山怀古〔1〕

访古登岘首〔2〕,凭高眺襄中〔3〕。天清远峰出,水落寒沙空。弄珠见游女〔4〕,醉酒怀山公〔5〕。感叹发秋兴,长松鸣夜风。

〔1〕岘山:在今湖北襄阳南。

〔2〕岘首:谓岘山之巅。

〔3〕襄中:襄阳。

〔4〕弄珠:《文选·南都赋》:"游女弄珠于汉皋之曲。"李善注引《韩诗外传》:"郑交甫将南适楚,遵彼汉皋台下,乃遇二女,佩两珠,大如荆鸡之卵。"

〔5〕山公:山简,《晋书·山简传》载,山简出镇襄阳,唯酒是耽,一时传为佳话。酒:全诗校:"一作月。"

# 苏 武

苏武在匈奴,十年持汉节〔1〕。白雁上林飞,空传一书札〔2〕。牧羊边地苦,落日归心绝。渴饮月窟冰〔3〕,饥餐天上雪。东还沙塞远,北怆河梁别〔4〕。泣把李陵衣,相看泪成血〔5〕。

〔1〕"苏武"二句:《汉书·苏武传》载,苏武出使匈奴,被扣留,不屈,徙至北海上

牧羊。武"杖汉节牧羊,卧起操持,节旄尽落"。

〔2〕"白雁"二句:苏武出使匈奴,被拘留。汉使求之,匈奴诡言武死。汉使称天子于上林苑射猎,得雁足所系帛书,言武在某泽中。匈奴信之,武乃得归。事见《汉书·苏建传》附苏武传。

〔3〕月窟:古人认为月归宿于西方,故称极西之地为月窟。

〔4〕河梁别:李陵《与苏武诗》:"携手上河梁,游子暮何之?"梁,桥。

〔5〕"泣把"二句:《汉书·苏武传》载:苏武将归汉,李陵置酒为其送行,"泣下数行,因与武诀"。李陵《答苏武书》云:"此陵所以仰天椎心而泣血也。"

# 经下邳圯桥怀张子房[1]

子房未虎啸,破产不为家。沧海得壮士,椎秦博浪沙。报韩虽不成,天地皆振动[2]。潜匿游下邳,岂曰非智勇? 我来圯桥上,怀古钦英风。惟见碧流水,曾无黄石公[3]。叹息此人去,萧条徐泗空[4]。

〔1〕诗约作于天宝五载(746),时作者由东鲁南下游吴越。下邳(pī):在今江苏邳县。圯(yí)桥:在下邳沂水上。张子房:张良,字子房,曾在下邳圯桥遇黄石公,得授《太公兵法》。

〔2〕"子房"六句:秦灭韩,张良以其先人五世相韩故,立志为韩报仇,乃尽散家财,求刺客。东见沧海君,得一力士,以铁锤击秦始皇于博浪沙,误中副车。事见《史记·留侯世家》。

〔3〕黄石公:他曾在下邳桥上传授《太公兵法》给张良。

〔4〕此人:指张良。徐泗:徐州(今江苏徐州)和泗州(今江苏泗洪东南)。

# 金陵三首

晋家南渡日[1],此地旧长安[2]。地即帝王宅,山为龙虎盘[3]。金陵空壮观,天堑净波澜[4]。醉客回桡去,吴歌且自欢[5]。

〔1〕晋家南渡:晋愍帝建兴四年(316),刘曜陷长安,晋室南渡。

〔2〕旧:全诗校:"一作即。"

〔3〕"地即"二句:据张勃《吴录》载,诸葛亮使至建业,叹曰:"钟山龙盘,石头虎踞,此帝王之宅也。"钟山,即紫金山,在南京市区东。石头,石头山,即今南京清凉山。全诗校:"一作碧宇楼台满,青山龙虎盘。"

〔4〕天堑:天然的壕沟,言其险要不易越过。《南史·孔范传》:"长江天堑,古来限隔南北,今日北军岂能飞度耶!"全诗校:"一作江塞。"

〔5〕此句全诗校:"一作谁云行路难。"


地拥金陵势,城回江水流[1]。当时百万户[2],夹道起朱楼。亡国生春草,离宫没古丘。空余后湖月[3],波上对江州[4]。


〔1〕江:全诗校:"一作汉。"

〔2〕当时:指六朝。六朝均建都于金陵。

〔3〕后湖:即玄武湖,在江苏南京市城东北玄武门外。

〔4〕江:全诗校:"一作瀛。"


六代兴亡国[1],三杯为尔歌。苑方秦地少[2],山似洛阳多。古殿吴花草,深宫晋绮罗。并随人事灭,东逝与沧波[3]。


〔1〕六代:即吴、东晋、宋、齐、梁、陈,均建都于金陵。

〔2〕方:比。少:全诗校:"一作小。"

〔3〕与:全诗校:"一作只。"


# 秋夜板桥浦泛月独酌怀谢朓[1]


天上何所有,迢迢白玉绳[2]。斜低建章阙[3],耿耿对金陵。汉水旧如练,霜江夜清澄[4]。长川泻落月,洲渚晓寒凝。独酌板桥浦,古人谁可征[5]?玄晖难再得,洒酒气填膺[6]。

〔1〕板桥浦:在今南京市西南。谢朓:南齐诗人,曾为宣城太守、尚书吏部郎。

〔2〕玉绳:星名。

〔3〕建章:南朝宫名。谢朓《暂使下都夜发新林至京邑赠西府同僚》:"金波丽鳷鹊,玉绳低建章。"

〔4〕"汉水"二句:化用谢朓《晚登三山还望京邑》"澄江静如练"之意。汉水,天汉之水,即银河。

〔5〕古人:指谢朓,他有《之宣城出新林浦向板桥》诗。

〔6〕玄晖:谢朓,字玄晖。酒:全诗校:"一作泪。"

# 入彭蠡经松门观石镜缅怀
# 谢康乐题诗书游览之志<sup>〔1〕</sup>

谢公之彭蠡,因此游松门。余方窥石镜,兼得穷江源。将欲继风雅<sup>〔2〕</sup>,岂徒清心魂。前赏逾所见,后来道空存。况属临泛美,而无洲渚喧。漾水向东去<sup>〔3〕</sup>,漳流直南奔<sup>〔4〕</sup>。空濛三川夕<sup>〔5〕</sup>,回合千里昏。青桂隐遥月,绿枫鸣愁猿。水碧或可采<sup>〔6〕</sup>,金精秘莫论<sup>〔7〕</sup>。吾将学仙去,冀与琴高言<sup>〔8〕</sup>。

〔1〕彭蠡:即鄱阳湖。松门:在今江西都昌南。石镜:在庐山东,近彭蠡湖(鄱阳湖)。其地有石若镜,明可以照见人形。谢康乐:谢灵运。其《入彭蠡湖口》云:"攀崖照石镜,牵叶入松门。"诗题及诗全诗校云:"一作过彭蠡湖,云:谢公入彭蠡,因此游松门。余方窥石镜,兼得穷江源。前赏迹可见,后来道空存。而欲继风雅,岂惟清心魂。云海方助兴,波涛何足论?青嶂忆遥月,绿萝愁鸣猿。水碧或可采,金膏秘莫言。余将振衣去,羽化出嚣烦。"

〔2〕将欲:全诗校:"一作欲将。"风雅:指古人之雅兴。

〔3〕漾水:古水名。《尚书·禹贡》:"嶓冢导漾,东流为汉。"指汉水之源。水出今陕西宁强县嶓冢山,东北流经沔县,合沔水;又东经襃城、南郑,称汉水。

〔4〕漳流:漳水,发源于山西东部,流经河北、河南两省边境,东入卫河。

〔5〕三川:即三江,是众多水道的总称,而非确指某几条水。

〔6〕水碧:《山海经·东山经》:"耿山,无草木,多水碧。"郭璞注:"亦水玉类。"

〔7〕金精:指仙药之类。

〔8〕琴高:仙人名。

# 庐江主人妇

孔雀东飞何处栖[1]，庐江小吏仲卿妻[2]。为客裁缝君自见，城乌独宿夜空啼。

〔1〕孔雀东飞：古乐府《孔雀东南飞》："孔雀东南飞，五里一徘徊。"
〔2〕仲卿妻：《孔雀东南飞》又作《古诗为焦仲卿妻作》，其序云："汉末建安中，庐江府小吏焦仲卿妻刘氏，为仲卿母所遣，自誓不嫁，其家逼之，乃投水而死。仲卿闻之，亦自缢于庭树。时人伤之，为诗云尔。"

# 陪宋中丞武昌夜饮怀古[1]

清景南楼夜，风流在武昌。庾公爱秋月，乘兴坐胡床[2]。龙笛吟寒水[3]，天河落晓霜。我心还不浅，怀古醉余觞。

〔1〕宋中丞：御史中丞宋若思。武昌：即今湖北鄂州市。
〔2〕"清景"四句：《世说新语·容止》载，庾太尉亮在武昌，秋夜气佳景清，佐吏殷浩等登南楼咏诗，兴致正高，忽闻庾亮至，从人欲起避之。庾亮说："诸君少住，老子于此处兴复不浅。"旧据胡床，"与诸人咏谑，竟坐，甚得任乐。"此以庾亮喻宋若思。
〔3〕"龙笛"句：马融《长笛赋》："近世双笛从羌起，羌人伐竹未及已，龙鸣水中不见己，截竹吹之声相似。"

# 望鹦鹉洲怀祢衡[1]

魏帝营八极，蚁观一祢衡[2]。黄祖斗筲人，杀之受恶名[3]。吴江赋鹦鹉，落笔超群英。锵锵振金玉，句句欲飞鸣[4]。鸷鹗啄孤凤[5]，千春伤我情。

五岳起方寸,隐然讵可平[6]？才高竟何施,寡识冒天刑[7]。至今芳洲上,兰蕙不忍生。

〔1〕诗作于乾元元年(758)夏,时作者在江夏。鹦鹉洲:原在湖北汉阳西南长江中,后沦于江。东汉末,江夏太守黄祖及其子黄射于此洲大宴宾客,有人献鹦鹉,祢衡作《鹦鹉赋》,故以名洲。

〔2〕魏帝:指曹操。营八极:经营天下。蚁观:小看,轻视。

〔3〕"黄祖"二句:祢衡侮慢曹操,操怒,因遣送刘表。刘亦不能容,遂转送江夏太守黄祖。祖大会宾客,衡出言不逊,祖怒而杀之。斗筲人,器量狭小的人。

〔4〕"吴江"四句:祢衡作《鹦鹉赋》,"揽笔而作,文无加点,辞采甚明。"见《后汉书·祢衡传》。

〔5〕鸷鹗:猛禽,以喻黄祖。孤凤:喻指祢衡。

〔6〕隐然:隐痛。讵:岂。

〔7〕寡识:指黄祖,而非指祢衡。天刑:天的法则。


# 宿巫山下[1]


昨夜巫山下,猿声梦里长。桃花飞绿水,三月下瞿塘[2]。雨色风吹去,南行拂楚王[3]。高丘怀宋玉[4],访古一沾裳。

〔1〕巫山:在四川、湖北接壤处。

〔2〕瞿塘:瞿塘峡,在今重庆奉节东,巫山西。

〔3〕"雨色"二句:用巫山神女事。

〔4〕高丘:此指巫山。


# 金陵白杨十字巷[1]


白杨十字巷,北夹湖沟道[2]。不见吴时人,空生唐年草。天地有反覆,宫城尽倾倒。六帝余古丘[3],樵苏泣遗老[4]。

〔1〕白杨:王琦注:"《六朝事迹》:白杨路,《图经》云:县南十二里石山冈之横道是也。"

〔2〕湖:王琦注:"当作潮。"潮沟:《大清一统志·江宁府》:"潮沟,在上元县(今南京市)西……《舆地志》:吴大帝所凿以引潮,接青溪,抵秦淮,西通运渎,北连后湖。"

〔3〕六帝:指六朝开国之帝。

〔4〕樵苏:打柴割草。


# 谢公亭 盖谢朓范云之所游 [1]

谢公离别处,风景每生愁。客散青天月,山空碧水流。池花春映日,窗竹夜鸣秋。今古一相接 [2],长歌怀旧游。

〔1〕诗作于天宝十二载(752)八月,时作者在宣城。谢公亭:在今安徽宣城北,南齐宣城太守谢朓置,为谢朓送别友人范云之处。见《方舆胜览》卷一五。

〔2〕今古:今人与古人,即自己与谢朓。相接:相交,共鸣。


# 纪南陵题五松山 [1]

圣达有去就,潜光愚其德 [2]。鱼与龙同池,龙去鱼不测 [3]。当时板筑辈,岂知傅说情 [4]?一朝和殷羹,光气为列星 [5]。伊尹生空桑 [6],捐庖佐皇极 [7]。桐宫放太甲,摄政无愧色。三年帝道明,委质终辅翼 [8]。旷哉至人心,万古可为则 [9]。时命或大谬,仲尼将奈何 [10]?鸾凤忽覆巢,麒麟不来过 [11]。龟山蔽鲁国,有斧且无柯 [12]。归来归去来 [13],宵济越洪波 [14]。

〔1〕南陵:唐县名,在今安徽南陵。

〔2〕潜光:指避世。愚其德:言有德而其貌若愚。

〔3〕龙:喻圣达。鱼:喻一般人。

〔4〕傅说:傅说操筑于傅岩,殷高宗得之,命为相,致殷中兴。见《尚书·说命》。

〔5〕和殷羹:《尚书·说命》:"若作和羹,尔惟盐梅。"这是殷高宗命傅说作相之词,说他是国家极需要的人,后因用以称美相业。为列星:《晋书·天文志》曰:"傅说一星,在尾后。"相传说死后,其精神"乘东维,骑箕尾,而比于列星"(《庄子·大宗师》)。

〔6〕"伊尹"句:《水经注·伊水》:"昔有莘氏女采桑于伊川,得婴儿于空桑中,言其母孕于伊水之滨,梦神告之曰:'臼水出而东走。'母明视而见臼水出焉,告其邻居而走,顾望其邑,咸为水矣。其母化为空桑,子在其中。有莘氏女取而献之,命养于庖,长而有贤德,殷以为尹,曰伊尹也。"

〔7〕"捐庖"句:《史记·殷本纪》载,伊尹"负鼎俎,以滋味说汤",汤任以国政,致于王道。

〔8〕"桐宫"四句:据《史记·殷本纪》载:汤去世后,伊尹历佐卜丙、仲壬二王。仲壬死后,由其侄太甲即位,因太甲破坏商汤法制,伊尹将他放逐到桐宫,自摄政。三年后太甲悔过,又接回复位。委质,屈膝为臣。

〔9〕则:法则,榜样。

〔10〕仲尼:孔子字仲尼。将,全诗校:"一作其。"

〔11〕"鸾凤"二句:《孔子家语》卷五:"孔子自卫将入晋,至河,闻赵简子杀窦犨鸣犊、舜华,乃临河而叹曰:'丘闻之,刳胎杀夭,则麒麟不至其郊;竭泽而渔,则蛟龙不处其渊;覆巢破卵,凤凰不翔其邑。何则?君子讳伤其类者也。'遂还,息于陬。"

〔12〕"龟山"二句:孔子《龟山操》:"予欲望鲁,龟山蔽之。手无斧柯,奈龟山何!"相传季桓子受齐女乐,孔子欲谏不得,退而望鲁,鲁有龟山蔽之,乃作此曲,以喻季氏专政,若龟山之蔽鲁也。见《琴操》卷上。龟山,在今山东泗水县东北。

〔13〕此句全诗校:"一作归去来归去。"

〔14〕宵济:夜渡。


# 夜泊牛渚怀古

### 此地即谢尚闻袁宏咏史处[1]


牛渚西江夜[2],青天无片云。登舟望秋月,空忆谢将军[3]。余亦能高咏,斯人不可闻[4]。明朝挂帆席[5],枫叶落纷纷[6]。


〔1〕诗约作于开元十四年(726)。谢尚闻袁宏咏史:袁宏有逸才,少孤贫,以运租为生。时谢尚镇守牛渚,秋夜泛舟江上,听到袁宏在运租船上吟诵其《咏史诗》,大加

赞赏,即邀宏过舟谈论,直到天亮。从此袁宏声誉日隆。事见《晋书·文苑传》。

〔2〕西江:古时称今江西九江至江苏南京这一段长江为西江。

〔3〕谢将军:即谢尚。

〔4〕斯人:指谢尚。

〔5〕挂帆席:全诗校:"一作洞庭去。"

〔6〕落:全诗校:"一作正。"


# 姑孰十咏—作李赤诗[1]


## 姑孰溪[2]

爱此溪水闲,乘流兴无极。漾楫怕鸥惊[3],垂竿待鱼食。波翻晓霞影,岸叠春山色。何处浣纱人,红颜未相识。


〔1〕姑孰:古城名。东晋时筑。因城南临姑孰溪得名。故址在今安徽当涂。此诗重见卷四六一李赤诗,题作《姑熟杂咏》。按,《文苑英华》收其中八首(其二、五未收)作李白,苏轼《书李白十咏》谓诗为李赤作,陆游《入蜀记》载苏轼以《十咏》为"赝物",郭功父"以为不然",则诗之归属宋时已有争议,今姑存疑。

〔2〕姑孰溪:一名姑浦,在当涂县南二里。孰,李赤诗作"熟"。

〔3〕漾:李赤诗作"击"。


## 丹阳湖[1]

湖与元气连[2],风波浩难止。天外贾客归,云间片帆起。龟游莲叶上[3],鸟宿芦花里。少女棹归舟[4],歌声逐流水。


〔1〕丹阳湖:在今安徽当涂县东南,南部伸入江苏省高淳县境。

〔2〕连:李赤诗作"通"。

〔3〕龟游莲叶:《史记·龟策列传》:"龟千岁乃游莲叶之上。"

〔4〕归舟:李赤诗作"舟归"。

489

## 谢公宅[1]

青山日将暝,寂寞谢公宅。竹里无人声,池中虚月白。荒庭衰草遍,废井苍苔积。惟有清风闲,时时起泉石。

〔1〕谢公宅:当涂县东南有青山,南朝齐诗人谢朓曾筑别宅于山南,即谢公宅。

## 陵歊台[1]

旷望登古台,台高极人目。叠嶂列远空,杂花间平陆[2]。闲云入窗牖[3],野翠生松竹。欲览碑上文,苔侵岂堪读?

〔1〕陵歊台:在当涂县北黄山上;有石如案,高约五尺,顶平而圆,宋武帝曾在此建离宫避暑。
〔2〕此句李赤诗作"闲花杂平陆"。
〔3〕闲:李赤诗作"白"。

## 桓公井[1]

桓公名已古[2],废井曾未竭。石甃冷苍苔,寒泉湛孤月[3]。秋来桐暂落,春至桃还发。路远人罕窥,谁能见清澈?

〔1〕桓公井:东晋大司马桓温镇姑孰时所凿,在当涂东白纻山上。
〔2〕桓公:即桓温。
〔3〕湛:澄清。

## 慈姥竹[1]

野竹攒石生,含烟映江岛。翠色落波深,虚声带寒早。龙吟曾未听[2],凤曲吹应好[3]。不学蒲柳凋[4],贞心常自保。

〔1〕慈姥竹:当涂县北四十里有慈姥山,盛产竹子,为制作箫管之佳材。

490

〔2〕龙吟:琴曲名。

〔3〕凤曲:用萧史、弄玉事,春秋时萧史善吹箫,秦穆公女弄玉爱之,结为夫妻,每日教弄玉吹箫。数年后,声似凤鸣,有凤凰来止其屋,穆公为之作凤台。后夫妇皆成仙,随凤凰飞去。见《列仙传》卷上。

〔4〕蒲柳凋:《世说新语·言语》:"顾悦与简文同年,而发早白。简文曰:'卿何以先白?'对曰:'蒲柳之姿,望秋而落;松柏之质,经霜弥茂。'"蒲与柳均早落叶,故用以喻人之早衰。

## 望夫山[1]

颙望临碧空[2],怨情感离别。江草不知愁[3],岩花但争发。云山万重隔,音信千里绝。春去秋复来,相思几时歇?

〔1〕望夫山:《太平寰宇记》卷一〇五:"望夫山,在太平州当涂县北四十七里,昔有人往楚,累岁不还,其妻登此山望夫,乃化为石。其山临江,周围五十里,高一百丈。"

〔2〕颙望:仰望,企望。

〔3〕江:李赤诗作"芳"。

## 牛渚矶[1]

绝壁临巨川,连峰势相向。乱石流洑间[2],回波自成浪。但惊群木秀,莫测精灵状[3]。更听猿夜啼,忧心醉江上。

〔1〕牛渚矶:《元和郡县图志》卷二八宣州当涂县:"牛渚山,在县北三十五里。山突出江中,谓之牛渚圻,津渡处也。……温峤至牛渚,燃犀照诸灵怪,亦在于此。"

〔2〕洑(fú):漩涡。

〔3〕精灵:《晋书·温峤传》载,峤借资备器,还于武昌(今湖北鄂城),至牛渚矶,水深不可测。世云其下多怪物,峤遂燃犀角照之,见各类水族奇形异状,有乘马车着赤衣者。其夜,峤梦人谓己曰:"与君幽明道别,何意相照也?"意甚恶之。

## 灵墟山[1]

丁令辞世人[2],拂衣向仙路。伏炼九丹成[3],方随五云去[4]。松萝蔽幽洞,桃杏深隐处。不知曾化鹤,辽海归几度?

〔1〕灵墟山:在当涂县东北三十五里,相传丁令威学道飞升于此。

〔2〕丁令:即丁令威。传说辽东人丁令威学道成仙,后化鹤归辽,时人不识,举弓欲射之。丁乃歌曰:"有鸟有鸟丁令威,去家千年今始归,城郭如故人民非"云云。见《搜神后记》卷一。

〔3〕九丹:九种丹药,道教称服之,"欲升天则去,欲且止人间亦任意,皆能出入无间,不可得而害之矣"(《抱朴子·金丹篇》)。

〔4〕五云:五色云。

## 天门山[1]

迥出江山上[2],双峰自相对。岸映松色寒,石分浪花碎。参差远天际,缥缈晴霞外。落日舟去遥,回首沉青霭。

〔1〕天门山:在今当涂县西南,二山夹江,对峙如门,东曰博望山,西曰梁山。

〔2〕迥:远。山:李赤诗作"水"。

# 卷二十三

## 与元丹丘方城寺谈玄作〔1〕

茫茫大梦中,惟我独先觉〔2〕。腾转风火来,假合作容貌〔3〕。灭除昏疑尽,领略入精要。澄虑观此身,因得通寂照〔4〕。朗悟前后际,始知金仙妙〔5〕。幸逢禅居人,酌玉坐相召〔6〕。彼我俱若丧,云山岂殊调?清风生虚空,明月见谈笑。怡然青莲宫〔7〕,永愿恣游眺。

〔1〕元丹丘:李白友人。谈玄:指谈论禅理。
〔2〕"茫茫"二句:《庄子·齐物论》:"觉而后知其梦也。且有大觉而后知此其大梦也。"
〔3〕"腾转"二句:王琦注:"释家以此身为地、水、火、风四大假合而成,坚者是地,润者是水,暖者是火,动者是风。"
〔4〕寂照:即定、慧。定谓禅定,慧即智慧。佛教讲定慧双修。定、慧与戒,合称"三学",它概括了全部佛教修习内容。
〔5〕前后际:佛家有三际之说,三际即三世,谓过去、未来和现在。金仙:即佛。
〔6〕玉:喻酒之清醇。
〔7〕青莲宫:指方城寺。青莲,花名,梵语优钵罗之译名。佛家以青莲花喻佛眼。

## 寻高凤石门山中元丹丘〔1〕

寻幽无前期〔2〕,乘兴不觉远。苍崖渺难涉,白日忽欲晚。未穷三四山,已历千万转。寂寂闻猿愁,行行见云收。高松来好月,空谷宜清秋。溪深古雪在,石断寒泉流。峰峦秀中天〔3〕,登眺不可尽。丹丘遥相呼,顾我忽而哂。遂造穷谷间〔4〕,始知静者闲。留欢达永夜〔5〕,清晓方言还。

〔1〕高凤:后汉南阳叶人。好学,"遂为名儒,乃教授业于西唐山中"。终身不仕,

卒于家。见《后汉书·逸民列传》。石门山:王琦注:"庾信作《高凤赞》有'石门云度,铜梁雨来'云云……岂石门山即西唐山之异名哉?"

〔2〕前期:前约。

〔3〕中天:半天。

〔4〕穷谷:深谷。

〔5〕永夜:长夜。

# 安州般若寺水阁纳凉喜遇薛员外乂[1]

翛然金园赏[2],远近含晴光。楼台成海气[3],草木皆天香。忽逢青云士,共解丹霞裳。水退池上热,风生松下凉。吞讨破万象,搴窥临众芳[4]。而我遗有漏[5],与君用无方[6]。心垢都已灭[7],永言题禅房。

〔1〕安州:唐州名,治所在今湖北安陆市。般若:王琦注:"般若,读若百惹。释言般若,华言智慧也,寺依此立名。"薛乂:尝官温州刺史,见《新唐书·宰相世系表》三下。

〔2〕翛然:无拘无束、自由自在之貌。金园:佛寺的美称。《释氏要览》上:"金地或云金田,即舍卫国给孤长者侧布黄金,买祇陀太子园,建精舍,请佛居之。"

〔3〕"楼台"句:谓楼阁华丽如海市蜃楼。

〔4〕搴窥:掀开帘子向外看。

〔5〕有漏:佛教名词。漏者,烦恼之异名。凡具烦恼导致流转生死之事物,谓之有漏。

〔6〕无方:《庄子·在宥》:"处乎无响,行乎无方。"郭象注:"随物转化。"

〔7〕心垢:王琦注:"《四十二章经》:心垢灭尽,净无瑕秽。《维摩诘所说经》:心垢,故众生垢。心净,故众生净。妄想是垢,无妄想是净。颠倒是垢,无颠倒是净。取我是垢,不取我是净。"

# 鲁中都东楼醉起作[1]

昨日东楼醉[2],还应倒接䍦[3]。阿谁扶上马[4],不省下楼时。

〔1〕中都：唐县名，本平陆，天宝元年更名中都，在今山东汶上县。

〔2〕楼醉：全诗校："一作城饮。"

〔3〕倒接䍦：用山简故事。《世说新语·任诞》："山季伦为荆州，时出酣畅，人为之歌曰：'山公时一醉，径造高阳池。日暮倒载归，酩酊无所知。复能乘骏马，倒着白接䍦。举手问葛强，何如并州儿？'"还应：全诗校："一作归来。"

〔4〕阿谁：犹言何人。

# 对酒醉题屈突明府厅

陶令八十日，长歌归去来[1]。故人建昌宰[2]，借问几时回？风落吴江雪，纷纷入酒杯。山翁今已醉[3]，舞袖为君开。

〔1〕"陶令"二句：《宋书·陶潜传》载：陶潜任彭泽令，在官八十余日，"郡遣督邮至，县吏白，应束带见之。潜叹曰：'我不能为五斗米折腰向乡里小人。'即日解印绶去职，赋《归去来兮辞》"。

〔2〕建昌：唐县名，在今江西修水县附近。

〔3〕山翁：指山简。此处自喻。

# 月下独酌四首

花间一壶酒[1]，独酌无相亲。举杯邀明月，对影成三人[2]。月既不解饮[3]，影徒随我身。暂伴月将影[4]，行乐须及春。我歌月徘徊，我舞影零乱。醒时同交欢，醉后各分散。永结无情游[5]，相期邈云汉[6]。

〔1〕间：全诗校："一作下。一作前。"

〔2〕三人：指自己、月和影。

〔3〕不解：不懂得。

〔4〕将：与。

〔5〕无情游：月与影均无感情，李白与之交游，故称无情游。

〔6〕邈:遥远。云汉:天河。邈云汉:全诗校:"一作碧岩畔。"

天若不爱酒,酒星不在天[1]。地若不爱酒,地应无酒泉[2]。天地既爱酒,爱酒不愧天。已闻清比圣,复道浊如贤[3]。贤圣既已饮,何必求神仙? 三杯通大道[4],一斗合自然。但得酒中趣[5],勿为醒者传。

〔1〕酒星:即酒旗星。《晋书·天文志上》:"轩辕右角南三星曰酒旗,酒官之旗也,主宴飨饮食。"

〔2〕酒泉:按《汉书·地理志》有酒泉郡,武帝太初元年置。颜师古注引应劭曰:"其水若酒,故曰酒泉也。"《三国志·魏志·崔琰传》裴松之注引张璠《汉纪》曰:"太祖制酒禁,而融书啁之曰:'天有酒旗之星,地列酒泉之郡,人有旨酒之德。'"李白诗意本此。

〔3〕清比圣、浊如贤:《三国志·魏志·徐邈传》:"平日醉客谓酒清者为圣人,浊者为贤人。"

〔4〕大道:犹言常理。

〔5〕酒中趣:陶渊明《晋故征西大将军长史孟府君传》:"(桓)温尝问君:'酒有何好,而卿嗜之?'君笑而答之:'公得酒中趣耳。'"

三月咸阳城,千花尽如锦[1]。谁能春独愁,对此径须饮[2]。穷通与修短[3],造化夙所禀[4]。一樽齐死生[5],万事固难审[6]。醉后失天地,兀然就孤枕[7]。不知有吾身,此乐最为甚。

〔1〕城:全诗校:"一作时。"此二句全诗校:"一作好鸟吟清风,落花散如锦。一作园鸟语成歌,庭花笑如锦。"

〔2〕径:直。

〔3〕穷通:指仕途之窘困与显达。修短:指寿命之长短。

〔4〕造化:天地自然。夙:素来。

〔5〕齐死生:死生相同。

〔6〕审:明察。

〔7〕兀然:昏醉无所知貌。

穷愁千万端[1],美酒三百杯[2]。愁多酒虽少,酒倾愁不来。所以知酒圣,酒酣心自开。辞粟卧首阳[3],屡空饥颜回[4]。当代不乐饮,虚名安用哉?

蟹螯即金液[5]，糟丘是蓬莱[6]。且须饮美酒，乘月醉高台。

〔1〕千万端：全诗校："一作有千端。"

〔2〕三百杯：全诗校："一作唯数杯。"

〔3〕"辞粟"句：用伯夷、叔齐事，《史记·伯夷列传》："武王已平殷乱，天下宗周，而伯夷、叔齐耻之，义不食周粟，隐于首阳山，采薇而食之。"首阳，全诗校："一作伯夷。"

〔4〕"屡空"句：《史记·伯夷列传》："回也屡空，糟糠不厌。"

〔5〕蟹螯：用毕卓事，《世说新语·任诞》："毕茂世（卓）云：'一手持蟹螯，一手持酒杯，拍浮酒池中，便足了一生。'"金液：指仙药。

〔6〕糟丘：酒糟堆成的小山。蓬莱：传说中东海三仙山之一。

# 春归终南山松龛旧隐[1]

我来南山阳[2]，事事不异昔。却寻溪中水，还望岩下石。蔷薇缘东窗，女萝绕北壁。别来能几日，草木长数尺。且复命酒樽，独酌陶永夕[3]。

〔1〕此诗作于初入长安之时，李白出游坊州归至终南山。龛：王琦本作"龙"。

〔2〕南山：即终南山。

〔3〕陶：畅快。

# 冬夜醉宿龙门觉起言志[1]

醉来脱宝剑，旅憩高堂眠。中夜忽惊觉，起立明灯前。开轩聊直望，晓雪河冰壮。哀哀歌苦寒[2]，郁郁独惆怅。傅说板筑臣[3]，李斯鹰犬人[4]。欻起匡社稷[5]，宁复长艰辛？而我胡为者，叹息龙门下！富贵未可期，殷忧向谁写[6]？去去泪满襟，举声梁甫吟[7]。青云当自致[8]，何必求知音？

〔1〕诗约作于开元二十一年（733）前后。龙门：又名伊阙，在今河南洛阳市南。

497

〔2〕苦寒:古乐府有《苦寒行》,因行役遇寒而作。

〔3〕"傅说"句:傅说操筑于傅岩,殷高宗得之,命为相,致殷中兴。见《尚书·说命》。

〔4〕"李斯"句:《史记·李斯列传》:"斯出狱,与其中子俱执。顾谓其中子曰:'吾欲与若复牵黄犬,俱出上蔡东门,逐狡兔,岂可得乎?'遂父子相哭,而夷三族。"

〔5〕欻起:忽然而起。

〔6〕殷忧:深切的忧愁。《诗·邶风·柏舟》:"耿耿不寐,如有殷忧。"写:泻。《诗·邶风·泉水》:"驾言出游,以写我忧。"

〔7〕梁甫吟:古乐府有《梁甫吟》,"盖言人死葬此山(指泰山下之梁甫山),亦葬歌也。"

〔8〕青云:指高位。《史记·范睢蔡泽列传》:"不意君能自致于青云之上。"


# 寻山僧不遇作

石径入丹壑,松门闭青苔。闲阶有鸟迹,禅室无人开。窥窗见白拂〔1〕,挂壁生尘埃。使我空叹息,欲去仍徘徊。香云遍山起〔2〕,花雨从天来〔3〕。已有空乐好,况闻青猿哀〔4〕。了然绝世事,此地方悠哉。

〔1〕白拂:白色拂尘。拂尘是用麈尾或马尾做成的拂除尘埃的器具。
〔2〕香云:王琦注:"《华严经》:乐音和悦,香云照耀。"
〔3〕"花雨"句:《法华经·分别功德品》载,佛祖说法时,"于虚空中雨曼陀罗花、摩诃曼陀罗花,以散无量百十万亿众宝树下师子座上诸佛"。
〔4〕青:当作"清"。


# 过汪氏别业二首〔1〕

游山谁可游,子明与浮丘〔2〕。叠岭碍河汉,连峰横斗牛〔3〕。汪生面北阜,池馆清且幽〔4〕。我来感意气,捶炰列珍羞〔5〕。扫石待归月,开池涨寒流。酒酣益爽气,为乐不知秋。

〔1〕别业:即别墅。

〔2〕子明:即陵阳子明,相传窦子明弃官学道,钓得白龙,放之于宣州白龙潭,后龙来迎子明上陵阳山,遂成仙。浮丘:即浮丘公,《列仙传》载,王子乔好吹笙,仙人浮丘公接以上嵩山。

〔3〕斗牛:即二十八宿中的斗宿、牛宿。

〔4〕清且幽:全诗校:"一作涵清幽。"

〔5〕捶:同槌,指屠宰。炰:烧烤。

畴昔未识君[1],知君好贤才。随山起馆宇,凿石营池台。星火五月中[2],景风从南来[3]。数枝石榴发,一丈荷花开。恨不当此时,相过醉金罍。我行值木落,月苦清猿哀。永夜达五更,吴歈送琼杯[4]。酒酣欲起舞,四座歌相催。日出远海明,轩车且徘徊。更游龙潭去,枕石拂莓苔。

〔1〕畴昔:往昔。

〔2〕星火:《尚书·尧典》:"日永星火,以正仲夏。"蔡沈注:"星火,东方苍龙七宿,火谓大火,夏至昏之中星也。"星,全诗校:"一作大。"

〔3〕景风:夏至后暖和之风。

〔4〕吴歈:即吴歌。《太平御览》引《古乐志》:"齐歌曰讴,吴歌曰歈。"

# 待酒不至

玉壶系青丝,沽酒来何迟?山花向我笑,正好衔杯时。晚酌东窗下[1],流莺复在兹[2]。春风与醉客,今日乃相宜。

〔1〕窗:全诗校:"一作轩。"

〔2〕兹:此。

# 独　酌[1]

春草如有意,罗生玉堂阴[2]。东风吹愁来,白发坐相侵。独酌劝孤影,闲

499

歌面芳林。长松尔何知<sup>[3]</sup>,萧瑟为谁吟?手舞石上月,膝横花间琴。过此一壶外,悠悠非我心。

〔1〕全诗校:"一本云:春草遍绿野,新莺有佳音。落日不尽欢,恐为愁所侵。独酌劝孤影,闲歌面芳林。清风寻空来,岩松与共吟。手舞石上月,膝横花下琴。过此一壶外,悠悠非我心。"

〔2〕罗生:罗列而生。《九歌·少司命》:"秋兰兮麋芜,罗生兮堂下。"

〔3〕尔何知:全诗校:"一作本无情。"

# 友人会宿

涤荡千古愁,留连百壶饮。良宵宜清谈,皓月未能寝<sup>[1]</sup>。醉来卧空山,天地即衾枕。

〔1〕未:全诗校:"一作谁。"

# 春日独酌二首

东风扇淑气<sup>[1]</sup>,水木荣春晖。白日照绿草,落花散且飞。孤云还空山,众鸟各已归。彼物皆有托,吾生独无依<sup>[2]</sup>。对此石上月,长醉歌芳菲<sup>[3]</sup>。

〔1〕淑气:春日温和之气。

〔2〕"彼物"二句:语本陶渊明《咏贫士》诗:"万物皆有托,孤云独无依。"

〔3〕醉歌:全诗校:"一作歌醉。"

我有紫霞想<sup>[1]</sup>,缅怀沧洲间<sup>[2]</sup>。思对一壶酒<sup>[3]</sup>,澹然万事闲。横琴倚高松,把酒望远山。长空去鸟没,落日孤云还。但恐光景晚,宿昔成秋颜<sup>[4]</sup>。

〔1〕紫霞想:指学道求仙的志向。

〔2〕沧洲:泛指隐士居处。

〔3〕思:全诗校:"一作且。"

〔4〕宿昔:谓时间之短暂。

## 金陵江上遇蓬池隐者<sub>时于落星石上</sub>以紫绮裘换酒为欢[1]

心爱名山游,身随名山远。罗浮麻姑台[2],此去或未返。遇君蓬池隐,就
我石上饭。空言不成欢,强笑惜日晚。绿水向雁门[3],黄云蔽龙山[4]。叹
息两客鸟,徘徊吴越间。共语一执手[5],留连夜将久。解我紫绮裘,且换
金陵酒。酒来笑复歌,兴酣乐事多。水影弄月色,清光奈愁何! 明晨挂帆
席,离恨满沧波。

〔1〕诗作于天宝六载(747),时李白在金陵。蓬池:在今河南开封东北,又称蓬
泽。落星石:在金陵城西南,西临大江。

〔2〕罗浮:山名,在今广东惠州市西北。麻姑台:王琦注:"《广东通志》:麻姑峰在
罗浮山之南,其前有麻姑台,下有白莲池,池水注朱明洞。"

〔3〕雁门:山名,在今南京城南。

〔4〕龙山:在今南京西南,以其山似龙形,因以为名。

〔5〕共:全诗校:"一作一。"

## 月夜听卢子顺弹琴

闲坐夜明月[1],幽人弹素琴。忽闻悲风调[2],宛若寒松吟[3]。白雪乱纤
手,绿水清虚心[4]。钟期久已没,世上无知音[5]。

〔1〕坐夜:全诗校:"一作夜坐。"

〔2〕悲风:即《悲风操》,琴曲名。

〔3〕寒松:即《寒松操》,琴曲名。

〔4〕白雪、绿水:均为琴曲名。

〔5〕"钟期"二句:伯牙以钟子期为知音,子期死,"伯牙破琴绝弦,终身不复鼓琴,以为世无足复为鼓琴者"。见《吕氏春秋·本味》。钟期,即钟子期。

# 清溪半夜闻笛[1]

羌笛梅花引[2],吴溪陇水情[3]。寒山秋浦月,肠断玉关声[4]。

〔1〕清溪:水名,在今安徽池州市北。
〔2〕梅花引:曲名,即《梅花落》,乐府旧题,属《横吹曲辞》。
〔3〕陇水情:古乐府《陇头歌辞》:"陇头流水,鸣声幽咽。遥望秦川,心肠断绝。"情,全诗校:"一作清。"
〔4〕声:全诗校:"一作情。"

# 日夕山中忽然有怀

久卧青山云[1],遂为青山客[2]。山深云更好,赏弄终日夕。月衔楼间峰,泉漱阶下石。素心自此得,真趣非外借。鼯啼桂方秋[3],风灭籁归寂。缅思洪崖术[4],欲往沧海隔。云车来何迟[5],抚几空叹息。

〔1〕青:全诗校:"一作名。"
〔2〕青:全诗校:"一作名。"
〔3〕鼯:飞鼠,生长在林间。
〔4〕洪崖:古仙人名。
〔5〕云车:仙人所乘之车。

# 夏日山中

懒摇白羽扇,裸体青林中。脱巾挂石壁[1],露顶洒松风。

502

〔1〕巾:用以裹发的幅巾。

# 山中与幽人对酌

两人对酌山花开,一杯一杯复一杯。我醉欲眠卿且去,明朝有意抱琴来[1]。

〔1〕"我醉"二句:用陶潜事,《宋书·陶潜传》:"贵贱造之者,有酒辄设,潜若先醉,便语客:'我醉欲眠,卿可去。'其真率如此。"

# 春日醉起言志

处世若大梦,胡为劳其生?所以终日醉,颓然卧前楹[1]。觉来盼庭前,一鸟花间鸣。借问此何时,春风语流莺。感之欲叹息,对酒还自倾。浩歌待明月[2],曲尽已忘情。

〔1〕前楹:厅堂前部的柱子。
〔2〕浩歌:高歌。

# 庐山东林寺夜怀[1]

我寻青莲宇[2],独往谢城阙[3]。霜清东林钟,水白虎溪月[4]。天香生虚空,天乐鸣不歇[5]。宴坐寂不动[6],大千入毫发[7]。湛然冥真心,旷劫断出没[8]。

〔1〕东林寺:晋僧慧远建,在庐山之麓。
〔2〕青莲宇:即佛寺。

〔3〕谢:告别。

〔4〕虎溪:在江西九江庐山。晋时高僧慧远居东林寺,每送客至此,辄有虎吼鸣,因名虎溪。后送客未尝过此。见《莲社高贤传》。

〔5〕天乐:《法华经·化城喻品》:"四王诸天,为供养佛,常击天鼓;其余诸天,作天伎乐。"

〔6〕宴坐:又作燕坐。燕,安息貌。

〔7〕入毫发:须菩提答阿难曰:"我念一时入于三昧,此大千世界弘广若斯,置一毛端往来旋转如陶家轮。"见《法苑珠林》卷三六。

〔8〕真心、旷劫:安旗等注:"真心,佛家谓众生内心本具之成佛因性。其心真净明妙,离虚妄之想,故云。""旷劫,犹万劫。佛教以世界生灭之一周期为一劫,旷劫谓历时极久。"

# 寻雍尊师隐居

群峭碧摩天,逍遥不记年。拨云寻古道,倚石听流泉。花暖青牛卧[1],松高白鹤眠。语来江色暮,独自下寒烟。

〔1〕青牛:指花叶上的一种青虫。

# 与史郎中钦听黄鹤楼上吹笛[1]

一为迁客去长沙[2],西望长安不见家。黄鹤楼中吹玉笛,江城五月落梅花[3]。

〔1〕诗作于乾元元年(758)夏,时作者流放夜郎,行至江夏。

〔2〕迁客:被贬之人。诗人自称。去长沙:用贾谊事,贾谊遭权贵谗毁,被汉文帝贬为长沙王太傅。事见《史记·屈原贾生列传》。诗作于乾元元年(758)流放夜郎途经江夏时。

〔3〕落梅花:即《梅花落》,笛曲名。

# 对　酒

劝君莫拒杯,春风笑人来。桃李如旧识,倾花向我开。流莺啼碧树,明月窥金罍[1]。昨日朱颜子,今日白发催。棘生石虎殿[2],鹿走姑苏台[3]。自古帝王宅,城阙闭黄埃。君若不饮酒,昔人安在哉?

〔1〕金罍:酒器。
〔2〕石虎:字季龙,东晋十六国时后赵君王。《晋书·佛图澄传》:"石季龙大飨群臣于太武前殿,澄吟曰:'殿乎殿乎,棘子成林,将坏人衣。'季龙令发殿石,下视之,有棘生焉。"
〔3〕"鹿走"句:《史记·淮南衡山列传》载,伍子胥谏吴王,不从,子胥叹曰:"臣今见麋鹿游姑苏之台也。"姑苏台,吴王夫差所建,故地在今苏州市西南。

# 醉题王汉阳厅[1]

我似鹧鸪鸟,南迁懒北飞[2]。时寻汉阳令,取醉月中归。

〔1〕王汉阳:即汉阳令王某。
〔2〕"我似"二句:《异物志》:"鹧鸪白黑成文,其鸣自呼,像小雉,其志怀南不北徂也。"

# 嘲王历阳不肯饮酒[1]

地白风色寒,雪花大如手。笑杀陶渊明[2],不饮杯中酒。浪抚一张琴[3],虚栽五株柳[4]。空负头上巾[5],吾于尔何有?

〔1〕诗约作于上元二年(761),时李白往游历阳(今安徽和县)。

〔2〕陶渊明:借指王历阳。

〔3〕"浪抚"句:《晋书·陶潜传》:"性不解音,而蓄素琴一张,弦徽不具,每朋酒之会,则抚而和之,曰:'但识琴中趣,何劳弦上声?'"

〔4〕五株柳:晋陶渊明,宅边有五柳树,因自号五柳先生。见《五柳先生传》。

〔5〕头上巾:儒巾。陶渊明《饮酒》:"若复不快饮,空负头上巾。"


# 独坐敬亭山<sup>[1]</sup>

众鸟高飞尽,孤云独去闲。相看两不厌<sup>[2]</sup>,只有敬亭山。

〔1〕敬亭山:古名昭亭山,在今安徽宣城北。

〔2〕两:指诗人与敬亭山。


# 自　遣

对酒不觉暝<sup>[1]</sup>,落花盈我衣。醉起步溪月,鸟还人亦稀。

〔1〕暝:日暮。


# 访戴天山道士不遇<sup>[1]</sup>

犬吠水声中,桃花带雨浓。树深时见鹿,溪午不闻钟。野竹分青霭,飞泉挂碧峰。无人知所去,愁倚两三松。

〔1〕诗作于开元初年,时作者隐居于大匡山。戴天山:一名大匡山,亦作大康山,在绵州彰明县(今四川江油)北三十里。

506

## 秋日与张少府楚城韦公藏书高斋作[1]

日下空庭暮,城荒古迹余。地形连海尽,天影落江虚。旧赏人虽隔,新知乐未疏。彩云思作赋[2],丹壁问藏书。楂拥随流叶[3],萍开出水鱼。夕来秋兴满,回首意何如?

〔1〕少府:县尉的别称。楚城:唐县名,在今江西九江市。

〔2〕"彩云"句:用宋玉作《高唐赋》事。宋玉《高唐赋》描写楚王与巫山神女欢会,神女去而辞曰:"妾在巫山之阳,高丘之阻,旦为朝云,暮为行雨。朝朝暮暮,阳台之下。"

〔3〕楂:同"槎",木筏。

## 秋夜独坐怀故山

小隐慕安石[1],远游学子平[2]。天书访江海[3],云卧起咸京。入侍瑶池宴[4],出陪玉辇行。夸胡新赋作[5],谏猎短书成[6]。但奉紫霄顾[7],非邀青史名。庄周空说剑[8],墨翟耻论兵[9]。拙薄遂疏绝,归闲事耦耕[10]。顾无苍生望[11],空爱紫芝荣[12]。寥落暝霞色,微茫旧壑情。秋山绿萝月,今夕为谁明。

〔1〕小隐:王康琚《反招隐》:"小隐隐林薮,大隐隐朝市。"安石:谢安,字安石。

〔2〕子:原作"屈",据王琦本改。子平:东汉向长字子平,隐居不仕,屡辞征辟。建武中,为子女嫁娶毕,与同好游五岳名山,不知所终。见《后汉书·逸民传》。

〔3〕天书:诏书。

〔4〕瑶池宴:传说西王母曾在瑶池宴请远道而来的周穆王。见《穆天子传》。瑶池,古代神话中神仙居住之地,在昆仑山上。

〔5〕"夸胡"句:汉成帝幸长杨宫。令胡客大校猎,扬雄献《长杨赋》。见《汉书·扬雄传》。

〔6〕"谏猎"句:《史记·司马相如列传》:"常从上至长杨猎,是时天子方好自击熊彘,驰逐野兽,相如上疏谏之。"

〔7〕紫霄:指朝廷。

〔8〕"庄周"句:《庄子》有《说剑篇》。

〔9〕"墨翟"句:《吕氏春秋·慎大》:"墨子为守攻,公输般服,而不肯以兵知。"高诱注:"不肯以善用兵见知于天下也。"参见《墨子·非攻》《公输》。

〔10〕耦耕:二人各执一耜,相偶而耕。

〔11〕苍生望:用谢安事。谢安隐居东山,朝命屡降而不起,时人语曰:"安石不肯出,将如苍生何?"见《世说新语·排调》。

〔12〕紫芝荣:传说秦末商山四皓退隐蓝田后作《紫芝曲》,其中有"晔晔紫芝,可以疗饥"之句。


# 忆崔郎中宗之游南阳
## 遗吾孔子琴抚之潸然感旧[1]


昔在南阳城,唯餐独山蕨[2]。忆与崔宗之,白水弄素月[3]。时过菊潭上[4],纵酒无休歇。泛此黄金花,颓然清歌发。一朝摧玉树[5],生死殊飘忽。留我孔子琴,琴存人已殁。谁传广陵散[6],但哭邙山骨[7]。泉户何时明[8],长扫孤兔窟[9]。


〔1〕崔宗之:卒于天宝十载。孔子琴:又称夫子琴,古琴的一种式样。

〔2〕独山:又称豫山,在南阳府城东北十五里,孤峰峭立,下有三十六陂。

〔3〕白水:即淯水,在南阳城南。

〔4〕菊潭:唐邓州南阳郡菊潭县有菊水,其旁多菊,水极甘馨。见《元和郡县图志》卷二一。

〔5〕摧玉树:喻指崔宗之逝世。《世说新语·伤逝》:"庾文康亡,何扬州临葬云:'埋玉树著土中,使人情何能已!'"

〔6〕广陵散:琴曲名。嵇康游洛西,暮宿华阳亭。夜分,忽有客诣之,授之以琴曲《广陵散》,嘱其誓不传人。后康为司马昭所害,临刑前,"顾视日影,索琴弹之,曰:'昔袁孝尼尝从吾学《广陵散》,吾每靳固之。《广陵散》于今绝矣!'"见《晋书·嵇康传》。

〔7〕邙山:即洛阳城北的北邙山。

〔8〕泉户:犹云黄泉。

〔9〕扫:全诗校:"一作归。"

# 忆东山二首[1]

不向东山久,蔷薇几度花[2]。白雪还自散,明月落谁家?

〔1〕东山:在今浙江上虞市西南,东晋谢安曾隐居于此。后泛指隐者所居之地。

〔2〕几度花:开了几次花,指过了几年。

我今携谢妓[1],长啸绝人群。欲报东山客,开关扫白云。

〔1〕谢妓:谢安隐居东山时,畜妓,携以游玩。见《世说新语·识鉴》。

# 望月有怀

清泉映疏松,不知几千古。寒月摇清波,流光入窗户。对此空长吟,思君意何深。无因见安道[1],兴尽愁人心。

〔1〕安道:戴安道,王子猷曾于雪夜访他,见《世说新语·任诞》。

# 对酒忆贺监二首 并序[1]

太子宾客贺公,于长安紫极宫一见余[2],呼余为谪仙人,因解金龟换酒为乐[3]。殁后对酒,怅然有怀,而作是诗。

四明有狂客[4],风流贺季真[5]。长安一相见,呼我谪仙人。昔好杯中物[6],翻为松下尘[7]。金龟换酒处,却忆泪沾巾。

〔1〕天宝六载(747),作者游会稽过贺知章故宅,因作此诗。贺监:贺知章,越州永兴人,开元间为太子宾客秘书监。

〔2〕紫极宫:即供奉老子的玄元庙,天宝二年改名紫极宫。见《唐会要》卷五〇。

〔3〕金龟:王琦注:"盖是所佩杂玩之类,非武后朝内外官所佩之金龟也。"

〔4〕四明:山名,在今浙江宁波市西南。贺知章晚年自号"四明狂客"。

〔5〕季真:贺知章,字季真。

〔6〕杯中物:指酒。

〔7〕翻:全诗校:"一作今。"

狂客归四明,山阴道士迎[1]。敕赐镜湖水[2],为君台沼荣[3]。人亡余故宅[4],空有荷花生。念此杳如梦,凄然伤我情。

〔1〕山阴:今浙江绍兴县。

〔2〕"敕赐"句:天宝初,贺知章表请回乡为道士,玄宗赐他镜湖剡川一曲,作为放生池。见《新唐书》本传。

〔3〕台沼:楼台池塘。

〔4〕故宅:知章故宅在会稽县(今浙江绍兴)东北。

# 重忆一首[1]

欲向江东去,定将谁举杯[2]?稽山无贺老[3],却棹酒船回[4]。

〔1〕同期之作。

〔2〕将:与。

〔3〕稽山:会稽山,在今浙江绍兴、嵊州、诸暨、东阳之间。贺老:贺知章。

〔4〕棹:船桨。此处作动词用,划船。

# 春滞沅湘有怀山中[1]

沅湘春色还,风暖烟草绿。古之伤心人,于此肠断续。予非怀沙客[2],但

510

美采菱曲[3]。所愿归东山[4],寸心于此足。

〔1〕沅湘:沅水、湘水,均经岳州入长江,故后人以沅湘为岳州之异称。
〔2〕怀沙客:指屈原。《史记·屈原贾生列传》:"(屈原)乃作《怀沙》之赋。其辞曰……于是怀石遂自沉汨罗以死。"
〔3〕采菱曲:楚国古歌名,见《楚辞·招魂》。
〔4〕东山:泛指隐居之地。

# 落日忆山中

雨后烟景绿,晴天散余霞[1]。东风随春归,发我枝上花。花落时欲暮,见此令人嗟。愿游名山去,学道飞丹砂。

〔1〕余霞:谢朓《晚登三山还望京邑》:"余霞散成绮。"

# 忆秋浦桃花旧游时窜夜郎[1]

桃花春水生,白石今出没。摇荡女萝枝,半摇青天月。不知旧行径,初拳几枝蕨[2]。三载夜郎还,于兹炼金骨[3]。

〔1〕诗作于乾元二年(759)春,时李白在流放夜郎的途中。题下全诗校:"一本无时窜夜郎四字。"
〔2〕蕨:植物名,初生如小儿拳,紫色而肥。
〔3〕炼金骨:指学道以求长生。

# 卷二十三

## 越中秋怀

越水绕碧山,周回数千里。乃是天镜中,分明画相似[1]。爱此从冥搜[2],永怀临湍游[3]。一为沧波客[4],十见红蕖秋。观涛壮天险[5],望海令人愁。路遐迫西照,岁晚悲东流。何必探禹穴[6],逝将归蓬丘[7]。不然五湖上,亦可乘扁舟[8]。

〔1〕"越水"四句:全诗校:"一本首四句作蹈海思仲连,游山慕康乐。攀云穷千峰,弄水涉万壑。"

〔2〕冥搜:《文选》孙绰《游天台山赋序》:"远寄冥搜。"李善注:"搜访幽冥也。"

〔3〕游:全诗校:"一作幽。"

〔4〕沧波客:四处漂泊之人。

〔5〕观涛:王琦注:"越地左绕浙江,江有涛水,昼夜再上。枚乘《七发》曰:'观涛于广陵之曲江'正谓此江也。"

〔6〕禹穴:《史记·太史公自序》:"上会稽,探禹穴。"《集解》引张晏:"禹巡狩至会稽而崩,因葬焉。上有孔穴,民间云禹入此穴。"

〔7〕逝:通"誓"。《诗·魏风·硕鼠》:"逝将去女,适彼乐土。"蓬丘:仙山蓬莱。

〔8〕"不然"二句:用范蠡事,表达自己归隐的志向。《国语·越语下》载,范蠡佐越王勾践灭吴后,乃辞别越王,"乘轻舟以浮于五湖,莫知其所终极"。

## 效古二首[1]

朝入天苑中[2],谒帝蓬莱宫[3]。青山映辇道[4],碧树摇烟空。谬题金闺籍[5],得与银台通[6]。待诏奉明主[7],抽毫颂清风。归时落日晚,躞蹀浮云骢[8]。人马本无意,飞驰自豪雄。入门紫鸳鸯,金井双梧桐。清歌弦古曲,美酒沽新丰[9]。快意且为乐,列筵坐群公。光景不可留,生世如转蓬。早达胜晚遇,羞比垂钓翁[10]。

〔1〕作于待诏翰林期间。

〔2〕天苑:即禁苑。

〔3〕蓬莱宫:即唐长安大明宫。

〔4〕辇道:犹"阁道",楼阁间的空中通道,后也指帝王车驾所经的路。

〔5〕金闺籍:金马门的门籍。金马门为汉未央宫门名,武帝铸铜马立于门外,因名。汉制,将记有姓名、年龄、身份的竹片挂在宫门外,经校对,合者乃得入宫,称为"门籍"。见《汉书·元帝纪》。

〔6〕银台:唐大明宫有银台门。唐翰林院在右银台门内。

〔7〕待诏:唐玄宗时置翰林待诏,除文章之士外,下至医卜术数之流皆纳之。

〔8〕躞蹀:小步貌。浮云:良马名。

〔9〕新丰:故址在今陕西西安市临潼东北,产美酒,世称新丰酒。

〔10〕垂钓翁:指吕尚,姜太公吕尚年老穷困,垂钓于渭水之滨。周文王出猎,遇之,与语,大悦,立为师。后佐武王兴周灭殷。事见《史记·齐太公世家》。

自古有秀色,西施与东邻[1]。蛾眉不可妒,况乃效其颦[2]。所以尹婕妤,羞见邢夫人。低头不出气,塞默少精神[3]。寄语无盐子[4],如君何足珍。

〔1〕东邻:宋玉《登徒子好色赋》:"天下之佳人莫若楚国,楚国之丽者莫若臣里,臣里之美者莫若臣东家之子。"后因以"东邻"指美女。

〔2〕效颦:即效矉,《庄子·天运》载,西施病心而矉其里,其里之丑女见而美之,归亦捧心而矉其里,村里人皆避而不见。

〔3〕"所以"四句:《史记·外戚世家》褚先生补:"武帝时,幸夫人尹婕妤,与邢夫人同时并幸,有诏不得相见。尹夫人自请武帝,愿望见邢夫人,帝许之。即令他夫人饰,从御者数十人,为邢夫人来前。尹夫人前见之,曰:'非邢夫人身也。'帝曰:'何以言之?'对曰:'视其身貌形状,不足以当人主矣。'于是帝乃诏使邢夫人衣故衣,独身来前。尹夫人望见之,曰:'此真是也。'于是乃低头俯而泣,自痛其不如也。"

〔4〕无盐:战国时齐国一位相貌极丑的女子,宣王立之为后。见《新序》卷二。

# 拟古十二首

## 其 一

青天何历历,明星如白石[1]。黄姑与织女[2],相去不盈尺。银河无鹊桥[3]，非时将安适？闺人理纨素，游子悲行役。瓶冰知冬寒[4]，霜露欺远客。客似秋叶飞，飘飖不言归。别后罗带长，愁宽去时衣。乘月托宵梦，因之寄金徽[5]。

〔1〕历历：分明可数。如白：全诗校："一作白如。"
〔2〕黄姑：星名，又称河鼓，即牵牛星。
〔3〕鹊桥：《白孔六帖·鹊部》引《淮南子》："乌鹊填河成桥而渡织女。"《岁华纪丽》卷三引《风俗通》："织女七夕当渡河，使鹊为桥。"按：今文《淮南子》《风俗通》无此文。
〔4〕"瓶冰"句：语本《淮南子·说山训》："睹瓶中之冰而知天下之寒。"
〔5〕金徽：瞿蜕园、朱金城注："金徽指琴。李商隐诗云'金徽自是无情物，不许文君忆故夫'是也。"

## 其 二

高楼入青天，下有白玉堂。明月看欲堕，当窗悬清光。遥夜一美人，罗衣沾秋霜。含情弄柔瑟，弹作陌上桑[1]。弦声何激烈，风卷绕飞梁[2]。行人皆踯躅[3]，栖鸟起回翔。但写妾意苦，莫辞此曲伤。原逢同心者，飞作紫鸳鸯。

〔1〕陌上桑：乐府相和歌曲，是汉代著名的民间叙事诗。内容写一太守在路上调戏采桑女子罗敷，遭到拒绝的故事。
〔2〕绕飞梁：《列子·汤问》："昔韩娥东之齐，匮粮，过雍门，鬻歌假食。既去，而余音绕梁欐，三日不绝。"
〔3〕踯躅：徘徊不进貌。

## 其 三

长绳难系日[1]，自古共悲辛。黄金高北斗[2]，不惜买阳春。石火无留光[3]，还如世中人。即事已如梦，后来我谁身。提壶莫辞贫，取酒会四邻。仙人殊恍惚，未若醉中真。

〔1〕"长绳"句：傅玄《九曲歌》："岁暮景迈群光绝，安得长绳系白日？"

〔2〕"黄金"句:王琦注:"《旧唐书·尉迟敬德传》:王曰:'公之心如山岳然,虽积金至斗岂能移之?'又唐人诗:'身后堆金柱北斗。'疑当时俚语有此。"

〔3〕石火:敲石发火,喻人生短暂。《文选》潘岳《河阳县作》:"人生天地间,百岁孰能要? 颎如槁石火,瞥若截道飙。"李善注:"古乐府诗:凿石见火能几时?"

### 其 四

清都绿玉树[1],灼烁瑶台春[2]。攀花弄秀色,远赠天仙人[3]。香风送紫蕊,直到扶桑津[4]。取掇世上艳,所贵心之珍。相思传一笑,聊欲示情亲。

〔1〕清都:天帝所居的宫阙,也指帝王所居的都城。

〔2〕灼烁:光彩貌。瑶台:神话中西王母居处,在昆仑山。见《太平御览》卷六七三引《登真隐诀》。

〔3〕天仙:《抱朴子·论仙》:"按仙经云:上士举形升虚,谓之天仙。"

〔4〕扶桑津:《文选》木华《海赋》:"翔阳逸骇于扶桑之津。"吕延济注:"扶桑之津,日出之处。"

### 其 五

今日风日好,明日恐不如。春风笑于人,何乃愁自居? 吹箫舞彩凤[1],酌醴鲙神鱼[2]。千金买一醉,取乐不求余。达士遗天地,东门有二疏[3]。愚夫同瓦石,有才知卷舒。无事坐悲苦[4],块然涸辙鲋[5]。

〔1〕"吹箫"句:用萧史吹箫致凤事,形容歌舞之盛。

〔2〕"酌醴"句:言酒肴之美。

〔3〕二疏:指疏广、疏受。汉宣帝时,疏广为太子太傅,其侄疏受为太子少傅。太子复朝,广在前,受在后,朝廷以为荣。后同时告老还乡,帝赐金,公卿大夫祖饯于长安东门外,送者车数百辆。见《汉书·疏广传》。

〔4〕坐:《诗词曲语辞汇释》:"犹徒也,空也,枉也……李白《拟古》诗:'……无事坐悲苦,块然涸辙鲋。'言不必徒悲苦也。"

〔5〕块然:孤独貌。涸辙鲋:干涸的车辙里的小鱼,比喻处于困境而待援助的人。事出《庄子·外物》。

## 其　六

运速天地闭[1]，胡风结飞霜。百草死冬月，六龙颓西荒[2]。太白出东方[3]，彗星扬精光[4]。鸳鸯非越鸟，何为眷南翔？惟昔鹰将犬[5]，今为侯与王。得水成蛟龙，争池夺凤凰[6]。北斗不酌酒，南箕空簸扬[7]。

〔1〕运速：指四时运行甚疾。天地闭：《礼记·月令》："孟冬之月，天气上腾，地气下降，天地不通，闭塞而成冬。"

〔2〕六龙：神话中为太阳驾车的六条龙。西荒：西方极远之地。

〔3〕太白：即金星。《汉书·天文志》："太白出西方失其行，夷狄败；出东方失其行，中国败。"

〔4〕"彗星"句：古人称彗星为"妖星"，认为彗星出现就会兴起战争和自然灾害。

〔5〕将：与。

〔6〕凤凰：即凤凰池，指中书省。《晋书·荀勖传》载，荀勖自中书省迁尚书令，有人向他祝贺，勖曰："夺我凤凰池，卿诸人何贺我耶？"

〔7〕"北斗"二句：《诗·小雅·大东》："惟南有箕，不可以簸扬；惟北有斗，不可以挹酒浆。"《大东》是"刺乱"之作，李白用此亦是抨击社会的动乱和人材不得其用的现实。

## 其　七

世路今太行[1]，回车竟何托？万族皆凋枯[2]，遂无少可乐。旷野多白骨，幽魂共销铄。荣贵当及时，春华宜照灼。人非昆山玉[3]，安得长璀错[4]？身没期不朽，荣名在麟阁[5]。

〔1〕"世路"句：刘孝标《广绝交论》："世路险巇，一至于此！太行、孟门，岂云崭绝？"

〔2〕万族：万物。陶渊明《咏贫士》："万族各有托，孤云独无依。"

〔3〕昆山：《韩诗外传》卷六："玉出于昆山。"

〔4〕璀错：光辉灿烂。

〔5〕麟阁：即麒麟阁，在汉未央宫内。汉宣帝甘露三年，画功臣霍光、张安世、苏武等十一人图像于阁上。见《汉书·苏武传》。

## 其　八

月色不可扫,客愁不可道。玉露生秋衣,流萤飞百草。日月终销毁,天地同枯槁。螟蛄啼青松[1],安见此树老?金丹宁误俗[2],昧者难精讨[3]。尔非千岁翁,多恨去世早。饮酒入玉壶[4],藏身以为宝。

〔1〕螟蛄:即寒蝉。
〔2〕金丹:道家之仙药。
〔3〕昧者:昧于仙道之人。精讨:求得其精髓。
〔4〕入玉壶:《神仙传》卷五载,壶公卖药于汝南,常悬一壶,夜则跳入壶中,中有"仙宫世界,楼观五色,重门阁道"。

## 其　九

生者为过客,死者为归人[1]。天地一逆旅[2],同悲万古尘。月兔空捣药[3],扶桑已成薪[4]。白骨寂无言,青松岂知春。前后更叹息,浮荣安足珍?

〔1〕过客、归人:《列子·天瑞》:"古者谓死人为归人。夫言死人为归人,则生人为行人矣。"
〔2〕逆旅:客舍。
〔3〕"月兔"句:乐府古辞《董逃行》:"教敕凡吏受言,采取神药若木端,白兔长跪捣药蝦蟆丸。奉上陛下一玉柈,服此药可得神仙。"
〔4〕扶桑:神话中木名,为日出之处。《淮南子·天文训》:"日出于旸谷,浴于咸池,拂于扶桑,是谓晨明。"

## 其　十

仙人骑彩凤,昨下阆风岑[1]。海水三清浅[2],桃源一见寻[3]。遗我绿玉杯,兼之紫琼琴。杯以倾美酒,琴以闲素心。二物非世有,何论珠与金?琴弹松里风,杯劝天上月。风月长相知,世人何倏忽[4]?

〔1〕阆风:《水经·河水注》:"昆仑之山三级:下曰樊桐,一名板桐;二曰玄圃,一名阆风;上曰层城,一名天庭,是谓大帝之居。"

〔2〕"海水"句:《神经传》卷七载,仙女麻姑说曾见东海三为桑田,前到蓬莱,又见海水浅于往日略半,将复为陆地。

〔3〕桃源:即陶渊明《桃花源记》所写之世外桃源。此指仙境。

〔4〕倏忽:指极短的时间。

## 其十一

涉江弄秋水,爱此荷花鲜。攀荷弄其珠,荡漾不成圆。佳人彩云里,欲赠隔远天。相思无由见,怅望凉风前[1]。

〔1〕全诗校:"又《折荷有赠》云:涉江玩秋水,爱此红蕖鲜。攀荷弄其珠,荡漾不成圆。佳期彩云重,欲赠隔远天。相思无由见,惆怅凉风前。"

## 其十二

去去复去去,辞君还忆君。汉水既殊流,楚山亦此分。人生难称意[1],岂得长为群?越燕喜海日[2],燕鸿思朔云[3]。别久容华晚,琅玕不能饭[4]。日落知天昏,梦长觉道远。望夫登高山,化石竟不返[5]。

〔1〕"人生"句:鲍照《拟行路难》:"人生不得常称意。"

〔2〕越燕:越地之燕。

〔3〕燕鸿:燕地之鸿。

〔4〕琅玕:《文选》张衡《南都赋》:"珍羞琅玕,充溢圆方。"李周翰注:"琅玕,玉名,饮食比之,所以为美。"

〔5〕"望夫"二句:《太平寰宇记》卷一〇五:"望夫山,在太平州当涂县北四十七里,昔有人往楚,累岁不还,其妻登此山望夫,乃化为石。其山临江,周围五十里,高一百丈。"

## 感兴六首[1]

## 其 一

瑶姬天帝女,精彩化朝云。宛转入宵梦,无心向楚君[2]。锦衾抱秋月,绮席空兰芬。茫昧竟谁测,虚传宋玉文[3]。

〔1〕题下全诗注:"集本八首,内二首与《古风》同,前已附注,不重录。"

〔2〕"瑶姬"四句:《文选》宋玉《高唐赋》李善注引《襄阳耆旧传》曰:"赤帝女曰姚姬(《太平御览》卷三九九引作"瑶姬"),未行而卒,葬于巫山之阳,故曰巫山之女。楚怀王游于高唐,昼寝,梦见与神遇,自称是巫山之女。王因幸之,遂为置观于巫山之南,号为朝云。"

〔3〕宋玉文:指《高唐赋》《神女赋》。

## 其 二

洛浦有宓妃[1],飘飖雪争飞[2]。轻云拂素月[3],了可见清辉。解佩欲西去[4],含情讵相违。香尘动罗袜[5],绿水不沾衣。陈王徒作赋[6],神女岂同归? 好色伤大雅,多为世所讥。

〔1〕宓妃:伏羲氏女,相传溺死于洛水,遂为洛水之神。

〔2〕"飘飖"句:曹植《洛神赋》:"飘飖兮若流风之回雪。"

〔3〕"轻云"句:《洛神赋》:"仿佛兮若轻云之蔽月。"

〔4〕解佩:《洛神赋》:"愿诚信之先达,解玉佩以要之。"

〔5〕"香尘"句:《洛神赋》:"凌波微步,罗袜生尘。"

〔6〕陈王:即曹植,曾作《洛神赋》。

## 其 三

裂素持作书[1],将寄万里怀。眷眷待远信[2],竟岁无人来。征鸿务随阳[3],又不为我栖。委之在深箧,蠹鱼坏其题[4]。何如投水中[5],流落他人开。不惜他人开,但恐生是非。

〔1〕裂素:《后汉书·范式传》:"裂素为书以遗巨卿。"素,白绢。

〔2〕眷眷:心向往貌。信:古称信使为信。

〔3〕"征鸿"句:《尚书·禹贡》:"阳鸟攸居。"孔传:"随阳之鸟,鸿雁之属。"

〔4〕题:王琦注:"古人谓书签为题,传所云隋唐藏书皆金题玉躞是也。此所云题者,乃书札面上手笔封题之处。"

〔5〕投水中:《世说新语·任诞》:"殷洪乔作豫章郡,临去,都下人因附百许函书,既至石头,悉掷水中。因祝曰:'沉者自沉,浮者自浮,殷洪乔不能作致书邮。'"

## 其　四

十五游神仙,仙游未曾歇。吹笙坐松风[1],泛瑟窥海月[2]。西山玉童子[3],使我炼金骨[4]。欲遂黄鹤飞,相呼向蓬阙[5]。

〔1〕坐:全诗校:"一作吟。"
〔2〕泛瑟:抚瑟。江淹《杂题诗》:"泛瑟卧遥帷。"
〔3〕"西山"句:曹丕《折杨柳行》:"西山一何高?高高殊无极。上有两仙童,不饮亦不食。"
〔4〕炼金骨:道教所谓炼骨成金,即成仙。
〔5〕蓬阙:即仙山蓬莱之宫阙。

## 其　五

西国有美女,结楼青云端。蛾眉艳晓月,一笑倾城欢。高节不可夺,炯心如凝丹[1]。常恐彩色晚,不为人所观。安得配君子,共乘双飞鸾。

〔1〕炯:光明,明亮。

## 其　六

嘉谷隐丰草[1],草深苗且稀。农夫既不异[2],孤穗将安归?常恐委畦陇[3],忽与秋蓬飞。乌得荐宗庙[4],为君生光辉?

〔1〕嘉谷:古称粟(小米)为嘉谷。
〔2〕异:区分。
〔3〕畦陇:田地。
〔4〕荐:进献。

# 寓言三首

周公负斧扆,成王何夔夔<sup>[1]</sup>！武王昔不豫,剪爪投河湄<sup>[2]</sup>。贤圣遇谗慝,不免人君疑。天风拔大木,禾黍咸伤萎。管蔡扇苍蝇,公赋鸱鸮诗<sup>[3]</sup>。金縢若不启,忠信谁明之<sup>[4]</sup>?

〔1〕"周公"二句:谓成王年幼,周公摄王位。负斧扆,扆是户牖间画有斧形的屏风。天子朝诸侯,负扆南面而坐。夔夔,悚惧貌。

〔2〕"武王"二句:武王有疾,周公祷于先王,请以身代。后成王有疾,周公自剪其爪以沉于河,又请以身代。

〔3〕"管蔡"二句:周公佐武王灭商,武王死后,成王年幼,周公摄政。管叔及其群弟制造流言,诬陷周公图谋篡位。成王产生猜疑,于是周公避位不问政事。后管叔等发动叛乱,成王悔悟,迎周公回朝,命其率兵平叛。"公乃为诗以贻王,名之曰《鸱鸮》,王亦未敢诮公。"事见《尚书·金縢》及《史记·鲁周公世家》。

〔4〕"金縢"二句:周公因流言而避居东国,"秋大熟,未获,天大雷电以风,禾尽偃,大木斯拔,邦人大恐"。成王启匮,得周公所请愿以身代武王之祝文,执书以泣曰:"昔公勤劳王家,惟余冲人弗及知;今天动威,以彰周公之德。唯朕小子,其亲逆我国家,礼亦宜之。"成王出郊,天乃雨,反风,禾则尽起,岁则大熟。史纳其祝册于金縢之匮中。《见伟·金縢》、《史记·鲁周公世家》及《蒙恬列传》。此合二事言之。縢,缄也。匮以金缄之,故称金縢。

摇裔双彩凤<sup>[1]</sup>,婉娈三青禽<sup>[2]</sup>。往还瑶台里,鸣舞玉山岑<sup>[3]</sup>。以欢秦娥意<sup>[4]</sup>,复得王母心。区区精卫鸟,衔木空哀吟<sup>[5]</sup>。

〔1〕摇裔:犹逍遥。

〔2〕婉娈:美好貌。三青禽:即三青鸟。《山海经·西山经》:"三危之山,三青鸟居之。"郭璞注:"三青鸟为西王母取食者。"

〔3〕瑶台、玉山:均为西王母之居处。

〔4〕秦娥:指秦穆公女弄玉。春秋时萧史善吹箫,秦穆公女弄玉爱之,结为夫妻,每日教弄玉吹箫。数年后,声似凤鸣,有凤凰来止其屋,穆公为之作凤台。后夫妇皆

成仙,随凤凰飞去。见《列仙传》卷上。

　　〔5〕区区:辛苦之意。精卫鸟:炎帝少女名女娃,游于东海,溺而不返,遂化为鸟,
名曰精卫,常衔西山之木石,以填东海。见《山海经·北山经》。哀:全诗校:"一作
沉。"

长安春色归,先入青门道[1]。绿杨不自持,从风欲倾倒。海燕还秦宫,双
飞入帘栊。相思不相见,托梦辽城东[2]。

　　〔1〕青门:即霸城门,乃长安城东出南头第一门,门色青,故称。
　　〔2〕辽城东,即辽河以东,唐时为安东都护府之地。

# 秋夕旅怀

凉风度秋海,吹我乡思飞。连山去无际,流水何时归?目极浮云色,心断
明月晖。芳草歇柔艳,白露催寒衣。梦长银汉落[1],觉罢天星稀。含悲想
旧国[2],泣下谁能挥?

　　〔1〕银汉:银河。
　　〔2〕旧国:故乡。

# 感遇四首

吾爱王子晋,得道伊洛滨[1]。金骨既不毁,玉颜长自春。可怜浮丘公[2],
猗靡与情亲[3]。举首白日间,分明谢时人。二仙去已远,梦想空殷勤。

　　〔1〕王子晋:周灵王太子晋,好吹笙,作凤凰鸣,仙人浮丘公接以上嵩山。三十余
年后,对人说:"告我家,七月七日待我于缑氏山颠。"至时果乘白鹤驻山头,数日而去。
后人立祠于缑氏山与嵩山。事见《列仙传》卷上。
　　〔2〕浮丘公:古仙人名。

〔3〕猗靡:相随貌。

可叹东篱菊[1],茎疏叶且微。虽言异兰蕙,亦自有芳菲。未泛盈樽酒[2],徒沾清露辉。当荣君不采,飘落欲何依?

〔1〕东篱菊:陶渊明《饮酒》诗:"采菊东篱下。"
〔2〕泛:指以菊花浸酒。

昔余闻姮娥,窃药驻云发。不自娇玉颜,方希炼金骨。飞去身莫返,含笑坐明月[1]。紫宫夸蛾眉[2],随手会凋歇[3]。

〔1〕"昔余"六句:相传姮娥(嫦娥)为后羿之妻,羿求不死之药于西王母,姮娥窃之以奔月。见《淮南子·览冥训》。
〔2〕紫宫:天子所居之处。
〔3〕随手:短暂之意。

宋玉事楚王,立身本高洁。巫山赋彩云[1],郢路歌白雪。举国莫能和,巴人皆卷舌[2]。一惑登徒言,恩情遂中绝[3]。

〔1〕"巫山"句:用宋玉《高唐赋》言巫山彩云事。
〔2〕"郢路"三句:宋玉《对楚王问》:"客有歌于郢中,其始曰《下里》《巴人》,国中属而和者数千人。……其为《阳春》《白雪》,国中属而和者不过数十人。……其曲弥高,其和弥寡。"
〔3〕"一惑"二句:宋玉《登徒子好色赋》:"大夫登徒子侍于楚王,短宋玉曰:'玉为人体貌闲丽,口多微辞,又性好色,愿王勿与出入后宫。'"惑,原作"感",据王琦本改。

# 翰林读书言怀呈集贤诸学士[1]

晨趋紫禁中[2],夕待金门诏[3]。观书散遗帙[4],探古穷至妙。片言苟会心,掩卷忽而笑。青蝇易相点[5],白雪难同调[6]。本是疏散人[7],屡贻褊促诮[8]。云天属清朗[9]，林壑忆游眺。或时清风来，闲倚栏下啸[10]。严光桐庐溪[11]，谢客临海峤[12]。功成谢人间[13]，从此一投钓[14]。

〔1〕翰林：指翰林院。集贤：指集贤院。《新唐书·百官志二》："集贤殿书院：学士、直学士、侍读学士、修撰官，掌刊缉经籍。凡图书遗逸、贤才隐滞，则承旨以求之。谋虑可施于时，著述可行于世者，考其学术以闻。凡承旨撰集文章、校理经籍，月终则进课于内，岁终则考最于外。"诗当作于天宝二年（743）李白待诏翰林时。全诗校："一本此（指集贤）下有院内二字。"

〔2〕紫禁：指皇宫。

〔3〕金门：金马门之省称，指代宫廷或宫廷官署。

〔4〕帙：书套。散帙，解散书外之帙翻阅之。

〔5〕"青蝇"句：《诗·小雅·青蝇》："营营青蝇，止于樊。岂弟君子，无信谗言。"又陈子昂《宴胡楚真禁所》："青蝇一相点，白璧遂成冤。"谓青蝇遗粪于白玉之上，致成点污。

〔6〕白雪：言曲高和寡，见宋玉《对楚王问》。

〔7〕疏散：闲散。

〔8〕贻：招致。褊促：狭隘。诮：讥嘲。

〔9〕属：适值，正当。

〔10〕啸：撮口发出长而清越的声音。

〔11〕严光：严光少与刘秀同学，及刘秀即位为光武帝，尝入宫与之聚，除为谏议大夫，不受，旋归富春江隐居。事见《后汉书·本传》。桐庐溪：指今浙江桐庐县富春江，江边有严光垂钓处。

〔12〕"谢客"句：谢灵运小字客儿，故称谢客，有《登临海峤初发彊中作》诗。

〔13〕谢：辞别。

〔14〕投钓：指过隐居生活。


# 浔阳紫极宫感秋作[1]


何处闻秋声，翛翛北窗竹[2]。回薄万古心[3]，揽之不盈掬。静坐观众妙[4]，浩然媚幽独[5]。白云南山来，就我檐下宿。懒从唐生决[6]，羞访季主卜[7]。四十九年非[8]，一往不可复。野情转潇洒，世道有翻覆。陶令归去来,田家酒应熟[9]。

〔1〕紫极宫:道宫名。据《旧唐书·玄宗纪》载:开元二十九年春正月丁丑制,两京、诸州各置玄元皇帝庙。天宝二年三月,改西京玄元庙为太清宫,东京为太微宫,天下诸郡为紫极宫。
〔2〕翛翛(xiāo):风吹竹喧声。
〔3〕回薄:动荡。
〔4〕众妙:万物变化的奥妙。
〔5〕媚:喜爱。
〔6〕唐生:指唐举,善相。
〔7〕季主:《史记·日者列传》:"司马季主者,楚人也,卜于长安东市。"
〔8〕"四十"句:《淮南子·原道训》:"蘧伯玉年五十,而知四十九年非。"
〔9〕陶令:指陶渊明,其《问来使》诗有"归去来山中,山中酒应熟"之句。

# 江上秋怀

餐霞卧旧壑[1],散发谢远游[2]。山蝉号枯桑,始复知天秋。朔雁别海裔[3],越燕辞江楼。飒飒风卷沙,茫茫雾萦洲。黄云结暮色,白水扬寒流。恻怆心自悲,潺湲泪难收。蘅兰方萧瑟[4],长叹令人愁。

〔1〕餐霞:吞食霞气,道家修炼方法之一。
〔2〕散发:谓解冠隐居。
〔3〕海裔:海边。
〔4〕蘅:杜蘅,香草名。

# 秋夕书怀[1]

北风吹海雁,南渡落寒声。感此潇湘客,凄其流浪情。海怀结沧洲[2],霞想游赤城[3]。始探蓬壶事[4],旋觉天地轻。澹然吟高秋[5],闲卧瞻太清[6]。萝月掩空幕[7],松霜结前楹[8]。灭见息群动[9],猎微穷至精[10]。桃花有源水[11],可以保吾生。

〔1〕诗当作于乾元二年(759),时李白在零陵。诗题全诗校:"一作秋日南游书怀。"

〔2〕此句全诗校:"一作远心飞苍梧。"

〔3〕赤城:山名,在今浙江天台县北。霞:全诗校:"一作遐。"

〔4〕蓬壶:仙山蓬莱。事:全诗校:"一作术。"

〔5〕吟:全诗校:"一作思。"

〔6〕太清:天空。

〔7〕掩:全诗校:"一作隐。"

〔8〕结:全诗校:"一作皓。"又此句全诗校:"一作松云散前楹。"

〔9〕息群动:语本陶渊明《饮酒》:"旧人群动息。"

〔10〕微:精微之道。

〔11〕桃花:用陶渊明《桃花源记》事。


# 避地司空原言怀[1]


南风昔不竞[2],豪圣思经纶。刘琨与祖逖,起舞鸡鸣晨[3]。虽有匡济心,终为乐祸人[4]。我则异于是,潜光皖水滨[5]。卜筑司空原,北将天柱邻[6]。雪霁万里月,云开九江春。侯乎泰阶平[7],然后托微身。倾家事金鼎[8],年貌可长新。所愿得此道,终然保清真。弄景奔日驭[9],攀星戏河津[10]。一随王乔去[11],长年玉天宾[12]。

〔1〕司空原:即司空山,在今安徽岳西县西南。《明一统志》:"司空山在安庆府太湖县西北一百六十里。山极高峻,山半有洗马池,即古司空原。"

〔2〕南风不竞:《左传·襄公十八年》:"晋人闻有楚师,师旷曰:'不害。吾骤歌北风,又歌南风,南风不竞,多死声,楚必无功。'"南风,南方的乐曲。不竞,声音微弱,喻国力衰微。

〔3〕"刘琨"二句:刘琨、祖逖闻鸡起舞,励志健身,以图恢复中原。事见《晋书·祖逖传》。

〔4〕乐祸：谓幸乱而就功名。《晋书·祖逖传》论曰："祖逖散谷周贫,闻鸡暗舞,思中原之燎火,幸天步之多艰,原其素怀,抑为贪乱者矣。"

〔5〕潜光：隐名匿迹。皖水：源出大别山,经安徽岳西、潜山、怀宁等县入长江。

〔6〕天柱：天柱山,在今潜山县境内。

〔7〕泰阶平：古人认为泰阶平"则阴阳和,风雨时,社稷神祇咸获其宜,天下大安,是为太平"。见《汉书·东方朔传》注。泰阶,又作太阶,三台六星,两两排列如阶梯,故名。

〔8〕金鼎：鲍照《代淮南王》："金鼎玉匕合神丹。"

〔9〕景：同"影"。日驭：即日御,神话中为太阳驾车的羲和。

〔10〕河津：天河之津。

〔11〕王乔：即王子乔,见《列仙传》卷上。

〔12〕玉天：道教所谓玉清境之天,《灵宝太乙经》："四人天外曰三清境：玉清、太清、上清。亦曰三天。"

# 上崔相百忧章 时在浔阳狱[1]

共工赫怒,天维中摧[2]。鲲鲸喷荡[3],扬涛起雷。鱼龙陷人,成此祸胎。火焚昆山,玉石相磓[4]。仰希霖雨,洒宝炎煨[5]。箭发石开[6],戈挥日回[7]。邹衍恸哭,燕霜飒来[8]。微诚不感,犹絷夏台[9]。苍鹰搏攫[10],丹棘崔嵬[11]。豪圣凋枯,王风伤哀[12]。斯文未丧,东岳岂颓[13]？穆逃楚难[14],邹脱吴灾[15]。见机苦迟,二公所咍[16]。骥不骤进,麟何来哉[17]？星离一门,草掷二孩[18]。万愤结缉[19],忧从中催。金瑟玉壶[20],尽为愁媒。举酒太息,泣血盈杯。台星再朗,天网重恢[21]。屈法申恩,弃瑕取材[22]。冶长非罪,尼父无猜[23]。覆盆傥举,应照寒灰[24]。

〔1〕崔相：即崔涣。此诗作于至德二载(757),时李白被囚浔阳狱中。

〔2〕"共工"二句：《淮南子·天文训》："共工氏与颛顼争为帝,怒而触不周之山,折天柱,绝地维。"天维：系天之绳,此喻国家纲纪。

〔3〕鲲：传说中的大鱼。鲸：海中大鱼。此喻安禄山。

〔4〕"火焚"二句：《尚书·胤征》："火炎昆冈,玉石俱焚。"相磓,相撞。

〔5〕霖雨：喻指能解救灾难的力量。煨：烬。

527

〔6〕"箭发"句:用李广事,《史记·李将军列传》:"广出猎,见草中石,以为虎而射之,中石没镞,视之石也。因复更射之,终不能复入石矣。"

〔7〕"戈挥"句:用鲁阳公事,《淮南子·览冥训》:"鲁阳公与韩构难,战酣日暮,援戈而挥之,日为之反三舍。"

〔8〕"邹衍"二句:《淮南子》(佚文):"邹衍事燕惠王,尽忠。左右谮之,王系之。仰天而哭,正夏天而为之降霜。"见《初学记》卷二引。

〔9〕夏台:夏代监狱名。见《史记·夏本纪》。

〔10〕苍鹰:喻指酷吏。《史记·酷吏列传》:"郅都迁为中尉。……是时民朴,畏罪自重,而都独先严酷,致行法不避贵戚,列侯宗室见都侧目而视,号曰苍鹰。"搏攫:用力抓取。

〔11〕丹棘:赤棘,棘分赤白。指监狱。

〔12〕"豪圣"二句:杨齐贤注:"豪圣,周公也。周公遭流言之变,王道凋枯,故《豳》以下诸诗哀伤之。"王风,指《诗·豳风》中哀伤周公的篇什。

〔13〕"斯文"二句:《论语·子罕》载,孔子被围于匡,有云:"天之未丧斯文也,匡人其如予何!"又《礼记·檀弓上》载,孔子死前七日尝作歌曰"泰山其颓乎"云云,此反用其意。

〔14〕穆:指穆生。《汉书·楚元王传》载:楚元王以穆生、白生、申公为中大夫,穆生不嗜酒,元王为设醴。及元王子戊即位,渐忘设醴。穆生以戊无道,遂谢病去。后戊果与吴王濞等发动叛乱,兵败身死。

〔15〕邹:邹阳。汉初,邹阳事吴王濞,吴王欲反,邹阳上书力谏,吴王不纳。于是邹阳离吴王至梁。后吴王发动叛乱被诛,邹阳因先走得免。

〔16〕二公:指穆生和邹阳。哈(hāi):讥笑。

〔17〕骥不骤进:宋玉《九辩》:"骥不骤进而求服兮。"麟何来哉:《孔子家语·辨物篇》载:叔孙氏之车士获麟,"使人告孔子曰:'有麏而角者何也?'孔子往观之,曰:'麟也,胡为来哉!胡为来哉!'反袂拭面,涕泣沾襟。……子贡问曰:'夫子何泣尔?'孔子曰:'麟之至为明王也,出非其时而见害,吾是以伤焉。'"

〔18〕星离:星散。一门:指一家人。草掷:仓卒弃之。

〔19〕结缊:郁结不解。缊,原作"习",校云:"一作缊。"

〔20〕金瑟:指音乐。玉壶:指美酒。

〔21〕台星:三台星,台星起文昌,列抵太微,共六星,两两相比,谓之三台。古代以天象征人世,"在人曰三公,在天曰三台"。(《晋书·天文志上》)时崔涣居相传,故此喻指崔相。天网:国法。恢:宽大。

〔22〕"屈法"二句:丘迟《与陈伯之书》:"主上屈法申恩,吞舟是漏。"陈琳《为袁绍檄豫州文》:"收罗英雄,弃瑕取用。"屈法,枉法。

〔23〕"冶长"二句：《论语·公冶长》："子谓公冶长，'可妻也。虽在缧绁之中，非其罪也。'以其子妻之。"冶长，公冶长，孔子弟子。尼父，指孔子。

〔24〕覆盆：《抱朴子·辨问》："是责三光不照覆盆之内也。"三光，指日、月、星光。寒灰：已冷却之灰。喻处于绝境之人。

# 万愤词投魏郎中[1]

海水渤潏，人罹鲸鲵[2]。翁胡沙而四塞，始滔天于燕齐[3]。何六龙之浩荡，迁白日于秦西[4]。九土星分，啾啾悽悽[5]。南冠君子[6]，呼天而啼。恋高堂而掩泣[7]，泪血地而成泥。狱户春而不草，独幽怨而沉迷。兄九江兮弟三峡，悲羽化之难齐[8]。穆陵关北愁爱子，豫章天南隔老妻[9]。一门骨肉散百草，遇难不复相提携[10]。树榛拔桂，囚鸾宠鸡[11]。舜昔授禹，伯成耕犁。德自此衰，吾将安栖[12]？好我者恤我，不好我者何忍临危而相挤？子胥鸱夷[13]，彭越醢醯[14]。自古豪烈，胡为此繫[15]？苍苍之天，高乎视低。如其听卑[16]，脱我牢狴[17]。傥辨美玉，君收白珪[18]。

〔1〕此诗作于至德二载(757)，时李白被囚于浔阳狱中。魏郎中：疑指魏少游，时官左司郎中。见《新唐书·魏少游传》《房琯传》。

〔2〕"海水"二句：渤潏，当作浡潏，海水沸涌貌。罹，遭遇。鲸鲵，喻指安史叛军。

〔3〕翁(wěng)：聚。胡沙：指安史叛军。安禄山起兵于范阳，范阳属古燕地，古齐地与燕地毗邻，故云"始滔天于燕齐"。

〔4〕六龙：《初学记》卷一引《淮南子》注："言日乘车驾以六龙。"秦西：指西蜀，蜀地在古秦地之西。此指明皇幸蜀。

〔5〕九土：九州之土。啾啾：哀愁声。悽悽：原作"栖栖"，据王琦本改。

〔6〕南冠君子：《左传·成公九年》载：晋侯观于军府，见钟仪，问曰："南冠而絷者谁也？"有司对曰："郑人所献楚囚也。"……使与之琴，操南音。范文子闻之，以其不背本不忘旧，乃曰："楚囚，君子也。"后世因以称囚人为南冠君子。

〔7〕高堂：此处指朝廷。

〔8〕九江：指浔阳。羽化：如仙人之化生羽翼。

〔9〕穆陵关：在今山东沂水县北大岘山上。豫章：郡名，即洪州，治所在今江西南昌市。

〔10〕提携:帮助,照顾。

〔11〕树:种植。榛、桂:两种贵贱悬殊的树木。鸾、鸡:两种贵贱悬殊的禽鸟。

〔12〕伯成:即伯成子高,尧时的诸侯。《庄子·天地》载:禹嗣舜位,伯成子高辞诸侯而耕于野,禹问其故,他说:"昔尧治天下,不赏而民劝,不罚而民畏。今子赏罚而民且不仁,德自此衰,刑自此立,后世之乱,自此始矣!"

〔13〕"子胥"句:春秋吴大夫伍员,字子胥,以忠谏而不见纳,又因谀臣之谗,吴王夫差乃赐剑令其自刎。子胥死前颇有怨言,吴王闻之大怒,乃取子胥尸盛以鸱夷而浮之于江。鸱夷,盛尸之革囊,以其形似鸱鸟,故名。《国语·吴语》《史记·伍子胥列传》等均有记载。

〔14〕"彭越"句:《史记·黥布列传》载:西汉开国大将彭越被人告发要谋反,刘邦将其剁为肉酱遍赐诸侯。醢醯(hǎi xī),剁成肉酱。

〔15〕緊:语气词。

〔16〕听卑:《史记·宋微子世家》:"天高听卑。"

〔17〕牢狴:监狱。

〔18〕白珪:白玉。此处喻指自己的清白。

# 荆州贼平临洞庭言怀作〔1〕

修蛇横洞庭,吞象临江岛〔2〕。积骨成巴陵〔3〕,遗言闻楚老。水穷三苗国〔4〕,地窄三湘道〔5〕。岁晏天峥嵘〔6〕,时危人枯槁。思归阻丧乱,去国伤怀抱。郢路方丘墟〔7〕,章华亦倾倒〔8〕。风悲猿啸苦,木落鸿飞早。日隐西赤沙〔9〕,月明东城草〔10〕。关河望已绝,氛雾行当扫〔11〕。长叫天可闻,吾将问苍昊〔12〕。

〔1〕诗作于乾元二年(759),时作者在巴陵。贼平:据《通鉴·唐纪》载:乾元二年(759)八月,襄州将康楚元、张嘉延据州作乱,楚元自称南楚霸王。九月,张嘉延袭破荆州,有众万余人。澧、朗、郢、峡、归等州官吏,争潜窜山谷。十一月,商州刺史韦伦发兵讨之,生擒楚元,其众遂溃。平,王琦本作"乱"。

〔2〕"修蛇"句:《山海经·海内南经》:"巴蛇食象,三岁而出其骨。"

〔3〕"积骨"句:传说后羿斩巴蛇于洞庭,蛇骨堆积如丘陵,故名。见《太平寰宇纪》卷一一三引《江源记》。

〔4〕三苗:古代部族名。今长沙、衡阳一带均为古三苗之地。

〔5〕三湘:泛指湘水流域。

〔6〕峥嵘:《文选》鲍照《舞鹤赋》:"岁峥嵘而愁暮。"李善注:"《广雅》曰:峥嵘,高貌。岁之将尽,犹物之高也。"

〔7〕郢:春秋战国时楚国的都城。楚文王自丹阳迁此。故址在今湖北江陵西北。

〔8〕章华:台名,楚灵王筑。旧址在今湖北监利县西北。

〔9〕赤沙:指赤沙湖,在今湖南华容县西南。

〔10〕城草:王琦注:"《一统志》:'青草湖,一名巴丘湖,北连洞庭,南接潇湘,东纳汨罗之水。每夏秋水泛,与洞庭为一,水涸则此湖先干,青草生焉。'琦按:城草恐是青草之讹,然青草在南,而诗云东城草,则又未敢定也。"

〔11〕氛雾:《文选》江淹《杂体三十首》:"天下横氛雾。"张铣注:"氛雾,喻乱贼也。"

〔12〕苍昊:苍天。


# 览镜书怀


得道无古今,失道还衰老。自笑镜中人,白发如霜草。扪心空叹息,问影何枯槁? 桃李竟何言[1],终成南山皓[2]。


〔1〕"桃李"句:古谚有"桃李不言,下自成蹊"之句,见《史记·李将军列传》。

〔2〕南山皓:即商山四皓。


# 田 园 言 怀


贾谊三年谪[1],班超万里侯[2]。何如牵白犊,饮水对清流[3]。


〔1〕"贾谊"句,贾谊遭权贵谗毁,被汉文帝贬为长沙王太傅。事见《史记·屈原贾生列传》。

〔2〕"班超"句:《后汉书·班超传》载,班超去看相,相者谓超"当封侯万里之外"。超问其状,相者曰:"生燕颔虎颈,飞而食肉,此万里侯相也。"后果建功塞外,封

定远侯。

〔3〕"何如"二句:《高士传》卷上:"许由,尧召为九州长。由不欲闻之,洗耳于颍水滨。时其友巢父牵犊欲饮之,见由洗耳,问其故。对曰:'尧欲召我为九州长,恶闻其声,是故洗耳。'巢父曰:'子若处高岸深谷,人道不通,谁能见子? 子故浮游,欲闻求其名誉,污吾犊口。'牵犊上流饮之。"


# 江南春怀

青春几何时,黄鸟鸣不歇[1]。天涯失乡路,江外老华发。心飞秦塞云,影滞楚关月。身世殊烂漫[2],田园久芜没。岁晏何所从[3],长歌谢金阙[4]。

〔1〕黄鸟:即黄莺。
〔2〕烂漫:杂乱多磨难。
〔3〕岁晏:晚年。
〔4〕谢:辞别。金阙:指朝廷。


# 听蜀僧濬弹琴[1]

蜀僧抱绿绮[2],西下峨眉峰。为我一挥手[3],如听万壑松。客心洗流水[4],余响入霜钟。不觉碧山暮,秋云暗几重。

〔1〕蜀僧濬:即李白《赠宣州灵源寺仲濬公》诗中之仲濬公。
〔2〕绿绮:琴名,汉代司马相如有琴名绿绮。
〔3〕挥手:指弹琴。
〔4〕客心:指诗人自己之心。流水:用伯牙事,《列子·汤问》:"伯牙善鼓琴,钟子期善听。伯牙鼓琴,志在高山,钟子期曰:'善哉,峨峨兮若泰山!'志在流水,钟子期曰:'善哉,洋洋兮若江河!'"后世因以"高山流水"喻高雅的乐曲或知音难得。

# 鲁东门观刈蒲<sup>[1]</sup>

鲁国寒事早<sup>[2]</sup>,初霜刈渚蒲<sup>[3]</sup>。挥镰若转月,拂水生连珠。此草最可珍,何必贵龙须<sup>[4]</sup>？织作玉床席<sup>[5]</sup>,欣承清夜娱。罗衣能再拂,不畏素尘芜<sup>[6]</sup>。

〔1〕诗作于开元二十八年(740)前后,时作者在兖州。刈:割。蒲:水生植物,可以制席。

〔2〕鲁国:指今山东兖州、曲阜一带,春秋时属鲁国。

〔3〕渚:水中小洲。

〔4〕龙须:草名,可编席。

〔5〕玉床:床的美称。

〔6〕"罗衣"二句:语本谢朓《咏坐上所见一物·席》:"但愿罗衣拂,无使素尘弥。"

# 咏邻女东窗海石榴<sup>[1]</sup>

鲁女东窗下,海榴世所稀。珊瑚映绿水<sup>[2]</sup>,未足比光辉。清香随风发,落日好鸟归。愿为东南枝,低举拂罗衣。无由共攀折,引领望金扉<sup>[3]</sup>。

〔1〕海石榴:王琦注:"《太平广记》:新罗多海红并海石榴。唐赞皇李德裕言:花名中带'海'者,悉从海东来。"

〔2〕"珊瑚"句:潘岳《安石榴赋》:"似长禽之栖邓林,若珊瑚之映绿水。"

〔3〕引领:伸颈远望。

# 南轩松

南轩有孤松,柯叶自绵幂<sup>[1]</sup>。清风无闲时,潇洒终日夕。阴生古苔绿,色染秋烟碧。何当凌云霄,直上数千尺。

〔1〕绵幂:枝叶稠密而相覆之意。

# 咏山樽二首[1]

蟠木不雕饰[2],且将斤斧疏。樽成山岳势,材是栋梁余。外与金罍并,中涵玉醴虚[3]。惭君垂拂拭,遂忝玳筵居。

〔1〕山樽:山岳形状的酒器。全诗校:"此首题一作咏柳少府山瘿木樽。"
〔2〕蟠木:屈曲之木。
〔3〕醴:甜酒。

拥肿寒山木[1],嵌空成酒樽[2]。愧无江海量,偃蹇在君门[3]。

〔1〕拥肿:隆起不平直。《庄子·逍遥游》:"惠子曰:吾有大树,人谓之樗,其大本拥肿而不中绳墨。"
〔2〕嵌空:中空。嵌,开张貌。
〔3〕偃蹇:困顿。

# 初出金门寻王侍御不遇咏壁上鹦鹉[1]

落羽辞金殿,孤鸣咤绣衣[2]。能言终见弃,还向陇西飞[3]。

〔1〕金门:汉代宫门名。此借指唐翰林院。诗题全诗校:"一作敕放归山留别陆侍御不遇咏鹦鹉。"此诗作于天宝三载(744)李白被迫离开京城之际。
〔2〕咤:全诗校:"一作托。"绣衣:指御史。
〔3〕陇西:《禽经注》:"鹦鹉,出陇西,能言鸟也。"西,全诗校:"一作出。"

534

# 紫藤树[1]

紫藤挂云木[2],花蔓宜阳春。密叶隐歌鸟,香风留美人。

〔1〕紫藤树:落叶木本植物,缠绕茎,叶似槐,花紫色,供观赏。
〔2〕云木:高树。

# 观放白鹰二首[1]

八月边风高,胡鹰白锦毛。孤飞一片雪,百里见秋毫[2]。

〔1〕此诗第二首重见高适集,题作《见薛大臂鹰作》。按,第二首当为高适所作,
说见詹锳《李白诗论丛》、刘开扬《高适诗集编年笺注》。
〔2〕秋毫:鸟兽在秋天新长出的细毛。

寒冬十二月[1],苍鹰八九毛[2]。寄言燕雀莫相啅[3],自有云霄万里高。

〔1〕冬:高迪集作"楚"。
〔2〕八九毛:羽毛凋零。
〔3〕啅:通"啄"。

# 观博平王志安少府山水粉图[1]

粉壁为空天,丹青状江海[2]。游云不知归,日见白鸥在。博平真人王志
安,沉吟至此愿挂冠[3]。松溪石磴带秋色,愁客思归坐晓寒[4]。

〔1〕博平:唐县名,在今山东聊城博平镇。少府:县尉。粉图:粉壁上的画图。图,全诗校:"一作壁。"

〔2〕丹青:图画。

〔3〕挂冠:辞官而去。《后汉书·逢萌传》载,逢萌见王莽无道,"即解冠挂东都城门,归,将家属浮海,客于辽东"。

〔4〕愁客:李白自谓。

# 题雍丘崔明府丹灶[1]

美人为政本忘机[2],服药求仙事不违。叶县已泥丹灶毕[3],瀛洲当伴赤松归[4]。先师有诀神将助,大圣无心火自飞。九转但能生羽翼[5],双凫忽去定何依[6]?

〔1〕雍丘:唐县名,在今河南杞县。明府:县令的别称。丹灶:炼丹之灶。

〔2〕美人:唐人常称友人为美人。此指崔明府。

〔3〕叶县:用王乔事,《后汉书·方术传》载,王乔为叶县令,有神术,每月朔望,自县诣朝台,"临至,辄有双凫从东南飞来。于是候凫至,举罗张之,但得一只舄焉。乃诏尚方诊视,则四年中所赐尚书官属履也"。

〔4〕瀛洲:海中仙山。赤松:即赤松子,古仙人名。

〔5〕九转:指炼丹。《抱朴子·金丹》:"一转之丹服之,三年得仙。……九转之丹服之,三日得仙。"

〔6〕双凫:用王乔事。

# 观元丹丘坐巫山屏风

昔游三峡见巫山,见画巫山宛相似。疑是天边十二峰[1],飞入君家彩屏里。寒松萧瑟如有声,阳台微茫如有情[2]。锦衾瑶席何寂寂,楚王神女徒盈盈。高咫尺[3],如千里,翠屏丹崖灿如绮。苍苍远树围荆门[4],历历行舟泛巴水。水石潺湲万壑分,烟光草色俱氛氲[5]。溪花笑日何年发,江客

536

听猿几岁闻？使人对此心缅邈<sup>[6]</sup>，疑入高丘梦彩云<sup>[7]</sup>。

〔1〕十二峰：巫山有十二峰。

〔2〕阳台：宋玉《高唐赋》描写楚王梦与巫山神女欢会，神女去而辞曰："妾在巫山之阳，高丘之阻，旦为朝云，暮为行雨。朝朝暮暮，阳台之下。"

〔3〕"高"下全诗校："一本有唐字。"

〔4〕荆门：山名，在湖北宜都市西北。

〔5〕氛氲：云烟弥漫貌。

〔6〕缅邈：遥远貌。

〔7〕梦彩云：用楚王梦见巫山神女事。高：原作"嵩"，据王琦本改。


# 求崔山人百丈崖瀑布图<sup>[1]</sup>

百丈素崖裂，四山丹壁开。龙潭中喷射，昼夜生风雷。但见瀑泉落，如潈云汉来<sup>[2]</sup>。闻君写真图，岛屿备萦回。石黛刷幽草<sup>[3]</sup>，曾青泽古苔<sup>[4]</sup>。幽缄倘相传<sup>[5]</sup>，何必向天台？

〔1〕百丈崖：王琦注："《天台山志》：百丈岩，在天台县西北二十五里崇道观西北，与琼台相望，峭险束隘，四山墙立。下为龙湫，翠蔓蒙络，水流声潈然，盘涧绕麓，入为灵溪。由高视下，凄神寒骨。"

〔2〕潈：众水相会。

〔3〕石黛：青黑色颜料。

〔4〕曾青：青色矿物颜料。《荀子·正论篇》："加之以丹矸，重之以曾青。"杨倞注："曾青，铜之精，形如珠者，其色极青，故谓之曾青。"

〔5〕幽缄：密封。


# 见野草中有曰白头翁者<sup>[1]</sup>

醉入田家去，行歌荒野中。如何青草里，亦有白头翁？折取对明镜，宛将衰鬓同[2]。微芳似相诮,留恨向东风。

〔1〕白头翁:草名。其近根处有白茸,状似白头老翁,故名。
〔2〕将:与。


# 流夜郎题葵叶[1]

惭君能卫足[2],叹我远移根。白日如分照,还归守故园[3]。

〔1〕此诗作于乾元元年(758)流放夜郎时。
〔2〕卫足:自卫,自全。《左传·成公十七年》:"鲍庄子之知(智)不如葵,葵犹能卫其足。"杜预注:"葵倾叶向日,以蔽其根。"
〔3〕白日:喻指皇恩。故园:故乡。


# 莹禅师房观山海图

真僧闭精宇[1],灭迹含达观。列障图云山[2],攒峰入霄汉。丹崖森在目,清昼疑卷幔。蓬壶来轩窗,瀛海入几案。烟涛争喷薄,岛屿相凌乱。征帆飘空中,瀑水洒天半。峥嵘若可陟,想像徒盈叹。杳与真心冥,遂谐静者玩[3]。如登赤城里[4],揭涉沧洲畔[5]。即事能娱人,从兹得消散。

〔1〕精宇:指佛寺。
〔2〕障:屏风。原作"嶂",据王琦本改。
〔3〕静者:虚静恬淡的人,是为"道德之至"。说见《庄子·天道》。
〔4〕赤城:山名,在今浙江天台县北,传说山中有神仙洞府,为道教"十大洞天"之一。
〔5〕揭涉:《诗·邶风·匏有苦叶》:"深则厉,浅则揭。"郑笺:"褰衣曰揭。"涉,原作"步",此从王琦本。沧洲:泛指隐士居处。

# 白鹭鸶

白鹭下秋水,孤飞如坠霜。心闲且未去,独立沙洲傍。


# 咏　槿[1]

园花笑芳年,池草艳春色。犹不如槿花,婵娟玉阶侧。芬荣何夭促？零落
在瞬息。岂若琼树枝,终岁长翕赩[2]。

〔1〕槿:木槿,花如小葵,有白、红、紫等色,朝开而夕落。
〔2〕翕赩:光色盛貌。江淹《清思诗》:"终岁如琼草,红华长翕赩。"


# 咏　桂

世人种桃李,皆在金张门[1]。攀折争捷径,及此春风暄[2]。一朝天霜下,
荣耀难久存。安知南山桂,绿叶垂芳根？清阴亦可托,何惜树君园？

〔1〕金张:汉宣帝时权贵金日磾、张安世。后泛指权贵。
〔2〕暄:暖。


# 白胡桃[1]

红罗袖里分明见,白玉盘中看却无。疑是老僧休念诵[2],腕前推下水晶

珠[3]。

〔1〕胡桃:形似核桃而小,有坚硬的木质外壳。
〔2〕念诵:念经。
〔3〕水晶珠:即水精珠,产于海中的一种无色透明的宝珠。沈怀远《南越志》:"海中有火珠、明月珠、水精珠。"

# 巫山枕障[1]

巫山枕障画高丘,白帝城边树色秋。朝云夜入无行处[2],巴水横天更不流。

〔1〕枕障:放于枕边的屏障。
〔2〕朝云:用宋玉《高唐赋》中神女"旦为朝云,暮为行雨"的典故。

# 南奔书怀[1]

遥夜何漫漫[2]!空歌白石烂[3]。宁戚未匡齐[4],陈平终佐汉[5]。欃枪扫河洛[6],直割鸿沟半。历数方未迁[7],云雷屡多难[8]。天人秉旄钺,虎竹光藩翰[9]。侍笔黄金台,传觞青玉案[10]。不因秋风起,自有思归叹[11]。主将动谗疑,王师忽离叛[12]。自来白沙上[13],鼓噪丹阳岸[14]。宾御如浮云[15],从风各消散。舟中指可掬[16],城上骸争爨[17]。草草出近关,行行昧前算[18]。南奔剧星火,北寇无涯畔[19]。顾乏七宝鞭,留连道傍玩[20]。太白夜食昴,长虹日中贯[21]。秦赵兴天兵,茫茫九州乱[22]。感遇明主恩,颇高祖逖言。过江誓流水,志在清中原[23]。拔剑击前柱[24],悲歌难重论。

〔1〕此诗作于至德二载(757)李白自镇江永王军中南逃路上。诗题全诗校:"一作自丹阳南奔道中作。此诗萧士赟云是伪作。"

540

〔2〕遥夜:长夜。何漫漫:全诗校:"一作何时旦。"

〔3〕白石烂:宁戚叩牛角而歌曰:"南山矸,白石烂,生不逢尧与舜禅。短布单衣适至骭,从昏饭牛薄夜半,长夜漫漫何时旦?"见《汉书·邹阳传》注引应劭说。

〔4〕匡:辅助。

〔5〕陈平:汉高祖刘邦的谋士,最初为魏王咎太仆,后事项羽,最后投奔刘邦,位至丞相。见《史记·陈丞相世家》。

〔6〕欃枪:即彗星,古人以为妖星,其现即有兵乱。句指安史之乱爆发。

〔7〕历数:天数,天命。《论语·尧曰》:"咨!尔舜,天之历数在尔躬。"

〔8〕云雷:用《易·屯》"象曰:云雷屯"之义。意谓乾坤始交而遇险难,指国家多难。

〔9〕天人:指永王李璘。旄:旄节。镇守一方的军政长官拥有旄节。钺:大斧。秉旄钺:执掌军权。虎竹:铜虎符与竹使符,皆朝廷遣使发兵之信符。藩翰:藩屏王室的重臣。天宝十五载七月,玄宗任命永王为山南东路、岭南、黔中、江南西路四道节度使,江陵大都督,出镇江陵。

〔10〕传觞:指饮酒。青玉案:镶嵌青玉的小几。

〔11〕"不因"二句:用张翰事,《晋书·张翰传》载,张翰仕于京师洛阳,"因见秋风起,乃思吴中菰菜、莼羹、鲈鱼脍,曰:'人生贵得适志,何能羁宦数千里,以要名爵乎!'遂命驾而归"。

〔12〕"主将"二句:至德元载十二月,永王璘引舟师东下,淮南采访使李成式、河北招讨判官李铣联军阻击。璘部将季广琛谓璘叛逆,于是诸部将如浑惟明、冯季康等均率众逃亡。主将,指季广琛。

〔13〕白沙:白沙洲,在今江苏仪征市长江边上。此句全诗校:"一作兵罗沧海上。"

〔14〕鼓噪:擂鼓呐喊。丹阳:即丹阳郡,治所在今江苏镇江市。

〔15〕宾御:指永王璘的幕僚。

〔16〕指可掬:《左传·宣公十二年》载:晋、楚交战于邲晋军争先渡河,"中军、下军争舟,舟中之指可掬也"。

〔17〕骸争爨:《左传·宣公十五年》载:楚围宋,宋人"易子而食,析骸以爨(炊)"。

〔18〕草草:慌乱貌。昧前算:缺乏事先的计划。

〔19〕剧星火:比星火更迅疾。北寇:指安史叛军。

〔20〕七宝鞭:《晋书·明帝纪》载:王敦将要谋反,晋明帝穿便衣骑马到王敦军营探察,被王敦部下发觉。明帝逃跑途中把七宝鞭交给在路边卖食的老妇,并用水浇马粪。追兵来到,老妇谎说人已逃远,并以七宝鞭示之,追兵传玩,秘留遂久。又见马粪冷,遂止不追,明帝因此得以逃脱。

〔21〕太白:即金星。太白食昴:指太白星运行时掩蔽昴(二十八宿之一)宿。长虹贯日:《战国策·魏策四》:"聂政之刺韩傀也,白虹贯日。"《史记·邹阳列传》:"昔者荆轲慕燕丹之义,白虹贯日,太子畏之。"古人认为这两种天文现象都是很不平常的,只在人间有不平凡的事变时才出现。

〔22〕秦赵:指今陕西、山西、河北一带。九州:指全国。

〔23〕祖逖:西晋末东晋初人。东晋初,逖为奋威将军,领兵北伐石勒,渡江时击楫起誓说:"祖逖不能清中原而复济者,有如大江!"见《晋书·祖逖传》。

〔24〕拔剑击柱:鲍照《拟行路难》:"拔剑击柱长叹息。"

## 题随州紫阳先生壁[1]

神农好长生[2]，风俗久已成。复闻紫阳客，早署丹台名[3]。喘息餐妙气，步虚吟真声[4]。道与古仙合，心将元化并[5]。楼疑出蓬海，鹤似飞玉京[6]。松雪窗外晓，池水阶下明。忽耽笙歌乐，颇失轩冕情[7]。终愿惠金液，提携凌太清[8]。

〔1〕随州：治所在今湖北随州市。紫阳先生：即道士胡紫阳。李白《汉东紫阳先生碑铭》："先生姓胡氏。"

〔2〕神农：传说中农业和医药的发明者。《史记·五帝本纪》张守节《正义》："《括地志》云：厉山，在随州随县北百里。山东有石穴。昔神农生于厉乡，所谓列山氏也，春秋时为厉国。"

〔3〕紫阳客：指紫阳真人周义山。道教传说，汉代周义山，入蒙山遇羡门子，得长生要诀，白日升天。参见《云笈七签》卷一〇六《紫阳真人周君内传》。丹台：指仙界。

〔4〕步虚：指备言众仙缥缈轻举之美的道曲《步虚词》。

〔5〕将：与。元化：造化。

〔6〕玉京：道书言天上有白玉京，为天帝所居。

〔7〕轩冕：古时卿大夫的车服。

〔8〕金液：元君传授给老子的仙丹，入口则其身皆金色。服半两成地仙，服一两为天仙。见《抱朴子·金丹》。太清：天空。

## 题元丹丘山居

故人栖东山[1]，自爱丘壑美。青春卧空林[2]，白日犹不起。松风清襟袖，石潭洗心耳[3]。羡君无纷喧，高枕碧霞里。

〔1〕东山:泛指隐者所居之地。

〔2〕青春:春天。

〔3〕洗耳:《高士传》卷上:"许由,尧召为九州长,由不欲闻之,洗耳于颍滨。"

# 题元丹丘颍阳山居<sup>[1]</sup> 并序

丹丘家于颍阳,新卜别业。其地北倚马岭<sup>[2]</sup>,连峰嵩丘,南瞻鹿台<sup>[3]</sup>,极目汝海<sup>[4]</sup>,云岩映郁,有佳致焉。白从之游,故有此作。

仙游渡颍水,访隐同元君。忽遗苍生望<sup>[5]</sup>,独与洪崖群<sup>[6]</sup>。卜地初晦迹,兴言且成文。却顾北山断,前瞻南岭分。遥通汝海月,不隔嵩丘云。之子合逸趣,而我钦清芬<sup>[7]</sup>。举迹倚松石,谈笑迷朝曛<sup>[8]</sup>。益愿狎青鸟<sup>[9]</sup>,拂衣栖江濆<sup>[10]</sup>。

〔1〕颍阳:唐县名,在嵩山之南,颍水之北。

〔2〕马岭:《元和郡县图志》卷五河南府密县:"马岭山在河南府密县南十五里,洧水所出。"

〔3〕鹿台:山名,在今河南临汝北二十里,有台状若蹲鹿。

〔4〕汝海:汝水,称之为海,大言之也。

〔5〕苍生望:百姓的期望。谢安隐居东山,朝命屡降而不起,时人语曰:"安石不肯出,将如苍生何?"见《世说新语·排调》。

〔6〕洪崖:仙人名,或云三皇时伎人。见张衡《西京赋》、《神仙传》卷八。

〔7〕之子:指元丹丘。清芬:高洁的德行。

〔8〕迷朝曛:不知时间的流逝。曛,日暮。

〔9〕益:全诗校:"一作终。"青鸟:《山海经·西山经》:"三危之山,三青鸟居之。"郭璞注:"三青鸟为西王母取食者。"

〔10〕濆:沿河高地。

# 题瓜洲新河饯族叔舍人贲<sup>[1]</sup>

齐公凿新河<sup>[2]</sup>,万古流不绝。丰功利生人,天地同朽灭。两桥对双阁,芳树有行列。爱此如甘棠[3],谁云敢攀折?吴关倚此固,天险自兹设。海水落斗门[4],湖平见沙汭[5]。我行送季父,弭棹徒流悦[6]。杨花满江来,疑是龙山雪[7]。惜此林下兴,怆为山阳别[8]。瞻望清路尘,归来空寂蔑[9]。

〔1〕瓜洲:在长江北岸,今江苏扬州市邗江区南,与镇江市隔江相对。

〔2〕齐公:指齐澣。《旧唐书·玄宗纪》:开元二十六年,"润州刺史齐瀚开伊娄河于扬州南瓜洲浦。"又见《旧唐书·齐澣传》。

〔3〕甘棠:用召公事。西周初,召公治陕之西,巡行乡邑,曾在棠树下处理政务。召公卒后,人民怀念他,"爱其树而不敢伐",并作《甘棠》诗以颂其功德。见《史记·燕召公世家》。

〔4〕斗门:泄洪闸门。

〔5〕汭:河流弯曲处。

〔6〕弭棹:停船。流悦:耽乐。

〔7〕龙山:即逴龙山,在北方极北之地。鲍照《学刘公幹体》:"胡风吹朔雪,千里度龙山。"

〔8〕林下兴:《晋书·阮咸传》:"咸任达不拘,与叔父籍为竹林之游。"山阳:汉县名,在今河南修武县西北。

〔9〕寂蔑:寂寞。蔑,原作"灭",据王琦本改。


# 洗脚亭[1]


白道向姑熟[2],洪亭临道傍。前有昔时井,下有五丈床[3]。樵女洗素足,行人歇金装[4]。西望白鹭洲[5],芦花似朝霜。送君此时去,回首泪成行。

〔1〕洗脚亭:在金陵。

〔2〕白道:大路,人行迹多,草不能生,遥望白色,故云白道。姑熟:即当涂。

〔3〕床:井栏。

〔4〕金装:金饰之马鞍,此处指马。

〔5〕白鹭洲:在金陵城西大江中。上多聚白鹭,因名之。

# 劳劳亭<sup>[1]</sup>

天下伤心处,劳劳送客亭。春风知别苦,不遣柳条青<sup>[2]</sup>。

〔1〕劳劳亭:故址在今南京市南,为古代送别之所。

〔2〕柳条:古时送别,有折柳赠行的习俗。

## 题金陵王处士水亭 此亭盖齐朝南苑,又是陆机故宅<sup>[1]</sup>

王子耽玄言<sup>[2]</sup>,贤豪多在门。好鹅寻道士<sup>[3]</sup>,爱竹啸名园<sup>[4]</sup>。树色老荒苑<sup>[5]</sup>,池光荡华轩。此堂见明月,更忆陆平原<sup>[6]</sup>。扫拭青玉簟<sup>[7]</sup>,为余置金尊。醉罢欲归去<sup>[8]</sup>,花枝宿鸟喧。何时复来此,再得洗嚣烦。

〔1〕水亭:《景定建康志》卷二二:"水亭有二:一在台城寺,即今之法宝寺;一在齐南苑中,是陆机故宅,乃王处士水亭也,今凤凰山南傍秦淮是其处。"

〔2〕玄言:指道家学说。

〔3〕好鹅:用晋王羲之事。《太平御览》卷二三八引何法盛《晋中兴书》:"山阴有道士养群鹅,羲之意甚悦,道士云,'为写《黄庭经》,当举群相赠。'乃为写讫,笼鹅而去。"

〔4〕爱竹:用王徽之事。《晋书·王徽之传》:"时吴中一士大夫家有好竹,欲观之,便出坐舆造竹下,讽啸良久。主人洒扫请坐,徽之不顾。"

〔5〕老:全诗校:"一作秀。"

〔6〕陆平原:晋陆机,曾为平原内史。

〔7〕簟:竹席。

〔8〕罢:全诗校:"一作后。"

# 题嵩山逸人元丹丘山居 并序[1]

　　白久在庐霍[2]，元公近游嵩山，故交深情，出处无间。岩信频及，许为主人。欣然适会本意，当冀长往不返，欲便举家就之，兼书共游，因有此赠。
家本紫云山[3]，道风未沦落。沉怀丹丘志[4]，冲赏归寂寞[5]。朅来游闽荒[6]，扪涉穷禹凿[7]。夤缘泛潮海[8]，偃蹇陟庐霍[9]。凭雷蹋天窗，弄影憩霞阁。且欣登眺美，颇惬隐沦诺。三山旷幽期[10]，四岳聊所托[11]。故人契嵩颍[12]，高义炳丹雘[13]。灭迹遗纷嚣[14]，终言本峰壑。自矜林湍好，不羡朝市乐。偶与真意并，顿觉世情薄。尔能折芳桂，吾亦采兰若[15]。拙妻好乘鸾，娇女爱飞鹤[16]。提携访神仙，从此炼金药[17]。

　　〔1〕郭沫若《李白与杜甫》："诗题和诗序不相应，序只言有意应邀，诗题却是已经到了山居，题诗壁上。看来，诗题是后人误加的，诗序即是诗的长题。"

　　〔2〕庐霍：庐山与霍山。

　　〔3〕紫云山：王琦注："紫云山在绵州彰明县西南四十里，峰峦环秀，古木樛翠。地里书谓常有紫云结其上，故名。……有道宫建其中，名崇仙观，观中有黄箓宝宫，世传为唐开元二十四年神人由他山徙置于此。……太白生于绵州，所谓'家本紫云山'者，盖谓是山欤?"

　　〔4〕丹丘：传说中的神仙之地，昼夜长明。见《楚辞·远游》。

　　〔5〕冲：虚。

　　〔6〕闽荒：指越中，其地近闽，故云。

　　〔7〕禹凿：大禹开凿的江河。

　　〔8〕夤缘：攀附上升，此指登船。

　　〔9〕偃蹇：高耸貌。

　　〔10〕三山：指传说中的东海三神山蓬莱、方丈、瀛洲。

　　〔11〕四岳：《左传·昭公四年》："四岳三涂。"杜预注："四岳：东岳岱，西岳华，南岳衡，北岳恒。"

　　〔12〕契：相投合。嵩颍：嵩山、颍水。

　　〔13〕丹雘：赤色颜料。《尚书·梓材》："惟其涂丹雘。"

　　〔14〕纷嚣：指世俗之事。

547

〔15〕若:杜若,香草名。

〔16〕乘鸾、飞鹤:皆游仙之事。

〔17〕金药:金丹之药。

## 题江夏修静寺 此寺是李北海旧宅[1]

我家北海宅,作寺南江滨。空庭无玉树[2],高殿坐幽人[3]。书带留青草[4],琴堂幂素尘[5]。平生种桃李[6],寂灭不成春。

〔1〕李北海:李邕曾为北海太守,时人称为李北海。

〔2〕玉树:喻指李邕。《世说新语·伤逝》:"庾文康亡,何扬州临葬云:'埋玉树著土中,使人情何能已!'"。

〔3〕幽人:隐士。

〔4〕书带:《太平御览》卷九九四引《三齐略记》:"不其城东有郑玄教授山,山下生草,如薤菜,长尺余,坚韧异常。士人名作'康成书带草'。"

〔5〕堂:全诗校:"一作台。"幂:覆盖。

〔6〕种桃李:喻广交朋友。《韩诗外传》卷七:"夫春树桃李,夏得阴其下,秋得食其实。"

## 题宛溪馆[1]

吾怜宛溪好,百尺照心明[2]。何谢新安水[3],千寻见底清。白沙留月色,绿竹助秋声。却笑严湍上[4],于今独擅名。

〔1〕诗作于天宝十二载(753)秋,时作者在宣城。宛溪:在宣城东门外。馆:客舍。

〔2〕此句全诗校:"一作久照心益明。"

〔3〕何谢:何让,犹言不减、不差。新安水:即新安江,为浙江之上游,水极清。

〔4〕严湍:即严陵濑,又名七里滩,《浙江通志》一九引《严陵志》:"七里滩,在(桐

庐)县西四十五里,与严陵濑相接。两山夹峙,水驶如箭。谚曰:有风七里,无风七十里。"

# 题东溪公幽居

杜陵贤人清且廉[1],东溪卜筑岁将淹[2]。宅近青山同谢朓[3],门垂碧柳似陶潜[4]。好鸟迎春歌后院,飞花送酒舞前檐。客到但知留一醉,盘中只有水晶盐[5]。

〔1〕杜陵:汉宣帝陵,在长安东南二十里。
〔2〕淹:迟,晚。
〔3〕青山:在当涂县东南三十里。谢朓曾筑室于青山南。
〔4〕"门垂"句:晋陶渊明,宅边有五柳树,因自号五柳先生。见《五柳先生传》。
〔5〕水晶盐:王琦注:"《梁书》:中天竺国有真盐,色正白如水精。"水精,即水晶。

# 嘲鲁儒[1]

鲁叟谈五经[2],白发死章句[3]。问以经济策[4],茫如坠烟雾。足著远游履[5],首戴方山巾[6]。缓步从直道,未行先起尘。秦家丞相府,不重褒衣人[7]。君非叔孙通,与我本殊伦[8]。时事且未达,归耕汶水滨[9]。

〔1〕诗约作于开元二十八年(740),时作者寓居东鲁。鲁:春秋时国名,故地在今山东西南部。
〔2〕五经:汉以《易》《书》《诗》《礼》《春秋》为"五经",立于学官。
〔3〕章句:章句之学,即对儒家经典分章、析句、训释字义的学问。
〔4〕经济:经世济民。
〔5〕远游履:古代的一种鞋子。
〔6〕方山巾:一种上下均平的帽子。
〔7〕秦家丞相:指李斯。褒衣:古代儒生穿的一种宽大的衣服。

〔8〕"君非"二句:《史记·刘敬叔孙通列传》载,西汉初,高祖命叔孙通制定朝廷礼仪,于是叔孙通使征鲁诸生三十余人,有两生不肯行,曰:"公所为不合古,吾不行。公往矣,无污我!"叔孙通笑曰:"若真鄙儒也,不知时变。"

〔9〕达:通达,明白。汶水:在今山东中部。

# 惧 谗

二桃杀三士[1],讵假剑如霜[2]。众女妒蛾眉[3],双花竞春芳。魏姝信郑袖,掩袂对怀王。一惑巧言子,朱颜成死伤[4]。行将泣团扇[5],戚戚愁人肠。

〔1〕"二桃"句:齐景公时,公孙接、田开疆、古冶子三勇士争功自傲,景公用晏子计,以二桃赐之,让他们以功之大小取食。三人互不相让,先后自杀。事见《晏子春秋·谏下二》。

〔2〕假:借助。

〔3〕蛾眉:指美女。《离骚》:"众女嫉予之蛾眉兮。"

〔4〕"魏姝"四句:《战国策·楚策四》载:魏王遗楚王美人,楚王悦之。夫人郑袖知王之悦新人也,甚爱新人,楚王大喜。郑袖知王以己为不妒也,因谓新人曰:"王爱子美矣,然恶子之鼻。子见王则必掩鼻。"新人见王,因掩其鼻。王谓郑袖曰:"新人见寡人,则掩其鼻,何也?"……郑袖曰:"其似恶闻王之臭也。"楚王大怒,令割其鼻。巧言子,指郑袖。死,全诗校:"一作损。"

〔5〕泣团扇:汉成帝时,班婕妤失宠,供养于长信宫,乃作《怨诗》曰:"新裂齐纨素,皎洁如霜雪。裁为合欢扇,团团似明月。……常恐秋节至,凉风夺炎热。弃捐箧笥中,恩情中道绝。"

# 观 猎

太守耀清威,乘闲弄晚晖。江沙横猎骑,山火绕行围[1]。箭逐云鸿落,鹰随月兔飞。不知白日暮,欢赏夜方归。

〔1〕山火:王琦注:"庾信诗:'山火即时燃。'山火,猎者烧草以驱逼禽兽之火也。"
围:打猎的围场。


# 观胡人吹笛[1]


胡人吹玉笛,一半是秦声。十月吴山晓,梅花落敬亭[2]。愁闻出塞曲[3],
泪满逐臣缨[4]。却望长安道,空怀恋主情。


〔1〕诗作于天宝十二载(753)十月,时作者由梁宋来到宣城。观:全诗校:"一作
听。"
〔2〕梅花:即笛曲《梅花落》。敬亭:山名,在今安徽宣城北。
〔3〕出塞:古乐府曲名。
〔4〕逐臣:诗人自谓。


# 军 行[1] 一作王昌龄《出塞》。


骝马新跨白玉鞍[2],战罢沙场月色寒。城头铁鼓声犹振,匣里金刀血未
干。


〔1〕此诗《文苑英华》卷一九七作王昌龄诗,严羽《沧浪诗话·考证》谓乃昌龄之
诗误入李白集者。
〔2〕骝马:赤身黑鬣的马。


# 从 军 行


百战沙场碎铁衣,城南已合数重围。突营射杀呼延将[1],独领残兵千骑
归。

〔1〕突营:突破敌人的营垒。呼延将:《晋书·匈奴传》载:匈奴贵族有四姓,其中以呼延氏最显贵。呼延将指少数民族首领。

## 平虏将军妻[1]

平虏将军妇,入门二十年。君心自有悦,妾宠岂能专?出解床前帐,行吟道上篇。古人不唾井[2],莫忘昔缠绵[3]。

〔1〕平虏将军妻:《玉台新咏》卷二载刘勋妻王宋《杂诗二首并序》:"王宋者,平虏将军刘勋妻也,入门二十余年。后勋悦山阳司马氏女,以宋无子出,还于道中,作诗二首,曰:'翩翩床前帐,张以蔽光辉。昔将尔同去,今将尔共归。缄藏箧笥里,当复何时披?'谁言去妇薄,去妇情更重。千里不吐井,况乃昔所奉。远望未为遥,踟蹰不得并。'"

〔2〕不吐井:即上引王宋诗所云"千里不吐井",意谓曾饮此井水,后虽远走千里,亦不能向此井吐唾沫。比喻念旧不忘。

〔3〕缠绵:情意深厚。陆机《赠冯文罴迁斥丘令诗》:"畴昔之游,好合缠绵。"

## 春夜洛城闻笛[1]

谁家玉笛暗飞声,散入春风满洛城。此夜曲中闻折柳[2],何人不起故园情[3]?

〔1〕诗作于开元二十三年(735)春,时作者客居洛阳。

〔2〕折柳:《折杨柳》,汉横吹曲名,内容多叙离愁别恨。

〔3〕故园:故乡。

## 嵩山采菖蒲者[1]

神仙多古貌[2],双耳下垂肩。嵩岳逢汉武,疑是九疑仙。我来采菖蒲,服食可延年。言终忽不见,灭影入云烟。喻帝竟莫悟,终归茂陵田[3]。

〔1〕《神仙传》卷三:"汉武上嵩山,登大愚石室,起道宫,使董仲舒、东方朔等斋洁思神。至夜,忽见有仙人,长二丈,耳出头巅,垂下至肩。武帝礼而问之,仙人曰:'吾九疑之人也。闻中岳石上菖蒲,一寸九节,可以服之长生,故来采耳。'忽然失神人所在。帝顾侍臣曰:'彼非学道服食者,必中岳之神以喻朕耳。'为之采菖蒲服之。经三年,帝觉闷不快,遂止。"

〔2〕仙:全诗校:"一作人。"

〔3〕茂陵:汉武帝墓,在长安西北八十里。

# 金陵听韩侍御吹笛

韩公吹玉笛,倜傥流英音[1]。风吹绕钟山[2],万壑皆龙吟[3]。王子停凤管[4],师襄掩瑶琴[5]。余韵度江去,天涯安可寻。

〔1〕倜傥:洒脱,不拘束。

〔2〕钟山:即紫金山,在今南京市东。

〔3〕龙吟:马融《长笛赋》:"近世双笛从羌起,羌人伐竹未及已,龙鸣水中不见己,截竹吹之声相似。"

〔4〕王子:指仙人王子乔。王子乔是周灵王太子,好吹笙,作凤凰鸣,道士浮丘公接以上嵩山。

〔5〕师襄:春秋时卫国乐官,又称师襄子。《孔子家语》卷八:"孔子学琴于师襄子,襄子曰:'吾虽以击磬为官,而能于琴。'"

# 流夜郎闻酺不预[1]

北阙圣人歌太康[2],南冠君子窜遐荒[3]。汉酺闻奏钧天乐[4],愿得风吹到夜郎。

〔1〕酺:酺宴,古代不许臣民无故聚众饮酒,惟国家有吉庆事,皇帝乃诏赐臣民聚饮。预:参加。《旧唐书·肃宗纪》载,至德二载(757)十二月戊午(十五日),下制大赦,改蜀郡为南京,赐酺五日。本诗作于乾元元年春,说见《李白诗文系年》。

〔2〕北阙:指朝廷。太康:指天下安乐。

〔3〕南冠君子:指囚徒,《左传·成公九年》:"晋侯观于军府,见仲仪,问之曰:'南冠而絷者谁也?'"遐荒:远方荒僻之地,指夜郎。

〔4〕汉酺:《汉书·文帝纪》:"赐酺五日。"此借指至德二载之赐酺。钧天乐:即天上的音乐。《史记·赵世家》:"我之帝所甚乐,与百神游于钧天,广乐九奏万舞,不类三代之乐,其声动人心。"


# 放后遇恩不沾〔1〕


天作云与雷,霈然德泽开〔2〕。东风日本至,白雉越裳来〔3〕。独弃长沙国,三年未许回。何时入宣室,更问洛阳才〔4〕?


〔1〕诗作于乾元元年(758)。《新唐书·肃宗纪》:乾元元年(758)"十月甲辰大赦"。遇恩不沾者,谓己不在被赦之列。时白因永王事长流夜郎。

〔2〕"天作"二句:《易·解》:"雷雨作,解。君子以赦过宥罪。"

〔3〕"白雉"句:周成王时,周公辅政,国泰民安,有越裳氏使者重九译而至,献白雉于周公,说是"天之不迅风疾雨也,海不波溢也,三年于兹矣,意者中国殆有圣人"。见《韩诗外传》卷五。

〔4〕"独弃"四句:用贾谊事,《史记·屈原贾生列传》载,贾谊出为长沙王太傅,"后岁余,贾生征见,孝文帝方受釐,坐宣室。上因感鬼神事而问鬼神之本"。宣室,汉未央宫前正室。洛阳才,指贾谊,洛阳人也。


# 宣城见杜鹃花—作杜牧诗〔1〕


蜀国曾闻子规鸟,宣城还见杜鹃花〔2〕。一叫一回肠一断,三春三月忆三巴〔3〕。

〔1〕诗作于天宝十四载(755),时作者在宣城。此诗重见《全唐诗》卷五一八杜牧集,题作《子规》。按,诗当是李白作,说见詹锳《李白诗文系年》。

〔2〕国:杜牧集作"地"。子规:一名杜鹃,蜀中最多,春暮而鸣,其声凄切。还:杜牧集作"又"。

〔3〕三巴:《华阳国志》:"建安六年……(刘)璋乃改永宁郡为巴郡,以固陵为巴东,安汉为巴西,是为三巴。"

# 白田马上闻莺[1]

黄鹂啄紫椹[2],五月鸣桑枝。我行不记日,误作阳春时。蚕老客未归,白田已缫丝[3]。驱马又前去,扪心空自悲。

〔1〕白田:王琦注:"白田,地名,今江南宝应县有白田渡,当是其处。"
〔2〕黄鹂:即黄莺。
〔3〕缫丝:把蚕茧浸在热水里,抽出蚕丝。

# 三五七言[1]

秋风清,秋月明。落叶聚还散,寒鸦栖复惊。相思相见知何日,此时此夜难为情。

〔1〕三五七言:全篇三言、五言、七言各两句,故题作"三五七言"。唐韦縠《才调集》选录此诗,以为无名氏作。《沧浪诗话·诗体》作隋郑世翼诗。然宋本李白集已载此诗,今姑存疑。

# 杂 诗

白日与明月,昼夜尚不闲[1]。况尔悠悠人,安得久世间?传闻海水上,乃有蓬莱山。玉树生绿叶[2]，灵仙每登攀。一食驻玄发[3]，再食留红颜。吾欲从此去，去之无时还。

〔1〕尚：全诗校："一作常。"

〔2〕玉树：据《列子·汤问》载：海上有五座仙山，蓬莱是其中之一。"其上台观皆金玉，其上禽兽皆纯缟，珠玕之树皆丛生，华实皆有滋味，食之皆不老不死。"

〔3〕驻玄发：指黑发不变白。

# 寄远十一首

## 其　一

三鸟别王母，衔书来见过[1]。肠断若剪弦，其如愁思何。遥知玉窗里，纤手弄云和[2]。奏曲有深意，青松交女萝。写水山井中[3]，同泉岂殊波？秦心与楚恨[4]，皎皎为谁多？

〔1〕三鸟：即三青鸟，传说中西王母的使者。见：全诗校："一作相。"

〔2〕云和：琴、瑟，指音乐。《周礼·春官·大司乐》："孤竹之管，云和之琴瑟。"注："云和，地名也。"

〔3〕写：同"泻"。

〔4〕秦心、楚恨：谓二人相距甚远，同怀相思之情。

## 其　二

青楼何所在[1]，乃在碧云中。宝镜挂秋水[2]，罗衣轻春风。新壮坐落日，怅望金屏空[3]。念此送短书[4]，愿因双飞鸿[5]。

〔1〕青楼：豪门显贵家的闺阁。曹植《美女篇》："青楼临大路，高门结重关。"

〔2〕"宝镜"句：谓珍贵的镜子明如秋水。水，全诗校："一作月。"

〔3〕金屏：华丽的屏风。金，全诗校："一作锦。"

〔4〕短书：《文选》江淹《杂体诗》："袖中有短书，愿寄双飞燕。"念此：全诗校："一

作剪彩。"

〔5〕飞鸿:飞雁。古代有鸿雁传书的传说。

## 其 三

本作一行书,殷勤道相忆。一行复一行,满纸情何极?瑶台有黄鹤[1],为报青楼人[2]。朱颜凋落尽,白发一何新。自知未应还,离居经三春[3]。桃李今若为[4],当窗发光彩。莫使香风飘,留与红芳待。

〔1〕瑶台:仙人居处,在昆仑山。
〔2〕青楼人:指诗人思念的女子。
〔3〕居:全诗校:"一作君。"
〔4〕若为:如何。

## 其 四

玉箸落春镜[1],坐愁湖阳水[2]。闻与阴丽华[3],风烟接邻里。青春已复过,白日忽相催。但恐荷花晚[4],令人意已摧。相思不惜梦,日夜向阳台[5]。

〔1〕玉箸:指眼泪。
〔2〕湖阳:唐县名,在今河南唐河县南湖阳镇。
〔3〕阴丽华:东汉光武帝之妻,光武微时闻其美,叹曰:"娶妻当得阴丽华。"事见《后汉书·光烈阴皇后纪》。
〔4〕荷:全诗校:"一作飞。"
〔5〕阳台:宋玉《高唐赋》描写楚王梦与巫山神女欢会,神女去而辞曰:"妾在巫山之阳,高丘之阻,旦为朝云,暮为行雨。朝朝暮暮,阳台之下。"此借指相会之地。

## 其 五[1]

远忆巫山阳,花明渌江暖。踌躇未得往,泪向南云满。春风复无情,吹我梦魂断。不见眼中人,天长音信短[2]。

〔1〕王琦注:"此诗与乐府《大堤曲》相同,惟首三句异耳,编者重入。"

〔2〕短:少。

## 其 六

阳台隔楚水,春草生黄河[1]。相思无日夜,浩荡若流波。流波向海去,欲见终无因[2]。遥将一点泪,远寄如花人。

〔1〕楚水、黄河:泛言相隔遥远。此二句全诗校:"一作阴云隔楚水,转蓬落渭河。"

〔2〕此句全诗校:"一作定绕珠江滨。"无因:无原由、机缘。

## 其 七

妾在舂陵东[1],君居汉江岛。一日望花光,往来成白道[2]。一为云雨别,此地生秋草。秋草秋蛾飞,相思愁落晖。何由一相见,灭烛解罗衣[3]。

〔1〕舂陵:汉县名,故城在唐随州枣阳县(今湖北枣阳市)。

〔2〕白道:大路。以上二句全诗校:"一作日日采蘼芜,上山成白道。"

〔3〕"何由"二句:全诗校:"一本无此二句,'落晖'下有'昔时携手去,今日流泪归。遥知不得意,玉箸点罗衣'四句。"

## 其 八

忆昨东园桃李红碧枝,与君此时初别离。金瓶落井无消息[1],令人行叹复坐思。坐思行叹成楚越[2],春风玉颜畏销歇。碧窗纷纷下落花,青楼寂寂空明月。两不见,但相思。空留锦字表心素,至今缄愁不忍窥。

〔1〕金瓶落井:喻行人杳无音信。乐府《估客行》古辞:"有信数寄书,无信心相忆。莫非瓶落井,一去无消息。"

〔2〕楚越:喻相距遥远。

## 其　九

长短春草绿,缘阶如有情。卷葹心独苦,抽却死还生[1]。睹物知妾意,希君种后庭。闲时当采掇[2],念此莫相轻。

〔1〕卷葹:草名,江淮间谓之宿莽,其草拔心不死,故以喻女子爱情的坚贞。
〔2〕采掇:采摘。

## 其　十

鲁缟如玉霜[1],笔题月氏书[2]。寄书白鹦鹉,西海慰离居[3]。行数虽不多,字字有委曲。天末如见之,开缄泪相续。泪尽恨转深,千里同此心[4]。相思千万里,一书值千金。

〔1〕鲁缟:鲁地生产的丝织品。
〔2〕月氏:即月支,汉时西域国名,故地在今甘肃西部。
〔3〕"寄书"二句:王琦注:"用白鹦鹉寄书,事奇而未详所本。"
〔4〕"泪尽"二句:全诗校:"一作千里若在眼,万里若在心。"

## 其十一

爱君芙蓉婵娟之艳色,色可餐兮难再得[1]。怜君冰玉清迥之明心,情不极兮意已深。朝共琅玕之绮食[2],夜同鸳鸯之锦衾。恩情婉娈忽为别[3],使人莫错乱愁心[4]。乱愁心,涕如雪。寒灯厌梦魂欲绝,觉来相思生白发。盈盈汉水若可越,可惜凌波步罗袜[5]。美人美人兮归去来,莫作朝云暮雨兮飞阳台[6]。

〔1〕婵娟:美好貌。色可餐:陆机《日出东南隅行》:"鲜肤一何盛,秀色若可餐。"
〔2〕琅玕之绮食:指美食。
〔3〕婉娈:缠绵。
〔4〕莫错:犹"错莫",纷烦。
〔5〕可惜:岂惜。凌波:曹植《洛神赋》:"凌波微步,罗袜生尘。"

〔6〕朝云暮雨:用宋玉《高唐赋》的典故。

# 长信宫〔1〕

月皎昭阳殿〔2〕,霜清长信宫。天行乘玉辇〔3〕,飞燕与君同〔4〕。别有欢娱处〔5〕,承恩乐未穷。谁怜团扇妾,独坐怨秋风〔6〕。

〔1〕长信宫:汉宫殿名。《三辅黄图》卷三:"长信宫,汉太后常居之。"班婕妤失宠于汉成帝,求供养太后于长信宫。全诗校:"一作长信怨。"
〔2〕昭阳殿:汉武帝时后宫八区中的宫殿。汉成帝时,皇后赵飞燕曾居其中,贵倾后宫。后因以昭阳借指受宠后妃居住的宫殿。见《三辅黄图》卷三。
〔3〕天行:皇帝出行。玉辇:皇帝之车驾。
〔4〕飞燕:赵飞燕,因其得幸,班婕妤及许皇后皆失宠。
〔5〕"别有"句:全诗校:"一作更有留情处。"
〔6〕"谁怜"二句:汉成帝时,班婕妤失宠,供养于长信宫,乃作《怨诗》咏团扇:"常恐秋节至,凉飙夺炎热。"见《玉台新咏》卷一。

# 长门怨二首〔1〕

天回北斗挂西楼〔2〕,金屋无人萤火流〔3〕。月光欲到长门殿,别作深宫一段愁。

〔1〕长门怨:乐府《相和歌·楚调曲》名。《乐府古题要解》卷下载:汉武帝陈皇后失宠,退居长门宫,愁闷悲思。以黄金百斤请司马相如作《长门赋》,帝见而伤之,复得亲幸。后人因其赋而作《长门怨》。
〔2〕挂西楼:谓北斗在天空回转,由东向西。指夜已深。
〔3〕金屋:《太平御鉴》卷八八引《汉武故事》:"若得阿娇作妇,当作金屋贮之。"

桂殿长愁不记春〔1〕,黄金四屋起秋尘〔2〕。夜悬明镜青天上,独照长门宫里人[3]。

〔1〕桂殿:即桂宫,汉武帝时宫名,在未央宫之北,亦称北宫。见班固《西都赋》。
〔2〕黄金四屋:指金屋。
〔3〕"夜悬"二句:司马相如《长门赋》:"悬明月以自照兮,徂清夜于洞房。"明镜,指月亮。

# 春　怨

白马金羁辽海东[1],罗帷绣被卧春风。落月低轩窥烛尽,飞花入户笑床空[2]。

〔1〕辽海:指辽河以东地区,南临海,故称。
〔2〕"飞花"句:语本萧子范《春望古意》:"落花徒入户,何解妾床空。"

# 代 赠 远

妾本洛阳人,狂夫幽燕客[1]。渴饮易水波,由来多感激[2]。胡马西北驰,香鬃摇绿丝。鸣鞭从此去,逐虏荡边陲。昔去有好言,不言久离别。燕支多美女[3],走马轻风雪。见此不记人,恩情云雨绝。啼流玉箸尽[4],坐恨金闺切。织锦作短书,肠随回文结[5]。相思欲有寄,恐君不见察。焚之扬其灰,手迹自此灭。

〔1〕幽燕:今北京市及河北北部、辽宁一带,古为幽州,战国时属燕国,故称"幽燕"。其俗尚武,慷慨任侠。
〔2〕"渴饮"二句:暗用荆轲事,战国时,燕太子丹遣荆轲入秦谋刺秦王,众皆白衣冠以送之。至易水上,高渐离击筑,荆轲和而歌曰:"风萧萧兮易水寒,壮士一去兮不复还!"复为慷慨羽声,"士皆瞋目,发尽上指冠。"事见《战国策·燕策三》。感激,感动奋发。

〔3〕燕支:山名,即焉支山,又作胭脂山。本匈奴地。在今甘肃永昌县西、山丹县东南,绵延于祁连山和龙首山之间。《史记·匈奴列传》正义引《西河故事》云:"匈奴失祁连、焉支二山,乃歌曰:'亡我祁连山,使我六畜不蕃息;失我焉支山,使我妇女无颜色。'"

〔4〕玉箸:喻眼泪。

〔5〕"织锦"二句:用苏蕙事,前秦苻坚时,秦州刺史窦滔被徙流沙,其妻苏若兰思之,"织锦为回文旋图诗以赠滔,宛转循环以读之,词甚凄婉,凡八百四十字。"见《晋书·列女传》。

# 陌上赠美人[1]

骏马骄行踏落花,垂鞭直拂五云车[2]。美人一笑褰珠箔[3],遥指红楼是妾家。

〔1〕诗题全诗校:"一作小放歌行。"

〔2〕五云车:仙人所乘者。

〔3〕褰:揭起。珠箔:珠帘。

# 闺　情

流水去绝国,浮云辞故关。水或恋前浦,云犹归旧山[1]。恨君流沙去[2],弃妾渔阳间[3]。玉箸夜垂流[4],双双落朱颜。黄鸟坐相悲[5],绿杨谁更攀?织锦心草草[6],挑灯泪斑斑。窥镜不自识,况乃狂夫还。

〔1〕"水或"二句:张协《杂诗》:"流波恋旧浦,行云思故山。"

〔2〕流沙:泛指我国西北的沙漠地区。流,全诗校:"一作龙。"

〔3〕渔阳:即幽州一带。

〔4〕夜垂:全诗校:"一作日夜。"

〔5〕黄鸟:黄莺。坐:深也。张相《诗词曲语辞汇释》卷四:"李白《闺情》诗:'黄

鸟坐相悲,绿杨谁更攀。'坐相悲,犹云深相悲也。"

〔6〕草草:不安貌。

# 代别情人

清水本不动,桃花发岸傍。桃花弄水色,波荡摇春光。我悦子容艳,子倾我文章[1]。风吹绿琴去[2],曲度紫鸳鸯[3]。昔作一水鱼,今成两枝鸟。哀哀长鸡鸣,夜夜达五晓[4]。起折相思树[5],归赠知寸心。覆水不可收[6],行云难重寻[7]。天涯有度鸟,莫绝瑶华音[8]。

〔1〕倾:倾心。

〔2〕绿琴:即绿绮琴,司马相如的琴名。

〔3〕曲度:即度曲,按曲谱歌唱。紫鸳鸯:王琦注:"疑即所度之曲名。"

〔4〕五:全诗校:"一作天。"

〔5〕相思树:宋康王舍人韩凭妻何氏貌美,为康王所夺,夫妻先后自尽。康王怒,令分而葬之。后两人坟上长出连理枝,根交于下,枝错于上,人称相思树。树上有雌雄鸳鸯一对,交颈悲鸣,音声感人。南人谓此鸟即韩凭夫妇之精魄也。事见《搜神记》卷十一。

〔6〕"覆水"句:传说姜太公妻马氏,不堪其贫而去。及太公既贵,妻求再合。太公取一盆水倾于地,令前妻收之,不得,太公乃语曰:"若言离更合,覆水定难收。"见《野客丛书》卷二八。

〔7〕行云:用宋玉《高唐赋》的典故。

〔8〕瑶华:《诗·卫风·木瓜》:"投我以木桃,报之以琼瑶。"

# 代秋情

几日相别离,门前生稽葵[1]。塞蝉聒梧桐,日夕长鸣悲。白露湿萤火,清霜凌兔丝[2]。空掩紫罗袂[3],长啼无尽时。

〔1〕穮(lǚ):谷物不待种而生。

〔2〕兔丝:即菟丝,一种蔓草。

〔3〕此句全诗校:"一作空闺掩罗袂。"

# 对 酒

蒲萄酒,金叵罗<sup>[1]</sup>,吴姬十五细马驮<sup>[2]</sup>。青黛画眉红锦靴<sup>[3]</sup>,道字不正娇唱歌。玳瑁筵中怀里醉<sup>[4]</sup>,芙蓉帐里奈君何。

〔1〕叵罗:又作"颇罗",胡语酒杯也。

〔2〕细马:小骏马。

〔3〕青黛:古代妇女用的一种青黑色的画眉颜料。

〔4〕玳瑁筵:指华贵的筵席。

# 怨 情

新人如花虽可宠,故人似玉由来重。花性飘扬不自持,玉心皎洁终不移。故人昔新今尚故,还见新人有故时<sup>[1]</sup>。请看陈后黄金屋,寂寂珠帘生网丝<sup>[2]</sup>。

〔1〕"故人"二句:江总《闺怨篇》:"故人虽故昔经新,新人虽新复应故。"

〔2〕"请看"二句:用汉武帝陈皇后事。

# 湖边采莲妇

小姑织白纻,未解将人语<sup>[1]</sup>。大嫂采芙蓉,溪湖千万重。长兄行不在,莫使外人逢。愿学秋胡妇<sup>[2]</sup>,贞心比古松。

〔1〕将:与。

〔2〕秋胡妇:《列女传·节义》载:鲁秋胡成婚五日即赴陈作官,五年后归家,在路上见一采桑妇,秋胡戏之,许之以金,被严词拒绝。至家,始知采桑妇乃其妻。秋胡大惭,其妻愤而投河自尽。


# 怨　情

美人卷珠帘,深坐颦蛾眉[1]。但见泪痕湿,不知心恨谁?

〔1〕颦蛾眉:皱眉。


# 代寄情楚词体

君不来兮,徒蓄怨积思而孤吟[1]。云阳一去已远[2],隔巫山绿水之沉沉。留余香兮染绣被,夜欲寝兮愁人心。朝驰余马于青楼,悦若空而夷犹[3]。浮云深兮不得语,却惆怅而怀忧。使青鸟兮衔书[4],恨独宿兮伤离居。何无情而雨绝[5],梦虽往而交疏。横流涕而长嗟,折芳洲之瑶华[6]。送飞鸟以极目,怨夕阳之西斜。愿为连根同死之秋草,不作飞空之落花。

〔1〕“徒蓄”句:《楚辞·九辩》:“蓄怨兮积思,心烦憺兮忘食事。”

〔2〕云阳:王琦注:“《子虚赋》:‘于是楚王乃登阳云之台。’孟康注:‘云梦中高唐之台,宋玉所赋者,言其高出云之阳也。’琦按:诗意正暗用《高唐赋》中神女事,知‘云阳’乃‘阳云’之误为无疑也。”

〔3〕夷犹:犹豫。《楚辞·九歌·湘君》:“君不行兮夷犹。”

〔4〕青鸟:神话中鸟名,西王母的使者,见《山海经·大荒西经》。

〔5〕雨绝:傅玄《昔思君》:“昔君与我兮形影潜结,今君与我兮云飞雨绝。”雨,全诗校:“一作两。”

〔6〕芳洲:《楚辞·九歌·湘君》:“采芳洲兮杜若。”王逸注:“芳洲,香草丛生水中之处。”瑶华:玉华,传说中的仙花。《楚辞·九歌·大司命》:“折疏麻兮瑶花。”

<h1 style="text-align:center">学古思边[1]</h1>

衔悲上陇首,肠断不见君。流水若有情,幽哀从此分[2]。苍茫愁边色,惆怅落日曛[3]。山外接远天,天际复有云。白雁从中来,飞鸣苦难闻。足系一书札,寄言难离群[4]。离群心断绝,十见花成雪[5]。胡地无春晖,征人行不归。相思杳如梦,珠泪湿罗衣。

〔1〕学古思边:在题材上学古诗描写女子对征夫的思念。

〔2〕"衔悲"四句:《太平御览》卷五六引《三秦记》:"陇右西关,其阪纡回,不知高几里,欲上者七日乃越。……上有清水四注流下,俗歌曰:'陇头流水,鸣声幽咽。遥望秦川,肝肠断绝。'去长安千里,望秦川如带。关中人上陇者,还望故乡,悲思而歌,则有绝死者。"衔悲:即含悲。陇首:即陇山。在今陕西陇县至甘肃平凉市一带。

〔3〕曛:落日之余光。

〔4〕"白雁"四句:用雁足传书事,苏武出使匈奴,被拘留。汉使求之,匈奴诡言武死。汉使称天子于上林苑射猎,得雁足所系帛书,言武在某泽中。匈奴信之,武乃得归。事见《汉书·苏建传》附《苏武传》。

〔5〕花成雪:由春至冬。

<h1 style="text-align:center">思　边[1]</h1>

去年何时君别妾,南园绿草飞蝴蝶[2]。今岁何时妾忆君,西山白雪暗晴云[3]。玉关去此三千里[4],欲寄音书那可闻。

〔1〕思边:全诗校:"一作春怨。"

〔2〕绿草飞蝴蝶:指暮春时节。张协《杂诗》:"借问此何时? 蝴蝶飞南园。"

〔3〕西山:王琦注:"西山即雪山,又名雪岭,上有积雪,经夏不消,在成都之西,正控吐蕃,唐时有兵戍之。"

〔4〕玉关:即玉门关。

<h1 style="text-align:center">口号吴王美人半醉<sup>[1]</sup></h1>

风动荷花水殿香<sup>[2]</sup>,姑苏台上宴吴王<sup>[3]</sup>。西施醉舞娇无力,笑倚东窗白玉床。

〔1〕口号:口占。吴王:王琦注:"琦按吴王即为庐江太守之吴王也。以其所宴之地,比之姑苏,以其美人,比之西施,乃席上口占,以寓笑谑之意耳。若作咏古,味同嚼蜡。"

〔2〕水殿:水边的宫殿。

〔3〕姑苏台:位于姑苏山上,相传为吴王阖庐或夫差所筑。故址在今江苏苏州吴江区。

<h1 style="text-align:center">代美人愁镜二首</h1>

明明金鹊镜<sup>[1]</sup>,了了玉台前<sup>[2]</sup>。拂拭交冰月<sup>[3]</sup>,光辉何清圆。红颜老昨日,白发多去年。铅粉坐相误<sup>[4]</sup>,照来空凄然。

〔1〕金鹊镜:绘有喜鹊的镜子。

〔2〕了了:清清楚楚。玉台:玉镜台。

〔3〕交:王琦本作"皎"。

〔4〕铅粉:搽脸的粉。坐:空,徒然。

美人赠此盘龙之宝镜,烛我金缕之罗衣。时将红袖拂明月,为惜普照之余晖。影中金鹊飞不灭<sup>[1]</sup>,台下青鸾思独绝<sup>[2]</sup>。薰砧一别若箭弦<sup>[3]</sup>,去有日,来无年。狂风吹却妾心断,玉箸并堕菱花前<sup>[4]</sup>。

〔1〕"影中"句:《太平御览》卷七一七引《神异记》:"昔有夫妻将别,破镜人执半以为信。其妻与人通,其镜化鹊飞至夫前,其夫乃知之。后人因铸镜为鹊安背上,自

567

此始也。"

〔2〕"台下"句:传说孤鸾对镜,睹其影而悲,必哀鸣而舞,至死方休。见范泰《鸾鸟诗序》及《白孔六帖》卷九四。台,指镜台。

〔3〕藁砧:稻草和砧板。古代行刑,犯人席藁伏砧,以铁(斧)斩之。铁与"夫"谐音,故用作"丈夫"的隐语。

〔4〕玉箸:喻眼泪。菱花:指镜。


# 赠段七娘


罗袜凌波生网尘[1],那能得计访情亲? 千杯绿酒何辞醉,一面红妆恼杀人[2]。


〔1〕罗袜凌波:曹植《洛神赋》:"凌波微步,罗袜生尘。"
〔2〕恼:引逗,撩拨。


# 别内赴征三首[1]


王命三征去未还[2],明朝离别出吴关[3]。白玉高楼看不见,相思须上望夫山[4]。


〔1〕别内:别妻。此诗作于天宝元年(742)李白奉诏入京时,一说作于至德元载(756)应聘赴永王李璘幕府时。
〔2〕三征:三次征聘。
〔3〕吴关:詹锳《李白诗文系年》谓"当在溧阳或南陵境内。"
〔4〕望夫山:《太平寰宇记》卷一〇五:"望夫山,在(当涂)县西四十七里,昔人往楚,累岁不还,其妻登此山望夫,乃化为石。周回五十里,高一百丈,临江。"


出门妻子强牵衣,问我西行几日归。归时倘佩黄金印,莫学苏秦不下机[1]。

〔1〕"归时"二句:《战国策·秦策》:"苏秦说秦王,书十上而说不行。……至家,妻不下纴,嫂不为炊,父母不与言。"机,织机。

翡翠为楼金作梯,谁人独宿倚门啼[1]。夜坐寒灯连晓月,行行泪尽楚关西[2]。

〔1〕"谁人"句:全诗校:"一作卷帘愁坐待鸣鸡。"
〔2〕楚关西:楚地之西。

# 秋浦寄内[1]

我今浔阳去[2],辞家千里余。结荷倦水宿[3],却寄大雷书[4]。虽不同辛苦,怆离各自居。我自入秋浦,三年北信疏。红颜愁落尽,白发不能除。有客自梁苑,手携五色鱼[5]。开鱼得锦字[6],归问我何如。江山虽道阻,意合不为殊。

〔1〕秋浦:唐县名,在今安徽池州市,以秋浦水得名。
〔2〕浔阳:郡名,治所在今江西九江市。
〔3〕结荷、水宿:以荷为屋,宿于水滨。鲍照《登大雷岸与妹书》:"栈石星饭,结荷水宿。"倦,全诗校:"一作愁。"
〔4〕大雷书:即鲍照《登大雷岸与妹书》。此指家书。
〔5〕鱼:指家书。古乐府《饮马长城窟行》:"客从远方来,遗我双鲤鱼。呼儿烹鲤鱼,中有尺素书。"
〔6〕锦字:前秦苻坚时,秦州刺史窦滔被徙流沙,其妻苏若兰思之,"织锦为回文旋图诗以赠滔,宛转循环以读之,词甚凄惋,凡八百四十字。"见《晋书·列女传》。

# 自代内赠

宝刀截流水,无有断绝时。妾意逐君行,缠绵亦如之。别来门前草,秋巷春转碧[1]。扫尽更还生,萋萋满行迹。鸣凤始相得,雄惊雌各飞。游云落何山,一往不见归。估客发大楼[2],知君在秋浦。梁苑空锦衾,阳台梦行雨[3]。妾家三作相[4],失势去西秦。犹有旧歌管,凄清闻四邻。曲度入紫云,啼无眼中人[5]。妾似井底桃[6],开花向谁笑?君如天上月,不肯一回照。窥镜不自识,别多憔悴深。安得秦吉了[7],为人道寸心。

〔1〕"秋巷"句:全诗校:"一作春尽秋转碧。"

〔2〕估客:商人。大楼:山名,在今安徽池州市。全诗校:"一作东海。"

〔3〕"阳台"句:宋玉《高唐赋》写神女别楚王时说:"妾在巫山之阳,高丘之阻,旦为朝云,暮为行雨。朝朝暮暮,阳台之下。"

〔4〕三作相:李白妻宗氏乃宗楚客孙女。据两《唐书》本传,宗楚客于武后、中宗时曾三度为宰相,景云元年(710)被诛,故下句云"失势"。西秦:指长安。

〔5〕全诗校:"此下一本有女弟争笑弄,悲羞泪盈巾二句。"

〔6〕井底桃:王琦注:"井底桃即'桃李出深井'(出《中山孺子妾》诗)之意。今庭中天井是也。"

〔7〕秦吉了:鸟名,形似八哥,能模仿人言,产于秦地,故名秦吉了。


# 秋浦感主人归燕寄内


霜凋楚关木,始知杀气严[1]。寥寥金天廓[2],婉婉绿红潜。胡燕别主人[3],双双语前檐。三飞四回顾,欲去复相瞻。岂不恋华屋?终然谢珠帘[4]。我不及此鸟,远行岁已淹[5]。寄书道中叹,泪下不能缄[6]。

〔1〕杀气:秋日萧索之气。

〔2〕金天:秋天。秋于五行属金,故名。

〔3〕胡燕:犹云朔燕,北方之燕。

〔4〕谢:辞别。

〔5〕淹:迟、晚。

〔6〕缄:收束、停止。

# 送内寻庐山女道士李腾空二首[1]

君寻腾空子,应到碧山家。水春云母碓[2],风扫石楠花[3]。若爱幽居好,相邀弄紫霞[4]。

〔1〕内:妻。李腾空:宰相李林甫之女,后入庐山为女道士。见《庐山记》卷三。
〔2〕云母碓:王琦注:"白居易诗有'何处水边碓,夜春云母声',及'云碓无人水自春'之句,自注云:'庐山中云母多,故以水碓捣炼,俗呼为云碓。'"
〔3〕石楠:植物名,亦称"千年红",常绿灌木或小乔木。花供观赏,叶可入药。
〔4〕弄紫霞:指学道。

多君相门女[1],学道爱神仙。素手掬青霭,罗衣曳紫烟。一往屏风叠[2],乘鸾著玉鞭[3]。

〔1〕多:重。相门女:宗氏为武则天及中宗时三次拜相的宗楚客之孙女。
〔2〕屏风叠:在庐山五老峰下,形状似九叠屏风。
〔3〕著玉鞭:全诗校:"一作不著鞭。"

# 赠　内

三百六十日,日日醉如泥。虽为李白妇,何异太常妻[1]?

〔1〕太常妻:用周泽事。《后汉书·周泽传》载,周泽为太常卿,常卧疾斋宫。其妻去看望他,他大怒,以妻干犯斋禁,遂收送诏狱谢罪。时人为之语曰:"生世不谐,作太常妻。一岁三百六十日,三百五十九日斋,一日不斋醉如泥。"

# 在浔阳非所寄内[1]

闻难知恸哭,行啼入府中[2]。多君同蔡琰,流泪请曹公[3]。知登吴章岭[4],昔与死无分。崎岖行石道,外折入青云。相见若悲叹,哀声那可闻[5]?

〔1〕非所:监狱。此诗作于至德二载(757)初入浔阳狱时。

〔2〕行啼:边走边哭。

〔3〕"多君"二句:《后汉书·列女传》载:蔡文姬之夫董祀犯法当死,文姬诣曹操请之。时公卿名士及远方使驿坐者满堂。及文姬进,蓬首徒行,叩头请罪,音辞清辩,旨甚酸哀,众皆为改容。操曰:"诚实相矜,然文状已去,奈何?"文姬曰:"明公厩马万匹,虎士成林,何惜疾足一骑而不济垂死之命乎?"操感其言,乃追赦祀罪。多,此处作感激解。

〔4〕吴章岭:山名,在今江西九江市与星子县之间,与庐山相接。

〔5〕那可闻:岂可闻。

# 南流夜郎寄内[1]

夜郎天外怨离居[2],明月楼中音信疏[3]。北雁春归看欲尽,南来不得豫章书[4]。

〔1〕此诗作于乾元二年(759)春流放夜郎途中。

〔2〕天外:极言其遥远。

〔3〕明月楼:指其妻宗氏所居之处。曹植《七哀诗》:"明月照高楼,流光正徘徊。上有愁思妇,悲叹有余哀。"

〔4〕豫章:郡名,治所在今江西南昌。宗氏当时寓居于此。

# 越女词五首 <sub></sub>越中书所见也

### 其 一

长干吴儿女<sup>[1]</sup>,眉目艳新月。屐上足如霜<sup>[2]</sup>,不著鸦头袜<sup>[3]</sup>。

　　〔1〕长干:即长干里。左思《吴都赋》刘渊林注:"江东谓山冈间为干。建业(南京)之南有山,其间平地,吏民杂居,故号曰干。"吴儿女:即吴地(今长江下游江苏南部、浙江北部一带)女儿。
　　〔2〕屐:木屐,古代吴越一带人多穿木屐。
　　〔3〕鸦头袜:一种拇指与其他四指分开的布袜。

### 其 二

吴儿多白皙<sup>[1]</sup>,好为荡舟剧<sup>[2]</sup>。卖眼掷春心<sup>[3]</sup>,折花调行客<sup>[4]</sup>。

　　〔1〕吴儿:吴地女子。白皙:白净。
　　〔2〕剧:游戏。
　　〔3〕卖眼掷春心:以眼色传情。
　　〔4〕调:戏弄。

### 其 三

耶溪采莲女<sup>[1]</sup>,见客棹歌回<sup>[2]</sup>。笑入荷花去,佯羞不出来。

　　〔1〕耶溪:即若耶溪,在今浙江绍兴市南。
　　〔2〕棹歌:划船时所唱之歌。

### 其 四

东阳素足女<sup>[1]</sup>,会稽素舸郎<sup>[2]</sup>。相看月未堕,白地断肝肠<sup>[3]</sup>。

〔1〕东阳:唐婺州有东阳县,即今浙江东阳市。素足:白足。

〔2〕会稽:即今浙江绍兴市。素舸:简朴的小船。

〔3〕白地:犹云平白地。按,谢灵运《东阳溪中赠答二首》云:"可怜谁家妇,缘流洗素足。明月在云间,迢迢不可得。""可怜谁家郎,缘流乘素舸。但问情若何,月就云中堕。"此诗盖自两作点化而出。

## 其 五

镜湖水如月[1],耶溪女似雪。新妆荡新波[2],光景两奇绝。

〔1〕镜湖:在今浙江绍兴。

〔2〕新波:指春水。

## 浣纱石上女[1]

玉面耶溪女,青蛾红粉妆[2]。一双金齿屐[3],两足白如霜。

〔1〕浣纱石:浙江绍兴南有若耶溪,一名浣纱溪,溪边有浣纱石,相传西施浣纱于此。

〔2〕青蛾:妇女用青黛画的眉。

〔3〕金齿屐:似指有铁齿的木屐。

## 示金陵子[1]

金陵城东谁家子[2],窃听琴声碧窗里[3]。落花一片天上来,随人直渡西江水。楚歌吴语娇不成,似能未能最有情。谢公正要东山妓[4],携手林泉处处行。

〔1〕诗题全诗校:"一作金陵子词。"金陵子:金陵歌妓名。

〔2〕谁家:全诗校:"一作金陵。"

〔3〕碧:全诗校:"一作夜。"

〔4〕"谢公"句:《世说新语·识鉴》载,谢安隐居东山时,畜妓,携以游玩。

# 出妓金陵子呈卢六四首

安石东山三十春,傲然携妓出风尘。楼中见我金陵子,何似阳台云雨人〔1〕。

〔1〕阳台云雨人:指巫山神女,用宋玉《高唐赋》的典故。

南国新丰酒〔1〕,东山小妓歌。对君君不乐,花月奈愁何。

〔1〕新丰:王琦注:"梁元帝诗:'试酌新丰酒,遥劝阳台人。'陆放翁《入蜀纪》:'早发云阳,过新丰小憩。'李太白诗云:'南国新丰酒,东山小妓歌。'又唐人诗云:'再入新丰市,犹闻旧酒香。'皆谓此地,非长安之新丰也。"

东道烟霞主〔1〕,西江诗酒筵〔2〕。相逢不觉醉,日堕历阳川〔3〕。

〔1〕东道主:主人。"烟霞"言其为隐者。

〔2〕西江:指长江。

〔3〕历阳:唐和州历阳郡,治历阳县(今安徽和县)。历阳川:指历阳之长江。

小妓金陵歌楚声,家僮丹砂学凤鸣〔1〕。我亦为君饮清酒,君心不肯向人倾。

〔1〕丹砂:据魏颢《李翰林集序》,李白有奴名丹砂。凤鸣:谓吹笙。梁武帝《凤笙曲》:"朱唇玉指学凤鸣。"

# 巴女词<sup>[1]</sup>

巴水急如箭<sup>[2]</sup>,巴船去若飞。十月三千里,郎行几岁归?

〔1〕巴:指古巴郡地,在今四川、重庆一带。
〔2〕巴水:指巴地的长江水,流经三峡,水势湍急。

# 哭晁卿衡<sup>[1]</sup>

日本晁卿辞帝都<sup>[2]</sup>,征帆一片绕蓬壶<sup>[3]</sup>。明月不归沉碧海<sup>[4]</sup>,白云愁色满苍梧。<sup>[5]</sup>

〔1〕晁卿衡:即晁衡,日本国人,原名阿倍仲麻吕,两《唐书》作"仲满",尝官卫尉卿。天宝十二载(753)冬,晁衡乘船归国,海上遇大风,飘至安南,幸免于难。当时误传晁衡已溺死,故李白赋诗悼念。此诗当作于天宝十三载。
〔2〕帝都:指长安。
〔3〕蓬壶:即蓬莱。海中三神山之一。
〔4〕明月:即明月珠,喻指晁衡。
〔5〕苍梧:山名。《水经注·淮水》谓东海郡朐山县(今江苏东海县)东北海中有大洲,名郁洲或郁山,传说此山自苍梧飞徙而来,故又名苍梧山。

# 自溧水道哭王炎三首<sup>[1]</sup>

白杨双行行,白马悲路傍。晨兴见晓月,更似发云阳<sup>[2]</sup>。溧水通吴关,逝川去未央。故人万化尽<sup>[3]</sup>,闭骨茅山冈<sup>[4]</sup>。天上坠玉棺<sup>[5]</sup>,泉中掩龙章<sup>[6]</sup>。名飞日月上,义与风云翔。逸气竟莫展,英图俄夭伤。楚国一老人,来嗟龚胜亡[7]。有言不可道,雪泣忆兰芳[8]。

〔1〕溧水:在今江苏溧阳市,东注入太湖。王炎:李白友人,李白《剑阁赋》自注云:"送友人王炎入蜀。"即此人。

〔2〕"晨兴"二句:语本谢灵运《庐陵王墓下作》:"晓月发云阳,落日次朱方。"

〔3〕万化:万物变化。此指死亡。任昉《哭范仆射》:"一朝万化尽,犹我故人情。"

〔4〕闭骨:指埋葬。江淹《恨赋》:"烟断火绝,闭骨泉里。"茅山:即句曲山,在今江苏溧水县东。

〔5〕玉棺:用汉王乔事。《后汉书·王乔传》:"后天下玉棺于堂前,吏人推排,终不动摇。乔曰:'天帝独召我邪!'乃沐浴服饰寝其中,盖便立覆。宿昔葬于城东,土自成坟,其夕,县中牛皆流汗喘之,而人无知者。"

〔6〕泉中:地下。龙章:龙,衮龙之服;章,章甫之冠。

〔7〕"楚国"二句:《汉书·龚胜传》载:龚胜死,有老父来吊,哭甚哀,既而曰:"嗟乎!薰以香自烧,膏以明自销。龚生竟夭天年,非吾徒也。"

〔8〕雪泣:拭泪。


王公希代宝,弃世一何早。吊死不及哀,殡宫已秋草[1]。悲来欲脱剑,挂向何枝好[2]。哭向茅山虽未摧,一生泪尽丹阳道[3]。

〔1〕不及哀:言不及其新哀之时。殡宫:临时停枢之所。

〔2〕"悲来"二句:用季札事。春秋时,季札出使过徐君,心许返回时将宝剑相赠。返回时,徐君已死,季札将剑挂于徐君墓树上。见《史记·吴太伯世家》。

〔3〕丹阳:溧水两汉时在丹阳郡之地,故云丹阳道。


王家碧瑶树[1],一树忽先摧。海内故人泣,天涯吊鹤来[2]。未成霖雨用,先失济川材[3]。一罢广陵散[4],鸣琴更不开。

〔1〕碧瑶树:用王戎赞美王衍语。《世说新语·赏誉》载:王戎称美王衍"神姿高彻,如瑶林琼树,自然是风尘外物。"

〔2〕吊鹤:用陶侃事。陶侃母丧,有二客来吊,仪服鲜异,不哭而退。侃遣人视之,但见双鹤冲天而去。见《世说新语·贤媛》注引《陶侃别传》。

〔3〕霖雨用、济川材:用傅说事,殷高宗命傅说为相,曰:"若岁大旱,用汝作霖雨。"见《尚书·说命上》。又云:"若济巨川,用汝作舟楫。"

〔4〕"一罢"句:用嵇康事。嵇康游洛西,暮宿华阳亭。夜分,忽有客诣之,授之以

琴曲《广陵散》,嘱其誓不传人。后康为司马昭所害,临刑前,"顾视日影,索琴弹之,曰:'昔袁孝尼尝从吾学《广陵散》,吾每靳固之。《广陵散》于今绝矣!'"

# 哭宣城善酿纪叟

纪叟黄泉里,还应酿老春[1]。夜台无晓日[2],沽酒与何人[3]?

〔1〕老春:酒名,唐时多以春名酒。《唐国史补》卷下:"酒有郢州之富水春,乌程之若下春,荥阳之土窟春,富平之石冻春,剑南之烧春。"
〔2〕夜台:坟墓。墓穴一闭,不见光明,故称夜台。
〔3〕全诗校:"一作题戴老酒店,云:戴老黄泉下,还应酿大春。夜台无李白,沽酒与何人?"

# 宣城哭蒋征君华[1]

敬亭埋玉树[2],知是蒋征君。安得相如草,空余封禅文[3]。池台空有月,词赋旧凌云。独挂延陵剑,千秋在古坟[4]。

〔1〕征君:指朝廷征聘而不就之人。
〔2〕敬亭:敬亭山,在宣城北。埋玉树:《世说新语·伤逝》:"庾文康亡,何扬州临葬云:'埋玉树著土中,使人情何能已!'"
〔3〕"安得"二句:用司马相如事。司马相如卒,汉武帝遣使取书,相如妻遵遗嘱献书一卷,即《封禅文》。见《史记·司马相如列传》。
〔4〕"独挂"二句:用季札事,见前《自溧水道哭王炎三首》注。

# 卷二十五 补遗

## 鞠歌行[1]

丽莫似汉宫妃,谦莫似黄家女[2]。黄女持谦齿发高,汉妃恃丽天庭去。人生容德不自保,圣人安用推天道。君不见蔡泽嵌枯诡怪之形状,大言直取秦丞相[3]。又不见,田千秋才智不出人,一朝富贵如有神[4]。二侯行事在方册,泣麟老人终困厄[5]。夜光抱恨良叹悲,日月逝矣吾何之?

〔1〕全诗注:"以下见《文苑英华》。"王琦注:"《文苑英华》二百三卷太白'玉不自言如桃李'之后载此一首,失录作者姓名,后人遂编入太白遗诗。"按,《英华》卷二〇三载此诗作罗隐,全诗罗隐集失收。

〔2〕汉宫妃:谓王昭君。"谦莫似"句:《尹文子·大道上》:"齐有黄公者,好谦卑,有二女皆国色。以其美也,常谦辞毁之,以为丑恶。丑恶之名远布,年过而一国无聘者。卫有鳏夫,时冒娶之,果国色,然后曰:'黄公好谦,故毁其子不姝美。'于是争礼之,亦国色也。国色,实也,丑恶,名也,此违名而得实矣。"

〔3〕"君不见"二句:《史记·范雎蔡泽列传》:"蔡泽……曷鼻巨肩魋颜蹙齃膝挛。西入秦,秦昭王与语,大说之,拜为客卿。范雎免相,昭王新说蔡泽计画,遂拜为秦相。"嵌枯,凹瘰枯瘦。

〔4〕"又不见"二句:《汉书·车千秋传》:"车千秋,本姓田氏。卫太子为江充所谮败,久之,千秋上急变讼太子冤武帝见而悦之,立拜千秋为大鸿胪。数月,遂代刘屈氂为丞相,封富民侯。千秋无他材能术学,又无伐阅功劳,特以一言寤意,旬月取宰相封侯,世未尝有也。"

〔5〕泣麟老人:指孔子。《孔子家语·辨物篇》载:叔孙氏之车士获麟,"使人告孔子曰:'有麕而角者何也?'孔子往观之,曰:'麟也,胡为来哉!胡为来哉!'反袂拭面,涕泣沾襟。……子贡问曰:'夫子何泣尔?'孔子曰:'麟之至为明王也,出非其时而见害,吾是以伤焉。'"

# 胡无人[1]

十万羽林儿[2]，临洮破郅支[3]。杀添胡地骨，降足汉营旗。塞阔牛羊散，兵休帐幕移。空余陇头水，呜咽向人悲[4]。

〔1〕此诗重见卷七二九陈陶集，题作"胡无人行"。王琦注："《文苑英华》一百九十六卷太白'严风吹霜海草凋'之后，载此一首，不录作者姓名，后人采入太白遗诗。然考陈陶集中亦载此作，当是陶诗。"

〔2〕羽林儿：禁卫军。

〔3〕临洮：古县名，秦置，在今甘肃岷县，以临洮水得名，秦筑长城西起于此。郅支：匈奴单于名。西汉时，郅支单于杀汉使者，西阻康居。建昭三年，汉元帝命甘延寿、陈汤等诛灭之。见《汉书·西域传上》。

〔4〕"空余"二句：古乐府《陇头歌辞》："陇头流水，鸣声幽咽。遥望秦川，心肠断绝。"

# 月夜金陵怀古[1]

苍苍金陵月，空悬帝王州[2]。天文列宿在，霸业大江流。绿水绝驰道，青松摧古丘[3]。台倾鸤鹊观[4]，宫没凤凰楼[5]。别殿悲清暑[6]，芳园罢乐游[7]。一闻歌玉树[8]，萧瑟后庭秋。

〔1〕此诗见《文苑英华》卷三〇八。

〔2〕帝王州：指金陵。谢朓《入朝曲》："江南佳丽地，金陵帝王州。"

〔3〕驰道：供帝王行驰车马的大道。古丘：指六朝帝王的陵墓。

〔4〕鸤鹊观：汉武帝所建观名，此借指金陵宫观。谢朓《暂使下都夜发新林至京邑赠西府同僚》："金波丽鸤鹊，玉绳低建章。"

〔5〕凤凰楼：故址在今南京市。南朝宋元嘉中建。

〔6〕清暑：王琦注："《景定建康志》：清暑殿，在台城内，晋孝武帝建。殿前重楼复

道通华林园,爽垲奇丽,天下无比,虽暑月常有清风,故以为名。"

〔7〕乐游:王琦注引《太平寰宇记》:"乐游苑在覆舟山南,北连山筑台观,苑内起正阳、林光等殿。"

〔8〕玉树:即《玉树后庭花》。《隋书·五行志》:"陈祯明初,后主作新歌,词甚哀怨,令后宫美人习而歌之,其辞曰:'玉树后庭花,花开不复久。'时人以歌谶,此其不久兆也。"

# 冬日归旧山[1]

未洗染尘缨,归来芳草平。一条藤径绿,万点雪峰晴[2]。地冷叶先尽,谷寒云不行。嫩篁侵舍密,古树倒江横。白犬离村吠,苍苔壁上生。穿厨孤雉过,临屋旧猿鸣。木落禽巢在,篱疏兽路成。拂床苍鼠走,倒箧素鱼惊[3]。洗砚修良策,敲松拟素贞。此时重一去,去合到三清[4]。

〔1〕此诗见《文苑英华》卷一六〇。安旗等认为诗中之"旧山",指匡山,可参。
〔2〕雪峰:安旗等注:"雪峰,当指岷山,俗称雪山,在江油县西北三百里,四季常有积雪。"按:江油今已改为市。
〔3〕素鱼:即蠹鱼,因其色白,故名。
〔4〕三清:即玉清、上清、太清。道教指神仙所居的最高仙境。

# 望夫石[1]

仿佛古容仪,含愁带曙辉。露如今日泪,苔似昔年衣。有恨同湘女[2],无言类楚妃[3]。寂然芳霭内,犹若待夫归。

〔1〕此诗见《文苑英华》卷一六〇。
〔2〕湘女:即湘妃,尧之二女,舜之二妃,长曰娥皇,次曰女英。舜南巡,死于苍梧;二妃追之不及,死于江湘之间,世称湘妃。见《列女传》卷一。
〔3〕楚妃:指息夫人,名妫,春秋时息侯的夫人。楚文王灭息,虏息君夫妇。文王

宠妠,生堵敖及成王。然妠不与楚王言,后自杀。事见《左传·庄公十四年》。

# 对 雨[1]

卷帘聊举目,露湿草绵芊[2]。古岫藏云毳[3],空庭织碎烟。水纹愁不起[4],风线重难牵。尽日扶犁叟,往来江树前。

〔1〕此诗见《文苑英华》卷一五三。
〔2〕绵芊:连绵不断貌。
〔3〕岫:山穴。云毳:指薄雾。毳,兽毛之缛细者。
〔4〕水纹:他本作"水红",是。水红,即水葓,生长在池沼中的一种草。

# 晓 晴[1]

野凉疏雨歇,春色偏萋萋[2]。鱼跃青池满,莺吟绿树低。野花妆面湿,山草纽斜齐[3]。零落残云片,风吹挂竹溪。

〔1〕晓晴:全诗校:"一作晚晴。"此诗见《文苑英华》卷一五五。
〔2〕偏:更。
〔3〕纽斜齐:安旗等注:"似谓山草雨后披拂之状。"

# 初 月[1]

玉蟾离海上[2],白露湿花时。云畔风生爪,沙头水浸眉[3]。乐哉弦管客,愁杀战征儿。因绝西园赏[4],临风一咏诗。

〔1〕此诗见《文苑英华》卷一五一。

582

〔2〕玉蟾:指月。传说月中有蟾蜍,故称。

〔3〕"云畔"二句:安旗等注:"二句拟初月之状,上句仰望,下句俯视。"

〔4〕西园:即铜雀园,在文昌殿西,故称。曹氏父子及建安诸子常游宴于此。故址在今河北临漳县西南。


# 雨后望月[1]


四郊阴霭散,开户半蟾生[2]。万里舒霜合,一条江练横[3]。出时山眼白,高后海心明[4]。为惜如团扇[5],长吟到五更。


〔1〕此首见《文苑英华》卷一五二。

〔2〕半蟾:指从山后升起的月亮还未全部露出来。

〔3〕江练:如练之江。练,白绢。

〔4〕山眼白、海心明:均喻月。

〔5〕如团扇:汉成帝时,班婕妤失宠,供养于长信宫,乃作《怨诗》曰:"新裂齐纨素,鲜洁如霜雪。裁为合欢扇,团团似明月。……常恐秋节至,凉飙夺炎热。弃捐箧笥中,恩情中道绝。"


# 赋得鹤送史司马赴崔相公幕[1]


峥嵘丞相府,清切凤凰池[2]。羡尔瑶台鹤,高栖琼树枝。归飞晴日好,吟弄惠风吹。正有乘轩乐[3],初当学舞时[4]。珍禽在罗网,微命若游丝。愿托周周羽,相衔汉水湄[5]。


〔1〕此诗见《文苑英华》卷二六九。全诗重见卷一九〇岑参集,诗题无"赋得鹤"三字。按,王琦认为此诗或是"太白在浔阳狱中之作,所谓崔相公者即是崔涣"。但又指出"岑参集中亦载此诗,一云无名氏诗"。陈铁民、侯忠义认为此诗疑非李白作(《岑参集校注》);瞿蜕园、朱金城则认为当为李白作。安旗等更认为:"玩诗意,与李白情事皆相合,应是李白逸诗。"究为谁作尚待进一步研究。

〔2〕清切:清贵而接近皇帝的官职。凤凰池:中书省的美称。《晋书·荀勖传》

载:荀勖自中书监迁尚书令,有人向他祝贺,勖曰:"夺我凤凰池,诸君贺我耶?"

〔3〕乘轩:《左传·闵公二年》:"卫懿公好鹤,鹤有乘轩者。"

〔4〕学舞:《初学记》引《相鹤经》:"鹤二年落子毛,易点黑,三年产伏,复七年羽翮具,复七年飞薄云汉,复七年舞应节。"

〔5〕周周:鸟名。相传此鸟"重首而屈尾,将欲饮于河则必颠,乃衔其羽而饮之。"见《韩非子·说林下》。汉:岑参集作"溪"。

# 送客归吴〔1〕

江村秋雨歇,酒尽一帆飞。路历波涛去,家惟坐卧归。岛花开灼灼〔2〕,汀柳细依依〔3〕。别后无余事,还应扫钓矶。

〔1〕此诗见《文苑英华》卷二六九。《沧浪诗话·考证》认为非太白诗。

〔2〕岛花:王琦校:"一作山桃。"灼灼:盛貌。《诗·周南·桃夭》:"桃之夭夭,灼灼其华。"

〔3〕汀:水边平地。依依:盛貌。

# 送友生游峡中〔1〕

风静杨柳垂,看花又别离。几年同在此,今日各驱驰。峡里闻猿叫,山头见月时。殷勤一杯酒,珍重岁寒姿。

〔1〕此诗见《文苑英华》卷二六九。全诗重见卷三七三张籍集。按,《沧浪诗话·考证》认为非太白诗,然明刊八卷本《张司业诗集》未载此诗。

# 送袁明府任长沙〔1〕

别离杨柳青,樽酒表丹诚。古道携琴去,深山见峡迎。暖风花绕树,秋雨草沿城。自此长江内，无因夜犬惊[2]。

〔1〕此诗见《文苑英华》卷二六九。《沧浪诗话·考证》认为非太白诗。沙：他本均作江。唐剑南道遂州有长江县。

〔2〕夜犬惊：用刘宠事。《后汉书·刘宠传》载：刘宠为会稽太守，简除烦苛，禁察非法，郡中大化。后征为将作大匠，山阴县有五六老叟，庞眉皓发，自若耶山谷间出，人赍百钱以送宠。宠劳之曰："父老何自苦？"对曰："山谷鄙生，未尝识郡朝。它守时吏发求民间，至夜不绝，或狗吠竟夕，民不得安。自明府下车以来，狗不夜吠，民不见吏。年老遭值圣明，今闻当见弃去，故自扶奉送。"

# 邹衍谷[1]

燕谷无暖气，穷岩闭严阴。邹子一吹律，能回天地心。

〔1〕此诗见《文苑英华》卷一六○。邹衍谷：在今北京市怀柔区东。又名燕谷山、寒谷。《艺文类聚》卷九引刘向《别录》："邹衍在燕，燕有谷，地美而寒，不生五谷。邹子居之，吹律而温气至，谷中生黍。至今名黍谷焉。"

# 杂言用投丹阳知己兼奉宣慰判官[1]

客从昆仑来，遗我双玉璞[2]。云是古之得道者西王母食之余[3]，食之可以凌太虚。受之颇谓绝今昔，求识江淮人犹乎比石。如今虽在卞和手[4]，□□正憔悴，了了知之亦何益？恭闻士有调相如[5]，始从镐京还[6]，复欲镐京去，能上秦王殿，何时回光一相盼[7]？欲投君，保君年，幸君持取无弃捐。无弃捐，服之与君俱神仙。

〔1〕全诗注："以下见《诗纪》。第八句缺二字。"丹阳：郡名，治所在今江苏镇江。宣慰判官：王琦注："肃宗至德元载十一月，以崔涣为江南宣慰使。所谓宣慰判官，乃涣之僚属

也。太白有《上崔相涣》诗数首,此诗乃与其僚属者欤?"安旗等注:此诗"两宋本有而萧本无,多有缺文讹字。详诗意,当是托言璞玉求人荐者,与上崔涣诸诗意绪颇相类"。

〔2〕玉璞:指仙药。《抱朴子·仙药》:"玉亦仙药。……《玉经》曰:服金者寿如金,服玉者寿如玉也。又曰:服玄真者其命不极。玄真者玉之别名也。令人身轻飞举,不但地仙而已。……不可用已成之器,伤人无益,当得璞玉,乃可用也。"

〔3〕西王母:古代神话中的仙人,相传居于昆仑山。

〔4〕卞和:春秋楚人。相传他在荆山发现一块玉璞,先后献给楚厉王、武王,皆以为欺诈,被截去双脚。文王即位,卞和抱璞哭于荆山下。文王命玉工剖璞加工,果得宝玉,世称和氏璧。事见《韩非子·和氏》。

〔5〕相如:指蔺相如。赵有和氏璧,秦昭王遗赵王书,诈言愿以十五城易璧。蔺相如使秦,献璧,见秦王无诚意,不肯交出城池,乃设计取回宝璧,使人送回赵国。事见《史记·廉颇蔺相如列传》。

〔6〕镐京:西周国都,故城在今陕西长安县西北。此代指秦国都城。

〔7〕盼:原作"昐",据王琦本改。


# 观鱼潭[1]

观鱼碧潭上,木落潭水清。日暮紫鳞跃,圆波处处生[2]。凉烟浮竹尽,秋月照沙明。何必沧浪去,兹焉可濯缨[3]。

〔1〕安旗等注:"此首见宋乙本,缪本卷十七,王本收入《诗文拾遗》。"

〔2〕圆波:《文选》潘岳《河阳县作诗》:"游鱼动圆波。"刘良注:"圆波,谓鱼动波起而圆也。"

〔3〕"何必"二句:《楚辞·渔父》:"渔父莞尔而笑,鼓枻而去,乃歌曰:'沧浪之水清兮,可以濯吾缨;沧浪之水浊兮,可以濯吾足。'遂去,不复与言。"


# 自广平乘醉走马六十里至邯郸<br>登城楼览古书怀[1]

醉骑白花马[2],西走邯郸城。扬鞭动柳色[3],写鞯春风生[4]。入郭登高楼,山川与云平。深宫翳绿草[5],万事伤人情。相如章华巅,猛气折秦嬴[6]。两虎不可斗,廉公终负荆[7]。提携袴中儿,杵臼及程婴。立孤就白刃,必死耀丹诚[8]。平原三千客[9],谈笑尽豪英。毛君能颖脱,二国且同盟[10]。皆为黄泉土,使我涕纵横。磊磊石子冈[11],萧萧白杨声。诸贤没此地[12],碑版有残铭。太古共今时,由来互哀荣。伤哉何足道,感激仰空名。赵俗爱长剑,文儒少逢迎。闲从博陵游[13],畅饮雪朝醒。歌酣易水动[14],鼓震丛台倾[15]。日落把烛归,凌晨向燕京。方陈五饵策[16],一使胡尘清。

〔1〕此诗见两宋本,缪本卷二十。《文苑英华》卷三一二亦载作李白。广平:郡名,即洺州,治所在今河北永年县东南。邯郸:洺州属县,即今河北邯郸市。

〔2〕马:全诗校:"一作骆。"

〔3〕动:全诗校:"一作度。"

〔4〕写:通"卸"。鞚:马勒。

〔5〕此句全诗校:"一作雄都半古家。"

〔6〕"相如"二句:用蔺相如完璧归赵事。

〔7〕"两虎"二句:用廉颇负荆请罪事,《史记·廉颇蔺相如列传》载:蔺相如拜为上卿,廉颇不服,几次侮辱相如,相如均回避不计较,有人为相如抱不平,相如说:"强秦之所以不敢加兵于赵者,徒以吾两人在也。今两虎共斗,其势不俱生,吾所以为此者,以先国家之急而后私仇也。"廉颇闻之,乃负荆请罪。

〔8〕"提携"四句:晋景公时,屠岸贾杀赵朔,灭其族。朔妻产一男,置袴中,祝曰:"赵宗灭乎?若号;即不灭,若无声。"屠岸贾索儿时,竟无声。朔友程婴与朔客公孙杵臼合谋,取他人婴儿,使公孙杵臼负之匿山中,程婴故告发,屠岸贾遂发师杀杵臼与婴儿,赵朔之孤乃得免。孤长,名曰武,攻屠岸贾而灭其族。程婴乃谓赵武曰:"昔下宫之难,皆能死,我非不能死,我思立赵氏之后。今赵武既立,为成人,复故位,我将下报赵宣孟(朔)与公孙杵臼。"遂自杀。见《史记·赵世家》。"立孤"句,全诗校:"一作空孤献白刃。"

〔9〕平原:战国时赵国公子平原君。

〔10〕毛君:毛遂,《史记·平原君虞卿列传》载:秦围邯郸,赵使平原君求救,合纵于楚,毛遂自请随行。至楚,与楚合纵,久谈而不决,毛遂持剑而前,对楚王说:"白起小竖子耳……兴师以与楚战,一战而举鄢郢,再战而烧夷陵……而王弗知恶焉,合纵者为楚,非为赵也。"楚王点头称是,遂定纵于殿上,出兵救赵。

〔11〕石子冈:王琦注:"《太平寰宇记》:邯郸县有石子冈,《隋图经》云:历陵城西

十里有石子冈,实山也,而高大,有冢如砚子,世谓之砚子冢,是赵简子冢。"

〔12〕诸贤:王琦注:"另指当时贤豪死葬于石子冈者,故下文以太古、今时双承言之。"

〔13〕陵:全诗校:"一作徒。"

〔14〕"歌酣"句:暗用荆轲易水悲歌之事。事见《战国策·燕策三》。

〔15〕丛台:台名。战国时筑,在赵都邯郸城内。见《汉书·邹阳传》。

〔16〕五饵策:指盛服、丰食、声色、美宅、礼遇等五种引诱和软化对方的手段。《汉书·贾谊传赞》:"施五饵三表以系单于。"


# 宣州长史弟昭赠余琴溪中双舞鹤诗以见志[1]


令弟佐宣城,赠余琴溪鹤。谓言天涯雪,忽向窗前落。白玉为毛衣,黄金不肯博[2]。背风振六翮[3],对舞临山阁。顾我如有情,长鸣似相托。何当驾此物,与尔腾寥廓[4]。

〔1〕此诗载宋蜀本《李太白文集》卷二三。琴溪:在宣州泾县东北二里,相传为琴高控鲤之所。

〔2〕博:易,换。

〔3〕六翮:健羽。

〔4〕寥廓:指天空。


# 题舒州司空山瀑布[1]


断崖如削瓜,岚光破崖绿。天河从中来,白云涨川谷。玉案赤文字,世眼不可读。摄身凌青霄,松风拂我足。

〔1〕此诗见周必大《二老堂诗话》。《诗话》云:"司空山在舒州太湖县界,初经重报寺,过马玉河,至金轮院,有僧本净肉身塔,及不受叶莲花池、连理山茶。自塔院乃上山,至本净座禅岩,精巧天成。中途断崖绝壑,傍临万仞,号牛背石。宗室善修者

言,石如剑脊中起,侧足覆身而过,危险之甚。度此步步皆佳。上有一寺及李太白书堂。一峰玉立,有太白《瀑布》诗云:'断岩如削瓜,岚光破崖绿。天河从中来,白云涨川谷。玉案赤文字,落落不可读。摄衣凌青霄,松风吹我足。'余兄子中守舒日,得此于宗室公霞。今胡仔《渔隐丛话》载,蔡絛《西清诗话》不言此山,但云太白仙去后,人有见其诗,略云:'断崖如削瓜,岚光破崖绿。天河从中来,白云涨川谷。玉案勒文字,世眼不可读。摄身凌青霄,松风吹我足。'又云:'举袖露条脱,招我饭胡麻。'既误以'断岩'为'断崖',与第二句相重;'赤文'作'敕文','落落'作'世眼','摄衣'作'摄身',皆浅近与前句大相远。当涂《太白集》本,原无此诗,因子中录寄,郡守遂刻于后。然皆从蔡僚误本,子中争之不从,仅能改敕为赤而已。"王琦注:"《唐诗纪事》:近世传白诗云:'断崖如削瓜,岚光破崖绿。天河从中来,白云涨川谷。玉案赤文字,落落不可读。摄衣凌清云,松风拂我足。'又不同者数字。"


# 金陵新亭[1]


金陵风景好,豪士集新亭。举目山河异,偏伤周颙情。四坐楚囚悲,不忧社稷倾。王公何慷慨,千载仰雄名[2]。

〔1〕诗约作于至德元载(756),时作者在金陵。此诗载宋蜀本《李太白文集》卷二〇。新亭:在金陵南劳劳山上。

〔2〕"金陵"八句:《晋书·王导传》:"过江人士每至暇日,相邀出新亭饮宴,周颙中座而叹曰:'风景不殊,举目有江山之异。'皆相视流涕,惟导愀然变色曰:'当共戮力王室,克复神州,何至作楚囚相对泣耶?'众收泪而谢之。"又见《世说新语·言语》。


# 上清宝鼎诗[1]


我居清空表,君处红埃中。仙人持玉尺,废君多少才。玉尺不可尽,君才无时休。咽服十二环,奄有仙人房。暮骑紫麟去,海气浸肌凉。赠我累累珠,靡靡明月光。

〔1〕此诗诸本李集多不载,仅见于《李诗通》卷二一附录。全诗题下注云:"前首

见《东观余论》,后首见《王直方诗话》。"按,诗当非李白所作。


# 题许宣平庵壁[1]


我吟传舍咏[2],来访真人居。烟岭迷高迹,云林隔太虚。窥庭但萧瑟,倚杖空踟蹰。应化辽天鹤,归当千岁余[3]。

　　〔1〕题下全诗注:"见《诗话类编》。"此诗又载全诗八五六许宣平《见李白诗又吟》题下注中。《太平广记》卷二四引《续仙传》:"许宣平,新安歙人也。唐睿宗景云中,隐于城阳山南坞,结庵以居。不知其服饵,但见不食,颜色若四十许人,行如奔马。时或负薪以卖,担常挂一花瓢及曲竹杖,每醉,腾腾拄之以归。独吟曰:'负薪朝出卖,沽酒日西归。路人莫问归何处,穿入白云行翠微。'尔来三十余年,或拯人悬危,或救人疾苦,城市人多访之,不见,但览庵壁题诗曰:'隐居三十载,筑室南山巅。静夜玩明月,闲朝饮碧泉。樵人歌陇上,谷鸟戏岩前。乐矣不知老,都忘甲子年。'好事者多咏其诗。有时行长安,于驿路洛阳、同、华间传舍是处题之。天宝中,李白自翰林出,东游经传舍,览之,吟咏磋叹曰:'此仙诗也。'乃诘之于人,得宣平之实。白于是游及新安,涉溪登山,屡访之不得,乃题其庵壁曰云云。"
　　〔2〕传舍:客馆也。咏:《太平广记》作"诗"。
　　〔3〕"应化"二句:用丁令威事,传说辽东人丁令威学道成仙,后化鹤归辽,时人不识,举弓欲射之。丁乃歌曰:"有鸟有鸟丁令威,去家千年今始归,城郭如故人民非"云云。见《搜神后记》卷一。


# 戏赠杜甫[1]


饭颗山头逢杜甫,顶戴笠子日卓午[2]。借问别来太瘦生[3],总为从前作诗苦。

　　〔1〕全诗注:"以下见《唐诗纪事》。"按此诗始见于孟棨《本事诗·高逸》,《唐摭言》、《唐诗纪事》等所载,字句略异。前人或疑为伪作,或谓李白以之嘲讥杜甫。郭沫若《李白与杜甫》辩之,谓"白诗既非'嘲诮''戏赠',亦非后人伪作;诗题中之'戏'字,乃后人误加"。

590

〔2〕卓午:正午。

〔3〕别来:全诗校:"一作因何。"太瘦生:欧阳修《六一诗话》:"太瘦生,唐人语也。至今犹以'生'为语助,如'作么生'、'何似生'之类是也。"


# 春感诗[1]


茫茫南与北,道直事难谐。榆荚钱生树[2],杨花玉糁街[3]。尘萦游子面,蝶弄美人钗。却忆青山上,云门掩竹斋[4]。


〔1〕题下全诗注:"白隐居戴天大匡山,往来旁郡,依潼江赵征君蕤。蕤亦节士,任侠有气,善为纵横学,著书号《长短经》。白从学岁余,去游成都,赋此诗。益州刺史苏颋见而异之。"按,此诗及以上注语均见于《唐诗纪事》卷一八所引《彰明逸事》。

〔2〕榆荚:榆树的果实,形似钱而小,色白成串,俗称榆钱。

〔3〕糁(shēn):散粒状之物。此指纷散。

〔4〕云门:寺名,在越州。此借指"青山"之寺。


# 白微时募县小吏入令卧内尝驱牛经堂<br>下令妻怒将加诘责白亟以诗谢云[1]


素面倚栏钩,娇声出外头。若非是织女,何得问牵牛?


〔1〕《唐诗纪事》卷一八引《彰明逸事》曰:"闻唐李太白本邑人,微时募县小吏,入令卧内,尝驱牛经堂下,令妻怒,将加诘责。太白亟以诗谢云:素面倚栏钩……"


# 句


焰随红日去,烟逐暮云飞[1]。

〔1〕《唐诗纪事》卷一八引《彰明逸事》曰:"令一日赋山火诗,思轧不属,太白从傍

缀其下句。令诗云:'野火烧山去,人归火不归。'太白继云:'焰随红日去,烟逐暮云飞。'令惭止。"

绿鬓随波散,红颜逐浪无。因何逢伍相,应是想秋胡[1]。

〔1〕《唐诗纪事》卷一八引《彰明逸事》曰:"(白)从令观涨,有女子溺死江上,令赋诗云:'二八谁家女,漂来依岸芦。鸟窥眉上翠,鱼弄口旁珠。'令复苦吟,太白辄应声继之:'绿鬓随波散……'令滋不悦。"

举袖露条脱,招我饭胡麻[1]。

〔1〕全诗注:"见《二老堂诗话》。"

# 补 遗

## 庭前晚花开[1]

西王母桃种我家,三千阳春始一花[2]。结实苦迟为人笑,攀折唧唧长咨嗟。

〔1〕此诗据清编《全唐诗》卷八八二补遗一录入,原见两宋本、缪本卷二三。王琦认为它"语尤凡近,不类太白。"
〔2〕"西王母"二句:传说西王母园中有蟠桃,三千年一开花,三千年一结实。见《汉武帝内传》。

# 新 补

## 南陵五松山别荀七[1]

六即颍水荀[2],何惭许郡宾[3]? 相逢太史奏,应是聚贤人[4]。玉隐且在石,兰枯还见春。俄成万里别,立德贵清真[5]。

〔1〕荀七:瞿蜕园、朱金城注:"卷二十二有《宿五松山下荀媪家》诗,荀七或即荀媪之子。"此诗见两宋本卷十三,王琦注本编入《诗文拾遗》。

〔2〕六即:王琦注:"六即,《唐诗类苑》作轩昂。琦按,'六'字恐是草书'君'字之讹。"颍水荀:谓荀淑,东汉颍川颍阴人。《后汉书》有传。

〔3〕许郡宾:谓陈定,东汉颍川许人。《后汉书》有传。

〔4〕"相逢"二句:《异苑》卷四:"陈仲弓(寔)从诸子侄造荀季和(淑)父子,于时德星聚,太史奏:'五百里内有贤人聚。'"

〔5〕立德:《左传·襄公二十四年》:"太上有立德。"


# 暖　酒[1]


热暖将来宾铁文[2],暂时不动聚白云。拨却白云见青天,掇头里许便乘仙[3]。

〔1〕此诗见两宋本、缪本二十三。
〔2〕宾铁:即镔铁。
〔3〕掇头:探头。


# 寒女吟[1]


昔君布衣时,与妾同辛苦。一拜五官郎[2],便索邯郸女。妾欲辞君去,君心便相许。妾读蘼芜书[3],悲歌泪如雨。忆昔嫁君时,曾无一夜乐。不是妾无堪,君家妇难作。起来强歌舞,纵好君嫌恶。下堂辞君去,去后悔遮莫[4]?

〔1〕此诗见《才调集》六,王琦注本编入《诗文拾遗》。按,此诗自"忆昔"句以下,与敦煌写本伯三八一二高适《在哥舒大夫幕下请辞退托兴奉诗》大致相同。

〔2〕五官郎:汉郎官掌宿卫诸殿门,分属五官、左、右三署。

〔3〕蘼芜书:指古诗《上山采蘼芜》。

〔4〕悔遮莫:犹云悔什么。


# 日出东南隅行[1]


秦楼出佳丽,正值朝日光。陌头能驻马,花处复添香。


〔1〕此诗录自《文苑英华》卷一九三,注云:"集无此诗。"《沧浪诗话·考证》谓不类太白诗。郭茂倩《乐府诗集》卷二八以为陈殷谋诗。《先秦汉魏晋南北朝》据以编入《陈诗》卷九殷谋名下。日出东南隅行:王琦注:"即乐府《陌上桑》也。一曰《艳歌罗敷行》。古辞曰:'日出东南隅,照我秦氏楼。秦氏有好女,自名为罗敷'云云,后人拟之,或即以首句名篇。"


# 代佳人寄翁参枢先辈[1]


等闲经夏复经寒,梦里惊嗟岂暂安?南国风光当世少,西陵演浪过江难。周旋小字挑灯读,重叠遥山隔雾看。直是为君餐不得,书来莫说更加餐。


〔1〕此诗见《文苑英华》卷二六二,其注云:"此诗总目及李集皆不载,惟《英华》诸本有之。"严羽《沧浪诗话·考证》谓本诗"乃晚唐之下者"。詹锳《李诗辨伪》云:"按《文苑英华》编次体例,各类之中,一以时代先后为序。此诗置于张祜、李洞、方干与李群玉、陈陶之间,与太白时代相去悬远,定是晚唐之作。"瞿蜕园、朱金城注:"非但诗格为晚唐之下者,即先辈之称亦为晚唐之习俗。"


# 战城南[1]


战地何昏昏!战士如群蚁。气重日轮红,血染蓬蒿紫。乌鸟衔人肉,食闷

594

飞不起。昨日城上人,今日城下鬼。旗色如罗星,鼙声殊未已。姜家夫与儿,俱在鼙声里。

〔1〕王琦注:"《文苑英华》一百九十六卷太白'去年战,桑乾源'之后载此一首,不录作者姓名。后人采太白遗诗,兼入此作。"安旗等注:"《英华》不书作者姓名,作李白诗无据。"

# 题峰顶寺[1]

夜宿峰项寺,举手扪星辰。不敢高声语,恐惊天上人。

〔1〕此诗王琦注本据《侯鲭录》、《苕溪渔隐丛话》等书收录。峰顶寺:在蕲州黄梅县(今湖北黄梅)。

# 阳春曲[1]

苯苢生前径[2],含桃落小园[3]。春心自摇荡,百舌更多言[4]。

〔1〕此诗录自《万首唐人绝句》卷二〇。《乐府诗集》卷五一收作无名氏。阳春曲:乐府曲名。
〔2〕苯苢:草名,即车前。
〔3〕含桃:樱桃的别名。
〔4〕百舌:鸟名,善鸣,其声多变化,故称"百舌"。

# 摩多楼子[1]

从戎向边北,远行辞密亲。借向阴山候[2],还知塞上人?

〔1〕此诗录自《万首唐人绝句》卷二〇。《乐府诗集》卷七八阙作者名氏。摩多楼子:乐府《杂曲歌辞》名。

〔2〕候:侦察瞭望敌情者。

# 殷十一赠栗冈砚[1]

殷侯三玄士[2],赠我栗冈砚。洒染中山毫[3],光映吴门练[4]。天寒水不冻,日用心不倦。携此临墨池,还如对君面。

〔1〕此诗王琦注本录自高似孙《砚笺》卷四,编入《诗文拾遗》。

〔2〕三玄士:指通晓老、庄、易的人。

〔3〕中山毫:王琦注:"王羲之《笔经》:诸郡毫,惟中山兔肥而毫长,可用练熟绢也。"

〔4〕吴门练:吴地所产之绢素。

# 普照寺[1]

天台国清寺[2],天下为四绝[3]。今到普照游,到来复何别? 栴木白云飞,高僧顶残雪。门外一条溪,几回流岁月?

〔1〕此诗录自《咸淳临安志》八四。王琦注云:"苏东坡曰:'予旧在富阳,见国清院太白诗,绝凡近。'即此篇也。《渔隐丛话》:新安水西寺,寺依山背,下瞰长溪。太白题诗断句云:'槛外一条溪,几回流岁月?'今集中无之。琦按:《渔隐》所引即此篇末二句也。盖未睹全篇,故讹以为《题水西寺》断句耶?"普照寺:故址在今浙江富阳市北。

〔2〕国清寺:佛教名寺,在浙江天台县北。

〔3〕四绝:齐州灵岩寺、荆州玉泉寺、润州栖霞寺、台州国清寺,世称四绝。

# 钓　台[1]

磨尽石岭墨,浔阳钓赤鱼[2]。霭峰尖似笔[3],堪画不堪书。

〔1〕此诗王琦注本录自《方舆胜览》卷一六,亦见《舆地纪胜》卷二〇。王琦疑此诗或为南唐另一翰林学士李白所作。

〔2〕石岭墨:安徽黟县南有墨岭山,岭上石如墨色。浔阳:钓台在黟县南,又名浔阳台。

〔3〕霭峰:在黟县南,孤峭如削。

# 小桃源[1]

黟县小桃源[2],烟霞百里间。地多灵草木,人尚古衣冠。

〔1〕此诗王琦注本录自《方舆胜览》卷一六。《舆地纪胜》卷二〇亦载,诗末多"市向晡前散,山经夜后寒"二句。安旗等注:"王琦谓此诗乃许坚作,然《全唐诗·许坚集》未收,当别有所据。康熙《徽州府志·流寓传》载许坚《小桃源》四韵,或即为王琦所据欤?"

〔2〕"黟县"句:《方舆胜览》卷一六徽州:"樵贵谷在黟县北,昔土人入山,行之七日,至一穴豁然,周三十里,中有十余家,云是秦人入此避地。按邑图有潜村,至今有数十家,自为一村,或谓之小桃源。李白诗'黟县小桃源'云云。"

# 题窦圌山[1]

樵夫与耕者,出入画屏中。

〔1〕《方舆胜览》卷五四:"窦圌山,在绵州彰明县。李白《题窦圌山》诗:'樵夫与

597

耕者,出入画屏中。'"

# 赠江油尉[1]

岚光深院里,傍砌水冷冷[2]。野燕巢官舍,溪云入古厅[3]。日斜孤吏过,帘卷乱峰青。五色神仙尉[4],焚香读道经。

〔1〕此诗王琦注本录自杨慎《全蜀艺文志》。安旗等认为此诗乃李白早年所作,故系于开元六年。江油:唐县名,属龙州,在今四川江油市。

〔2〕砌:石阶。

〔3〕古:王琦注本阙,据米带所书碑石补。

〔4〕神仙尉:用梅福事,西汉末年,梅福为南昌县尉,后弃官,得道成仙。事见《汉书·梅福传》。

# 上清宝鼎诗二首[1]

朝披梦泽云,笠钓青茫茫。寻丝得双鲤,中有三元章[2]。篆字若丹蛇,逸势如飞翔。归来问天老[3],妙义不可量。金刀割青素,灵文烂煌煌。咽服十二环,想见仙人房。暮跨紫鳞去,海气侵肌凉。龙子喜变化,化作梅花妆。遗我累累珠,靡靡明月光。劝我穿绛缕,系作裙间珰。挹余以辞去,谈笑闻余香。

〔1〕瞿蜕园、朱金城注:"此两首录自苏轼书李白诗墨迹。又见《唐宋诗醇》。胡本卷二一附录作《上清宝典诗》。第一首作'我居清空表,君处红埃中。仙人持玉尺,度君多少才。玉尺不可尽,君才无时休'。第二首作'咽服十二环,奄有仙人房。暮骑紫鳞去,海气侵肌凉。赠我累累珠,靡靡明月光'。题下注云:前见《东观余论》,后见《王直方诗话》。"《全唐诗》所收与胡本同。

〔2〕三元章:谓道书。

〔3〕天老:相传为黄帝辅臣。

598

人生烛上花,光灭巧妍尽。春风绕树头,日与化工进。惟知雨露贪,不念零落近。昔我飞骨时,惨见当涂坟。青松霭明霞,缥缈山下村。既死明月魄,无彼玻璃魂。念此一脱洒,长啸登昆仑。醉着鸾皇衣,星斗俛可扪[1]。

〔1〕当涂坟:李白卒葬当涂。明月、玻璃:皆李白之子。细玩此诗之意,当非李白所作。《东坡题跋》卷二:"余顷在京师,有道人相访,风骨甚异,语论不凡。自云常与物外诸公往还,口诵此二篇,云东华上清监清逸真人李太白作也。"疑北宋某道士作而托名李白者也。

# 桃源二首[1]

昔日狂秦事可嗟,直驱鸡犬入桃花。至今不出烟溪口,万古潺湲二水斜。

〔1〕此二首瞿蜕园、朱金城《李白集校注》录自《舆地纪胜》卷六八《常德府》引《绵州志》。王琦注本《拾遗考证》谓"其句法皆与太白不相似",当非太白诗。

雾暗烟浓草色新,一番流水满溪春。可怜渔父重来访,只见桃花不见人。

# 阙　题[1]

庭中繁树乍含芳,红锦重重剪作囊。还合炎蒸留烁景,题来消得好篇章。

〔1〕此诗及以下诸逸句,王琦云见于《海录碎事》、《锦绣万花谷》二书,"未详为谁氏之作,其句法皆与太白不相似,亦皆以为太白诗矣"。又推测或为南唐时另一翰林学士李白撰。参见王琦《李太白集辑注·诗文拾遗考证》。

# 句[1]

霜结梅梢玉,阴凝竹干银。

竹粉千腰白,桃皮半颊红。

心为杀人剑,泪是报恩珠。

佳人微醉玉颜酡,笑倚妆楼澹小蛾。

借问单楼与同穴,可能银汉胜重泉。

〔1〕此下五则逸句李集诸本不收,见于王琦注本《诗文拾遗考证》。

## 秀华亭[1]

遥望九华峰,诚然是九华。苍颜耐风雪,奇态灿云霞。曜日凝成锦,凌霄增壁崖。何当余荫照,天造洞仙家。

〔1〕此诗常秀峰等著《李白在安徽》录自《青阳县志·艺文志》及《九华山志》卷八。安旗等注:"诗之风格不似李白,集录亦晚,当系后人伪托。"秀华亭:故址在九华山麓。

## 宿无相寺[1]

头陀悬万仞,远眺望华峰。聊借金沙水[2],洗开九芙蓉。烟岚随遍览,踏屐走双龙。明日登高去,山僧孰与从? 禅床今暂歇,枕月卧青松。更尽闻呼鸟,恍来报晓钟。

〔1〕此诗李集诸本不收,常秀峰等著《李白在安徽》录自清道光十年刻《重建无相寺碑记》。无相寺:始建于唐初,在九华山头陀岭下。
〔2〕金沙:无相寺旁泉名。

# 炼丹井[1]

闻说神仙晋葛洪,炼丹曾此占云峰。庭前废井今犹在,不见长松见短松。

〔1〕此诗常秀峰等著《李白在安徽》录自《宛陵郡志备要》卷一,又见嘉庆《宁国府志》卷二四。炼丹井:在九华山卧云庵北。

# 独坐敬亭山[1]

众鸟高飞尽,孤云独去闲。相看两不厌,只有敬亭山。合沓牵数峰[2],奔来镇平楚。中间最高顶,仿佛接天语。

〔1〕此诗常秀峰等著《李白在安徽》录自《宛陵郡志备要》。
〔2〕合沓:重叠貌。

# 咏石牛[1]

此石巍巍活像牛,埋藏此地数千秋。风吹遍地无毛动,雨滴浑身似汗流。芳草齐眉带入口,牧童扳角不回头。鼻上自来无绳索,天地为栏夜不收。

〔1〕安旗等注:"此诗诸本李集不收,录自宋苏易简书《石牛碑》。"

# 太华观[1]

石磴层层上太华,白云深处有人家。道人对月闲吹笛,仙子乘云远驾车。

怪石堆山如坐虎,老藤缠树似腾蛇。曾闻玉井今何在? 会见蓬莱十丈花。

〔1〕安旗等注:"此诗诸本李集不收,录自《江油县志》。"


# 别匡山<sup>〔1〕</sup>


晓峰如画参差碧<sup>〔2〕</sup>,藤影摇风拂槛垂。野径来多将犬伴,人间归晚待樵随<sup>〔3〕</sup>。看云客倚啼猿树,洗钵僧临失鹤池<sup>〔4〕</sup>。莫怪无心恋清境<sup>〔5〕</sup>,已将书剑许明时。

〔1〕安旗等注:"此诗诸本均未收录,仅见于《彰明县志》、《江油县志》及北宋《敕赐中和大明寺住持记》碑。碑载此诗无题,题始见于县志。……文据宋碑。"并谓此诗为李白早年去蜀辞乡之作,系于开元十二年(724)。匡山:在今四川江油,李白曾于此读书。
〔2〕参差碧:县志作"色参差"。
〔3〕待:县志作"带"。
〔4〕失鹤池:县志作"饲鹤池"。
〔5〕莫怪:县志作"莫谓"。


# 句


玉阶一夜留明月,金殿三春满落花<sup>〔1〕</sup>。

〔1〕此断句录自《全唐诗逸》卷上,云见《千载佳句》,题曰《瑞雪》。

野禽啼杜宇,山蝶舞庄周<sup>〔1〕</sup>。

〔1〕王琦注:"《渔隐丛话》:《法藏碎金》云:予记太白有诗云:'野禽啼杜宇,山蝶舞庄周。'后又见潘佑有感怀诗:'幽禽唤杜宇,宿蝶梦庄周。席地一尊酒,思与元化浮。但莫孤明月,何必秉烛游?'予谓才思暗合,古今无殊,不可怪也。"杜宇:杜鹃。

# 附　录

## 附录一　李白生平创作简表

| 纪年 | 生平创作要事 |
|---|---|
| 武周长安元年(701) | 李白生,一岁。李白,字太白,号青莲居士。生于西域碎叶,其祖先为凉武昭王之后,后其先世窜居西域。 |
| 唐中宗神龙元年(705) | 五岁。李白随家迁居蜀中彰明县(即今四川省江油县)清廉乡。发蒙读书,《上安州裴长史书》:"五岁诵六甲。"六甲,即六十甲子,以天干地支相配而成,是古代初级识字课本。 |
| 唐睿宗景云元年(710) | 十岁。攻读诸子百家著作及《诗》、《书》,《上安州裴长史书》:"十岁观百家。"《新唐书》本传:"十岁通诗书。"《送从侄耑游庐山序》:"余小时,大人令诵《子虚赋》,私心慕之。" |
| 唐玄宗开元三年(715) | 十五岁。已用功写作,《赠张相镐》:"十五观奇书,作赋凌相如。"《拟恨赋》、《明堂赋》、《大猎赋》,均似此期所作。好剑术,喜任侠,《与韩荆州书》:"十五好剑术。"范传正《李白新墓碑》:"少以侠自任。" |
| 开元八年(720) | 二十岁。此前隐居匡山读书,有《访戴天山道士不遇》诗,并曾往梓州从赵蕤学纵横术。此年春,游成都,作《登锦城散花楼》诗,又曾拜谒苏颋,受其赞赏。此年之后,仍隐于匡山。 |
| 开元十三年(725) | 二十五岁。离蜀远游。先游成都、峨嵋,后顺水东下,经巴渝,出三峡,《峨眉山月歌》:"夜发清溪向三峡。"又经巫山,过荆门,至江陵,与道士司马承祯相遇,作《大鹏遇希有鸟赋》。离开江陵,南游洞庭,东游维扬,北上庐山,漫游襄汉。 |
| 开元十五年(727) | 二十七岁。游历至安陆,与故相许圉师的孙女成婚。从此"酒隐安陆"。在定居安陆后,多次向地方长官上书,有《上安州李长史书》、《上安州裴长史书》。 |

| 纪年 | 生平创作要事 |
|---|---|
| 开元十八年（730） | 三十岁。初入长安，《与韩荆州书》："三十成文章，历抵卿相。"李白经南阳至长安，拜谒张说父子，但受到冷遇，有《玉真公主别馆苦雨，赠卫尉张卿》诗。在长安时，曾游邠州（今陕西彬县）、坊州（今陕西黄陵），有《登新平楼》诗。 |
| 开元二十一年（733） | 三十三岁。离长安，行前作有《行路难》其二，后泛黄河，至梁园。又到嵩山，与道友元丹丘隐居于此。旋游荆州，拜谒韩朝宗，未受赏识，遂于友人元演游洛阳、太原，又至随州。后回安陆，继续以此为中心四处漫游。曾至襄阳，作有《赠孟浩然》、《襄阳歌》等诗。 |
| 开元二十七年（739） | 三十九岁。移家东鲁，寓居兖州。初至东鲁有《五月东鲁行答汶上翁》，后《嘲鲁儒》等诗。冬，与孔巢父等隐于徂徕山，时号"竹溪六逸"。 |
| 唐玄宗天宝元年（742） | 四十二岁。秋，应朝廷征召，由南陵（今属安徽）入京，有《南陵别儿童入京》诗。初至长安，与贺知章相见，颇受推重，复荐之于朝，故受到了玄宗优礼相待："降辇步迎，如见绮皓。"遂命其待诏翰林，拟以重用。十月，玄宗幸温泉宫，诏命李白侍从，有《驾去温泉宫后赠杨山人》。 |
| 天宝二年（743） | 四十三岁。待诏翰林，作有《宫中行乐词》、《清平调词》等诗。 |
| 天宝三载（744，正月改年为载） | 四十四岁。遭毁谤，上书请求还山，玄宗赐金遣之。临行，有《还山留别金门知己》诗。初夏，至洛阳，与杜甫相会。秋与高适、杜甫同游梁宋。此后以东鲁和梁园为中心四处漫游。 |
| 天宝五载（746） | 四十六岁。由东鲁南游吴越，行前有《梦游天姥吟留别》。途经下邳，有《经下邳圯桥怀张子房》。 |
| 天宝六载（747） | 四十七岁。游会稽，有《对酒忆贺监二首》、《越女词》等诗。春后，至金陵。以后几年均以金陵为中心漫游各地，先后作有《登金陵凤凰台》、《醉后赠从甥高镇》、《闻王昌龄左迁龙标遥有此寄》等诗。 |
| 天宝十一载（752） | 五十二岁。由开封出发，有幽州之行，有《留别于十一兄逖裴十三游塞垣》。十月，抵幽州，《经乱离后天恩流夜郎忆旧游书怀赠江夏韦太守良宰》："十月到幽州。" |

| 纪年 | 生平创作要事 |
|---|---|
| 天宝十二载<br>(753) | 五十三岁。离幽州,至梁宋,又经曹县往江南,有《留别曹南群官之江南》诗。八月,至宣城,随后在宣城一带盘桓。 |
| 天宝十三载<br>(754) | 五十四岁。游金陵、石门、广陵,在广陵与魏颢相遇,有《送王屋山人魏万还王屋》诗。又游南陵,有《书怀赠南陵常赞府》。游池州,有《清溪行》《秋浦歌》等。 |
| 天宝十四载<br>(755) | 五十五岁。冬,安禄山发动叛乱,时李白正在东南一带漫游,其子尚在鲁中,门人武谔许北去接其南来,有《赠武十七谔》诗。后自往梁园接妻子宗氏。 |
| 康肃宗至德元载(756) | 五十六岁。其时两京陷落,李白携宗氏避乱江南,有《奔亡道中》诗。至宣城,又经溧阳南下剡中,途中有《猛虎行》《赠溧阳宋少府陟》《扶风豪士歌》。秋,至庐山,隐于屏风叠,有《赠王判官时余归隐居庐山屏风叠》。 |
| 至德二载(757) | 五十七岁。正月,永王水师东下经浔阳,征召李白入幕,反复犹豫,终下山入永王幕府,有《别内赴征》诗。在永王幕府,有《永王东巡歌》《在水军宴赠幕府诸侍御》。二月,永王军队与肃宗军队接战不久即在镇江溃败,永王被杀。李白被系浔阳狱中,多次上书申诉求援,有《狱中上崔相涣》《上崔相百忧章》。经御史中丞宋若思等人营救,终于得以出狱,有《中丞宋公以吴兵三千赴河南军次寻阳脱余之囚参谋幕府因赠之》。但不久仍因"从璘"而长流夜郎。 |
| 康肃宗乾元元年(758,二月改元,复以载为年) | 五十八岁。流夜郎,自浔阳首途,经江夏、沔洲、江陵,冬天进入三峡。途中作《流夜郎赠辛判官》《赠易秀才》《放后遇恩不沾》等。 |
| 乾元二年(759) | 五十九岁。三月,至白帝城,因天旱而遇赦,兴奋异常,立即返江陵,有《早发白帝城》。至江夏,仍望朝廷起用,但没有结果,有《江夏赠韦南陵冰》《赠从弟南平太守之遥》诗。秋,至岳阳,有《与夏十二登岳阳楼》。逢康楚元作乱,作《荆州贼乱临洞庭言怀作》。与贾至、李晔相遇,同游洞庭,有《陪族叔刑部侍郎晔及中书贾舍人游洞庭五首》。归至江夏。 |

| 纪年 | 生平创作要事 |
|---|---|
| 唐肃宗上元元年(760) | 六十岁。春,在江夏,有《早春寄王汉阳》、《鹦鹉洲》。秋,上庐山,有《庐山谣寄卢侍御虚舟》。岁末,归豫章,与家人团聚。 |
| 上元二年(761) | 六十一岁。重游宣城、金陵等地。秋,闻李光弼出镇临淮,欲立功报国,毅然请求参军,但因病半途折回,不胜怅恨,有《闻李太尉大举秦兵百万出征东南,懦夫请缨,冀申一割之用,半道病还,留别金陵崔侍御十九韵》。冬,往依当涂县令李阳冰。 |
| 唐代宗宝应元年(762) | 六十二岁。在当涂养病,曾短期去宣城、金陵漫游。秋冬之际,卒于当涂,有绝笔诗《临路歌》。 |

# 附录二 李白诗作版本简目

| 刊刻年代 | 版别 | 名称 | 主要内容 | 备注 |
|---|---|---|---|---|
| 宋元丰三年（1080） | 宋敏求编，曾巩编次。苏州毛渐校正刊行，世称"苏本"。 | 李太白文集 | 收入诗歌1001篇，文65篇，共三十卷，无注。 | 此为李白集的第一个刻本，北宋年间又有据此翻刻的蜀本。 |
| 元代 | 坊刻本 | 唐翰林李太白诗集 | 共二十六卷，无注。 | |
| 元至大辛亥（1311） | 宋杨齐贤注，元萧士赟补注。建安余氏勤有堂刊本。 | 分类补注李太白诗 | 收入古赋八篇为一卷，诗歌二十四卷，世称"萧本"，有注。 | 明人郭云鹏将此本加以删减，成三十卷重刊。 |
| 明正德十年乙亥（1515） | 李文敏、彭佑编。解州刊本。 | 分类李太白诗 | 收诗992篇，共二十五卷，无注。 | |
| 明嘉靖 | 元范梈批点，郑鼎刻本。 | 李翰林诗范德机批选 | 共四卷，有评点，无注。 | |
| 明嘉靖二十一年（1542） | 邵勋编，万虞恺刊本。 | 唐李杜诗集 | 收诗八卷，无注。 | 此书北京、上海图书馆均有入藏，台湾大通书局有影印本。 |
| 明嘉靖二十四年（1545） | 明朱谏选注，刻本。 | 李诗选注 | 本书十三卷，有注。此本有《辨疑》二卷。 | |

| 刊刻年代 | 版别 | 名称 | 主要内容 | 备注 |
|---|---|---|---|---|
| 明嘉靖二十四年(1545) | 明张含选,杨镇批,张氏家塾刻本。 | 李诗选 | 收诗160余首,五卷,有注,并有各名家评语。 | |
| 明万历二年(1547) | 明李齐芳、李茂年编,《李杜诗合刻》本。 | 李翰林分类诗 | 收诗八卷,赋一卷,无注。 | |
| 明万历十七年(1589) | 明梅鼎祚选辑,屠隆集评,《唐二家诗抄评林》刻本。 | 李诗抄评林 | 选集类,共四卷,收有各家评语。 | |
| 明万历四十年(1612) | 明刘世教编校,《合刻分体李杜全集》本。 | 李翰林全集 | 共四十二卷,有目录四卷,附年谱一卷。 | |
| 清康熙十七年(1678) | 应时、丁谷云编,《李杜诗纬》刻本。 | 李诗纬 | 收诗137首,共四卷,无注,有评。 | |
| 清代 | 明胡震亨编撰,朱茂时《李杜诗通》刻本。 | 李诗通 | 共二十一卷,有注。 | |
| 清乾隆二十四年(1759) | 清王琦辑注,聚锦堂刻本。 | 李太白全集 | 共三十六卷,有注。 | 此书1977年中华书局据重印本标点,排印出版。 |
| 清乾隆二十九年(1764) | 清李调元、邓在珩编订,清廉学舍刻本。 | 重刻李太白全集 | 共十六卷,无注。 | |
| 清乾隆四十年(1775) | 佚名辑注,沈寅、朱昆补辑,朱凤楼刻《李诗杜诗直解合刻本》。 | 李诗直解 | 收诗171首,共六卷,有注。 | |

| 刊刻年代 | 版别 | 名称 | 主要内容 | 备注 |
|---|---|---|---|---|
| 1928 年 | 高铁郎校点,上海新华书局出版。 | 李白诗选 | 此书以《十八家诗抄》中所选李白诗为底本,进行校点,无注。 | |
| 1929 年 | 傅东华选注,商务印书馆出版 | 李白诗 | 收诗 219 首,有注。 | |
| 1932 年 | 胡云翼选编,罗芳洲、唐绍吾注释,上海亚细亚书局出版。 | 李白诗选 | 收诗 252 首,有注。 | |
| 1934 年 | 余研因选注,上海民智书局出版。 | 白话注解李白诗选 | 收诗 42 首,有注及白话今译。 | |
| 1954 年 | 舒芜选注,人民文学出版社。 | 李白诗选 | 收诗 228 首,有注。 | |
| 1955 年 | 苏仲翔选注,上海春明出版社出版。 | 李杜诗选 | 收李白诗 207 首,有注。 | 此书 1983 年浙江文艺出版社修订重印。 |
| 1961 年 | 复旦大学古典文学教研组选编,人民文学出版社出版。 | 李白诗选 | 收诗 263 首,有注。 | 1977 年修订再版。 |
| 1978 年 | 上海师范大学中文系、上海市纺织工业局《李白诗选注》编选组编选,上海古籍出版社出版。 | 李白诗选注 | 收诗 180 首,有注。 | |

| 刊刻年代 | 版别 | 名称 | 主要内容 | 备注 |
|---|---|---|---|---|
| 1980 年 | 瞿蜕园、朱金城撰注,上海古籍出版社出版。 | 李白集校注 | 共三十卷,有注。 | |
| 1980 年 | 李晖编著,黑龙江人民出版社出版。 | 李白诗选读 | 收诗 81 首,有译注和说明。 | |
| 1982 年 | 马里千选注,香港三联书店出版。 | 李白诗选 | 收诗 220 首,有注释、串解、评述及考证。 | |
| 1985 年 | 刘忆萱、王玉璋编著,辽宁人民出版社出版。 | 李白诗选讲 | 收诗 134 首,有注释和赏析。 | |
| 1988 年 | 刘开杨、周维杨、陈子健选注,上海古籍出版社出版。 | 李白诗选注 | 收诗 134 首,有注释和说明。 | |
| 1990 年 | 安旗主编,巴蜀书社出版。 | 李白全集编年注释 | 此书为迄今第一种李集编年本,分编年诗、未编年诗、编年文、未编文排列。 | |
| 1990 年 | 郁贤皓选注,上海古籍出版社出版。 | 李白选集 | 收诗 314 首,文 18 篇,有注释、评笺、按语。 | |
| 1996 年 | 裴斐选注,人民文学出版社出版。 | 李白选集 | 收诗 276 首,有注。 | 此书为该社"世界文学名著文库"中的一种。 |